ANDROID PROGRAMMING

안드로이드 프로그래밍
쉽게 따라 하기

각 단계별 그림을 따라하면서 쉽게 앱 구현 방법을
배울 수 있는 입문서

안드로이드
스튜디오 3.x
지원

청담북스

서문

컴퓨터 혹은 스마트 폰은 다른 어떤 분야보다 더 빠르게 발전하고 있다. 매년 새로운 OS 혹은 새로운 플랫폼을 발표하면서 새로운 기술을 자랑하고 적용시켜 개발자 혹은 사용자에게 새로운 기능을 배우도록 하고 있다. 이러한 새로운 기술은 어떤 면에서 보면 더 편리하고 쉽게 원하는 기능을 수행할 수 있도록 도와주는 것 같은 느낌을 주지만 다른 면에서 보게 되면 계속 새로운 기능으로 인하여 기존 알고 있던 지식을 더 이상 사용할 수 없고 새로운 기술을 계속 배워한 한다는 부담감을 동시에 주게 된다.

이전 안드로이드 앱을 개발할 때에는 이클립스(Eclipse)를 사용하였지만 현재는 거의 대부분의 개발자들은 구글에서 발표한 안드로이드 스튜디오(Android Studio)를 사용하고 있다. 안드로이드 스튜디오 역시 이전 이클립스 보다 더 편리하고 새로운 기능으로 사용하기가 좋아졌지만 이 클립스에서 제공되지 않았던 새로운 방법과 달라진 기능으로 개발자들에게 많은 부담을 주고 있다. 하지만 이 툴을 처음 사용하는 초보자일지라도 이 책에서는 제공되는 예제와 〈그대로 따라 하기〉를 통하여 단계별로 설명하는 그림을 보면서 따라하다 보면 그 새로운 기능을 자기도 모르게 습득할 수 있고 또 같이 제공되는 〈원리 설명〉을 통하여 그 동작 원리를 쉽게 이해할 수 있도록 한 것이 이 책의 특징이라고 할 수 있다.

이 책은 총 10장으로 구성되어있다. 1 장은 안드로이드 스튜디오의 설치부터 개발에 필요한 여러 가지 기능들과 개발 환경 등에 대하여 알아본다. 2 장은 안드로이드에서 다양한 화면 구성을 할 수 있도록 지원되는 여러 가지 레이아웃들에 대하여 간단히 설명하고 있다. 3 장에서는 안드로이드 스튜디오의 기본 레이아웃인 제약 레이아웃에 대하여 설명하는데 레이아웃 에디터를 구성하는 요소 팔레트, 장치 화면, 컴포넌트 트리, 속성 패널 등에 대하여 자세히 알아보고 텍스트 뷰, 텍스트, 플레인 텍스트, 버튼, 이미지 폼 등을 설정하는 예제들을 소개한다. 4장에서는 원하는 기능을 처리하기 위해서 터치할 때 이벤트 발생을 처리하는 버튼에 대하여 공부해본다. 또 5 장에서는 안드로이드 어플리케이션의 로고, 아이콘, 메뉴 항목 등과 같은 공간을 제공하기 위한 화면 위쪽에 생기는 액션 바와 여러 기능이나 선택 사항을 설정하고 실행하는 메뉴에 대하여 설명한다. 6 장에서는 액티비티 위에 표시되는 작은 윈도우로 자료를 입력하거나 원하는 메시지를 표시하고자 할 때 사용되는 유용한 툴인 대화상자에 대해 알아본다. 7 장에서는 데이터 소스를 원하는 형태로 가공하여 화면에 출력하고자 할 때 사용하는 리스트 뷰(ListView), 갤러리(Gallery), 그리드뷰(GridView) 등과 같은 어댑터 뷰를 다루어본다. 8 장은 안드로이드의 액티비티 사이의 이동 처리와 데이터 전송을 처리하는 인텐트에 대해 알아본다. 9 장은 안드로이드에서 제공하는 SQL 데이터 엔진인 SQLite3 와 스마트폰 내부 저장소에 파일을 저장하는 방법을 설명한다. 마지막으로 10 장은 프래그먼트 사용법과 안드로이드 스튜디오에서 새롭게 제공하는 내비게이션 에디터 예제 작성 방법을 알아본다.

　마지막으로 이 책이 나올 수 있도록 도움을 주고 까다로운 수정 작업을 처리해준 청담북스에 감사드리고 항상 물심양면으로 도와주시는 부모님, 장모님, 아내 윤정, 딸 혜린에게도 고맙다는 말을 전하고 싶다.

차례

제1장 안드로이드 스튜디오 설치

1.1	안드로이드 스튜디오(Android Studio) 특징 및 시스템 요구 조건	10
1.2	안드로이드 스튜디오 3.x 설치	12
	1.2.1 JDK 설치	12
	1.2.2 안드로이드 스튜디오 다운로드	12
1.3	안드로이드 스튜디오 설치 시작하기	14
	1.3.1 안드로이드 스튜디오 설치	14
	1.3.2 안드로이드 스튜디오 설정	17
	1.3.3 안드로이드 스튜디오 시작 화면	21
	1.3.4 안드로이드 SDK 추가 설치하기	22
	1.3.5 첫 번째 어플리케이션 작성	25
	1.3.6 안드로이드 스튜디오 메인 윈도우(Main Window)	28
	1.3.7 안드로이드 가상 기기 생성	33
	1.3.8 실제 기기 연결	39
1.4	안드로이드 어플리케이션 기초	45
	1.4.1 어플리케이션 작성 및 설치	46
	1.4.2 안드로이드 어플리케이션 구성요소	46
1.5	기본 어플리케이션 구성	48
	1.5.1 코드 파일	50
	1.5.2 리소스 파일	52
	1.5.3 코드와 리소스 파일의 연결	55
	1.5.4 매니페스트 파일(manifest file)	56

제2장
안드로이드에서 제공하는 레이아웃(layout)

2.1	제약 레이아웃(ConstraintLayout)	60
2.2	그리드 레이아웃(Grid Layout)	73
2.3	프레임 레이아웃(Frame Layout)	82
2.4	선형 레이아웃(Linear Layout)	91
2.5	상대 레이아웃(Relative Layout)	99
2.6	테이블 레이아웃(Table Layout)	110

제3장
안드로이드 제약 레이아웃

3.1	안드로이드 스튜디오 레이아웃 에디터(Android Studio Layout Editor)	124
3.2	디자인 모드	124
	3.2.1 팔레트(Palette)	125
	3.2.2 장치 화면(Device Screen)	126
	3.2.3 컴포넌트 트리(Component Tree)	126
	3.2.4 속성 패널(Attributes Panel)	127
	3.2.5 툴바(Toolbar)	128
3.3	텍스트 모드(Text Mode) 와 에디터	128
3.4	제약 레이아웃(ConstraintLayout) 기초 및 기본 기능	129
	3.4.1 디자인 뷰와 레이아웃 뷰	129
	3.4.2 기본 라인 앵커 포인트(baseline Anchor Point)	131
	3.4.3 제약 바이어스(Constraint Bias)	134
	3.4.4 자동연결 모드(Autoconnect Mode)	135
	3.4.5 인퍼런스 제약(Inference Constraints)	136
	3.4.6 수동 제약	137
	3.4.7 가이드라인(guideline)	139
	3.4.8 위젯 정렬	141

| 3.5 | 제약 레이아웃 예제 | 142 |

    3.5.1 수동 연결으로 이미지 뷰 설정　　　　　　　　　　　142
    3.5.2 위젯을 가로, 세로의 중앙에 위치　　　　　　　　　　152
    3.5.3 위젯 세 개를 가로 방향으로 중앙에 위치　　　　　　157
    3.5.4 위젯 세 개를 세로 방향으로 중앙에 위치　　　　　　164
    3.5.5 왼쪽에 버튼 오른쪽에 이미지 뷰 설정　　　　　　　　170
    3.5.6 텍스트 뷰, 플레인 텍스트, 버튼, 이미지 폼 설정　　180

제4장
기본 위젯과 이벤트

| 4.1 | 버튼(Button) | 194 |

    4.1.1 텍스트 버튼　　　　　　　　　　　　　　　　　　　194
    4.1.2 이미지 버튼　　　　　　　　　　　　　　　　　　　207

4.2	플레인 텍스트(Plain Text)	216
4.3	체크박스(CheckBox)	226
4.4	라디오버튼(Radio Button)	235
4.5	토글 버튼(Toggle Button)	247

제5장
액션 바와 메뉴

5.1	액션 바(Action bar)	258
5.2	옵션 메뉴	259
5.3	컨텍스트 메뉴	271

    5.3.1 플로팅 컨텍스트 메뉴　　　　　　　　　　　　　　　271
    5.3.2 컨텍스트 액션 모드　　　　　　　　　　　　　　　　282

| 5.4 | 팝업 메뉴 | 295 |

제6장
대화상자

6.1	기본 AlertDialog	310
6.2	라디오 버튼 AltertDialog	323
6.3	체크 박스 AltertDialog	333
6.4	커스텀 대화상자	344
6.5	날짜를 처리하는 DatePickerDialog	359

제7장
고급 위젯

7.1	리스트 뷰	372
	7.1.1 기본 리스트 뷰	372
	7.1.2 커스텀 리스트 뷰	382
7.2	그리드 뷰(GridView)	401
7.3	갤러리(Gallery)	419
7.4	스피너(Spinner)	433

제8장
인텐트

8.1	명시적 인텐트(explicity intent)	446
8.2	인텐트로 결과 값 전송	465
8.3	인텐트로 결과 값 받기	483
8.4	암시적 인텐트(Implicit intent)	501

제9장
파일처리와 데이터베이스 관리

9.1   내부 저장소에서 파일 처리   520
9.2   SQLite3 와 DB Browser for SQLite 의 특징   538
9.3   Sqlite3 를 이용한 자료 출력   545

제10장
프래그먼트와 네비게이션 에디터

10.1   프래그먼트(fragment)   572
10.2   프래그먼트 기본 예제   573
10.3   새로운 프래그먼트 변경   583
10.4   내비게이션 에디터   599

찾아보기   625

제1장

안드로이드 스튜디오 설치

안드로이드 앱을 개발하고자 할 때 대부분의 개발자들은 이클립스(Eclipse)를 사용해왔다. 이클립스는 IBM 의 VisualAge 라는 개발 툴로 처음 만들어진 뒤, 오픈 소스로 바꾸고 플러그인을 통하여 C, C++, Java, Android 등 수 많은 언어개발을 지원해왔다. 하지만 2014년 구글이 안드로이드 스튜디오를 본격적으로 지원함으로써 안드로이드 앱 개발은 이클립스 뿐만 아니라 안드로이드 스튜디오(Android Studio)를 통하여 할 수 있게 되었다. 현재 이클립스는 더 이상 사용되지 않고 안드로이드 스튜디오는 3.x 까지 개발되어 빠른 시간 안에 안정화되었다.

이 장에서는 안드로이드 스튜디오의 설치부터 개발에 필요한 여러 가지 기능들, 개발 환경등에 대하여 알아 볼 것이다. 또한 안드로이드 스튜디오를 이용하여 일반적인 앱을 하나 작성해보면서 안드로이드 어플리케이션 컴포넌트 즉, 엑티비티, 서비스, 인텐트 등에 대하여 알아보고 또한 기본적인 작성되어지는 코드를 분석하여 설명해 볼 것이다.

1.1 안드로이드 스튜디오(Android Studio) 특징 및 시스템 요구 조건

안드로이드 스튜디오는 구글이 JetBrains 사에서 만든 InteliJ IDEA를 기반으로 개발한 안드로이드 개발 통합 환경으로 윈도우버전, 맥 버전, 리눅스 버전 등 모두 동일한 화면과 기능을 지원한다. 참고로 이 책에서는 윈도우 버전 화면을 사용하였는데 다른 버전과 동일한 화면을 제공하므로 다른 OS에서 안드로이드 스튜디오를 사용하더라도 차이가 거의 없다.

구글이 전격적으로 안드로이드 스튜디오는 지원함에 따라 이클립스의 ADT 플러그인은 더 이상 지원되지 않으므로 안드로이드 앱 개발의 하기 위해서는 이 안드로이드 스튜디오를 사용할 수 밖에 없다. 2014 년 말 정식으로 안드로이드 스튜디오 1.0 이 발표되었고 현재 버전 3.x 까지 나와있다.

안드로이드 스튜디오 3.x 는 다음과 같은 특징을 가지고 있다.

- 안드로이드 스튜디오 3.3부터 제공하는 새로운 안드로이드 제트팩(Jetpack) 네비게이션 컴포넌트를 사용하여 XML 파일을 자동 편집해준다. 각각의 화면을 연결시켜 앱의 동작 모습을 전체적으로 볼 수 있는 장점을 가진다.
- 앱을 업로드할 때 최적화된 작은 용량으로 배포할 수 있도록 하는 새로운 배포 방식인 앱 번들(App Bundle) 방식 제공한다. 앱 실행에 필요한 최소 코드와 리소스만 처리하므로 최적화된 APK 파일을 생성할 수 있다.
- 배터리 사용량이 적절한지 체크하여 기기 사용 수명을 향상시킬 수 있는 에너지 프로파일러(Energy Profiler)를 제공한다.
- 새로 제공되는 안드로이드 에뮬레이터 스냅샷(Android Emulator Snapshot) 기능을 이용하면 사용하는 에뮬레이터를 빠른 속도로 부팅가능하다. 또한 원하는 위치의 원하는 설정 화면으로 신속하게 되돌아 갈 수 있디. 지금까지 소프드웨어 에뮬레이터는 느린 속노도 인하여 개발자들은 실제 기기를 사용하여 개발하였지만 안드로이드 에뮬레이터 스냅샷으로 소프트웨어 에뮬레이터에서도 충분히 개발할 수 있도록 도와준다.
- 코틀린(Kotlin) 버전 1.3.11 지원. 자바로 개발하는 것보다 훨씬 적은 양의 코드로 개발가능하고 간결, 안정, 호환성의 장점을 갖는다. 또한 기존의 자바 코드를 코틀린으로 변경가능하다.
- C++ 정적 코드 분석을 위한 Clang-Tidy를 지원하여 C++ 코드의 오류 및 버그를 쉽게 처리할 수 있다.
- 최신 자바 8 기능 지원. 자바 8의 람다 표현식(lambda expression), 메소드 참조(method

references), 타입 애노테이션(type annotations) 등의 기능을 지원한다.
- 원하는 항목에 커서를 대면 여러 정보를 보여주는 인텔리젠트 코드 에디터(Intelligent Code Editor)를 지원한다.
- 원하는 코드 체계를 만들어 주는 코드 템플릿(Code Template)을 지원한다.
- 현재 레이아웃의 에러를 더 자세하게 보여주는 에러 패널(Error Panel)을 지원한다.
- 앱 리소스 및 소스 코드를 컴파일할 수 있고 테스트, 구축, 서명, 배포할 수 있는 새로운 빌드 시스템인 그래들(Gradle) 지원한다.
- 규모가 크거나 복잡한 레이아웃을 쉽게 처리할 수 있는 제약 레아아웃(ConstraintLayout)과 레이아웃 에디터를 지원한다.
- HTTP URL을 안드로이드 앱의 특정 내용과 연결시킬 수 있는 안드로이드 앱 링크(App Links) 기능을 지원한다.
- 사용자가 앱을 설치하지 않고 직접 실행시킬 수 있는 인스턴트 앱 개발 도구를 지원한다.

또한 안드로이드 스튜디오 3.x 설치를 위한 시스템 요구 조건은 다음과 같다.

- 윈도우즈 7/8/10 (32비트 혹은 64비트)
- Mac OSX 10.10(요세미티) 혹은 그 이상, OSX 10.13(하이 시에라)까지
- 리눅스 시스템 우분투 14.04 권장
- 최소 3 GB 램(8 GB 추천)
- 최소 2GB 하드 디스크 용량, 4GB 이상 권장
- 최소 1280x800 화면 해상도
- JDK 8 이상

1.2 안드로이드 스튜디오 3.x 설치

1.2.1 JDK 설치

이전에는 안드로이드 스튜디오를 설치하기 전에 반드시 최신버전의 JDK(Java Development Kit)를 설치해야만 했었다. 하지만 안드로이드 스튜디오 통합 환경(Integrated Development Environment) 2.2 부터는 최신 JDK 가 포함되어 있어 더 이상 JDK를 설치할 필요가 없어졌다.

1.2.2 안드로이드 스튜디오 다운로드

최신 안드로이드 스튜디오는 다음 사이트에서 최신 버전을 다운받을 수 있다.

https://developer.android.com/studio/

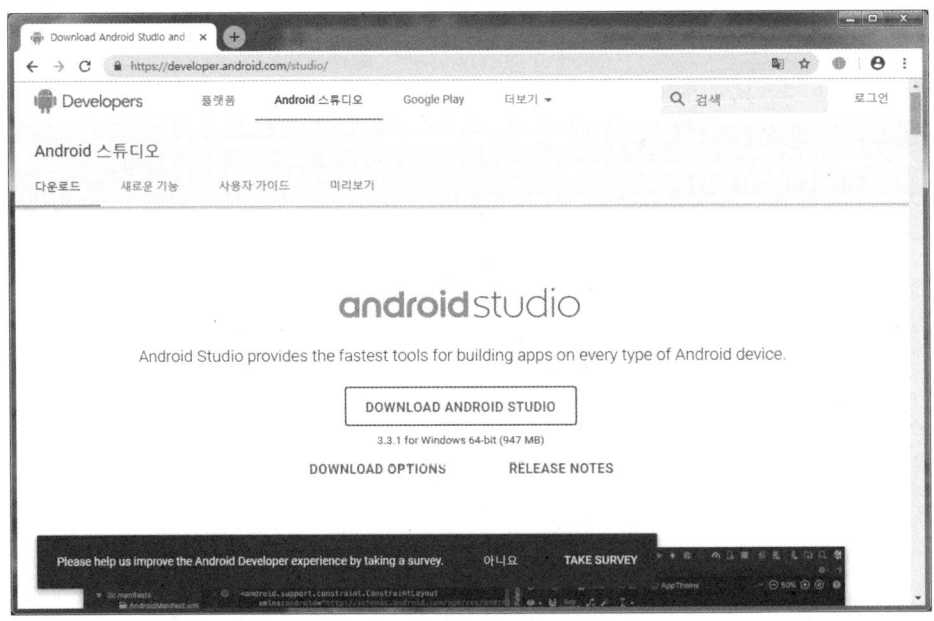

그림 1.1 안드로이드 스튜디오 다운로드 사이트

기본적으로 윈도우즈 64 비트 실행 버전을 다운받게 되어있는데 만일 32 비트와 같은 다른 버전을 원하거나 압축버전을 원한다며 그 아래 다운로드 옵션(Download Options)을 눌러 다른 버전을 선택하여 다운받을 수도 있다.

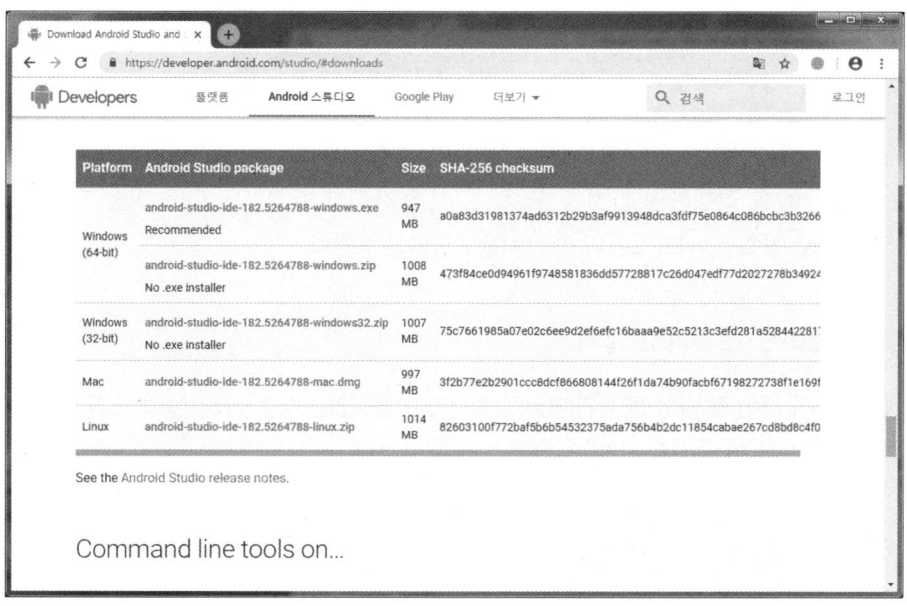

그림 1.2 여러 가지 형태의 안드로이드 스튜디오

여기서는 실행 가능한 윈도우즈 64 비트 버전을 선택하여 다운받는다. 실행 가능한 버전이므로 다운 받은 뒤 더블 클릭하여 실행시킨다.

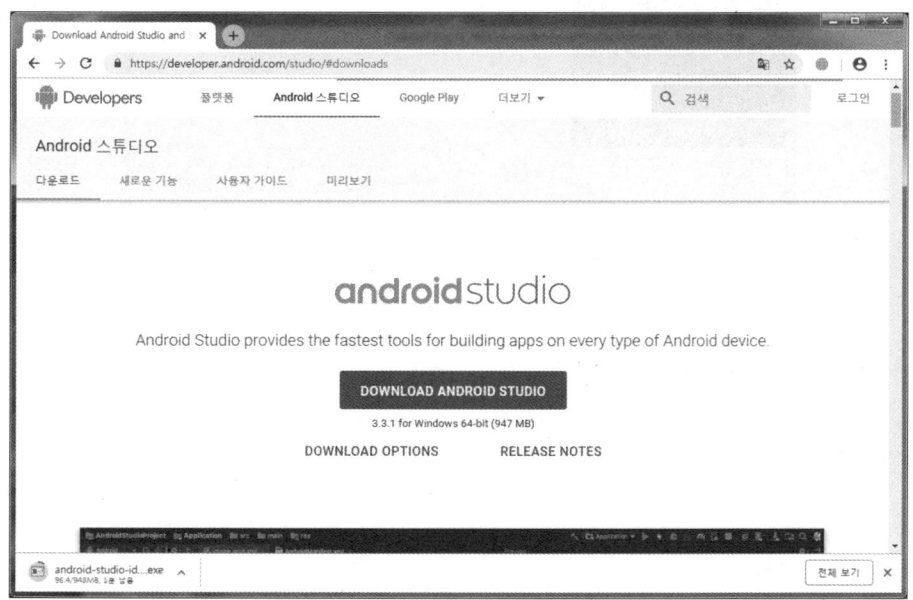

그림 1.3 윈도우즈 64 비트 버전 다운로드

제1장_ 안드로이드 스튜디오 설치 **13**

1.3 안드로이드 스튜디오 설치 시작하기

만일 압축형태의 파일을 다운받았다면 그대로 적당한 위치에 압축을 풀어 bin 폴더 아래쪽에 위치한 studio.exe 를 실행하여 설치할 수 있다. 실행 가능한 버전이면 다운 받을 압축 파일을 더블 클릭하여 바로 안드로이드 스튜디오 설치를 시작할 수 있다.

1.3.1 안드로이드 스튜디오 설치

다운 받은 설치 파일을 더블 클릭하면 바로 안드로이드 스튜디오 설치 환영 대화상자가 다음과 같이 나타난다. Next 버튼을 눌러 다음 화면으로 이동한다.

그림 1.4 안드로이드 스튜디오 설치 환영 대화상자

그 다음 화면은 설치할 컴포넌트를 보여준다. 안드로이드 스튜디오와 함께 설치될 안드로이드 가상 장치(Android Virtual Device)를 선택할 수 있다.

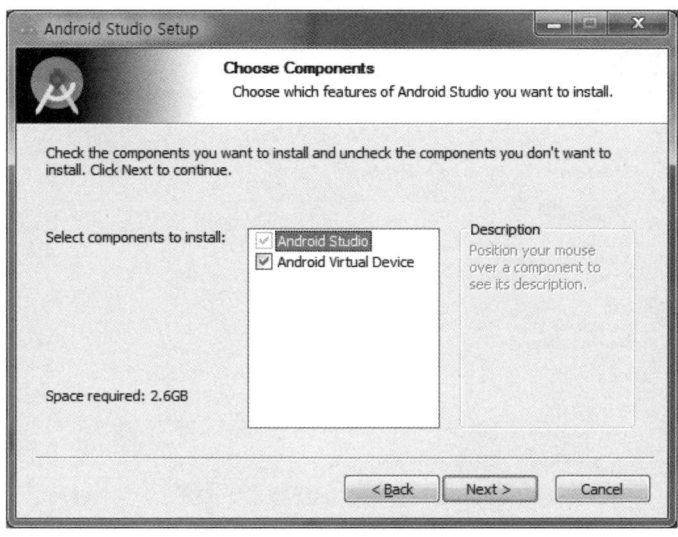

그림 1.5 컴포넌트 선택

그 다음 화면은 안드로이드 스튜디오를 설치할 디렉토리 위치를 저장한다. 기본적으로 지정된 위치를 선택하고 Next 버튼을 눌러준다.

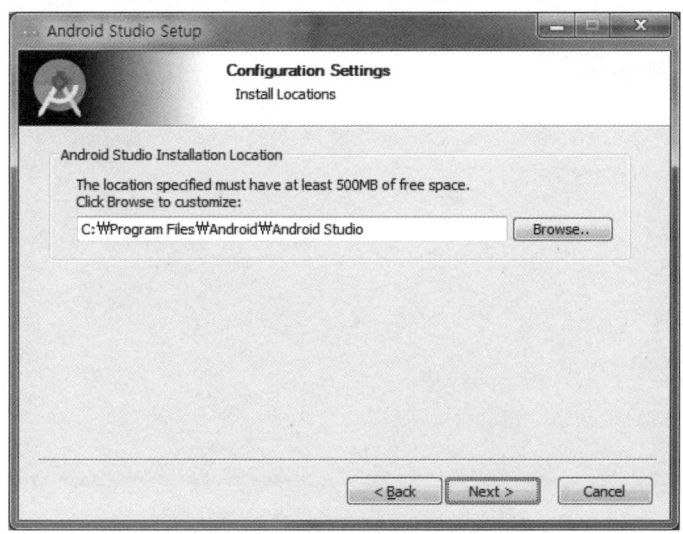

그림 1.6 안드로이드 스튜디오를 설치할 디렉토리 위치

다음 화면은 시작 메뉴 폴더 이름을 지정한다. 기본적으로 지정된 Android Studio 라는 이름을 사용할 것이므로 바로 Install 버튼을 눌러준다.

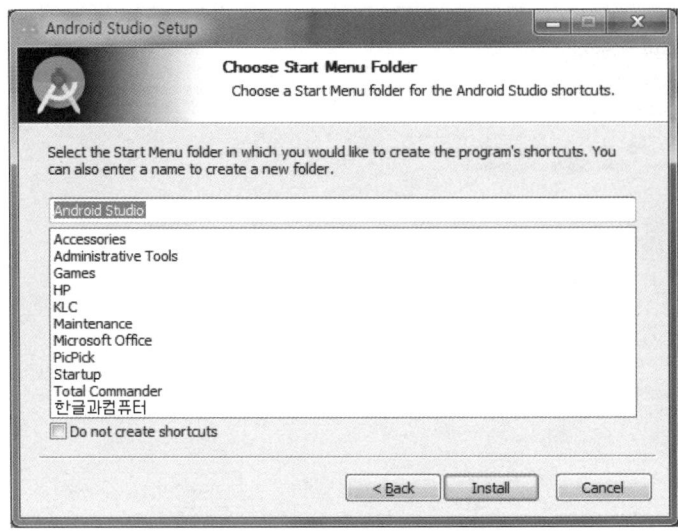

그림 1.7 시작 메뉴 폴더 이름 지정

이제 다음과 같이 안드로이드 스튜디오 설치가 시작된다.

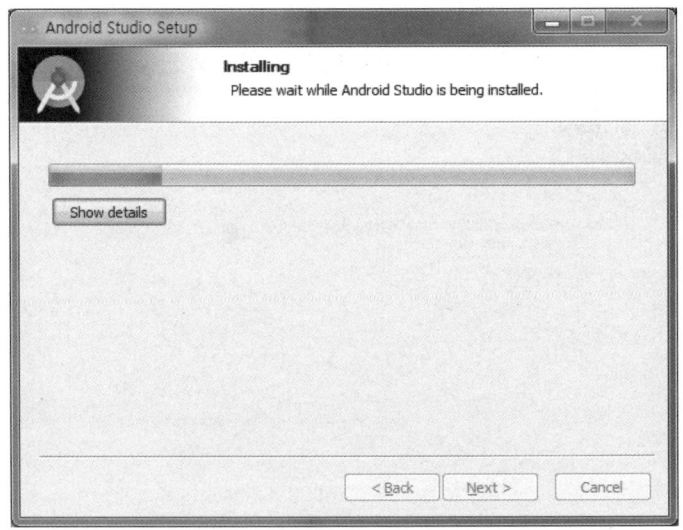

그림 1.8 안드로이드 스튜디오 설치 시작

Next 버튼을 누르면 마지막으로 안드로이드 스튜디오 설치가 종료되었다는 화면을 보여준다.

그림 1.9 안드로이드 스튜디오 설치 종료

1.3.2 안드로이드 스튜디오 설정

이제 finish 버튼을 누르면 바로 이전 안드로이드 스튜디오 버전에서 사용된 버전이 있는지를 체크하고 그 설정을 그대로 가져와 사용할 것인지를 묻는 대화상자가 나타난다. 만일 안드로이드 스튜디오를 처음 사용한다면 "Do not import settings" 항목에 클릭된 상태로 그대로 OK 버튼을 눌러준다.

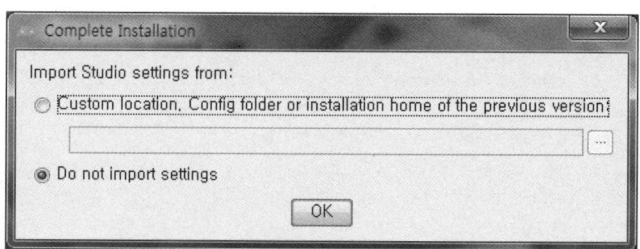

그림 1.10 이전 버전 설정 임포트 대화상자

그 다음, 안드로이드 스튜디오 설치 환영 대화상자가 다음과 같이 나타난다. Next 버튼을 눌러 다음 화면으로 이동한다.

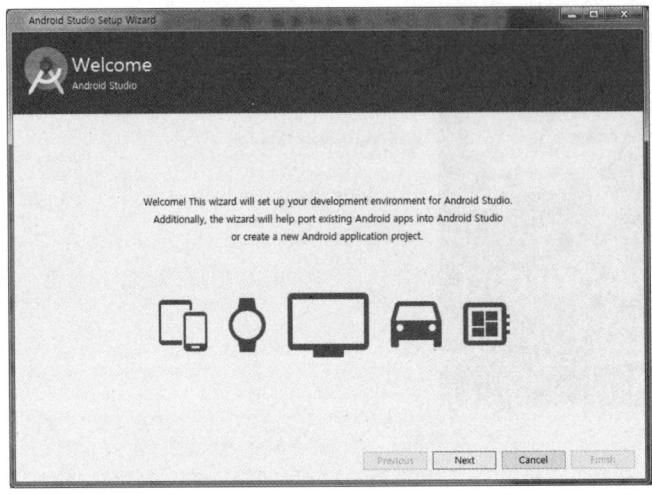

그림 1.11 안드로이드 스튜디오 설치 환영 대화상자

그 다음 화면은 설치 타입을 보여준다. 표준으로 설치할 수 있는 Standard 와 설치할 설정과 컴포넌트를 변경할 수 있는 Custom 두 가지를 제공하는데 여기서 Custom을 선택하고 Next 버튼을 누른다.

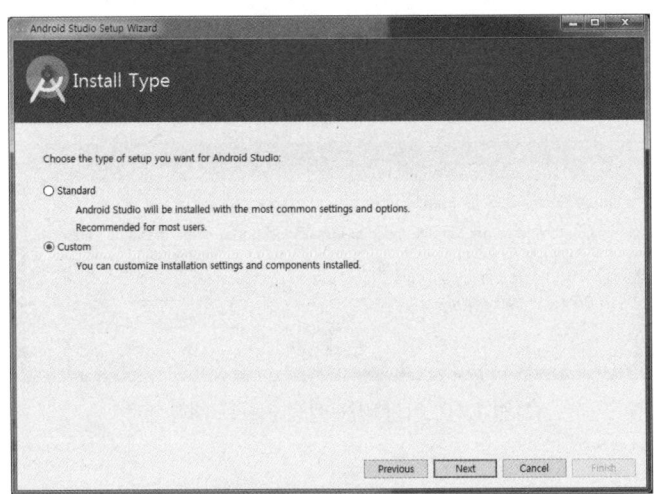

그림 1.12 설치 타입 선택

그 다음은 사용자 인터페이스 테마를 선택하는 화면이다. 검은 화면 바탕에 흰색을 포함한 여

러 가지 색을 지원하는 Darcula 테마와 흰색 화면 바탕에 검은색을 포함한 여러 가지 색을 지원하는 IntelliJ 테마를 지원한다. 원하는 테마를 클릭하고 Next 버튼을 선택한다.

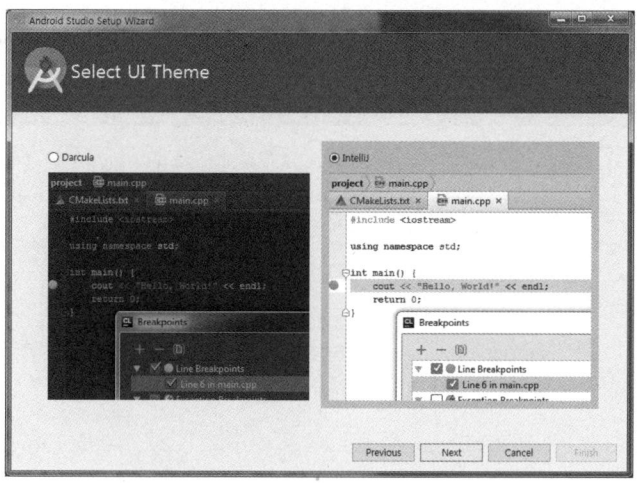

그림 1.13 사용자 인터페이스 테마 선택

그 다음은 SDK 컴포넌트 설치 화면이다. 원하는 컴포넌트를 선택해주면 된다. 기본으로 설치되는 Android SDK와 Android SDK Platform 항목은 무조건 설치해야하고 안드로이드 에뮬레이터 속도를 빠르게 하는 하드웨어 지원 가상 엔진(Hardware-assisted Virtualization Engine) 기능을 제공하는 "Performance(Intel ® HAXM)" 항목, 에뮬레이터에서 앱을 테스트하기 위한 최적화된 안드로이드 가상 장치인 Android Virtual Device 항목을 선택할 수 있다. Next 버튼을 눌러 이동한다.

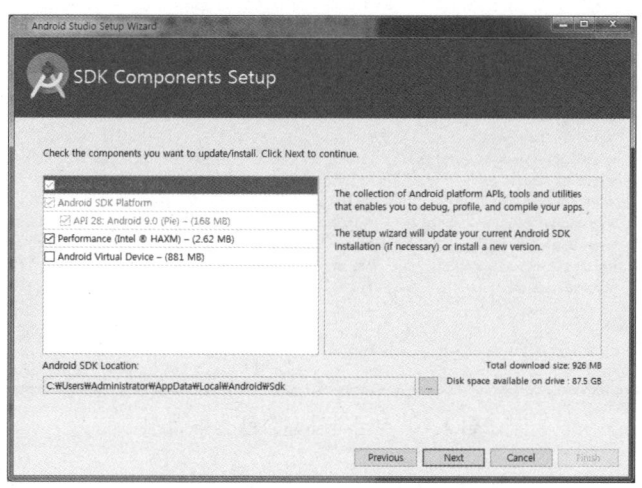

그림 1.14 SDK 컴포넌트 설치 화면

다음은 안드로이드 에뮬레이터 램 설정 화면이다. 설치 화면에서는 자신의 시스템에 맞는 에뮬레이터 램 크기를 추천해주므로 그대로 사용한다. Next 버튼을 눌러 다음 화면으로 이동한다.

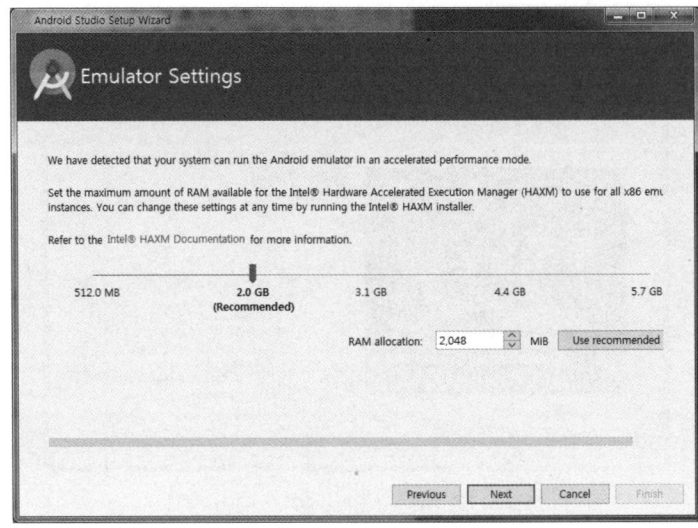

그림 1.15 에뮬레이터 램 설정

마지막으로 지금까지 설정한 항목을 보여준다.

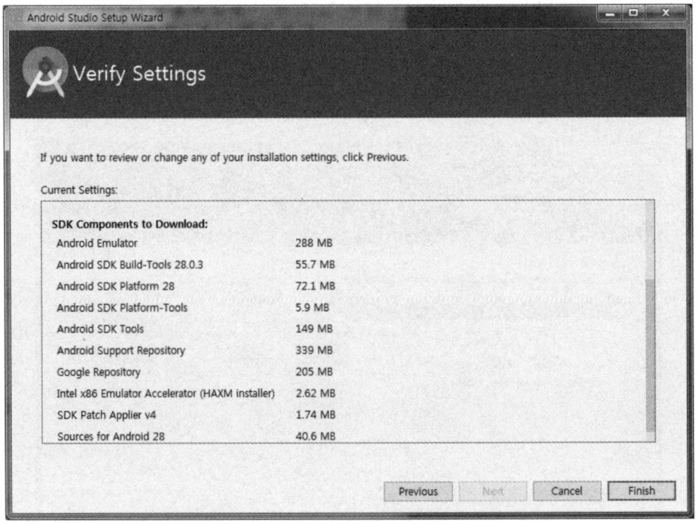

그림 1.16 지금까지 설정한 항목 표시

오른쪽에 위치한 Finish 버튼을 누르면 다음 그림과 같이 컴포넌트를 다운받으면서 설치를 시작한다.

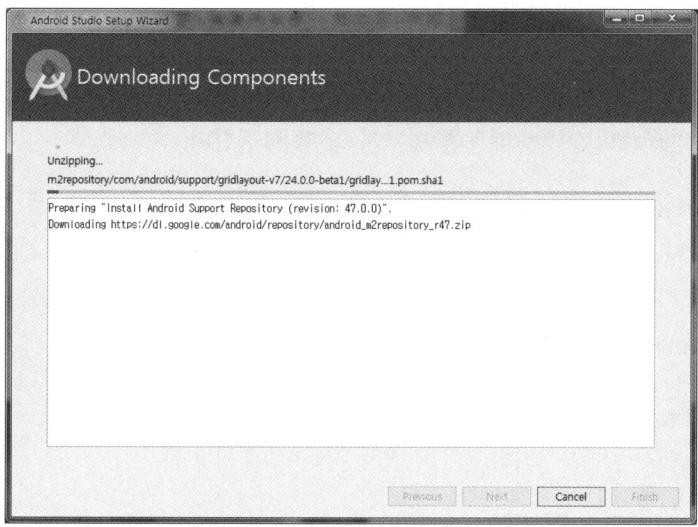

그림 1.17 다운로드 및 설치

1.3.3 안드로이드 스튜디오 시작 화면

다운로드가 끝나고 Finish 버튼을 누르면 다음 그림 1.18과 같이 "Welcome to Android Studio" 화면이 나타난다.

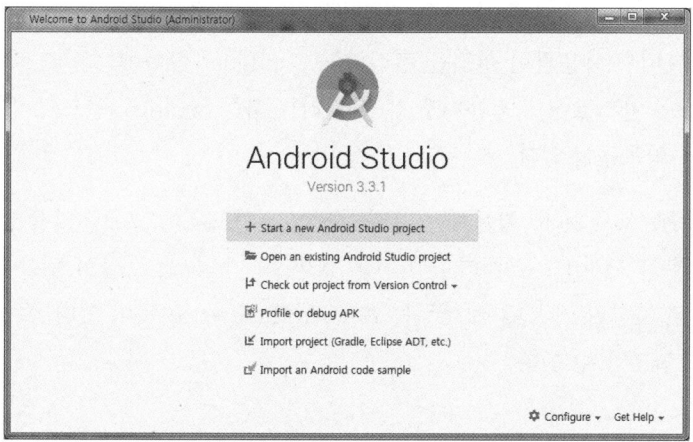

그림 1.18 안드로이드 스튜디오 시작 화면

위 그림 1.18에서 알 수 있듯이 안드로이드 시작화면은 다음과 같이 6개의 항목과 Configure 와 Get Help 항목으로 구성된다.

- Start a new Android Studio project
  새로운 안드로이드 프로젝트 처음부터 작성하고자 할 때 사용한다.

- Open an existing Android Studio project
  이미 작성된 안드로이드 프로젝트를 열고자 할 때 사용한다.

- Check out project from version Control
  버전 컨트롤 시스템(Version Control System)의 소스를 임포트하여 새로운 프로젝트를 생성하고자 할 때 사용된다. 버전 컨트롤 시스템은 안드로이드 소스를 관리하는 시스템으로 Git, Mercurial, Subversion 등이 있다.

- Profile or Debug APK
  APK 파일을 프로파일링 처리하거나 디버깅 처리할 때 사용된다.

- import project (Eclipse ADT, Gradle, etc.)
  이전 이클립스에서 작성한 소스를 임포트하여 새로운 프로젝트를 생성하고자 할 때 사용된다.

- import an Android code sample
  GitHub(https://github.com) 로부터 구글의 공식적으로 지원하는 샘플 코드를 임포트할 때 사용한다.

안드로이드 스튜디오 사용관련 설정을 처리하는 Configure 항목에는 안드로이드 SDK를 관리하는 SDK Manager, 안드로이드 스튜디오 설정 관리를 하는 Settings, 안드로이드 플러그인을 관리하는 Plugins 등 항목들이 있다.

도움말을 보여주는 Get Help 항목에는 온라인상에서 안드로이드 도움말을 보여주는 Android Studio Help, 현재 안드로이드 스튜디오 버전을 보여주는 About, 오늘의 팁을 보여주는 Tips of the Day, 디폴트로 지정된 키 맵을 보여주는 Keymap Reference 등이 있다. 주요 부분들은 한글로 작성되어 쉽게 참조할 수 있다.

1.3.4 안드로이드 SDK 추가 설치하기

기본적으로 안드로이드 스튜디오에는 가장 최신의 SDK 버전만이 설치된다. 만일 특정한 버전의 SDK를 추가하기 원하거나 자신의 기기에 최신 SDK 버전이 아닌 다른 SDK 버전이 설치되어 있다면 원하는 SDK를 추가로 설치해 주는 것이 좋다.

원하는 버전의 SDK를 추가하기 위해서는 안드로이드 시작 메뉴 아래쪽에 위치한 Configure 항목의 SDK Manager를 선택한다.

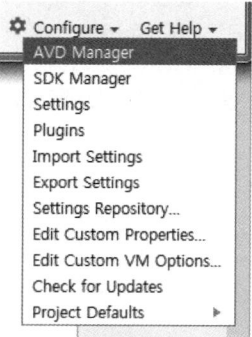

그림 1.19 SDK Manager 항목 선택

이때 다음과 같이 Android SDK 설정 화면이 나타나는데 SDK Platform 탭의 체크 상자에 원하는 SDK 버전을 선택해주면 된다. 여기서는 Android 8.0을 선택하고 OK 버튼을 눌러준다.

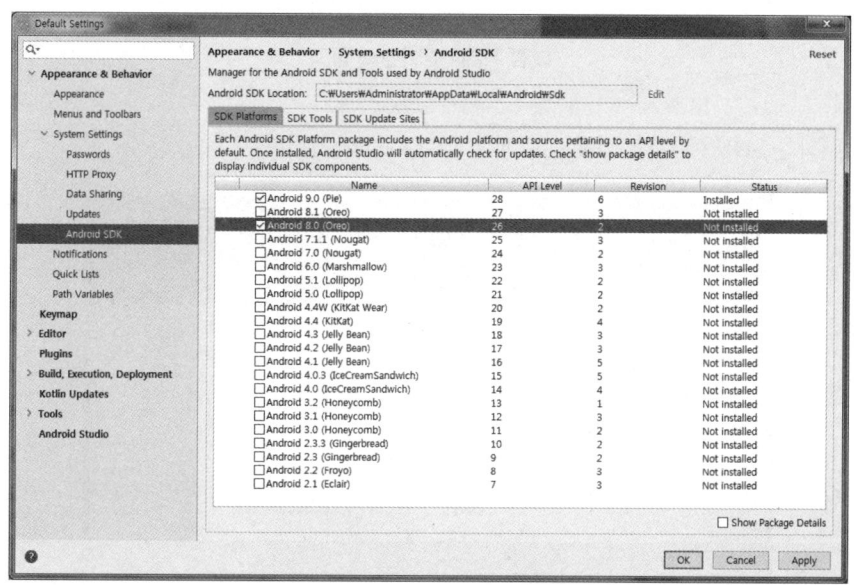

그림 1.20 원하는 SDK 버전 선택

이어서 기본 파일이 다운로드 되고 다음과 같이 라이센스 동의(License Agreement) 화면이 표시된다. Accept 를 선택하고 Next 버튼을 눌러 진행한다.

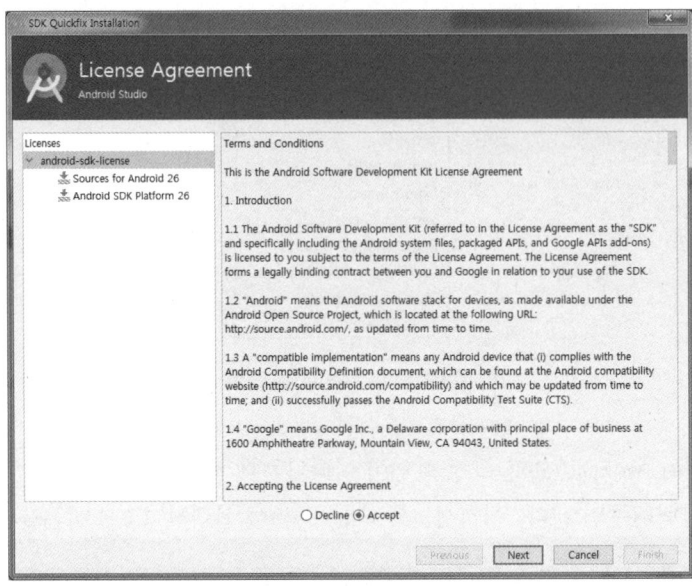

그림 1.21 라이센스 동의

이어서 원하는 SDK 에 대한 컴포넌트 파일들이 다운되어진다.

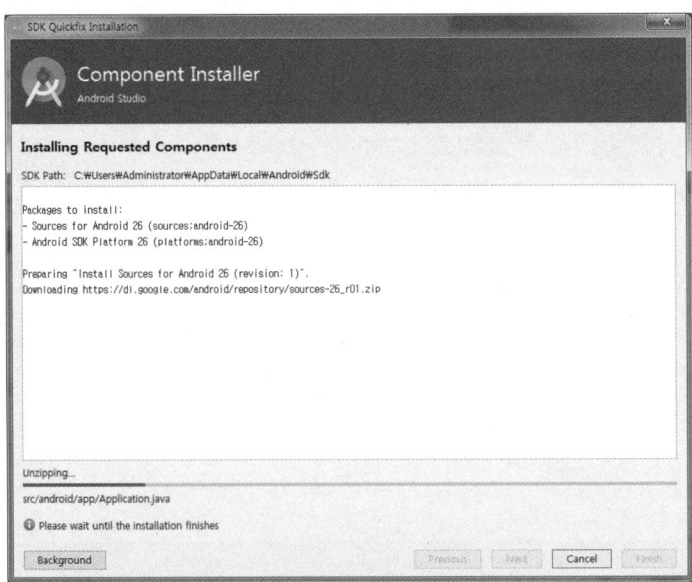

그림 1.22 SDK 컴포넌트 다운로드

모든 컴포넌트가 다운되고 Finish 버튼을 눌러 종료하면 다시 위 그림 1.18의 안드로이드 시작 화면으로 이동한다.

1.3.5 첫 번째 어플리케이션 작성

이제 다음 단계에 따라 새로운 프로젝트를 생성하여 첫 번째 어플리케이션을 작성해보자.

그대로 따라하기

1 안드로이드 스튜디오를 실행하고 시작 화면이 나타나면 첫 번째 항목인 Start a new Android Studio project를 선택한다.

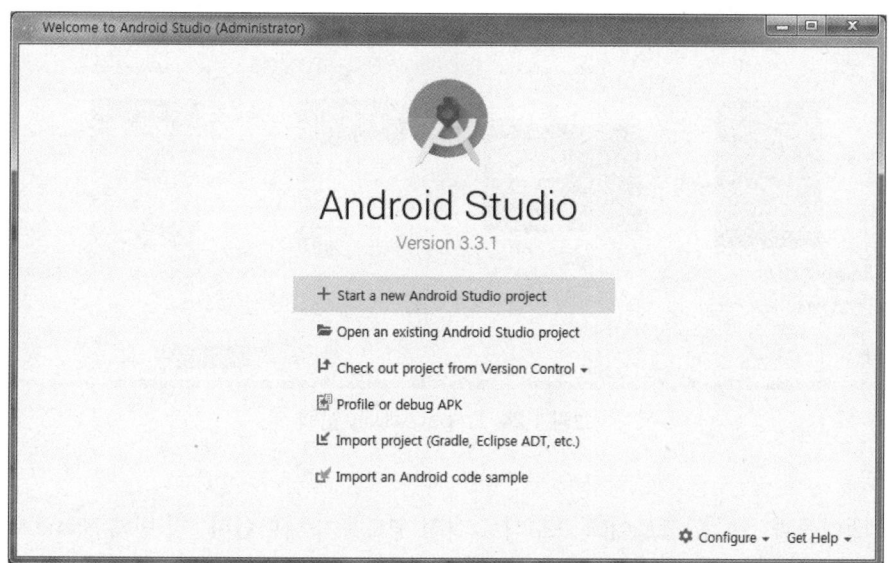

그림 1.23 Start a new Android Studio project 선택

2 이때 다음과 같이 어플리케이션에서 보여주는 초기 액티비티(Activity) 선택화면이 나타난다. 액티비티는 사용자 인터페이스를 구성하는 기본 단위로 일반적으로 하나의 화면을 의미한다. 먼저 화면 위쪽에서 기본적으로 선택되어 있는 Phone and Tablet 를 그대로 지정하면 폰과 태블릿에서 사용가능한 초기 화면의 여러 가지 형태를 보여준다. 여기서는 비어 있는 화면을 보여주는 "Empty Activity"를 선택하고 Next 버튼을 누른다.

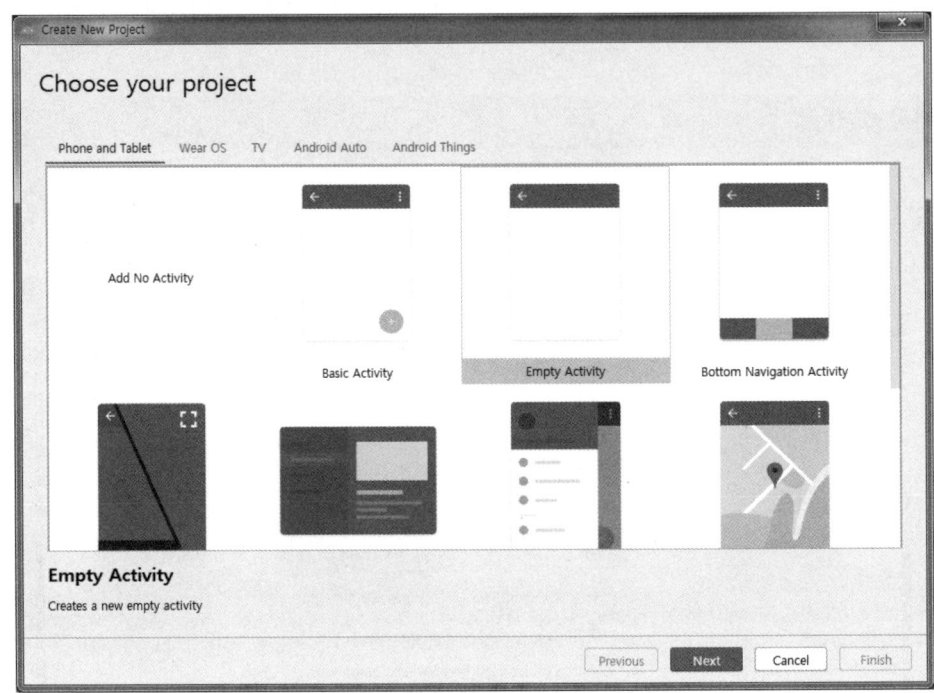

그림 1.24 Empty Activity 선택

3 이때 다음과 같이 안드로이드 프로젝트 설정 윈도우가 나타난다. 첫 번째 Name 항목은 프로젝트 이름으로 여기서는 "HelloWorldSample"이라고 입력한다. 그다음 줄의 Package name 항목은 자신의 회사의 회사 도메인을 거꾸로 배열한 뒤에 프로젝트 이름을 결합하여 사용한다. 예를 들어, 자신의 도메인 이름이 example.com 이라면 패키지 이름은 이 도메인 이름을 거꾸로 표시한 com.example 에 위 helloworldsample 이 결합된 com.example.helloworldsample 이 된다. 이 패키지 이름은 나중에 구글의 Play Store 에 자신의 앱을 배포할 때에도 사용되므로 유일한 이름으로 지정되어야한다. 만일 배포할 생각이 없다면 자동으로 지정된 이름을 사용해도 좋다.

그 다음 줄 Save Location 은 현재 프로젝트가 생성될 위치를 지정하는데 만일 현재 위치가 아닌 다른 위치로 변경하고자 한다면 오른쪽에 위치한 "…"을 눌러 그 위치를 변경할 수 있다. 그 다음 줄 Language 항목에서 Java 혹은 Kotlin 둘 중 하나를 선택한다. 여기서는 Java를 선택한다.

그 다음, 기본으로 설정된 Minimum SDK 버전을 "API 15: Android 4.0.3 (IceCream Sandwitch)"로 선택한다. 이것은 이 앱이 요구하는 SDK 의 최소 버전으로 이 SDK 버전 이상을 사용하는 기기에서는 거의 동작된다. 그 아래 This project will support instant apps 체크 상자는 체크 되지 않은 그대로 둔다. 안드로이드 스튜디오 최신 버전에서는 인스턴트 앱(instant apps)을 지원하는데 인스턴스 앱이란 웹에서도 동일하게 동작되는 앱을 의미한다. 그 다음 줄의 Use AndroidX artifacts 체크 상자 역시 체크 되지 않은 그대로 둔다. AndroidX 는 앱을 더 쉽게 구현할 수 있도록 지원되는 Jetpack 과 함께 제공되며 기존에 사용되는 지원 라이브러리(Support Library)에 새로운 기능을 추가한 라이브러리이다. 모두 이상 없이 입력하였다면 Finish 버튼을 눌러 프로젝트를 생성한다.

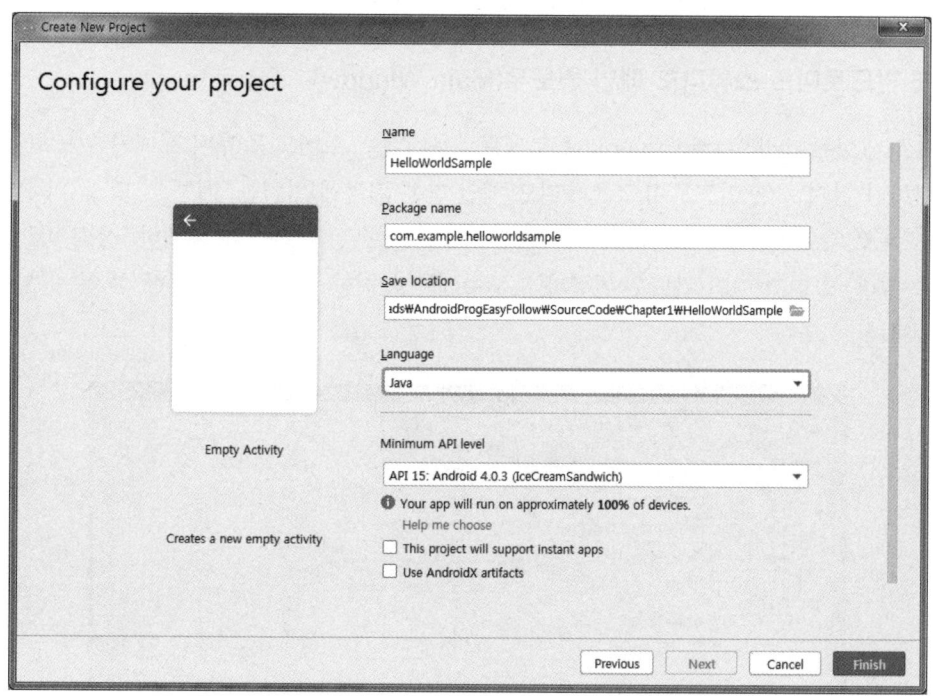

그림 1.25 안드로이드 프로젝트 설정 및 생성 종료

4 이제 컴파일 과정을 거친 뒤 다음 그림과 같이 HelloWorldSample 프로젝트가 생성된다.

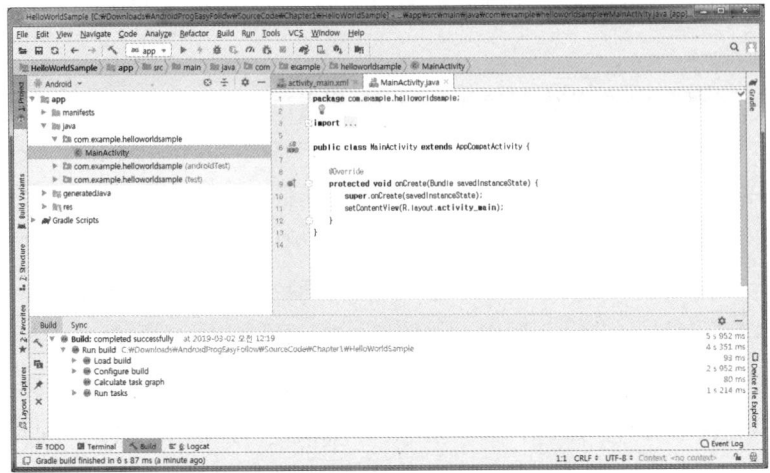

그림 1.26 HelloWorldSample 프로젝트 생성 완료

1.3.6 안드로이드 스튜디오 메인 윈도우(Main Window)

위에서 생성된 HelloWorldSsample 프로젝트로부터 안드로이드 스튜디오 메인 윈도우의 구성을 하나하나 살펴보자. 안드로이드 스튜디오 메인 창은 위쪽에 위치한 "메뉴 바 및 툴 바", 왼쪽에 위치한 "프로젝트 윈도우", 오른쪽에 위치한 "에디터 윈도우", 아래쪽에 위치한 "상태 바" 등으로 나눌 수 있다. 그리고 메인 윈도우 왼쪽과 오른쪽에는 이러한 윈도우를 선택할 수 있는 "도구" 들이 위치한다.

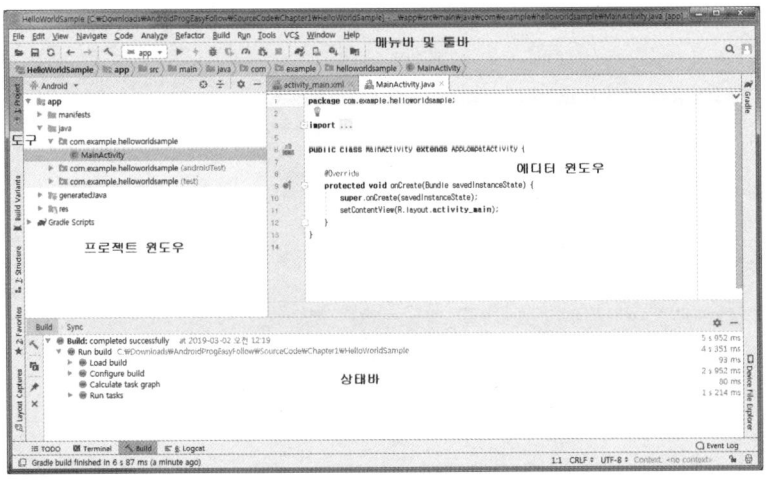

그림 1.27 메인 윈도우의 구성

28 안드로이드 프로그래밍 쉽게 따라하기

1.3.6.1 메뉴 바 및 툴 바

메뉴 바와 툴바는 안드로이드 스튜디오의 가장 위쪽에 위치한다. 일반적으로 메뉴 바는 위쪽에 위치하고 아래쪽에 툴바가 위치한다. 툴바를 표시하기 위해서는 View 메뉴에서 Toolbar를 선택해준다. 메뉴 바는 안드로이드 환경에 필요한 여러 가지 기능을 제공하는 메뉴 항목으로 구성된다. 또한 툴바는 메뉴 바 항목들 중 자주 사용되는 기능을 빨리 실행시킬 수 있는데 기본으로 제공되는 항목 대신 자신이 자주 사용되는 기능으로 변경하거나 추가 가능하다. 원하는 항목을 추가하거나 변경하고자 하려면 마우스를 "툴 바"에 위치시키고 오른쪽 마우스 버튼을 누른 상태에서 "Custmize Menus and Toolbars"를 선택한다. 다음 그림은 메뉴 바 및 툴바를 보여준다.

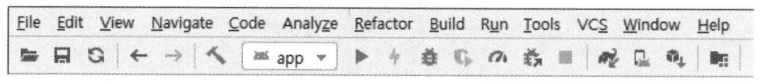

그림 1.28 메뉴 바 및 툴바

1.3.6.2 도구(Tool)

도구는 메인 윈도우의 왼쪽 끝, 오른쪽 끝 그리고 아래쪽 끝에 위치하여 원하는 도구 윈도우를 빠르게 표시할 수 있다. 도구 윈도우는 프로젝트 관리를 포함하여 여러 가지 유용한 기능의 윈도우들을 제공한다. 일반적으로 안드로이드 스튜디오 메인 윈도우 왼쪽 아래에 위치한 사각형 모양 위에 마우스를 위치시키면 사용가능한 여러 도구 윈도우 메뉴가 나타난다.

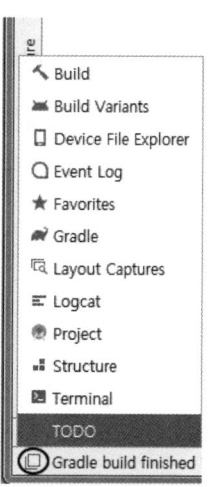

그림 1.29 도구 메뉴

특히 메인 윈도우 왼쪽에는 자주 사용되는 5가지 도구 탭을 제공하여 언제든지 원하는 도구 윈도우를 바로 표시할 수 있다.

➡ 프로젝트(Project) 윈도우

가장 왼쪽에서 첫 번째 "1:Project" 항목을 선택하면 나타난다. 가장 자주 사용되는 도구로서 프로젝트를 구성하는 파일 구조를 보여주고 원하는 항목을 바로 에디터 윈도우에 표시할 수 있다.

즉, 프로젝트 윈도우에서 원하는 항목을 더블 클릭하면 바로 데이터 화면에 표시된다.

그림 1.30 프로젝트 윈도우

➡ 구조(Structure) 윈도우

가장 왼쪽에서 두 번째 "7:Structure" 항목을 선택하면 나타난다. 구조 도구에서는 에디터에 표시되는 소스 파일의 구조를 클래스, 메소드, 변수 등으로 볼 수 있는 기능을 제공하여 소스 파일의 구조를 한 눈에 볼 수 있도록 해준다.

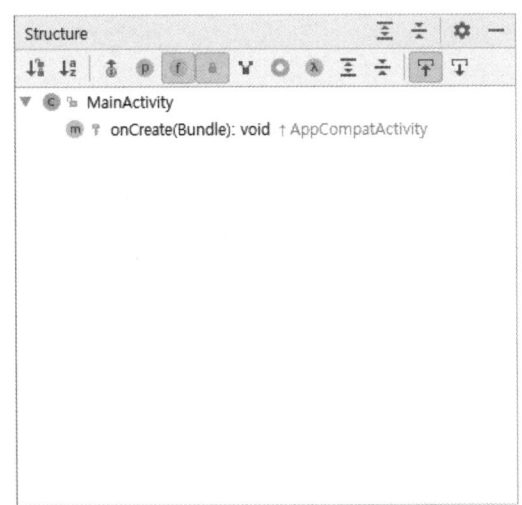

그림 1.31 구조 윈도우

➡ 레이아웃 캡처(Layout Capture) 윈도우

가장 왼쪽에서 세 번째 "Captures" 항목을 선택하면 나타난다. 안드로이드 모니터(Android monitor) 도구 윈도우에서 생성된 실행 데이터 파일(performance data file)을 통하여 실행 중인 앱에 대한 여러 가지 데이터 자료 즉, 자료 할당(Allocation Tracking), 힙 스냅샷(Heap Snapshot) 등을 알아낼 수 있다.

그림 1.32 캡처 윈도우

➡ 빌드 베어리언트(Build Variant) 윈도우

가장 왼쪽에서 네 번째 "Build Variant" 항목을 선택하면 나타난다. 이 도구 윈도우는 현재 어플리케이션에 대한 빌드 타겟(Debugging 혹은 Release)에 대한 설정을 처리할 수 있다.

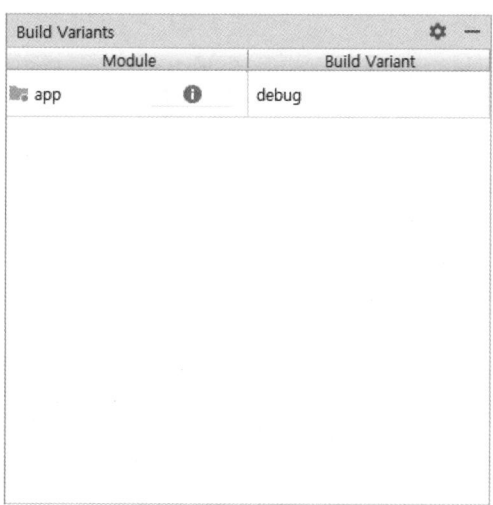

그림 1.33 빌드 베어리언트 윈도우

➡ 즐겨찾기 리스트(Favorites) 윈도우

가장 왼쪽에서 다섯 번째 "5:Favorites" 항목을 선택하면 나타난다. 프로젝트 리스트에서 파일이 많은 경우, 그 파일을 즐겨 찾기 리스트에 등록시키면 언제든지 쉽게 즐겨 찾기 리스트를 통하여 원하는 파일을 참조할 수 있다. 즐겨 찾기 리스트에 등록하기 위해서는 프로젝트 도구에서 원하는 항목을 선택한 뒤, Add to Favorite 메뉴 항목으로 등록시키면 된다.

그림 1.34 즐겨찾기 리스트 윈도우

1.3.6.3 에디터 윈도우

안드로이드 스튜디오의 오른쪽에 위치하는 에디터 윈도우는 현재 작업 중인 도구에 따라 관련된 파일의 내용을 보여준다. 주로 프로젝트 도구에서 파일 혹은 레이아웃 파일의 작성과 수정을 할 때 사용된다.

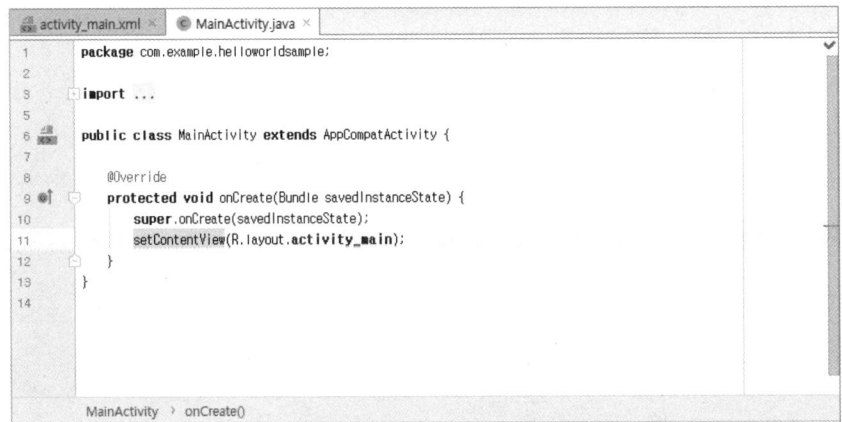

그림 1.35 에디터 윈도우

1.3.6.4 상태 바(Status Bar)

상태 바는 안드로이드 스튜디오 작업 중 발생되는 정보와 메시지를 표시하는 기능을 한다. 또한 표시되는 정보 메시지를 클릭하여 더 자세한 정보를 얻을 수 있다.

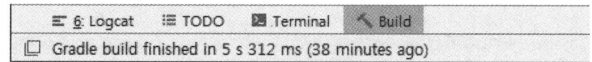

그림 1.36 상태 바

1.3.7 안드로이드 가상 기기 생성

안드로이드 스튜디오를 사용하여 앱을 개발하기 위해서는 실제 기기 혹은 안드로이드 가상 기기(Android Virtual Device, AVD)가 필요하다. 실제 기기가 있다면 가장 좋지만 어떤 사정으로 인하여 실제 기기를 사용하지 못한다면 가상 기기를 생성하여 사용할 수 있다.

가상 기기를 사용하기 위해서 다음 단계를 실행시킨다.

그대로 따라하기

1 안드로이드 스튜디오에 HelloWorldSample 프로젝트를 로드시킨다. 안드로이드 스튜디오 메뉴에서 Tools-AVD Manager를 선택하면 다음과 같이 안드로이드 가상 장치 관리자(Android Virtual Device Manager) 초기 화면이 나타난다. 가상 장치를 생성하기 위해서 중앙에 위치한 Create Virtual Device 버튼을 누른다.

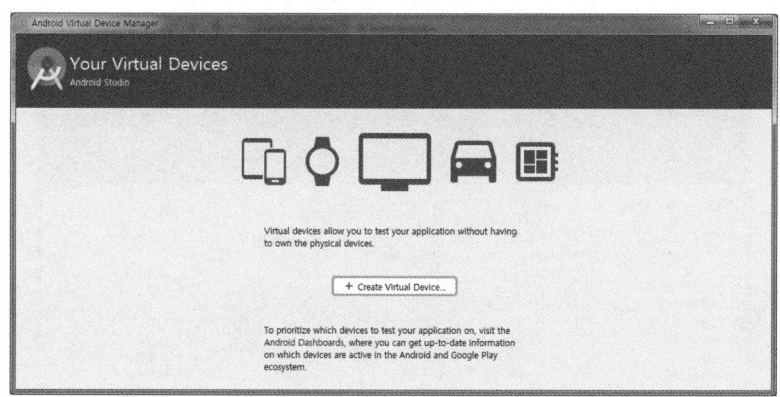

그림 1.37 안드로이드 가상 장치 관리자 초기 화면

2 이때 다음과 같이 하드웨어 선택(Select Hardware) 화면이 나타난다. 여러 하드웨어 프로파일 중 원하는 크기의 화면을 가진 가상 장치를 선택한다. 선택할 때 너무 최근 하드웨어를 선택하는 경우, 속도가 느릴 수 있으므로 자신의 시스템에 맞게 적당한 하드웨어를 선택

한다. 여기서는 3.7 인치 Nexus One을 선택하고 아래쪽 Next 버튼을 누른다.

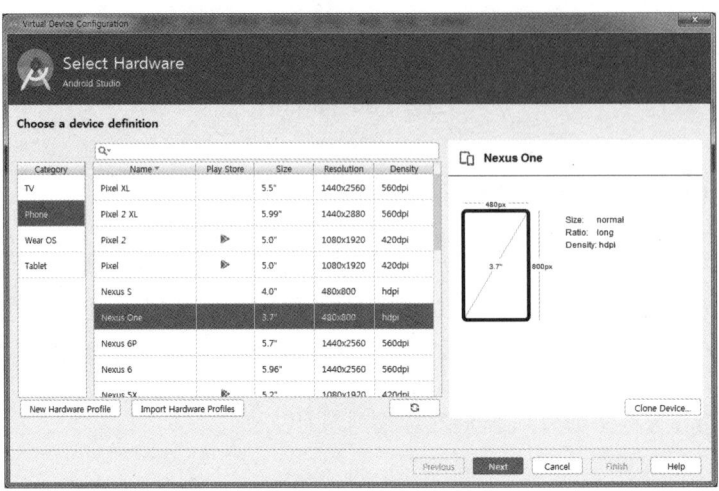

그림 1.38 하드웨어 선택 화면

③ 그 다음, 시스템 이미지(System Image) 선택 화면이 나타난다. 이전과 마찬가지로 원하는 시스템 이미지를 선택해준다. 여기서 선택되는 이미지가 가상 장치의 OS 로 지정된다.

만일 첫 번째 Recommended 탭 에 원하는 이미지가 없는 경우, 두 번째 x86 Images 탭을 눌러 이미지를 선택해 준다. 여기서는 두 번째 탭 x86 Images 의 Jelly Bean(Android 4.1) 이미지를 다운받는다. Component Installer 대화상자를 이용하여 이미지를 다운한 뒤, Next 버튼을 눌러 다음 화면으로 이동한다.

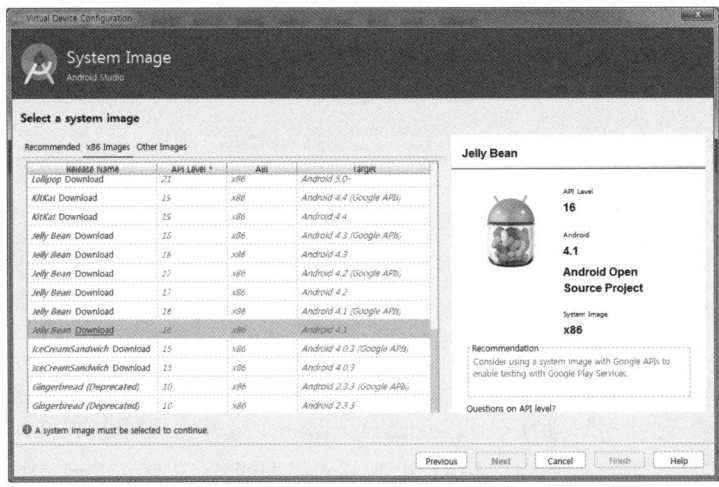

그림 1.39 시스템 이미지 선택 화면

4 그 다음, 설정 사항(Verify Configuration) 화면이 나타나는데 여기서는 AVD Name 항목에 "Nexus One Phone"을 입력하고 나머지를 그대로 둔 상태에서 Finish 버튼을 눌러 종료한다.

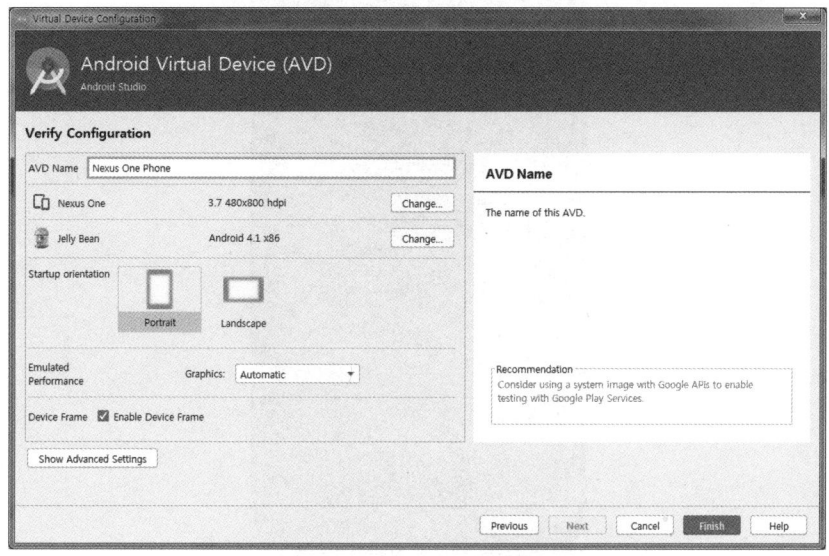

그림 1.40 최종 설정 사항 표시 화면

5 이제 가상 장치 리스트에는 조금 전에 설정한 "Nexus One Phone" 가상 장치가 나타나는데 오른쪽에 위치한 Action 항목 아래에 위치한 실행 버튼(▶)을 눌러 실행시킨다.

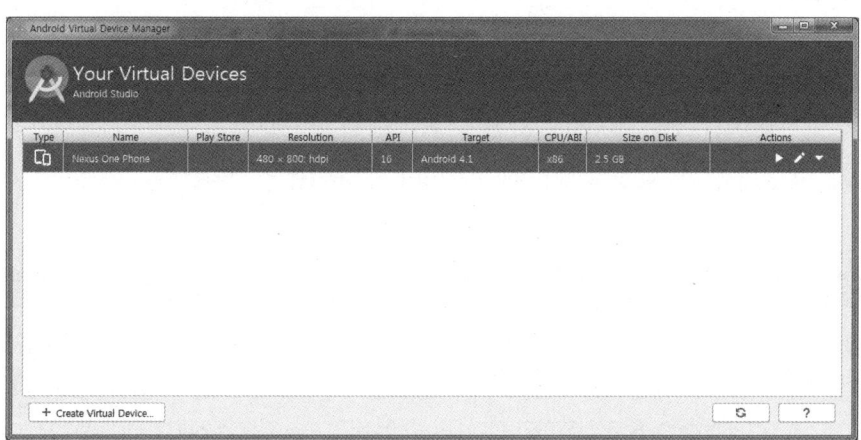

그림 1.41 "Nexus One Phone" 가상 장치 실행

6 잠깐 기다리면 다음과 같이 가상 기기가 실행되어 화면에 표시된다.

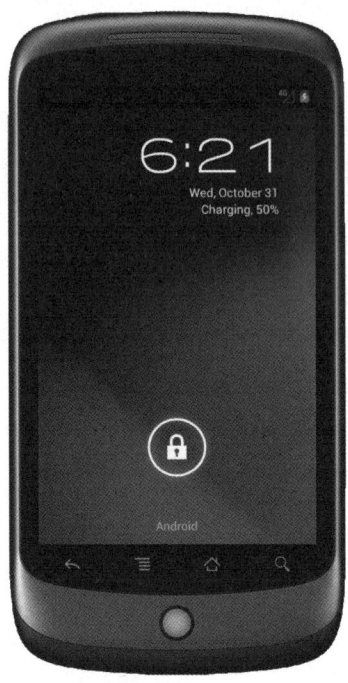

그림 1.42 가상 기기 실행

원리 설명

이전 버전의 안드로이드 스튜디오에서 실행되는 가상기기는 상당히 느려 많은 인내심을 요구하였다. 하지만 최신 버전의 안드로이드 스튜디오에서는 윈도우 10에서 제공되는 Hyper-V 혹은 인텔사에서 제공되는 HAXM 을 사용하여 빠른 속도를 제공한다. 또한 최신 버전에서는 인텔뿐만 아니라 AMD 프로세서를 사용할 때에도 에뮬레이터 가속 기능을 지원한다.

참고
인텔과 AMD 의 가속 기능

인텔에서는 HAXM 이라는 기술을 제공하는데 이 기술은 호스트 컴퓨터에서 안드로이드 앱 에뮬레이터 속도를 높일 수 있는 하드웨어 기반 가상화 엔진이다. 이 기술을 사용하기 위해서는 자신이 사용 중인 보드에서 Intel Virtualization Technology를 지원해야만 한다. AMD 에서도 가속 기능을 지원하는데 AMD Ryzen 프로세서를 사용해야한다. 또한 윈도우 10 에서 Hyper-V 옵션을 사용가능으로 지정하여 Windows Hypervisor Platform 기능을 사용해야만 한다.

가상기기가 실행되면 가상 기기 오른쪽에는 다음과 같은 툴 바(Toolbar) 버튼이 나타난다. 각 버튼의 기능은 다음과 같다.

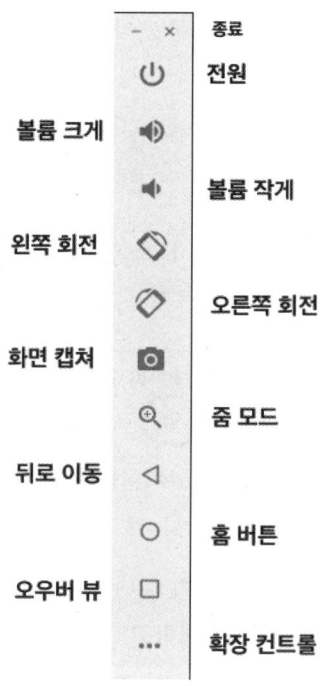

그림 1.43 가상 기기의 툴 바 버튼

- 종료 : 에뮬레이터를 종료시킬 때 사용된다.
- 전원 : 실제 안드로이드 기기의 전원 버튼 역할을 한다. 한 번 누를 때마다 화면의 전원을 끄고 켤 수 있다.
- 볼륨 크게: 볼륨을 크게 하고자 할 때 사용된다.
- 볼륨 작게: 볼륨을 작게 하고자 할 때 사용된다.
- 왼쪽 회전 : 화면을 왼쪽으로 회전시킨다.
- 오른쪽 회전 : 화면을 오른쪽으로 회전시킨다.
- 화면 캡쳐 : 화면을 캡쳐한다.
- 줌 모드 : 화면을 확대 하거나 축소시킨다.
- 뒤로 이동 : 이전 화면 상태로 이동한다.
- 홈 버튼 : 실제 안드로이드 기기의 홈 버튼 역할을 한다. 홈 화면으로 이동한다.
- 오우버뷰(overview): 현재 실행중인 앱을 표시한다.

- 확장 컨트롤 : 위치(Location), 이동전화(Cellular), 배터리(Battery), 전화(Phone) 등과 같은 부가 기능의 옵션을 설정할 때 사용된다.

이번에는 위에서 작성된 앱을 가상 기기를 통하여 실행시켜보자.

그대로 따라하기

[1] 안드로이드 스튜디오에 위에서 작성한 HelloWorldSample 프로젝트를 로드시킨 뒤, 다음과 같이 중앙 상단부에 위치한 녹색 삼각형 모양의 실행 버튼을 누른다.

그림 1.44 실행 버튼

[2] 이때 다음과 같이 기기 선택 대화 상자가 나타난다. 이때 위에서 생성한 Nexus One Phone 가상 장치가 표시되는데 이 장치를 선택하고 OK 버튼을 누른다.

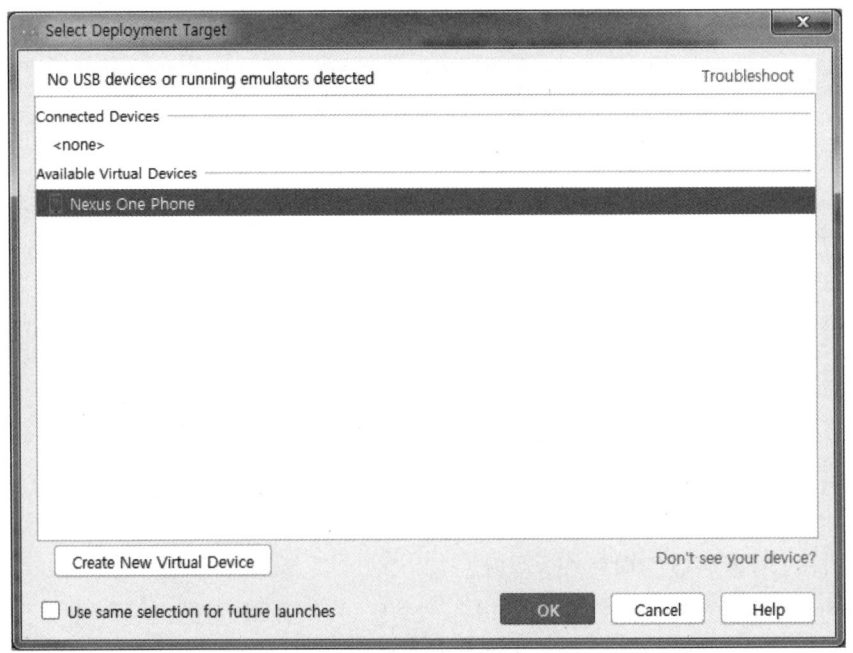

그림 1.45 기기 선택 대화 상자

3 잠시 기다리면 다시 가상 기기 화면이 표시되고 가상기기 초기 화면이 나타난다. 이 화면이 나타났을 때 실제 기기처럼 마우스로 왼쪽에서 오른쪽으로 밀어주면 다음과 같이 가상 기기에서 HelloWorldSample 앱을 볼 수 있다.

그림 1.46 가상 기기에서 실행된 HelloWorldSample

4 이제 가상 기기를 종료시켜보자. 에디터 위쪽에 표시되는 여러 아이콘 중 위에서 빨간색 종료(■ 모양) 아이콘을 누르면 실행 중인 앱이 종료된다. 폰을 완전히 종료시키고자 한다면 가상 기기의 툴바 중 종료 버튼을 눌러주면 된다.

그림 1.47 종료 버튼

1.3.8 실제 기기 연결

위에서 생성한 가상 기기는 실제 기기가 없을 때 유용하게 사용할 수 있지만 GPS, 가속도 센서, 자이로스코프 센서, 온도 센서 등을 사용하는 앱을 개발해야 한다면 가상 기기보다는 실제기기를 사용하는 것이 더 좋다.

맥의 안드로이드 스튜디오에서 실제 기기 연결은 크게 문제되지 않지만 윈도우즈 버전의 안드로이드 스튜디오에서는 자신의 사용하는 기기의 제조회사에서 제공하는 관련 USB 드라이버를 설치해주어야 한다.

예를 들어 삼성 제품은 다음 사이트에서 통합 USB 드라이버를 다운받아 설치한다.

http://local.sec.samsung.com/comLocal/support/down/kies_main.do?kind=usb

LG 제품을 사용하는 경우, 다음 사이트에서 LG United Mobile 드라이버를 다운받아 설치한다.

http://www.lge.co.kr/lgekor/download-center/downloadCenterList.do

실제 기기를 사용하기 위해 한 가지 처리가 더 필요하다. 반드시 처리해야할 한 가지는 사용하고자 하는 기기의 환경설정 항목에서 "USB 디버깅" 항목을 활성화해주어야 한다. 사실 이 항목은 제조사 및 제품기기 버전 마다 약간씩 다른데 삼성 갤럭시 제품의 경우에는 설정-개발자 옵션 항목 안에 위치한다.

그림 1.48 USB 디버깅 활성화

> **참고**
> **개발자 옵션 항목이 보이지 않는 경우**
>
> 대부분의 폰에서는 일반 사용자를 위주로 하여 개발자 옵션 항목이 보이지 않도록 지정되어있다. 개발자 옵션을 표시하기 위해서는 "휴대전화 정보" 혹은 "디바이스 정보" 항목을 선택한 뒤에 그 안에 위치한 "빌드 번호" 항목을 7 번 클릭해준다.

드라이버 설치와 기기의 USB 디버깅 설정을 하였다면 먼저 에디터 위쪽에 있는 툴바의 "Run MainActiviy" 녹색 버튼(▶)을 눌러 앱을 실행시켜본다. 이때 기기 선택 대화 상자에서 연결된 기기가 나타나면 상관없지만 만일 연결된 기기가 표시되지 않고 "Unkown" 이라고 표시되는 경우 다음 단계에 따라 처리해본다.

그대로 따라하기

1. 안드로이드 스튜디오에 HelloWorldSample 프로젝트를 로드시키고 실제 기기를 PC 에 연결시킨다. 앱을 실행하기 전에 실제 기기가 제대로 연결되었는지 확인하기 위해 안드로이드 스튜디오의 Tools 메뉴의 Connection Assistant 를 실행시킨다. 이때 안드로이드 스튜디오 오른쪽에 Assistant 화면이 표시되고 현재 연결된 기기에 대한 정보를 보여준다.

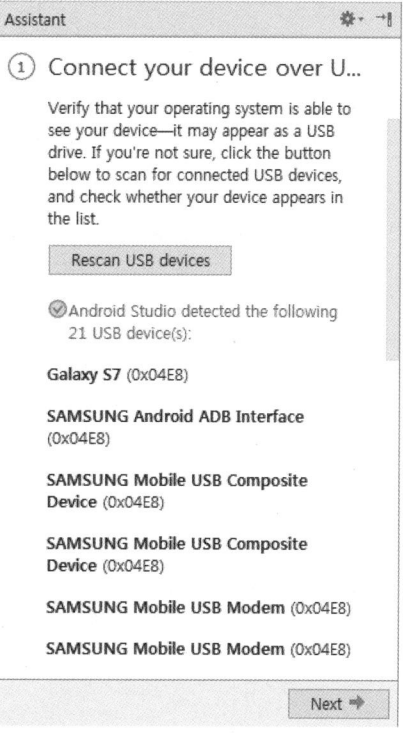

그림 1.49 Connection Assistant - 1단계

2 이어서 그 아래쪽에 위치한 Next 버튼을 누르면 연결된 기기에 위치한 "USB 디버깅" 설정을 하라는 메시지를 표시한다. 이 USB 디버깅 항목은 '개발자 옵션'에 위치하는데 '개발자 옵션'이 보이지 않은 경우, 안드로이드 8.0 이상에서는 설정-시스템-전화 정보로 가서 빌드번호를 7 번 클릭한다. 안드로이드 4.2 에서 7.1.2 까지는 설정-전화 정보로 가서 빌드 번호를 7번 클릭하면 나타난다.

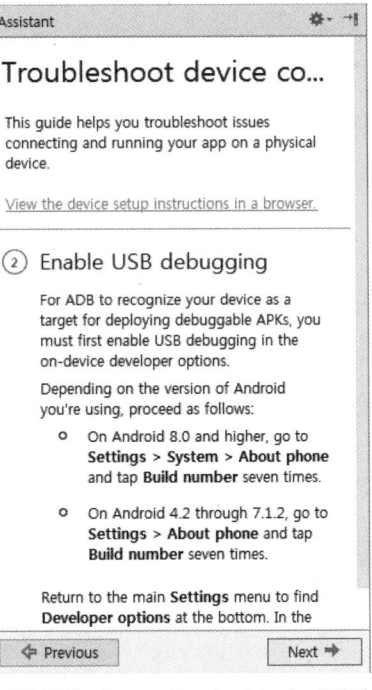

그림 1.50 Connection Assistant - 2단계

3 마지막 3 단계에서는 "적어도 하나의 안드로이드 장치가 연결되었다"는 메시지가 표시되지 않은 경우, 중앙에 위치한 "Restart ADB server" 버튼을 누른다.

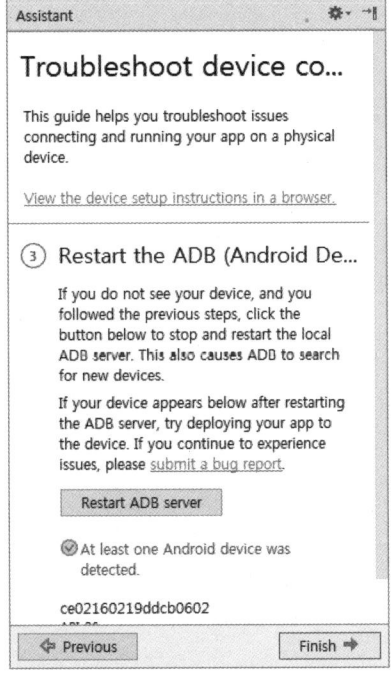

그림 1.51 Connection Assistant - 3단계

④ 이때 연결된 폰에서는 USB 디버깅을 허용할 것인지 묻는 대화상자가 나타나는데 이 컴퓨터에서 항상 허용한다는 체크상자에 체크하고 OK를 눌러준다. 만일 이렇게 했는데도 그림 1.51과 같이 "At least one Android device was detected." 라는 메시지가 표시되지 않으면 다시 자신의 기기와 관련된 통합 USB 드라이버를 설치해보고 자신의 기기의 USB 디버깅 설정이 제대로 되어있는 지 확인한다.

그림 1.52 USB 디버깅을 허용

⑤ 이제 Connection Assistant 윈도우의 Finish 버튼을 누르고 에디터 위쪽에 있는 툴바의 "Run MainActiviy" 녹색 버튼(▶)을 누른다.

그림 1.53 Run MainActiviy 버튼 선택

6 이때 다음과 같이 기기 선택 대화 상자가 나타난다. 이때 위에서 생성한 Nexus One 가상 장치뿐만 아니라 실제 기기까지 나타난다. 여기서는 실제 기기를 선택하고 OK 버튼을 누른다.

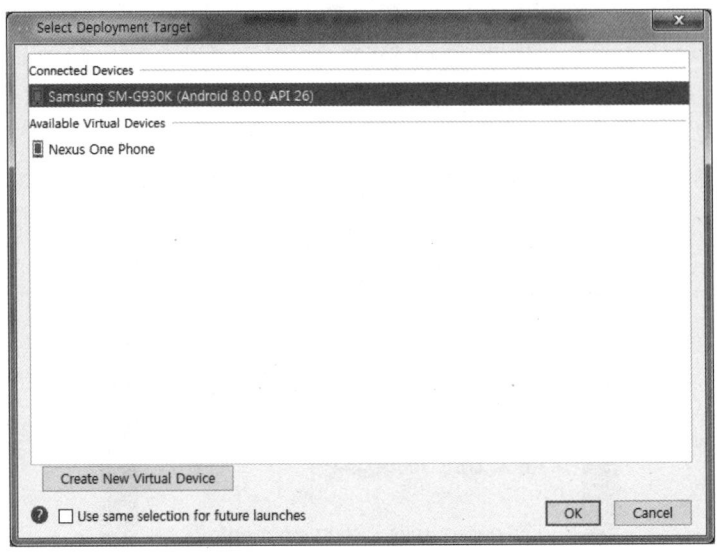

그림 1.54 기기 선택 대화 상자

7 잠시 기다리면 실제 기기에서 초기 화면이 나타난다. 이 화면이 나타나면 왼쪽에서 오른쪽으로 밀어주면 다음과 같이 실제 기기에서 HelloWorldSample 앱을 볼 수 있다.

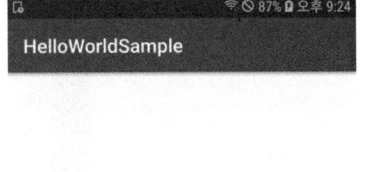

그림 1.55 실제 기기에서 실행된 HelloWorldSample

8 이제 실제 기기를 종료시켜보자. 안드로이드 스튜디오 메인 윈도우 위쪽에 표시되는 여러 아이콘 중 위에서 빨간색 종료(■ 모양) 아이콘을 누르면 실행 중인 앱이 종료된다.

그림 1.56 빨간색 종료 아이콘 선택

1.4 안드로이드 어플리케이션 기초

안드로이드 스튜디오를 이용하여 어플리케이션을 작성하기 전에 기본적인 안드로이드 어플리케이션에 대한 개념을 살펴보도록 하자. 안드로이드는 다음과 같이 리눅스 커널(Linux Kernel), 라이브러리(Libraries)/안드로이드 런타임(Android Runtime), 어플리케이션 프레임 워크, 어플리케이션으로 구성된다.

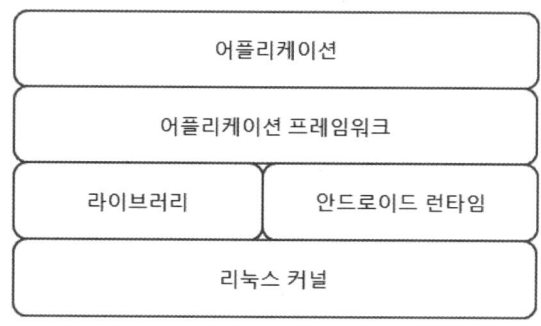

그림 1.57 안드로이드 구조

위 그림에서 알 수 있듯이 안드로이드 커널은 안드로이드 가장 아래쪽에 위치하는 것으로 디바이스 하드웨어와 안드로이드 소프트웨어 사이 계층을 담당한다. 리눅스는 버전 2.6을 사용하고 있고 멀티 테스킹, 메모리 관리, 프로세스 관리, 네트워크, 장치 드라이버와 같은 시스템 서비스를 제공한다.

커널 위에 위치하는 라이브러리는 자바 개발 라이브러리뿐만 아니라 안드로이드 개발에 필수적인 많은 라이브러리를 제공한다. 안드로이드 런타임은 하나의 가상머신에서 하나의 프로세서를 이용하여 바이트 코드를 네이티브 명령어(native instructions)으로 바꾸어 준다.

이 위에 존재하는 어플리케이션 프레임워크는 안드로이드 어플리케이션이 실행되고 관리하기 위한 환경 즉, API 함수들을 제공한다. 이 프레임워크에는 액티비티 관리자, 인텐트 관리자, 리소스 관리자 등이 포함된다.

가장 상위에 위치한 어플리케이션은 이러한 아래 단계의 중요 요소를 사용하여 실행되고 관리된다. 주로 개발자들이 관여하는 부분은 바로 이 어플리케이션이다. 안드로이드 어플리케이션은 어플리케이션 프레임워크와 자바 언어로 개발한다.

1.4.1 어플리케이션 작성 및 설치

어플리케이션은 어떻게 작성되어지고 기기에서 실행될까? 위의 안드로이드 구조에서 알 수 있듯이 개발자는 자바 언어와 어플리케이션 프레임워크를 이용하여 코딩을 하면 .java 파일이 생성된다. 이 자바 파일과 .xml 파일 그리고 여러 리소스 파일을 결합하여 컴파일을 처리하면 먼저 .class 파일이 만들어지고 이 .class 파일을 다시 안드로이드 DX 툴을 이용하여 .dex 파일을 만들게 된다. 이 .dex 파일은 달빅 바이트 코드로 변환되며 코드 크기가 상당히 줄어든다. 이 파일은 다시 apkbuilder를 통하여 .apk 파일이 생성되는데 이 최종 .apk 파일을 안드로이드 Play 스토어에 올리고 많은 사용자들은 이 파일을 각각의 자신의 기기에 다운받아 사용하게 된다.

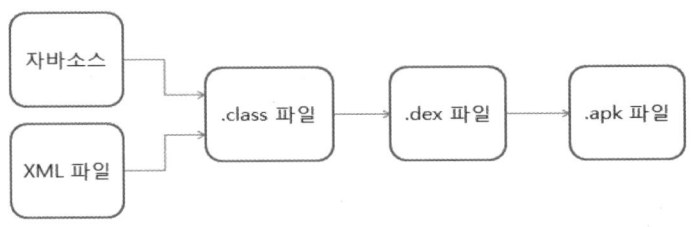

그림 1.58 어플리케이션 설치 과정

1.4.2 안드로이드 어플리케이션 구성요소

안드로이드 어플리케이션의 마치 레고 블록처럼 여러 구성요소로 구성된다. 각각의 구성요소는 독립적으로 사용가능하기도 하지만 다른 어플리케이션에서 현재 어플리케이션의 특정한 구성요소를 호출하여 사용할 수도 있다. 이러한 안드로이드 구성요소는 다음과 같다.

1.4.2.1 액티비티(Activity)

액티비티는 어플리케이션의 독립적인 모듈로서 보통 하나의 사용자 인터페이스와 이 인터페이스에 포함된 기능을 의미한다. 예를 들어, 위에서 작성한 첫 번째 어플리케이션은 Hello World

를 출력하는 하나의 액티비티로 구성된다. 물론 어플리케이션은 하나의 액티비티뿐만 아니라 이 액티비티와 연결된 다른 액티비티를 가질 수도 있다. 액티비티는 Activiy 클래스의 서브클래스로 생성가능하며 다른 액티비티와 독립적인 상태로 사용하기 위해서 반드시 구현해야만 한다.

1.4.2.2 인텐트(Intent)

위에서 안드로이드 어플리케이션은 자신의 구성요소가 아닌 다른 어플리케이션의 구성 요소를 실행시킬 수 있다고 했는데 이러한 처리 기능을 인텐트(Intent)라고 한다. 예를 들어, 사진을 찍어 그 사진의 형태를 바꾸는 앱을 만들고자 한다고 가정해보자. 사진을 찍는 기능은 이미 안드로이드에서 제공하는 기능이므로 따로 만들 필요 없고 단지 인텐트를 사용하여 그 기능에 대한 이름을 전달하면 안드로이드에서 찾아 사진을 찍는 기능을 실행해준다. 인텐트는 명시적 인텐트(Explicit Intent)와 암시적 인텐트(Implicit Intent) 두 가지가 있다. 명시적 인텐트는 원하는 액티비티에 대한 클래스 이름을 지정하여 호출하는 인텐트이고 암시적 인텐트는 클래스 이름이 아닌 처리하고자 하는 액션 혹은 그 액션에 대한 데이터로 호출한다.

1.4.2.3 안드로이드 서비스

안드로이드 서비스는 백그라운드에서 실행되는 프로세스로 사용자 인터페이스 화면은 제공하지 않는다. 일반적으로 특정한 화면 없이 오래 동안 처리해야할 작업 기능을 구현하고자 할 때 사용된다. 예를 들어, 특정 어플리케이션의 업데이트를 검사하고 업데이트 처리를 하고자 할 때 안드로이드 서비스를 사용하여 작성할 수 있다. 서비스는 시작하면 무한정 실행되는 시작 서비스(started service)와 특정 앱티비티가 실행하는 동안에만 실행되는 바운드 서비스(bound service)로 나눌 수 있다.

1.4.2.4 방송 수신자(Broadcast Receivers)

방송수신자는 어플리케이션 사이에서 Broadcast 인텐트에 응답하는 메커니즘을 말한다. 예를 들어, 배터리가 부족하여 연결이 끊어지기 전에 메시지를 보내거나 메모리 카드를 입력하거나 제거시킬 때 나타나는 알림 메시지를 방송수신자를 이용하여 처리할 수 있다. 방송수신자 역시 백그라운드로 동작되며 사용자 인터페이스 화면을 제공하지 않는다.

1.4.2.5 콘텐트 제공자(Content Provider)

콘텐트 제공자는 어플리케이션 사이에서 자료를 공유하거나 제공하는 메커니즘을 말한다. 즉,

한 어플리케이션은 다른 어플리케이션에서 사용할 수 있는 자료를 제공하고 그 자료는 파일 시스템, 데이터베이스, 웹에서 저장될 수 있다. 예를 들어, 콘텐트 제공자를 사용하면 전화번호 어플리케이션에 있는 이름과 전화번호를 그대로 자신의 어플리케이션에서 사용할 수 있게 된다.

1.5 기본 어플리케이션 구성

이제 위에서 생성한 HelloWorldSample 어플리케이션이 어떻게 구성되어 있는지 살펴보자.

HelloWorldSample 어플리케이션 프로젝트를 로드하고 왼쪽의 Project 탭을 클릭하면 기본적으로 Android 그룹이 선택된다. 마우스로 Android 그룹을 선택하면 선택 가능한 여러 그룹을 보여준다.

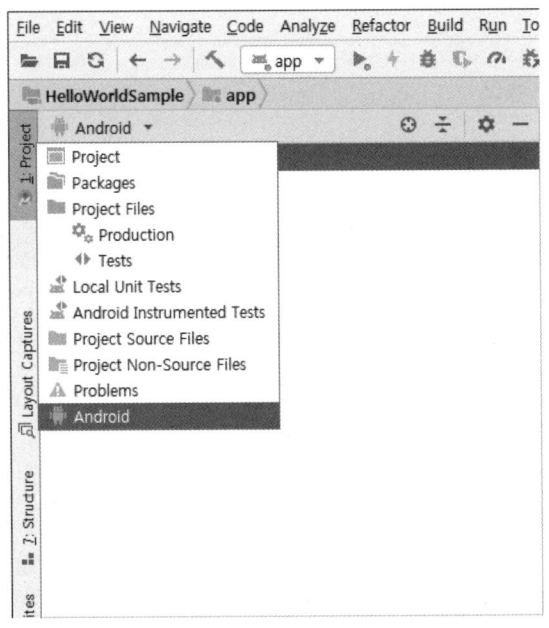

그림 1.59 Android 그룹 선택

기본적으로 선택된 Android 그룹은 "app" 폴더와 "Gradle Scripts" 폴더를 보여준다(그림 1.60 참조). app 폴더는 어플리케이션과 관련된 자료를 보관하고 Gradle Script 폴더는 프로젝트 빌드 처리시 필요한 스크립트를 보관한다.

app 폴더 아래쪽에는 어플리케이션을 구성하는 여러 폴더가 다시 나타난다. 다음 표 1.1 은 Android 그룹의 app 폴더를 구성하는 중요한 폴더에 대한 설명이다.

표 1.1 Android 탭의 App 폴더를 구성하는 주요 폴더

폴더 이름	설명
manifest	어플리케이션을 구성하는 여러 구성 요소의 기능과 속성을 지정하는 AndroidManifest.xml 파일을 보관한다.
java	소스 코드 파일을 보관한다.
generatedJava	디버깅처리 등의 정보를 갖는 BuildConfig.java 을 보관한다.
res	리소스 파일을 보관한다. 특히 그 아래 layout 폴더에 위치한 active_main.xml 파일은 앱 화면을 구성하는 레이아웃에 관련된 중요한 파일이다.

위 표에서 알 수 있듯이 app 폴더 아래쪽에는 프로젝트로 구성하는 중요한 폴더들이 있는데 manifest 폴더에는 어플리케이션을 구성하는 여러 구성 요소의 기능과 속성을 지정하는 AndroidManifest.xml 파일이 있고 java 폴더에는 3개의 소스 코드 폴더 즉, helloworldsample, helloworldsample(androidTest), helloworldsample(test) 가 위치하는데 이 중 첫 번째 위치한 helloworldsample 폴더 안에 위치한 MainActivity를 클릭하여 소스 코드를 표시할 수 있다. 그 다음, generatedJava 는 BuildConfig.java 를 제공한다. 안드로이드 스튜디오에서는 빌드 자동화를 위해 Gradle 이라는 툴을 사용한다. 이 툴을 이용하여 자신에 맞는 빌드 옵션을 지정할 수 있는데 이 툴에서 BuildConfig.java 파일을 생성하여 설정된 정보를 보관하게 된다. 이 파일은 자동으로 생성되는 파일이므로 사용자가 수정할 수 없다.

그 아래 res 폴더에는 이 앱에서 사용하는 여러 리소스 파일들을 보관한다. 특히 layout 폴더에 위치한 active_main.xml 파일은 앱 화면을 구성하는 중요한 파일로 UI(User Interface)를 담당한다. 다음 그림 1.60은 app 폴더 아래 위치한 여러 폴더들을 보여준다.

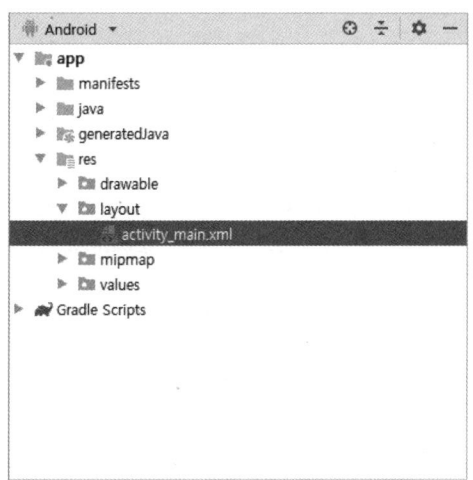

그림 1.60 app 폴더 아래 여러 폴더

이제 코드 파일을 보관하는 java 폴더와 리소스 파일을 보관하는 res 폴더를 하나씩 살펴보자.

1.5.1 코드 파일

위에서 설명하였듯이 java 폴더 아래쪽에는 helloworldsample 프로젝트를 대표하는 com.example.helloworldsample 폴더가 위치하는데 이 폴더 아래쪽에 MainActivity.java 파일이 존재한다. 이 파일을 선택하면 오른쪽 에디터 화면에 다음과 같이 소스 코드가 나타난다.

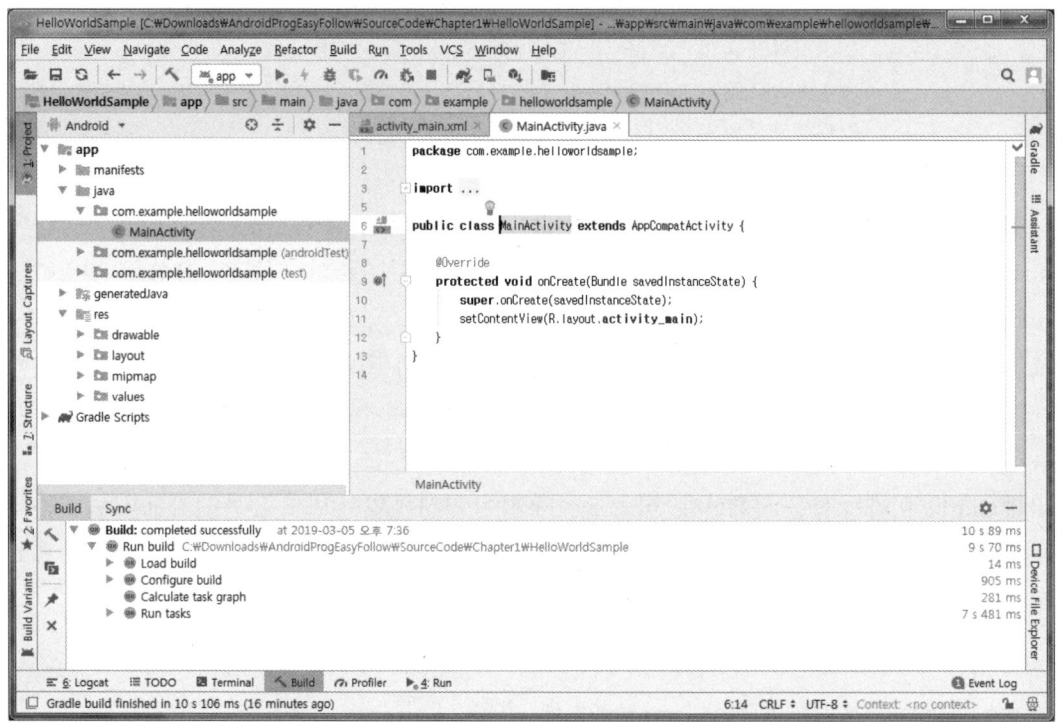

그림 1.61 MainActivity.java 파일

MainActivity.java 파일의 코드를 하나씩 살펴보자. 먼저 package 명령을 사용하여 현재 클래스를 com.example.helloworldsample 이라는 이름으로 패키지를 생성한다. 패키지는 자바 명령어로 관련된 클래스 혹은 인터페이스를 묶는 일종의 폴더이다.

```
package com.example.helloworldsample;
...
```

그 다음, 외부의 패키지 혹은 소스를 포함시킬 때 사용하는 import 문장을 사용하여 필요한 패키지를 참조한다. 여기서 지정된 패키지들은 가장 기본이 되는 패키지들이다.

```
import android.support.v7.app.AppCompatActivity;
import android.os.Bundle;
...
```

안드로이드에서 가장 기본이 되는 액티비티 기능을 구성하기 위해선 Activity 클래스를 사용해야하는데 안드로이드 하위버전(API Level 11, 안드로이드 3.0 미만)에서는 중요한 디자인 요소 중 하나인 액션 바(Action Bar)를 지원하지 않는다. 이를 해결하기 위해 Activity 클래스의 자식 클래스인 AppCompatActivity 클래스로부터 계승받는 MainActivity 클래스를 선언하여 하위 버전에서도 액션 바 기능을 구현할 수 있도록 하였다. 만일 하위 버전을 지원하지 않고 안드로이드 4.0 이상만 액션 바를 지원하겠다고 한다면 Activity 로부터 직접 계승받아 사용한다.

```
public class MainActivity extends AppCompatActivity {
...
```

@Override 는 어노테이션을 나타나는 기호로 그 아래 메소드는 부모 클래스의 메소드를 오우버라이드(override) 처리한다는 것을 컴파일러에 전달한다.

```
    @Override
    ...
```

다음에 소개하는 onCreate() 메소드는 액티비티가 생성할 때 실행된다. 파라메터로 Bundle 타입의 savedInstanceState를 사용하는데 이전 실행하였던 상태의 정보를 가지고 있다.

```
    protected void onCreate(Bundle savedInstanceState) {
    ...
```

그 다음, 부모 클래스의 onCreate() 메소드를 실행한다.

```
        super.onCreate(savedInstanceState);
        ...
```

마지막으로 액티비티 화면을 설정하는 setContentView() 를 호출하여, 액티비티 생성을 처리한다. 이때 중요한 것이 바로 이 함수의 파라메터로 사용된 R.layout.activity_main 으로 active_main.xml 파일을 참조하여 액티비티 화면을 구성한다는 의미이다.

```
        setContentView(R.layout.activity_main);
    }
}
```

1.5.2 리소스 파일

안드로이드 리소스 파일을 설명하기 위해 위에서 설명한 setContentView() 함수의 파라메터 값부터 다시 살펴보자. setContentView() 함수의 파라메터 R.layout.activity_main 에서 가장 처음의 R 은 리소스의 식별자를 관리하는 R.java를 의미한다. 이 파일은 그림 1.59 의 Android 그룹에서 Project 그룹으로 변경한 뒤 다음 그림 1.62 에서 보여주는 폴더에 위치한다.

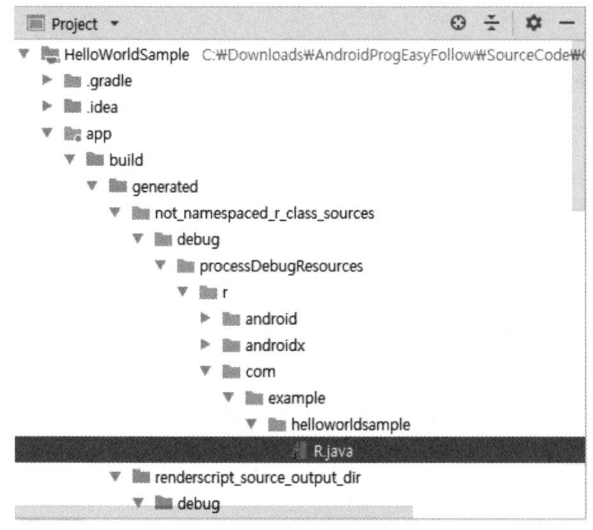

그림 1.62 R.java

이 R.java 의 소스 코드를 살펴보면 R.java 의 메인 클래스인 R 클래스 내부에는 layout 클래스가 있고 그 안에 다음과 같이 active_main 정적 상수가 정의되어 있다.

```
public final class R {
  public static final class anim {
```

```
    public static final int abc_fade_in=0x7f010000;
    ...

public static final class layout {
    public static final int abc_action_bar_title_item=0x7f090000;
    public static final int abc_action_bar_up_container=0x7f090001;
    ...
    public static final int abc_tooltip=0x7f09001b;
    public static final int activity_main=0x7f09001c;
    ...
}
```

즉, 여기서 지정된 activity_main 정적 상수는 Android 그룹으로 다시 변경한 뒤, 의 app-res-layout 폴더 아래쪽에 위치한 activity_man.xml 파일을 가리킨다. 즉, 이 액티비티 화면을 구성하는 이 파일을 R.java 에서 참조하는 것이다.

그림 1.63 active_main.xml 파일

이제 액티비티 화면을 구성하는 active_main.xml 파일의 내용을 살펴보자. 프로젝트 윈도우에서 active_main.xml을 더블 클릭하면 오른쪽 에디터에는 디자인 형태로 표시된다. 에디터 아래쪽에 위치한 Text 탭을 클릭하면 active_main.xml의 소스 코드를 볼 수 있다.

이 파일의 소스 코드를 간단히 설명하면 이 파일의 확장자는 xml 이므로 먼저 xml 문서의 선언부터 시작한다. 다음과 같이 버전과 인코딩 선언부터 시작한다.

```xml
<?xml version="1.0" encoding="utf-8"?>
...
```

이제, 그 다음 액티비티 화면을 어떻게 구성하는지 그 방법을 지정해야하는데 이것은 어떤 레이아웃을 사용하는 지에 따라 달라진다. 여기서는 제약 레이아웃(ConstraintLayout)을 사용한다. 이 레이아웃에 대한 것은 다음 장에서 자세히 설명한다.

```xml
<android.support.constraint.ConstraintLayout
    xmlns:android="http://schemas.android.com/apk/res/android"
    xmlns:tools="http://schemas.android.com/tools"
    xmlns:app="http://schemas.android.com/apk/res-auto"
    android:layout_width="match_parent"
    android:layout_height="match_parent"
    tools:context=".MainActivity">
    ...
```

위에서 설명한 레이아웃은 화면 설정 방법이므로 화면에 실제로 표시되는 내용과는 관계가 없다. 실제로 화면에 표시되는 것은 다음에 표시되는 코드이다. 예를 들어, 화면에 글자를 표시하는 TextView 위젯을 다음과 같이 설정할 수 있다. 중간에 있는 "Hello World!" 가 화면의 중앙에 표시됨을 짐작할 수 있다.

```xml
    <TextView
        android:layout_width="wrap_content"
        android:layout_height="wrap_content"
        android:text="Hello World!"
        app:layout_constraintBottom_toBottomOf="parent"
        app:layout_constraintLeft_toLeftOf="parent"
        app:layout_constraintRight_toRightOf="parent"
        app:layout_constraintTop_toTopOf="parent" />
        ...
```

사용된 레이아웃은 다음과 같이 선언하여 닫아준다.

```xml
</android.support.constraint.ConstraintLayout>
```

1.5.3 코드와 리소스 파일의 연결

이제 전체적으로 코드와 리소스 파일이 어떻게 연결되는지 정리해보자.

앱이 실행되면 다음과 같이 MainActivity 클래스의 OnCreate() 이벤트 함수에서 setContentView() 메소드를 호출한다.

MainActivity 클래스
```
public class MainActivity extends AppCompatActivity {

    @Override
    protected void onCreate(Bundle savedInstanceState) {
        super.onCreate(savedInstanceState);
        setContentView(R.layout.activity_main);   // R 클래스 참조
    }
}
```

이 메소드의 파라메터로는 R.layout.activity_main 와 같은 정적 상수를 참조하는데 Project 그룹의 app폴더 아래쪽에 있는 activity_main을 참조하게 된다.

R.java
```
public final class R {
  public static final class anim {
    public static final int abc_fade_in=0x7f010000;
    ...

  public static final class layout {
    public static final int abc_action_bar_title_item=0x7f090000;
    public static final int abc_action_bar_up_container=0x7f090001;
    ...
    public static final int abc_tooltip=0x7f09001b;
    public static final int activity_main=0x7f09001c;
    ...
  }
```

activity_main 에 지정된 상수를 참조하여 다시 app-res-layout 폴더 아래쪽에 위치한 실제

active_main.xml 파일을 찾아 화면을 구성한다. 즉, 먼저 화면 레이아웃을 처리하고 "Hello World"를 출력한다.

```xml
activity_main.xml
<?xml version="1.0" encoding="utf-8"?>
<android.support.constraint.ConstraintLayout
    xmlns:android="http://schemas.android.com/apk/res/android"
    xmlns:tools="http://schemas.android.com/tools"
    xmlns:app="http://schemas.android.com/apk/res-auto"
    android:layout_width="match_parent"
    android:layout_height="match_parent"
    tools:context=".MainActivity">
    ...
    <TextView
        android:layout_width="wrap_content"
        android:layout_height="wrap_content"
        android:text="Hello World!" // Hello World 출력

    ...
</android.support.constraint.ConstraintLayout>
```

1.5.4 매니페스트 파일(manifest file)

마지막으로 안드로이드 어플리케이션 구성에 중요한 역할을 하는 매니페스트 파일에 대하여 알아보자. 매니페스트 파일은 XML 형식으로 구성되어있고 어플리케이션을 구성하는 여러 구성 요소의 기능, 속성을 지정하는 중요한 파일이다. 특히, 인터넷 , 블루투스, 인텐트 등을 사용할 때 반드시 이 파일을 수정하여 지정된 옵션을 설정해 주어야한다. 이 파일은 Project 윈도우 app-manifests 아래쪽에 AndroidManifest.xml 이라는 파일로 존재한다(그림 1.64 참조). 매니페스트 파일은 다음과 같은 태그들로 구성된다.

- ⟨manifest⟩ ⟨/manifest⟩
  매니페스트의 전체 태그로 패키지 이름, 버전, 버전 이름을 설정한다.

- ⟨application⟩ ⟨/application⟩
  어플리케이션의 아이콘, 라벨 이름, 테마 들을 설정한다. 또한 다음에 설명하는 액티비티 속성을 지정한다.

- 〈activity〉〈/activity〉

  액티비티의 이름, 라벨 이름, 인텐트 필터(intent filter)등을 설정한다.

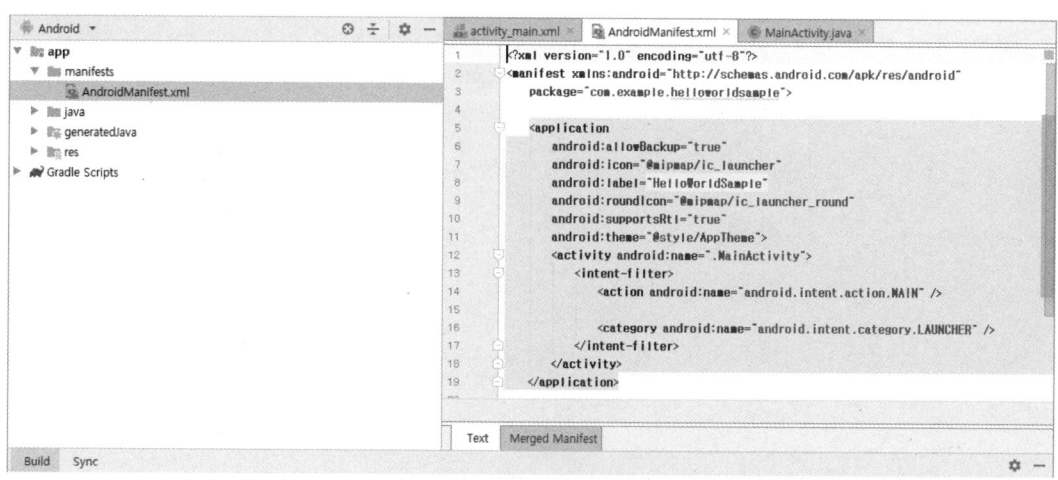

그림 1.64 AndroidManifest.xml

 정리

이 장에서는 안드로이드 스튜디오의 설치부터 개발에 필요한 여러 가지 기능들, 개발 환경등에 대하여 알아보았다. 가장 먼저 https://developer.android.com/studio/ 사이트로부터 안드로이드 스튜디오를 다운 받고 설치를 해보았다. 이어서 안드로이드 스튜디오로부터 첫 번째 어플리케이션을 작성해보았고 이 앱을 통하여 안드로이드 스튜디오 메인 윈도우 즉, 메뉴 바 및 툴 바, 도구, 에디터 윈도우, 상태 바 등의 기능을 소개하였다.

또한 안드로이드 가상 기기 생성하여 실제로 첫 번째 어플리케이션이 어떻게 실행되는지 알아보았고 이어서 실제 기기 연결 방법을 설명하였다. 실제 기기 연결을 하기 위해서는 먼저 사용하고자 하는 기기에 대한 USB 디버깅 활성화를 처리해야하고 안드로이드 스튜디오의 'Connection Assistant' 기능을 통하여 쉽게 기기 연결 상태를 확인할 수 있다. 마지막 부분에서는 어플리케이션 설치 과정을 설명하였는데 코딩을 통하여 .java 파일을 생성하고 이 자바 파일과 .xml 파일 그리고 여러 리소스 파일을 결합하여 컴파일을 처리하면 먼저 .class 파일이 만들어지고 이 .class 파일을 다시 apkbuilder를 통하여 .apk 파일을 생성한다.

또한 안드로이드 구성 요소는 액티비티(Activity), 인텐트(Intent), 안드로이드 서비스, 방송 수신자(Broadcast Receivers), 콘텐트 제공자(Content Provider) 등이 있고 Android 탭의 App 폴더를 구성하는 주요 요소로서 코드 파일, 리소스 파일, 매니페스트 파일(manifest file) 등에 대하여 설명하였다.

제2장

안드로이드에서 제공하는 레이아웃(layout)

일반적으로 앱 작성시 코딩을 처리하기 전에 먼저 하는 일은 화면 구성이다. 즉, 화면구성을 처리한 뒤에 실제 앱을 처리하는 코딩에 들어갈 수 있으므로 레이아웃을 결정하는 일은 앱 작성 중에서 가장 기본적인 토대를 구성하는 일이라고 할 수 있다.

안드로이드에서는 다양한 화면 구성을 할 수 있도록 여러 가지 레이아웃(layout)를 지원하는데 자신이 만들고자 하는 앱에 어떤 레이아웃을 사용하는 것이 가장 좋은 지를 판단하는 일은 쉽지 않은 일이다. 안드로이드에서 제공하는 레이아웃으로 제약 레이아웃(ConstraintLayout), 그리드 레이아웃(GridLayout), 프레임 레이아웃(FrameLayoyt), 선형 레이아웃(LinearLayout), 상대적 레이아웃(RelativeLayout), 테이블 레이아웃(TableLayout) 등이 있다. 이 장에서는 안드로이드에서 제공하는 이러한 여러 레이아웃을 소개하고 그 사용 방법에 대하여 알아볼 것이다.

2.1 제약 레이아웃(ConstraintLayout)

제약 레이아웃은 이미 안드로이드 7.0 에서 소개된 가장 기본적으로 설정되는 레이아웃 관리자이다. 제약 레이아웃은 각 뷰와 자식 뷰를 제약(constraint)을 지정하여 원하는 위치에 설정하게 한다. 이 제약의 장점은 복잡한 화면을 간단한 몇 가지 제약 기능을 사용하여 간단하고 **빠르게** 구성할 수 있다는 점이다. 또한 안드로이드 스튜디오에서 제공하는 레이아웃 편집기 툴(Layout Editor tool)을 사용하면 다른 어떤 툴 보다 더 쉽고 간단하게 원하는 화면을 구성할 수 있다. 이 제약 레이아웃은 중요하므로 다음 장에서 자세히 설명할 것이다. 다음은 하나의 TextView 와 Button 을 사용한 제약 레이아웃 예제를 보여준다. TextView 는 그 text 속성값을 변경하여 "Constraint Example" 이라는 문구를 출력한다.

그림 2.1 제약 레이아웃 예제

그대로 따라하기

1 안드로이드 스튜디오를 실행하고 시작 화면이 나타나면 첫 번째 항목인 Start a new Android Studio project를 선택한다.

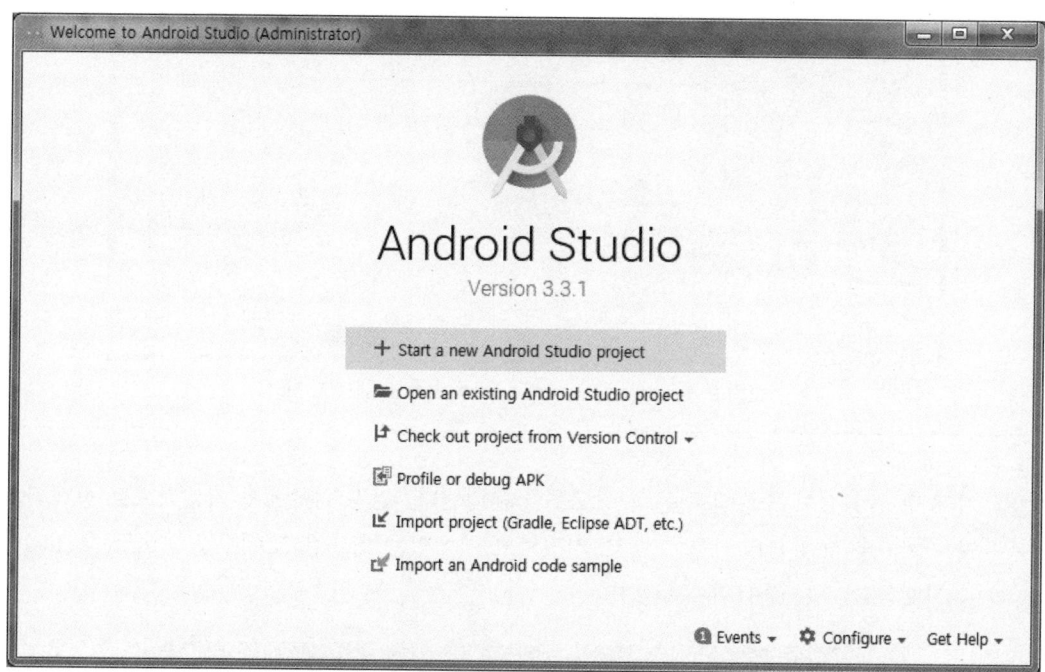

그림 2.2 Start a new Android Studio project 선택

 참고 안드로이드 스튜디오를 실행시키면 이전 프로젝트가 로드되는 경우

안드로이드 스튜디오를 실행시키면 시작화면이 나타나는 것이 아니라 이전 프로젝트가 로드될 때가 있다. 물론 프로젝트가 로드된 뒤에 File-New-New Project를 선택하여 새로운 프로젝트를 실행시켜도 상관없지만 실행 처음부터 시작화면을 원한다면 다음과 같이 처리한다. File 메뉴의 Settings 를 선택하고 Settings 대화상자가 나타나면 왼쪽에서 System Settings를 선택하고 오른쪽에서 "Reopen last project on startup" 항목의 체크를 제거하면 된다.

제2장_ 안드로이드에서 제공하는 레이아웃(layout) **61**

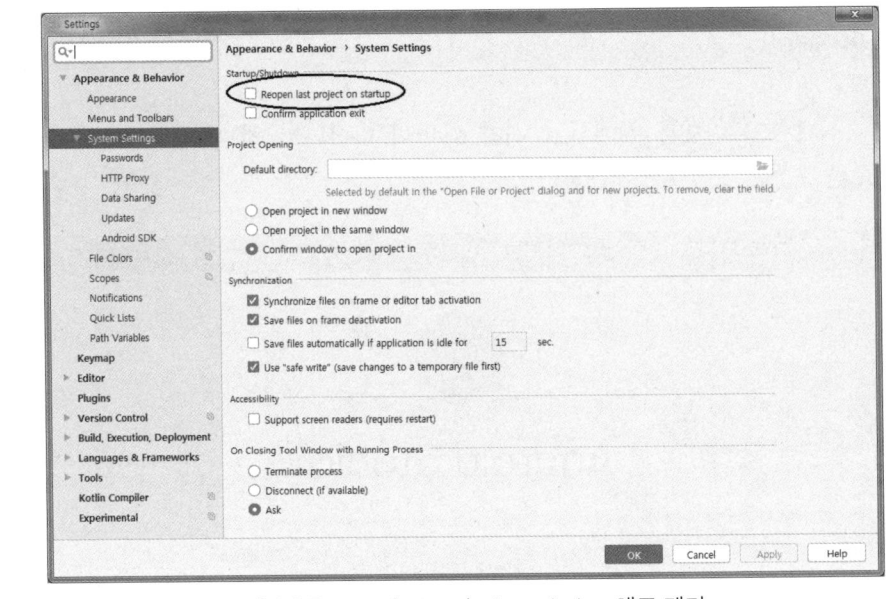

그림 2.3 Reopen last project on startup 체크 제거

2 이때 다음과 같이 프로젝트 선택 윈도우가 나타난다. 먼저 위쪽에서 기본적으로 선택되어 있는 Phone and Tablet 를 그대로 지정하고 비어있는 화면을 보여주는 "Empty Activity" 를 선택한 뒤, Next 버튼을 누른다.

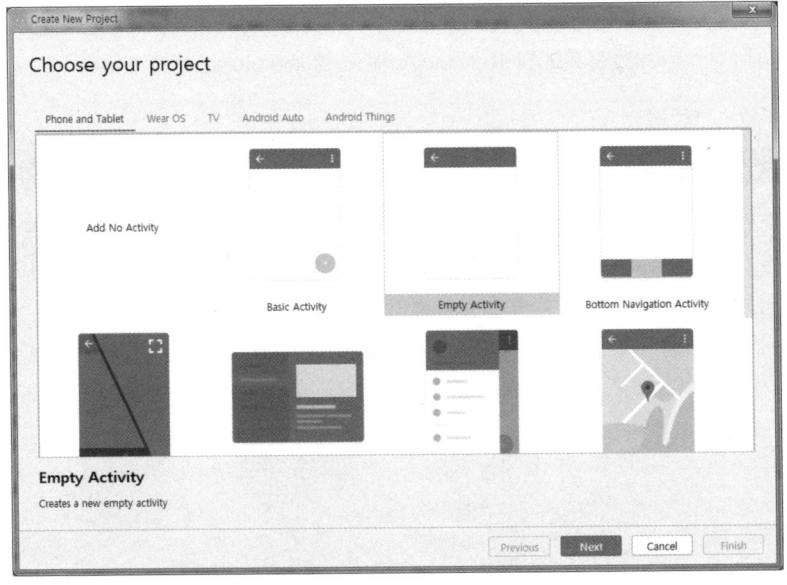

그림 2.4 Empty Activity 선택

3 이어서 다음과 같이 안드로이드 프로젝트 설정 윈도우가 나타난다. 첫 번째 Name 항목에 "ConstraintSample" 이라고 입력한다. 그 다음 줄 항목들은 모두 그대로 두고 아래쪽에 위치한 Finish 버튼을 눌러 프로젝트를 생성한다.

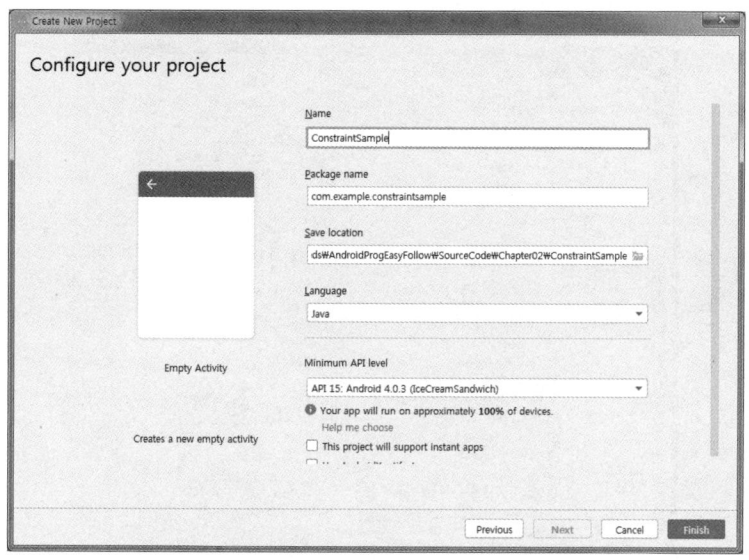

그림 2.5 안드로이드 프로젝트 이름 입력 및 생성 종료

4 이제 새로운 프로젝트가 생성되면 왼쪽에 위치한 프로젝트 윈도우에서 app-res-layout을 클릭한다. 이때 그 아래 위치한 activity_main.xml 파일을 선택한 상태에서 오른쪽 마우스 버튼을 눌러 메뉴가 나타나면 delete 항목을 눌러 삭제한다. 이때 삭제 확인 윈도우가 나타나면 OK 버튼을 눌러준다. 마지막으로 Usages Detected 윈도우가 나타나면 "Delete Anyway" 버튼을 누른다.

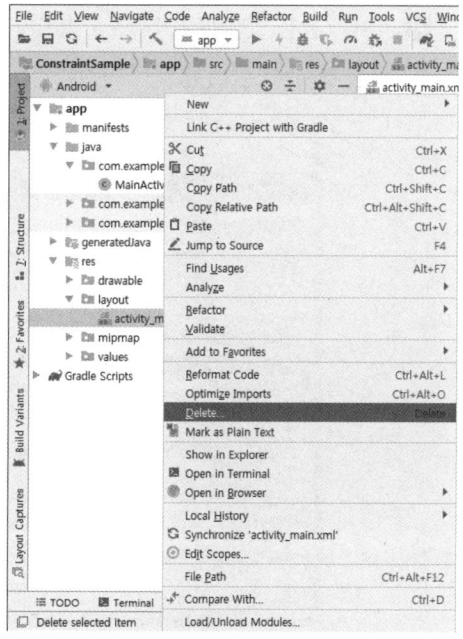

그림 2.6 activity_main 파일 삭제

5 프로젝트 윈도우의 layout 폴더를 클릭하고 오른쪽 마우스 버튼을 누른 상태에서 New-Layout resource file을 선택한다.

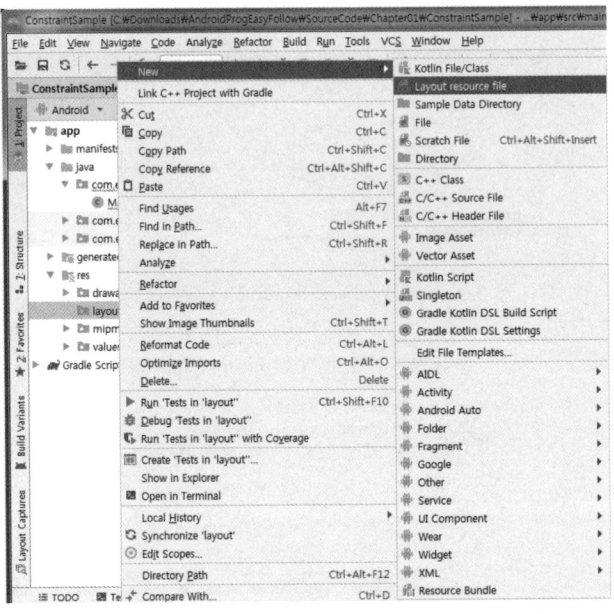

그림 2.7 New-Layout resource file 선택

6 이때 다음 그림과 같이 New Resource File 대화상자가 나타난다. 이때 File name 항목에 다음과 같이 입력하고 나머지는 그대로 둔 상태에서 OK 버튼을 누른다.

File name : activity_main

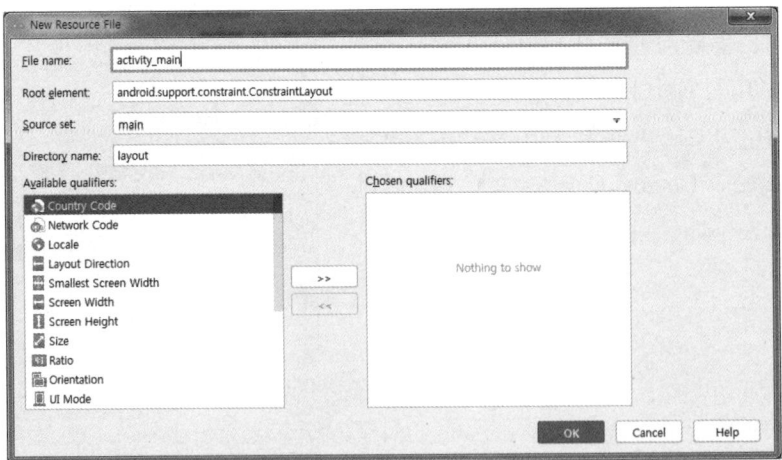

그림 2.8 New Resource File 대화상자

7 이때 프로젝트에는 새로운 activity_main 파일이 생성되고 오른쪽에 디자인 모드로 자동으로 열린다. 만일 activity_main 파일이 열리지 않은 경우, 프로젝트에서 이 파일을 더블 클릭하고 아래쪽 Design 탭을 눌러주면 팔레트(palette)와 빈 레이아웃 뷰(layout view)가 나타난다.

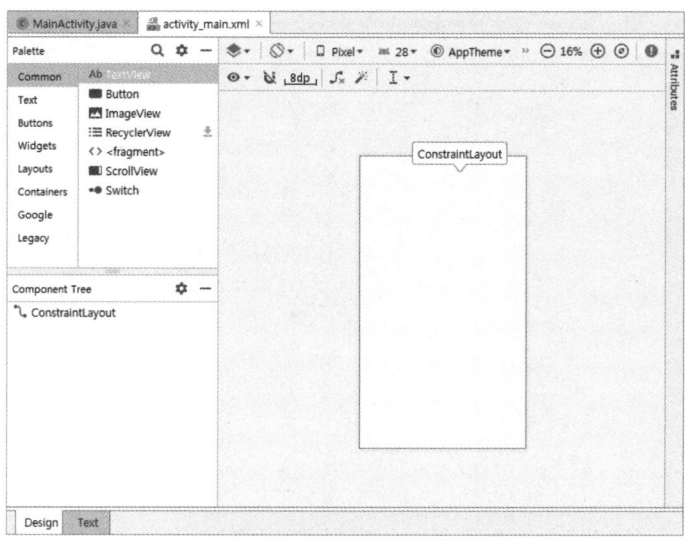

그림 2.9 팔레트와 빈 레이아웃 뷰

8 이제 팔레트 왼쪽 부분에서 Common 을 선택한다. 이어서 팔레트 오른쪽에 표시되는 TextView를 클릭하고 드랙-엔-드롭으로 오른쪽 레이아웃 뷰 위쪽 중앙에 떨어뜨린다. 오른쪽에 속성창에 없으면 가장 오른쪽에 위치한 'Attributes'을 클릭하여 속성 창을 불러낸다. 이어서 속성 창 TextView의 text 속성에 "Constraint Example" 이라고 입력한다.

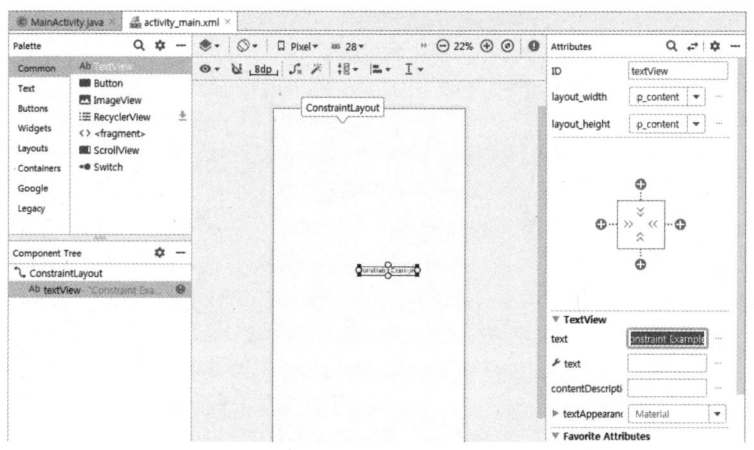

그림 2.10 TextView 추가 및 속성 변경

제2장_ 안드로이드에서 제공하는 레이아웃(layout) **65**

⑨ 이어서 "Constraint Example" TextView 위쪽 중앙에 위치한 조그마한 원을 클릭하고 그대로 드렉-엔-드롭으로 위쪽 끝에 연결시킨다. 이때 연결선이 위쪽 끝으로 연결되면서 TextView는 위쪽으로 이동된다.

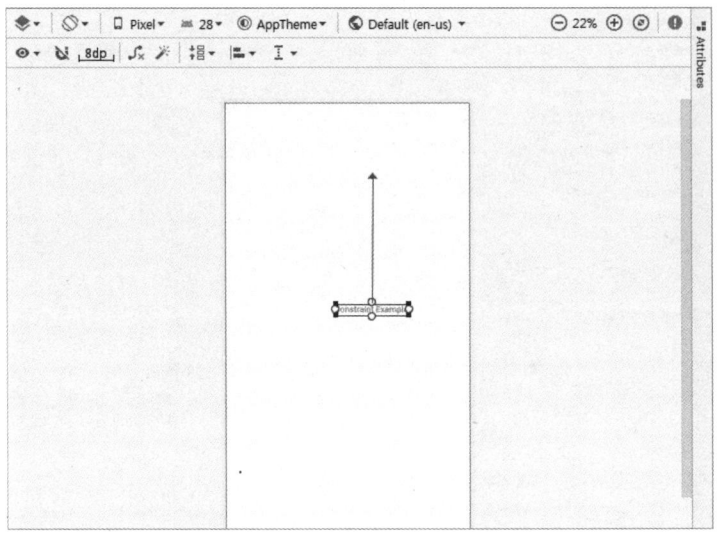

그림 2.11 TextView 위쪽 연결

⑩ 계속해서 TextView 왼쪽에 위치한 조그마한 원을 클릭하고 그대로 드렉-엔-드롭으로 왼쪽 끝에 연결시킨다.

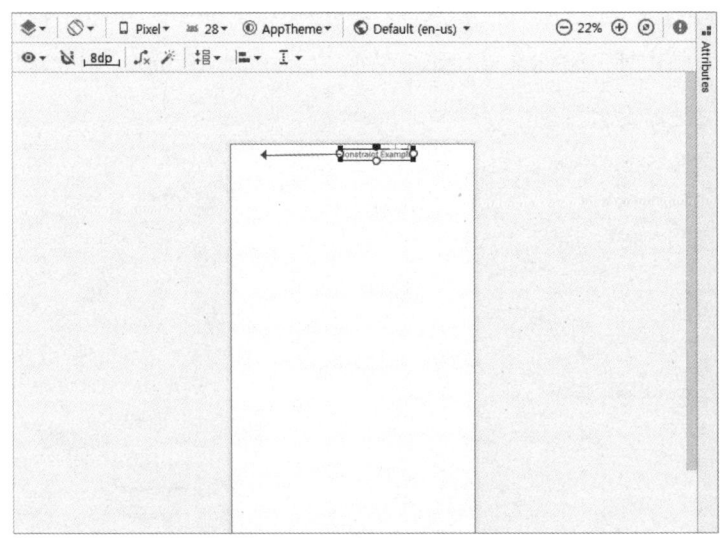

그림 2.12 TextView 왼쪽 연결

⑪ 동일한 방법으로 TextView 오른쪽에 위치한 조그마한 원을 클릭하고 그대로 드렉-엔-드롭으로 오른쪽 끝에 연결시킨다.

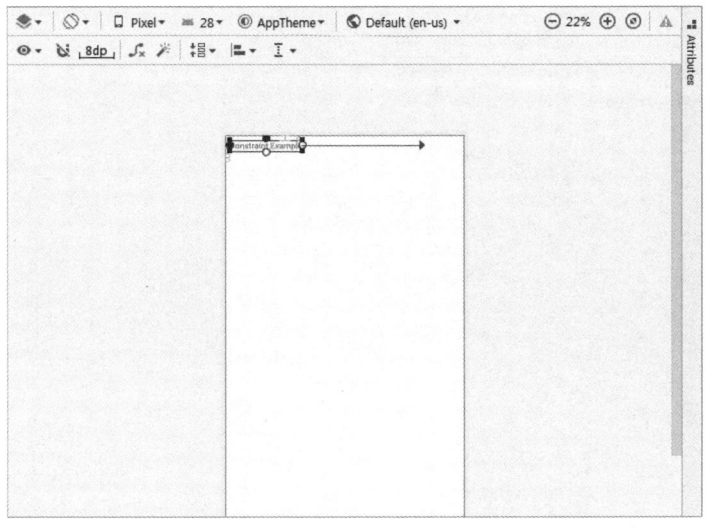

그림 2.13 TextView 오른쪽 연결

⑫ 이번에는 팔레트에서 Common 의 Button을 클릭하고 드렉-엔-드롭으로 TextView 아래쪽 중앙에 떨어뜨린다. 이어서 버튼 중앙에 위치한 위쪽의 조그마한 원을 클릭하고 그대로 드렉-엔-드롭으로 TextView 아래 쪽 작은 원에 떨어뜨려 연결시킨다.

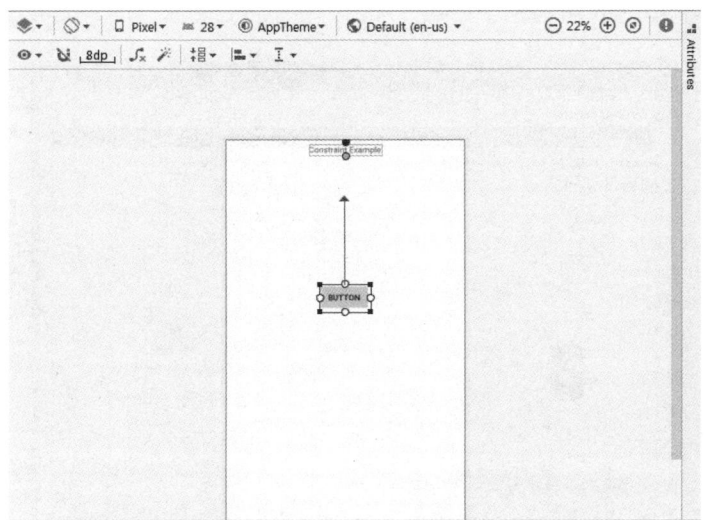

그림 2.14 Button 위젯을 TextView 위젯 아래쪽에 추가

13 TextView 와 마찬가지로 Button 왼쪽에 위치한 조그마한 원을 클릭하고 그대로 드렉-엔-드롭으로 왼쪽 끝에 연결시킨다. 이어서 Button 오른쪽에 위치한 조그마한 원을 클릭하고 그대로 드렉-엔-드롭으로 오른쪽 끝에 연결시킨다.

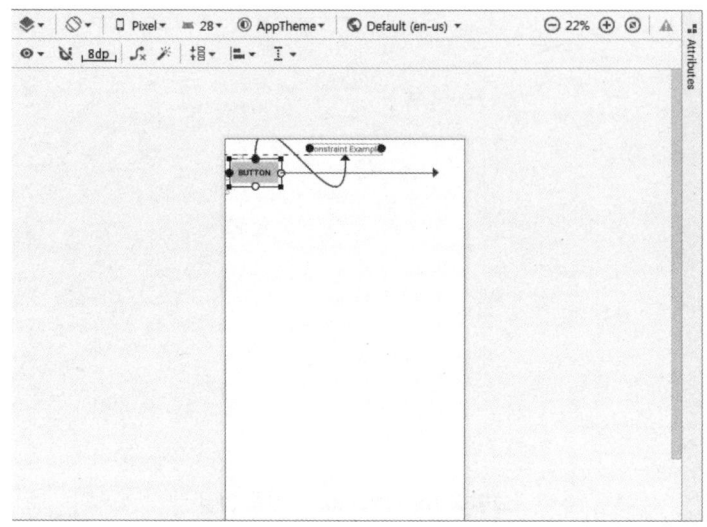

그림 2.15 Button 왼쪽, 오른쪽 연결

14 이제 실제 기기를 PC에 연결하고 안드로이드 스튜디오 위쪽에 위치한 Run 버튼을 누르면 다음과 같이 배포 타겟(deployment target) 화면이 나타난다. 연결된 디바이스 혹은 가상 화면을 선택하고 OK 버튼을 누른다.

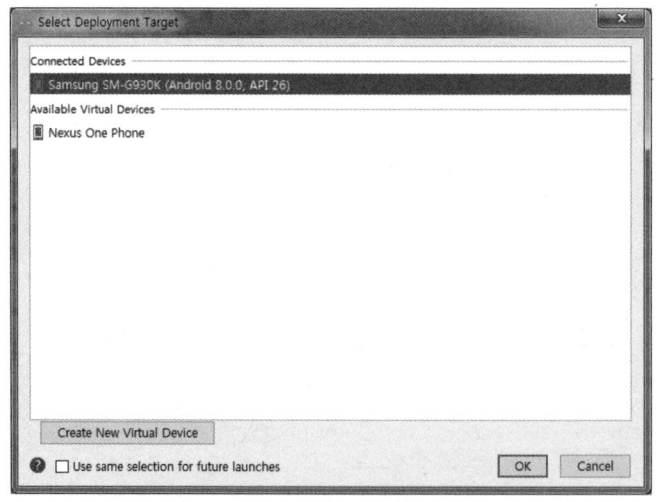

그림 2.16 배포 타겟 화면에서 연결 디바이스 선택

15 실제 기기 혹은 가상 기기에서 다음과 같은 화면이 나타나는지 확인해본다.

그림 2.17 ConstraintSample 프로젝트 실행

원리 설명

위에서 설명했듯이 제약 레이아웃은 안드로이드 7.0에서 처음으로 소개된 가장 최근의 레이아웃 기능이다. 레이아웃 작성은 위에서 설명하였듯이 안드로이드 스튜디오 레이아웃 에디터를 통하여 작성할 수도 있는데 이 레이아웃 에디터는 Design 탭과 Text 탭 2가지 모드를 제공한다. 기본적으로 Design 탭을 눌러 마우스와 팔레트를 이용하여 화면을 구성할 수 있다. 또한 다음 그림과 같이 에디터 아래쪽에 위치한 'Text' 탭을 누르면 다음과 같이 텍스트 에디터가 나타나면서 제약 레이아웃 텍스트 코드가 표시되는데 Design 탭에서 처리한 기능을 코드로 보여주고 있다.

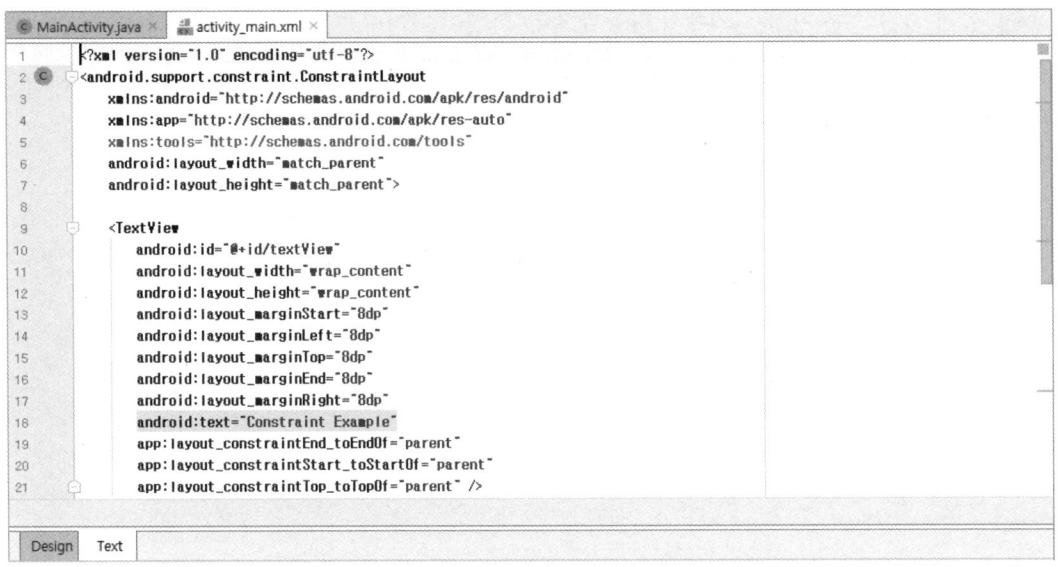

그림 2.18 제약 레이아웃을 표시하는 텍스트 에디터

즉, 레이아웃 에디터에서 마우스로 처리한 기능을 코드 에디터에서 코드를 직접 입력하여 동일하게 처리할 수 있다는 의미이다.

이제 이 코드를 하나하나 살펴보자. 먼저 XML 버전과 인코딩 선언부터 시작하고 제약 레이아웃 태그 〈android.support.constraint.ConstraintLayout /〉를 사용하여 다음과 같이 제약 레이아웃 기능을 구현한다. 각각의 태그에는 현재 레이아웃 클래스에서 사용되는 속성 값을 지정할 수 있는데 여기서 사용된 안드로이드 객체 속성 값은 layout_width 와 layout_height 로 각각 현재 레이아웃의 너비와 높이를 px, dp, sp, pt 등으로 지정할 수 있다. 또한 각각의 안드로이드 객체 관련 속성 앞에는 "android" 를 붙여준다. 다음 표 2.1 은 안드로이드에서 사용되는 단위를 보여준다.

표 2.1 안드로이드 크기 단위

단위	설명
px(pixels)	픽셀
dp(density-independent pixel)	픽셀로 크기를 지정하면 화면의 밀도가 달라 폰 마다 서로 다른 크기로 보여지는 단점이 있다. 이를 해결하기 위해 1인치당 픽셀의 수를 지정하는 dpi 단위를 사용한다. dp 는 160 dpi 화면에서 지정되는 물리적 픽셀이다.
sp(scale-independent pixel)	밀도 크기와 폰트 크기에 따라 화면 크기를 지정하는 단위이다. 폰트 처리 시 dp 와 같은 기능을 한다
pt(points)	1/72 인치

```
<?xml version="1.0" encoding="utf-8"?>
<android.support.constraint.ConstraintLayout
    xmlns:android="http://schemas.android.com/apk/res/android"
    xmlns:app="http://schemas.android.com/apk/res-auto"
    xmlns:tools="http://schemas.android.com/tools"
    android:layout_width="match_parent"
    android:layout_height="match_parent">
    ...
```

참고
match_parent 와 wrap_content

위 코드에서 속성 layout_width 와 layout_height 에는 px, dp 와 같은 단위가 사용되지 않고 match_parent 라는 명령이 사용된 것을 알 수 있다. match_parent 는 현재 자식 뷰의 크기를 부모 뷰 크기와 동일하게 설정하라는 의미이다. 이것과 동일한 기능으로 fill_parent 가 있다. 이것 외에 wrap_content 라는 명령을 지정할 수 있는데 이것은 자식 뷰의 크기에 우선하여 지정하는 것을 의미한다.

이어서 〈TextView /〉 태그를 사용하여 텍스트 뷰를 다음과 같이 구현한다. 이때 TextView에서 제공되는 다음의 여러 가지 제어 속성을 사용하여 TextView를 중앙에 위치하였다. 다음 표 2.2 는 여기서 사용된 제약 레이아웃 속성을 보여준다.

표 2.2 사용된 제약 레이아웃 속성

속성	설명
layout_marginStart=8dp	수평 시작부분 마진을 8dp로 설정
layout_marginEnd=8dp	수평 끝부분 마진을 8dp 로 설정
layout_marginLeft=8dp	왼쪽 부분 마진을 8dp 로 설정
layout_marginRight=8dp	오른쪽 부분 마진을 8dp 로 설정
layout_marginTop=8dp	위쪽 부분 마진을 8dp 로 설정
layout_constraintStart_toStartOf=parent	수평시작부분에서 부모 뷰 까지 위치 유지
layout_constraintEnd_toEndOf=parent	수평 끝 부분에서 부모 뷰 까지 위치 유지
layout_constraintTop_toTopOf=parent	위 방향에서 부모 뷰 까지 위치 유지

제약 속성은 말 그대로 현재 객체의 왼쪽, 오른쪽, 위쪽 등 방향에 대한 제약 기능을 지정하여 지정된 자식 뷰를 위치시키는 것을 말한다. 위 표 2.2에서 알 수 있듯이 layout_marginStart, layout_marginEnd, layout_marginTop 등의 속성을 사용하여 TextView 와 부모 뷰 사이의 마진을 결정하고 layout_constraintStart_toStartOf, layout_constraintEnd_toEndOf, layout_constraintTop_toTopOf 속성에 "parent"를 지정하여 TextView 의 왼쪽, 오른쪽, 위쪽을 각각 부모 뷰의 위치와 유지시키는 제약을 설정한다.

 참고
Start 와 Left 차이점

위에서 소개된 layout_marginLeft 과 layout_marginStart 를 살펴보면 둘 모두 부모의 왼쪽과 해당 뷰의 왼쪽 사이의 간격을 지정하는 것을 알 수 있다. 그렇다면 왜 동일한 기능을 중복해서 만들었을까? 사실 이 두 개의 기능은 동일하지 않다. layout_marginStart 의 경우, 기본적으로 왼쪽으로 시작해서 오른쪽에서 끝나는 한국어를 포함한 대부분의 언어에서는 동일할 수 도 있지만 오른쪽에서 시작해서 왼쪽으로 끝나는 아랍어(Arabic) 혹은 히브리어(Hebrew) 어 경우에는 이 기능은 반대가 된다.

```
<TextView
    android:id="@+id/textView"
    android:layout_width="wrap_content"
    android:layout_height="wrap_content"
    android:layout_marginStart="8dp"
    android:layout_marginLeft="8dp"
    android:layout_marginTop="8dp"
    android:layout_marginEnd="8dp"
    android:layout_marginRight="8dp"
    android:text="Constraint Example"
    app:layout_constraintEnd_toEndOf="parent"
    app:layout_constraintStart_toStartOf="parent"
    app:layout_constraintTop_toTopOf="parent" />
...
```

버튼 역시 layout_marginStart, layout_marginEnd, layout_marginTop 등의 속성을 사용하여 Button 와 부모 혹은 TextView 뷰 사이의 마진을 결정하고 layout_constraintStart_toStartOf, layout_constraintEnd_toEndOf 속성에 "parent"를 지정하여 TextView 의 왼쪽, 오른쪽을 각각 부모 뷰의 위치와 유지시키는 제약을 설정한다.

다만 layout_constraintTop_toBottomOf 속성에 "@+id/textView" 를 지정하여 TextView 아래에 버튼이 유지할 수 있도록 제약을 지정하였다.

```
<Button
    android:id="@+id/button"
    android:layout_width="wrap_content"
    android:layout_height="wrap_content"
    android:layout_marginStart="8dp"
    android:layout_marginLeft="8dp"
    android:layout_marginTop="8dp"
    android:layout_marginEnd="8dp"
    android:layout_marginRight="8dp"
    android:text="Button"
    app:layout_constraintEnd_toEndOf="parent"
    app:layout_constraintStart_toStartOf="parent"
    app:layout_constraintTop_toBottomOf="@+id/textView" />
```

참고
@+id

R.java 에서 참조되는 자식 뷰에 대한 이름을 지정할 때, @+id, @id, @android:id 등을 이름 앞에 붙일 수 있다. @+id 는 새로 추가되는 리소스 아이디인 경우에 사용되고 @id 는 이미 추가되어 사용 중인 리소스 아이디를 지정하고자 할 때 사용된다. @android:id는 안드로이드에서 예약된 리소스를 참조할 때 사용된다.

2.2 그리드 레이아웃(Grid Layout)

그리드 레이아웃은 안드로이드 4.0에서 소개된 레이아웃 관리자이다. 화면을 바둑판 모양으로 보이지 않은 선으로 나누고 이 각각의 그리드 모양 안에 원하는 뷰 혹은 자식 뷰를 지정한다. 물론 가로 혹은 세로로 여러 그리드 안에도 뷰를 지정할 수도 있다. 일반적으로 전체 화면을 지정된 크기의 뷰 혹은 자식 뷰로 채우고자 할 때 사용되는 레이아웃 관리자이다. 다음 그림은 6개의 Button 으로 구성된 그리드 레이아웃의 예제를 보여준다. 그리드 레이아웃의 속성 columnCount 을 사용하여 각 줄에 표시되기 원하는 개수를 지정할 수 있는데 여기서는 3을 지정하여 각 줄마다 3개씩 표시되도록 하였다.

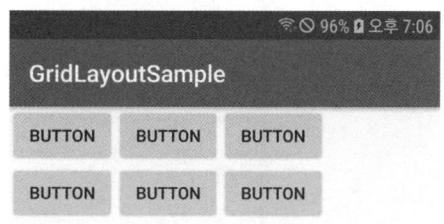

그림 2.19 그리드 레이아웃 예제

그대로 따라하기

1 안드로이드 스튜디오를 실행하고 시작 화면이 나타나면 첫 번째 항목인 Start a new Android Studio project를 선택한다.

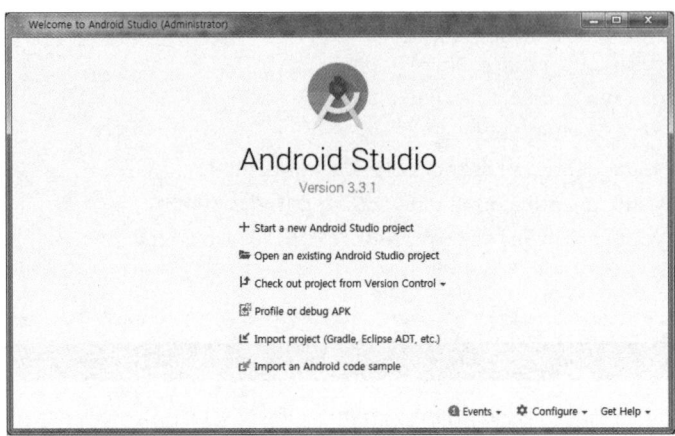

그림 2.20 Start a new Android Studio project 선택

2 이때 다음과 같이 프로젝트 선택 윈도우가 나타난다. 먼저 위쪽에서 기본적으로 선택되어 있는 Phone and Tablet 를 그대로 지정하고 비어있는 화면을 보여주는 "Empty Activity" 를 선택한 뒤, Next 버튼을 누른다.

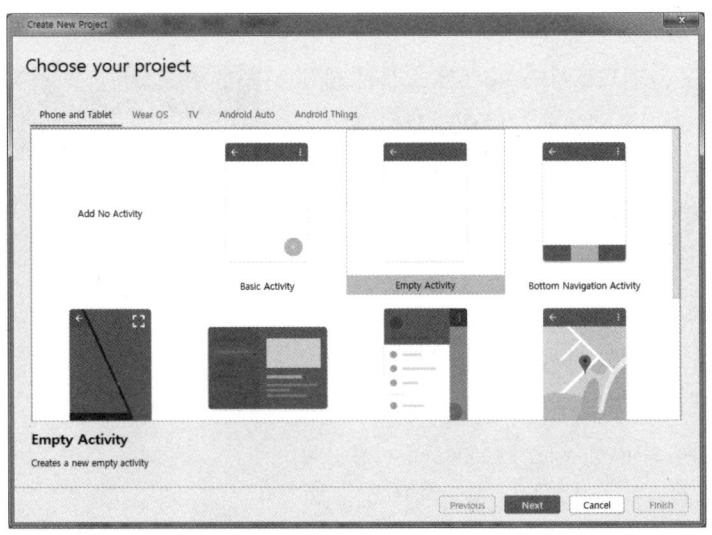

그림 2.21 Empty Activity 선택

3 이어서 다음과 같이 안드로이드 프로젝트 설정 윈도우가 나타난다. 첫 번째 Name 항목에 "GridLayoutSample" 이라고 입력한다. 그 다음 줄 항목들은 모두 그대로 두고 아래쪽에 위치한 Finish 버튼을 눌러 프로젝트를 생성한다.

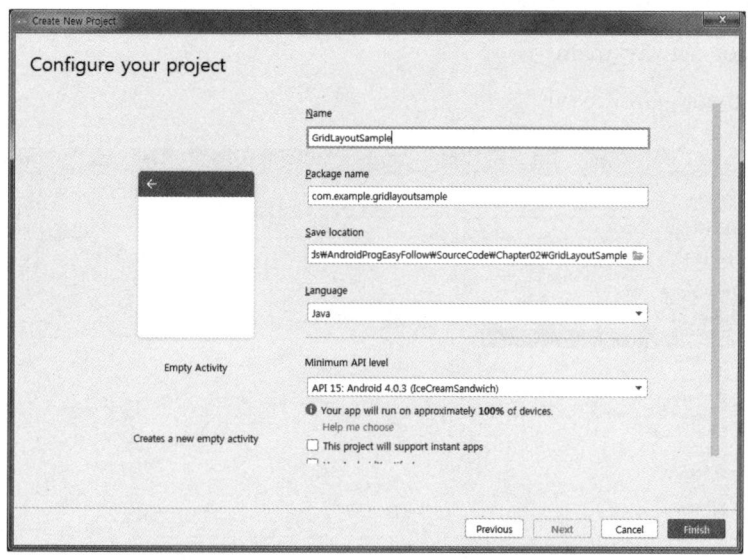

그림 2.22 안드로이드 프로젝트 이름 입력 및 생성 종료

4 이제 새로운 프로젝트가 생성되면 왼쪽에 위치한 프로젝트 윈도우에서 app-res-layout을 클릭한다. 이때 그 아래 위치한 activity_main.xml 파일을 선택한 상태에서 오른쪽 마우스 버튼을 눌러 메뉴가 나타나면 delete 항목을 눌러 삭제한다. 이때 삭제 확인 윈도우가 나타나면 OK 버튼을 눌러준다. 마지막으로 Usages Detected 윈도우가 나타나면 "Delete Anyway" 버튼을 누른다.

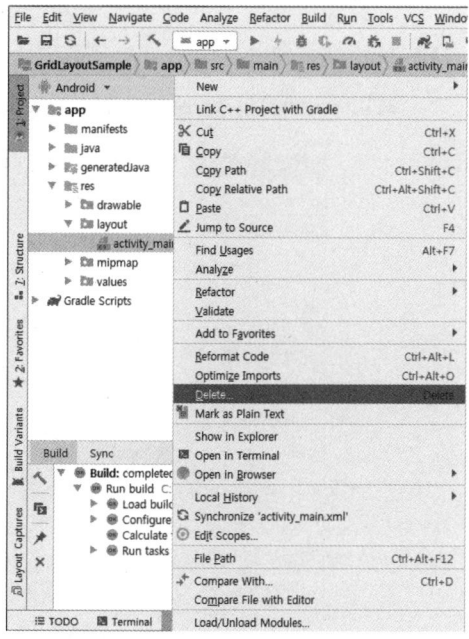

그림 2.23 activity_main 파일 삭제

제2장_ 안드로이드에서 제공하는 레이아웃(layout) **75**

5 계속해서 프로젝트의 layout 폴더를 클릭하고 오른쪽 마우스 버튼을 누른 상태에서 New-Layout resource file을 선택하면 다음 그림과 같이 New Resource File 대화상자가 나타난다. 이때 File name 항목과 Root element 항목에 다음과 같이 입력하고 나머지는 그대로 둔 상태에서 OK 버튼을 누른다.

File name : activity_main

Root element : GridLayout

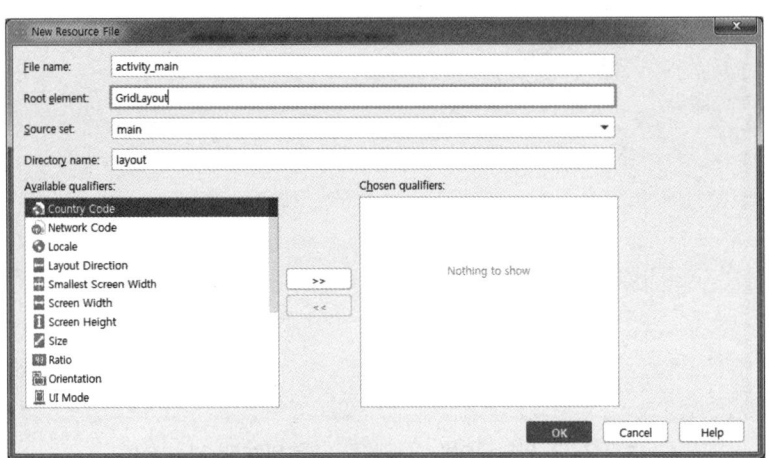

그림 2.24 New Resource File 대화상자

6 이때 프로젝트에는 새로운 activity_main 파일이 생성되면서 자동으로 다음 그림과 같이 팔레트(palette)와 빈 레이아웃 뷰(layout view)가 나타난다.

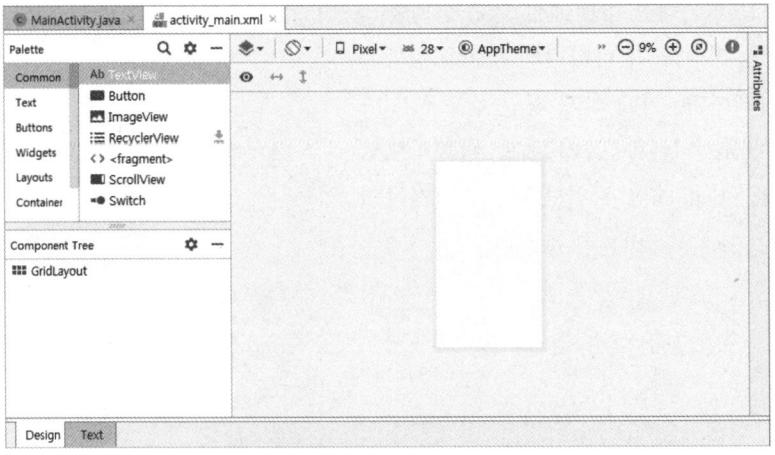

그림 2.25 팔레트와 빈 레이아웃 뷰

7 이제 팔레트 왼쪽에서 Common 을 선택하고 마우스로 오른쪽에 표시되는 Button 을 클릭하고 드렉-엔-드롭으로 오른쪽 아래에 위치한 Component Tree 의 GridLayout 아래쪽에 떨어뜨린다. 이때 레이아웃 뷰의 오른쪽 위 부분에 버튼이 위치한다.

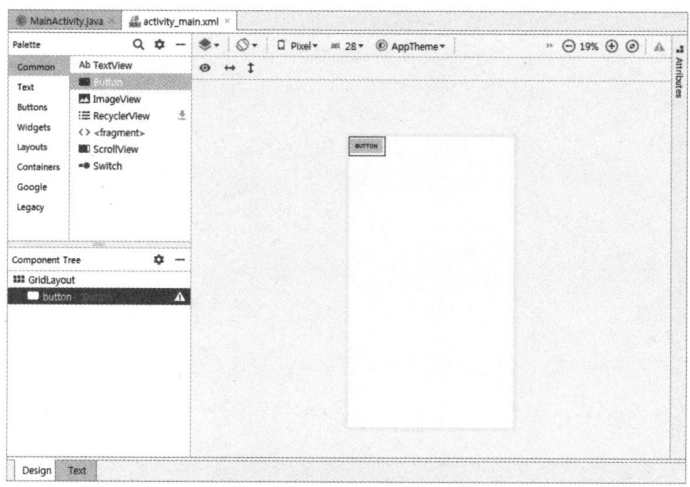

그림 2.26 Button 위젯 추가

8 동일한 방법으로 5 개의 Button 을 계속해서 오른쪽 아래에 위치한 Component Tree 의 Button 위젯 아래쪽에 떨어뜨린다. 총 6 개의 버튼이 오른쪽 레이아웃 뷰에 나타난다.

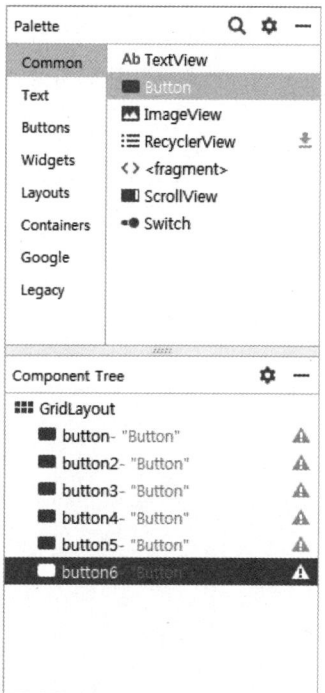

그림 2.27 총 6 개의 Button 위젯 추가

제2장_ 안드로이드에서 제공하는 레이아웃(layout)

⑨ 이제 Component Tree 에서 GridLayout 을 선택한 상태에서 가장 오른쪽에 위치한 'Attributes' 도구를 눌러 속성 창을 불러내고 속성(attributes) 창 아래에 위치한 "All Attributes"를 눌러 모든 속성 항목을 표시한다.

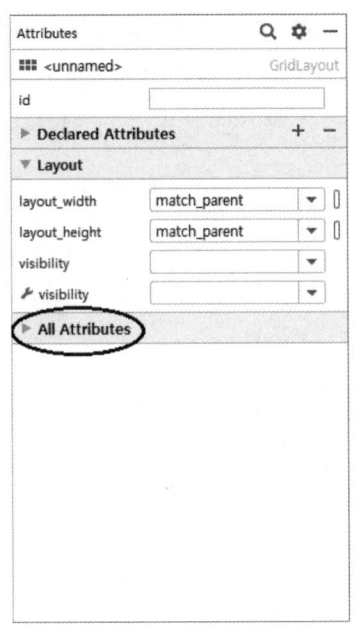

그림 2.28 All Attributes 클릭

⑩ 이때 여러 속성 항목이 표시되는데 이 중 GridLayout 의 columnCount 속성에 3 을 지정한다. 이때 레이아웃 뷰는 6 개의 버튼이 각각 3 개씩 2 줄로 표시된다.

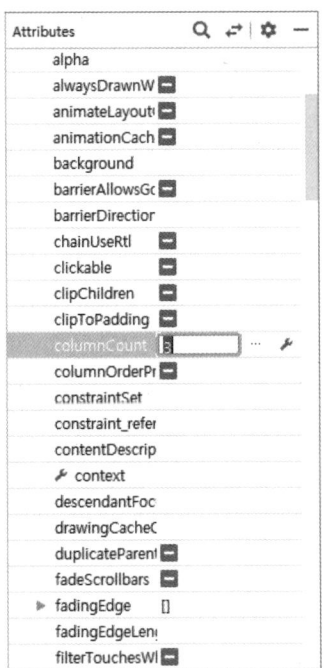

그림 2.29 GridLayout 의 속성 값 변경

78 안드로이드 프로그래밍 쉽게 따라하기

11 이제 실제 기기를 PC에 연결하고 안드로이드 스튜디오 위쪽에 위치한 Run 버튼을 누르면 배포 타겟(deployment target) 화면이 나타난다. 연결된 디바이스 혹은 가상 화면을 선택하고 OK 버튼을 눌러 실행시켜 다음과 같은 화면이 나타나는지 확인해 본다.

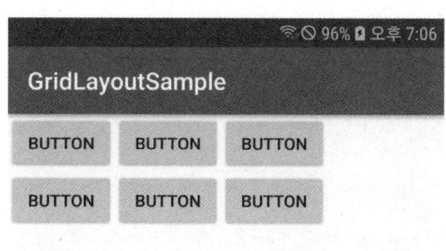

그림 2.30 GridLayoutSample 프로젝트 실행

원리 설명

그리드 레이아웃은 안드로이드 버전 4.0부터 지원된 비교적 최신의 레이아웃이다. 마치 바둑판의 격자눈금(Grid)을 그리고 그 내부에 원하는 자식 뷰를 지정하는 방법이라고 볼 수 있다. 기본적으로 Design 모드로 표시되므로 제어 레이아웃 처리 때와 마찬가지로 에디터 아래쪽에 위치한 Text 탭을 누르면 다음과 같이 텍스트 에디터가 나타나면서 위에서 처리한 그리드 레이아웃 기능이 텍스트 코드로 표시된다.

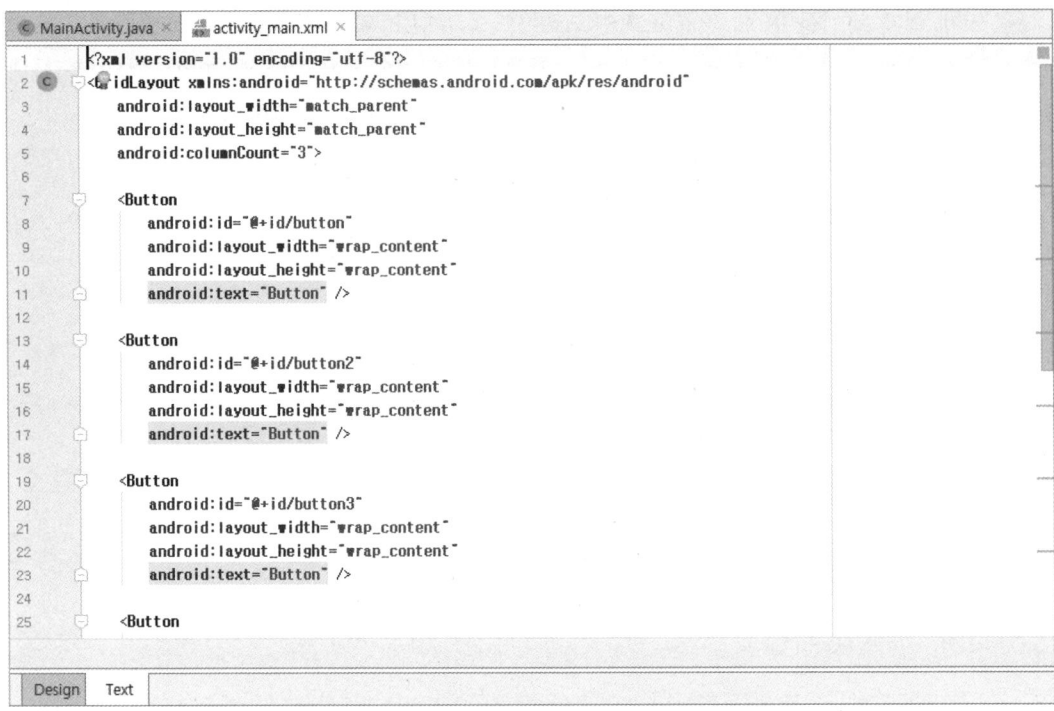

그림 2.31 그리드 레이아웃을 표시하는 텍스트 에디터

자주 사용되는 그리드 레이아웃 속성은 다음 표와 같다.

표 2.3 주요 그리드 레이아웃 속성

그리드 레이아웃 속성	설명
orientation	자식 뷰를 배치할 방향을 결정한다.
columnCount	열의 최대 개수 지정. 이 숫자를 넘어가면 다음 줄에 배치된다.
rowCount	행의 최대 개수 지정. 이 숫자를 넘어가면 오른쪽 열에 배치된다.

이제 이 코드를 하나하나 살펴보자. 먼저 XML 버전과 인코딩 선언부터 시작하고 그리드 레이아웃 태그 <GridLayout />를 사용하여 다음과 같이 그리드 레이아웃 기능을 구현한다.

```
<?xml version="1.0" encoding="utf-8"?>
<GridLayout xmlns:android="http://schemas.android.com/apk/res/android"
    android:layout_width="match_parent"
```

```
        android:layout_height="match_parent"
        android:columnCount="3">
...
```

그리드 레이아웃에 표시할 버튼 객체를 6개를 지정한다. 각 layout_width 속성과 layout_height 속성에 "wrap_content"을 지정함으로써 각 자식 뷰의 지정된 크기 즉, text 속성에 지정된 텍스트 길이만큼 표시한다. 또한 위 표에서 알 수 있듯이 GridLayout 객체의 columnCount 속성에 3을 지정하였으므로 버튼은 3개씩 2줄을 표시하게 된다.

```
    <Button
        android:id="@+id/button"
        android:layout_width="wrap_content"
        android:layout_height="wrap_content"
        android:text="Button" />

    <Button
        android:id="@+id/button2"
        android:layout_width="wrap_content"
        android:layout_height="wrap_content"
        android:text="Button" />

    <Button
        android:id="@+id/button3"
        android:layout_width="wrap_content"
        android:layout_height="wrap_content"
        android:text="Button" />

    <Button
        android:id="@+id/button4"
        android:layout_width="wrap_content"
        android:layout_height="wrap_content"
        android:text="Button" />

    <Button
        android:id="@+id/button5"
        android:layout_width="wrap_content"
        android:layout_height="wrap_content"
        android:text="Button" />
```

```xml
<Button
    android:id="@+id/button6"
    android:layout_width="wrap_content"
    android:layout_height="wrap_content"
    android:text="Button" />
</GridLayout>
```

2.3 프레임 레이아웃(Frame Layout)

프레임 레이아웃은 약간 특이한 형태의 레이아웃이다. 즉, 각각의 뷰 혹은 자식 뷰들은 좌측 상단을 기준으로 겹쳐 표시된다. 일반적으로 화면 전체를 특정한 뷰 하나로 표시하거나 아니면 그 뷰가 아닌 다른 뷰로 표시하고자 할 때 사용된다. 다음 그림은 Button 하나와 ImageView 가 좌측 상단을 기준으로 표시되는 프레임 레이아웃의 예제를 보여준다.

그림 2.32 프레임 레이아웃 예제

그대로 따라하기

1. 안드로이드 스튜디오를 실행하고 시작 화면이 나타나면 첫 번째 항목인 Start a new Android Studio project를 선택한다.

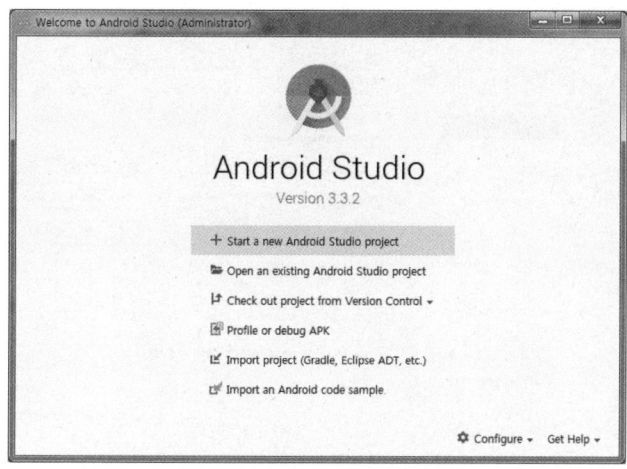

그림 2.33 Start a new Android Studio project 선택

2. 이때 다음과 같이 프로젝트 선택 윈도우가 나타난다. 먼저 위쪽에서 기본적으로 선택되어 있는 Phone and Tablet 를 그대로 지정하고 비어있는 화면을 보여주는 "Empty Activity"를 선택한 뒤, Next 버튼을 누른다.

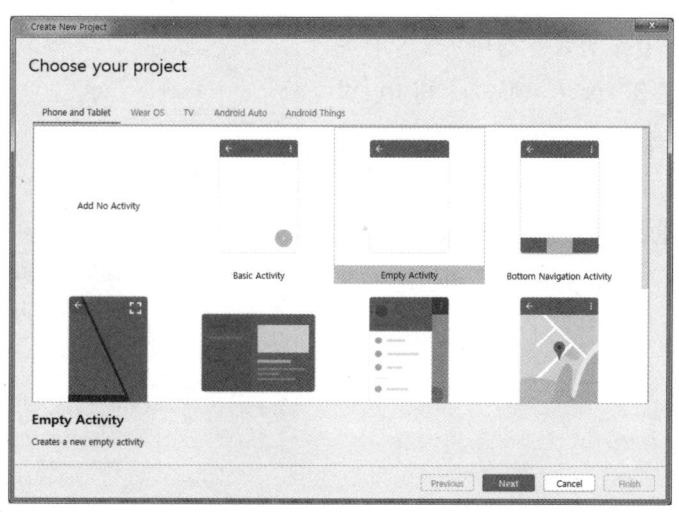

그림 2.34 Empty Activity 선택

3️⃣ 이어서 다음과 같이 안드로이드 프로젝트 설정 윈도우가 나타난다. 첫 번째 Name 항목에 "FrameLayoutSample" 이라고 입력한다. 그 다음 줄 항목들은 모두 그대로 두고 아래쪽에 위치한 Finish 버튼을 눌러 프로젝트를 생성한다.

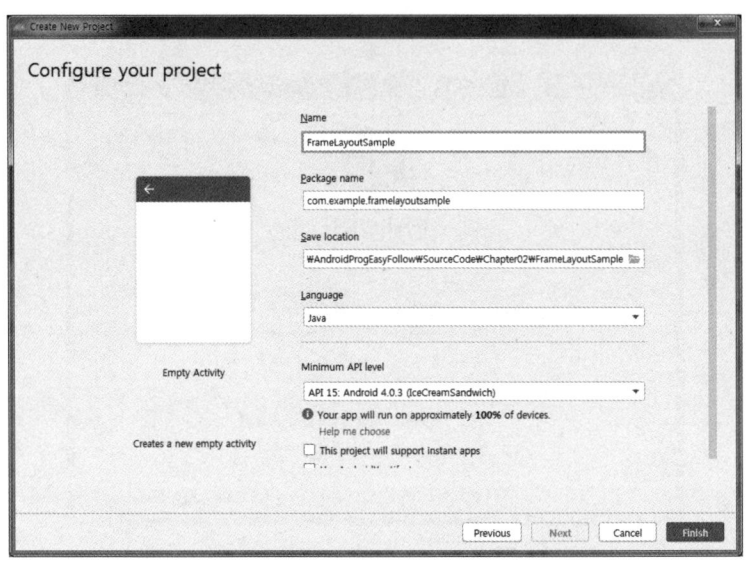

그림 2.35 안드로이드 프로젝트 이름 입력 및 생성 종료

4️⃣ 이제 새로운 프로젝트가 생성되면 왼쪽에 위치한 프로젝트 윈도우에서 app-res-layout을 클릭한다. 이때 그 아래 위치한 activity_main.xml 파일을 선택한 상태에서 오른쪽 마우스 버튼을 눌러 메뉴가 나타나면 delete 항목을 눌러 삭제한다. 이때 삭제 확인 윈도우가 나타나면 OK 버튼을 눌러 준다. 마지막으로 Usages Detected 윈도우가 나타나면 "Delete Anyway" 버튼을 누른다.

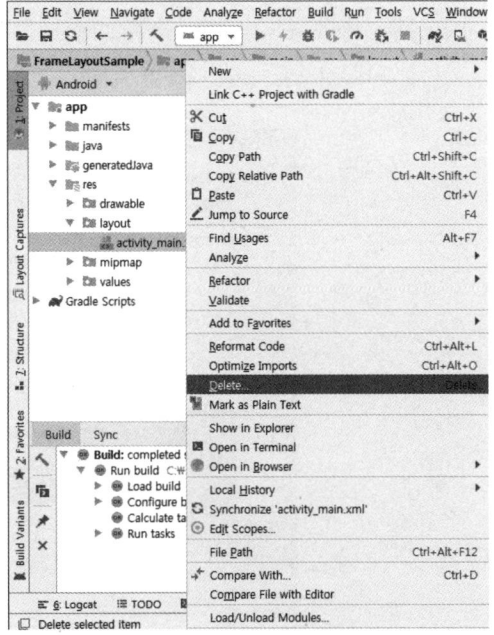

그림 2.36 activity_main 파일 삭제

5 계속해서 프로젝트의 layout 폴더를 클릭하고 오른쪽 마우스 버튼을 누른 상태에서 New-Layout resource file을 선택하면 다음 그림과 같이 New Resource File 대화상자가 나타난다. 이때 File name 항목과 Root element 항목에 다음과 같이 입력하고 나머지는 그대로 둔 상태에서 OK 버튼을 누른다.

File name : activity_main

Root element : FrameLayout

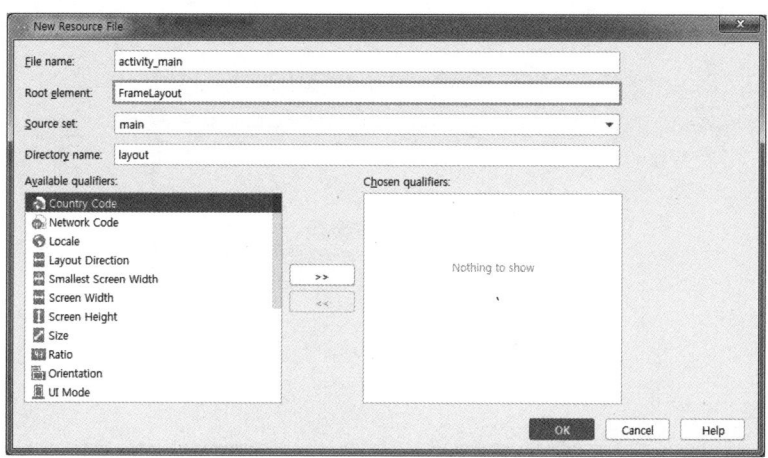

그림 2.37 New Resource File 대화상자

6 이때 프로젝트에는 새로운 activity_main 파일이 생성되면서 자동으로 다음 그림과 같이 팔레트(palette)와 빈 레이아웃 뷰(layout view)가 나타난다.

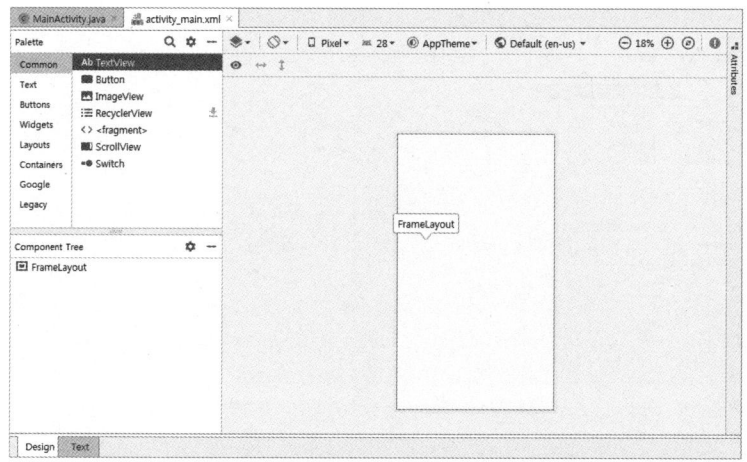

그림 2.38 팔레트와 빈 레이아웃 뷰

7 이제 ImageView 에 표시할 그림 파일(cat.jpg) 하나를 다운받고 그 그림을 클릭하고 드렉-엔-드롭으로 FrameLayoutSample 프로젝트의 app-res-drawable 폴더에 떨어뜨려 파일 추가를 처리한다.(그림 파일은 소스 코드 폴더 참조).

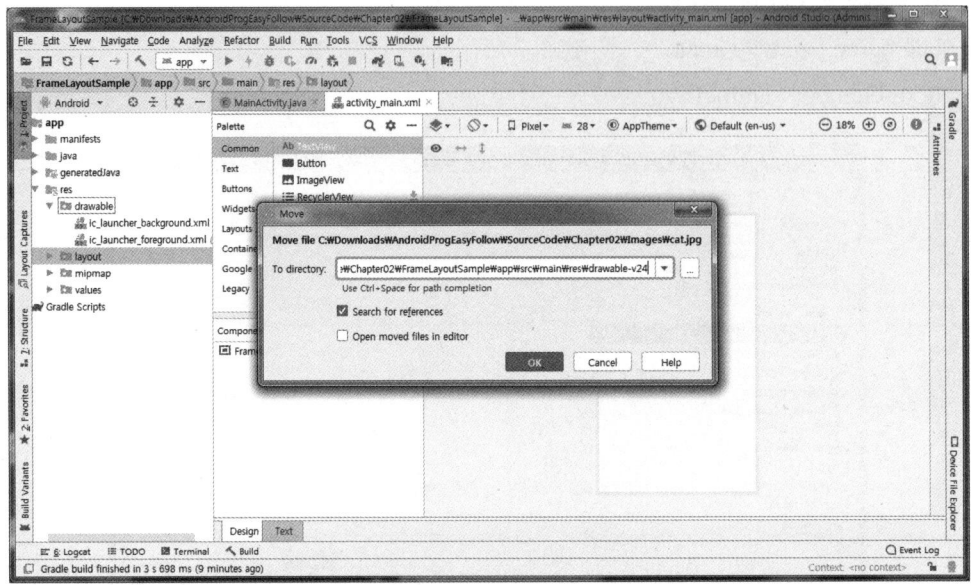

그림 2.39 그림 파일 복사

8 이제 팔레트 왼쪽에서 Common 을 선택한 상태에서 마우스로 팔레트 오른쪽에 표시되는 ImageView 을 클릭하고 드렉-엔-드롭으로 오른쪽 레이아웃 뷰에 떨어뜨린다.

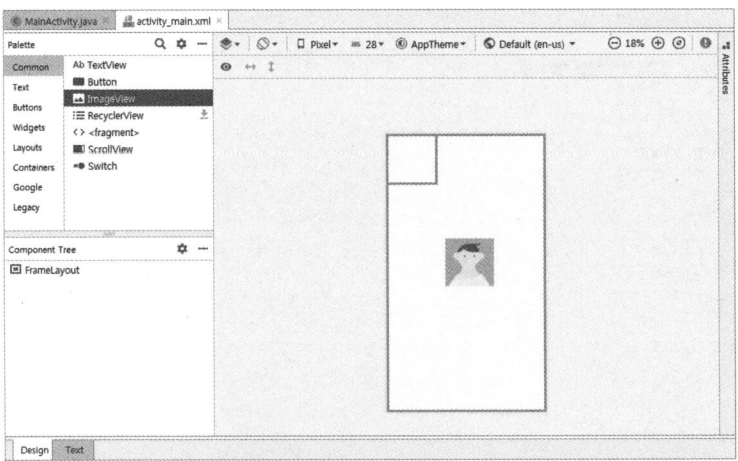

그림 2.40 ImageView 추가

9 이때 다음과 같이 Resources 선택 대화상자가 나타난다. 가장 위에 위치한 탐색 텍스트 상자에 위에서 복사한 'cat'를 입력하여 cat.jpg 이미지를 검색하고 그 이미지가 화면에 표시되면 OK 버튼을 클릭한다.

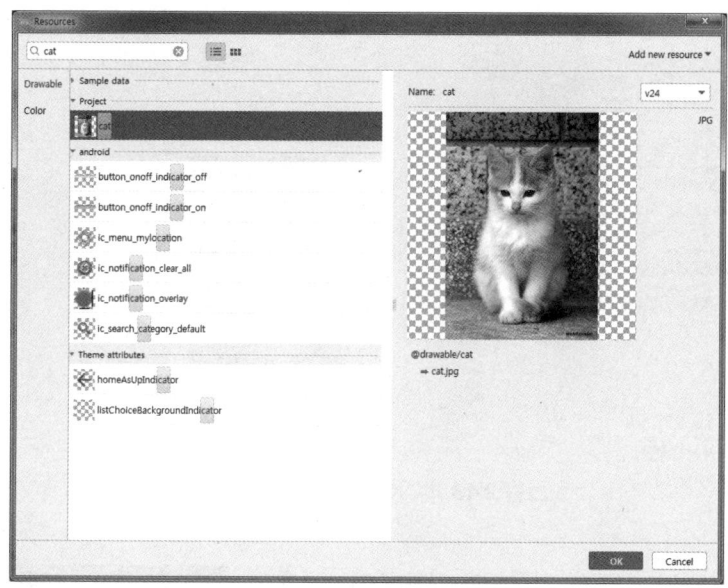

그림 2.41 이미지 검색 및 선택

10 이제 레이아웃 뷰에는 다음 그림과 같이 위에서 선택한 이미지가 표시된다.

그림 2.42 레이아웃 뷰에 이미지 출력

⑪ 다시 팔레트 왼쪽에서 Common 을 선택한 상태에서 마우스로 오른쪽에 표시되는 Button 위젯을 클릭하고 드랙-엔-드롭으로 오른쪽 레이아웃 뷰에 떨어뜨린다. 이때 Button 은 자동으로 레이아웃 뷰 왼쪽 위로 이동한다.

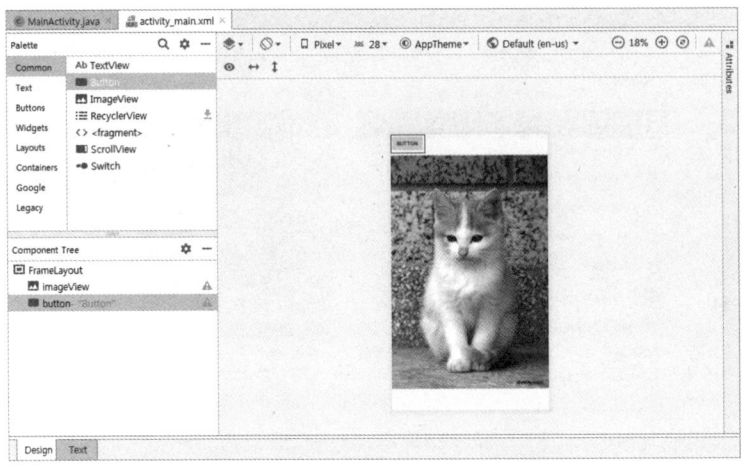

그림 2.43 레이아웃 뷰에 Button 추가

⑫ 이제 실제 기기를 PC에 연결하고 안드로이드 스튜디오 위쪽에 위치한 Run 버튼을 누르면 배포 타겟(deployment target) 화면이 나타난다. 연결된 디바이스 혹은 가상 화면을 선택하고 OK 버튼을 눌러 실행시켜 다음과 같은 화면이 나타나는지 확인해 본다.

그림 2.44 FrameLayoutSample 프로젝트 실행

 원리 설명

프레임 레이아웃은 사용되는 모든 자식 뷰들을 왼쪽 위에 차례대로 겹쳐 위치시키는 기능을 제공한다. 일반적으로 여러 뷰를 겹쳐서 배치한 뒤에 원하는 순간에 지정된 뷰를 표시하고자 할 때 사용된다. 이전 레이아웃 처리 때와 마찬가지로 에디터 아래쪽에 위치한 Text 탭을 누르면 다음과 같이 텍스트 에디터가 나타나면서 위에서 처리한 프레임 레이아웃 기능이 텍스트 코드로 표시된다.

그림 2.45 프레임 레이아웃을 표시하는 텍스트 에디터

이제 이 코드를 하나하나 살펴보자. 먼저 XML 버전과 인코딩 선언부터 시작하고 프레임 레이아웃 태그 〈FrameLayout /〉를 사용하여 다음과 같이 프레임 레이아웃 기능을 구현한다.

```
<?xml version="1.0" encoding="utf-8"?>
<FrameLayout xmlns:android="http://schemas.android.com/apk/res/android"
    xmlns:app="http://schemas.android.com/apk/res-auto"
    android:layout_width="match_parent" android:layout_height="match_parent">
...
```

프레임 레이아웃은 기본적으로 모든 자식 뷰를 왼쪽 위에 차례대로 겹쳐 위치시키므로 별다른 속성 기능은 제공하지 않는다. 먼저 〈ImageView /〉 태그를 사용하여 원하는 이미지를 화면 왼쪽 위에 출력한다. 이때 app:srcCompat 속성을 사용하여 미리 지정된 이미지의 위치를 지정한다. 즉, app-res-drawable 폴더에 미리 cat.jpg를 추가해주어야 한다.

```
<ImageView
    android:id="@+id/imageView"
    android:layout_width="wrap_content"
    android:layout_height="wrap_content"
    app:srcCompat="@drawable/cat" />
...
```

그림을 추가할 때, 마우스 오른쪽 버튼으로 그림을 복사하고 drawable 폴더에서 다시 오른쪽 마우스로 Paste 항목을 실행시켜 그림을 추가하거나 드렉-엔-드롭을 사용한다.

참고 app:srcCompat= "" 와 android:src= "" 차이점

지금까지 안드로이드에서 이미지를 지정하고자할 때에는 android:src=""를 사용하였다. 하지만 안드로이드 롤리팝부터는 벡터(Vector) 방식의 Drawable을 지원하는 이미지 표시 방식 즉, app:srcCompat="" 을 사용할 수 있게 되었다.

픽셀 단위로 정보를 표시하는 비트맵 방식과 달리 벡터 방식은 이미지를 구성하는 선과 선 사이의 연결 정보를 가지고 있어 사이즈를 늘리거나 색상을 변경해도 이미지가 변경되지 않는 장점을 가지고 있다. 또한 크기가 서로 다른 폰을 위해 별도의 이미지를 가질 필요가 없어 이미지 용량 역시 많이 줄일 수 있다.

동일한 방법으로 〈Button /〉 태그를 사용하여 왼쪽 위에 위치시킨다.

```
<Button
    android:id="@+id/button"
    android:layout_width="wrap_content"
    android:layout_height="wrap_content"
    android:text="Button" />
</FrameLayout>
```

2.4 선형 레이아웃(Linear Layout)

선형 레이아웃은 안드로이드 스튜디오에서 설정되는 제약 레이아웃 이전에 가장 자주 사용되는 레이아웃 중 하나이다. 그리드 레이아웃은 사용하기가 쉬어서 거의 모든 개발자들이 사용하는 기능이다. 이 레이아웃은 원하는 뷰와 자식 뷰를 위에서 아래 방향 혹은 왼쪽에서 오른쪽 방향으로 배치하는 기능을 제공하여 쉽게 원하는 화면을 구성할 수 있다.

다음은 선형 레이아웃의 예제이다.

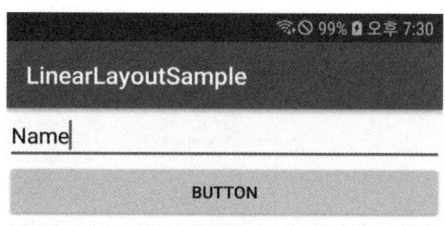

그림 2.46 선형 레이아웃 예제

> 그대로 따라하기

1 안드로이드 스튜디오를 실행하고 시작 화면이 나타나면 첫 번째 항목인 Start a new Android Studio project를 선택한다.

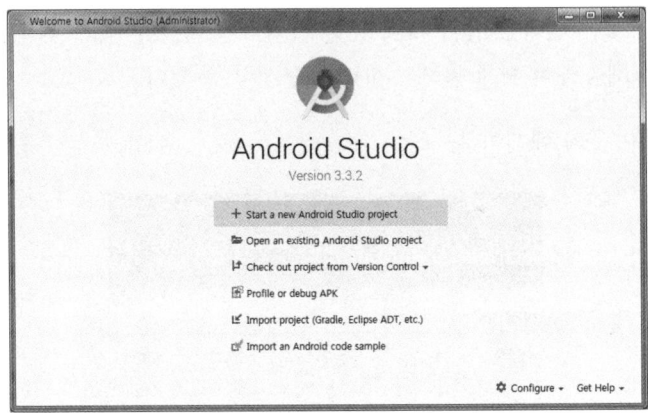

그림 2.47 Start a new Android Studio project 선택

2 이때 다음과 같이 프로젝트 선택 윈도우가 나타난다. 먼저 위쪽에서 기본적으로 선택되어 있는 Phone and Tablet 를 그대로 지정하고 비어있는 화면을 보여주는 "Empty Activity"를 선택한 뒤, Next 버튼을 누른다.

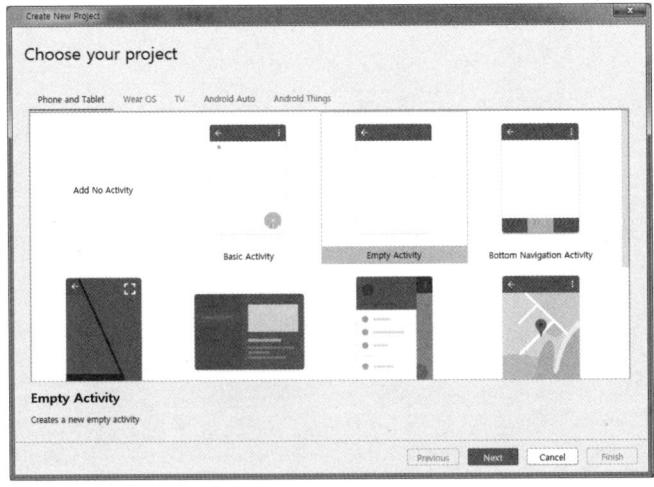

그림 2.48 Empty Activity 선택

3 이어서 다음과 같이 안드로이드 프로젝트 설정 윈도우가 나타난다. 첫 번째 Name 항목에 "LinearLayoutSample" 이라고 입력한다. 그 다음 줄 항목들은 모두 그대로 두고 아래쪽에 위치한 Finish 버튼을 눌러 프로젝트를 생성한다.

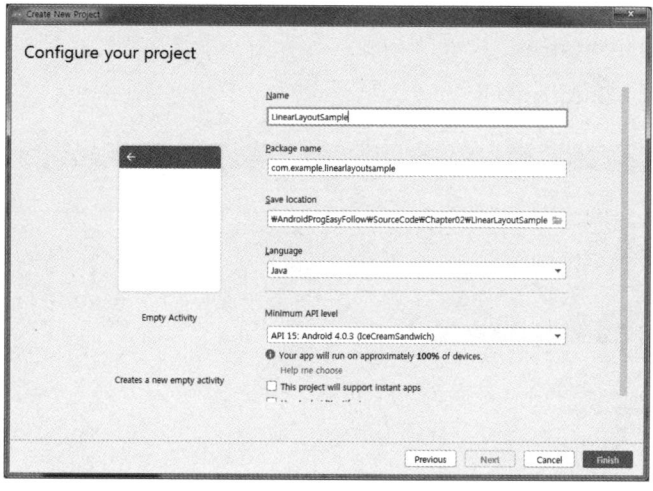

그림 2.49 안드로이드 프로젝트 이름 입력 및 생성 종료

4 이제 새로운 프로젝트가 생성되면 왼쪽에 위치한 프로젝트 윈도우에서 app-res-layout을 클릭한다. 이때 그 아래 위치한 activity_main.xml 파일을 선택한 상태에서 오른쪽 마우스 버튼을 눌러 메뉴가 나타나면 delete 항목을 눌러 삭제한다. 이때 삭제 확인 윈도우가 나타나면 OK 버튼을 눌러준다. 마지막으로 Usages Detected 윈도우가 나타나면 "Delete Anyway" 버튼을 누른다.

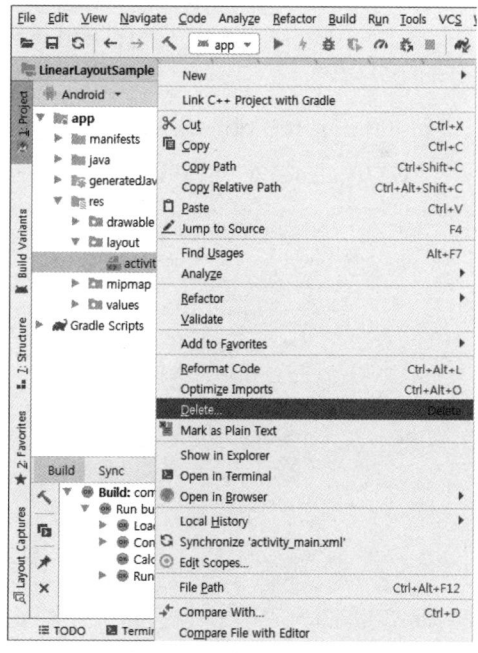

그림 2.50 activity_main 파일 삭제

5 계속해서 프로젝트의 layout 폴더를 클릭하고 오른쪽 마우스 버튼을 누른 상태에서 New-Layout resource file을 선택하면 다음 그림과 같이 New Resource File 대화상자가 나타난다. 이때 File name 항목과 Root element 항목에 다음과 같이 입력하고 나머지는 그대로 둔 상태에서 OK 버튼을 누른다.

File name : activity_main

Root element : LinearLayout

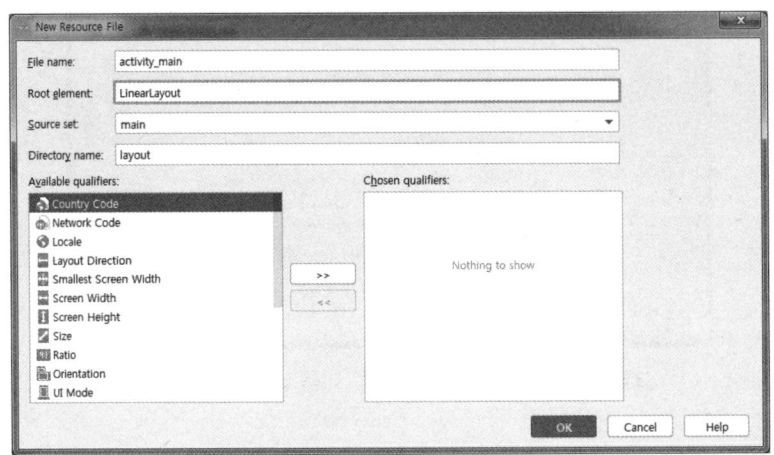

그림 2.51 New Resource File 대화상자

6 이때 프로젝트에는 새로운 activity_main 파일이 생성되면서 자동으로 다음 그림과 같이 팔레트(palette)와 빈 레이아웃 뷰(layout view)가 나타난다.

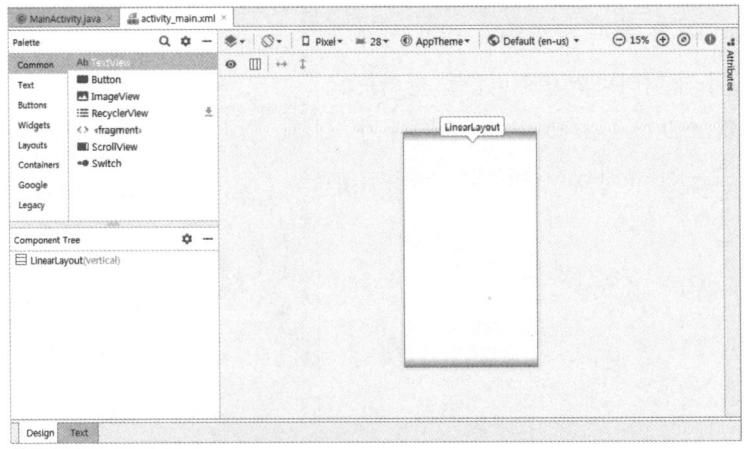

그림 2.52 팔레트와 빈 레이아웃 뷰

7 이제 팔레트 왼쪽에서 Text 를 선택한 상태에서 마우스로 오른쪽에 표시되는 Plain Text 을 클릭하고 드렉-엔-드롭으로 오른쪽 레이아웃 뷰에 떨어뜨린다.

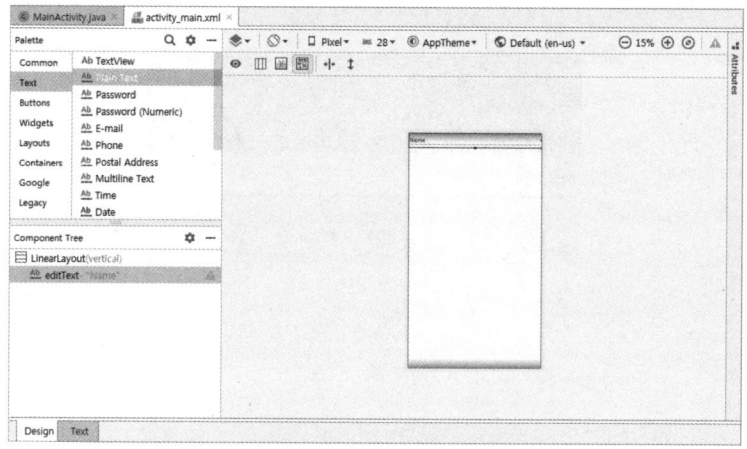

그림 2.53 Plain Text 추가

8 동일한 방법으로 팔레트 왼쪽에서 Common 를 선택한 상태에서 마우스로 오른쪽에 표시되는 Button 을 클릭하고 드렉-엔-드롭으로 오른쪽 레이아웃 뷰 Plain Text(editText) 아래쪽에 떨어뜨린다.

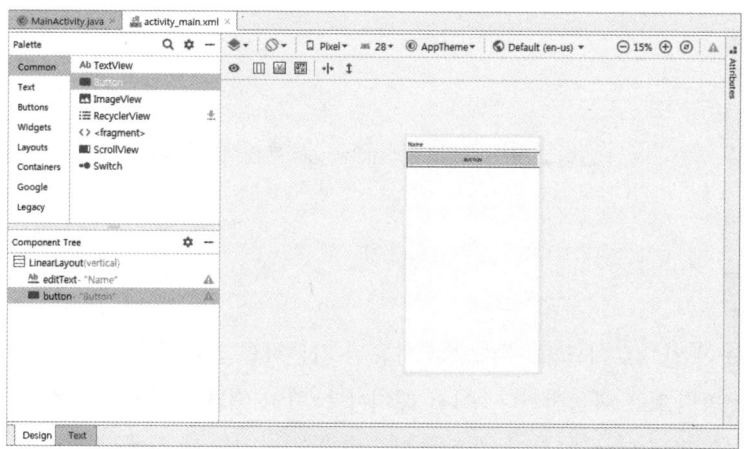

그림 2.54 Button 추가

⑨ 이제 실제 기기를 PC에 연결하고 안드로이드 스튜디오 위쪽에 위치한 Run 버튼을 누르면 배포 타겟(deployment target) 화면이 나타난다. 연결된 디바이스 혹은 가상 화면을 선택하고 OK 버튼을 눌러 실행시켜 다음과 같은 화면이 나타나는지 확인해 본다.

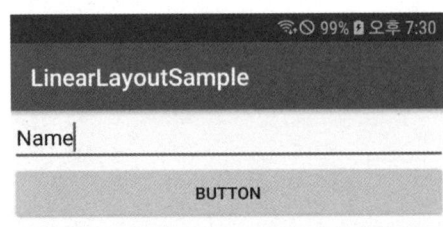

그림 2.55 LinearLayoutSample 프로젝트 실행

원리 설명

선형 레이아웃은 안드로이드 초기 때부터 사용된 기본적인 레이아웃 기능 중 하나로 자식 뷰를 가로 혹은 세로 방향으로 배치시킨다. 이전 레이아웃 처리 때와 마찬가지로 에디터 아래쪽에 위치한 Text 탭을 누르면 다음과 같이 텍스트 에디터가 나타나면서 위에서 처리한 선형 레이아웃 기능이 텍스트 코드로 표시된다.

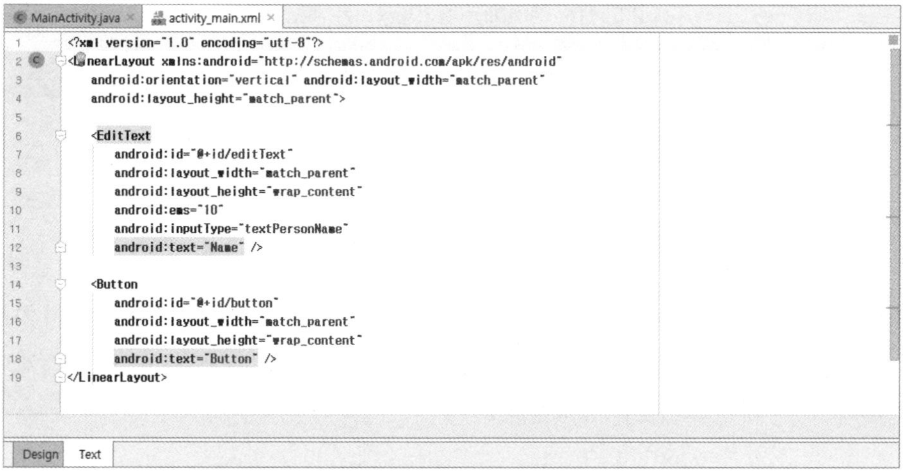

```
1  <?xml version="1.0" encoding="utf-8"?>
2  <LinearLayout xmlns:android="http://schemas.android.com/apk/res/android"
3      android:orientation="vertical" android:layout_width="match_parent"
4      android:layout_height="match_parent">
5
6      <EditText
7          android:id="@+id/editText"
8          android:layout_width="match_parent"
9          android:layout_height="wrap_content"
10         android:ems="10"
11         android:inputType="textPersonName"
12         android:text="Name" />
13
14     <Button
15         android:id="@+id/button"
16         android:layout_width="match_parent"
17         android:layout_height="wrap_content"
18         android:text="Button" />
19  </LinearLayout>
```

그림 2.56 선형 레이아웃을 표시하는 텍스트 에디터

선형 레이아웃에서 제공하는 주요 속성은 다음 표와 같다.

표 2.4 선형 레이아웃에서 제공하는 주요 속성

속성	설명
orientation	자식 뷰의 배치 방향을 결정한다. (horizontal:수평, vertical:수직)
gravity	자식의 배치 위치를 결정한다.

이제 이 코드를 하나하나 살펴보자. 먼저 XML 버전과 인코딩 선언부터 시작하고 선형 레이아웃 태그 〈LinearLayout /〉를 사용하여 다음과 같이 선형 레이아웃 기능을 구현한다. orientation 속성에 "vertical"을 지정하여 이 태그 내부에 지정되는 자식 뷰들을 위에서 아래쪽으로 배치시킨다.

```
<?xml version="1.0" encoding="utf-8"?>
<LinearLayout xmlns:android="http://schemas.android.com/apk/res/android"
    android:orientation="vertical" android:layout_width="match_parent"
    android:layout_height="match_parent">
    ...
```

이제 〈EditText〉 태그를 사용하여 편집 텍스트 상자를 위쪽에 배치시킨다. 〈EditText〉는 사용자로부터 자료를 입력받을 때 사용되는 컨트롤로서 다음과 같은 주요 속성을 제공한다.

표 2.5 선형 레이아웃에서 제공하는 주요 속성

속성	설명
ems	폰트 크기가 변경될지라도 TextView에서 항상 같은 비율로 표시
inputType	EditText 에 입력 가능한 값 결정(textPersonName: 사람이름)
text	EditText 에 출력하고자 하는 값

EditText 에 사용된 속성으로 기본 layout_width 속성에 'match_parent'를 지정하여 가로 부분을 부모 뷰의 크기로 채운다. 이에 반하여 layout_height 에는 'wrap_content' 를 지정하여 세로 부분은 EditText 의 기본 크기만큼 설정한다.

ems 속성은 EM 단위의 EditText 크기를 표시하고자 할 때 사용된다. EM 은 활자 인쇄에서 사용되는 단위인데 여기서는 폰트의 너비를 나타내는 값이다. 즉, 지정된 숫자크기 만큼 텍스트 상자의 길이가 결정된다. 이 속성을 사용하는 이유는 폰트 크기가 변경될지라도 항상 같은 비율의 문자를 표시하기 위함이다. 주의해야할 점은 layout_width 속성에 'wrap_content'를 지정해야 동작된다는 것이다. 여기서는 layout_width 속성에 'match_parent'를 지정하였으므로 동작되지 않는다.

inputType 속성은 EditText 에 입력가능한 특정 여러 타입의 자료를 지정하고자 할 때 사용된다. 예를 들어, 이 속성에 text를 지정하면 줄바꿈을 할 수 없는 기본 문자열 값을 받아들일 수 있다. 또 textPassword를 지정하면 입력되는 문자를 '*' 로 표시하여 비밀번호를 입력받을 때 사용할 수 있다. 위 예제에서는 textPersonName을 지정하여 사용자 이름이 입력될 수 있도록 지정하였다. 마지막으로 text 속성은 EditText 에 표시되는 값이다.

```
<EditText
    android:id="@+id/editText"
    android:layout_width="match_parent"
    android:layout_height="wrap_content"
    android:ems="10"
    android:inputType="textPersonName"
    android:text="Name" />
```

동일한 방법으로 〈Button〉 태그를 사용하여 버튼을 편집 텍스트 아래쪽에 배치시킨다. 선형 레이아웃의 orientation 속성에 "vertical"을 지정하였으므로 모든 자식 뷰는 위에서 아랫방향으로 배치된다. 이전과 마찬가지로 layout_width 속성에 "match_parent"를 지정하여 가로 부분을 부모 뷰의 크기로 채운다.

```
    <Button
        android:id="@+id/button"
        android:layout_width="match_parent"
        android:layout_height="wrap_content"
        android:text="Button" />
</LinearLayout>
```

2.5 상대 레이아웃(Relative Layout)

　상대적 레이아웃은 설정하고자하는 뷰를 현재 위치에서 가까운 다른 뷰를 기준으로 상대적 위치에 지정하는 방법이다. 즉, 작성하고자 하는 뷰를 첫 번째 뷰의 왼쪽 혹은 오른쪽 혹은 그 아래쪽에 위치시킬 수 있다. 또한 그 다음 작성하고자 하는 뷰 역시 두 번째 작성된 뷰의 가까운 상대적 위치에 위치시킬 수 있다. 다음 그림은 상대적 레이아웃 예제이다.

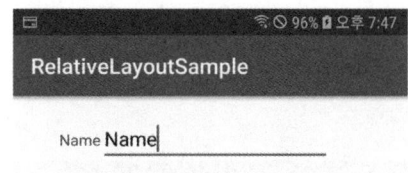

그림 2.57 상대적 레이아웃

> **그대로 따라하기**

1️⃣ 안드로이드 스튜디오를 실행하고 시작 화면이 나타나면 첫 번째 항목인 Start a new Android Studio project를 선택한다.

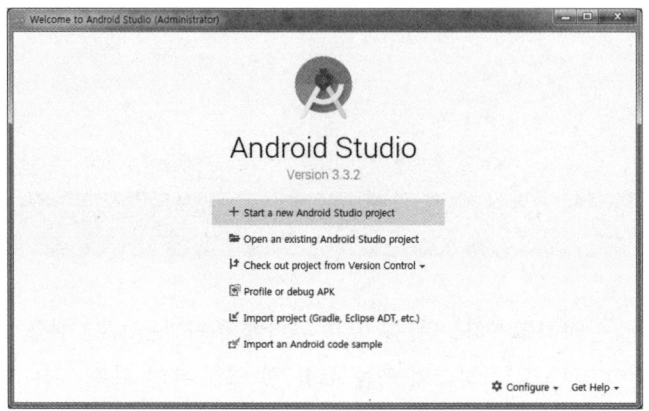

그림 2.58 Start a new Android Studio project 선택

2️⃣ 이때 다음과 같이 프로젝트 선택 윈도우가 나타난다. 먼저 위쪽에서 기본적으로 선택되어 있는 Phone and Tablet 를 그대로 지정하고 비어있는 화면을 보여주는 "Empty Activity"를 선택한 뒤, Next 버튼을 누른다.

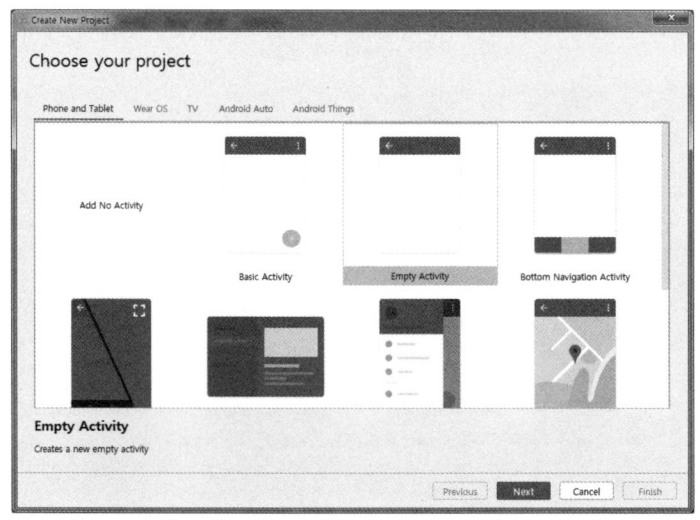

그림 2.59 Empty Activity 선택

3 이어서 다음과 같이 안드로이드 프로젝트 설정 윈도우가 나타난다. 첫 번째 Name 항목에 "RelativeLayoutSample" 이라고 입력한다. 그 다음 줄 항목들은 모두 그대로 두고 아래쪽에 위치한 Finish 버튼을 눌러 프로젝트를 생성한다.

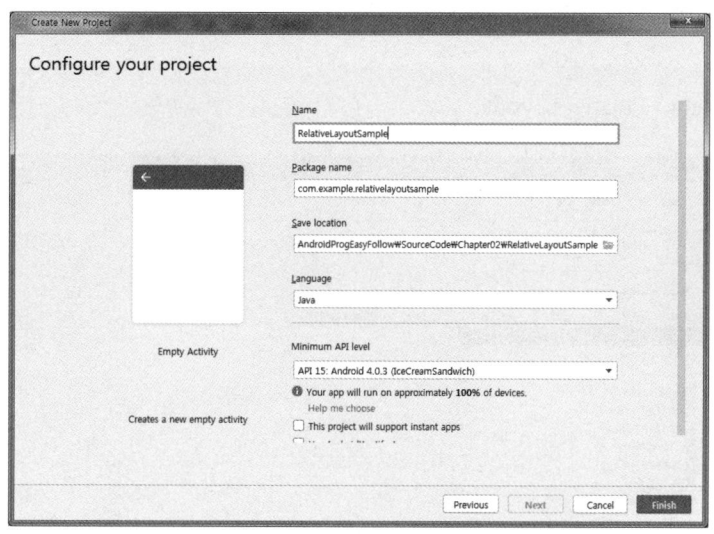

그림 2.60 안드로이드 프로젝트 이름 입력 및 생성 종료

4 이제 새로운 프로젝트가 생성되면 왼쪽에 위치한 프로젝트 윈도우에서 app-res-layout을 클릭한다. 이때 그 아래 위치한 activity_main.xml 파일을 선택한 상태에서 오른쪽 마우스 버튼을 눌러 메뉴가 나타나면 delete 항목을 눌러 삭제한다. 이때 삭제 확인 윈도우가 나타나면 OK 버튼을 눌러준다. 마지막으로 Usages Detected 윈도우가 나타나면 "Delete Anyway" 버튼을 누른다.

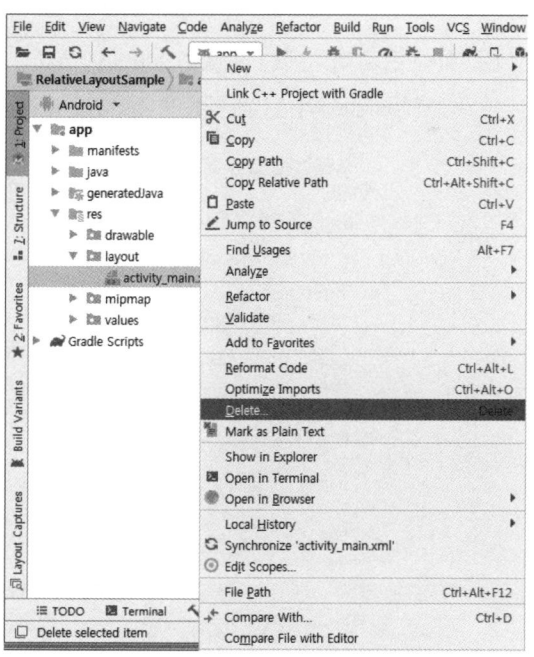

그림 2.61 activity_main 파일 삭제

제2장_ 안드로이드에서 제공하는 레이아웃(layout) **101**

5 계속해서 프로젝트의 layout 폴더를 클릭하고 오른쪽 마우스 버튼을 누른 상태에서 New-Layout resource file을 선택하면 다음 그림과 같이 New Resource File 대화상자가 나타난다. 이때 File name 항목과 Root element 항목에 다음과 같이 입력하고 나머지는 그대로 둔 상태에서 OK 버튼을 누른다.

File name : activity_main

Root element : RelativeLayout

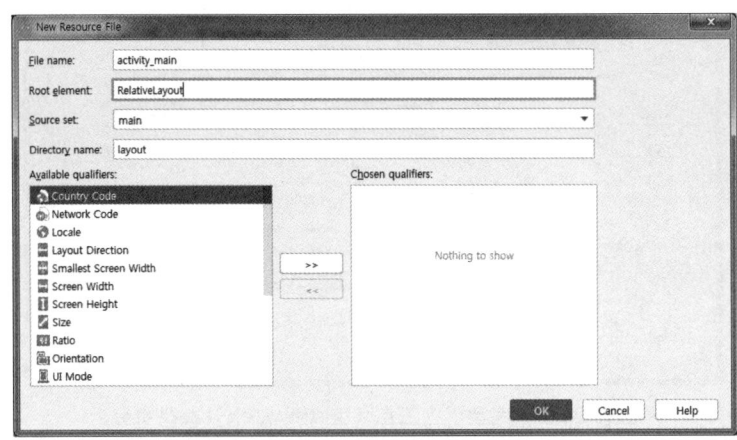

그림 2.62 New Resource File 대화상자

6 이때 프로젝트에는 새로운 activity_main 파일이 생성되면서 자동으로 다음 그림과 같이 팔레트(palette)와 빈 레이아웃 뷰(layout view)가 나타난다.

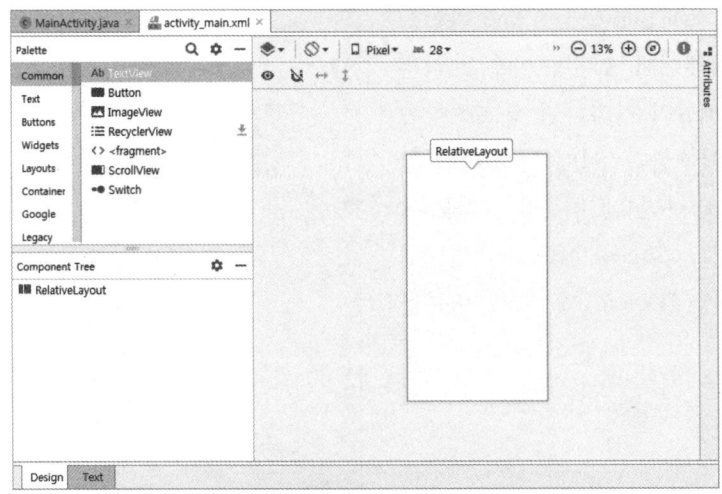

그림 2.63 팔레트와 빈 레이아웃 뷰

7 이제 팔레트 왼쪽에서 Text 을 선택한 상태에서 마우스로 오른쪽에 표시되는 TextView 를 클릭하고 드랙-엔-드롭으로 오른쪽 레이아웃 뷰 왼쪽 상단에 떨어뜨린다.

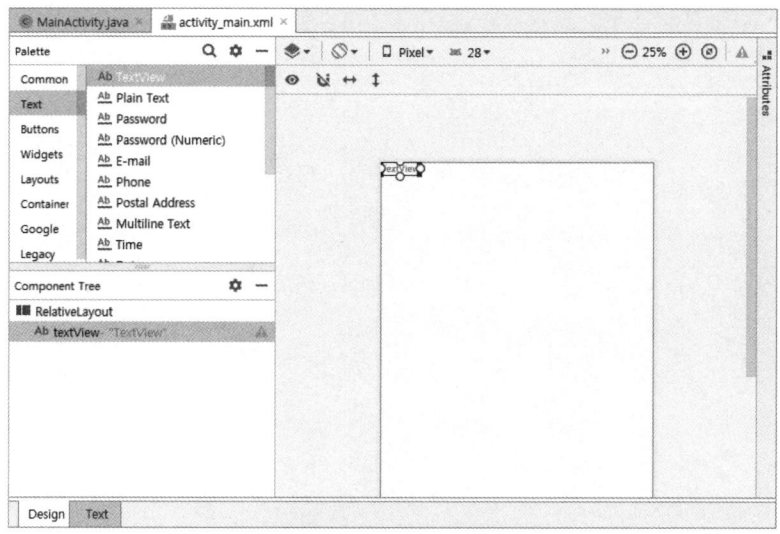

그림 2.64 TextView 추가

8 TextView 위, 아래, 왼쪽, 오른쪽에는 조그마한 원이 있는데 이 중 왼쪽과 위쪽 원을 클릭하여 검은색으로 만든다.

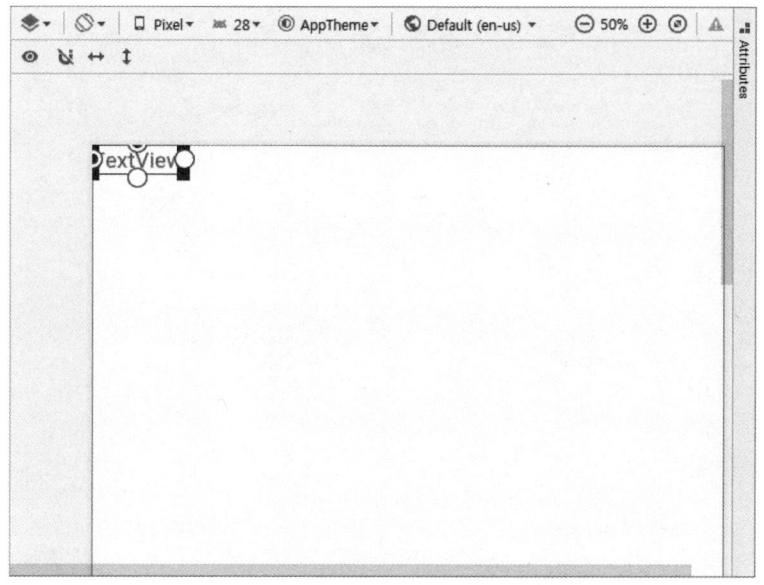

그림 2.65 왼쪽 원과 위쪽 원 클릭

9 이제 마우스로 TextView를 선택하고 아래 방향 오른쪽으로 적당히 이동시킨다.

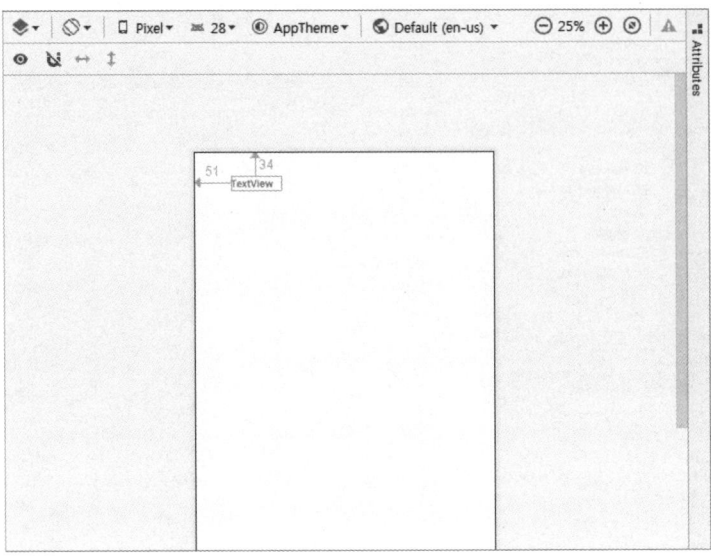

그림 2.66 TextView 아래 오른쪽 이동

10 이제 속성 창이 없으면 오른쪽 끝에 위치한 속성(Attributes) 탭을 눌러 속성 창을 표시한다. 계속해서 TextView를 선택한 상태에서 오른쪽에 위치한 속성 창의 TextView 의 text 속성에 "Name :" 이라고 입력한다.

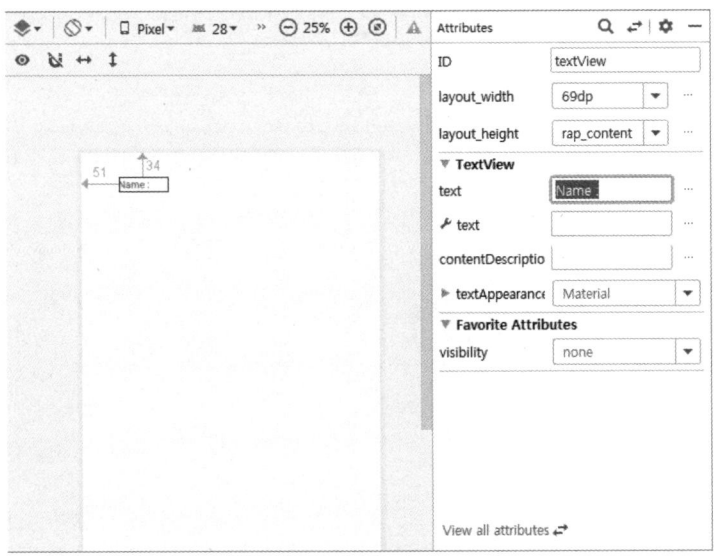

그림 2.67 TextView 의 text 속성 값 변경

⑪ 이어서 동일한 방법으로 팔레트 왼쪽에서 Text 를 선택한 상태에서 마우스로 오른쪽에 표시되는 Plain Text 을 클릭하고 드렉-엔-드롭으로 떨어뜨린다.

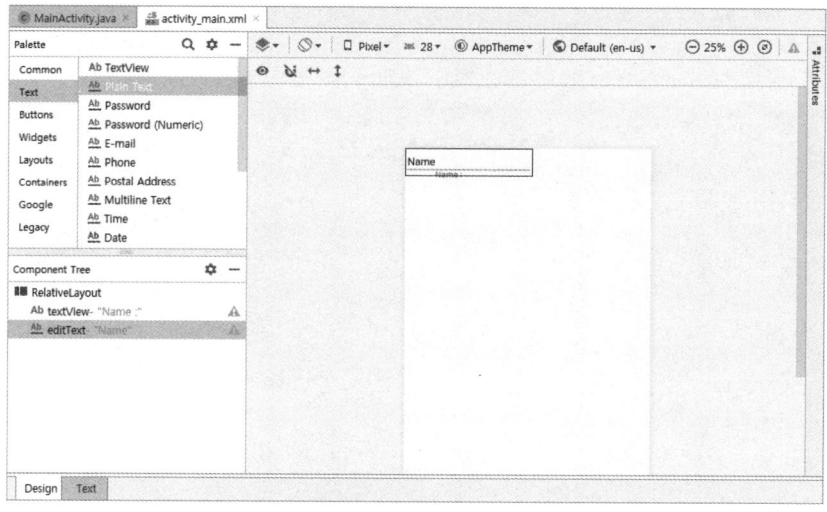

그림 2.68 Plain Text 추가

⑫ TextView 처리와 동일한 방법으로 Plain Text 의 왼쪽과 위쪽 조그마한 원을 클릭하여 검은색으로 만들고 마우스를 사용하여 TextView 오른쪽에 위치시킨다.

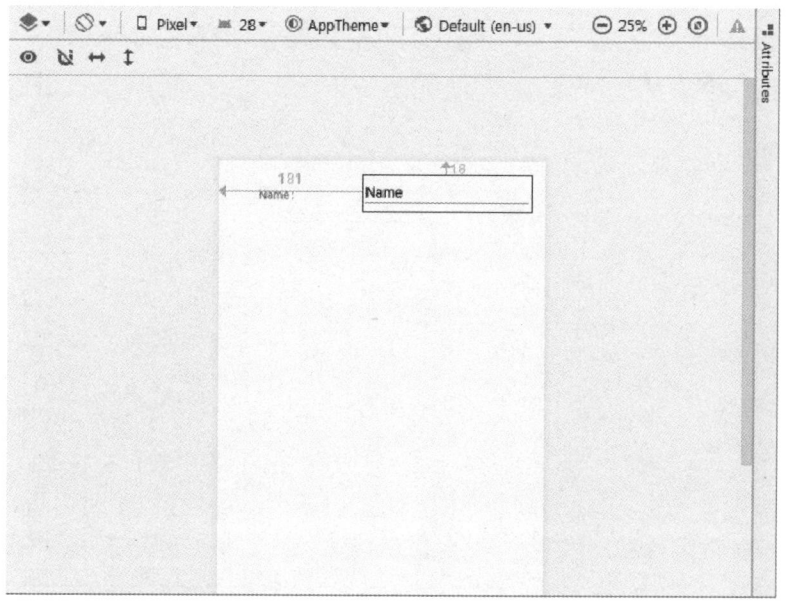

그림 2.69 Plain Text를 오른쪽으로 이동

제2장_ 안드로이드에서 제공하는 레이아웃(layout)

13 Plain Text 왼쪽 작은 원을 클릭하고 드렉-엔-드롭으로 TextView 의 오른쪽 끝에 연결한다.

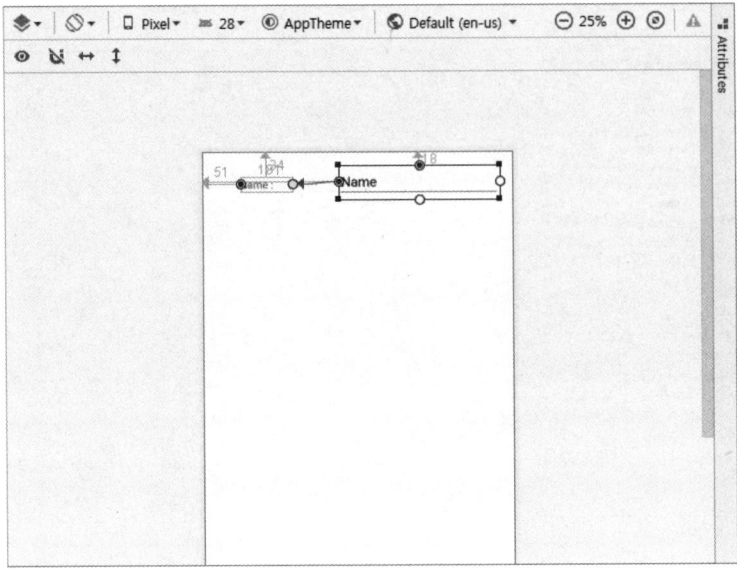

그림 2.70 Plain Text 와 TextView 연결

14 동일한 방법으로 Plain Text 의 오른쪽 작은 원을 클릭하고 드렉-엔-드롭으로 레이아웃 뷰 끝쪽으로 연결시킨다.

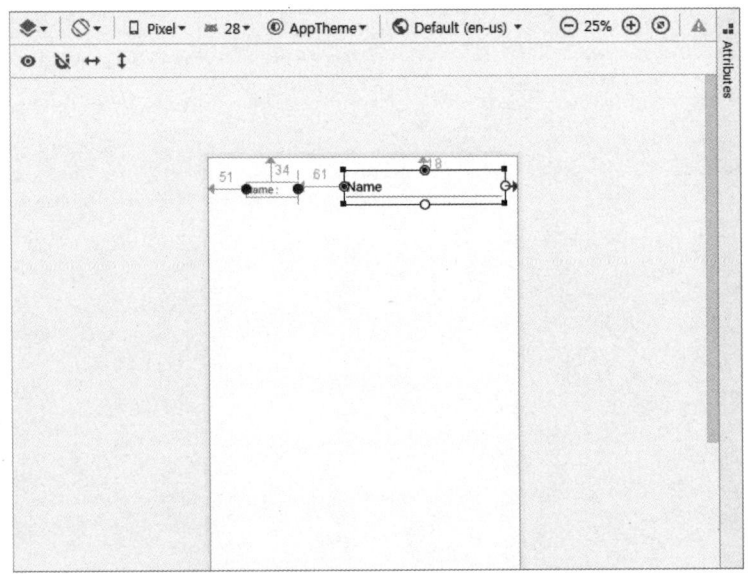

그림 2.71 Plain Text 와 레이아웃 뷰 연결

15 이제 실제 기기를 PC에 연결하고 안드로이드 스튜디오 위쪽에 위치한 Run 버튼을 누르면 배포 타겟(deployment target) 화면이 나타난다. 연결된 디바이스 혹은 가상 화면을 선택하고 OK 버튼을 눌러 실행시켜 다음과 같은 화면이 나타나는지 확인해 본다.

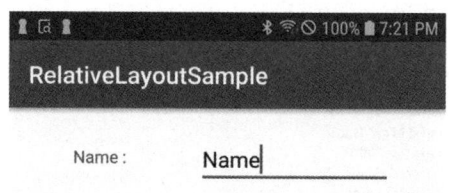

그림 2.72 RelativeLayoutSample 프로젝트 실행

원리 설명

상대적 레이아웃은 자식 뷰의 위치를 이전 뷰에 대해 상대적으로 지정하는 방법이다. 즉, 이전 뷰 위치의 위, 아래 혹은 왼쪽, 오른쪽 등에 지정할 수 있다. 이전 레이아웃 처리 때와 마찬가지로 에디터 아래쪽에 위치한 Text 탭을 누르면 다음과 같이 텍스트 에디터가 나타나면서 위에서 처리한 상대적 레이아웃 기능이 텍스트 코드로 표시된다.

제2장_ 안드로이드에서 제공하는 레이아웃(layout) **107**

```
 2 © <RelativeLayout xmlns:android="http://schemas.android.com/apk/res/android"
13              android:layout_marginLeft="53dp"
14              android:layout_marginTop="31dp"
15              android:text="Name :" />
16
17     <EditText
18          android:id="@+id/editText"
19          android:layout_width="wrap_content"
20          android:layout_height="wrap_content"
21          android:layout_alignParentTop="true"
22          android:layout_alignParentEnd="true"
23          android:layout_alignParentRight="true"
24          android:layout_marginStart="34dp"
25          android:layout_marginLeft="34dp"
26          android:layout_marginTop="20dp"
27          android:layout_marginEnd="44dp"
28          android:layout_marginRight="44dp"
29          android:layout_toEndOf="@+id/textView"
30          android:layout_toRightOf="@+id/textView"
31          android:ems="10"
32          android:inputType="textPersonName"
33          android:text="Name" />
34 </RelativeLayout>
```

그림 2.73 상대적 레이아웃을 표시하는 텍스트 에디터

상대적 레이아웃에서 제공하는 주요 속성은 다음 표와 같다.

표 2.6 상대적 레이아웃에서 제공하는 주요 속성

속성	설명
layout_alignParentLeft	부모의 왼쪽과 해당 뷰의 왼쪽을 일치시킨다.(true/false)
layout_alignParentTop	부모의 위쪽에 해당 뷰의 위쪽을 일치시킨다.(true/false)
layout_alignParentStart	부모의 시작부분과 해당 뷰의 시작부분을 일치.(true/false)
layout_alignParentEnd	부모의 끝부분과 해당 뷰의 끝 부분을 일치.(true/false)
layout_marginLeft	부모의 왼쪽과 해당 뷰 왼쪽 사이의 간격을 설정한다.
layout_marginRight	부모의 오른쪽과 해당 뷰 오른쪽 사이의 간격을 설정한다.
layout_marginStart	부모의 시작부분과 해당 뷰 시작부분 사이의 간격을 설정한다.
layout_marginEnd	부모의 끝부분과 해당 뷰 끝부분 사이의 간격을 설정한다.
layout_marginTop	부모의 위쪽과 해당 뷰 위쪽 사이의 간격을 설정한다.
layout_toEndOf	기준 뷰의 끝쪽에 위치한다.
layout_toRightOf	기준 뷰의 오른쪽에 위치한다.

이제 이 코드를 하나하나 살펴보자. 먼저 XML 버전과 인코딩 선언부터 시작하고 상대적 레이

아웃 태그 〈RelativeLayout /〉를 사용하여 다음과 같이 선형 레이아웃 기능을 구현한다.

```
<?xml version="1.0" encoding="utf-8"?>
<RelativeLayout xmlns:android="http://schemas.android.com/apk/res/android"
    android:layout_width="match_parent" android:layout_height="match_parent">
...
```

먼저 〈TextView /〉태그를 사용하여 텍스트뷰를 표시한다. 이때 layout_alignParentStart, layout_alignParentLeft, layout_alignParentTop 속성에 각각 true 를 지정하여 각각 부모의 왼쪽, 시작 위치, 위쪽에 해당 뷰를 일치시킨다. 또한 layout_marginStart, layout_marginLeft, layout_marginTop 속성에 각각 53dp, 53dp, 31dp를 지정하여 부모 뷰와 TextView 의 시작부분, 왼쪽, 위쪽 사이의 간격을 설정한다. 여기서는 layout_marginStart 는 layout_marginLeft 와 동일하다.

```
<TextView
    android:id="@+id/textView"
    android:layout_width="wrap_content"
    android:layout_height="wrap_content"
    android:layout_alignParentStart="true"
    android:layout_alignParentLeft="true"
    android:layout_alignParentTop="true"
    android:layout_marginStart="53dp"
    android:layout_marginLeft="53dp"
    android:layout_marginTop="31dp"
    android:text="Name :" />
...
```

그 다음에 위치하는 에디트 텍스트는 〈EditText /〉 태그를 사용하여 추가시킨다. 이때 layout_alignParentTop, layout_alignParentEnd, layout_alignParentRight 속성에 true 를 지정하여 각각 부모의 위쪽, 끝 위치, 오른쪽에 해당 뷰를 일치시킨다. 또한 layout_marginTop, layout_marginEnd, layout_marginRight 속성에 각각 20dp, 44dp, 74p를 지정하여 부모 뷰와 EditText 의 위쪽, 끝부분, 오른쪽 사이의 간격을 설정한다. 또한 layout_marginLeft 속성에 34p를 지정하여 왼쪽 간격을 34p 로 지정한다. 마지막으로 android:layout_toEndOf 속성과 android:layout_toRightOf 속성을 지정하여 textView 끝 쪽 혹은 오른쪽에 위치하도록 지정한다.

```
<EditText
    android:id="@+id/editText"
```

```
            android:layout_width="wrap_content"
            android:layout_height="wrap_content"
            android:layout_alignParentTop="true"
            android:layout_alignParentEnd="true"
            android:layout_alignParentRight="true"
            android:layout_marginStart="34dp"
            android:layout_marginLeft="34dp"
            android:layout_marginTop="20dp"
            android:layout_marginEnd="44dp"
            android:layout_marginRight="44dp"
            android:layout_toEndOf="@+id/textView"
            android:layout_toRightOf="@+id/textView"
            android:ems="10"
            android:inputType="textPersonName"
            android:text="Name" />
</RelativeLayout>
```

2.6 테이블 레이아웃(Table Layout)

테이블 레이아웃은 자주 사용되는 HTML 혹은 워드 프로세서의 테이블의 행과 열을 만들고 그 각각의 셀 안에 뷰 혹은 자식 뷰를 위치시키는 방법이다. 일반적인 HTML 테이블처럼 하나의 행 혹은 열을 모두 사용하거나 한 개 이상의 행 혹은 열을 차지하는 뷰를 작성할 수 도 있다. 다음은 테이블 레이아웃 예제이다.

그림 2.74 테이블 레이아웃 예제

> 그대로 따라하기

1 안드로이드 스튜디오를 실행하고 시작 화면이 나타나면 첫 번째 항목인 Start a new Android Studio project를 선택한다.

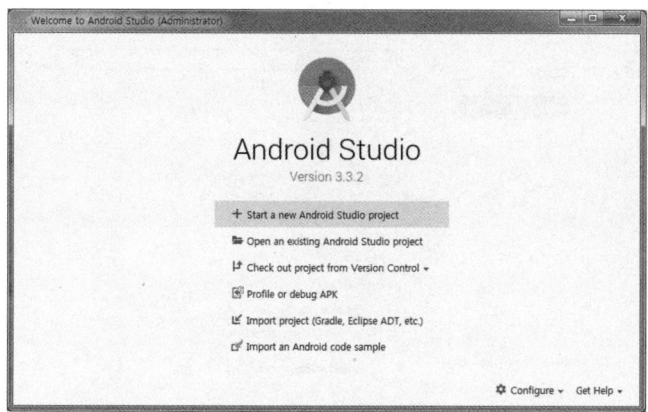

그림 2.75 Start a new Android Studio project 선택

2 이때 다음과 같이 프로젝트 선택 윈도우가 나타난다. 먼저 위쪽에서 기본적으로 선택되어 있는 Phone and Tablet 를 그대로 지정하고 비어있는 화면을 보여주는 "Empty Activity"를 선택한 뒤, Next 버튼을 누른다.

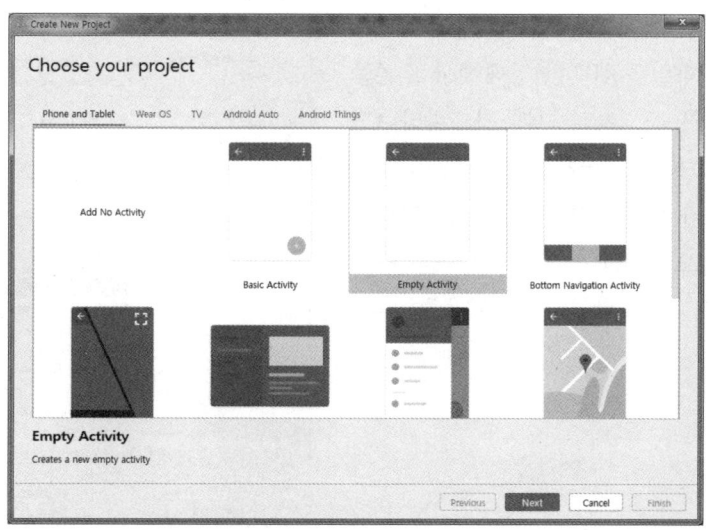

그림 2.76 Empty Activity 선택

③ 이어서 다음과 같이 안드로이드 프로젝트 설정 윈도우가 나타난다. 첫 번째 Name 항목에 "TableLayoutSample" 이라고 입력한다. 그 다음 줄 항목들은 모두 그대로 두고 아래쪽에 위치한 Finish 버튼을 눌러 프로젝트를 생성한다.

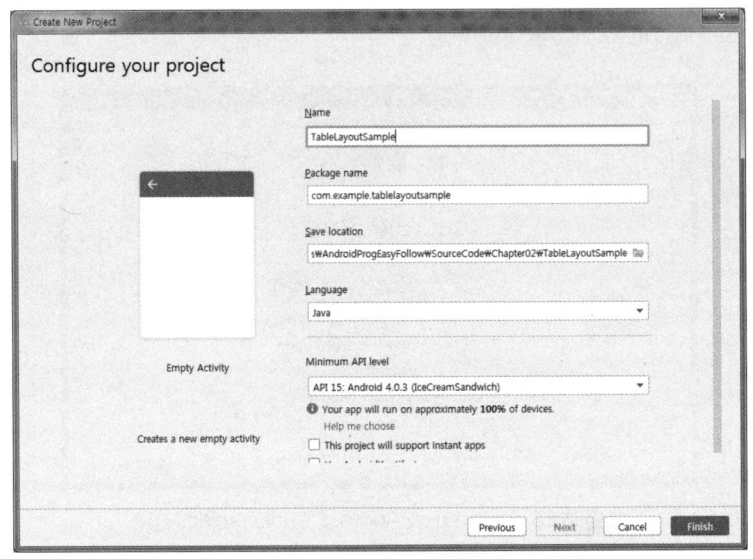

그림 2.77 안드로이드 프로젝트 이름 입력 및 생성 종료

④ 이제 새로운 프로젝트가 생성되면 왼쪽에 위치한 프로젝트 윈도우에서 app-res-layout 을 클릭한다. 이때 그 아래 위치한 activity_main.xml 파일을 선택한 상태에서 오른쪽 마우스 버튼을 눌러 메뉴가 나타나면 delete 항목을 눌러 삭제한다. 이때 삭제 확인 윈도우가 나타나면 OK 버튼을 눌러준다. 마지막으로 Usages Detected 윈도우가 나타나면 "Delete Anyway" 버튼을 누른다.

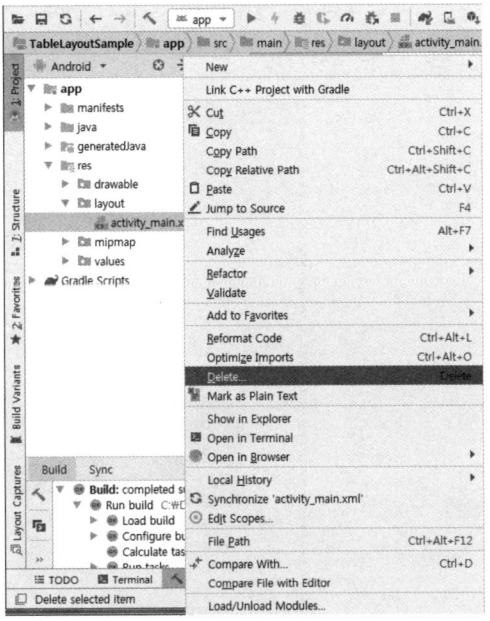

그림 2.78 activity_main 파일 삭제

5 계속해서 프로젝트의 layout 폴더를 클릭하고 오른쪽 마우스 버튼을 누른 상태에서 New-Layout resource file을 선택하면 다음 그림과 같이 New Resource File 대화상자가 나타난다. 이때 File name 항목과 Root element 항목에 다음과 같이 입력하고 나머지는 그대로 둔 상태에서 OK 버튼을 누른다.

File name : activity_main

Root element : TableLayout

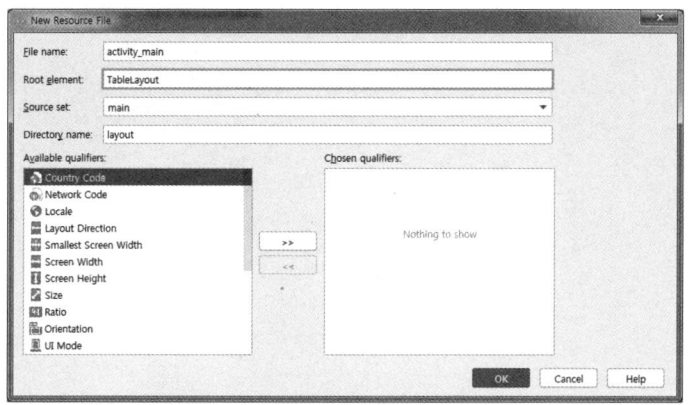

그림 2.79 New Resource File 대화상자

6 이때 프로젝트에는 새로운 activity_main 파일이 생성되면서 자동으로 다음 그림과 같이 팔레트(palette)와 빈 레이아웃 뷰(layout view)가 나타난다.

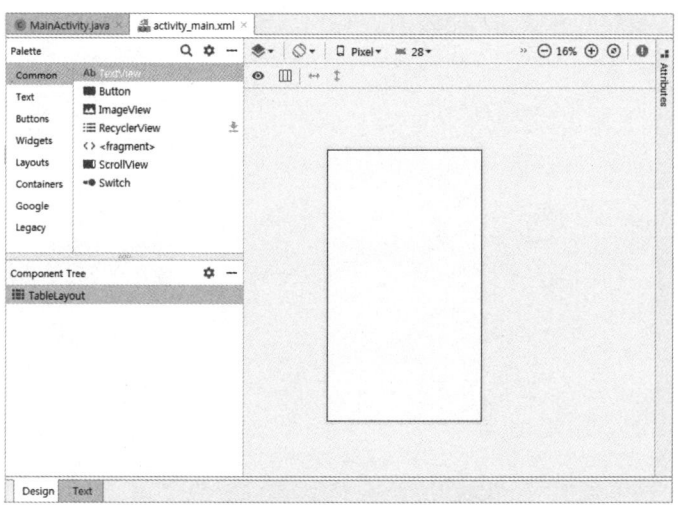

그림 2.80 팔레트와 빈 레이아웃 뷰

7 에디터 끝에 위치한 "Attributes"을 선택하면 오른쪽에 속성 창이 나타나는데 그 아래쪽에 위치한 All Attributes를 클릭하여 전체 속성 값을 표시한다. 전체 속성 값 중 stretchColumn 속성에 "*"를 입력한다.

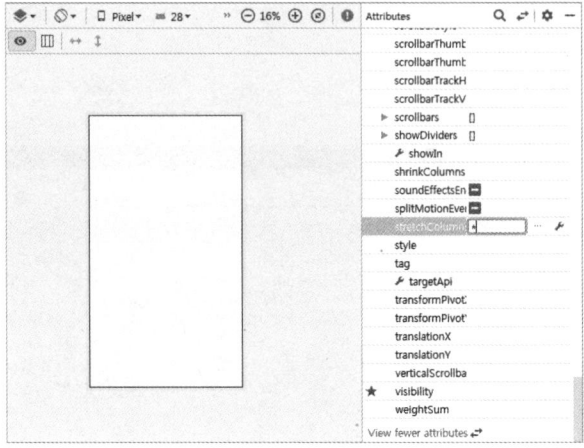

그림 2.81 stretchColumn 속성에 "*" 입력

8 이제 팔레트 왼쪽에서 'Layouts'을 선택한 상태에서 마우스로 오른쪽에 표시되는 항목들 중 'TableRow'를 클릭하고 드래그-앤-드롭으로 아래쪽 Component Tree 아래쪽 TableLayout 밑에 떨어뜨린다.

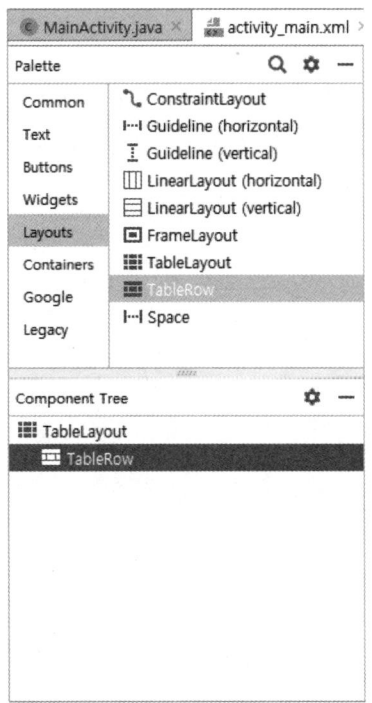

그림 2.82 TableRow 추가

⑨ 동일한 방법으로 팔레트 왼쪽에서 'Text'을 선택한 상태에서 마우스로 오른쪽에 표시되는 'Plain Text'를 클릭하고 드렉-엔-드롭으로 아래쪽 Component Tree 의 TextRow 아래쪽에 떨어뜨린다. 같은 방법으로 Plain Text를 2개 더 추가하여 총 3개를 추가한다.

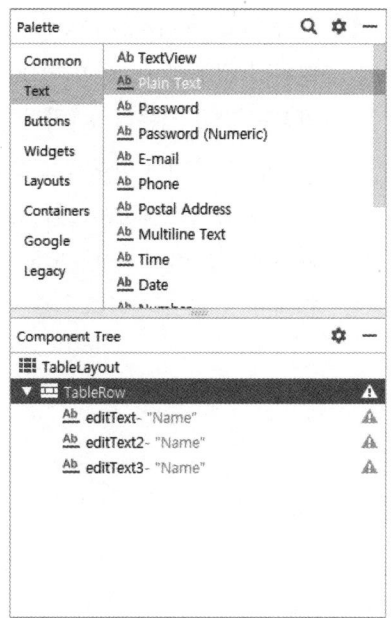

그림 2.83 Plain Text 3 개 추가

⑩ 왼쪽 아래에 위치한 Component Tree 의 첫 번째 editText를 선택한 상태에서 오른쪽 속성 창의 ems 속성 값을 지운다. 나머지 2 개의 editText 의 ems 속성 값 역시 모두 제거한다.

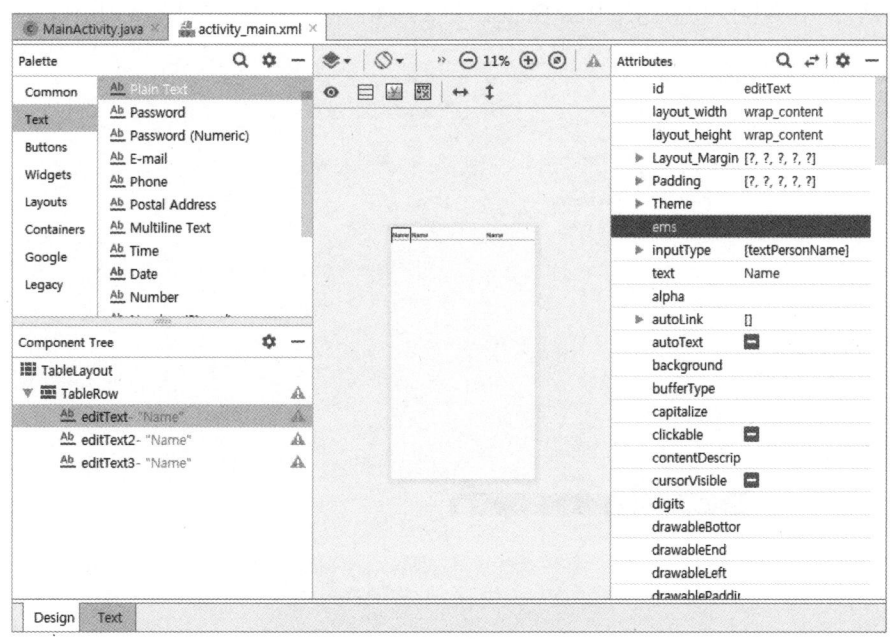

그림 2.84 editText 의 ems 속성 값 제거

제2장_ 안드로이드에서 제공하는 레이아웃(layout)

⑪ 왼쪽 아래에 위치한 Component Tree 의 DataRow 값이 펼쳐진 경우, DataRow 의 왼쪽 삼각형 모양을 클릭하여 펼쳐진 값을 접는다. 이어서 팔레트 왼쪽에서 Layouts 을 선택한 상태에서 마우스로 오른쪽에 표시되는 TableRow 를 클릭하고 드렉-엔-드롭으로 아래쪽 Component Tree 아래쪽 첫 번째 TableRow 에 떨어뜨린다. 즉 2개의 TableRow를 생성한다.

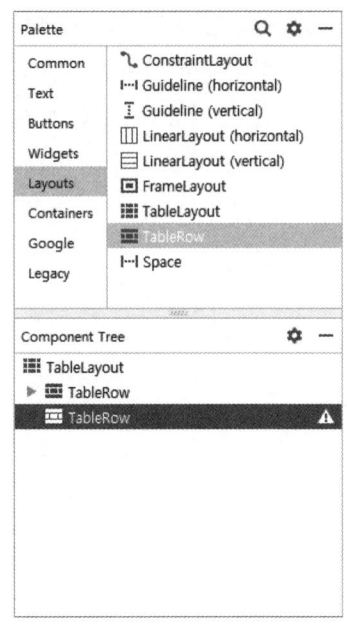

그림 2.85 두 번째 TableRow 추가

⑫ 이어서 팔레트 왼쪽에서 'Common' 을 선택한 상태에서 마우스로 오른쪽에 표시되는 'Button' 을 클릭하고 드렉-엔-드롭으로 아래쪽 Component Tree 아래쪽 두 번째 TextRow 밑에 떨어뜨린다. 같은 방법으로 Button 을 2 개 더 추가하여 총 3개를 추가한다.

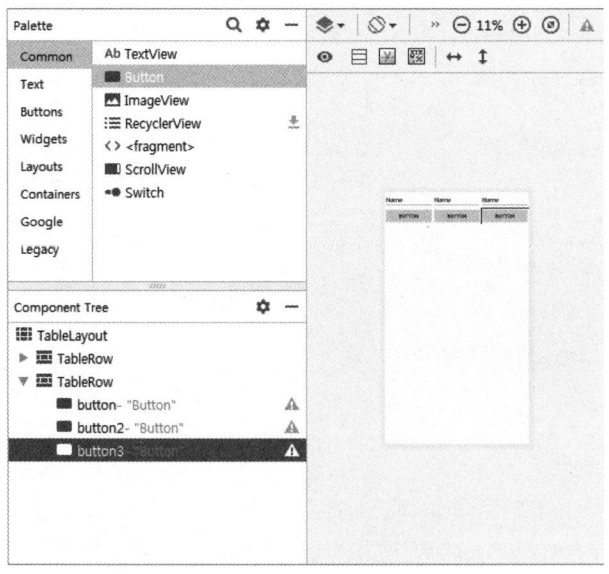

그림 2.86 Button 3개 추가

🔞 계속해서 레이아웃 뷰에서 첫 번째 Button을 선택하고 오른쪽 속성 창에서 style 속성을 찾아 그 오른쪽 상자에 다음과 같이 입력한다. 이어서 나머지 두 개의 Button 역시 동일한 처리를 해준다.

```
?android:attr/borderlessButtonStyle
```

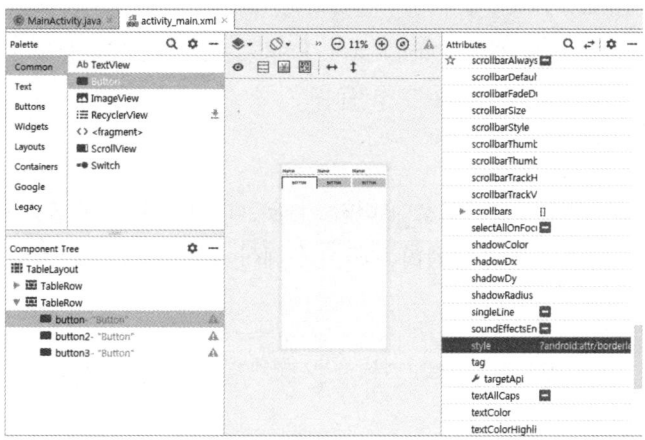

그림 2.87 Button 의 style 속성 값 입력

🔞 이제 실제 기기를 PC에 연결하고 안드로이드 스튜디오 위쪽에 위치한 Run 버튼을 누르면 배포 타겟(deployment target) 화면이 나타난다. 연결된 디바이스 혹은 가상 화면을 선택하고 OK 버튼을 눌러 실행시켜 다음과 같은 화면이 나타나는지 확인해 본다.

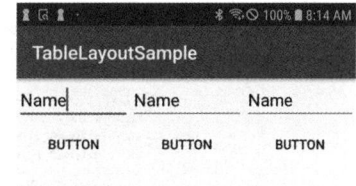

그림 2.88 TableLayoutSample 프로젝트 실행

제2장_ 안드로이드에서 제공하는 레이아웃(layout) **117**

원리 설명

테이블 레이아웃은 마치 HTML 에서 사용되는 테이블처럼 테이블 형태로 표시하는 방법이다. 이 테이블에 한 줄의 자료를 추가하기 위해서는 먼저 TableRow 객체를 먼저 추가해야만 한다. 이 TableRow 객체 안에 1 행 구성되는 여러 셀 자료를 추가할 수 있다. 두 번째 행을 구성하기 위해서는 마찬가지로 TableRow 객체 추가가 필요하다. 위의 예제에서 처리하였듯이 2행x3열의 테이블을 처리하기 위해서는 2 개의 TableRow 가 필요하고 각 TableRow 에 EditText 객체와 Button 객체 3 개씩 추가하여 테이블을 구성한다.

이전 레이아웃 처리 때와 마찬가지로 에디터 아래쪽에 위치한 Text 탭을 누르면 다음과 같이 텍스트 에디터가 나타나면서 위에서 처리한 테이블 레이아웃 기능이 텍스트 코드로 표시된다.

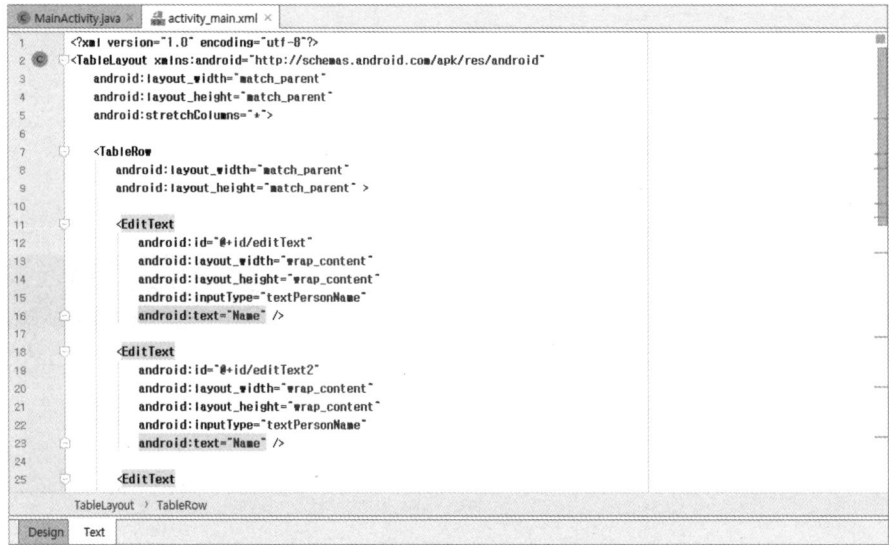

그림 2.89 테이블 레이아웃을 표시하는 텍스트 에디터

테이블 레이아웃에서 제공하는 주요 속성은 다음 표와 같다.

표 2.7 테이블 레이아웃에서 제공하는 주요 속성

속성	설명
stretchColumns	열의 크기를 균등하게 채우고자 할 때 열 번호를 입력(*: 전체 채움)
shrinkColumns	열의 크기를 줄이고자 할 때 열의 번호를 입력(*: 전체 축소)

이제 이 코드를 하나하나 살펴보자. 먼저 XML 버전과 인코딩 선언부터 시작하고 상대적 레이아웃 태그 〈TableLayout /〉를 사용하여 다음과 같이 선형 레이아웃 기능을 구현한다. 이때 stretchColumns 속성에 "*"를 지정하여 〈TableRow〉에 지정된 객체의 모든 열을 균등하게 채운다. 테이블 레이아웃에서는 layout_width 에 "match_parent"를 지정하더라도 너비를 꽉 채우지 못하므로 stretchColumns 속성을 사용하는 것이 좋다.

```
<?xml version="1.0" encoding="utf-8"?>
<TableLayout xmlns:android="http://schemas.android.com/apk/res/android"
    android:layout_width="match_parent"
    android:layout_height="match_parent"
    android:stretchColumns="*">
...
```

1 행의 실제적 자료를 추가하기 전에 다음과 같이 〈TableRow /〉를 추가한다.

```
    <TableRow
        android:layout_width="match_parent"
        android:layout_height="match_parent" >
    ...
```

그 다음, 다음과 같이 〈EditText /〉 3 개를 지정하여 1 행을 처리해준다. 〈TableLayout /〉에서 stretchColumns 속성에 "*"를 지정하였으므로 1 행 전체를 균등하게 채워 표시한다.

```
        <EditText
            android:id="@+id/editText"
            android:layout_width="wrap_content"
            android:layout_height="wrap_content"
            android:inputType="textPersonName"
            android:text="Name" />

        <EditText
            android:id="@+id/editText2"
            android:layout_width="wrap_content"
            android:layout_height="wrap_content"
            android:inputType="textPersonName"
            android:text="Name" />
```

```xml
<EditText
    android:id="@+id/editText3"
    android:layout_width="wrap_content"
    android:layout_height="wrap_content"
    android:inputType="textPersonName"
    android:text="Name" />
</TableRow>
```

이어서 2 번째 행을 처리하기 위해 새로운 〈TableRow /〉를 추가 지정한다.

```xml
<TableRow
    android:layout_width="match_parent"
    android:layout_height="match_parent" >
...
```

위 EditText 객체와 마찬가지로 2 번째 행을 추가할 3 개의 버튼을 〈Button /〉 태그로 지정한다. 이때 style 속성에 "?android:attr/borderlessButtonStyle"을 지정하였는데 이는 테이블 로우에서 버튼바 형태로 버튼을 사용할 때에는 버튼 경계를 없애기 위함이다. 만일 이 속성을 지정하지 않으면 "Buttons in button bars should be borderless." 라는 경고가 발생된다.

```xml
<Button
    android:id="@+id/button"
    style="?android:attr/borderlessButtonStyle"
    android:layout_width="wrap_content"
    android:layout_height="wrap_content"
    android:text="Button" />

<Button
    android:id="@+id/button2"
    style="?android:attr/borderlessButtonStyle"
    android:layout_width="wrap_content"
    android:layout_height="wrap_content"
    android:text="Button" />

<Button
    android:id="@+id/button3"
    style="?android:attr/borderlessButtonStyle"
    android:layout_width="wrap_content"
```

```
            android:layout_height="wrap_content"
            android:text="Button" />
    </TableRow>
</TableLayout>
```

정리

　안드로이드에서는 다양한 화면 구성을 할 수 있도록 여러 가지 레이아웃(layout)를 지원한다. 안드로이드에서 제공하는 레이아웃으로 제약 레이아웃(ConstraintLayout), 그리드 레이아웃(GridLayout), 프레임 레이아웃(FrameLayoyt), 선형 레이아웃(LinearLayout), 상대적 레이아웃(RelativeLayout), 테이블 레이아웃(TableLayout) 등이 있다. 안드로이드 스튜디오에서는 코딩 에디터 뿐만 아니라 레이아웃 에디터를 제공하여 마우스만을 가지고 이러한 레이아웃을 쉽게 작성할 수 있다.

　먼저 제약 레이아웃은 가장 기본적으로 설정되는 레이아웃 관리자로 각 뷰와 자식 뷰를 제약(constraint)을 지정하여 원하는 위치에 설정할 수 있도록 해준다. 그리드 레이아웃은 화면을 바둑판 모양으로 보이지 않은 선으로 나누고 이 각각의 그리드 모양 안에 원하는 뷰 혹은 자식 뷰를 지정한다. 물론 가로 혹은 세로로 여러 그리드 안에도 뷰를 지정할 수도 있다.

　프레임 레이아웃은 약간 특이한 형태의 레이아웃으로 각각의 뷰 혹은 자식 뷰들은 좌측 상단을 기준으로 겹쳐 표시된다. 일반적으로 화면 전체를 특정한 뷰 하나로 표시하거나 아니면 그 뷰가 아닌 다른 뷰로 표시하고자 할 때 사용된다. 선형 레이아웃은 원하는 뷰와 자식 뷰를 위에서 아래 방향 혹은 왼쪽에서 오른쪽 방향으로 배치하는 기능을 제공하여 쉽게 원하는 화면을 구성할 수 있다. 상대적 레이아웃은 설정하고자하는 뷰를 현재 위치에서 가까운 다른 뷰를 기준으로 상대적 위치에 지정하는 방법이다. 즉, 작성하고자 하는 뷰를 첫 번째 뷰의 왼쪽 혹은 오른쪽 혹은 그 아래쪽에 위치시킬 수 있다. 마지막으로 테이블 레이아웃은 자주 사용되는 HTML 혹은 워드 프로세서의 테이블의 행과 열을 만들고 그 각각의 셀 안에 뷰 혹은 자식 뷰를 위치시키는 방법이다. 일반적인 HTML 테이블처럼 하나의 행 혹은 열을 모두 사용하거나 한 개 이상의 행 혹은 열을 차지하는 뷰를 작성할 수 도 있다.

제3장

안드로이드 제약 레이아웃

이전 장에서는 안드로이드에서 제공하는 레이아웃 기능들을 소개하였다. 구글은 안드로이드 7을 발표하면서 이전 레이아웃의 단점을 보완한 새로운 레이아웃 즉, 제약 레이아웃(ConstraintLayout)을 소개하였다. 이 새로운 제약 레이아웃에서는 기능을 단순화하여 사용자가 사용하기 쉽게 하였고 안드로이드 스튜디오 레이아웃 에디터에서 직관적으로 작업할 수 있도록 하여 복잡한 사용자 인터페이스 화면을 쉽게 구현할 수 있도록 해 안드로이드 스튜디오의 표준 레이아웃으로 자리를 잡았다. 이 장에서는 먼저 안드로이드 스튜디오에서 제공하는 레이아웃 에디터의 여러 툴을 살펴보고 이 툴을 사용한 제약 레이아웃 사용법을 여러 가지 예를 통하여 배워볼 것이다.

3.1 안드로이드 스튜디오 레이아웃 에디터(Android Studio Layout Editor)

안드로이드 스튜디오 레이아웃 에디터는 안드로이드에서 제공되는 여러 레이아웃을 이용하여 원하는 사용자 인터페이스 화면을 쉽게 작성할 수 있는 에디터이다. 이 에디터는 WYSIWYG (what you see is what you get) 환경을 제공하므로 마우스를 이용하여 작성한 그대로 원하는 화면을 얻을 수 있다. 이 에디터는 안드로이드 스튜디오의 프로젝트에서 화면을 구성하는 app-res-layout 아래에 위치한 activity_main.xml 파일을 클릭함으로서 불러낼 수 있다.

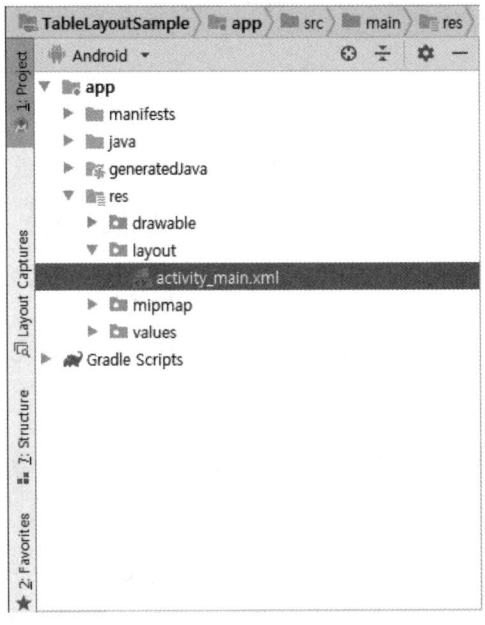

그림 3.1 activity_main.xml

3.2 디자인 모드

activity_main.xml 파일은 2 가지 모드 즉, 디자인(design) 모드와 텍스트(text) 모드를 제공한다. 기본적으로 디자인 모드로 지정되어지고 또 기본적으로 제약 레이아웃이 지정되어 화면을 구성한다.

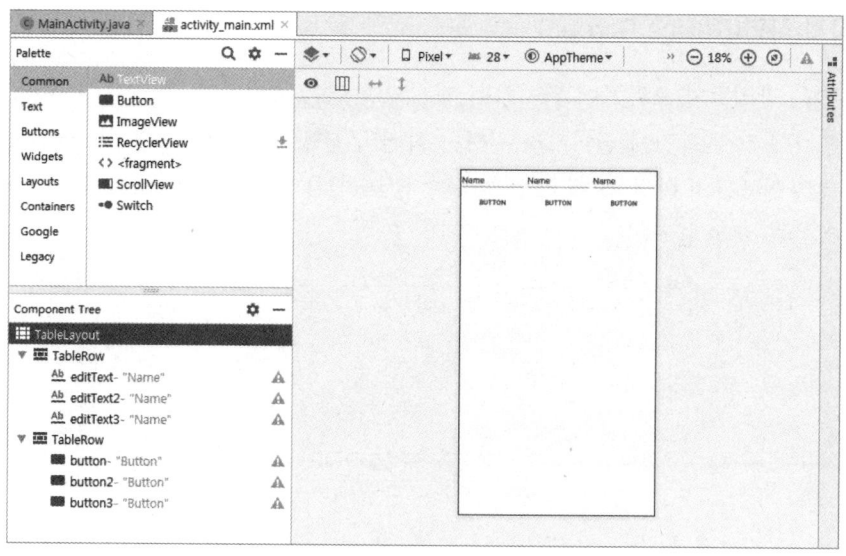

그림 3.2 레이아웃 에디터 디자인 모드

이제 레이아웃 에디터를 구성하는 요소들을 하나하나 살펴보자.

3.2.1 팔레트(Palette)

팔레트는 안드로이드에서 제공하는 여러 가지 뷰 컴포넌트를 제공하여 사용자 화면을 구성할 수 있는 툴이다. 일반적으로 레이아웃 에디터의 왼쪽 위에 위치한다. 팔레드는 Common, Text, Buttons, Widgets, Layouts, Containers, Google, Legacy 등의 그룹 항목을 제공하고 원하는 항목의 컴포넌트를 그 오른쪽의 장치 화면 혹은 아래쪽 컴포넌트 트리(Component Tree)에 그래그-엔-드롭으로 위치시킬 수 있다.

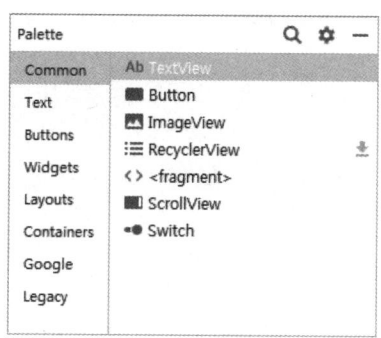

그림 3.3 팔레트

3.2.2 장치 화면(Device Screen)

장치 화면은 팔레트의 오른쪽에 위치하며 기기의 화면을 제공한다. 팔레트의 여러 항목을 마우스를 이용하여 장치 화면에 떨어뜨려 원하는 화면 구성을 WYSIWYG 형태로 구성할 수 있다. 추가된 항목은 언제든지 변경, 삭제 등이 가능하다. 또한 가장 오른쪽 끝에 위치한 'Attributes' 탭을 클릭하면 속성 창이 표시된다.

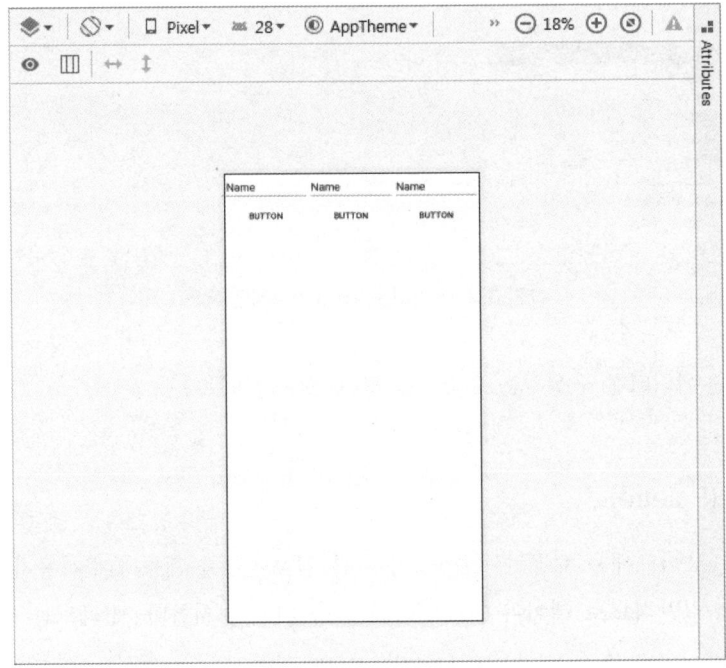

그림 3.4 장치 화면

3.2.3 컴포넌트 트리(Component Tree)

컴포넌트 트리는 오른쪽 장치 화면에서 구성된 사용자 인터페이스 화면 구성을 계층 구조로 볼 수 있어 한눈에 화면이 어떻게 구성되었는지를 파악할 수 있다. 또한 컴포넌트 트리로부터 원하는 컴포넌트를 선택하고 그 컴포넌트를 삭제할 수도 있고 그 위치에 원하는 새로운 컴포넌트를 쉽게 추가할 수도 있다.

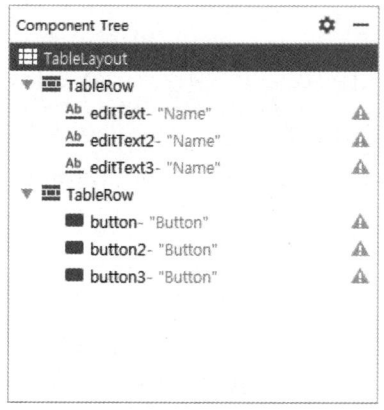

그림 3.5 컴포넌트 트리

3.2.4 속성 패널(Attributes Panel)

팔레트에서 제공하는 모든 컴포넌트는 여러 가지 기능과 모양을 처리하기 위한 속성을 제공한다. 즉, 위에서 소개한 장치 화면과 컴포넌트 트리에서 원하는 컴포넌트를 선택하면 오른쪽에 위치한 속성 패널에 그 컴포넌트와 관련된 여러가지 속성을 보여준다. 만일 속성 패널이 표시되어 있지 않는다면 그림 3.4 의 장치화면 가장 오른쪽에 표시된 'Attributes'를 눌러준다.

기본적으로 속성 패널에는 그 컴포넌트의 가장 대표적인 속성 일부만을 보여주므로 전체 속성을 표시하기 위해서는 속성 패널 아래쪽에 위치한 All Attributes 를 눌러준다.

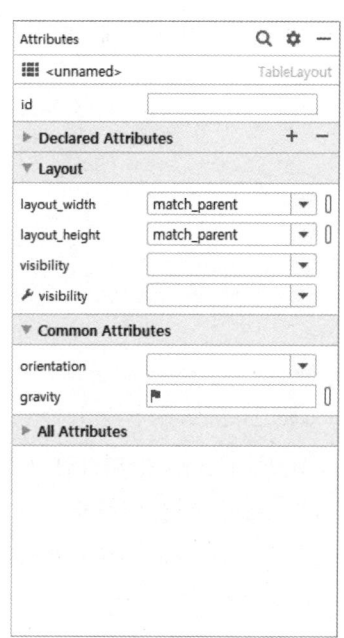

그림 3.6 속성 패널

3.2.5 툴바(Toolbar)

툴바는 레이아웃 에디터에서 자주 사용되는 기능을 쉽게 사용할 수 있도록 모아놓은 작은 버튼들로 위에서 설명한 장치 화면 상단에 위치한다. 이 툴바로부터 디자인 모양(Design Surface) 선택, 에디터에서 화면 전환, 디바이스 해상도 변경, API 버전 변경, 테마 변경 등의 기능을 쉽게 처리할 수 있다.

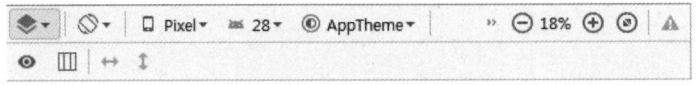

그림 3.7 툴바

3.3 텍스트 모드(Text Mode) 와 에디터

안드로이드 스튜디오 프로젝트의 activity_main.xml 파일은 기본적으로 디자인(Design) 모드를 표시한다고 설명하였다. 만일 컴포넌트 트리 아래쪽에 위치한 Text 탭을 클릭하면 텍스트 모드로 변경할 수 있다. 텍스트 모드는 디자인 모드만큼 많은 기능을 제공하지 않는다. 단지 에디터와 미리보기 패널을 제공할 뿐이다.

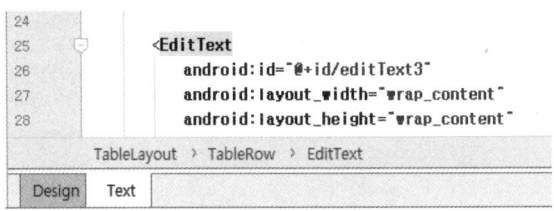

그림 3.8 텍스트 모드

텍스트 모드에서 에디터는 현재 사용 중인 사용자 인터페이스의 레이아웃에 대한 XML 소스코드를 보여준다. 위 디자인 모드에서 마우스를 사용하여 화면을 디자인 한 것과 이 에디터에서 XML 코드를 직접 입력한 것 모두 동일한 화면 구성을 만들 수 있다. 이전에는 대부분이 에디터를 사용한 직접 XML 코드를 입력하여 화면을 구성하였지만 현재는 디자인 모드에서 작업하는 것을 많이 선호하는 편이다.

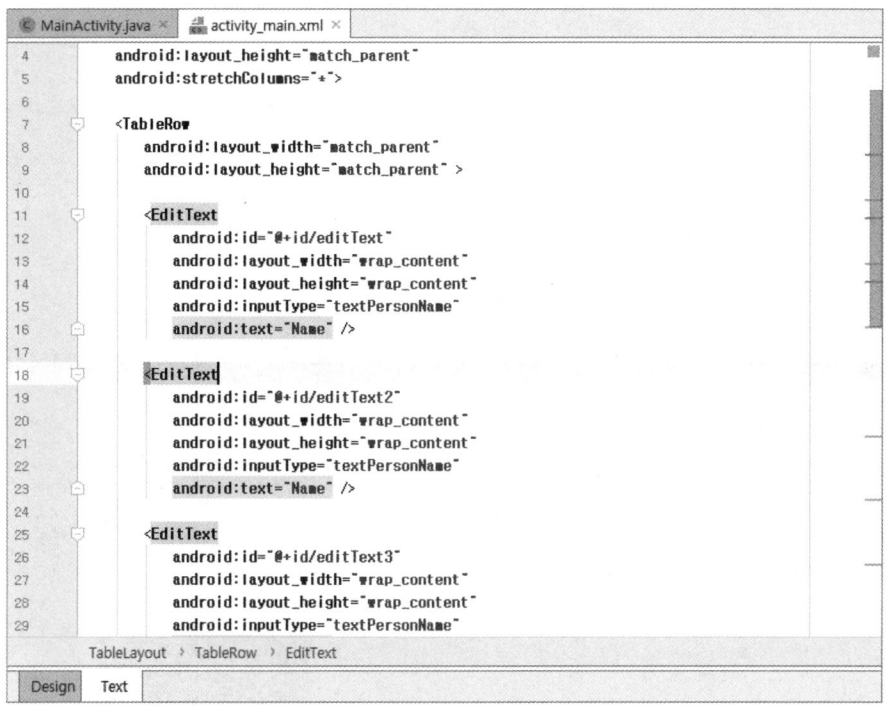

그림 3.9 에디터

3.4 제약 레이아웃(ConstraintLayout) 기초 및 기본 기능

안드로이드 스튜디오에서 프로젝트를 생성할 때 대부분 제약 레이아웃을 사용하여 기본 화면을 구성한다. 다음 절에서 제약 레이아웃을 이용한 예제를 실제로 작성하기 전에 제약 레이아웃을 사용하기 위한 제약 레이아웃의 기초 및 기본적인 기능에 대하여 알아보자.

3.4.1 디자인 뷰와 레이아웃 뷰

프로젝트를 생성하고 프로젝트에서 activity_main.xml 파일을 선택하면 레이아웃 에디터가 나타나면서 현재 프로젝트 화면에 대한 디자인 뷰를 보여준다. 이때 장치 화면 위쪽에 위치한 파란색의 디자인 모양(Design Surface) 선택 아이콘으로 디자인(Design) 혹은 레이아웃(Blueprint)을 각각 표시할 수도 있다.

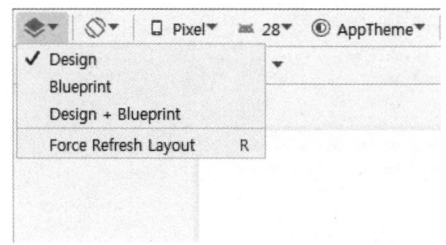

그림 3.10 디자인 및 블루프린트 선택 메뉴

물론 세 번째 "Design + Blueprint" 항목을 선택하면 다음과 같이 디자인 뷰와 레이아웃 뷰를 함께 표시할 수도 있다.

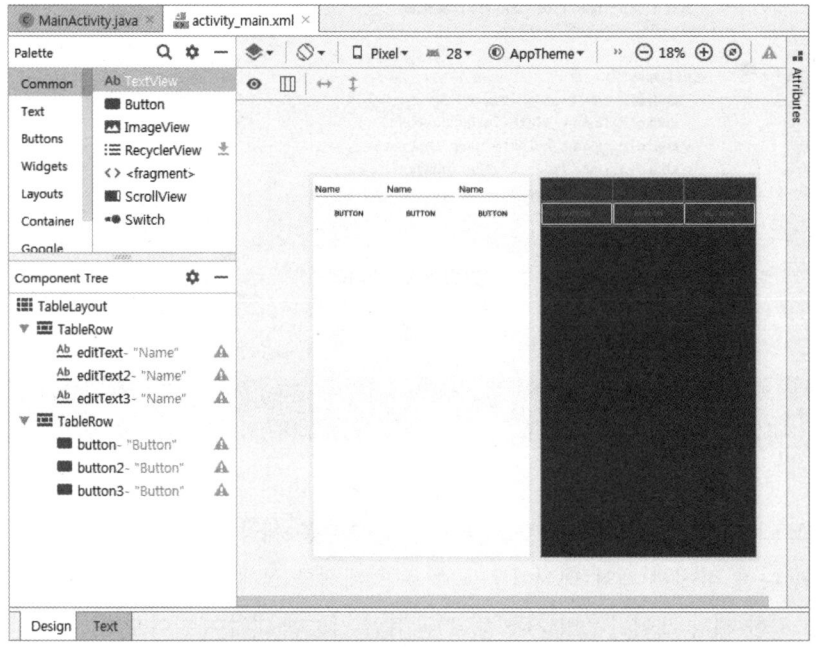

그림 3.11 디자인 뷰와 레이아웃 뷰

팔레트의 컴포넌트를 이용해 화면을 작성하면 바로 디자인 뷰와 레이아웃 뷰에 즉시 나타나는데 왼쪽의 흰색이 디자인 뷰이고 오른쪽의 파란색이 레이아웃 뷰이다. 이 두 뷰 의 큰 차이점은 디자인 뷰에서는 제약 연결선이 보이지 않은 반면 레이아웃 뷰에서는 제약 연결선을 표시하여 제약이 어떻게 구성되어 있는지 한 눈에 알 수 있다.

3.4.2 기본 라인 앵커 포인트(baseline Anchor Point)

제약 레이아웃에서 유용한 기능 중 하나는 바로 기본 라인 앵커 포인트이다. 팔레트에서 제공되는 컴포넌트들은 크기가 모두 달라서 일렬로 배열시키고자 할 때 문제가 발생되는데 크기가 큰 것은 삐죽 나올 수 있고 작은 것은 반대로 들어갈 수 있어 보기에 좋지 않다는 점이다. 이 문제를 해결하기 위해서 제약 레이아웃에서는 배열 포인트(align point)라고도 불리는 앵커 포인터를 제공한다.

안드로이드 스튜디오를 실행하고 'TestBaseline' 이라는 이름으로 프로젝트를 생성한다. 프로젝트가 생성되면, 다음 그림에서 보여주듯이 TextView 와 Button 을 각각 1 개씩 팔레트로부터 뷰에 추가한다. 이 때 Button 을 클릭하고 오른쪽 마우스 버튼을 누르면 메뉴가 나타나는데 첫 번째 'Show Baseline' 항목을 선택한다.

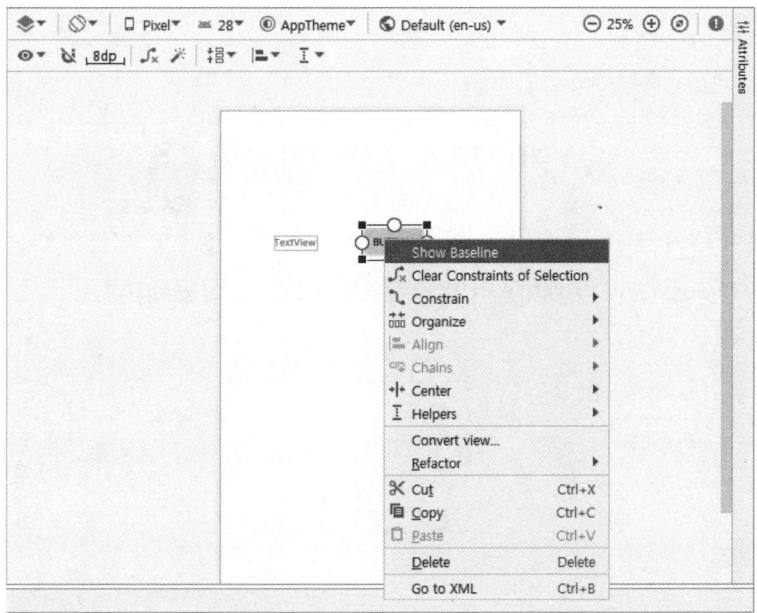

그림 3.12 Show Baseline 항목 선택

이때 버튼 아래쪽에는 녹색 타원 모양의 베이스 라인 앵커 포인트가 나타난다.

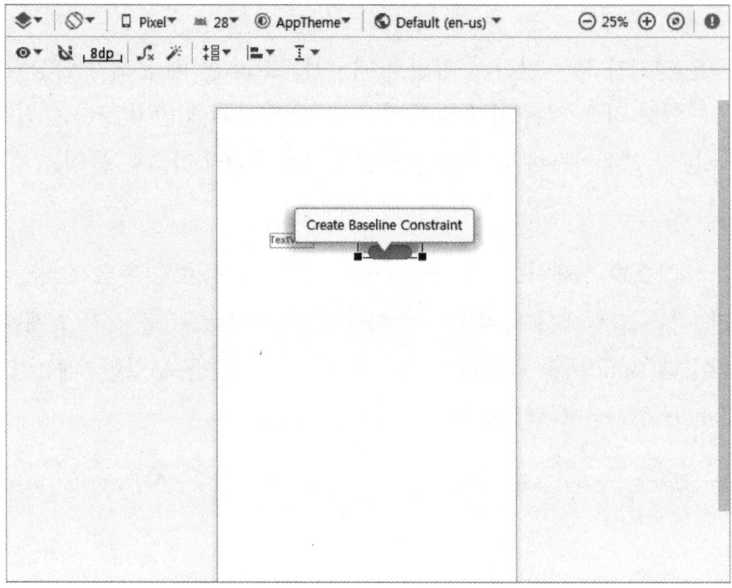

그림 3.13 베이스 라인 앵커 포인트

이 베이스라인 앵커 포인터를 클릭한 상태에서 드래그-엔-드롭으로 원하는 다른 컴포넌트 즉, 그 왼쪽에 위치한 TextView 의 베이스라인 앵커포인터 쪽으로 이동시킨다.

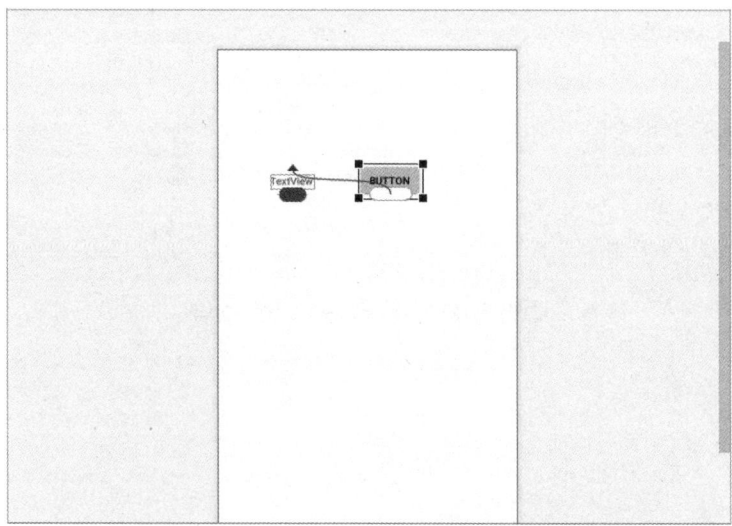

그림 3.14 왼쪽에 위치한 TextView 베이스 라인 앵커 포인트 쪽으로 이동

이어서 TextView 베이스 라인에 떨어뜨리면 자동으로 TextView 의 앵커 포인트 높이에 맞추어 연결되면서 두 컴포넌트는 일렬로 배열하게 된다.

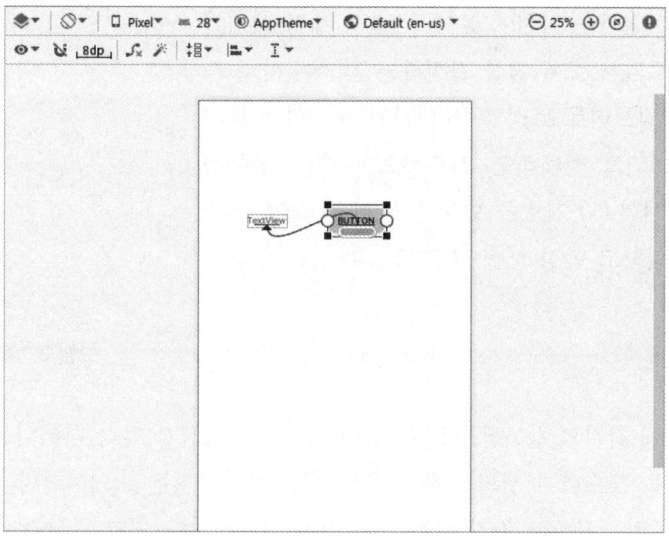

그림 3.15 TextView 와 Button 의 베이스 라인 연결

만일 이 라인 연결을 취소하기를 원한다면 다시 버튼에서 오른쪽 마우스 버튼을 누르고 'Clear Constraints of Selection' 항목을 선택하면 된다.

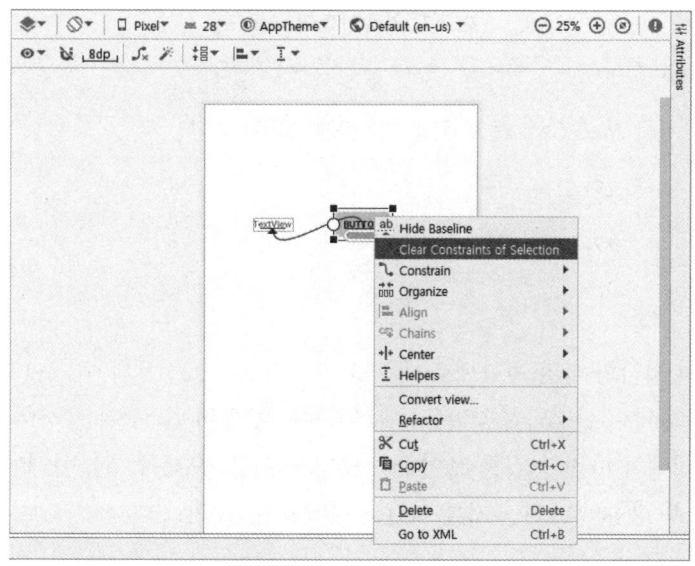

그림 3.16 라인 연결 취소

제3장_ 안드로이드 제약 레이아웃 **133**

3.4.3 제약 바이어스(Constraint Bias)

디자인 뷰 혹은 레이아웃 뷰에 위치되는 컴포넌트는 일반적으로 사용자가 지정하는 위치에 놓이게 된다. 제약 레이아웃에서 이러한 가로와 세로 위치를 결정하는 기능이 바로 제약 바이어스이다. 컴포넌트 트리 혹은 디자인 뷰에서 원하는 컴포넌트를 위치시키고 선택하면 기본적으로 속성 창에는 기본 뷰 주위에 4개의 (+) 기호를 보여준다. 예를 들어, 뷰에 위치한 버튼을 클릭하고 속성 창을 보면 다음과 같은 형태를 볼 수 있다.

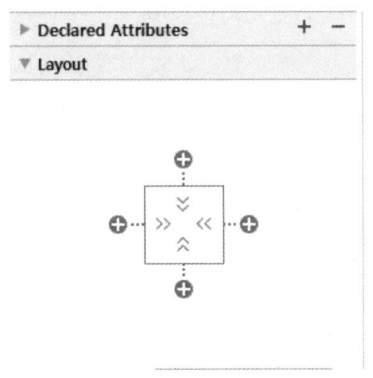

그림 3.17 속성 창의 뷰

먼저 사각형 안에 각각의 동, 서, 남, 북 방향으로 '〉〉' 표시가 각각 나타나는데 이것은 Wrap Content를 의미하는 것으로 위젯의 콘텐트에 맞게 크기가 조정됨을 의미한다. 이 '〉〉' 표시를 누를 때 마다 동서 혹은 남북으로 각각 다음 표와 같이 모드가 변경되고 계속 누르면 이 세 가지 모드를 반복해서 보여준다(표 3.1 참조). 예를 들어, 동서쪽 방향으로 '〉〉'으로 표시된다는 의미는 버튼의 동서쪽으로 Wrap Content 기능이 적용되어 버튼의 내용에 따라 그 크기가 변경된다는 의미이다. 만일 '〉〉'을 한 번 더 누르면 버튼에 내용과 관계없이 그 길이가 고정된다.

표 3.1 위젯의 3 가지 모드

모드	설명
〉〉	Wrap Content 로 콘텐트에 맞게 크기가 조정
⊢⊣	크기 고정
⊢⚊⊣	크기 변경 가능

또 그림 3.17 의 사각형 바깥 방향으로 네 개의 (+) 기호가 표시된다. 이 (+) 기호는 아직 현재 설정된 뷰의 위치 제약이 설정되지 않았음을 보여준다. 이제 마우스를 이용하여 (+) 를 각각 클릭해 주면 현재 위치에서 마진 크기를 보여주는 숫자가 왼쪽, 오른쪽, 위, 아래에 각각 나타난다. 즉, 각 동, 서, 남, 북 방향의 마진 크기를 여기서 결정할 수 있다.

또한 속성 창에 인스펙터(inspector)에서 제약 바이어스의 현재 설정을 보여주는 가로 혹은 세로 방향의 검은색 긴 막대가 나타나는데 기본적으로 설정되는 50은 중앙 위치를 의미한다. 즉, 이 인스펙터의 가로 혹은 세로 스크롤바를 이용하여 그 위치를 조절할 수 있는 것이다. 만일 다음 그림과 같이 왼쪽, 오른쪽, 위, 아래에 각각 0, 0, 201, 262 으로 지정되었다면 제약 바이어스 수평 스크롤바는 왼쪽, 오른쪽으로 각각 끝까지 이동할 수 있지만 수직 스크롤바는 마진 크기로 인하여 위쪽으로 201 픽셀 위치, 아래쪽으로 262 픽셀 위치까지만 이동할 수 있다. 다음 그림에서 볼 수 있듯이 위젯 외부의 선 모양이 직선인 경우에는 고정 크기를 의미하고 용수철 모양인 경우에는 그 크기가 고정되지 않고 변경될 수 있음을 의미한다.

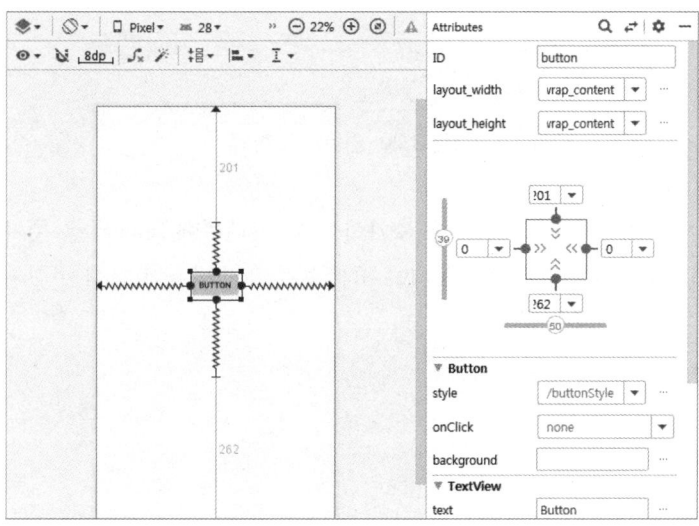

그림 3.18 인스펙터의 제약 바이어스

3.4.4 자동연결 모드(Autoconnect Mode)

디자인 뷰의 위쪽에 위치한 U 자 모양의 자동 연결 모드(Autoconnect Mode) 툴바 버튼을 눌러 On 으로 지정하면 자동 연결 모드로 설정된다. 이 기능은 팔레트의 컴포넌트를 디자인 뷰에 배치할 때 자동으로 그 이웃에 위치한 컴포넌트 혹은 부모와 연결시켜준다. 이 버튼을 다시 한 번 더 누르면 Off 로 지정되어 자동 연결 모드가 해제 된다. 다음 그림은 자동 연결모드가 설정된 상태를 보여준다.

그림 3.19 자동 연결 모드

3.4.5 인퍼런스 제약(Inference Constraints)

인퍼런스 제약 역시 자동 연결 모드와 비슷한 기능을 제공하는데 현재 컴포넌트를 기반으로 그 주위의 컴포넌트와 연결된다. 자동 연결 모드는 자동으로 현재 컴포넌트를 중심으로 그 이웃에 위치한 부모 위젯들과 연결되지만 인퍼런스 모드는 디자인 뷰에 위치한 근처 추가 위젯뿐만 아니라 부모 위젯들과 연결된다는 점에서 서로 다르다. 즉, 컴포넌트를 디자인 뷰에 추가시킨 뒤, 다음 그림에서 보여주는 인퍼런스 제약(Infer constraint) 버튼을 누르면 인퍼런스 제약이 동작되어 주위 위젯과 부모에 연결된다.

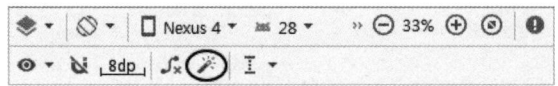

그림 3.20 인퍼런스 제약

예를 들어, 뷰에 먼저 TextView 하나를 추가하고 그 아래쪽에 Button 을 추가한다. 이때 버튼을 누른 상태에서 그림 3.20 의 인퍼런스 제약 버튼을 누르면 다음과 같이 연결된다.

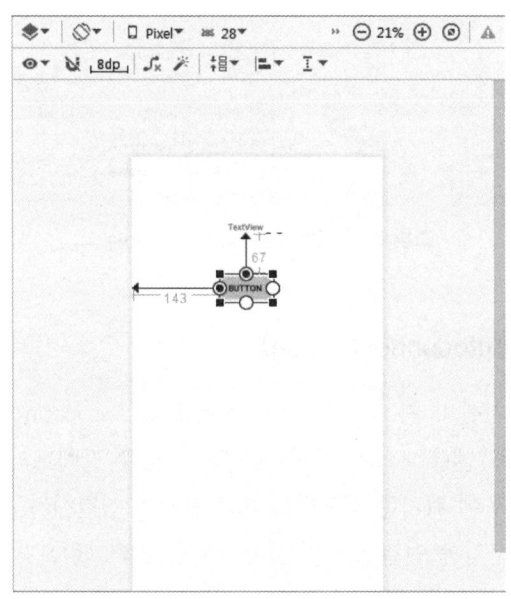

그림 3.21 TextView 와 Button 의 자동 연결

3.4.6 수동 제약

위에서 설명한 자동 제약은 사용하기 편할 것 같은데 사용하였을 때, 원하는 데로 위젯 혹은 부모와 연결되지 않을 때가 있다. 이때 사용할 수 있는 것이 수동 제약이다. 기본적으로 뷰에 위젯을 추가시키고 클릭하면 다음과 같이 동, 서, 남, 북 방향으로 네 개의 빨간색 앵커(anchor) 포인트가 생기는데 이 포인트를 클릭하고 마우스를 사용하여 원하는 방향으로 직접 연결시켜 주면 된다. 다음 그림은 북쪽 방향으로 수동 제약 설정하는 것을 보여준다.

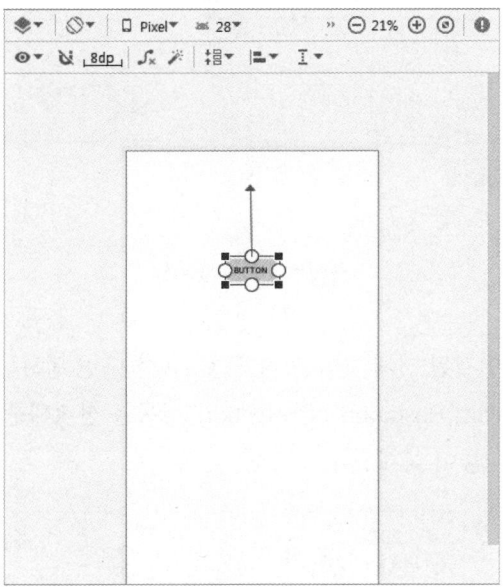

그림 3.22 수동 제약 설정

이때 주의해야할 점은 그림 3.22 가장 오른쪽 위에 나타나는 빨간색 느낌표 원인데 이 느낌표 원은 위젯이 명확하게 설정되지 않을 때 나타나므로 이 원이 없어질 때 까지 동, 서, 남, 북 방향으로 제약을 계속 설정해주는 것이 필요하다. 위 버튼의 경우, 북쪽과 동쪽의 제약을 해주면 느낌표 원은 없어진다.

개별적으로 설정된 수동 제약 기능을 삭제하기 위해서는 먼저 디자인 뷰 혹은 레이아웃 뷰에 표시된 컴포넌트를 선택해준다. 이때 각 위젯을 표시하는 레이아웃 선과 함께 제약이 설정된 경우, 각 방향의 중앙에 작은 앵커 포인트가 진하게 표시된다. 이때 설정된 제약을 삭제하기 위해서는 원하는 방향의 빨간색 앵커 포인트를 클릭해 선택해주면 된다.

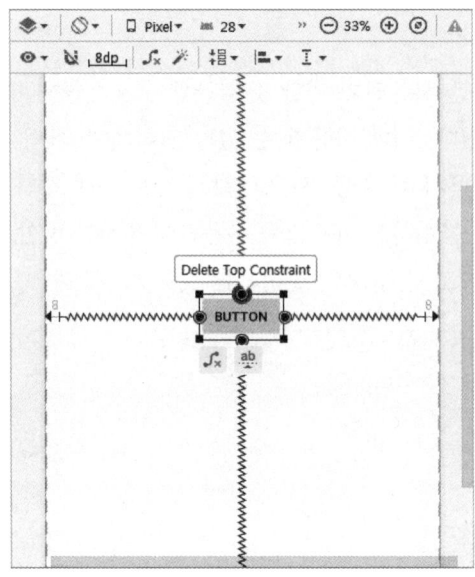

그림 3.23 제약 삭제

만일 현재 컴포넌트에 연결된 전체 제약을 삭제하기 원한다면 원하는 위젯을 선택하고 오른쪽 마우스 버튼을 누르고 'Clear Constraints of Selection' 항목을 선택해준다. 이항목이 선택되면 이 위젯과 연결된 모든 제약기능이 삭제된다.

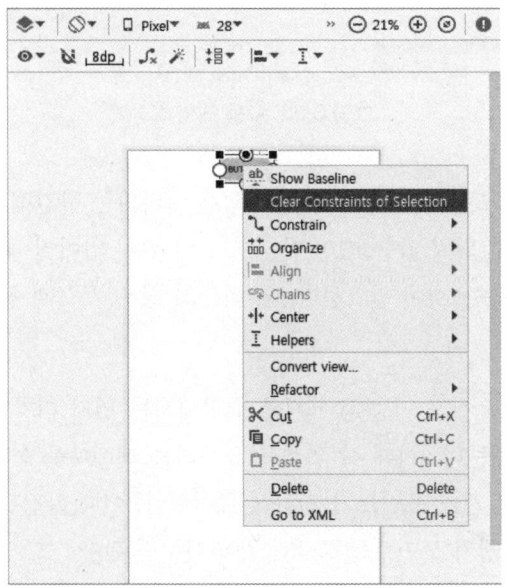

그림 3.24 전체 제약 삭제

3.4.7 가이드라인(guideline)

위젯을 이용하여 화면을 구성하고자 할 때 또 하나 편한 기능이 있다면 바로 가이드라인(guideline)이다. 가이드라인을 이용하면 화면 설계를 할 때 원하는 위젯을 원하는 대로 배치할 수 있어 화면 구성을 효율적으로 할 수 있다.

예를 들어, 버튼 하나를 왼쪽에서 100 dp 떨어진 곳에 위치시키고자 한다고 가정해보자. 이것을 처리하기 위해, 먼저 다음과 같이 뷰 위에서 오른쪽 마우스 버튼을 누르고 Helpers-Add Vertical Guideline을 선택한다.

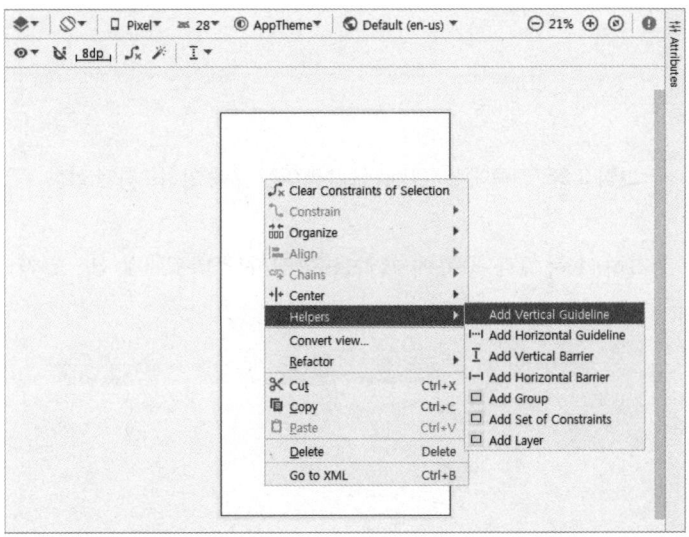

그림 3.25 Add Vertical Guideline 선택하여 가이드라인 추가

이때 뷰 위쪽에 조그마한 원이 표시되는데 이 원을 클릭하여 왼쪽 혹은 오른쪽으로 이동시켜 원하는 위치를 지정할 수 있다. 여기서는 왼쪽 끝에서 100 dp 만큼 떨어진 곳에 위치시킨다. 이 원을 계속 클릭하면 오른쪽 화면을 설정할 수 있고 dp 크기가 아닌 % 크기로 표시할 수 도 있다.

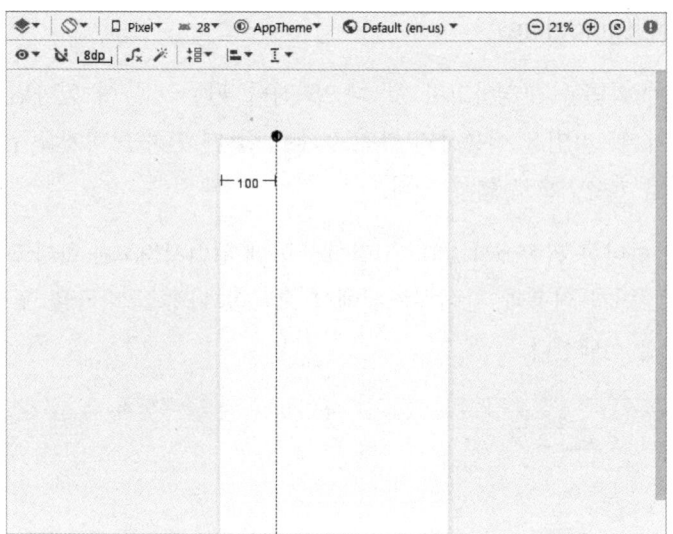

그림 3.26 왼쪽에서 100dp 크기 떨어진 곳에 가이드라인 설정

이제 Button을 추가하여 북쪽과 동쪽에 제약을 설정하면 바로 100 dp 크기 떨어진 곳에 위치시킬 수 있게 된다.

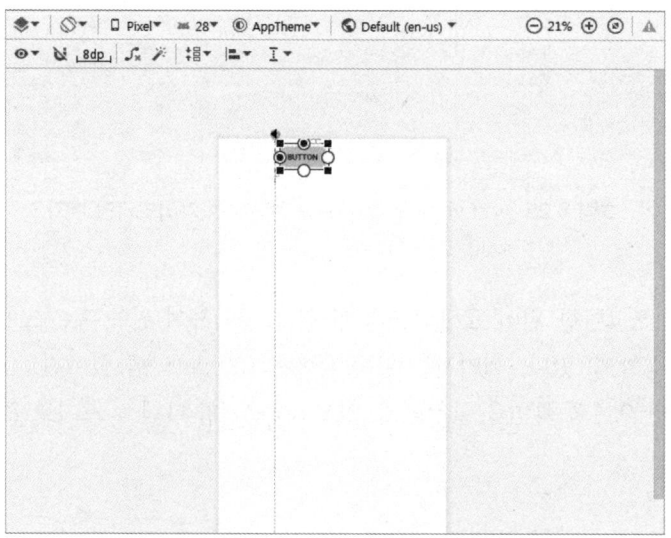

그림 3.27 버튼을 100dp 크기 떨어진 곳에 설정

3.4.8 위젯 정렬

위젯을 많이 사용하는 경우, 일렬로 정렬해야할 필요가 발생된다. 이때 사용할 수 있는 것이 정렬 기능인데 왼쪽 정렬, 수평 중앙 정렬, 오른쪽 정렬, 위쪽 정렬, 수직 중앙 정렬, 아래쪽 정렬 등과 같은 기능을 사용할 수 있다. 이제 이 정렬 기능을 사용하여 위젯들을 왼쪽으로 정렬시켜보자. 먼저, 뷰 위에 TextView 3 개를 다음과 같이 임의의 위치에 위치시킨다.

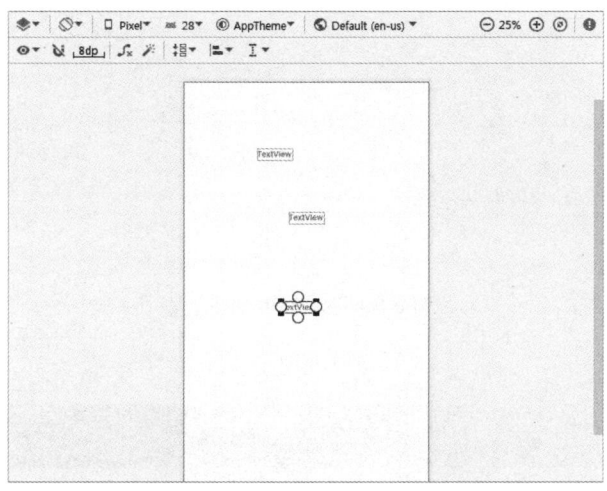

그림 3.28 TextView 3 개 위치

이제 Shift 키를 누른 상태에서 마우스로 TextView 3 개를 각각 선택하고 오른쪽 마우스 버튼을 누르고 Align-Left Edges를 선택한다.

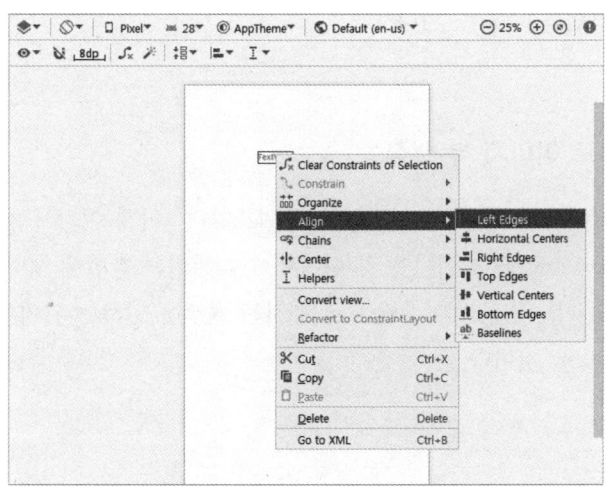

그림 3.29 Align-Left Edges 선택

이제 3개의 TextView 위젯이 다음과 같이 왼쪽을 기준으로 정렬된 것을 알 수 있다.

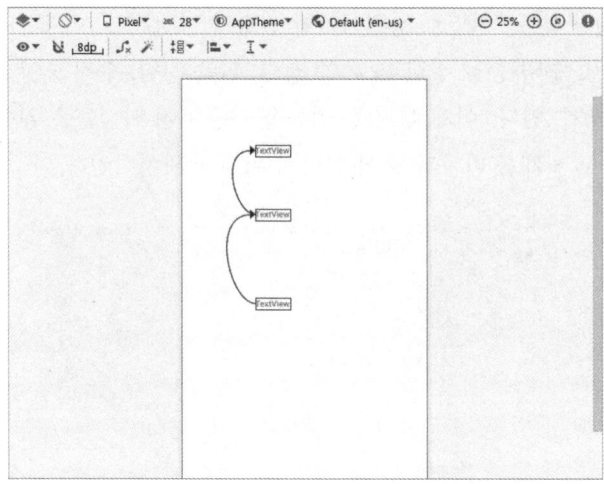

그림 3.30 TextView 위젯 정렬

3.5 제약 레이아웃 예제

이제 지금까지 배운 것을 바탕으로 제약 레이아웃 예제를 만들어보면서 위 소개된 기능뿐만 아니라 더 많은 다른 기능들까지 사용해보자. 제약 레이아웃 기능을 가장 빠르게 익힐 수 있는 방법 중 하나는 원하는 예제를 직접 만들어 보는 것이다. 다음 예제를 따라하다 보면 쉽게 제약 레이아웃의 개념과 그 사용방법을 배울 수 있다.

3.5.1 수동 연결으로 이미지 뷰 설정

지금까지 제약 레이아웃에 대한 기본 기능을 배워보았다. 이제 여기서 제약을 수동으로 연결하여 이미지 뷰(Image View)를 레이아웃 뷰 위쪽에 위치시키는 방법에 대하여 알아보도록 하자. 이러한 이미지 뷰 배치 기능을 통하여 수동으로 원하는 위젯을 원하는 위치에 정확하게 위치시키는 방법을 배워 볼 수 있을 것이다.

1 안드로이드 스튜디오를 실행하고 시작 화면이 나타나면 첫 번째 항목인 Start a new Android Studio project를 선택한다.

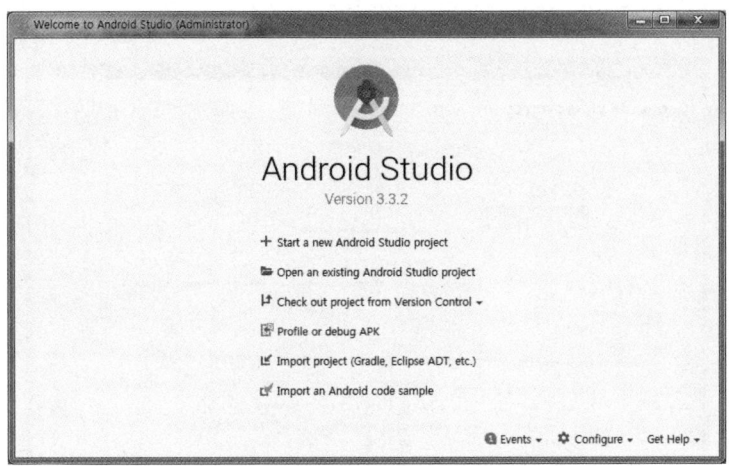

그림 3.31 Start a new Android Studio project 선택

2 이때 다음과 같이 프로젝트 선택 윈도우가 나타난다. 먼저 위쪽에서 기본적으로 선택되어 있는 Phone and Tablet 를 그대로 지정하고 비어있는 화면을 보여주는 "Empty Activity"를 선택한 뒤, Next 버튼을 누른다.

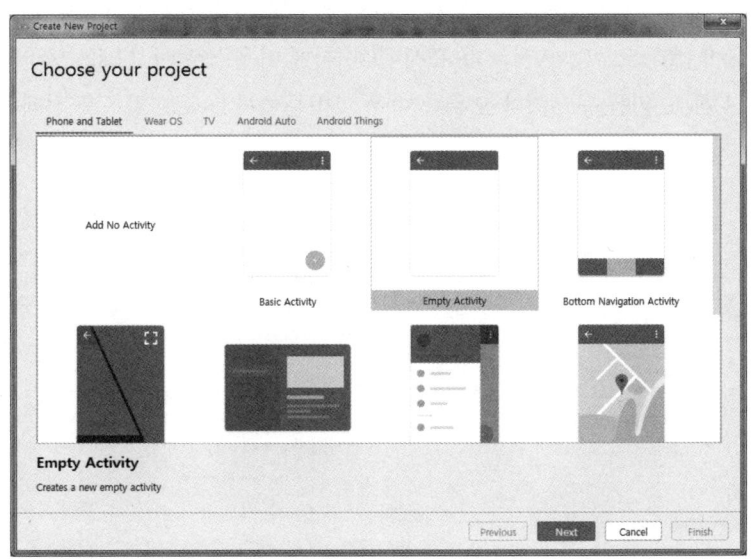

그림 3.32 Empty Activity 선택

③ 이어서 다음과 같이 안드로이드 프로젝트 설정 윈도우가 나타난다. 첫 번째 Name 항목에 "ImageViewSample" 이라고 입력한다. 그 다음 줄 항목들은 모두 그대로 두고 아래쪽에 위치한 Finish 버튼을 눌러 프로젝트를 생성한다.

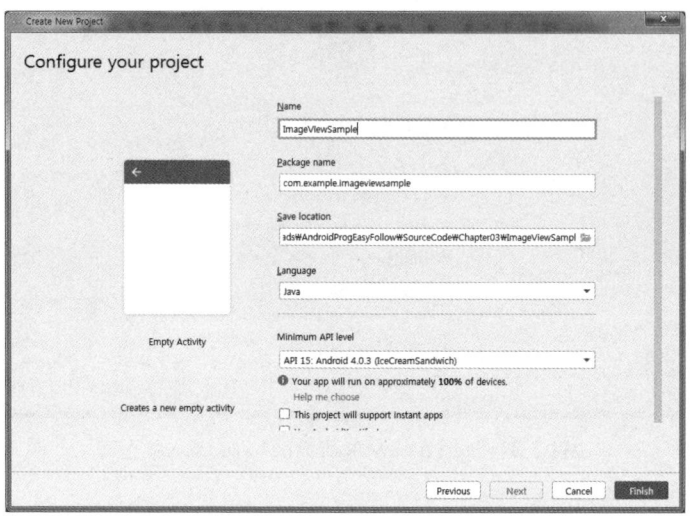

그림 3.33 안드로이드 프로젝트 이름 입력 및 생성 종료

④ 이제 오른쪽 에디터에는 activity_main.xml 와 MainActivity.java 파일이 자동으로 표시된다. 이때 activity_main.xml 탭을 눌러 레이아웃 에디터를 표시한다. 레이아웃 에디터에는 중앙에 "Hello World" TextView 가 표시된다. 이제 마우스로 이 "Hello World" TextView를 선택하고 Delete 키를 누르거나 오른쪽 마우스 버튼에서 Delete 항목을 선택하여 삭제한다.

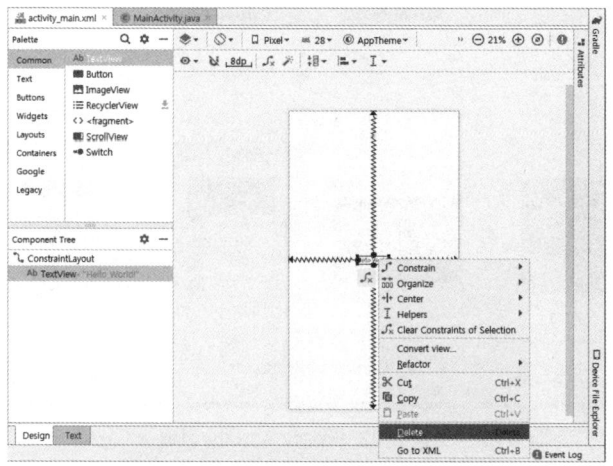

그림 3.34 "Hello World" TextView 삭제

144 안드로이드 프로그래밍 쉽게 따라하기

5 이제 ImageView 에 표시할 "cat.jpg" 라는 이름의 파일 하나를 다운받아 오른쪽 마우스 버튼으로 복사하고 ImageViewSample 프로젝트의 app-res-drawable 폴더에서 오른쪽 마우스 버튼의 'Paste' 항목을 선택한다(그림 파일은 소스 코드 폴더 참조). 혹은 드렉-엔-드롭을 사용하여 복사할 수 있다.

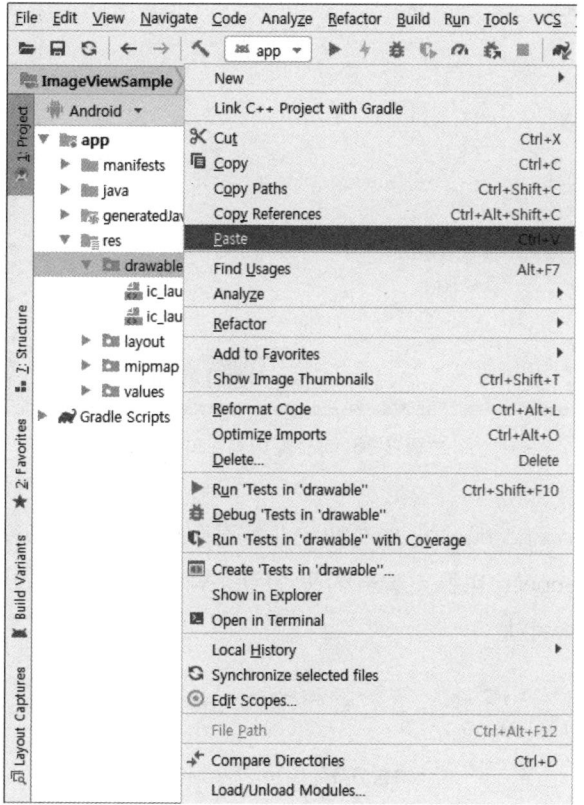

그림 3.35 그림 파일 복사

6 이때 복사할 디렉토리를 지정하는 대화상자가 나타나는데 다음과 같이 \app\src\main\res\drawable 으로 지정한다. 이어서 위에서 복사할 소스 대화상자가 나타나면 그 소스 파일을 선택해준다.

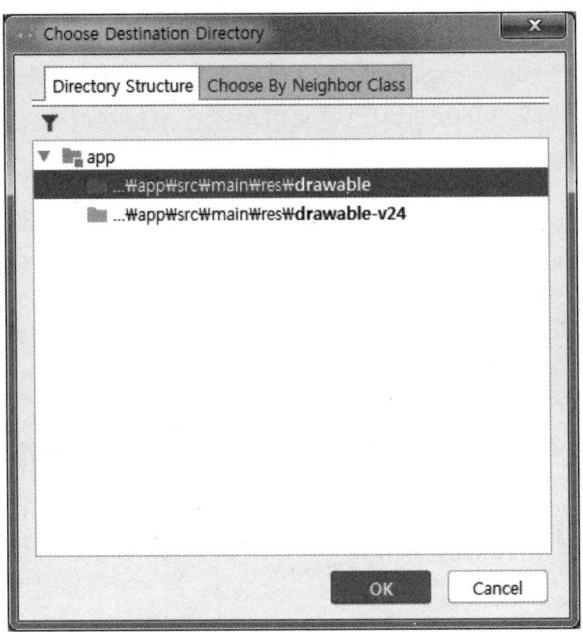

그림 3.36 복사할 디렉토리 지정

7 자동연결(Auto connection)이 연결되어있는 경우, 디자인 뷰 위쪽에 위치한 툴바에서 "Turn off autoconnect" 버튼을 눌러 자동 연결을 해제한다. 다음 그림은 자동 연결이 해제된 뒤의 툴바 모습이다.

그림 3.37 자동 연결 해제

8 이제 팔레트 왼쪽에서 Common 을 선택한 상태에서 마우스로 오른쪽에 표시되는 Image View 를 클릭하고 드랙-엔-드롭으로 오른쪽 레이아웃 뷰 임의의 위치에 떨어뜨린다. 이때 다음과 같이 리소스 선택 윈도우가 나타나는데 위에서 추가한 "cat"을 텍스트 상자에 입력하여 cat.jpg 파일을 선택하고 OK 버튼을 누른다.

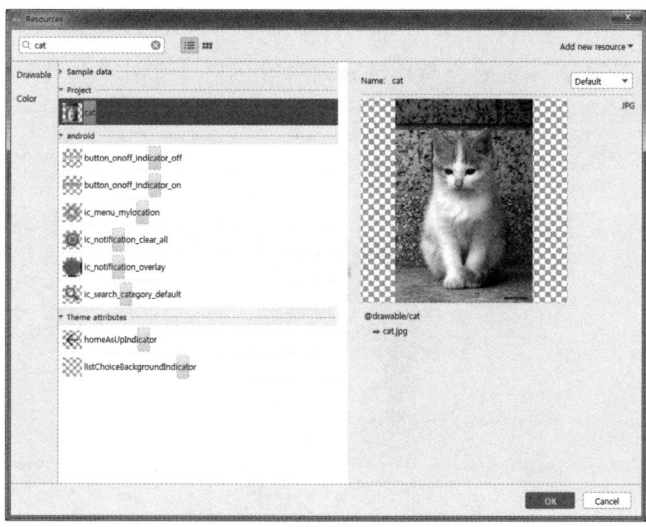

그림 3.38 cat.jpg 파일 선택

9 이때 선택한 이미지가 레이아웃 에디터에 나타나는데 마우스 커서를 이미지의 가장 왼쪽 위쪽 모서리로 이동하여 모서리를 드래그를 하여 이미지 사이즈를 기기 크기에 맞게 조절한다. 또한 가능한 기기 화면 한쪽에 치우치지 말고 중앙에 위치하도록 이미지 위치를 조절한다.

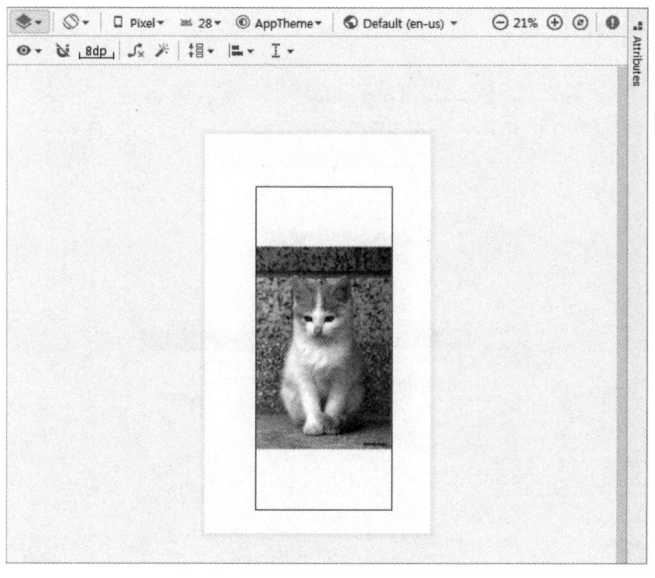

그림 3.39 이미지 조절

제3장_ 안드로이드 제약 레이아웃 **147**

🔟 이미지 위쪽 중앙의 작은 원을 클릭하고 위쪽 에디터 끝까지 드래그 한다. 동일한 방법으로 왼쪽, 오른쪽, 아래쪽 작은 원을 클릭하고 각각의 에디터 끝까지 드래그 처리한다.

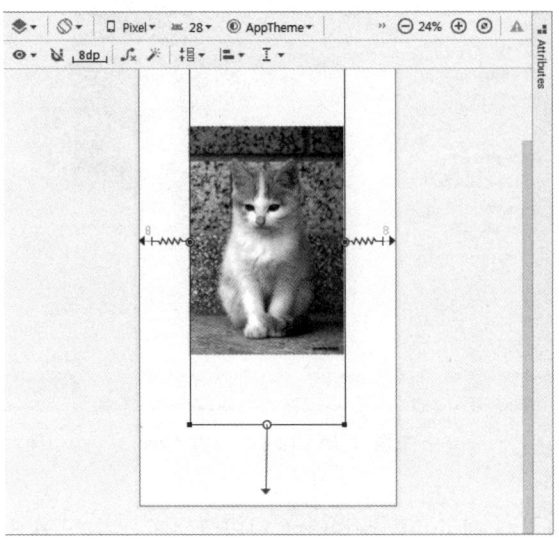

그림 3.40 각 이미지 중간부분에서 에디터 끝으로 연결

1️⃣1️⃣ 이제 다시 마우스로 이미지를 클릭하고 오른쪽 마우스 버튼을 눌러 Organize-Expand Horizontally 를 선택한다. 이어서 다시 오른쪽 마우스 버튼으로 Organize-Expand Vertically 를 선택한다.

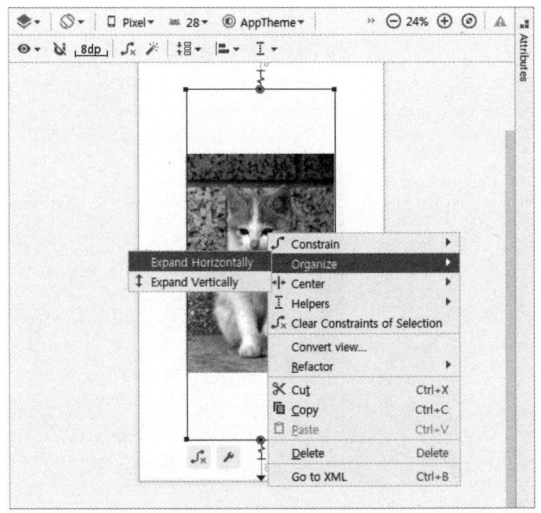

그림 3.41 이미지 가로, 세로 확장

⑫ 속성 창에 없는 경우, 에디터 오른쪽 끝에 위치한 Attributes 탭을 눌러 속성 창을 불러낸다. 또한 레이아웃 에디터의 이미지를 클릭하면 오른쪽 속성 창에 인스펙터(inspector)와 함께 그 둘레에 4개 숫자를 보여주는데 위쪽 방향의 숫자를 선택하고 32으로 변경한다.

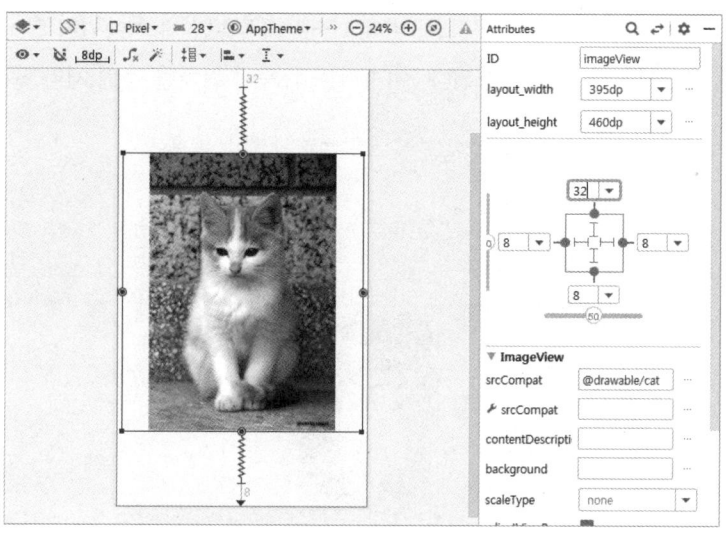

그림 3.42 인스펙터의 위쪽 방향 사이 간격 변경

⑬ 이제 실제 기기를 PC에 연결하고 안드로이드 스튜디오 위쪽에 위치한 Run 버튼을 누르면 배포 타겟(deployment target) 화면이 나타난다. 연결된 디바이스 혹은 가상 화면을 선택하고 OK 버튼을 눌러 실행시켜 다음과 같은 화면이 나타나는지 확인해 본다.

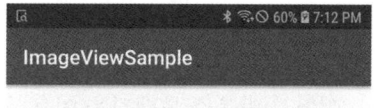

그림 3.43 ImageViewSample 프로젝트 실행

> **원리 설명**

자동연결이 아닌 원하는 위젯에 대한 제약을 직접 지정하기 위해서는 먼저 위젯의 위, 아래, 왼쪽, 오른쪽 방향 중앙에 위치한 작은 원을 찾는다. 이 작은 원을 측면 제약 앵커(side constraint anchor)라고 한다. 제약을 지정하기 위한 첫 번째 단계는 이 측면 제약 앵커를 찾아 클릭하는 것이다. 이때 앵커의 색깔이 녹색으로 변경된다. 여기서는 위쪽에 위치한 측면 제약 앵커를 선택한다.

그림 3.44 측면 제약 앵커

이어서 마우스 드레깅을 이용하여 그대로 디자인 뷰 끝 쪽으로 이동한다.

그림 3.45 디자인 뷰 끝 쪽으로 이동

디자인 뷰 끝 부분에서 떨어뜨리면 위젯과 부모 뷰 사이에 위쪽 제약(Top Constraint)를 설정할 수 있다. 이러한 방법으로 왼쪽, 오른쪽, 아래쪽 모두 제약을 설정할 수 있다.

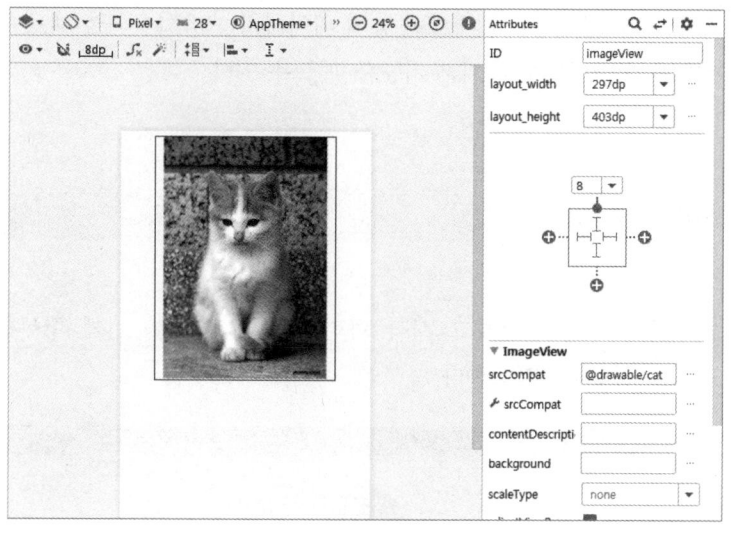

그림 3.46 위쪽으로 제약 설정

기본적으로 위젯과 부모 뷰 사이의 거리는 최소 8 dp으로 지정되는데 오른쪽의 속성 창에 인스펙터에서 그 숫자를 클릭하여 그 거리를 조정할 수 있다. 그 북쪽 방향 거리를 다음과 같이 32 dp으로 변경할 수 있다.

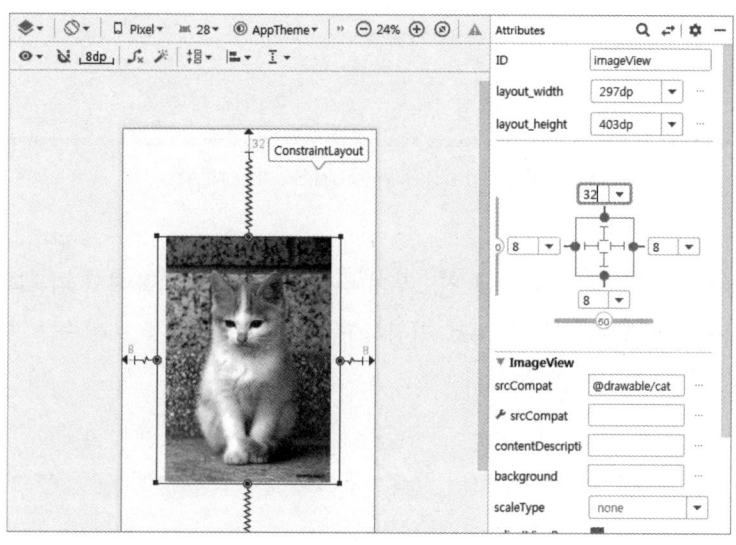

그림 3.47 위젯과 부모 뷰 사이 거리 변경

3.5.2 위젯을 가로, 세로의 중앙에 위치

기본적으로 프로젝트를 처음 생성하면 중앙에 "Hello World" TextView 가 표시되는데 이것을 삭제하고 직접 원하는 위젯을 가로와 세로 중앙에 위치시키는 방법을 구현해보자. 가장 쉬운 기능이면서 여러 가지 제약 레이아웃의 기본 기능을 배울 수 있다.

그대로 따라하기

1 안드로이드 스튜디오를 실행하고 시작 화면이 나타나면 첫 번째 항목인 Start a new Android Studio project를 선택한다.

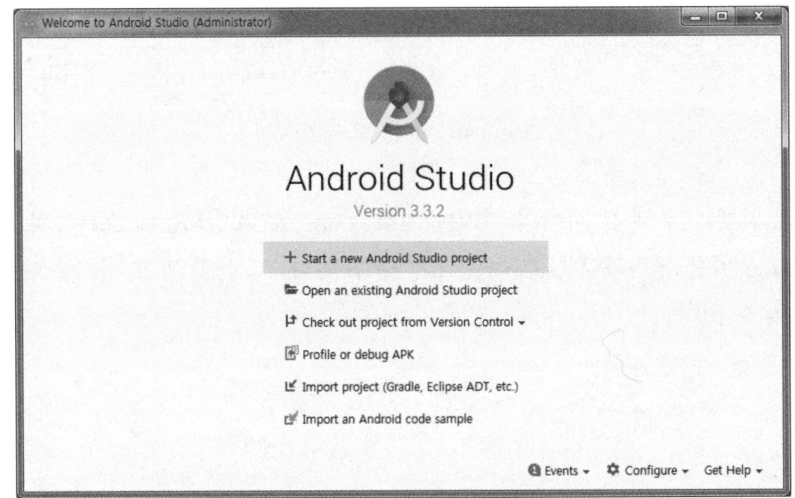

그림 3.48 Start a new Android Studio project 선택

2 이때 다음과 같이 프로젝트 선택 윈도우가 나타난다. 먼저 위쪽에서 기본적으로 선택되어 있는 Phone and Tablet 를 그대로 지정하고 비어있는 화면을 보여주는 "Empty Activity" 를 선택한 뒤, Next 버튼을 누른다.

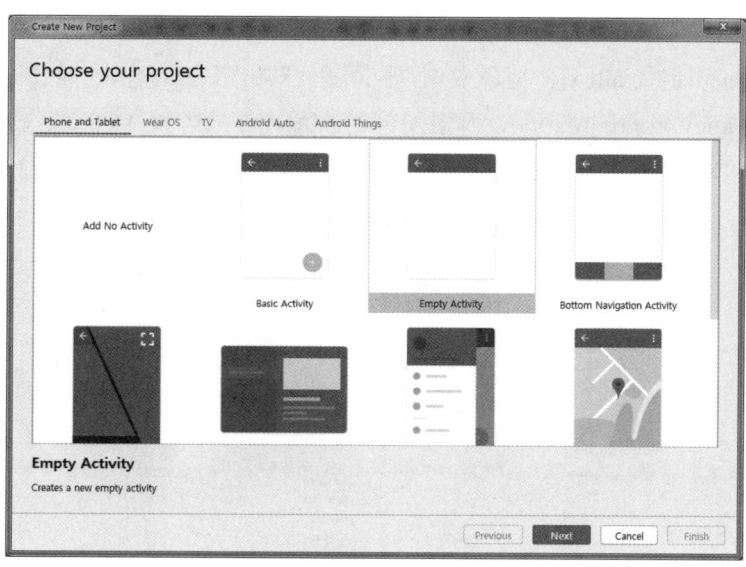

그림 3.49 Empty Activity 선택

3 이어서 다음과 같이 안드로이드 프로젝트 설정 윈도우가 나타난다. 첫 번째 Name 항목에 "CenterWidgetSample" 이라고 입력한다. 그 다음 줄 항목들은 모두 그대로 두고 아래쪽에 위치한 Finish 버튼을 눌러 프로젝트를 생성한다.

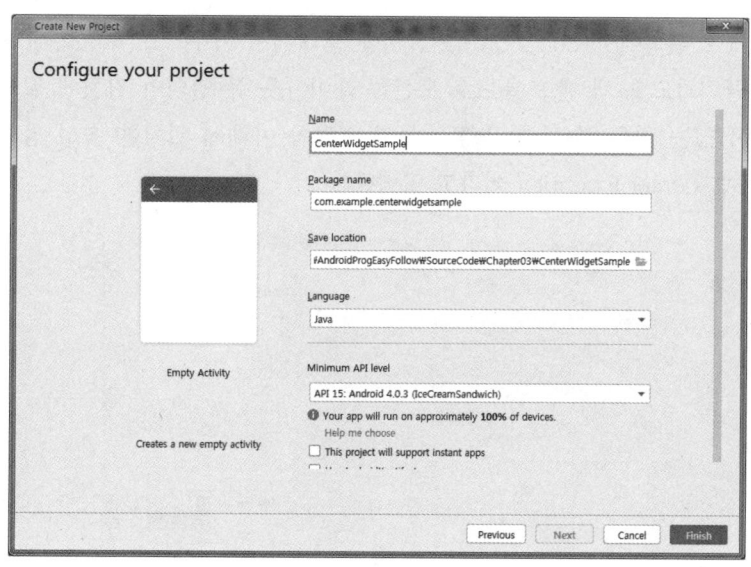

그림 3.50 안드로이드 프로젝트 이름 입력 및 생성 종료

4. 이제 오른쪽 에디터에는 activity_main.xml 와 MainActivity.java 파일이 자동으로 표시된다. 이때 activity_main.xml 탭을 눌러 레이아웃 에디터를 표시한다. 레이아웃 에디터에는 중앙에 "Hello World" TextView 가 표시된다. 이제 마우스로 이 "Hello World" TextView를 선택하고 Delete 키를 누르거나 오른쪽 마우스 버튼에서 Delete 항목을 선택하여 삭제한다.

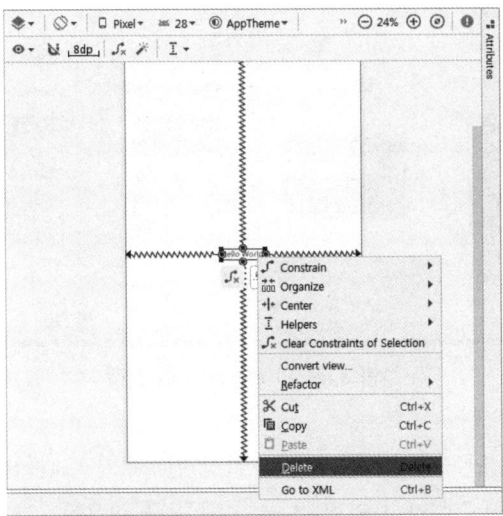

그림 3.51 "Hello World" TextView 삭제

5. 이제 팔레트 왼쪽에서 Common 을 선택한 상태에서 마우스로 오른쪽에 표시되는 TextView를 클릭하고 드렉-엔-드롭으로 오른쪽 레이아웃 뷰 임의의 위치에 떨어뜨린다. 또한 속성 창이 없는 경우, 속성 창을 표시하고 오른쪽 아래에 위치한 속성 창의 TextView의 text 속성에 "Center Example" 이라고 입력한다.

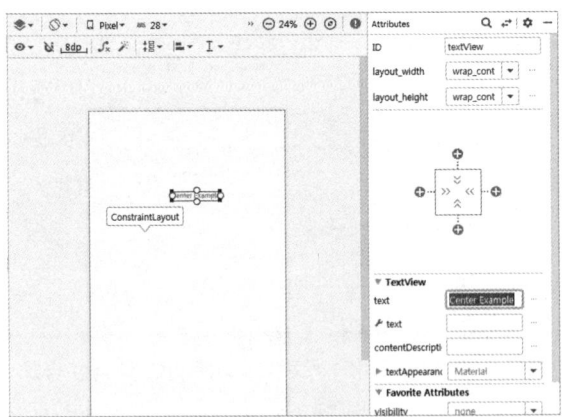

그림 3.52 TextView 추가

6 디자인 뷰의 TextView를 선택한 상태에서 오른쪽 마우스 버튼을 누르고 메뉴가 나타나면 Center-Horizontally 명령을 선택한다.

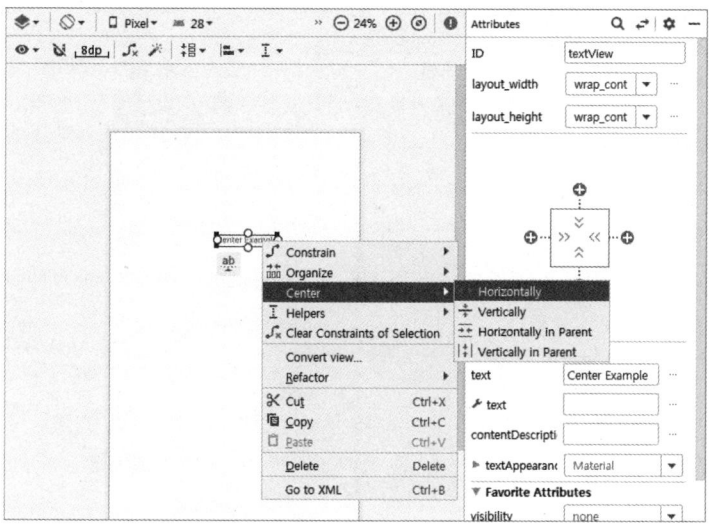

그림 3.53 Center-Horizontally 명령 선택

7 계속해서 TextView를 선택한 상태에서 오른쪽 마우스 버튼을 누르고 메뉴가 나타나면 Center-Vertically 명령을 선택한다.

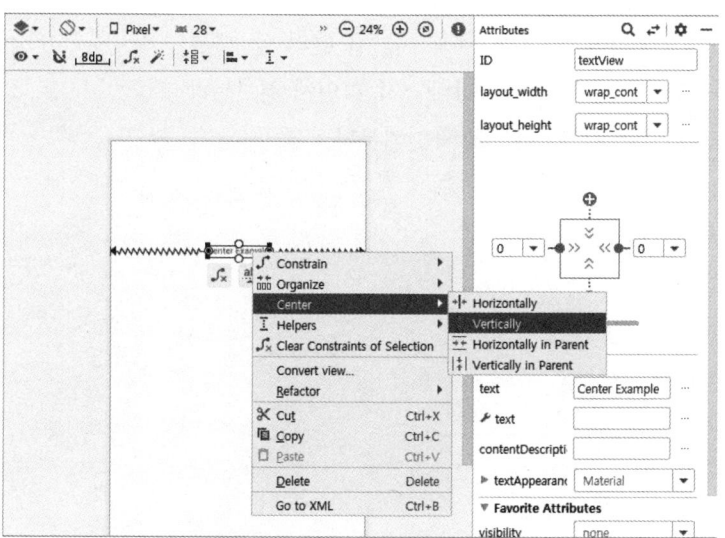

그림 3.54 Center-Vertically 명령 선택

8 이제 다음 그림과 같이 TextView 가 중앙에 위치하는 것을 볼 수 있다.

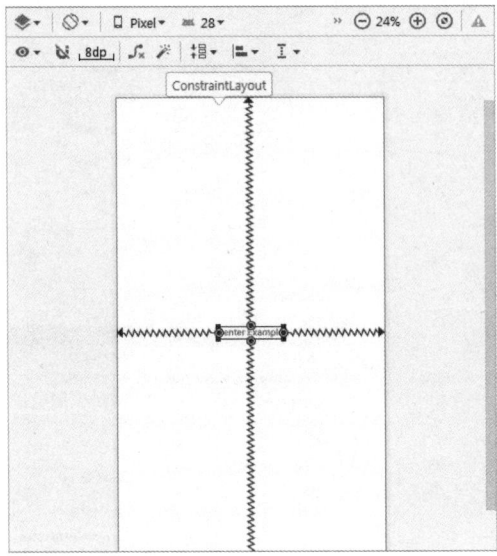

그림 3.55 중앙에 위치하는 TextView

9 이제 실제 기기를 PC에 연결하고 안드로이드 스튜디오 위쪽에 위치한 Run 버튼을 누르면 배포 타겟 (deployment target) 화면이 나타난다. 연결된 디바이스 혹은 가상 화면을 선택하고 OK 버튼을 눌러 실행시켜 다음과 같은 화면이 나타나는지 확인해 본다. 또한 가로 방향에서도 화면을 확인해본다.

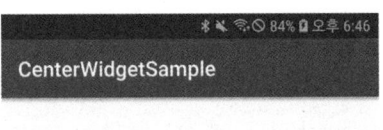

그림 3.56 CenterWidgetSample 프로젝트 실행

> 원리 설명

원하는 위젯을 뷰에 떨어뜨리면 떨어진 그 장소에 바로 위치된다. 이 위젯을 뷰 중앙에 위치시키기 위해서는 제약 레이아웃에서 제공되는 별도의 마우스 오른쪽 메뉴 명령을 사용한다.

중앙에 위치시키는 명령은 Center-Horizontally, Center-Vertically 이 있고 각각 수평 방향, 수직방향으로 정중앙에 위치시킨다. 이 명령 외에 Horizontally in Parents, Vertically in Parents 가 있는데 이것은 각각 현재 위젯을 부모 컨트롤 안에서 각각 수평 방향, 수직방향으로 정중앙에 위치시키는 명령이다. 다음 표는 위젯을 중앙에 위치시키는 명령들이다.

표 3.2 위젯을 중앙에 위치시키는 명령

명령	설명
Center-Horizontally	수평 방향으로 정중앙에 위치시킨다.
Center-Vertically	수직 방향으로 정중앙에 위치시킨다.
Horizontally in Parents	부모 컨트롤 안에서 수평 정중앙에 위치시킨다.
Vertically in Parents	부모 컨트롤 안에서 수직 정중앙에 위치시킨다.

여기서는 원하는 위젯을 선택하고 오른쪽 마우스 버튼을 눌러 수평 방향으로 정중앙에 위치시키는 Center Horizontally 와 수직 방향으로 정중앙에 위치시키는 Center Vertically를 사용하였다.

3.5.3 위젯 세 개를 가로 방향으로 중앙에 위치

위에서 위젯 하나를 가로, 세로 중앙에 위치시켜 보았는데 이번에는 3 개의 위젯을 가로 방향 중앙에 위치시켜보자. 여기서도 위에서 사용하였던 Center-Horizontally 명령과 Center-Vertically 명령을 사용한 체인(Chain) 기능으로 위젯들을 중앙에 위치시켜볼 것이다.

그대로 따라하기

1 안드로이드 스튜디오를 실행하고 시작 화면이 나타나면 첫 번째 항목인 Start a new Android Studio project를 선택한다.

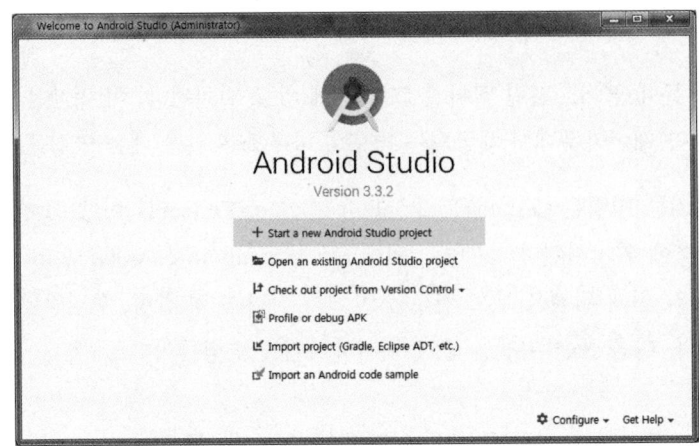

그림 3.57 Start a new Android Studio project 선택

② 이때 다음과 같이 프로젝트 선택 윈도우가 나타난다. 먼저 위쪽에서 기본적으로 선택되어 있는 Phone and Tablet 를 그대로 지정하고 비어있는 화면을 보여주는 "Empty Activity" 를 선택한 뒤, Next 버튼을 누른다.

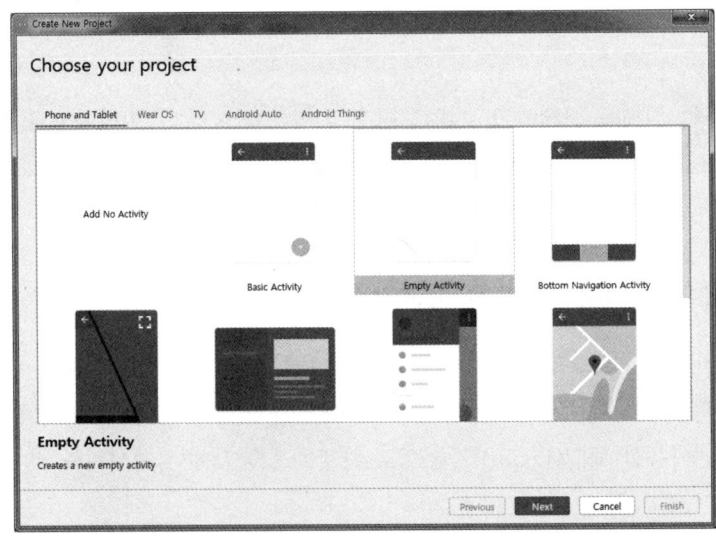

그림 3.58 Empty Activity 선택

③ 이어서 다음과 같이 안드로이드 프로젝트 설정 윈도우가 나타난다. 첫 번째 Name 항목에 "CenterThreeWidgetHorizonSample" 이라고 입력한다. 그 다음 줄 항목들은 모두 그대로 두고 아래쪽에 위치한 Finish 버튼을 눌러 프로젝트를 생성한다.

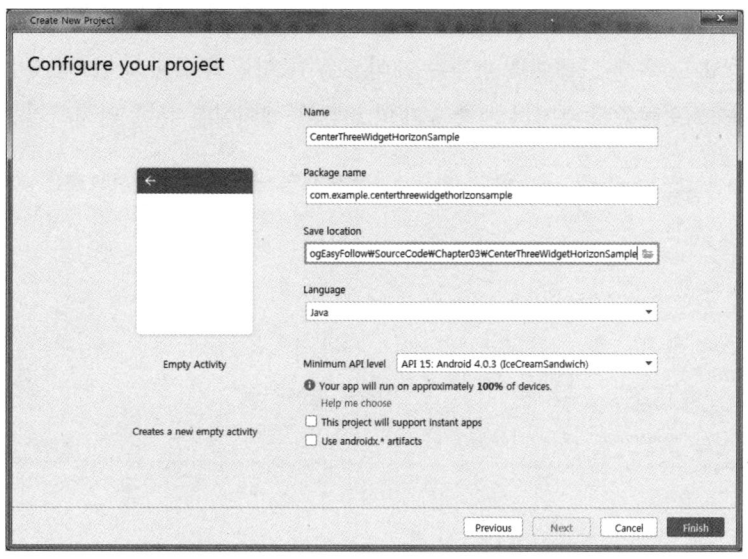

그림 3.59 안드로이드 프로젝트 이름 입력 및 생성 종료

4 이제 오른쪽 에디터에는 activity_main.xml 와 MainActivity.java 파일이 자동으로 표시된다. 이때 activity_main.xml 탭을 눌러 레이아웃 에디터를 표시한다. 레이아웃 에디터에는 중앙에 "Hello World" TextView 가 표시된다. 이제 마우스로 이 "Hello World" TextView 를 선택하고 Delete 키를 누르거나 오른쪽 마우스 버튼에서 Delete 항목을 선택하여 삭제한다.

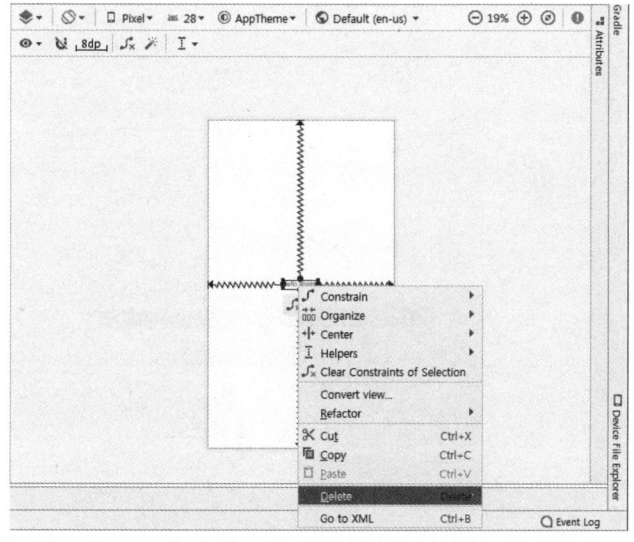

그림 3.60 "Hello World" TextView 삭제

제3장_ 안드로이드 제약 레이아웃 **159**

5 이제 팔레트 왼쪽에서 Common 을 선택한 상태에서 마우스로 오른쪽에 표시되는 Button 을 클릭하고 드렉-엔-드롭으로 오른쪽 레이아웃 뷰 임의의 위치에 떨어뜨린다. 이어서 2 개의 버튼을 그 오른쪽에 추가하여 총 3 개의 버튼을 레이아웃 뷰에 위치시킨다.

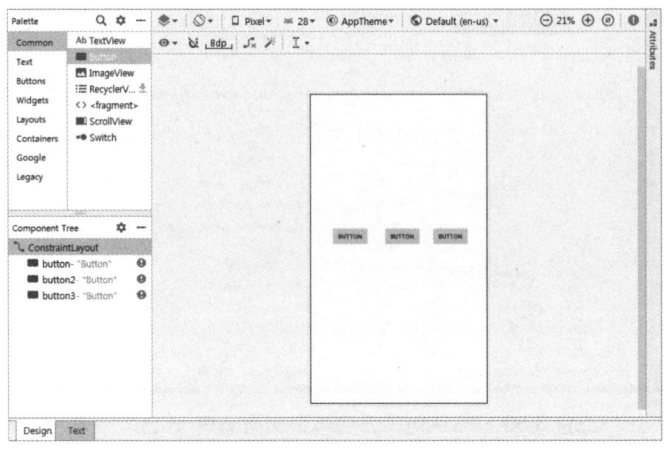

그림 3.61 총 3 개 Button 추가

6 먼저 첫 번째 Button을 마우스로 클릭하고 이어서 Shift 키와 마우스 키를 사용하여 나머지 2개의 Button을 추가하여 총 3개의 버튼을 선택한다. 이어서 오른쪽 마우스 버튼을 누르고 메뉴가 나타나면 "Center-Horizontally"를 선택한다.

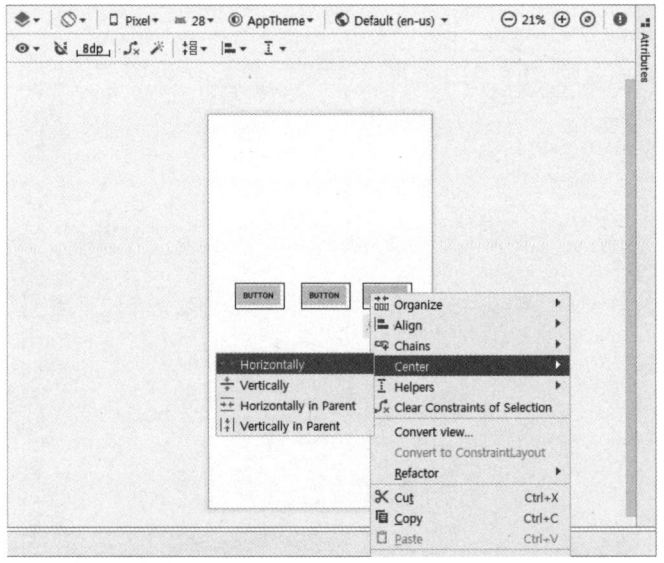

그림 3.62 3 개의 버튼 선택 및 Center-Horizontally 명령 선택

7 계속해서 3 개의 버튼을 선택한 상태에서 오른쪽 마우스 버튼을 누르고 메뉴가 나타나면 "Center-Vertically"를 선택한다.

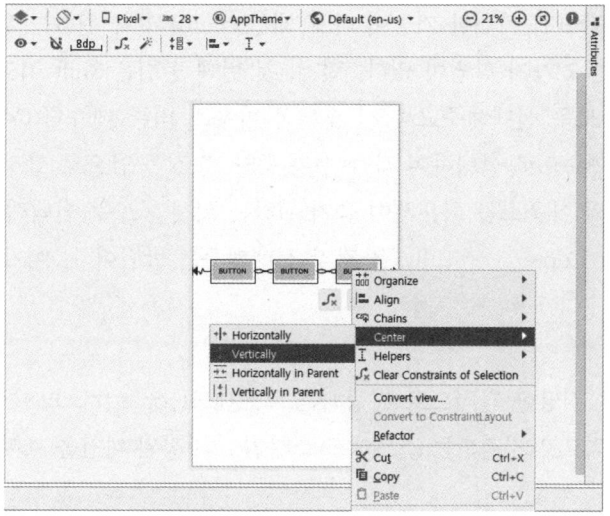

그림 3.63 Center-Vertically 명령 선택

8 이제 실제 기기를 PC에 연결하고 안드로이드 스튜디오 위쪽에 위치한 Run 버튼을 누르면 배포 타겟(deployment target) 화면이 나타난다. 연결된 디바이스 혹은 가상 화면을 선택하고 OK 버튼을 눌러 실행시켜 다음과 같은 화면이 나타나는지 확인해 본다. 또한 가로 방향에서도 화면을 확인해본다.

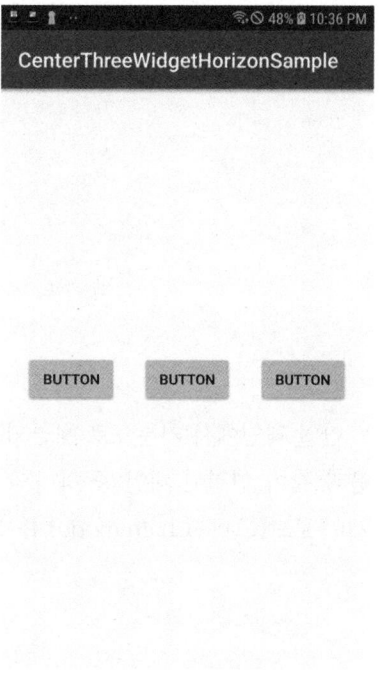

그림 3.64 CenterThreeWidgetHorizon Sample 프로젝트 실행

제3장_ 안드로이드 제약 레이아웃 **161**

원리 설명

원하는 여러 위젯을 한 번에 중앙에 위치시키기 위해서는 여러 위젯을 마치 하나의 위젯처럼 묶어주는 기능이 필요하다. 이러한 기능이 바로 체인(chain)이다. 원하는 위젯을 체인으로 수평적으로 묶기 위해서는 2 가지 방법이 있다. 먼저, 첫 번째 방법은 Shift 키와 마우스를 이용하여 묶기 원하는 위젯을 모두 선택해주고 다시 오른쪽 마우스 버튼 메뉴의 Center-Horizontally 과 Center-Vertically를 연속으로 선택하여 각각 수평 중앙, 수직 중앙으로 설정해주는 방법이다. 두 번째 방법은 Shift 키와 마우스를 이용하여 묶기 원하는 위젯을 모두 선택해준 뒤, Chains-Create Horizontal Chain 과 Center-Vertically 을 각각 선택해주는 방법이다. 여기서는 첫 번째 방법을 사용하였다.

기본적으로 체인은 적당한 간격으로 지정되는 스프레드(spread) 스타일로 자동 지정된다. 다음 그림은 적당한 간격으로 지정되는 스프레드 스타일로 지정된 체인을 보여준다.

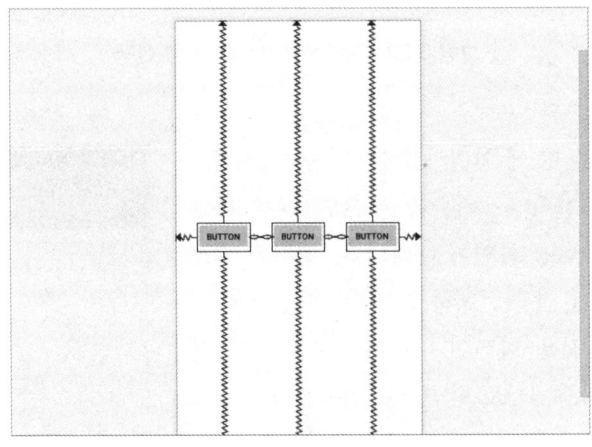

그림 3.65 스프레드 스타일

만일 체인에서 기본으로 제공되는 스프레드 스타일이 아닌 다른 스타일로 바꾸고자 한다면 다음과 같이 연결된 체인 중 하나의 위젯을 선택하고 그 아래 오른쪽 마우스 버튼을 눌러 '사이클 체인 모드(Cycle Chain mode)'를 선택한다.

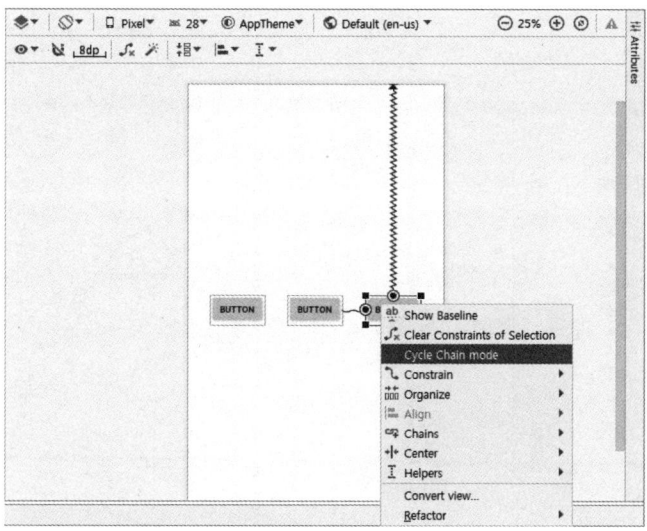

그림 3.66 체인 스타일 변경

이때 다음과 같이 스프레드 인사이드(Spread Inside) 스타일로 변경되면서 각 버튼의 사이의 거리는 최대로 벌어진다.

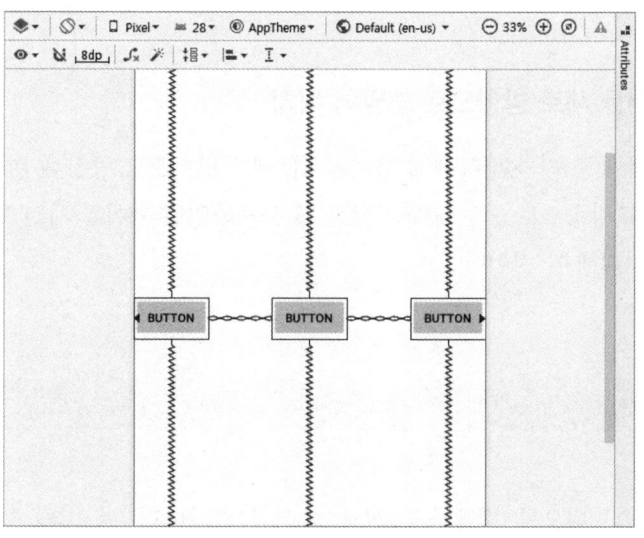

그림 3.67 스프레드 인사이드 스타일

이 상태에서 다시 오른쪽 마우스 버튼으로 '사이클 체인 모드'를 선택해주면 각 버튼의 사이의 거리는 최소화 되면서 중앙부분으로 버튼이 모이는 팩(Packed) 스타일로 변경된다.

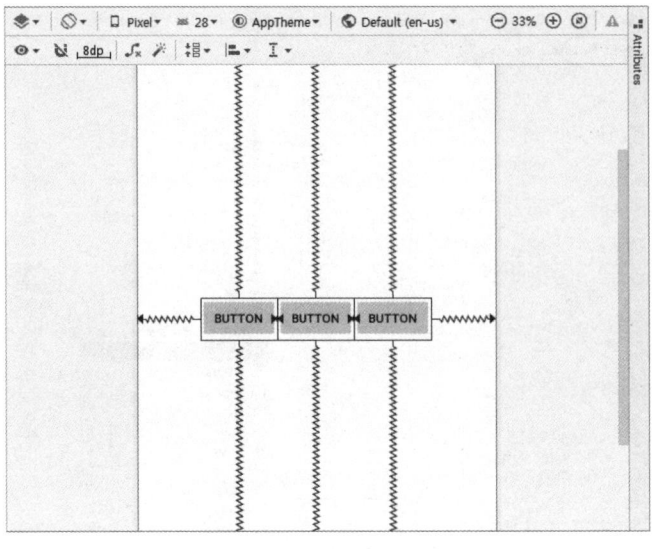

그림 3.68 수평적 팩 스타일

여기서 다시 한 번 오른쪽 마우스 버튼으로 '사이클 체인 모드'를 선택해주면 가장 초기 상태인 스프레드 스타일로 다시 변경된다.

3.5.4 위젯 세 개를 세로 방향으로 중앙에 위치

이번에는 위젯 세 개를 디자인 뷰에 추가시킨 뒤, 세로 방향으로 중앙에 위치시키는 것을 처리해보자. 위에서 가로 방향으로 중앙에 위치시킬 때 사용하였던 사이클 체인 모드 기능을 다시 사용하여 이 기능을 처리해 볼 것이다.

그대로 따라하기

1 안드로이드 스튜디오를 실행하고 시작 화면이 나타나면 첫 번째 항목인 Start a new Android Studio project를 선택한다.

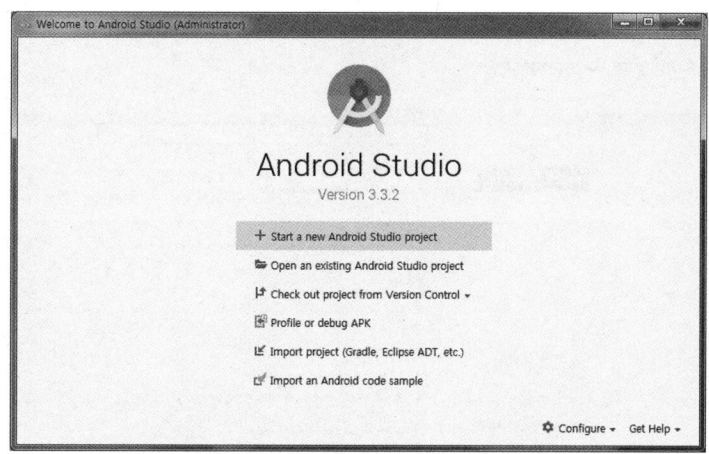

그림 3.69 Start a new Android Studio project 선택

② 이때 다음과 같이 프로젝트 선택 윈도우가 나타난다. 먼저 위쪽에서 기본적으로 선택되어 있는 Phone and Tablet 를 그대로 지정하고 비어있는 화면을 보여주는 "Empty Activity" 를 선택한 뒤, Next 버튼을 누른다.

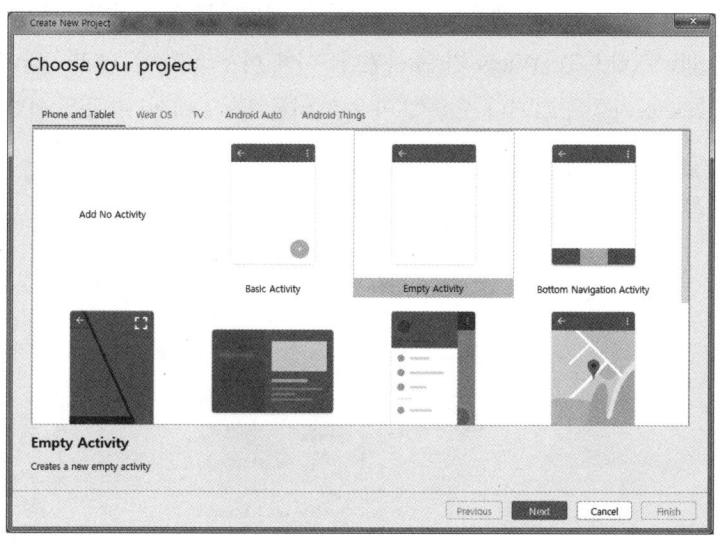

그림 3.70 Empty Activity 선택

③ 이어서 다음과 같이 안드로이드 프로젝트 설정 윈도우가 나타난다. 첫 번째 Name 항목에 "CenterThreeWidgetSample" 이라고 입력한다. 그 다음 줄 항목들은 모두 그대로 두고 아래쪽에 위치한 Finish 버튼을 눌러 프로젝트를 생성한다.

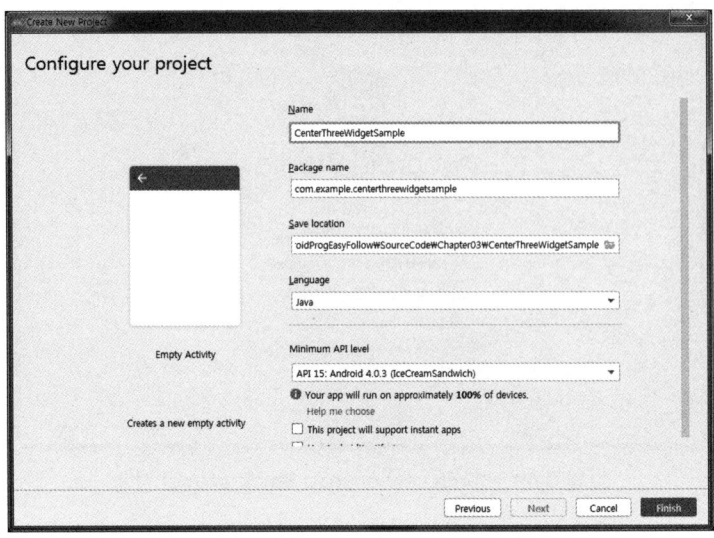

그림 3.71 안드로이드 프로젝트 이름 입력 및 생성 종료

4 이제 오른쪽 에디터에는 activity_main.xml 와 MainActivity.java 파일이 자동으로 표시된다. 이때 activity_main.xml 탭을 눌러 레이아웃 에디터를 표시한다. 레이아웃 에디터에는 중앙에 "Hello World" TextView 가 표시된다. 이제 마우스로 이 "Hello World" TextView를 선택하고 Delete 키를 누르거나 오른쪽 마우스 버튼에서 Delete 항목을 선택하여 삭제한다.

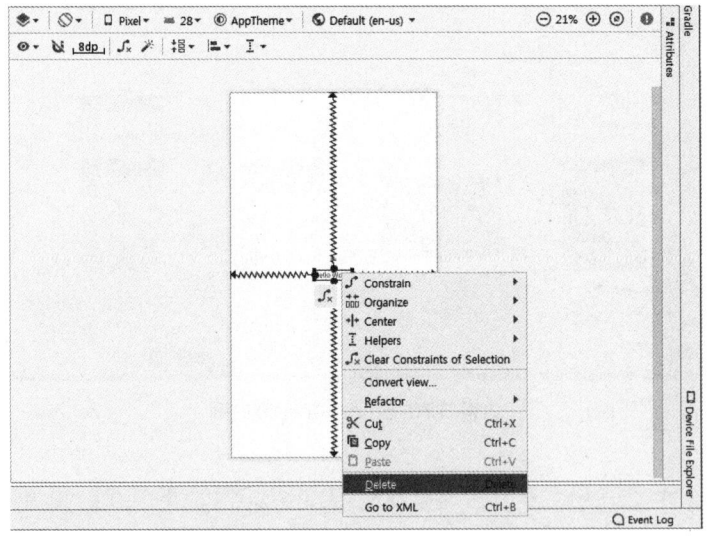

그림 3.72 "Hello World" TextView 삭제

5 이제 팔레트 왼쪽에서 Common 을 선택한 상태에서 마우스로 오른쪽에 표시되는 Button 을 클릭하고 드렉-엔-드롭으로 오른쪽 레이아웃 뷰 임의의 위치에 떨어뜨린다. 이어서 2 개의 버튼을 그 아래쪽에 추가하여 총 3 개의 버튼을 레이아웃 뷰에 위치시킨다.

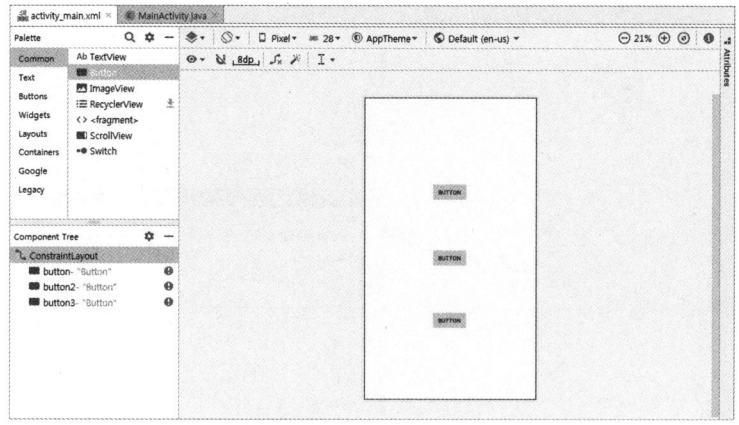

그림 3.73 총 3 개 Button 추가

6 먼저 첫 번째 Button을 마우스로 클릭하고 이어서 Shift 키와 마우스 키를 사용하여 나머지 2 개의 Button을 선택한다. 이어서 오른쪽 마우스 버튼을 누르고 메뉴가 나타나면 "Center-Vertically"를 선택한다.

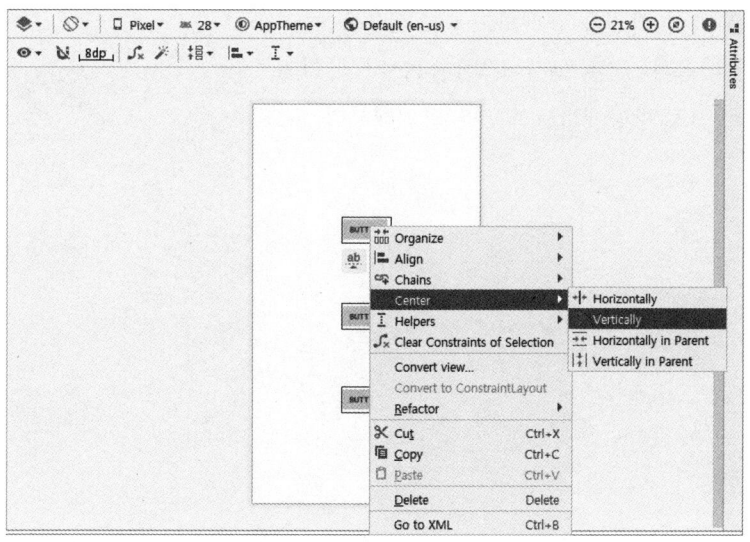

그림 3.74 3 개의 버튼 선택 및 Center-Vertically 명령 선택

7 계속해서 3 개의 버튼을 선택한 상태에서 오른쪽 마우스 버튼을 누르고 메뉴가 나타나면 "Center-Horizontally"를 선택한다.

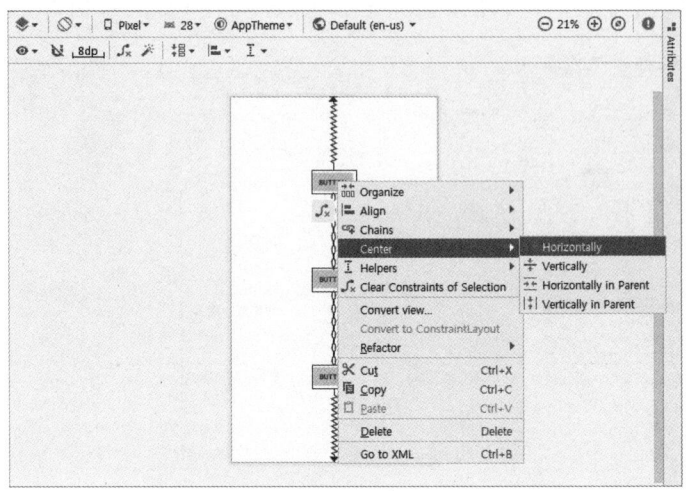

그림 3.75 Center-Horizontally 명령 선택

8 이제 실제 기기를 PC에 연결하고 안드로이드 스튜디오 위쪽에 위치한 Run 버튼을 누르면 배포 타겟(deployment target) 화면이 나타난다. 연결된 디바이스 혹은 가상 화면을 선택하고 OK 버튼을 눌러 실행시켜 다음과 같은 화면이 나타나는지 확인해 본다. 또한 가로 방향에서도 화면을 확인해본다.

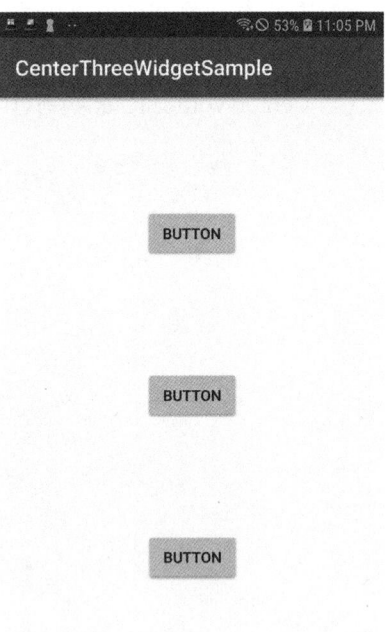

그림 3.76 CenterThreeWidgetSample 프로젝트 실행

원리 설명

위에서 설명한 체인을 이용하여 수평적 뿐만 아니라 수직적으로 여러 위젯을 마치 하나의 위젯처럼 묶을 수 있다. 원하는 위젯을 수직적 체인으로 묶기 위해서는 오른쪽 마우스 버튼을 이용하여 묶기 원하는 위젯을 선택하고 다시 오른쪽 마우스 버튼 메뉴의 Center Vertically 과 Center Horizontally 명령을 연속으로 선택하여 각각 수직 중앙, 수평 중앙으로 설정하면 된다.

기본적으로 체인은 적당한 간격으로 지정되는 스프레드(spread) 스타일로 자동 지정된다. 다음 그림은 수직적 형식의 스프레드 스타일로 지정된 체인을 보여준다.

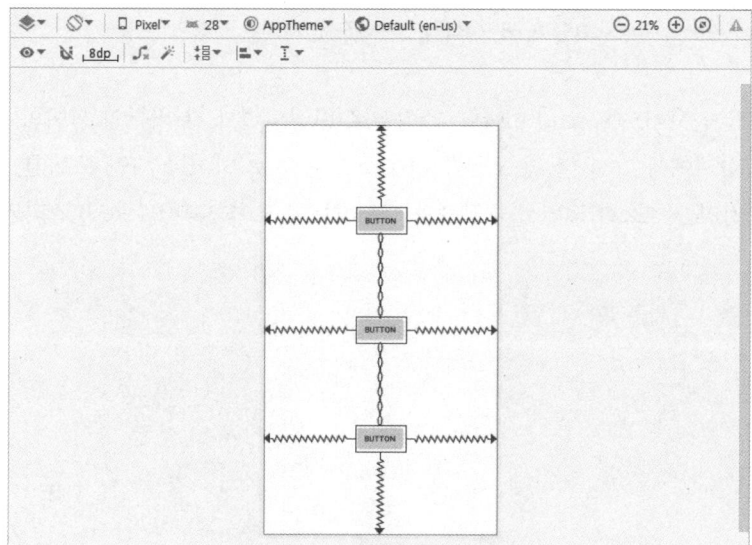

그림 3.77 수직적 스프레드 스타일

만일 체인에서 기본으로 제공되는 스프레드 스타일이 아닌 다른 스타일로 바꾸고자 한다면 연결된 체인 중 하나의 위젯을 선택하고 오른쪽 마우스 버튼을 누르고 '사이클 체인 모드(Cycle Chain Mode)' 항목을 선택해준다.

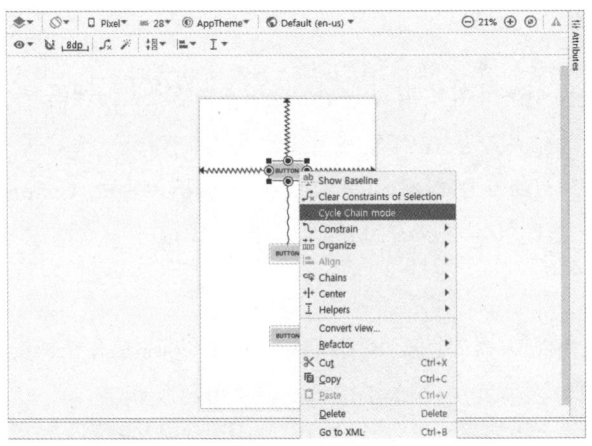

그림 3.78 수직적 스프레드 인사이드 스타일

이때 스프레드 인사이드(Spread Inside) 스타일로 변경되면서 각 버튼의 사이의 거리는 최대로 벌어지는데 이 상태에서 다시 한 번 오른쪽 마우스 버튼으로 '사이클 체인 모드'를 선택해주면 각 버튼의 사이의 거리는 최소화 되면서 중앙부분으로 버튼이 모이는 팩(Packed) 스타일로 변경된다.

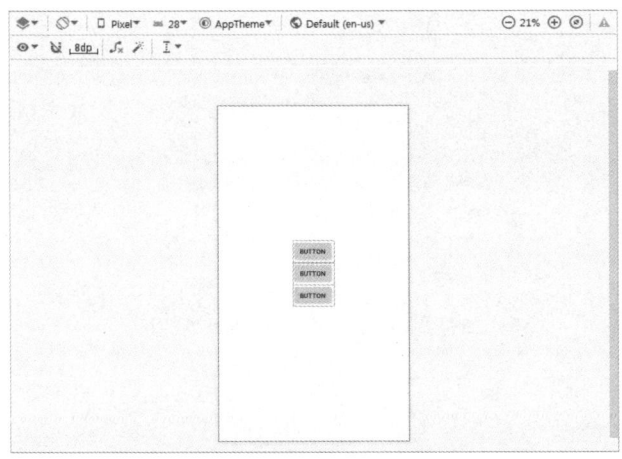

그림 3.79 수직적 팩 스타일

이때 다시 한 번 더 '사이클 체인 모드'를 선택해주면 스프레드 스타일로 되돌아간다.

3.5.5 왼쪽에 버튼 오른쪽에 이미지 뷰 설정

이번에는 왼쪽 부분에 버튼 오른쪽 부분에 이미지 뷰를 설정하는 화면을 만들어보자. 이때 왼쪽 부분과 오른쪽 부분을 별도로 설계하기 위해서 제약 레이아웃에서 제공되는 가이드라인

(guideline)을 사용해 볼 것이다.

그대로 따라하기

1 안드로이드 스튜디오를 실행하고 시작 화면이 나타나면 첫 번째 항목인 Start a new Android Studio project를 선택한다.

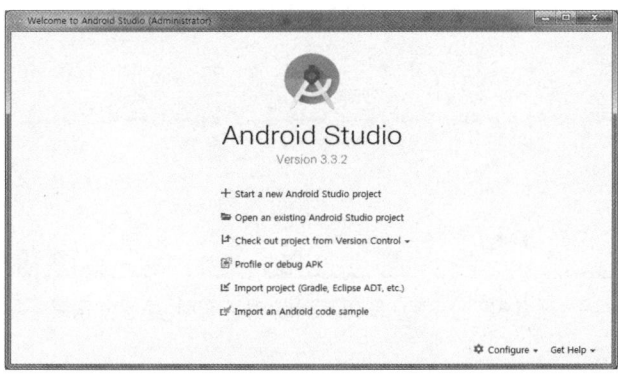

그림 3.80 Start a new Android Studio project 선택

2 이때 다음과 같이 프로젝트 선택 윈도우가 나타난다. 먼저 위쪽에서 기본적으로 선택되어 있는 Phone and Tablet 를 그대로 지정하고 비어있는 화면을 보여주는 "Empty Activity" 를 선택한 뒤, Next 버튼을 누른다.

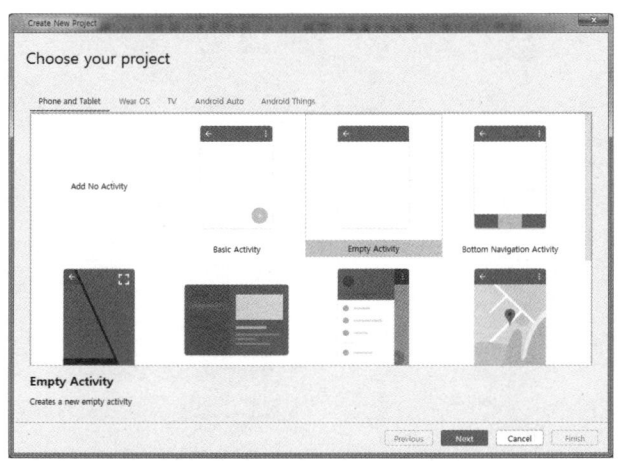

그림 3.81 Empty Activity 선택

3 이어서 다음과 같이 안드로이드 프로젝트 설정 윈도우가 나타난다. 첫 번째 Name 항목에 "GuidelineWidgetSample" 이라고 입력한다. 그 다음 줄 항목들은 모두 그대로 두고 아래쪽에 위치한 Finish 버튼을 눌러 프로젝트를 생성한다.

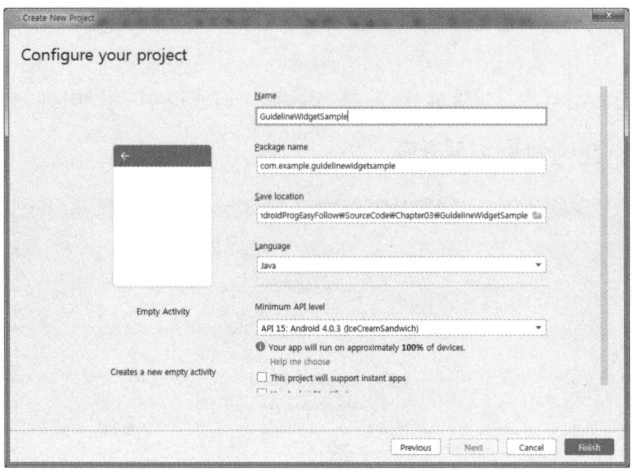

그림 3.82 안드로이드 프로젝트 이름 입력 및 생성 종료

4 이제 오른쪽 에디터에는 activity_main.xml 와 MainActivity.java 파일이 자동으로 표시된다. 이때 activity_main.xml 탭을 눌러 레이아웃 에디터를 표시한다. 레이아웃 에디터에는 중앙에 "Hello World" TextView 가 표시된다. 이제 마우스로 이 "Hello World" TextView를 선택하고 Delete 키를 누르거나 오른쪽 마우스 버튼에서 Delete 항목을 선택하여 삭제한다.

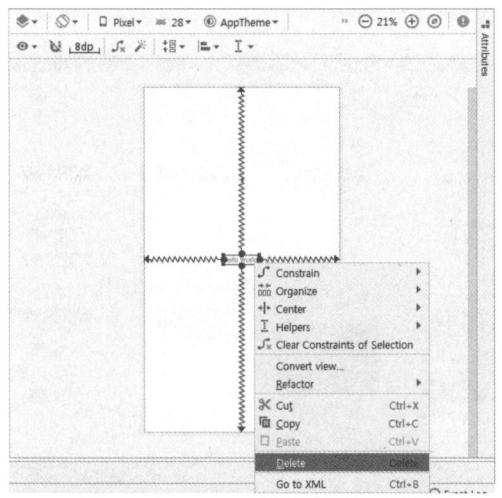

그림 3.83 "Hello World" TextView 삭제

5 이제 ImageView 에 표시할 "persimmon.jpg" 라는 이름의 파일 하나를 다운받아 오른쪽 마우스 버튼으로 복사하고 Guideline WidgetSample 프로젝트의 app-res-drawable 폴더에서 다시 오른쪽 마우스 버튼으로 Paste를 선택하여 붙여넣기를 한다. (그림 파일은 소스 코드 폴더 참조).

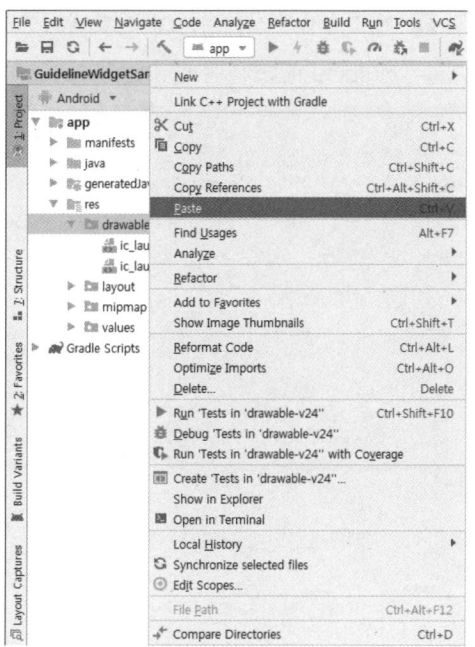

그림 3.84 그림 파일 복사

6 이때 복사될 디렉토리를 지정하는 대화상자가 나타나면 다음과 같이 '\app\src\main\res\drawable' 디렉터리를 선택하고 OK 버튼을 눌러준다. 이어서 복사될 파일 선택 대화상자가 나타나는데 위에서 지정한 persimmon.jpg을 선택하고 OK 버튼을 눌러준다.

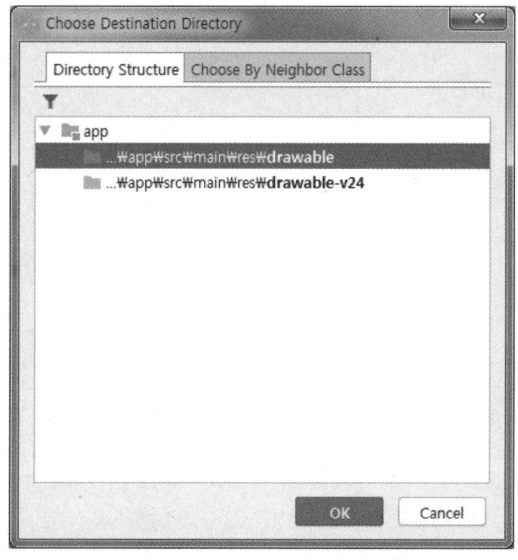

그림 3.85 복사될 디렉터리 지정

제3장_ 안드로이드 제약 레이아웃 **173**

7 이제 디자인 뷰 임의의 위치에서 오른쪽 마우스 버튼을 눌러 팝업 메뉴를 표시한다. 이때 Helpers 메뉴 항목 중 "Add Vertical Guideline" 항목을 선택한다.

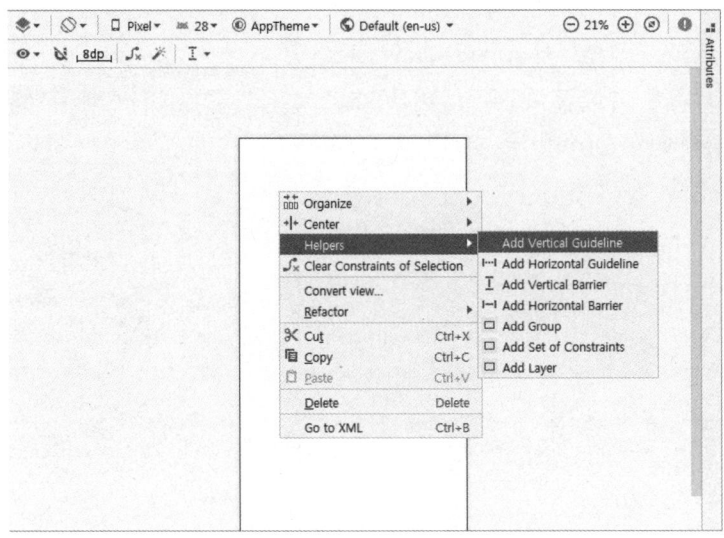

그림 3.86 Add Vertical Guideline 항목 선택

8 이때 왼쪽 위 부분에 작은 삼각형 원모양이 생기면서 가로 방향으로 점선이 그어진다. 이때 이 삼각형 원 모양을 두 번 클릭하여 "%"으로 변경하고 점선을 드래그하여 40% 까지 오른쪽으로 이동한다.

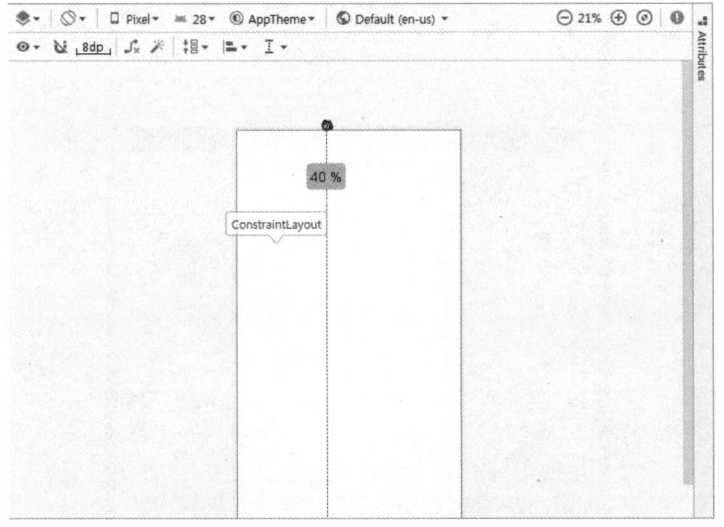

그림 3.87 가이드라인을 40% 까지 이동

9 이제 팔레트 왼쪽에서 Common 을 선택한 상태에서 마우스로 오른쪽에 표시되는 Button 을 클릭하고 드렉-엔-드롭으로 레이아웃 뷰 가이드라인 왼쪽에 떨어뜨린다. 이어서 버튼 위쪽 중앙의 작은 원을 클릭하고 위쪽 에디터 끝까지 드래그 한다. 동일한 방법으로 왼쪽, 아래쪽 모두 에디터 끝까지 드래그 처리한다. 마지막으로 오른쪽 중앙의 작은 원은 오른쪽 가이드라인까지 드래그 처리한다.

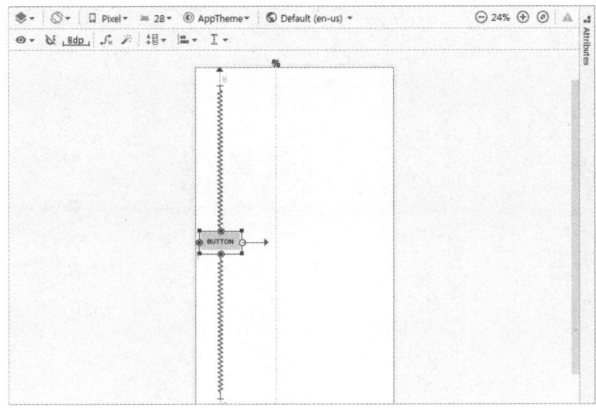

그림 3.88 버튼 추가 및 제약 추가

10 다시 팔레트 왼쪽에서 Common 을 선택한 상태에서 마우스로 오른쪽에 표시되는 Image View 를 클릭하고 드렉-엔-드롭으로 레이아웃 뷰 가이드라인 오른쪽에 떨어뜨린다. 이때 다음과 같이 리소스 선택 윈도우가 나타나는데 왼쪽 위 찾기 텍스트 상자에 위에서 추가한 "persimmon"을 입력하고 OK 버튼을 누른다.

그림 3.89 persimmon 파일 선택

제3장_ 안드로이드 제약 레이아웃 **175**

⑪ 이때 선택한 이미지가 레이아웃 에디터에 나타나는데 마우스를 이미지의 가장 왼쪽 위쪽 모서리를 이용하여 이미지 사이즈를 조정하고 드래그를 하여 최대한 오른쪽 레이아웃 뷰에 모든 그림에 표시되도록 한다.

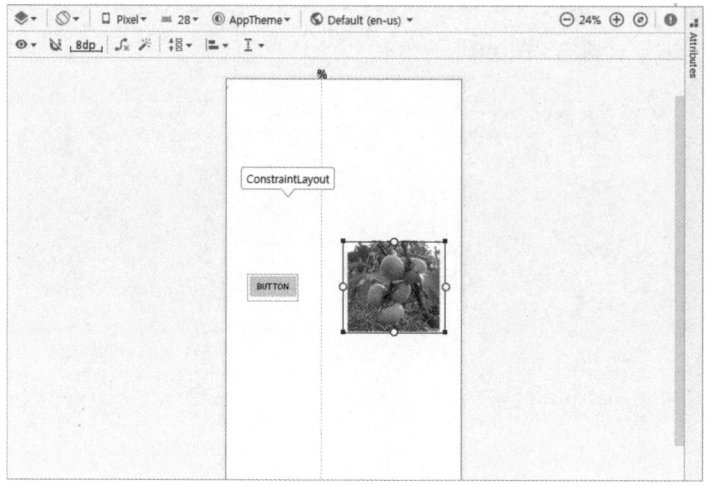

그림 3.90 이미지 크기 조절

⑫ 이어서 ImageView 위쪽 중앙의 작은 원을 클릭하고 위쪽 에디터 끝까지 드래그 한다. 동일한 방법으로 오른쪽, 아래쪽 모두 에디터 끝까지 드래그 처리한다. 마지막으로 왼쪽 중앙의 작은 원은 왼쪽 가이드라인까지 드래그 처리한다.

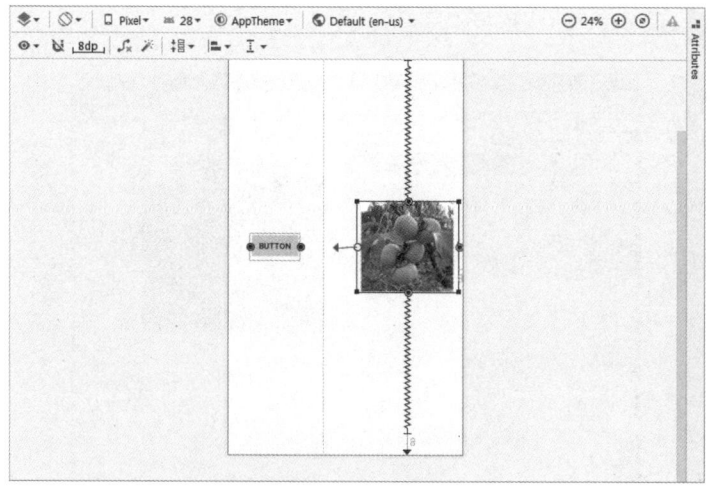

그림 3.91 이미지 제약 추가

13 최종적으로 제약 처리가 끝난 상태는 다음과 같다.

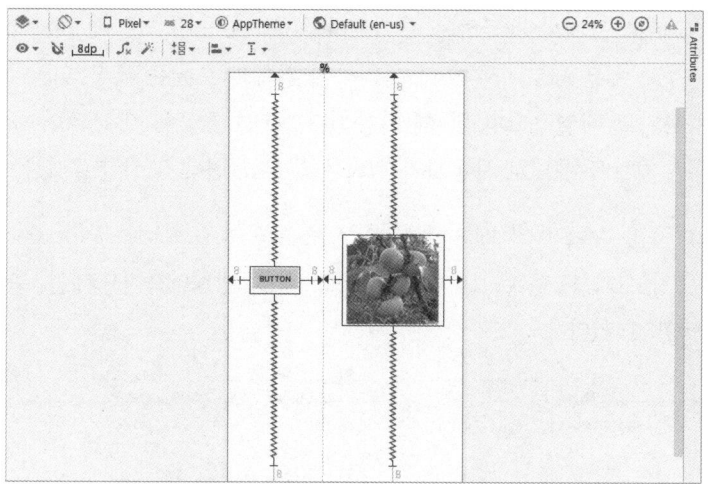

그림 3.92 최종적으로 제약 처리가 끝난 상태

14 이제 실제 기기를 PC에 연결하고 안드로이드 스튜디오 위쪽에 위치한 Run 버튼을 누르면 배포 타겟(deployment target) 화면이 나타난다. 연결된 디바이스 혹은 가상 화면을 선택하고 OK 버튼을 눌러 실행시켜 다음과 같은 화면이 나타나는지 확인해 본다. 또한 가로 방향에서도 화면을 확인해본다.

그림 3.93 GuidelineWidgetSample 프로젝트 실행

제3장_ 안드로이드 제약 레이아웃 **177**

> **원리 설명**

이번에는 제약 레이아웃에서 제공하는 가이드라인(Guideline) 기능에 대해서 알아보자. 가이드라인은 화면을 가로 혹은 세로 방향으로 분리하여 왼쪽과 오른쪽 혹은 위와 아래 방향으로 원하는 위젯을 위치시키고 배열하고자 할 때 사용된다. 화면 중앙에 생성되는 가이드라인이 마치 화면 끝부분과 같은 역할을 하므로 사용자가 원하는 대로 화면을 구성할 수 있는 장점이 있다.

가이드라인은 다음과 같이 툴바 메뉴 옵션 혹은 오른쪽 마우스 버튼 Helpers 옵션으로 가로방향 가이드라인 추가(Add Horizontal Guideline), 세로 방향 가이드라인 추가(Add Vertical Guideline)을 선택할 수 있다.

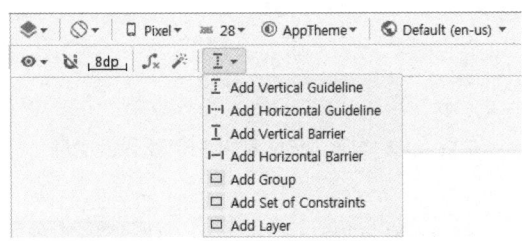

그림 3.94 툴바 옵션 메뉴의 가이드라인

여기서는 위에서 아랫방향으로 점선이 그어지는 세로방향 가이드라인을 선택하였는데 이 가이드라인을 중심으로 왼쪽 혹은 오른쪽 화면에 원하는 위젯을 위치시키고 배열할 수 있다. 처음에 가이드라인을 추가하면 캡션 바에 ◀ 모양이 나타나면서 점선이 생긴다. 마우스를 사용하여 이 점의 위치를 왼쪽 혹은 오른쪽 방향으로 조절할 수 있다. 조절할 때마다 왼쪽 끝에서 가이드라인 위치까지의 크기를 보여준다.

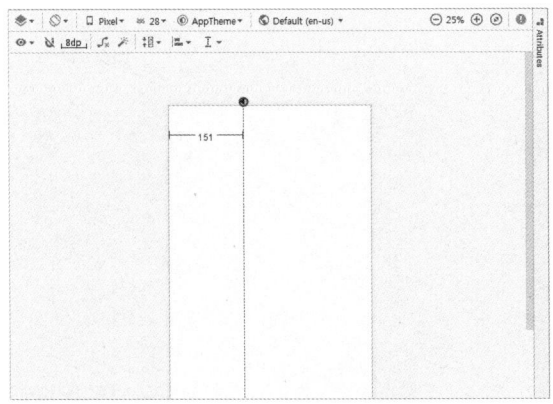

그림 3.95 왼쪽 방향 크기를 보여주는 가이드라인

이제 '◀' 모양을 한번 클릭하면 모양이 '▶'으로 바뀌면서 가이드라인부터 오른쪽 끝까지 크기를 보여준다.

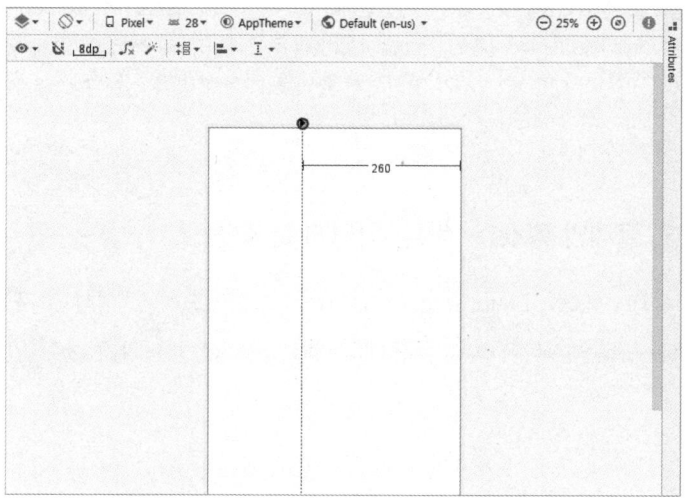

그림 3.96 오른쪽 방향 크기를 보여주는 가이드라인

마지막으로 한 번 더 '▶' 모양을 클릭하면 '%'으로 변경되면서 왼쪽 끝에서 현재 가이드라인까지 위치를 % 으로 보여준다

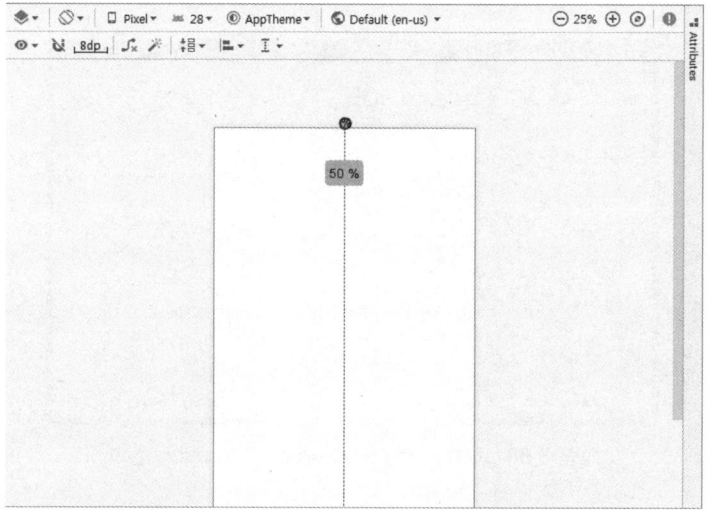

그림 3.97 현재 위치를 % 형태로 보여주는 가이드라인

> **참고**
> ### 가이드라인(Guideline)과 베리어(Barrier)
>
> 오른쪽 마우스 버튼 helpers 옵션에는 가이드라인(Guideline) 뿐만 아니라 이것과 비슷한 베리어(Barrier) 기능 즉, 가로 방향으로 추가할 때 사용되는 수평적 베리어 추가(Add Horizontal Barrier), 세로 방향으로 추가할 때 사용되는 수직적 베리어 추가(Add Vertical Barrier) 등을 제공한다. 베이어 역시 구역을 나누고자 할 때 사용되는데 가이드라인과 다르게 위치가 고정되지 않아 베리어와 함께 하는 뷰들의 위치에 따라 이동이 가능하다.

3.5.6 텍스트 뷰, 플레인 텍스트, 버튼, 이미지 폼 설정

이제 마지막으로 TextView, Plain Text, Button 등의 위젯으로 구성하여 자료 입력할 때 사용되는 입력 폼 형태를 만들어 보자. 또한 그 아래쪽에는 ImageView를 이용한 이미지 파일을 추가해볼 것이다.

그대로 따라하기

 안드로이드 스튜디오를 실행하고 시작 화면이 나타나면 첫 번째 항목인 Start a new Android Studio project를 선택한다.

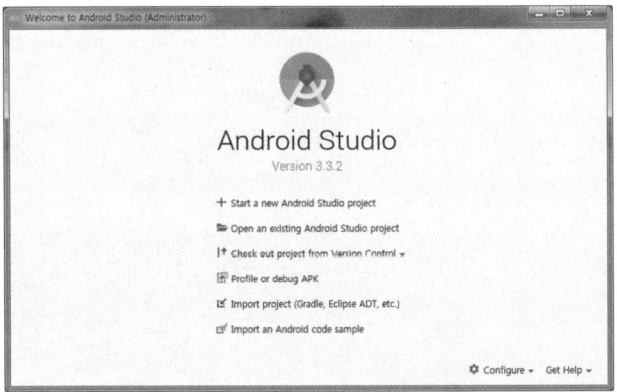

그림 3.98 Start a new Android Studio project 선택

 이때 다음과 같이 프로젝트 선택 윈도우가 나타난다. 먼저 위쪽에서 기본적으로 선택되어 있는 Phone and Tablet 를 그대로 지정하고 비어있는 화면을 보여주는 "Empty Activity"를 선택한 뒤, Next 버튼을 누른다.

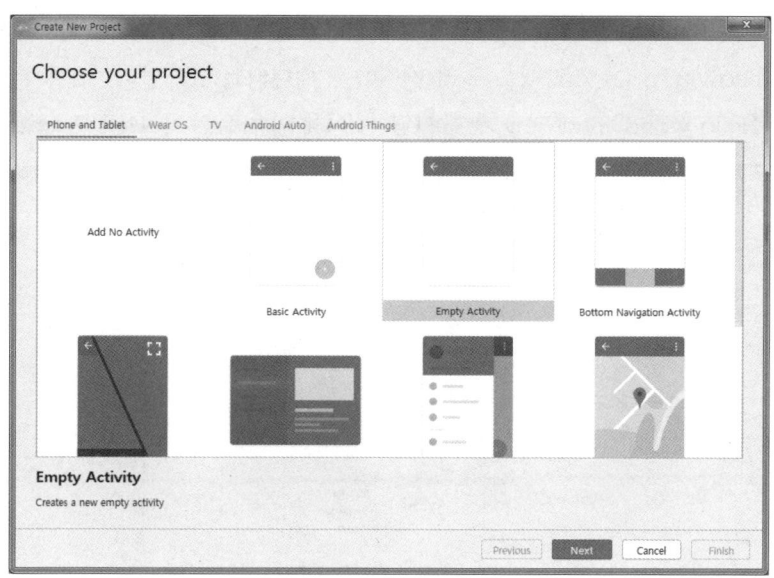

그림 3.99 Empty Activity 선택

3 이어서 다음과 같이 안드로이드 프로젝트 설정 윈도우가 나타난다. 첫 번째 Name 항목에 "InputFormWidgetSample" 이라고 입력한다. 그 다음 줄 항목들은 모두 그대로 두고 아래쪽에 위치한 Finish 버튼을 눌러 프로젝트를 생성한다.

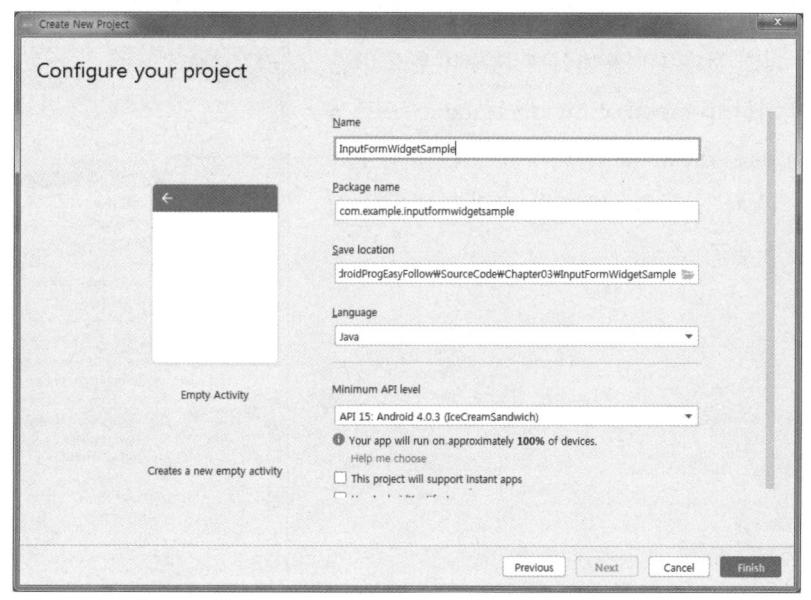

그림 3.100 안드로이드 프로젝트 이름 입력 및 생성 종료

제3장_ 안드로이드 제약 레이아웃 **181**

4 이제 오른쪽 에디터에는 activity_main.xml 와 MainActivity.java 파일이 자동으로 표시된다. 이때 activity_main.xml 탭을 눌러 레이아웃 에디터를 표시한다. 레이아웃 에디터에는 중앙에 "Hello World" TextView 가 표시된다. 이제 마우스로 이 "Hello World" TextView를 선택하고 Delete 키를 누르거나 오른쪽 마우스 버튼에서 Delete 항목을 선택하여 삭제한다.

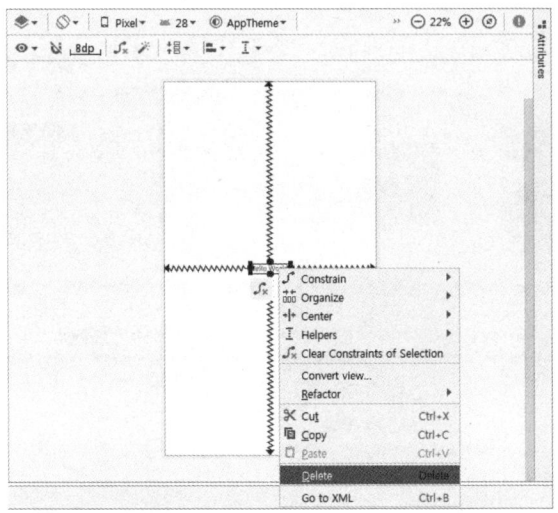

그림 3.101 "Hello World" TextView 삭제

5 이제 ImageView 에 표시할 "appletree.jpg" 라는 이름의 파일 하나를 다운받아 오른쪽 마우스 버튼으로 복사하고 InputFormWidgetSample 프로젝트의 app-res-drawable 폴더에서 오른쪽 마우스 버튼의 'Paste' 항목을 선택한다(그림 파일은 소스 코드 폴더 참조).

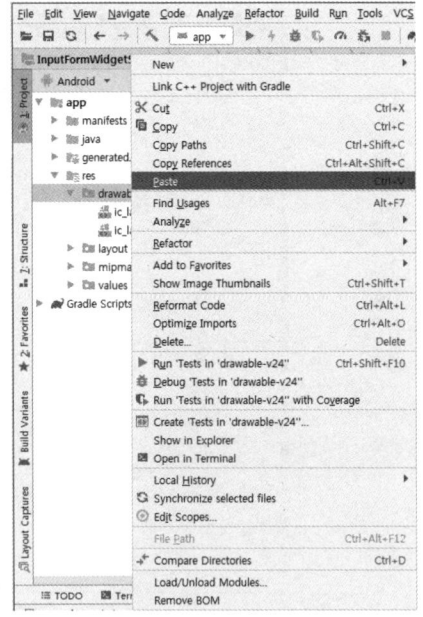

그림 3.102 그림 파일 복사

6 이때 복사할 디렉토리를 지정하는 대화상자가 나타나는데 다음과 같이 \app\src\main\res\drawable 으로 지정한다. 이어서 위에서 복사할 소스 파일 대화상자가 나타나면 그 소스 파일을 선택해준다.

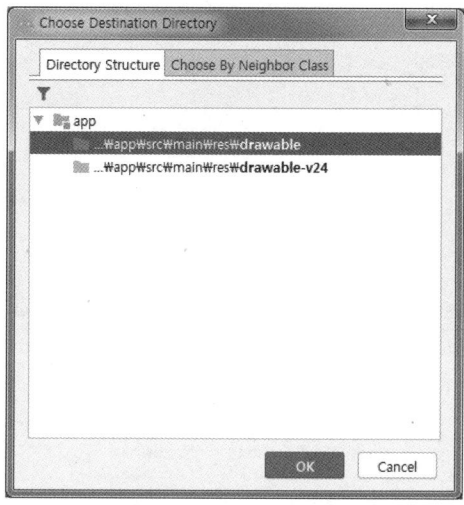

그림 3.103 복사할 디렉토리 지정

7 이제 팔레트 왼쪽에서 Common 을 선택한 상태에서 마우스로 오른쪽에 표시되는 TextView 를 클릭하고 드래-엔-드롭으로 레이아웃 뷰 왼쪽 위에 떨어뜨린다. 만일 속성창이 없으면 오른쪽 끝에 위치한 'Attributes' 를 눌러 속성 창을 불러내고 속성 창의 text 속성 값을 "Name :" 으로 변경한다.

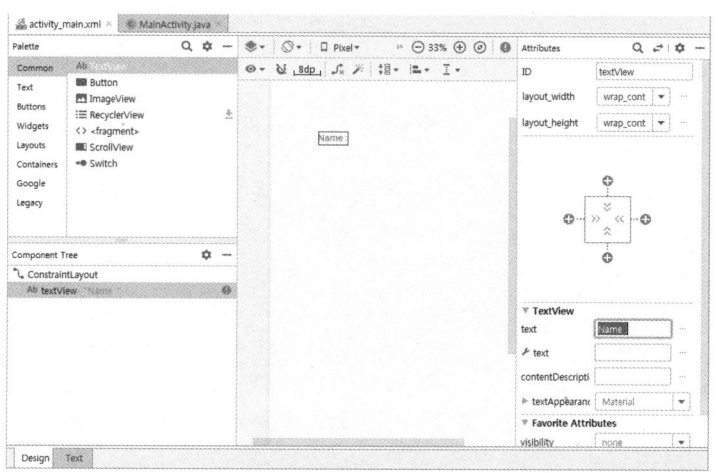

그림 3.104 TextView 추가

제3장_ 안드로이드 제약 레이아웃 **183**

8 이어서 팔레트 왼쪽에서 Text 를 선택한 상태에서 마우스로 오른쪽에 표시되는 Plain Text 를 클릭하고 드렉-엔-드롭으로 TextView 오른쪽에 떨어뜨린다. 또한 그 text 속성에 " 를 지정하여 빈 공간으로 둔다.

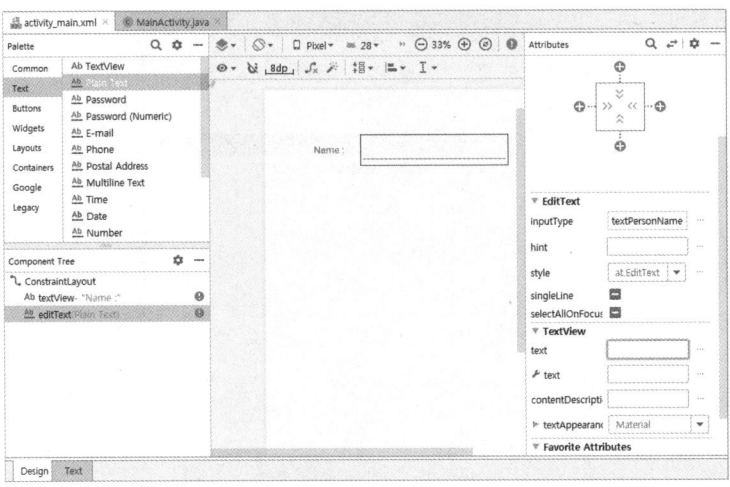

그림 3.105 Plain Text 추가

9 먼저 왼쪽에 위치한 TextView를 오른쪽 마우스 버튼으로 클릭하고 'Show Baseline' 항목을 선택하고 그 위젯 내부에 기본 녹색 라인 앵커 포인터가 일자 모양으로 나타난다. 이 앵커 포인터를 클릭한 상태에서 드래그-엔-드롭으로 원하는 그 오른쪽에 위치한 Plain Text 의 기본 라인 앵커포인터(녹색)에 떨어뜨린다.

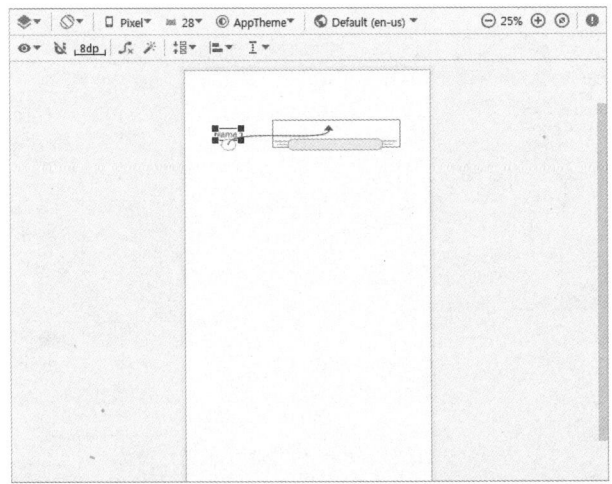

그림 3.106 TextView 와 Plain Text 의 기본 라인 앵커 포인터(녹색) 연결

10 이번에는 쉬프트 키와 함께 마우스를 이용하여 왼쪽의 TextView 와 오른쪽 Plain Text를 모두 선택한 뒤 오른쪽 마우스 버튼 눌러 팝업 메뉴가 나타나면 "Center-Horizontally"를 선택한다.

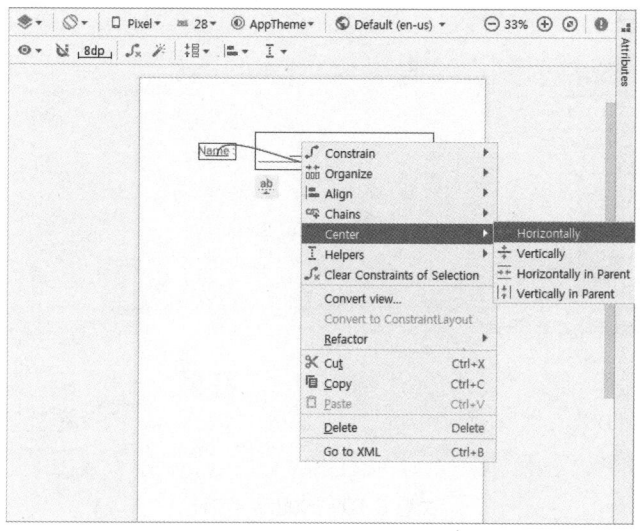

그림 3.107 팝업 메뉴에서 "Center-Horizontally" 선택

11 이어서 Plain Text 의 위쪽 측면 앵커를 클릭하고 드래그하여 위쪽 디자인 뷰 끝쪽으로 연결한다.

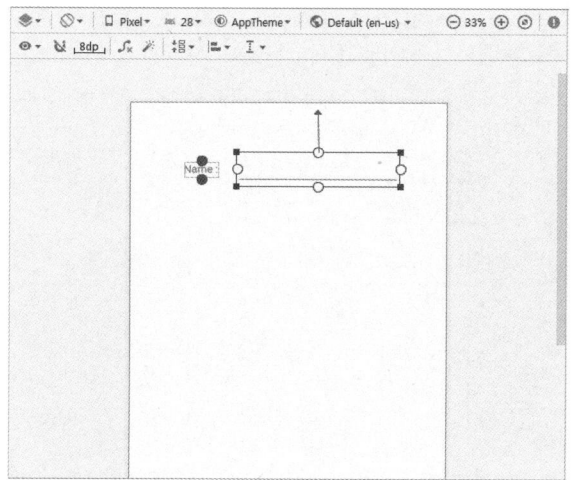

그림 3.108 Plain Text 와 위쪽 디자인 뷰 사이의 연결

⓬ 이제 팔레트 왼쪽에서 Common 을 선택한 상태에서 마우스로 오른쪽에 표시되는 Button 을 클릭하고 드렉-엔-드롭으로 Plain Text 아래쪽 중앙에 떨어뜨린다. 또한 그 오른쪽에 위치한 속성창의 text 속성 값을 "OK" 으로 변경한다.

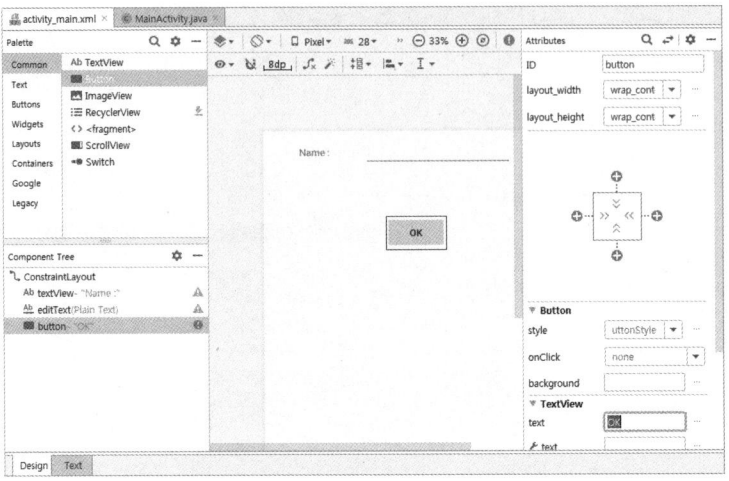

그림 3.109 Button 추가

⓭ Button의 위쪽 측면 앵커를 클릭하고 드래그하여 Text View 아래쪽 측면 앵커에 연결시킨다. 또한 기능이 꺼져 있는 경우에는 좌, 우 측면 앵커에서 드래그하여 각각 왼쪽, 오른쪽 방향의 디자인 뷰 끝으로 연결시켜준다.

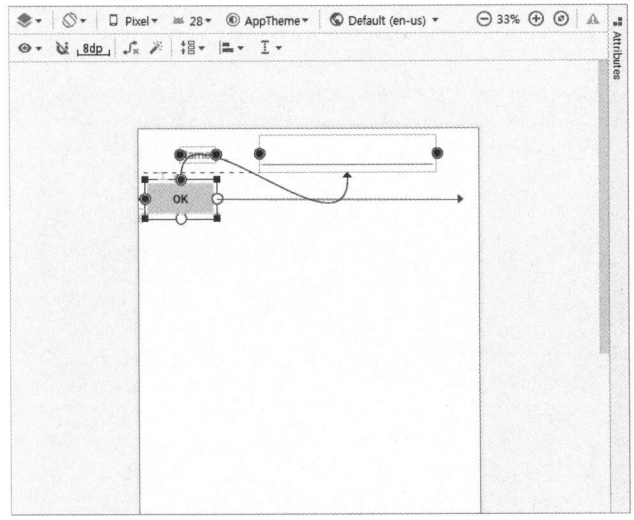

그림 3.110 Button 과 Text View 연결

⑭ 이제 팔레트 왼쪽에서 Common 을 선택한 상태에서 마우스로 오른쪽에 표시되는 Image View 를 클릭하고 드렉-엔-드롭으로 Button 아래쪽에 떨어뜨린다. 이때 다음과 같이 리소스 선택 윈도우가 나타나는데 이 윈도우 왼쪽 위 텍스트 상자에 "appletree"를 입력하여 그림 파일을 선택하고 OK 버튼을 누른다.

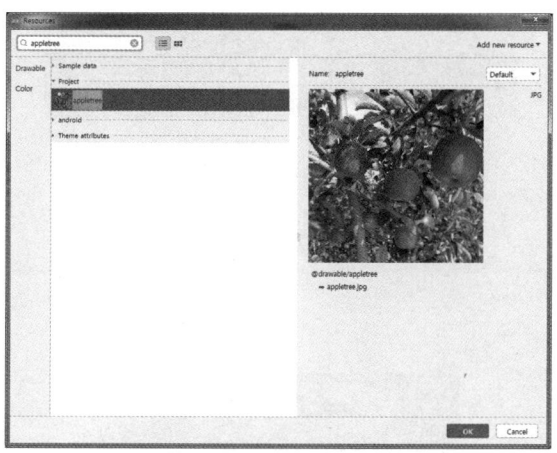

그림 3.111 appletree.jpg 파일 선택

⑮ 이때 "appletree.jpg"가 화면에 표시되는데 사이즈가 너무 큰 경우, 마우스를 이미지의 가장 왼쪽 위쪽 모서리에 위치하여 알맞게 드래그 하면 이미지 사이즈를 조절할 수 있다. 기기 내부에 들어 갈 수 있도록 이미지를 알맞게 조절한다. 이어서 ImageView 의 위쪽 측면 앵커를 클릭하고 Button 의 아래쪽 측면 앵커와 연결한다. 동일한 방법으로 ImageView 의 왼쪽, 오른쪽, 아래쪽 측면 앵커를 각각 디자인 뷰 끝 부분과 연결시킨다.

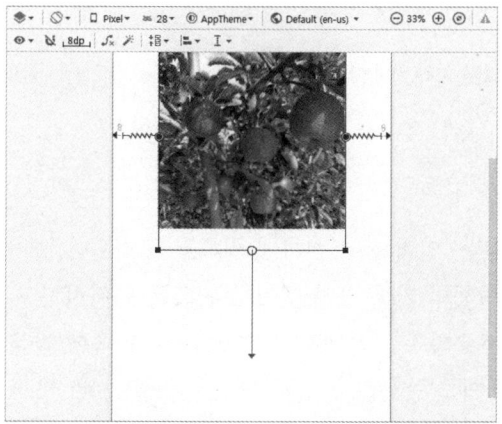

그림 3.112 ImageView 제약 연결

16 이제 실제 기기를 PC에 연결하고 안드로이드 스튜디오 위쪽에 위치한 Run 버튼을 누르면 배포 타겟(deployment target) 화면이 나타난다. 연결된 디바이스 혹은 가상 화면을 선택하고 OK 버튼을 눌러 실행시켜 다음과 같은 화면이 나타나는지 확인해 본다. 또한 가로 방향에서도 화면을 확인해본다.

그림 3.113 InputFormWidgetSample 프로젝트 실행

원리 설명

자료를 입력할 때 사용되는 입력 폼은 3 가지 형태로 구성된다. 첫 번째는 TextView 와 Plain Text 이다. 먼저 두 개의 위젯의 기본 라인 앵커 포인터를 연결시킨다. TextView를 오른쪽 마우스 클릭하고 'Show Baseline' 항목을 선택하면 TextView 안쪽에 녹색의 기본 라인 앵커 포인터가 나타난다. 이 앵커 포인터를 클릭하고 다시 드래그-엔-드롭으로 Plain Text 으로 가져가면 여기서도 동일한 앵커 포인터가 나타나 서로 연결 시켜준다.

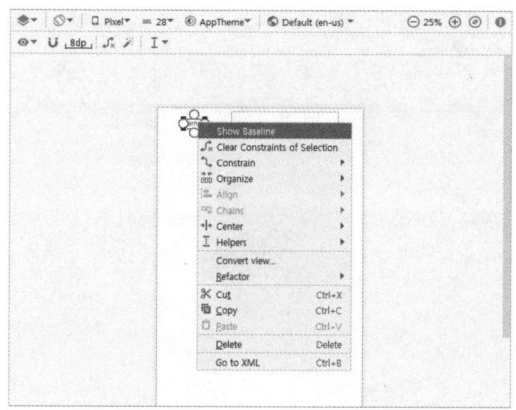

그림 3.114 TextView 에서 오른쪽 마우스 클릭하고 'Show Baseline' 항목 선택

이어서 체인으로 구성하기 위해서 2 개의 위젯을 선택한 뒤에 오른쪽 마우스 버튼을 눌러 팝업 메뉴가 나타나면 "Center-Horizontally"를 선택해준다. 이때 다음 그림과 같이 자동으로 중앙에 위치되면서 체인으로 구성된다. 체인으로 연결되면 이 두 위젯을 항상 같이 움직이게 된다.

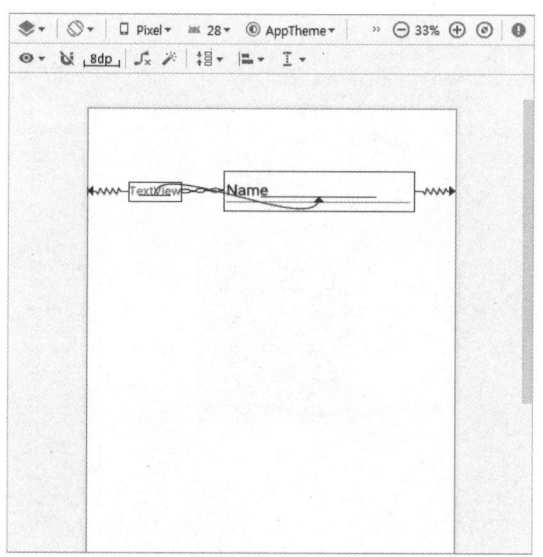

그림 3.115 TextView 와 Plain Text 를 체인으로 구성

이제 Plain Text 의 위쪽 원에서 위쪽 끝까지 연결해주고 그 아래 Button을 위치시킨 다음, 버튼의 위쪽 측면 앵커에서 Plain Text 의 아래쪽 측면 앵커까지 연결한다. 또한 나머지 왼쪽, 오른쪽 측면에서 각각의 디자인 뷰 끝 부분까지도 연결시킨다.

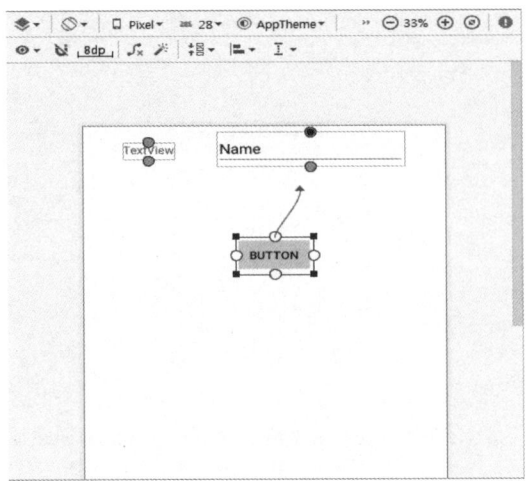

그림 3.116 Button 위, 왼쪽, 오른쪽 제약 연결

세 번째 ImageView 역시 위쪽 측면 앵커에서 Button 의 아래쪽 측면 앵커까지 연결한다. 또한 나머지 왼쪽, 오른쪽, 아래쪽 측면에서 각각의 디자인 뷰 끝 부분까지 연결시킨다.

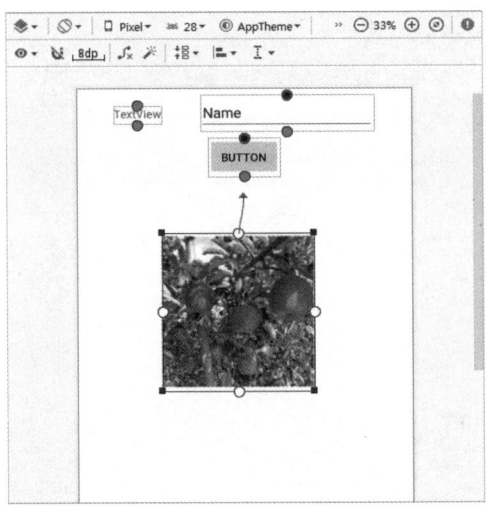

그림 3.117 ImageView 제약 연결

이제 모두 완성이 되었지만 한 가지 해결해야할 문제가 아직 남아있다. 만일 화면을 가로 방향으로 변경하면 어떻게 될까? 왼쪽, 오른쪽, 위, 아래 제약이 되어 있어 가로 방향에서도 ImageView 의 이미지가 정상적으로 나타날 것 같지만 ImageView 의 너비가 큰 경우, layout_width 와 layout_height 속성 값이 제약 설정 보다 우선이어서 가로 방향에서는 이미지가 잘리게 된다.

다음 그림의 툴바의 Orientation for Preview 버튼(동그라미 표시)을 눌러 Landscape 를 선택하면 다음과 같이 나타난다. 비록 그림 크기가 크지 않아 크게 잘리지는 않았지만 현재 크기 범위를 약간 벗어난 것을 알 수 있다.

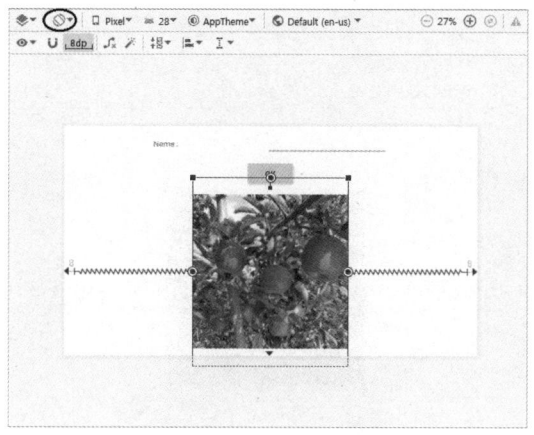

그림 3.118 가로 방향 실행

그렇다면 ImageView 이미지가 큰 경우, 나타나는 이미지를 세로 뿐만 아니라 가로 방향에서도 정상적으로 표시하길 원한다면 어떻게 해야 할까? 다음과 같이 디자인 뷰의 ImageView 를 선택한 뒤, 오른쪽 속성 창에 있는 layout_height 값을 0dp 으로 지정한다.

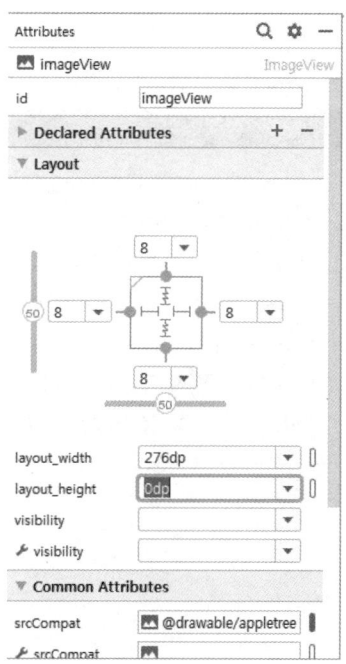

그림 3.119 ImageView 의 layout_height 값에 0dp 지정

이렇게 이미지의 높이 값을 0 으로 지정하면 제약 설정을 기본으로 하여 높이가 결정되어 세로 방향뿐만 아니라 가로 방향에서도 ImageView 의 이미지가 올바르게 표시됨을 알 수 있다.

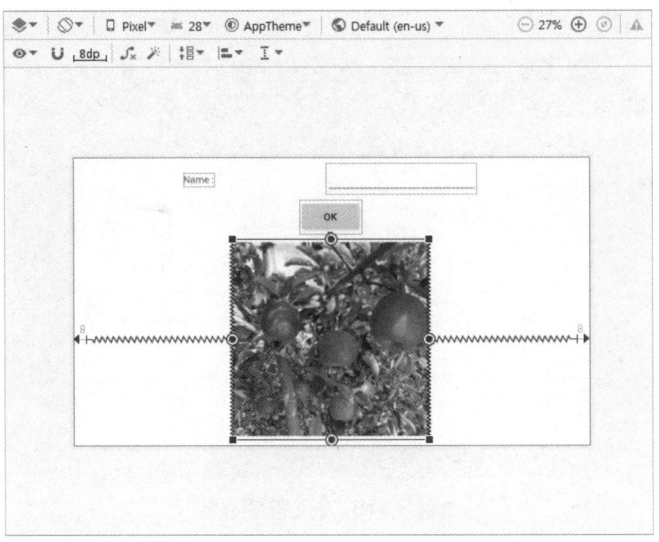

그림 3.120 InputFormWidgetSample 프로젝트의 가로 방향 실행

 정리

이번 3장에서는 안드로이드 스튜디오의 기본 레이아웃인 제약 레이아웃에 대하여 자세히 설명하였다. 먼저 레이아웃 에디터를 구성하는 요소 팔레트, 장치 화면, 컴포넌트 트리, 속성 패널 등에 대하여 알아보았고 텍스트 모드와 디자인 뷰 기능에 대하여도 알아보았다. 이어서 기본 라인 앵커 포인트 기능과 제약 바이어스에 대하여 설명하였고 자동연결모드 기능 설정을 해 보았다. 이장 마지막 부분에서는 지금까지 배운 기능을 이용하여 수동으로 이미지 뷰 설정 예제, 위젯을 가로, 세로의 중앙에 위치, 위젯 세 개를 가로 방향으로 중앙에 위치, 위젯 세 개를 세로 방향으로 중앙에 위치, 왼쪽 부분에 버튼 오른쪽에 이미지 버튼 뷰 설정 방법 마지막으로 텍스트 뷰, 텍스트, 플레인 텍스트, 버튼, 이미지 폼 등을 설정하는 예제를 작성해 보았다.

제4장

기본 위젯과 이벤트

이전 장에서 화면 구성에 대한 것을 알아보았다. 하지만 화면에 생성된 위젯들은 아직까지 아무런 기능을 처리하지 못하고 화면에만 표시될 뿐이다. 이 장에서는 이렇게 화면에 표시된 위젯들에게 이벤트라는 힘을 부여하여 사용자와 상호작용할 할 수 있도록 해볼 것이다. 안드로이드에서는 여러 유용한 위젯을 제공하는데 이러한 위젯에 입력이 발생되면 이벤트라는 것이 발생되고 이 이벤트를 이용하여 원하는 기능을 쉽게 처리할 수 있다. 이장에서는 가장 많이 사용되는 버튼, 텍스트 필드, 체크박스, 라디오 버튼, 토글 버튼 등에 대한 이벤트 처리방법을 예제를 통하여 알아볼 것이다.

4.1 버튼(Button)

버튼은 사용자가 원하는 기능을 처리하기 위해 터치하는 기능을 제공하는 입력 위젯이다. 어떤 자료를 입력받거나 어떤 일을 완료하고자 할 때 사용자와 상호작용을 제공하는 유용한 기능 중 하나이다. 버튼에는 텍스트를 보여주는 일반적인 Button, 텍스트 대신 이미지를 보여주는 ImageButton, 사용자가 입력한 것을 체크하고 보관할 수 있는 CheckButton, 여러 항목 중 하나를 선택할 수 있는 RadioButton, 누를 때 마다 On/Off 가능한 토글 버튼 등이 있다.

버튼과 함께 반드시 알아야할 것이 바로 이벤트이다. 버튼을 누를 때 마다 이벤트(event)가 발생되는데 이 이벤트를 이용하여 원하는 콜백 메소드를 호출할 수 있다. 즉, 이 버튼에 대한 이벤트 메소드를 작성함으로서 버튼을 누를 때 마다 그 메소드를 호출하여 사용자가 원하는 기능을 쉽게 처리할 수 있다.

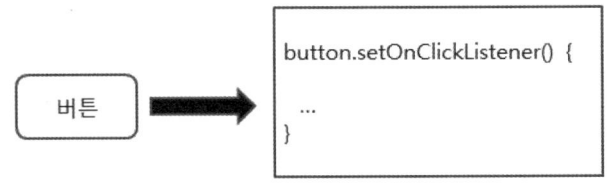

그림 4.1 버튼과 이벤트

4.1.1 텍스트 버튼

먼저 버튼에 텍스트를 지정할 수 있는 텍스트 버튼 앱을 구현해보자. 또한 버튼에 콜백 메소드를 무명 클래스(anonymous class)를 사용하여 버튼에 등록해볼 것이다. 콜백 메소드를 무명 클래스를 사용하게 되면 이벤트 코드를 한곳에 모아서 처리할 수 있어 코드를 쉽게 이해할 수 있는 장점이 있다.

그대로 따라하기

1 안드로이드 스튜디오를 실행하고 시작 화면이 나타나면 첫 번째 항목인 Start a new Android Studio project를 선택한다.

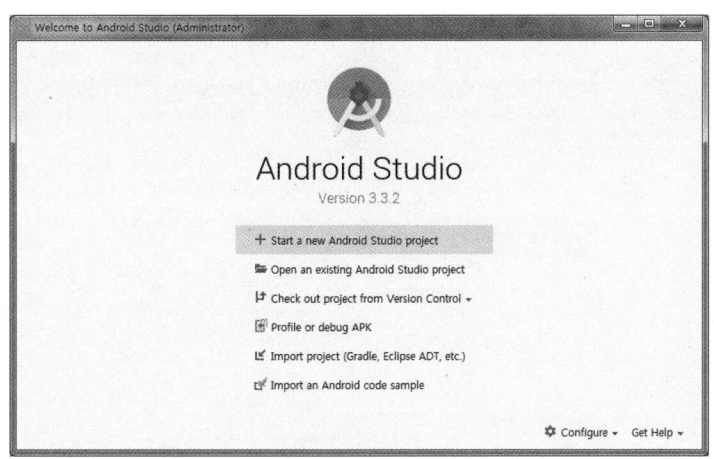

그림 4.2 Start a new Android Studio project 선택

2 이때 다음과 같이 프로젝트 선택 윈도우가 나타난다. 먼저 위쪽에서 기본적으로 선택되어 있는 Phone and Tablet 를 그대로 지정하고 비어있는 화면을 보여주는 "Empty Activity"를 선택한 뒤, Next 버튼을 누른다.

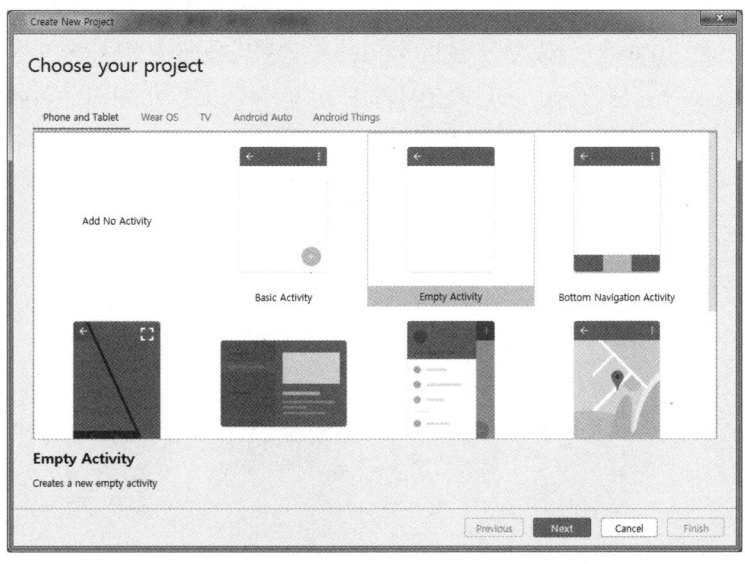

그림 4.3 Empty Activity 선택

3 이어서 다음과 같이 안드로이드 프로젝트 설정 윈도우가 나타난다. 첫 번째 Name 항목에 "TextButtonSample" 이라고 입력한다. 그 다음 줄 항목들은 모두 그대로 두고 아래쪽에 위

치한 Finish 버튼을 눌러 프로젝트를 생성한다.

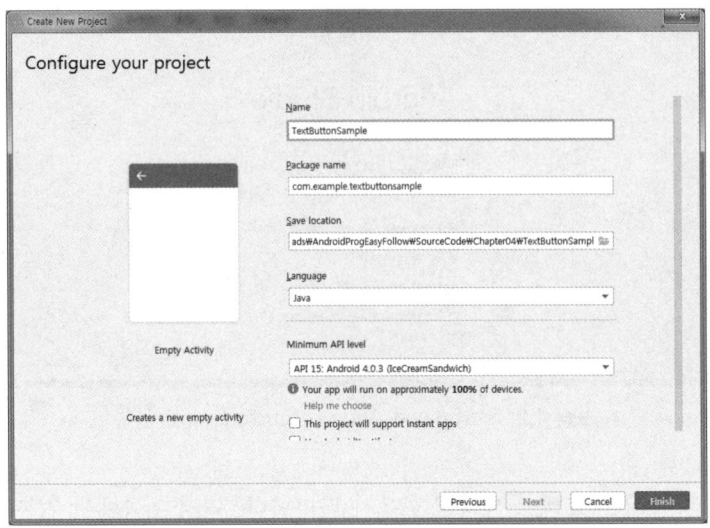

그림 4.4 안드로이드 프로젝트 이름 입력 및 생성 종료

4 이제 오른쪽 에디터에는 activity_main.xml 와 MainActivity.java 파일이 자동으로 표시된다. 이때 activity_main.xml 탭을 눌러 레이아웃 에디터를 표시한다. 레이아웃 에디터에는 중앙에 "Hello World" TextView 가 표시된다. 이제 마우스로 이 "Hello World" TextView를 선택하고 Delete 키를 누르거나 오른쪽 마우스 버튼에서 Delete 항목을 선택하여 삭제한다.

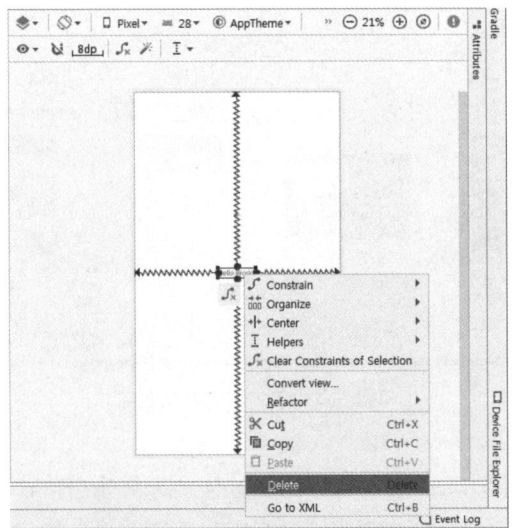

그림 4.5 "Hello World" TextView 삭제

5 이제 팔레트 왼쪽에서 Common 을 선택한 상태에서 이어서 마우스로 오른쪽에 표시되는 Button 을 클릭하고 드렉-앤-드롭으로 오른쪽 레이아웃 뷰 임의의 위치에 떨어뜨린다.

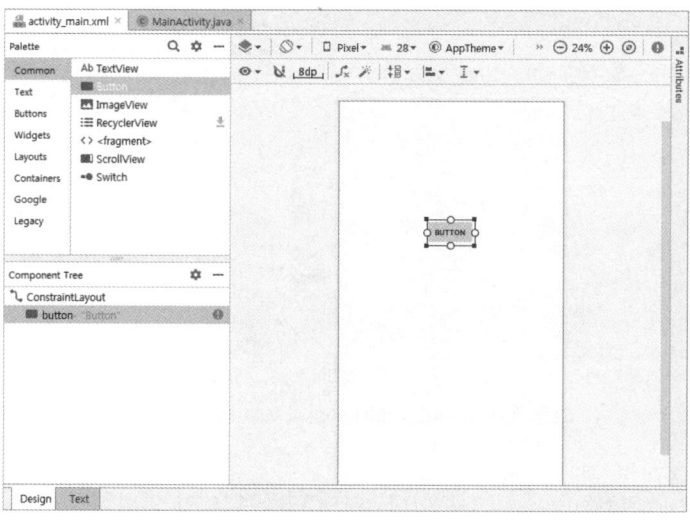

그림 4.6 Button 추가

6 Button 위쪽 중앙의 작은 원을 클릭하고 위쪽 에디터 끝까지 드래그 한다. 동일한 방법으로 왼쪽, 오른쪽 중앙의 작은 원을 클릭하고 각각의 에디터 끝까지 드래그 처리한다.

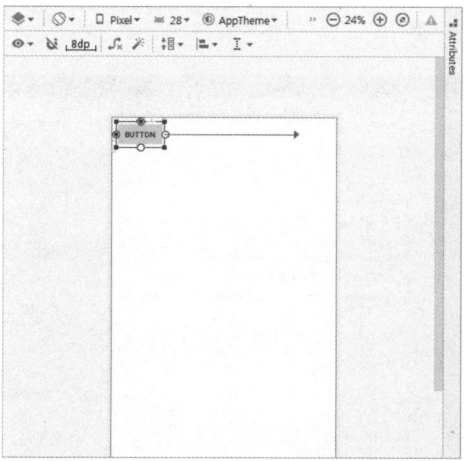

그림 4.7 Button 의 위, 왼쪽, 오른쪽 제약 설정

7 이제 오른쪽 끝에 있는 Attributes 탭을 눌러 속성 창을 표시한다. 이어서 Button을 선택한 상태에서 오른쪽 속성 창의 layout_width 속성의 값에 0dp 를 지정하여 버튼의 제약 기능

제4장_ 기본 위젯과 이벤트 **197**

을 사용하여 가로 길이를 최대로 넓힌다. 또한 text 속성에 OK 이라고 입력한다.

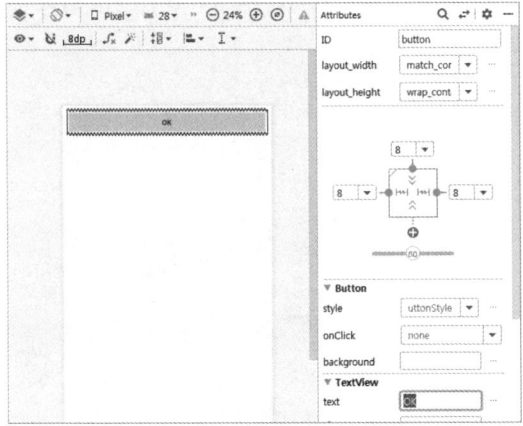

그림 4.8 layout_width 속성과 text 속성 값 변경

8 이제 File 메뉴의 Settings 를 선택한다. 이때 다음과 같이 설정 대화상자가 나타나면 왼쪽 패인에서 Editor-General-Auto import를 차례대로 선택한다. 이때 오른쪽에 Java 설정항목이 나타나는데 그 아래 다음 2 개 항목을 체크한다. 이렇게 한 번 체크해두면 다른 프로젝트에서 별도로 지정할 필요가 없다.

- Add unambiguous imports on the fly
- Optimize imports on the fly

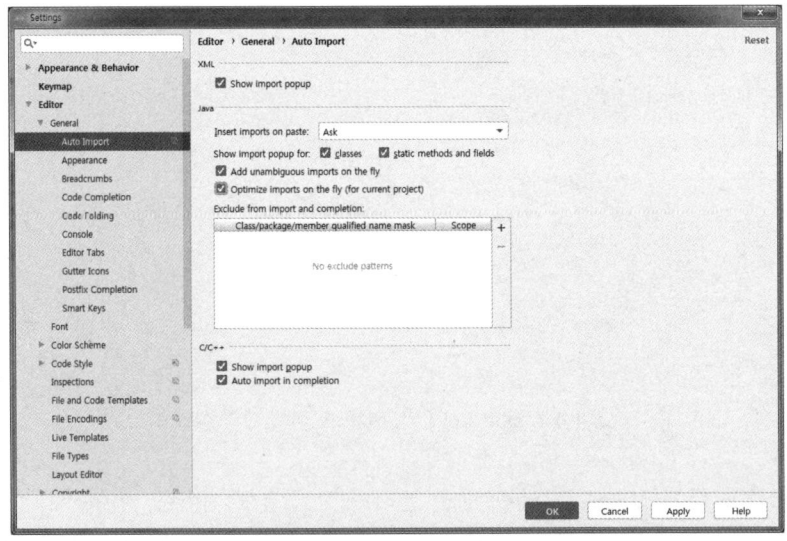

그림 4.9 자동 임포트 처리를 위한 설정

[9] 이어서 에디터에서 MainActivity 탭을 선택한다. 이때 안드로이드 스튜디오 오른쪽에는 MainActivity.java 파일이 열리는데 다음과 같은 코드를 추가 입력한다.

```java
package com.example.textbuttonsample;

import android.os.Bundle;
import android.support.v7.app.AppCompatActivity;
import android.util.Log;
import android.view.View;
import android.widget.Button;

public class MainActivity extends AppCompatActivity {

    @Override
    protected void onCreate(Bundle savedInstanceState) {
        super.onCreate(savedInstanceState);
        setContentView(R.layout.activity_main);
        Button button = (Button) findViewById(R.id.button);

        button.setOnClickListener(new View.OnClickListener(){
            @Override
            public void onClick(View v) {
                Log.d("test", "Button Clicked!");
            }
        });
    }
}
```

[10] 이제 실제 기기를 PC에 연결하고 안드로이드 스튜디오 위쪽에 위치한 Run 버튼을 누르면 배포 타겟(deployment target) 화면이 나타난다. 연결된 디바이스 혹은 가상 화면을 선택하고 OK 버튼을 눌러 실행시켜 다음과 같은 화면이 나타나는지 확인해 본다.

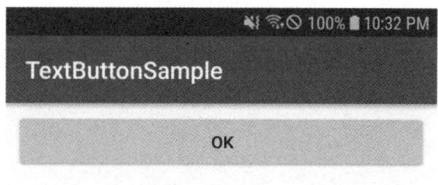

그림 4.10 TextButtonSample 프로젝트 실행

11 이제 안드로이드 스튜디오 아래쪽 상태 바 바로 위에 위치한 'Logcat' 탭을 클릭한다. 이제 연결된 디바이스 혹은 가상 화면에서 버튼을 클릭할 때 마다 logcat 에 "Button Clicked!" 메시지가 표시되는지 확인해본다. logcat 에 메시지가 많으므로 로그 레벨 콤보 상자에 'Debug'를 지정하고 검색 창에 'test'를 지정하면 쉽게 메시지를 찾을 수 있다.

그림 4.11 안드로이드 모니터의 logcat

원리 설명

Button 은 원하는 일을 결정하거나 자료를 입력할 때 사용되는 대표적인 위젯 중 하나이다. 팔레트에서 Button을 선택하여 디자인 뷰에 위치시킬 때 버튼이 생성되고 다음과 같은 버튼의 XML 코드가 만들어진다.

```
<Button
        android:id="@+id/button"
        android:layout_width="0dp"
        android:layout_height="wrap_content"
        android:layout_marginStart="8dp"
        android:layout_marginLeft="8dp"
        android:layout_marginTop="8dp"
        android:layout_marginEnd="8dp"
        android:layout_marginRight="8dp"
        android:text="OK"
        app:layout_constraintEnd_toEndOf="parent"
        app:layout_constraintStart_toStartOf="parent"
        app:layout_constraintTop_toTopOf="parent" />
```

먼저 layout_width="0dp" 으로 지정하였으므로 버튼의 너비에 사용가능한 크기를 모두 사용할 수 있다. 또한 layout_height="wrap_content" 으로 지정함으로서 버튼의 높이는 버튼에서 필요한 길이만 할당된다. 제약조건에서 상대적 위치는 다음 그림과 같다.

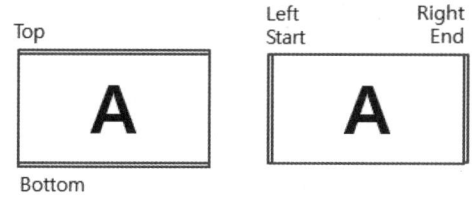

그림 4.12 제약조건에서 상대적 위치

버튼의 위쪽의 top, 아래쪽의 bottom 으로 지정하고 버튼의 앞쪽을 left, 뒤쪽을 right 으로 지정한다. 한국어와 같이 왼쪽에서 오른쪽 방향으로 진행하는 언어인 경우, start 는 left 와 동일하고 end 는 right 와 동일하다.

예를 들어, android:layout_marginTop="8dp" 라고 지정되면 버튼의 위쪽과 그 부모(Parent) 사이를 8dp 로 마진이 지정된다.

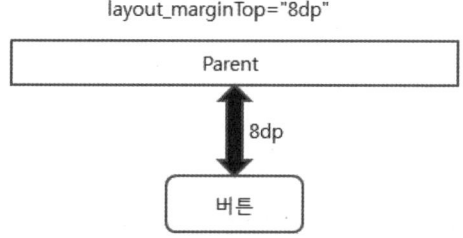

그림 4.13 android:layout_marginTop="8dp"

또한 마진과 함께 해당 방향의 제약이 지정되어야 한다. 즉, 위쪽으로 마진과 함께 상대적 위치 제약이 지정되어야 한다. 예를 들어, layout_constraintTop_toTopOf="parent" 인 경우, layout_constraintTop 이므로 버튼의 Top으로부터 toTopOf="parent" 즉, parent 의 Top 까지 제약이 설정되어 parent 와 버튼의 top 사이의 공간이 서로 공유된다.

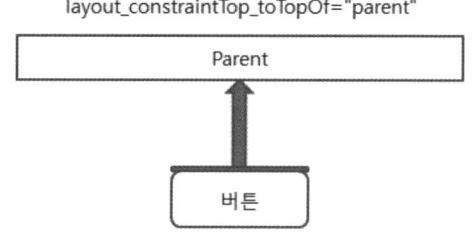

그림 4.14 layout_constraintTop_toTopOf="parent"

제4장_ 기본 위젯과 이벤트 **201**

버튼을 디자인 뷰에 위치시켰다면 이제 프로젝트에서 app-java를 클릭하면 다음과 같이 폴더 3 개가 표시된다.

- ▶ com.example.textbuttonsample
- ▶ com.example.textbuttonsample(androidText)
- ▶ com.example.textbuttonsample(test)

두 번째와 세 번째 폴더는 안드로이드 테스트와 단위 테스트용 프로젝트이고 첫 번째 폴더 안에 실제 프로젝트의 소스 코드와 프로젝트에서 사용되는 리소스를 포함하고 있다. 이제 첫 번째 프로젝트 아래쪽에 위치한 MainActivity를 더블 클릭하여 소스 코드를 불러낸다.

안드로이드에서 가장 기본이 되는 액티비티 기능을 구성하기 위해선 Activity 클래스를 사용해야하는데 안드로이드 하위버전(API Level 11, 안드로이드 3.0 미만)에서는 중요한 디자인 요소 중 하나인 액션바(Action Bar)를 지원하지 않는다. 이를 해결하기 위해 Activity 클래스의 자식 클래스인 AppCompatActivity 클래스로부터 계승받는 MainActivity 클래스를 선언한다.

```
public class MainActivity extends AppCompatActivity {
    ...
```

그다음, 파라메터로 Bundle 타입의 savedInstanceState를 사용하는 onCreate() 메소드를 작성한다. 이 메소드는 액티비티를 생성할 때 자동으로 실행된다.

```
    protected void onCreate(Bundle savedInstanceState) {
        super.onCreate(savedInstanceState);
        ...
```

이어서 사용된 setContentView() 함수는 위에서 작성한 activity_main.xml 파일을 연결시켜 이 파일에 작성된 뷰와 위젯들을 그대로 화면에 표시하는 기능을 한다.

```
        setContentView(R.layout.activity_main);
        ...
```

이때 사용된 R.layout.activity_main 은 Project 그룹의 app 폴더 아래 위치한 activity_main.xml 파일을 참조하도록 한다.

안드로이드 왼쪽 Android 그룹에서 Project 그룹으로 변경한 뒤, app-build-generated 폴더 아래로 계속 내려가면 R.java 가 존재한다(그림 1.62 참조). 이 R.java 의 소스 코드를 살펴보면 R.java 의 메인 클래스인 R 클래스 내부에는 layout 클래스가 있고 그 안에 다음과 같이 activity_main 정적 상수가 정의되어 있음을 알 수 있다. 이 정수 상수를 이용하여 activity_main.xml 파일을 참조할 수 있다.

```
public final class R {
    public static final class anim {
        ...
    public static final class layout {
        public static final int abc_action_bar_title_item=0x7f090000;
        ...
        public static final int activity_main=0x7f09001c;
        ...
}
```

이제 디자인 뷰에 작성된 버튼을 제어하기 위해서는 버튼에 대한 인스턴스 값을 알아야하는데 이때 사용되는 것이 바로 findViewById() 함수이다. 이 함수 역시 setContentView() 함수 처리 때와 마찬가지로 파라메터 값으로 R 클래스를 사용하여 디자인 뷰의 위젯을 참조할 수 있다. 즉, 위에서 작성한 버튼을 참조하기 위해서는 파라메터 값에 R.id.button을 지정한다. 이 값은 R 클래스 내부의 id 클래스에 다음과 같이 지정되어 있어야한다.

```
public static final class id {
  public static final int ALT=0x7f070000;
  ...
  public static final int button=0x7f070022;
  ...
```

참고로 R 과 id 는 각각 클래스 이름이고 button 은 속성 창에서 보여주는 Button 에 대한 ID 값을 의미한다.

```
        Button button = (Button) findViewById(R.id.button);
        ...
```

> **참고**
>
> **자동 import 기능**
>
> 위 예제의 Button 객체를 사용하기 위해서는 다음과 같이 코드 위쪽에 다음과 같은 import 문장을 사용하여 Button 객체를 미리 선언해 주어야한다.
>
> import android.widget.Button;
>
> ...
>
> 이와 같이 새로운 객체를 사용할 때마다 코드 위쪽에 그 객체에 해당하는 import 문장을 선언해 주어야하는데 상당히 귀찮은 일이다. 다행히도 안드로이드 스튜디오에서는 자동으로 import 문장 입력을 처리해준다. 추가하기 원하는 객체 소스 위에 커서를 위치시키고 Alt+Enter를 입력시키면 원하는 import 문장을 입력해준다.
>
> 또한 윈도우즈 계열의 OS를 사용하는 경우, File 메뉴의 Settings 을 선택하고 맥을 사용하는 경우, Android Studio 메뉴를 선택한 뒤 Preferences...를 선택한다. 이때 설정 대화상자가 나타나면 왼쪽 패인에서 Editor-General-Auto import를 차례대로 선택한다. 이때 오른쪽에 Java 설정항목이 나타나는데 그 아래 다음 항목을 체크하면 자동으로 import 구문을 소스 코드에 추가하여 동일한 결과를 얻을 수 있다.
>
> - Add unambiguous imports on the fly
> - Optimize imports on the fly

그다음, 생성된 Button 객체를 이용하여 이벤트 처리 메소드를 생성한다. 이벤트 처리 메소드는 어떤 특정한 이벤트가 발생하였을 때 자동으로 실행되는 메소드를 말한다. 여기서는 버튼을 클릭할 때 실행되도록 하는 이벤트 리스너(Event Listener)를 등록하여 이 리스너에 의해 호출되는 콜백 메소드를 등록해주면 된다. 다음 표는 자주 사용되는 리스너와 콜백 메소드를 보여준다.

표 4.1 자주 사용되는 리스너와 콜백 메소드

리스너	콜백 메소드	설명
View.OnClickListener	onClick()	어떤 항목을 터치했을 때 발생
View.OnLongClickListener	onLongClick()	어떤 항목을 터치한 상태에서 일정 시간동안 누르고 있을 때 발생
View.OnKeyListener	onKey()	포커스를 가지고 있는 항목 위에서 키를 누를 때 발생

버튼의 경우, 일반적으로 무명 클래스를 많이 사용하는데 View.OnClickListener() 객체를 생성하고 이 객체를 파라메터로 하는 setOnClickListener()를 호출해주면 된다. 즉, 다음과 같이

buttonOnClickListener 이라는 이름으로 View.OnClickListener() 객체를 생성한다.

```
Button.OnClickListener buttonOnClickListener = new View.OnClickListener() {
    @Override
    public void onClick(View v) {
        Log.d("test", "Button Clicked!");
    }
};
...
```

즉, 클릭 리스너를 구현하는 무명 클래스를 위와 같이 정의해준 뒤 버튼에 등록해주면 된다. 버튼이 눌려지면 자동으로 이 무명 클래스 내부에 있는 onClick() 이 호출된다. 무명 클래스 사용은 코드 이해가 쉽지 않으므로 많은 위젯을 처리할 때에는 코드 이해가 어려워지는 단점이 있다.

이제 위 객체를 버튼의 setOnClickListener()의 파라미터에 등록하여 호출해주면 버튼을 누를 때 마다 위 onClick() 함수가 호출된다.

```
button.setOnClickListener(buttonOnClickListener);
```

참고
내부 무명 클래스

내부 클래스는 일반 외부 클래스 내부에 클래스가 있는 것을 의미한다. 이때 다음과 같이 내부 클래스의 이름 없이 new 클래스의 연산자의 확장을 이용하여 정의와 생성이 한 곳에 일어나는 것을 내부 무명 클래스라고 있다.

new 클래스이름(파라미터)
{
  클래스 함수 정의
};

기본적으로 내부 무명 클래스는 이름이 없으므로 이 클래스의 인스턴스에 대한 접근은 상위 클래스의 레퍼런스로만 접근이 가능하다. 무명 클래스는 코드의 양을 줄일 수 있지만 그것에 대신해서 코드를 이해하기가 쉽지 않아 유지보수하기가 어려운 단점이 있다. 이 클래스의 사용 방법은 new 다음에 인터페이스 이름 혹은 클래스 이름을 지정하고 { } 내부에 실행되는 함수를 작성한다.

object = new OnClickListener() {
  ...
}

이러한 과정은 이해하기 쉽지만 코드가 길어지는 단점이 있다. 이것은 간단하게 줄여보자. 즉, 코드 뒤쪽에 위치하는 버튼의 setOnClickListener()를 먼저 호출하면서 이 함수의 파라메터에 직접 View.OnClickListener() 객체 생성하여 작성하는 방법이다. 이해하기 좀 어렵지만 훨씬 코드가 간결해지는 장점을 갖는다.

```
button.setOnClickListener(new View.OnClickListener() {
    @Override
    public void onClick(View v) {
        ...
```

버튼을 눌렀을 때 실행되는 Click() 메소드에서는 Log.d()를 이용하여 로그를 출력할 수 있다. 로그는 개발자로 하여금 에러를 쉽게 찾을 수 있고 원하는 기능이 동작이 되는지 알 수 있는 유용한 기능이다. 이 명령을 이용하여 안드로이드 모니터 창의 logcat 탭에 "Button Clicked!" 이라는 메시지를 출력할 수 있다.

```
        Log.d("test", "Button Clicked!");
        }
    });
}
}
```

또 여기서는 "test"라는 필터를 사용하였는데 출력되는 로그가 많은 경우 원하는 로그만 필터로 검색 가능하다. 다음 그림에서 여러 로그 레벨 정보 중 Debug 정보만 검출하고 거기서 다시 'test'라는 단어가 있는 출력 정보를 다시 검색해서 원하는 정보를 보여준다.

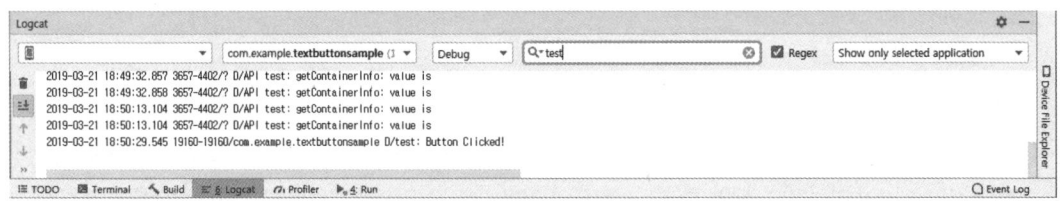

그림 4.15 로그 필터 사용

안드로이드 로그는 android.util.Log 클래스를 선언해야하고 다음과 같은 로그 레벨을 지원한다. 어떤 로그 레벨을 사용할지 결정하는 것은 개발자의 몫이다. 위 예제에서는 디버깅(Debugging) 정보를 의미하는 Log.d() 를 사용하였다.

표 4.2 로그 레벨

로그 레벨	로그 함수	설명
Error	Log.e()	심각한 에러가 발생했을 때 사용
Warning	Log.w()	심각한 에러가 아니지만 중요한 문제가 발생시 사용
Information	Log.i()	중요한 정보를 출력하고자 할 때 사용
Debugging	Log.d()	디버깅 정보를 출력하고자 할 때 사용
Vorbose	Log.v()	동작 여부를 체크하고자 할 때 사용

4.1.2 이미지 버튼

위의 텍스트 버튼에 이어 이번에는 이미지 버튼을 처리해보자. 또한 클릭 리스너를 구현할 때 이번에는 내부 클래스를 사용해볼 것이다. 내부 클래스는 자신이 속해있는 클래스의 멤버를 직접 접근하여 사용할 수 있을 뿐만 아니라 처리할 버튼이 여러 개 일 때 이벤트 관련 메소드를 별도의 위치에 생성함으로써 코드의 가독성을 증대시킬 수 있다.

그대로 따라하기

1 안드로이드 스튜디오를 실행하고 시작 화면이 나타나면 첫 번째 항목인 Start a new Android Studio project를 선택한다.

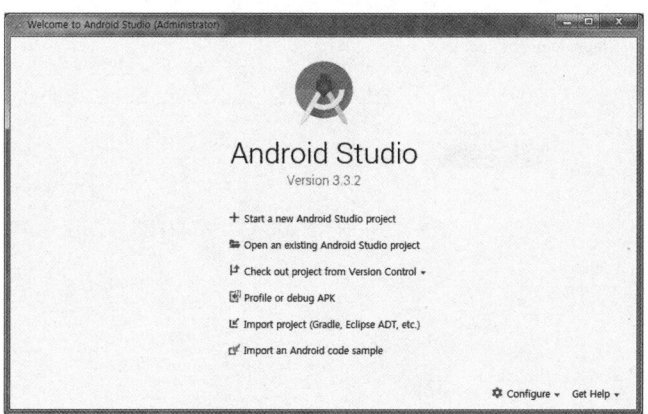

그림 4.16 Start a new Android Studio project 선택

2 이때 다음과 같이 프로젝트 선택 윈도우가 나타난다. 먼저 위쪽에서 기본적으로 선택되어 있는 Phone and Tablet 를 그대로 지정하고 비어있는 화면을 보여주는 "Empty Activity" 를 선택한 뒤, Next 버튼을 누른다.

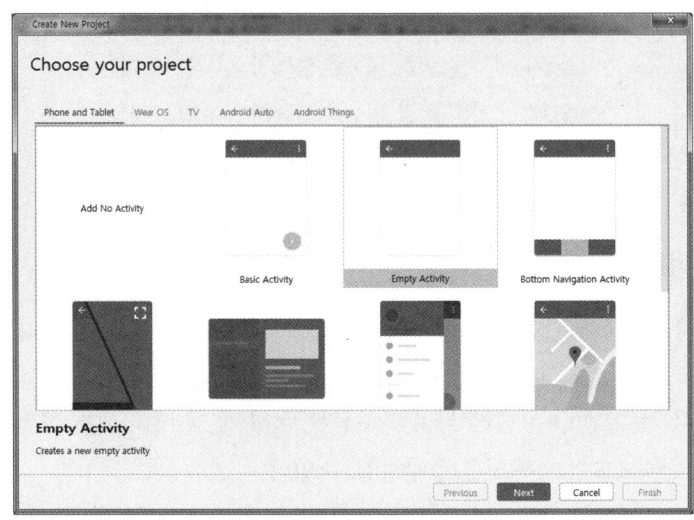

그림 4.17 Empty Activity 선택

3 이어서 다음과 같이 안드로이드 프로젝트 설정 윈도우가 나타난다. 첫 번째 Name 항목에 "ImageButtonSample" 이라고 입력한다. 그 다음 줄 항목들은 모두 그대로 두고 아래쪽에 위치한 Finish 버튼을 눌러 프로젝트를 생성한다.

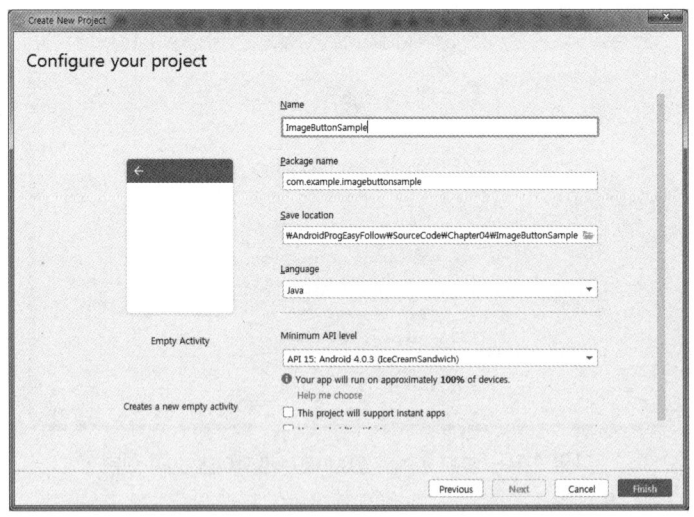

그림 4.18 안드로이드 프로젝트 이름 입력 및 생성 종료

4 이제 오른쪽 에디터에는 activity_main.xml 와 MainActivity.java 파일이 자동으로 표시된다. 이때 activity_main.xml 탭을 눌러 레이아웃 에디터를 표시한다. 레이아웃 에디터에는 중앙에 "Hello World" TextView 가 표시된다. 이제 마우스로 이 "Hello World" TextView를 선택하고 Delete 키를 누르거나 오른쪽 마우스 버튼에서 Delete 항목을 선택하여 삭제한다.

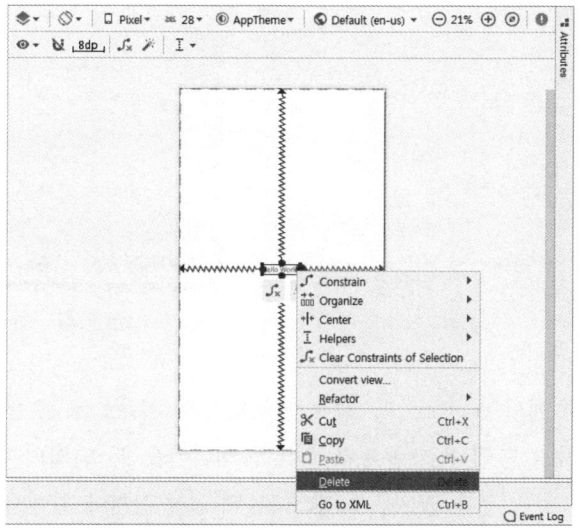

그림 4.19 "Hello World" TextView 삭제

5 이제 ImageView 에 표시할 "buttonimage.jpg" 라는 이름의 파일 하나를 다운받아 오른쪽 마우스 버튼으로 복사하고 ImageButtonSample 프로젝트의 app-res-drawable 폴더에서 오른쪽 마우스 버튼의 'Paste' 항목을 선택한다(그림 파일은 소스 코드 폴더 참조).

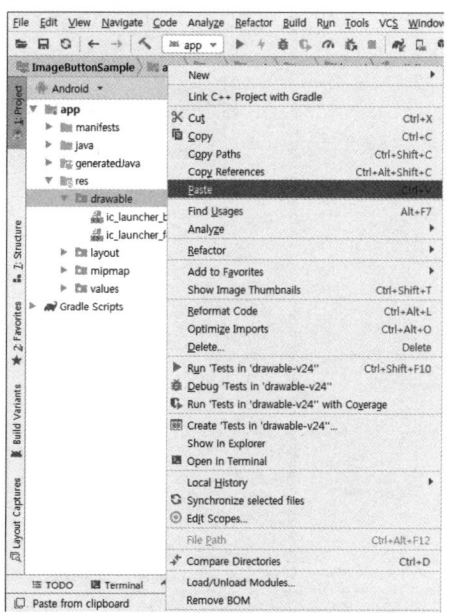

그림 4.20 그림 파일 복사

제4장_ 기본 위젯과 이벤트 **209**

6 이때 복사할 디렉토리를 지정하는 대화상자가 나타나는데 다음과 같이 \app\src\main\res\drawable 으로 지정한다. 이어서 위에서 복사할 소스 파일 대화상자가 나타나면 그 소스 파일을 선택해준다.

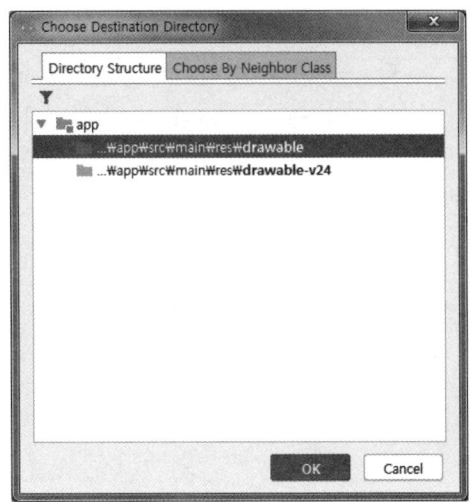

그림 4.21 복사할 디렉토리 지정

7 이제 팔레트 왼쪽에서 Buttons 을 선택한 상태에서 마우스로 오른쪽에 표시되는 Image Button 을 클릭하고 드래그-엔-드롭으로 오른쪽 레이아웃 뷰 임의의 위치에 떨어뜨린다. 이때 다음과 같이 리소스 선택 윈도우가 나타나는데 검색 상자에 위에서 추가한 "buttonimage" 파일을 입력한 뒤 선택하고 OK 버튼을 누른다.

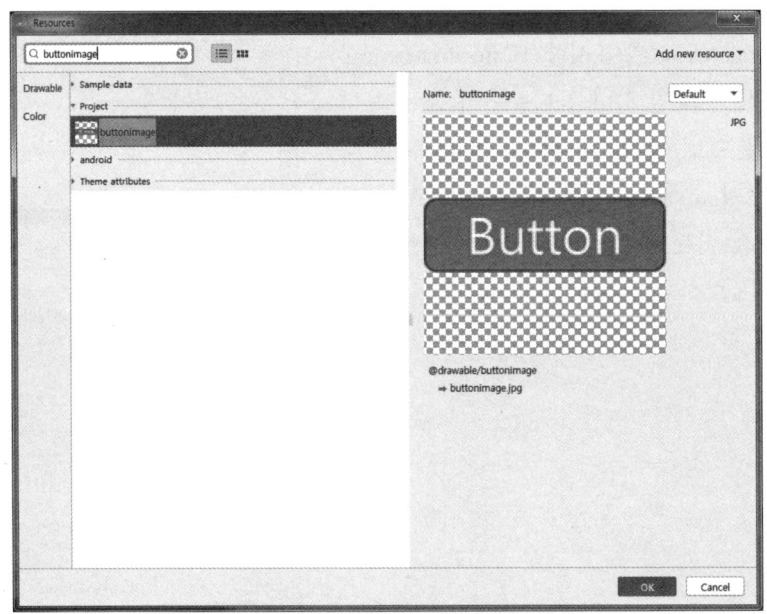

그림 4.22 buttonimage 파일 선택

8 ImageButton 의 크기를 적당히 조절한다. 이어서 ImageButton 위쪽 중앙의 작은 원을 클릭하고 위쪽 에디터 끝까지 드래그 한다. 동일한 방법으로 왼쪽, 오른쪽 중앙의 작은 원을 클릭하고 각각의 에디터 끝까지 드래그 처리한다.

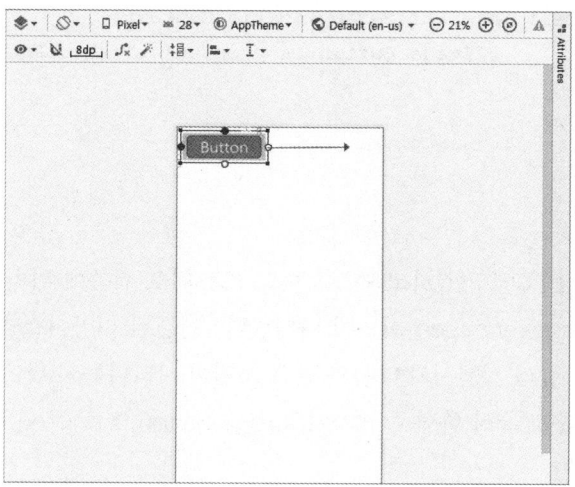

그림 4.23 ImageButton 의 위, 왼쪽, 오른쪽 제약 설정

9 이어서 에디터에서 MainActivity.java 탭을 선택한다. 이때 안드로이드 스튜디오 오른쪽에는 MainActivity.java 파일이 열리는데 다음과 같은 코드를 추가 입력한다. 코드를 입력하기 전 자동 import 옵션을 지정하는 것을 잊지 않도록 한다.

```java
package com.example.imagebuttonsample;

import android.support.v7.app.AppCompatActivity;
import android.os.Bundle;
import android.view.View;
import android.widget.ImageButton;
import android.widget.Toast;

public class MainActivity extends AppCompatActivity {

    @Override
    protected void onCreate(Bundle savedInstanceState) {
        super.onCreate(savedInstanceState);
        setContentView(R.layout.activity_main);
```

```
        ImageButton imageBtn = (ImageButton) findViewById(R.id.imageButton);
        imageBtn.setOnClickListener(new View.OnClickListener() {
            @Override
            public void onClick(View view) {
                Toast.makeText(getApplicationContext(),
                        "Image Button is pressed!",Toast.LENGTH_LONG).show();
            }
        });
    }
}
```

10 이제 실제 기기를 PC에 연결하고 안드로이드 스튜디오 위쪽에 위치한 Run 버튼을 누르면 배포 타겟(deployment target) 화면이 나타난다. 연결된 디바이스 혹은 가상 화면을 선택하고 OK 버튼을 눌러 실행시켜 다음과 같은 화면이 나타나는지 확인해 본다. 또 화면에 표시된 이미지 버튼을 눌러 화면 아래쪽에 "Image Button is pressed!"라는 메시지가 표시되는지 확인해본다.

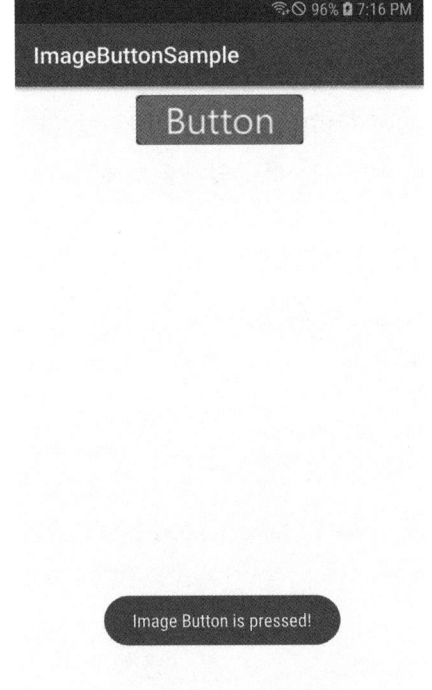

그림 4.24 ImageButtonSample 프로젝트 실행

원리 설명

ImageButton 은 일반적인 텍스트 대신 이미지를 사용하여 원하는 기능을 처리하는 버튼이다. 이미지버튼을 사용하기 위해서는 ImageButton 클래스를 사용하여 디자인 뷰에 이미지 버튼을 추가하면 다음과 같은 버튼의 XML 코드가 만들어진다.

```xml
<ImageButton
    android:id="@+id/imageButton"
    android:layout_width="147dp"
    android:layout_height="44dp"
    android:layout_marginStart="8dp"
    android:layout_marginLeft="8dp"
    android:layout_marginTop="8dp"
    android:layout_marginEnd="8dp"
    android:layout_marginRight="8dp"
    app:layout_constraintEnd_toEndOf="parent"
    app:layout_constraintStart_toStartOf="parent"
    app:layout_constraintTop_toTopOf="parent"
    app:srcCompat="@drawable/buttonimage" />
```

여기서 사용된 이미지 버튼의 이미지는 프로젝트 res 폴더 아래쪽에 위치한 buttonimage.jpg 파일을 사용하였다. 또한 버튼에 이러한 이미지를 표시하기 위해서는 'app:src' 혹은 'app:srcCompat'를 사용한다. 여기서는 다음과 같이 'app:srcCompat' 를 사용하였다.

```
app:srcCompat="@drawable/buttonimage"
```

'srcCompat' 는 일반적인 이미지 표시에 사용되는 'src' 와 달리 벡터 드로우어블(vecter drawable) 기능을 제공한다. 벡터 드로우어블은 이미지 출력 퍼포먼스를 최적화하기 위해서 각 이미지에 해당하는 비트맵 캐쉬를 생성하여 동일한 이미지를 출력할 때 이 캐쉬를 사용하여 더 빠르게 출력할 수 있다.

이제 에디터에서 MainActivity.java 탭을 클릭하여 소스 코드를 불러낸다. MainActivity.java 파일은 다음과 같이 Activity 클래스의 자식 클래스인 AppCompatActivity 클래스로부터 계승받는 MainActivity 클래스를 선언한다.

```
public class MainActivity extends AppCompatActivity {
...
```

그다음, 파라메터로 Bundle 타입의 savedInstanceState를 사용하는 onCreate() 메소드를 작성한다. 이 메소드는 액티비티를 생성할 때 자동으로 실행된다.

```
protected void onCreate(Bundle savedInstanceState) {
    super.onCreate(savedInstanceState);
    ...
```

이어서 사용된 setContentView() 함수는 위에서 작성한 activity_main.xml 파일을 연결시켜 이 파일에 작성된 뷰와 위젯들을 그대로 화면에 표시하는 기능을 한다.

```
    setContentView(R.layout.activity_main);
    ...
```

이제 findViewById() 함수를 사용하여 디자인 뷰의 이미지 버튼 위젯을 참조하면서 이 값으로 ImageButton 객체 변수 imageBtn을 생성한다. 즉, 위에서 작성한 버튼을 참조하기 위해서는 파라메터 값에 R.id.imageButton 을 지정한다. 참고로 R 과 id 는 각각 클래스 이름이고 'imageButton' 은 속성 창에서 보여주는 ImageButton 에 대한 ID 값을 의미한다.

```
        ImageButton imageBtn = (ImageButton) findViewById(R.id.imageButton);
        ...
```

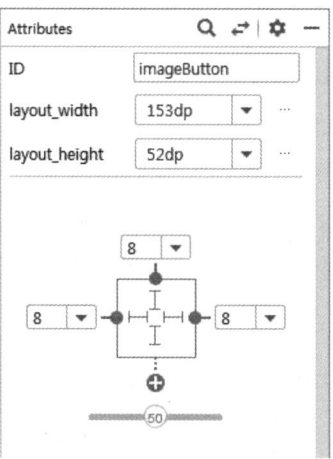

그림 4.25 이미지 버튼의 ID 값

그다음, 생성된 ImageButton 객체를 이용하여 이벤트 처리 메소드를 생성한다. 여기서는 버튼을 클릭할 때 실행되도록 하는 이벤트 리스너(Event Listener)를 등록하여 이 리스너에 의해 호출되는 콜백 메소드를 등록해준다. 즉, 다음과 같이 View.OnClickListener() 객체를 생성하고 이 객체를 파라메터로 하는 setOnClickListener()를 호출한다. 즉, 클릭 리스너를 구현하는 무명 클래스를 정의하여 버튼에 등록한다. 버튼이 눌려지게 되면 자동으로 무명 클래스 내부에 있는 onClick() 이 호출된다.

```
imageBtn.setOnClickListener(new View.OnClickListener() {
    @Override
    public void onClick(View view) {
        ...
```

이제 버튼을 클릭하면 onClick() 함수가 실행되고 이 함수에서는 다음과 같이 토스트(toast)를 사용하여 원하는 메시지를 잠시 동안 화면에 표시할 수 있다. 이때 Toast.LENGTH_LONG을 지정하였는데 이것은 화면에 표시되는 메시지를 상당히 긴 시간동안 설정하고자 할 때 사용된다.

```
            Toast.makeText(getApplicationContext(),
                    "Image Button is pressed!",Toast.LENGTH_LONG).show();
        }
    });
}
```

참고적으로 토스트의 makeText 함수는 원하는 메시지를 화면에 출력하는 기능을 제공하는 유용한 함수이다. 이 함수는 다음과 같은 형식을 가지며 context 는 현재 어플리케이션의 컨텍스트을 의미하고 text 는 표시하고자 하는 문자열, duration 은 표시할 시간을 의미한다. duration 에 짧은 시간동안 표시할 수 있는 LENGTH_SHORT와 긴 시간동안 표시할 수 있는 LENGTH_LONG 두 가지를 지정할 수 있다.

```
makeText(Context context, CharSequence text, int duration)
```

4.2 플레인 텍스트(Plain Text)

플레인 텍스트는 사용자가 어떤 자료를 입력하고자 할 때 사용되는 위젯이다. 자료를 입력하고자 할 때 자동으로 키보드가 나타난다. 플레인 텍스트는 기본적으로 한 줄만 입력가능한데 여러 줄도 입력가능하다. 또한 비밀번호를 입력할 때와 같이 입력한 문자를 '*' 로 표시하기 위한 Password 기능을 사용할 수도 있다.

그대로 따라하기

① 안드로이드 스튜디오를 실행하고 시작 화면이 나타나면 첫 번째 항목인 Start a new Android Studio project를 선택한다.

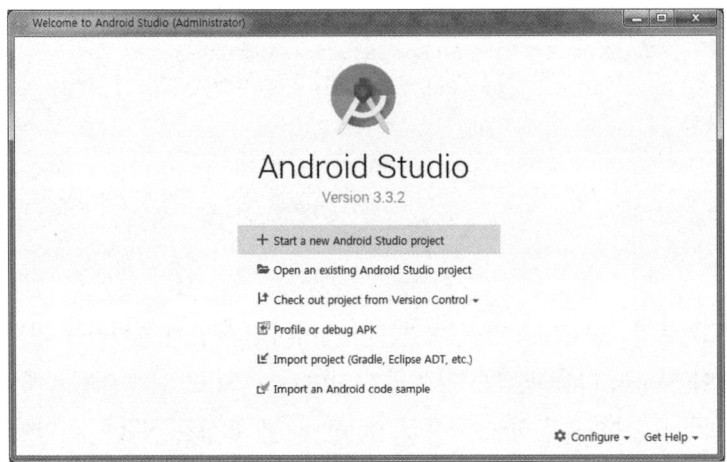

그림 4.26 Start a new Android Studio project 선택

② 이때 다음과 같이 프로젝트 선택 윈도우가 나타난다. 먼저 위쪽에서 기본적으로 선택되어 있는 Phone and Tablet 를 그대로 지정하고 비어있는 화면을 보여주는 "Empty Activity" 를 선택한 뒤, Next 버튼을 누른다.

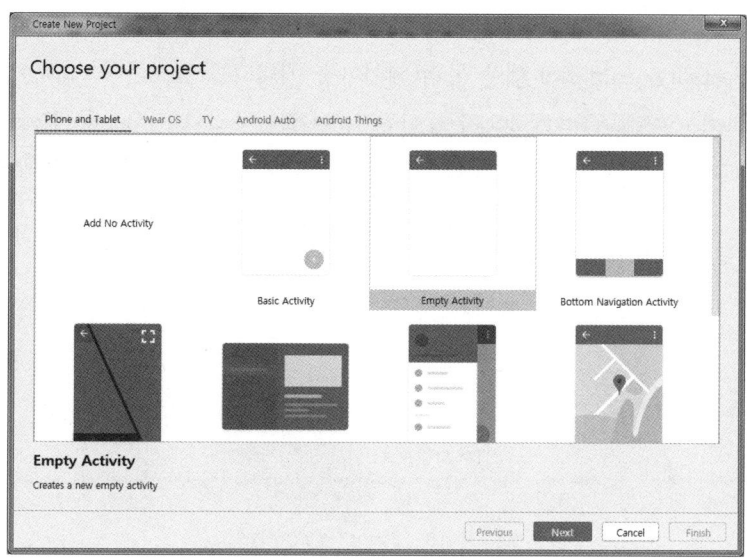

그림 4.27 Empty Activity 선택

3 이어서 다음과 같이 안드로이드 프로젝트 설정 윈도우가 나타난다. 첫 번째 Name 항목에 "PlainTextSample" 이라고 입력한다. 그 다음 줄 항목들은 모두 그대로 두고 아래쪽에 위치한 Finish 버튼을 눌러 프로젝트를 생성한다.

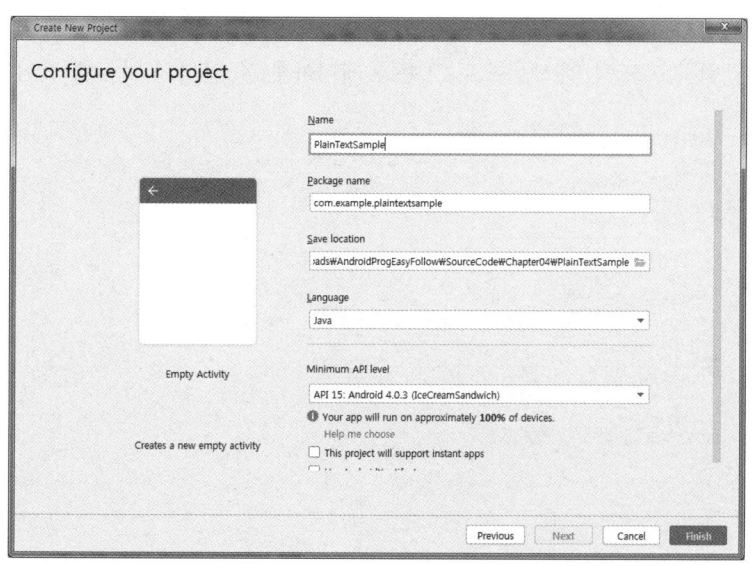

그림 4.28 안드로이드 프로젝트 이름 입력 및 생성 종료

제4장_ 기본 위젯과 이벤트   **217**

4 이제 오른쪽 에디터에는 activity_main.xml 와 MainActivity.java 파일이 자동으로 표시된다. 이때 activity_main.xml 탭을 눌러 레이아웃 에디터를 표시한다. 레이아웃 에디터에는 중앙에 "Hello World" TextView 가 표시된다. 이제 마우스로 이 "Hello World" TextView를 선택하고 Delete 키를 누르거나 오른쪽 마우스 버튼에서 Delete 항목을 선택하여 삭제한다.

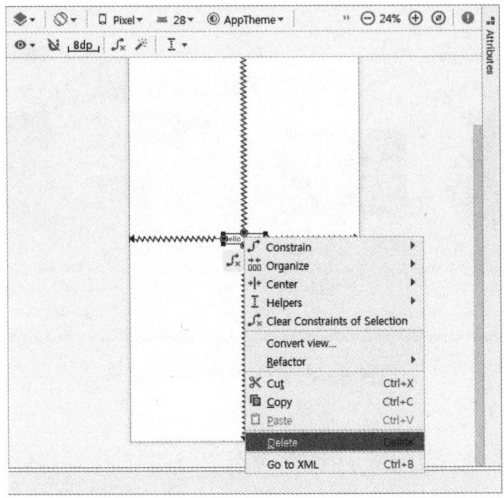

그림 4.29 "Hello World" TextView 삭제

5 이제 팔레트 왼쪽에서 Text 를 선택한 상태에서 이어서 마우스로 오른쪽에 표시되는 Plain Text 를 클릭하고 드랙-엔-드롭으로 오른쪽 레이아웃 뷰 임의의 위치에 떨어뜨린다.

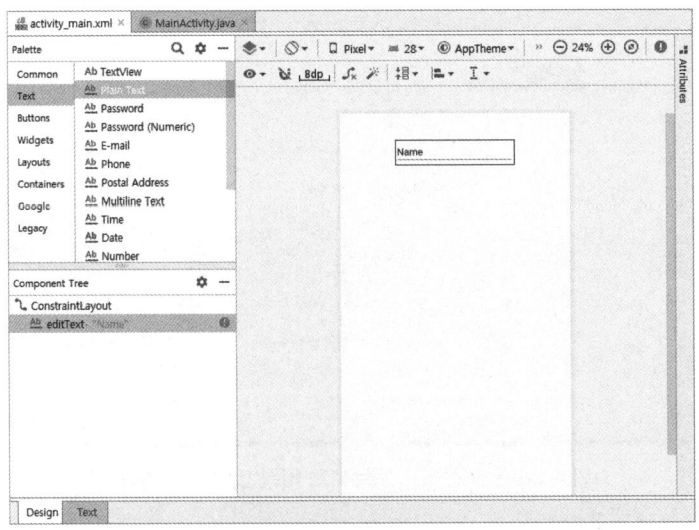

그림 4.30 Plain Text 추가

6 추가된 Plain Text 위쪽 중앙의 작은 원을 클릭하고 위쪽 에디터 끝까지 드래그 한다. 동일한 방법으로 왼쪽, 오른쪽 중앙의 작은 원을 클릭하고 각각의 에디터 끝까지 드래그 처리한다.

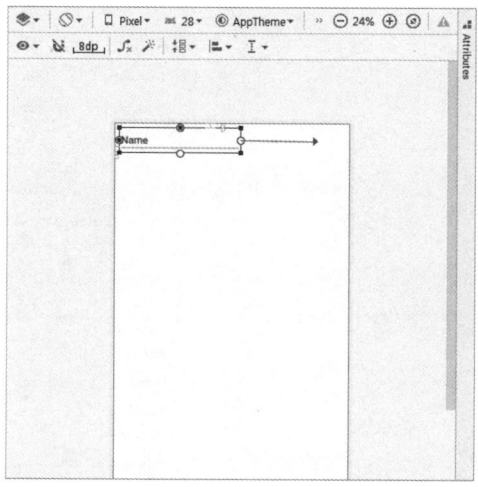

그림 4.31 Plain Text 의 위, 왼쪽, 오른쪽 제약 설정

7 이제 가장 오른쪽 Attributes 탭을 눌러 속성 창을 표시하고 Plain Text 를 선택한 상태에서 오른쪽 속성 창의 layout_width 속성의 값에 0dp를 지정하여 버튼의 제약 기능을 사용하여 가로 길이를 최대로 넓힌다. 또한 text 속성 값에 ""(공백)을 지정하여 기본으로 지정된 "name" 을 삭제한다.

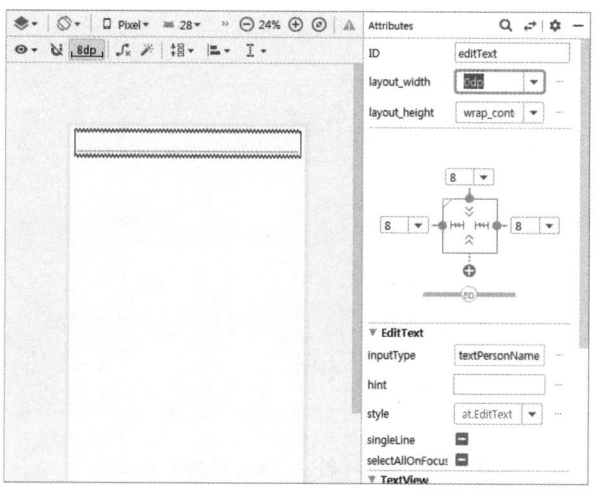

그림 4.32 layout_width 속성 값 변경

제4장_ 기본 위젯과 이벤트 **219**

8 다시 팔레트 왼쪽에서 Common 을 선택한 상태에서 이어서 마우스로 오른쪽에 표시되는 Button 을 클릭하고 드렉-엔-드롭으로 오른쪽 레이아웃 뷰의 Plain Text 아래쪽에 떨어뜨린다. 또한 그 text 속성 값을 "OK" 으로 변경한다.

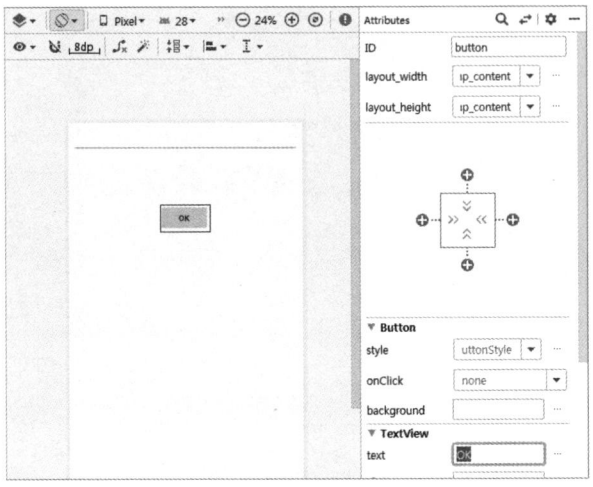

그림 4.33 Button 추가

9 이제 Button 위쪽의 작은 원을 클릭하고 드랙-엔-드롭의 Plain Text 아래쪽 작은 원에 떨어뜨려 연결시킨다. 또한 Button 의 왼쪽, 오른쪽 중앙의 작은 원을 클릭하고 각각의 에디터의 끝 쪽으로 드래그하여 연결한다.

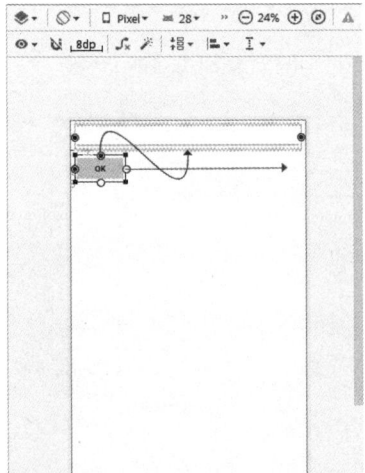

그림 4.34 Button 위쪽, 왼쪽, 오른쪽 제약 설정

10 이제 에디터에서 MainActivity.java 을 선택한다. 이때 안드로이드 스튜디오 오른쪽에는 MainActivity.java 파일이 열리는데 다음과 같은 코드를 추가 입력한다. 코드를 입력하기 전 자동 import 옵션을 지정하는 것을 잊지 않도록 한다.

```java
package com.example.plaintextsample;

import android.support.v7.app.AppCompatActivity;
import android.os.Bundle;
import android.view.View;
import android.widget.Button;
import android.widget.EditText;
import android.widget.Toast;

public class MainActivity extends AppCompatActivity {

    @Override
    protected void onCreate(Bundle savedInstanceState) {
        super.onCreate(savedInstanceState);
        setContentView(R.layout.activity_main);

        final EditText editText = (EditText) findViewById(R.id.editText);
        Button button = (Button) findViewById(R.id.button);
        button.setOnClickListener(new View.OnClickListener() {
            @Override
            public void onClick(View view) {

                Toast.makeText(getApplicationContext(),
                        "The input data is " + editText.getText(),
                        Toast.LENGTH_LONG).show();
            }
        });
    }
}
```

11 이제 실제 기기를 PC에 연결하고 안드로이드 스튜디오 위쪽에 위치한 Run 버튼을 누르면 배포 타겟(deployment target) 화면이 나타난다. 연결된 디바이스 혹은 가상 화면을 선택하고 OK 버튼을 눌러 실행시켜 다음과 같은 화면이 나타나는지 확인해 본다.

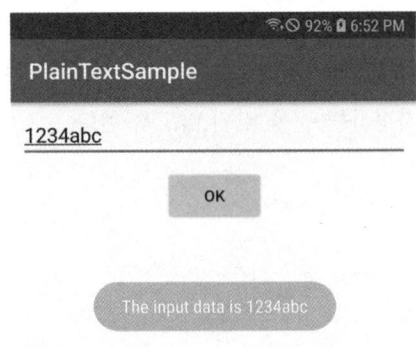

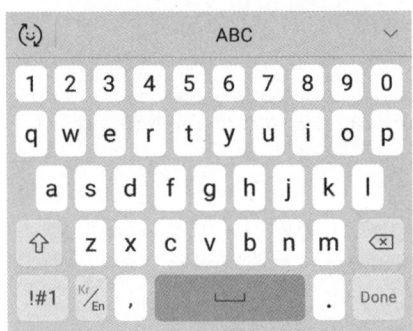

그림 4.35 PlainTextSample 프로젝트 실행

원리 설명

Plain Text 는 사용자가 자료를 입력할 때 유용하게 사용되는 도구이다. 위에서 설명하였듯이 한 줄 혹은 여러 줄 입력이 가능할 뿐만 아니라 텍스트 자르기, 복사, 붙여 넣기 등과 같은 기능까지 제공한다. 팔레트에서 Plain Text 를 선택하여 디자인 뷰에 위치시킬 때 다음과 같이 EditText 라는 이름으로 XML 코드가 만들어진다.

```
<EditText
    android:id="@+id/editText"
    android:layout_width="0dp"
    android:layout_height="44dp"
    android:layout_marginStart="8dp"
    android:layout_marginLeft="8dp"
    android:layout_marginTop="8dp"
    android:layout_marginEnd="8dp"
    android:layout_marginRight="8dp"
```

```
            android:ems="10"
            android:inputType="textPersonName"
            app:layout_constraintEnd_toEndOf="parent"
            app:layout_constraintStart_toStartOf="parent"
            app:layout_constraintTop_toTopOf="parent" />
```

이제 에디터에서 MainActivity.java 탭을 클릭하여 소스 코드를 불러낸다. MainActivity.java 파일은 다음과 같이 Activity 클래스의 자식 클래스인 AppCompatActivity 클래스로부터 계승받는 MainActivity 클래스를 선언한다.

```
public class MainActivity extends AppCompatActivity {
...
```

그다음, 파라메터로 Bundle 타입의 savedInstanceState를 사용하는 onCreate() 메소드를 작성한다.

```
    protected void onCreate(Bundle savedInstanceState) {
        super.onCreate(savedInstanceState);
        ...
```

이어서 사용된 setContentView() 함수는 위에서 작성한 activity_main.xml 파일을 연결시켜 이 파일에 작성된 뷰와 위젯들을 그대로 화면에 표시하는 기능을 한다.

```
        setContentView(R.layout.activity_main);
        ...
```

이제 findViewById() 함수를 사용하여 디자인 뷰의 EditText 위젯을 참조한다. 즉, 위에서 작성한 EditText 을 참조하기 위해서는 파라메터 값에 R.id.editText 을 지정한다. 참고로 R 과 id 는 각각 클래스 이름이고 editText 은 속성 창에서 보여주는 editText 에 대한 ID 값을 의미한다.

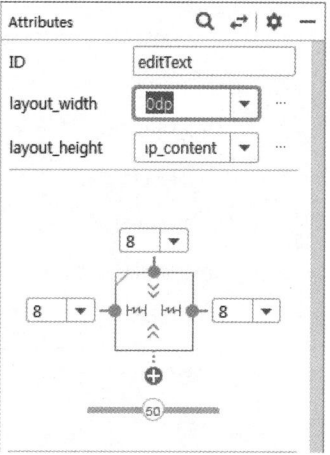

그림 4.36 ID 값 editText

그리고 EditText 객체 앞에는 final을 지정하는데 이 객체를 내부 클래스에서 참조하기 때문이다. 내부 클래스에서 참조되는 외부 변수에는 final을 지정하여 더 이상 변경되지 않음을 선언해야한다.

```
final EditText editText = (EditText) findViewById(R.id.editText);
...
```

즉 이와 같이 Plain Text 는 EditText 클래스를 사용하여 구성할 수 있는데 이 클래스의 주요 속성은 다음 표와 같다.

표 4.3 EditText 클래스 주요 속성

EditText 클래스 속성	설명
hint	포커스를 지정했을 때 배경에 문자를 출력하여 설명한다.
inputType	이름, 숫자, 전화번호, 시간, 날짜 등의 입력을 설정한다.
ems	글자 수를 제한한다.

위 속성 중 자주 사용되는 inputType 속성은 그 값에 따라 다음과 같이 여러 가지 기능을 사용할 수 있다.

표 4.4 inputType 에 지정되는 값

inputType 속성 값	설명
text	일반문자를 입력할 때 사용한다. 줄 바꿈이 불가능하다.
textCapSentences	문장의 첫 번째 영문자가 대문자로 입력된다.
textMultiLine	여러 줄을 입력받을 수 있다.
textUri	URI를 입력받을 수 있다.
textPersonName	이름 입력을 받을 수 있다.
textPassword	입력 문자를 * 으로 표시하여 비밀번호 입력시 편리하다.
number	숫자를 입력 받을 수 있다.
phone	전화번호를 입력 받을 수 있다.
date	날짜를 입력 받을 수 있다.

위 예제에서는 이름을 입력받을 수 있는 textPersonName 사용하여 원하는 문자, 숫자를 그대로 표시하였다.

이번에는 디자인 뷰의 Button 위젯을 처리해보자. 즉, findViewById() 함수에 파라메터 R.id.button을 지정한다.

```
Button button = (Button) findViewById(R.id.button);
...
```

그다음, 생성된 ImageButton 객체를 이용하여 이벤트 처리 메소드를 생성한다. 여기서는 버튼을 클릭할 때 실행되도록 하는 이벤트 리스너(Event Listener)를 등록하여 이 리스너에 의해 호출되는 콜백 메소드를 등록해준다. 즉, 다음과 같이 View.OnClickListener() 객체를 생성하고 이 객체를 파라메터로 하는 setOnClickListener()를 호출하여 버튼이 눌려지게 되면 자동으로 무명 클래스 내부에 있는 onClick() 이 호출되도록 한다.

```
button.setOnClickListener(new View.OnClickListener() {
    @Override
    public void onClick(View view) {
        ...
```

이제 버튼을 클릭하면 onClick() 함수가 실행되고 이 함수에서는 다음과 같이 토스트(toast)를 사용하여 원하는 메시지를 잠깐 동안 화면에 표시한다. 이때 EditText 객체의 getText()를 사용하여 EditText 에 입력된 메시지를 가지고 와서 출력한다. 또한 Toast.LENGTH_LONG을 지정하여 화면에 표시되는 시간을 상당히 길게 지정하였다.

```
        Toast.makeText(getApplicationContext(),
            "The input data is " + editText.getText(),
            Toast.LENGTH_LONG).show();
        }
    });
  }
}
```

제4장_ 기본 위젯과 이벤트 **225**

4.3 체크박스(CheckBox)

체크 박스의 하나의 그룹 안에 있는 각각 항목에 대한 원하는 것을 선택하고자 할 때 사용되는 위젯이다. 뒤에서 설명하는 라디오 버튼과의 차이점은 체크 박스의 각각의 항목에 대하여 별도로 선택 가능하지만 라디오 버튼의 경우, 하나를 선택하면 그 선택된 항목을 제외한 나머지 항목들은 선택되지 않는 특징이 있다.

그대로 따라하기

1 안드로이드 스튜디오를 실행하고 시작 화면이 나타나면 첫 번째 항목인 Start a new Android Studio project를 선택한다.

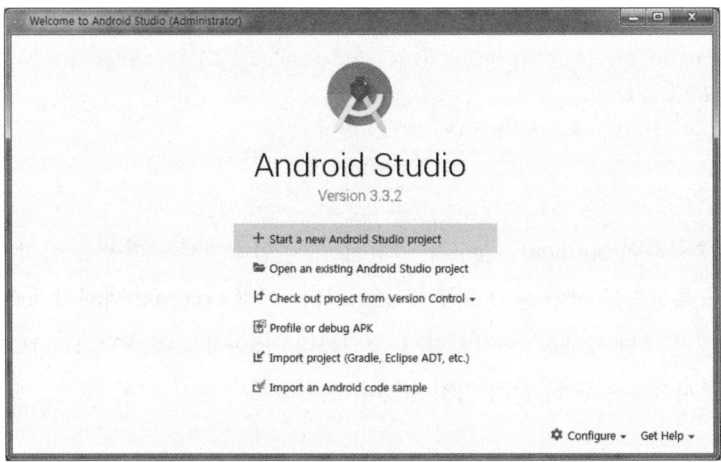

그림 4.37 Start a new Android Studio project 선택

2 이때 다음과 같이 프로젝트 선택 윈도우가 나타난다. 먼저 위쪽에서 기본적으로 선택되어 있는 Phone and Tablet 를 그대로 지정하고 비어있는 화면을 보여주는 "Empty Activity" 를 선택한 뒤, Next 버튼을 누른다.

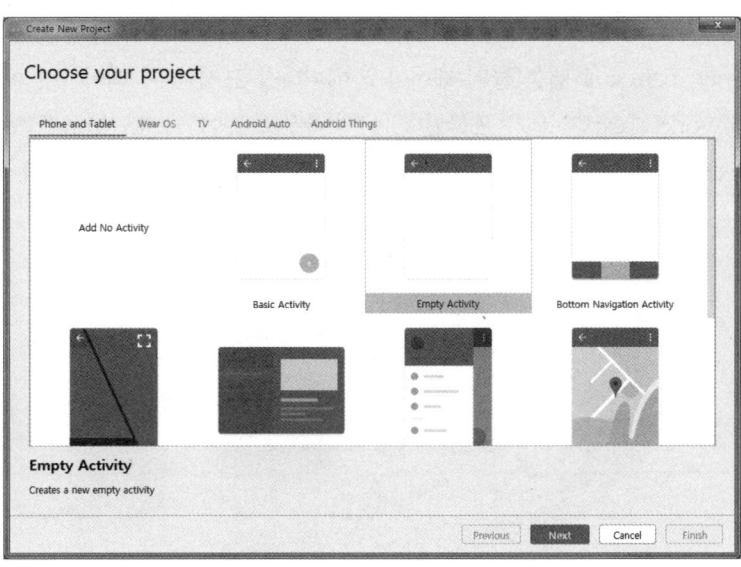

그림 4.38 Empty Activity 선택

3 이어서 다음과 같이 안드로이드 프로젝트 설정 윈도우가 나타난다. 첫 번째 Name 항목에 "CheckBoxSample" 이라고 입력한다. 그 다음 줄 항목들은 모두 그대로 두고 아래쪽에 위치한 Finish 버튼을 눌러 프로젝트를 생성한다.

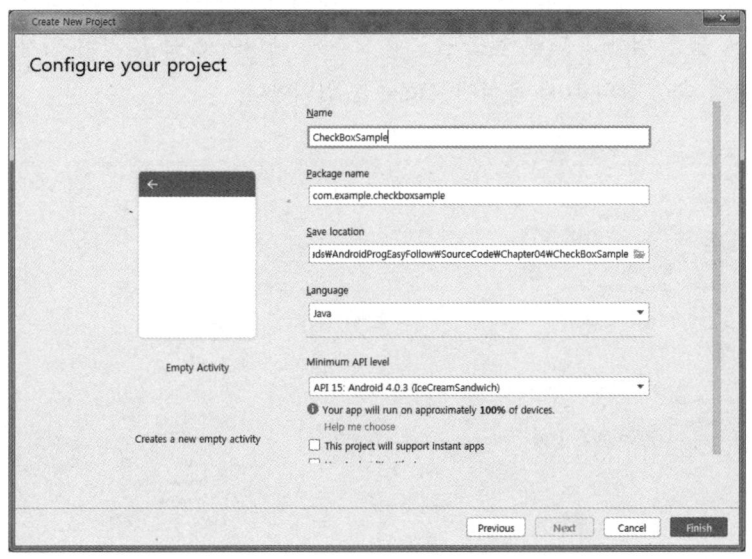

그림 4.39 안드로이드 프로젝트 이름 입력 및 생성 종료

제4장_ 기본 위젯과 이벤트 **227**

4 이제 오른쪽 에디터에는 activity_main.xml 와 MainActivity.java 파일이 자동으로 표시된다. 이때 activity_main.xml 탭을 눌러 레이아웃 에디터를 표시한다. 레이아웃 에디터에는 중앙에 "Hello World" TextView 가 표시된다. 이제 마우스로 이 "Hello World" TextView를 선택하고 Delete 키를 누르거나 오른쪽 마우스 버튼에서 Delete 항목을 선택하여 삭제한다.

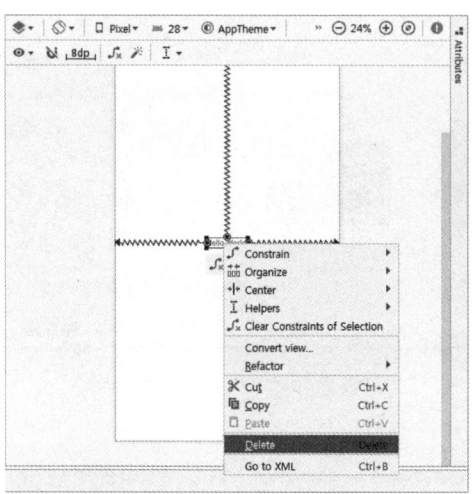

그림 4.40 "Hello World" TextView 삭제

5 이제 팔레트 왼쪽에서 Buttons 를 선택한 상태에서 이어서 마우스로 오른쪽에 표시되는 CheckBox 를 클릭하고 드래그-앤-드롭으로 오른쪽 레이아웃 뷰 임의의 위치에 떨어뜨린다. 또한 오른쪽 속성 창의 Text 속성에 "Tiger"를 입력한다.

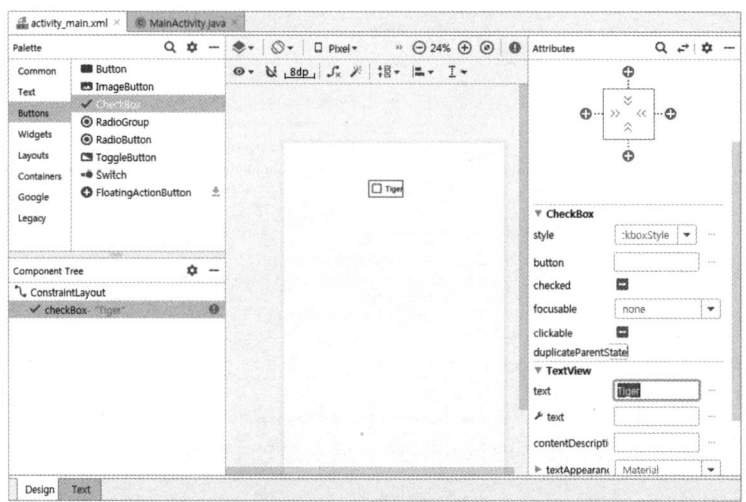

그림 4.41 CheckBox 추가

6 CheckBox 위쪽 중앙의 작은 원을 클릭하고 위쪽 에디터 끝까지 드래그 한다. 동일한 방법으로 왼쪽, 오른쪽 중앙의 작은 원을 클릭하고 각각의 에디터 끝까지 드래그 처리한다.

그림 4.42 CheckBox 의 위, 왼쪽, 오른쪽 제약 설정

7 이제 속성 창을 열고 CheckBox 를 선택한 상태에서 오른쪽 속성 창의 layout_width 속성의 값에 0dp를 지정하여 버튼의 제약 기능을 사용하여 가로 길이를 최대로 넓힌다.

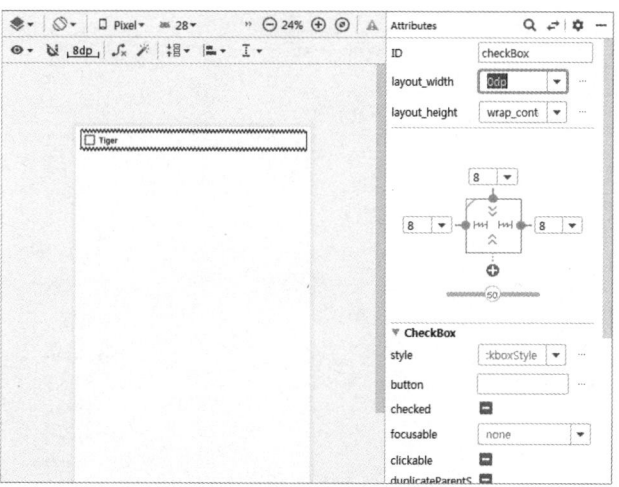

그림 4.43 layout_width 속성 변경

8 동일한 방법으로 CheckBox 2 개를 더 추가하여 총 3 개의 CheckBox를 위치시킨다. 각각 CheckBox 의 Text 속성에 "Lion", "Rabbit" 으로 변경하고 각각의 CheckBox 의 위, 왼쪽,

오른쪽 제약을 설정한다. 또한 각 CheckBox 의 layout_width 속성 값에도 0 dp를 지정한다.

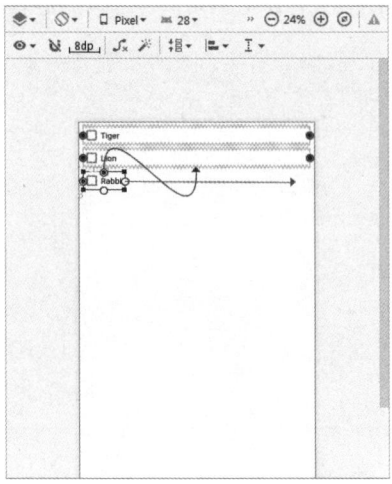

그림 4.44 총 3개의 CheckBox

⑨ 계속해서 팔레트 왼쪽에서 Buttons 를 선택한 상태에서 이어서 마우스로 오른쪽에 표시되는 Button 을 클릭하고 드랙-엔-드롭으로 오른쪽 레이아웃 뷰의 CheckBox 아래 임의의 위치에 떨어뜨린다. 또한 속성 창에서 그 text 속성을 "OK"으로 변경한다.

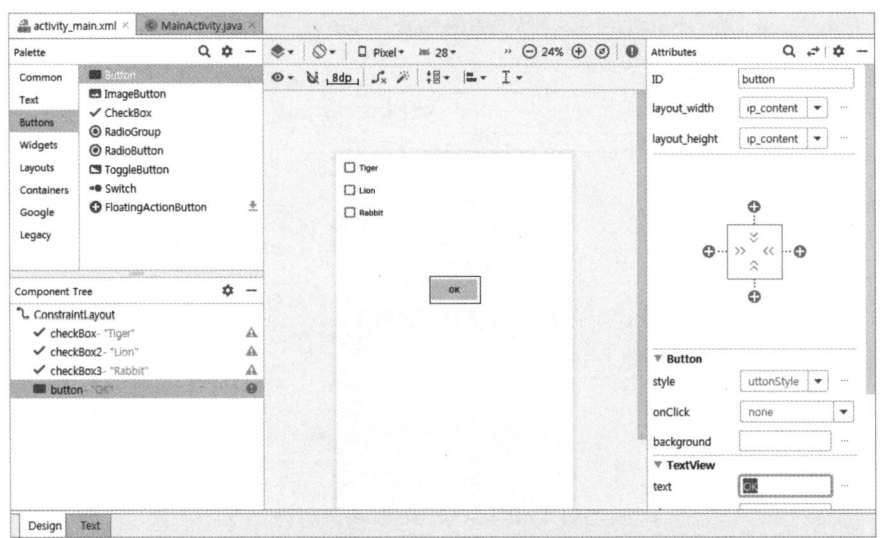

그림 4.45 Button 추가

⑩ 추가된 Button 위쪽 중앙의 작은 원을 클릭하고 위쪽 CheckBox 끝까지 드래그 한다. 동일

한 방법으로 왼쪽, 오른쪽 중앙의 작은 원을 클릭하고 각각의 왼쪽, 오른쪽 에디터 끝까지 드래그 처리한다.

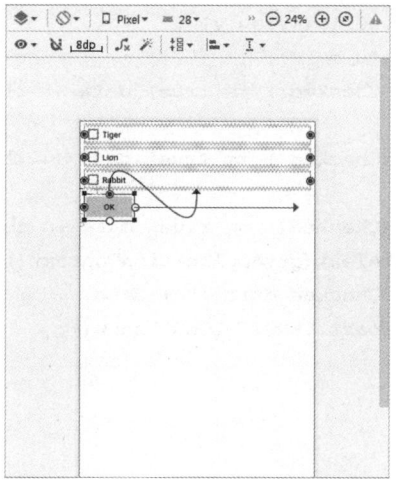

그림 4.46 Button 의 위, 왼쪽, 오른쪽 제약 설정

11 이제 에디터에서 MainActivity.java 탭을 선택한다. 이때 안드로이드 스튜디오 오른쪽에는 MainActivity.java 파일이 열리는데 다음과 같은 코드를 추가 입력한다.

```java
package com.example.checkboxsample;

import android.support.v7.app.AppCompatActivity;
import android.os.Bundle;
import android.view.View;
import android.widget.Button;
import android.widget.CheckBox;
import android.widget.Toast;

public class MainActivity extends AppCompatActivity {

    @Override
    protected void onCreate(Bundle savedInstanceState) {
        super.onCreate(savedInstanceState);
        setContentView(R.layout.activity_main);

        final CheckBox cb1 = (CheckBox)findViewById(R.id.checkBox);
        final CheckBox cb2 = (CheckBox)findViewById(R.id.checkBox2);
        final CheckBox cb3 = (CheckBox)findViewById(R.id.checkBox3);
```

```
        Button button = (Button)findViewById(R.id.button);
        button.setOnClickListener(new View.OnClickListener() {
            @Override
            public void onClick(View v) {
                String data = "";
                if(cb1.isChecked() == true) data += cb1.getText().toString() + " ";
                if(cb2.isChecked() == true) data += cb2.getText().toString() + " ";
                if(cb3.isChecked() == true) data += cb3.getText().toString();
                Toast.makeText(getApplicationContext(),
                    "Checked data :" + data,
                    Toast.LENGTH_LONG).show();
            }
        });
    }
}
```

12 이제 실제 기기를 PC에 연결하고 안드로이드 스튜디오 위쪽에 위치한 Run 버튼을 누르면 배포 타겟(deployment target) 화면이 나타난다. 연결된 디바이스 혹은 가상 화면을 선택하고 OK 버튼을 눌러 실행시켜 다음과 같은 화면이 나타나면 체크박스 항목을 선택해보고 선택된 자료가 화면에 출력되는지 확인해본다.

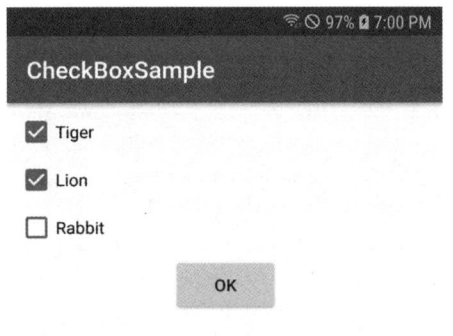

그림 4.47 CheckBoxSample 프로젝트 실행

 원리 설명

CheckBox 는 각각의 항목을 선택되었는지를 체크하는 유용한 위젯이다. 팔레트에서 Check Box 를 선택하여 디자인 뷰에 위치시킬 때 다음과 같이 CheckBox 라는 이름으로 XML 코드가 만들어진다.

```xml
<CheckBox
        android:id="@+id/checkBox"
        android:layout_width="0dp"
        android:layout_height="wrap_content"
        android:layout_marginStart="8dp"
        android:layout_marginLeft="8dp"
        android:layout_marginTop="8dp"
        android:layout_marginEnd="8dp"
        android:layout_marginRight="8dp"
        android:text="Tiger"
        app:layout_constraintEnd_toEndOf="parent"
        app:layout_constraintStart_toStartOf="parent"
        app:layout_constraintTop_toTopOf="parent" />
```

이제 에디터에서 MainActivity.java 탭을 클릭하여 소스 코드를 불러낸다. MainActivity.java 파일은 다음과 같이 Activity 클래스의 자식 클래스인 AppCompatActivity 클래스로부터 계승받는 MainActivity 클래스를 선언한다.

```
public class MainActivity extends AppCompatActivity {
 ...
```

그다음, 파라메터로 Bundle 타입의 savedInstanceState를 사용하는 onCreate() 메소드를 작성한다.

```
    protected void onCreate(Bundle savedInstanceState) {
        super.onCreate(savedInstanceState);
            ...
```

이어서 사용된 setContentView() 함수는 위에서 작성한 activity_main.xml 파일을 연결시켜 이 파일에 작성된 뷰와 위젯들을 그대로 화면에 표시하는 기능을 한다.

```
            setContentView(R.layout.activity_main);
        ...
```

이제 findViewById() 함수를 사용하여 디자인 뷰에 있는 세 개의 CheckBox 위젯을 참조한다. 즉, 위에서 작성한 CheckBox 들을 참조하기 위해서는 파라메터 값에 R.id.checkBox, R.id.checkBox2, R.id.CheckBox3 등을 지정한다. 참고로 R 과 id 는 각각 클래스 이름이고 checkBox, checkBox2, checkBox3 등 은 속성 창에서 보여주는 CheckBox 에 대한 ID 값을 의미한다. 그리고 CheckBox 객체 역시 앞에는 final을 지정하는데 이 객체를 내부 클래스에서 참조하기 때문이다.

```
        final CheckBox cb1 = (CheckBox)findViewById(R.id.checkBox);
        final CheckBox cb2 = (CheckBox)findViewById(R.id.checkBox2);
        final CheckBox cb3 = (CheckBox)findViewById(R.id.checkBox3);
        ...
```

동일한 방법으로 디자인 뷰의 Button 위젯 역시 findViewById() 함수를 사용하여 참조한다.

```
        Button button = (Button)findViewById(R.id.button);
        ...
```

그다음, 생성된 Button 객체를 이용하여 이벤트 처리 메소드를 생성한다. 여기서는 버튼을 클릭할 때 실행되도록 하는 이벤트 리스너(Event Listener)를 등록하여 이 리스너에 의해 호출되는 콜백 메소드를 등록해준다. 즉, 버튼이 눌려지게 되면 자동으로 무명 클래스 내부에 있는 onClick() 이 호출된다.

```
        button.setOnClickListener(new View.OnClickListener() {
            @Override
            public void onClick(View v) {
                ...
```

먼저, 체크된 항목을 저장할 data 변수를 생성한다.

```
                String data = "";
                ...
```

이어서 CheckBox 의 isChecked() 함수를 사용하여 cb1 의 체크상태를 얻는다. 만일 cb1 이 체크되어있다면 true 값이 돌려지게 되는데 이때 getText() 메소드를 사용하여 체크 박스의 text 값을 얻을 수 있다. 이때 이 getText() 메소드의 리턴 타입은 CharSequence 이므로 toString() 함수를 이용하여 String 타입으로 변경시켜준다. 이때 뒤쪽에 " " 를 추가하여 각각의 체크 박스의 값이 구분되도록 설정해준다.

```
            if(cb1.isChecked() == true) data += cb1.getText().toString() + " ";
                ...
```

동일한 방법으로 cb2, cb3 체크박스 역시 체크상태를 확인하고 체크된 경우, getText()를 이용하여 그 text 값을 얻고 toString() 함수를 이용하여 String 타입으로 변경한다. 변경된 값은 계속 data 변수에 추가 저장한다.

```
            if(cb2.isChecked() == true) data += cb2.getText().toString() + " ";
            if(cb3.isChecked() == true) data += cb3.getText().toString();
                ...
```

이제 마지막으로 다음과 같이 토스트(toast)를 사용하여 "Checked data :" 와 함께 선택된 체크박스 항목 즉, data 를 화면에 표시한다.

```
                Toast.makeText(getApplicationContext(),
                    "Checked data :" + data,
                    Toast.LENGTH_LONG).show();
            }
        });
    }
```

4.4 라디오버튼(Radio Button)

라디오 버튼은 여러 개 항목 중 하나를 선택하는 기능을 제공하는 위젯으로 하나를 선택하는 순간 다른 항목들은 선택되지 않는다. 위에서 소개한 체크박스는 하나의 항목마다 독립적인 선택 기능을 갖는 반면 라디오 버튼은 라디오 전체 항목 중 하나만 선택된다는 점이 서로 다르다.

그대로 따라하기

1 안드로이드 스튜디오를 실행하고 시작 화면이 나타나면 첫 번째 항목인 Start a new Android Studio project를 선택한다.

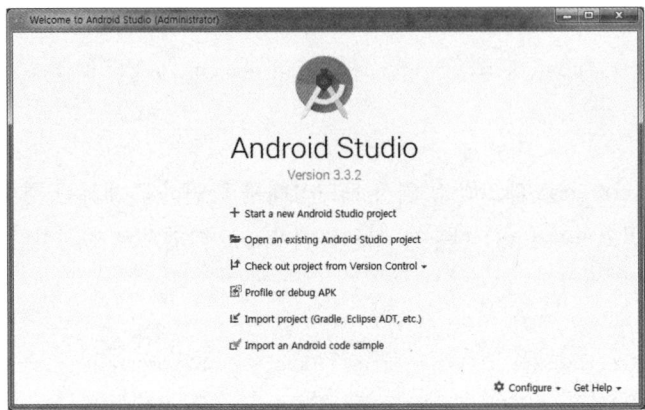

그림 4.48 Start a new Android Studio project 선택

2 이때 다음과 같이 프로젝트 선택 윈도우가 나타난다. 먼저 위쪽에서 기본적으로 선택되어 있는 Phone and Tablet 를 그대로 지정하고 비어있는 화면을 보여주는 "Empty Activity" 를 선택한 뒤, Next 버튼을 누른다.

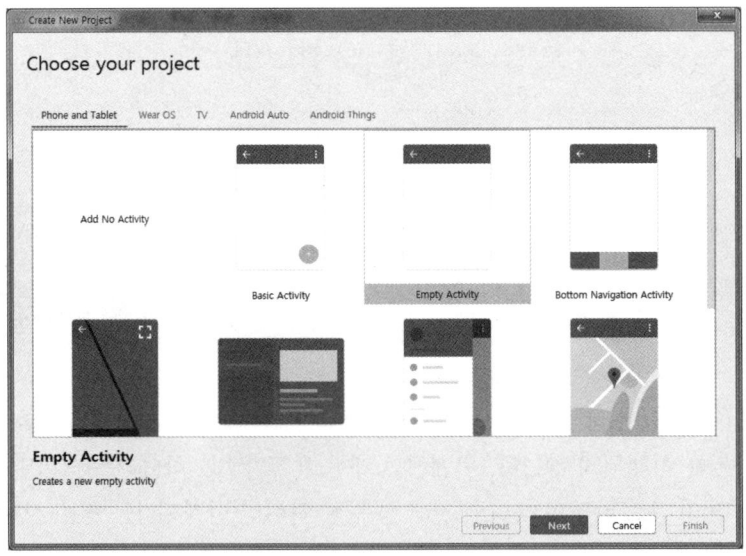

그림 4.49 Empty Activity 선택

❸ 이어서 다음과 같이 안드로이드 프로젝트 설정 윈도우가 나타난다. 첫 번째 Name 항목에 "RadioButtonSample" 이라고 입력한다. 그 다음 줄 항목들은 모두 그대로 두고 아래쪽에 위치한 Finish 버튼을 눌러 프로젝트를 생성한다.

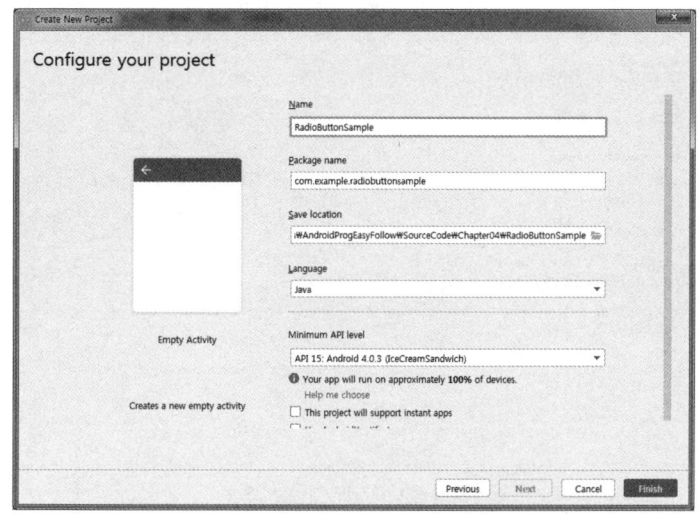

그림 4.50 안드로이드 프로젝트 이름 입력 및 생성 종료

❹ 이제 오른쪽 에디터에는 activity_main.xml 와 MainActivity.java 파일이 자동으로 표시된다. 이때 activity_main.xml 탭을 눌러 레이아웃 에디터를 표시한다. 레이아웃 에디터에는 중앙에 "Hello World" TextView 가 표시된다. 이제 마우스로 이 "Hello World" TextView를 선택하고 Delete 키를 누르거나 오른쪽 마우스 버튼에서 Delete 항목을 선택하여 삭제한다.

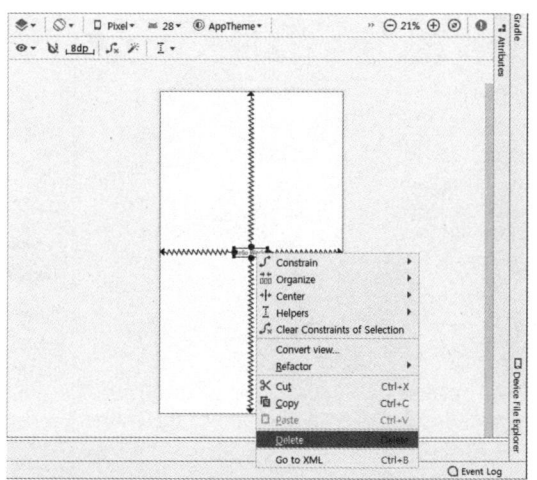

그림 4.51 "Hello World" TextView 삭제

5 이제 팔레트 왼쪽에서 Buttons 를 선택한 상태에서 이어서 마우스로 오른쪽에 표시되는 RadioGroup 을 클릭하고 드랙-앤-드롭으로 오른쪽 레이아웃 뷰 임의의 위치에 떨어뜨린다.

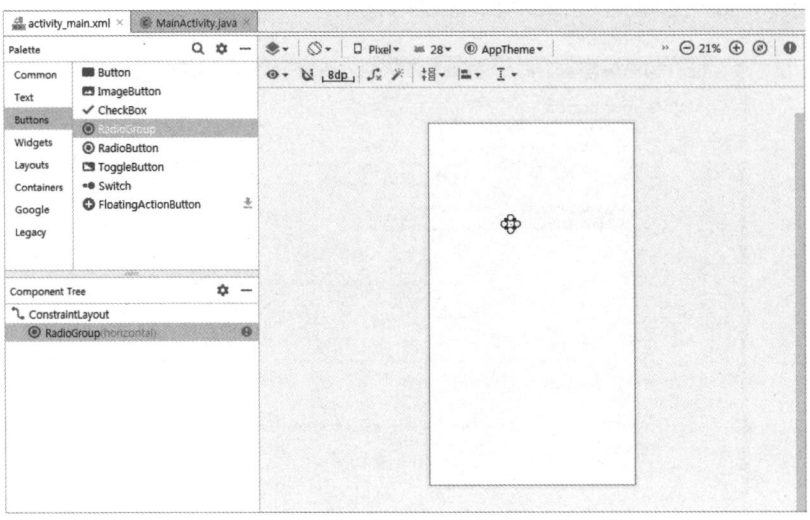

그림 4.52 RadioGroup 추가

6 오른쪽 속성 창을 열고 RadioGroup을 선택한 상태에서 ID 값이 없는 경우, ID 값에 'radioGroup' 이라고 입력한다. 소대문자 구별이 있으니 주의하여 입력한다.

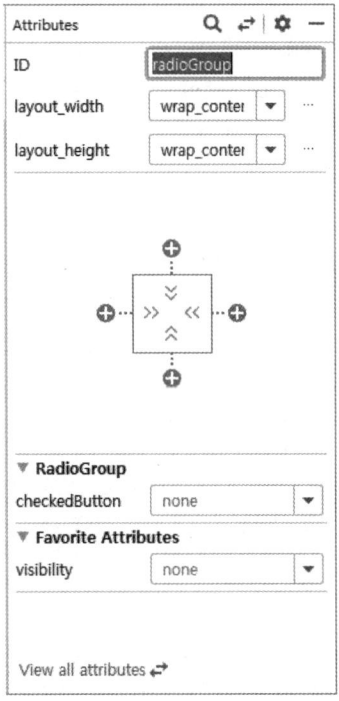

그림 4.53 ID 값에 radioGroup 입력

7 이제 RadioGroup 의 왼쪽, 오른쪽 중앙의 작은 원을 클릭하고 각각의 에디터의 끝 쪽으로 드래그하여 연결한다. 또한 위쪽의 작은 원을 클릭하고 에디터의 끝쪽으로 연결한다.

그림 4.54 RadioGroup 위쪽, 왼쪽, 오른쪽 제약 설정

8 이어서 속성 창을 표시하고 오른쪽 속성 창에서 RadioGroup 의 layout_width 에 0dp를 지정한다.

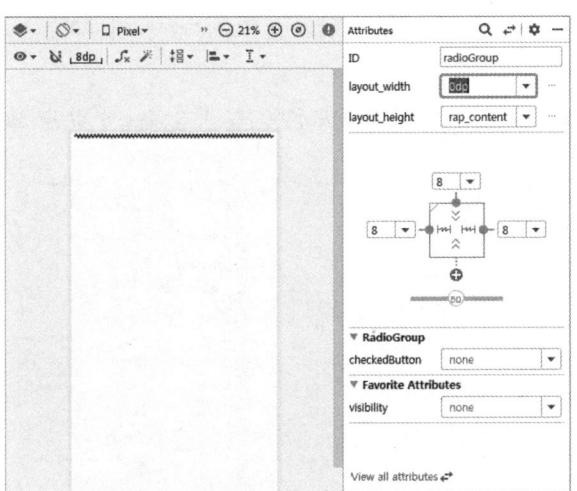

그림 4.55 layout_width 속성 값 변경

9 다시 팔레트 왼쪽에서 Buttons 를 선택한 상태에서 이어서 마우스로 오른쪽에 표시되는 RadioButton 을 클릭하고 드렉-엔-드롭으로 아래쪽 Component Tree 의 RadioGroup 위

에 떨어뜨린다.

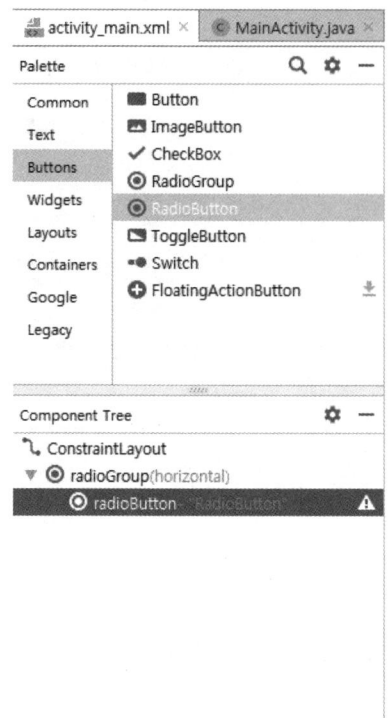

그림 4.56 RadioButton을 RadioGroup 에 추가

10 계속 RadioButton을 선택한 상태에서 오른쪽 속성 창의 text 값을 "Earth" 으로 변경한다.

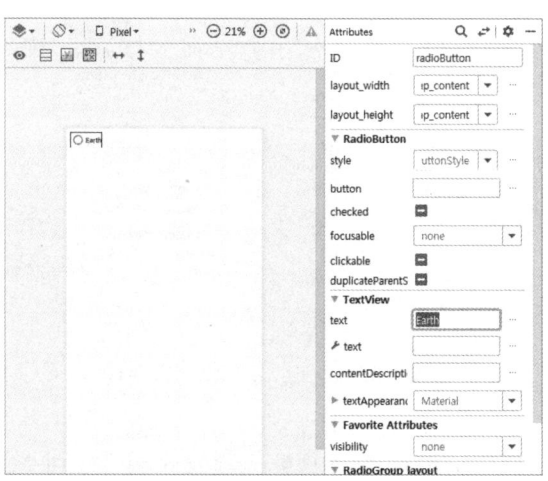

그림 4.57 text 속성 값 변경

⑪ 동일한 방법으로 RadioButton 2 개를 더 추가하여 총 3개의 RadioButton을 RadioGroup 에 추가한다. 그리고 각각 그 text 값을 "Moon", "Mars" 으로 변경한다.

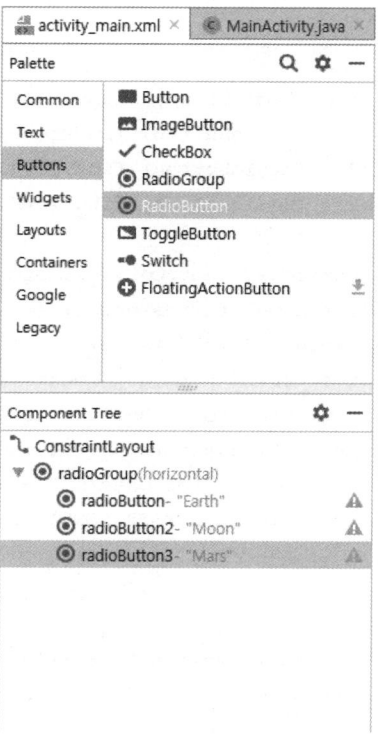

그림 4.58 총 3개의 RadioButton 추가

⑫ 이제 에디터에서 MainActivity.java 을 선택한다. 이때 안드로이드 스튜디오 오른쪽에는 MainActivity.java 파일이 열리는데 다음과 같은 코드를 추가 입력한다.

```
package com.example.radiobuttonsample;

import android.support.v7.app.AppCompatActivity;
import android.os.Bundle;
import android.view.View;
import android.widget.RadioButton;
import android.widget.RadioGroup;
import android.widget.Toast;

public class MainActivity extends AppCompatActivity {
```

```java
@Override
protected void onCreate(Bundle savedInstanceState) {
    super.onCreate(savedInstanceState);
    setContentView(R.layout.activity_main);

    final RadioGroup rg = (RadioGroup) findViewById(R.id.radioGroup);
    RadioButton option1 = (RadioButton) findViewById(R.id.radioButton);
    RadioButton option2 = (RadioButton) findViewById(R.id.radioButton2);
    RadioButton option3 = (RadioButton) findViewById(R.id.radioButton3);

    RadioButton.OnClickListener radioOnClickListerner =
            new RadioButton.OnClickListener() {
                public void onClick(View v) {
                    int selectid = rg.getCheckedRadioButtonId();
                    RadioButton rb = (RadioButton) findViewById(selectid);
                    Toast.makeText(getApplicationContext(),
                            "Selected data : " + rb.getText().toString(),
                            Toast.LENGTH_LONG).show();
                }
            };

    option1.setOnClickListener(radioOnClickListerner);
    option2.setOnClickListener(radioOnClickListerner);
    option3.setOnClickListener(radioOnClickListerner);
    option1.setChecked(true);
}
}
```

13 이제 실제 기기를 PC에 연결하고 안드로이드 스튜디오 위쪽에 위치한 Run 버튼을 누르면 배포 타겟(deployment target) 화면이 나타난다. 연결된 디바이스 혹은 가상 화면을 선택하고 OK 버튼을 눌러 실행시켜 다음과 같은 화면이 나타나면 라디오 버튼 항목을 눌러 선택된 자료가 출력되는지 확인해본다.

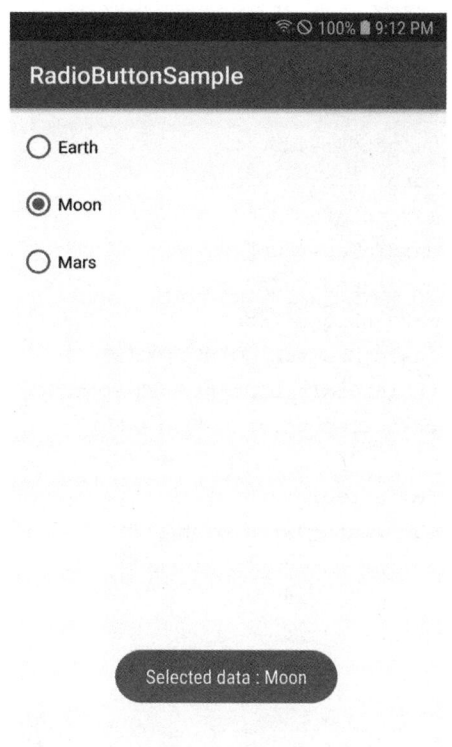

그림 4.59 RadioButtonSample 프로젝트 실행

원리 설명

라디오 버튼은 여러 개 항목 중 하나를 선택할 때 사용되는 위젯이다. 하나를 선택하면 다른 항목들은 자동으로 선택되지 않는다. 이와 같은 라디오버튼을 사용하기 위해서는 먼저 Radio Group 클래스를 사용하여 라디오 항목을 포함하는 전체 그룹을 만들어 준 뒤, 각각의 항목에 해당하는 RadioButton 클래스를 생성해주어야 한다. 팔레트에서 RadioGroup 과 Radio Button 를 선택하여 디자인 뷰에 위치시킬 때 다음과 같은 XML 코드가 만들어진다.

RadioGroup 은 실제 화면에 표시되지 않고 라디오버튼을 그룹으로 관리하는 위젯이다. 여기서는 layout_width 속성에 "0dp"를 지정하여 그 너비를 부모에서 사용가능한 크기로 모두 사용한다. RadioButton 에서는 layout_weight 속성을 사용하여 공간을 원하는 비율로 할당하였다. 여기서는 3 개의 RadioButton 모두 layout_weight 속성에 1을 지정하여 3 개 모두 동일한 크기의 공간을 할당하였다.

```xml
<RadioGroup
        android:id="@+id/radioGroup"
        android:layout_width="0dp"
        android:layout_height="144dp"
        android:layout_marginStart="8dp"
        android:layout_marginLeft="8dp"
        android:layout_marginTop="8dp"
        android:layout_marginEnd="8dp"
        android:layout_marginRight="8dp"
        app:layout_constraintEnd_toEndOf="parent"
        app:layout_constraintStart_toStartOf="parent"
        app:layout_constraintTop_toTopOf="parent">
    <RadioButton
        android:id="@+id/radioButton"
        android:layout_width="wrap_content"
        android:layout_height="wrap_content"
        android:layout_weight="1"
        android:text="Earth" />
    ...
</RadioGroup>
```

이제 에디터에서 MainActivity.java 탭을 클릭하여 소스 코드를 불러낸다. MainActivity.java 파일은 다음과 같이 Activity 클래스의 자식 클래스인 AppCompatActivity 클래스로부터 계승받는 MainActivity 클래스를 선언한다.

```
public class MainActivity extends AppCompatActivity {
...
```

그다음, 파라메터로 Bundle 타입의 savedInstanceState를 사용하는 onCreate() 메소드를 작성한다.

```
    protected void onCreate(Bundle savedInstanceState) {
        super.onCreate(savedInstanceState);
        ...
```

이어서 사용된 setContentView() 함수는 위에서 작성한 activity_main.xml 파일을 연결시켜 이 파일에 작성된 뷰와 위젯들을 그대로 화면에 표시하는 기능을 한다.

```
        setContentView(R.layout.activity_main);
    ...
```

이제 findViewById() 함수를 사용하여 디자인 뷰의 RadioGroup 위젯을 참조한다. 즉, 위에서 작성한 RadioGroup 을 참조하기 위해서는 파라메터 값에 R.id.radioGroup 을 지정한다. 참고로 여기서 R 과 id 는 각각 클래스 이름이고 radioGroup 은 속성 창에서 보여주는 RadioGroup 에 대한 ID 값을 의미한다. RadioGroup 위젯을 추가시킬 때 반드시 radioGroup 이라는 이름으로 지정하는 것을 잊지 않도록 한다. 그리고 RadioGroup 객체 역시 앞에는 final을 지정하는데 이 객체를 내부 클래스에서 참조하기 때문이다.

```
        final RadioGroup rg = (RadioGroup) findViewById(R.id.radioGroup);
    ...
```

이번에는 동일한 방법으로 findViewById() 함수를 사용하여 디자인 뷰의 RadioButton 위젯을 참조한다. 즉, 위에서 작성한 RadioButton 등을 참조하기 위해서는 파라메터 값에 R.id.radioButton, R.id.radioButton2, R.id.radioButton3 등을 지정한다.

```
        RadioButton option1 = (RadioButton) findViewById(R.id.radioButton);
        RadioButton option2 = (RadioButton) findViewById(R.id.radioButton2);
        RadioButton option3 = (RadioButton) findViewById(R.id.radioButton3);
    ...
```

이제 다음과 같이 무명클래스를 사용하여 View.OnClickListener() 객체를 생성하고 이 객체를 파라메터로 하는 setOnClickListener() 호출을 처리해보자. 즉, 다음과 같이 radioOnClickListener 이라는 이름으로 View.OnClickListener() 객체를 생성한다.

```
        RadioButton.OnClickListener radioOnClickListener =
                        new RadioButton.OnClickListener() {
    ...
```

즉, 클릭 리스너를 구현하는 무명 클래스를 위와 같이 정의해준 뒤 라디오 버튼에 등록해주면 라디오 버튼을 클릭할 때 마다 자동으로 이 무명 클래스 내부에 있는 onClick() 이 호출된다.

```
public void onClick(View v) {
    ...
```

이 함수에서는 먼저 RadioGroup 객체의 getCheckedRadioButtonId()를 호출하여 현재 라디오 그룹에서 선택된 라디오 버튼의 ID 값을 얻는다.

```
int selectid = rg.getCheckedRadioButtonId();
    ...
```

이제 이 ID 값을 파라메터로 하는 findViewById() 함수를 호출하여 선택된 RadioButton 에 대한 객체를 얻는다.

```
RadioButton rb = (RadioButton) findViewById(selectid);
    ...
```

마지막으로 토스트(toast)를 사용하여 원하는 자료를 화면에 표시할 수 있다. 이때 RadioButton 객체의 getText()를 사용하여 선택된 RadioButton 의 text 속성 값을 얻고 toString()을 호출하여 스트링 값으로 변경하여 화면에 출력해준다.

```
        Toast.makeText(getApplicationContext(),
            "Selected data : " + rb.getText().toString(),
            Toast.LENGTH_LONG).show();
    }
};
    ...
```

이제 위 객체를 각각의 라디오버튼의 setOnClickListener()의 파라메터에 등록해주면 3 개의 라디오 버튼을 누를 때 마다 동일한 이벤트가 발생하면서 위의 onClick() 함수를 실행한다.

```
option1.setOnClickListener(radioOnClickListerner);
option2.setOnClickListener(radioOnClickListerner);
option3.setOnClickListener(radioOnClickListerner);
    ...
```

마지막으로 RadioButton 객체의 setChecked()에 true를 지정하여 화면 처음으로 표시될 때 option1 라디오버튼이 기본으로 체크되도록 지정한다.

```
        option1.setChecked(true);
    }
}
```

4.5 토글 버튼(Toggle Button)

토글 버튼은 하나의 버튼을 연속으로 눌렀을 때 On 과 Off 가 서로 교대로 표시되는 버튼을 말한다. 즉, 하나의 버튼으로 2 개의 기능을 처리할 수 있는 유용한 기능을 제공한다.

그대로 따라하기

1 안드로이드 스튜디오를 실행하고 시작 화면이 나타나면 첫 번째 항목인 Start a new Android Studio project를 선택한다.

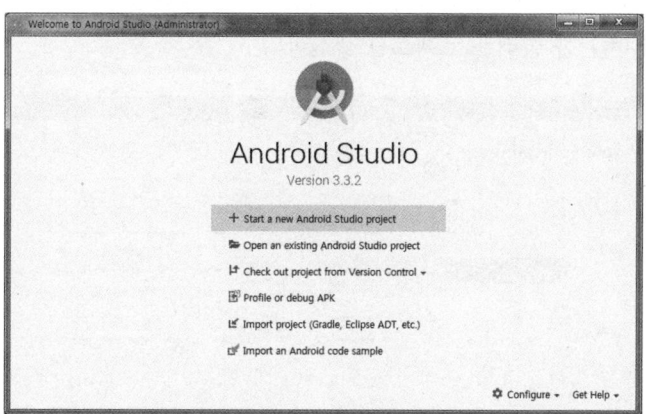

그림 4.60 Start a new Android Studio project 선택

2 이때 다음과 같이 프로젝트 선택 윈도우가 나타난다. 먼저 위쪽에서 기본적으로 선택되어 있는 Phone and Tablet 를 그대로 지정하고 비어있는 화면을 보여주는 "Empty Activity" 를 선택한 뒤, Next 버튼을 누른다.

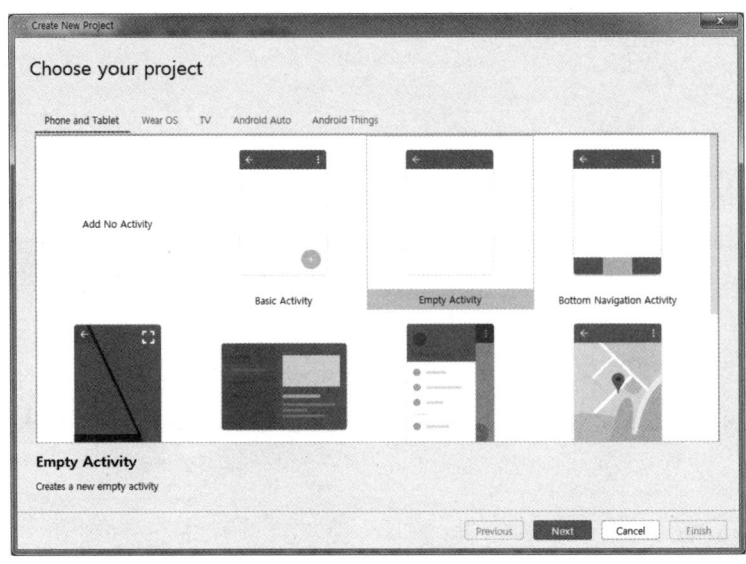

그림 4.61 Empty Activity 선택

3 이어서 다음과 같이 안드로이드 프로젝트 설정 윈도우가 나타난다. 첫 번째 Name 항목에 "ToggleButtonSample" 이라고 입력한다. 그 다음 줄 항목들은 모두 그대로 두고 아래쪽에 위치한 Finish 버튼을 눌러 프로젝트를 생성한다.

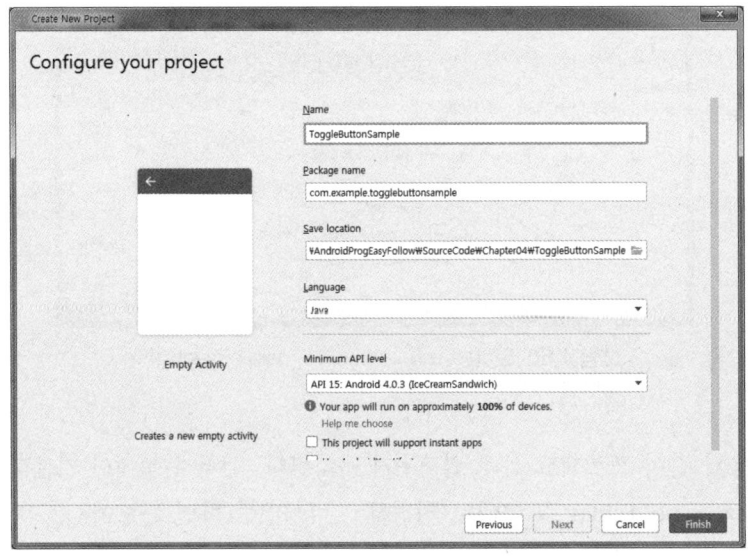

그림 4.62 안드로이드 프로젝트 이름 입력 및 생성 종료

4 이제 오른쪽 에디터에는 activity_main.xml 와 MainActivity.java 파일이 자동으로 표시된다. 이때 activity_main.xml 탭을 눌러 레이아웃 에디터를 표시한다. 레이아웃 에디터에는 중앙에 "Hello World" TextView 가 표시된다. 이제 마우스로 이 "Hello World" TextView를 선택하고 Delete 키를 누르거나 오른쪽 마우스 버튼에서 Delete 항목을 선택하여 삭제한다.

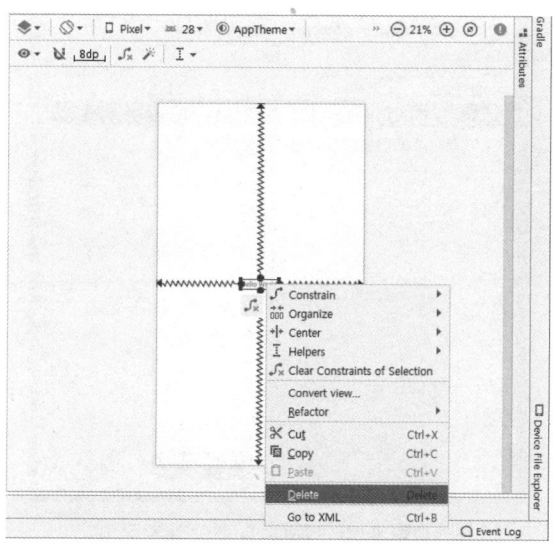

그림 4.63 "Hello World" TextView 삭제

5 이제 ToggleButton 에 표시할 "off.png"와 "on.png"라는 이름의 파일을 각각 다운받아 오른쪽 마우스 버튼으로 함께 복사하고 ToggleButtonSample 프로젝트의 app-res-drawable 폴더에서 오른쪽 마우스 버튼의 'Paste' 항목을 선택한다(그림 파일은 소스 코드 폴더 참조).

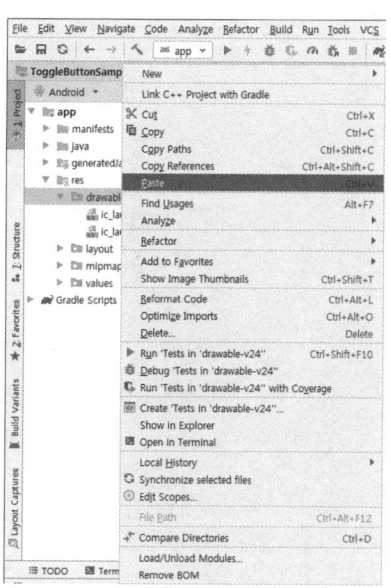

그림 4.64 그림 파일 복사

6 이때 복사할 디렉토리를 지정하는 대화상자가 나타는데 다음과 같이 \app\src\main\res\drawable 으로 지정한다. 이어서 위에서 복사할 소스 대화상자가 나타나면 그 소스 파일을 선택해준다.

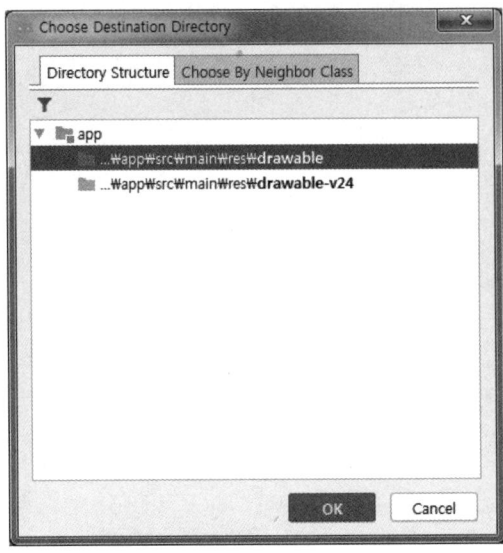

그림 4.65 복사할 디렉토리 지정

7 이제 팔레트 왼쪽에서 Buttons 을 선택한 상태에서 이어서 마우스로 오른쪽에 표시되는 ToggleButton 을 클릭하고 드렉-엔-드롭으로 오른쪽 레이아웃 뷰 임의의 위치에 떨어뜨린다.

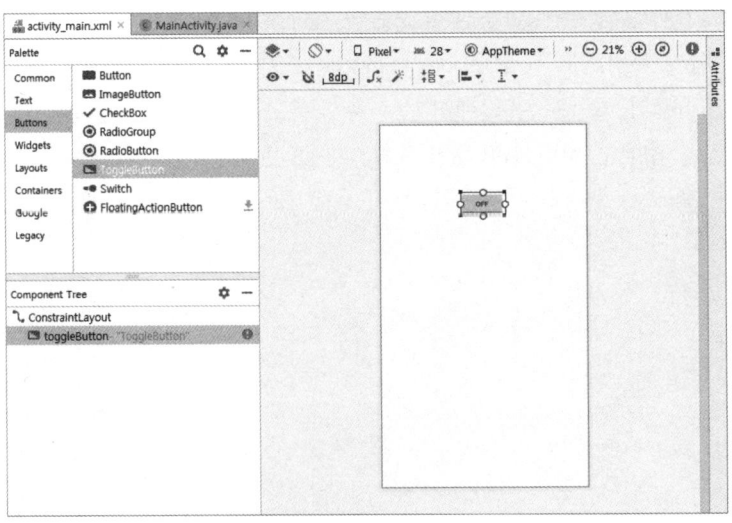

그림 4.66 ToggleButton 추가

8 ToggleButton 위쪽 중앙의 작은 원을 클릭하고 위쪽 에디터 끝까지 드래그 한다. 동일한 방법으로 왼쪽, 오른쪽 중앙의 작은 원을 클릭하고 각각의 에디터 끝까지 드래그 처리한다.

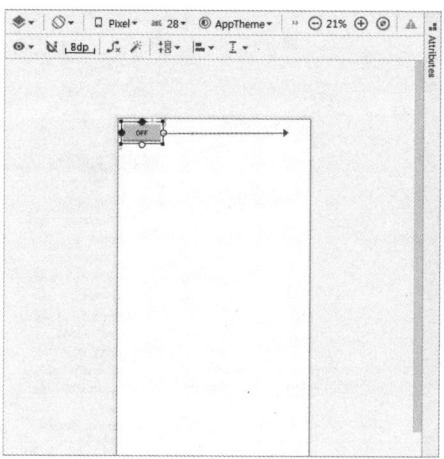

그림 4.67 ToggleButton 의 위, 왼쪽, 오른쪽 제약 설정

9 이제 오른쪽 끝에 있는 Attributes 탭을 눌러 속성 창을 표시한다. 아래쪽에 위치한 View all properties를 클릭하고 background 속성 오른쪽에 위치한 "…" 버튼을 누른다. 이때 다음과 같이 Resources 선택 창이 나타나면 위에서 추가한 off.png 파일을 선택하고 OK 버튼을 누른다.

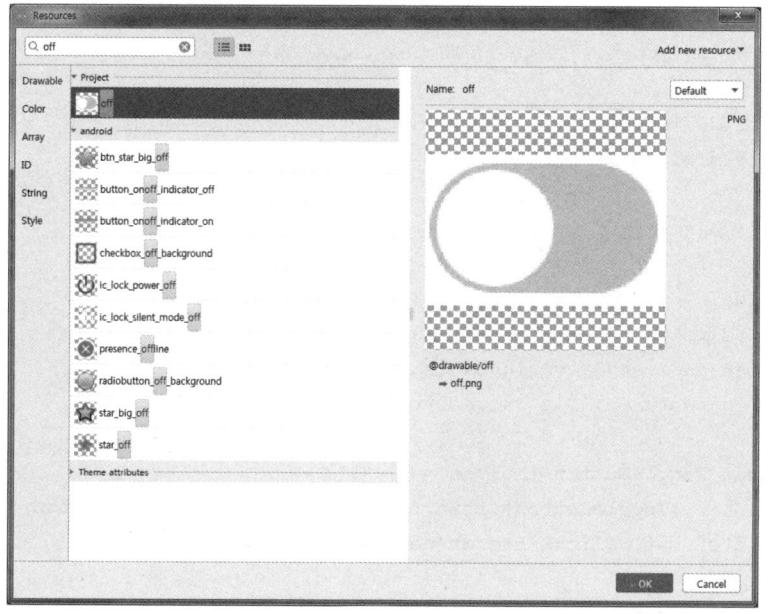

그림 4.68 Resources 선택 창에서 off.png 파일 선택

⑩ 이제 다음과 같이 ToggleButton 위에 off.png 파일 그림이 표시된다.

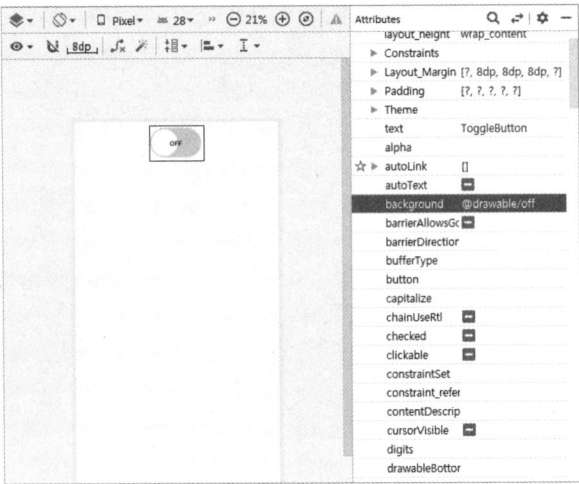

그림 4.69 off.png 파일 그림 표시

⑪ 이어서 에디터에서 MainActivity.java 탭을 선택한다. 이때 안드로이드 스튜디오 오른쪽에는 MainActivity.java 파일이 열리는데 다음과 같은 코드를 추가 입력한다.

```java
package com.example.togglebuttonsample;

import android.support.v7.app.AppCompatActivity;
import android.os.Bundle;
import android.view.View;
import android.widget.ToggleButton;

public class MainActivity extends AppCompatActivity {

    @Override
    protected void onCreate(Bundle savedInstanceState) {
        super.onCreate(savedInstanceState);
        setContentView(R.layout.activity_main);

        final ToggleButton tbutton =
                (ToggleButton) this.findViewById(R.id.toggleButton);
        tbutton.setOnClickListener(new View.OnClickListener() {

            @Override
```

```java
        public void onClick(View v) {
            if(tbutton.isChecked())
                tbutton.setBackgroundResource(R.drawable.on);
            else
                tbutton.setBackgroundResource(R.drawable.off);
        }
    });
    }
}
```

12. 이제 실제 기기를 PC에 연결하고 안드로이드 스튜디오 위쪽에 위치한 Run 버튼을 누르면 배포 타겟(deployment target) 화면이 나타난다. 연결된 디바이스 혹은 가상 화면을 선택하고 OK 버튼을 눌러 실행시켜 다음과 같은 화면이 나타나는지 확인해 본다.

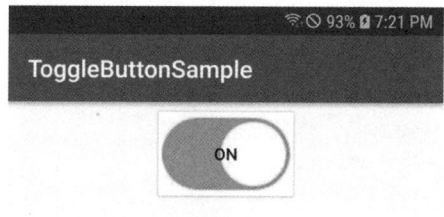

그림 4.70 ToggleButtonSample 프로젝트 실행

원리 설명

토글 버튼은 하나의 버튼을 연속을 눌러 On 혹은 Off 기능을 제공하는 위젯이다. 하나의 버튼으로 On 과 Off 두 가지 기능을 모두 제공하므로 공간을 절약하는 장점을 갖는다. 팔레트에서 ToggleButton 를 선택하여 디자인 뷰에 위치시킬 때 다음과 같은 XML 코드가 만들어진다. ToggleButton 의 background 속성은 토글 버튼을 화면에 표시할 때 사용되는 초기 이미지를 지정한다. 여기서는 "@drawable/off"를 지정하여 drawable 폴더에 위치한 off.png 파일을 이미지로 사용한다.

```
<ToggleButton
    android:id="@+id/toggleButton"
    android:layout_width="wrap_content"
    android:layout_height="wrap_content"
    android:layout_marginStart="8dp"
    android:layout_marginLeft="8dp"
    android:layout_marginTop="8dp"
    android:layout_marginEnd="8dp"
    android:layout_marginRight="8dp"
    android:background="@drawable/off"
    android:text="ToggleButton"
    app:layout_constraintEnd_toEndOf="parent"
    app:layout_constraintStart_toStartOf="parent"
    app:layout_constraintTop_toTopOf="parent" />
```

이제 에디터에서 MainActivity.java 탭을 클릭하여 소스 코드를 불러낸다. MainActivity.java 파일은 다음과 같이 Activity 클래스의 자식 클래스인 AppCompatActivity 클래스로부터 계승받는 MainActivity 클래스를 선언한다.

```
public class MainActivity extends AppCompatActivity {
...
```

그다음, 파라미터로 Bundle 타입의 savedInstanceState를 사용하는 onCreate() 메소드를 작성한다.

```
    protected void onCreate(Bundle savedInstanceState) {
        super.onCreate(savedInstanceState);
        ...
```

이어서 사용된 setContentView() 함수는 위에서 작성한 activity_main.xml 파일을 연결시켜 이 파일에 작성된 뷰와 위젯들을 그대로 화면에 표시하는 기능을 한다.

```
setContentView(R.layout.activity_main);
...
```

이제 findViewById() 함수를 사용하여 디자인 뷰의 ToggleButton 위젯을 참조한다. 즉, 위에서 작성한 ToggleButton 을 참조하기 위해서는 파라미터 값에 R.id.toggleButton 을 지정한다. 참고로 R 과 id 는 각각 클래스 이름이고 toggleButton 은 속성 창에서 보여주는 ToggleButton 에 대한 ID 이다.

```
final ToggleButton tbutton =
        (ToggleButton) this.findViewById(R.id.toggleButton);
...
```

그다음, 생성된 ToggleButton 객체를 이용하여 이벤트 처리 메소드를 생성한다. 여기서는 버튼을 클릭할 때 실행되도록 하는 이벤트 리스너(Event Listener)를 등록하여 이 리스너에 의해 호출되는 콜백 메소드를 등록해준다. 즉, 다음과 같이 View.OnClickListener() 객체를 생성하고 이 객체를 파라미터로 하는 setOnClickListener()를 호출하여 토글 버튼이 눌려지게 되면 자동으로 무명 클래스 내부에 있는 onClick() 함수가 호출되도록 한다.

```
tbutton.setOnClickListener(new View.OnClickListener() {

    @Override
    public void onClick(View v) {
        ...
```

onClock() 함수에서는 먼저 isChecked()를 이용하여 현재 버튼의 On 상태인지를 확인한다. 만일 On 상태인 경우에는 setBackgroundResource() 함수와 함께 위에서 지정한 on.png 파일 ID 값을 파라미터로 지정하여 이미지를 표시한다.

setBackgroundResource() 함수

이 함수는 View 객체에서 제공하는 함수로서 컨트롤의 배경에 원하는 이미지를 채우고자 할 때 사용된다.

View.setBackgroundResource(int resid)

이때 이 함수는 파라메터로 int 를 사용하는데 원하는 이미지에 대한 이미지 리소스의 ID 값이다. 만일 Drawable 객체 값 혹은 0 으로 지정하면 기존의 이미지를 삭제한다.

```
            if(tbutton.isChecked())
                    tbutton.setBackgroundResource(R.drawable.on);
            ...
```

만일 현재 버튼의 상태가 off 인 경우에는 setBackground() 함수와 함께 위에서 지정한 off.png 파일 ID 값을 파라메터로 지정하여 토글버튼의 배경으로 사용한다.

```
            else
                    tbutton.setBackgroundResource(R.drawable.off);
        }
    });
  }
}
```

정리

    버튼은 사용자가 원하는 기능을 처리하기 위해 터치하는 기능을 제공하는 입력 위젯이다. 어떤 자료를 입력받거나 어떤 일을 완료하고자 할 때 사용자와 상호작용을 제공하는 유용한 기능 중 하나이다.
    버튼에는 텍스트를 보여주는 일반적인 Button, 텍스트 대신 이미지를 보여주는 ImageButton, 사용자가 입력한 것을 체크하고 보관할 수 있는 CheckButton, 여러 항목 중 하나를 선택할 수 있는 RadioButton, 누를 때 마다 On/Off 가능한 토글 버튼 등이 있다.
    생성된 Button 객체를 이용하여 이벤트 처리 메소드를 생성할 수 있다. 이벤트 처리 메소드는 어떤 특정한 이벤트가 발생하였을 때 자동으로 실행되는 메소드를 말한다. 여기서는 버튼을 클릭할 때 실행되도록 하는 이벤트 리스너(Event Listener)를 등록하여 이 리스너에 의해 호출되는 콜백 메소드를 등록해주면 된다. 즉, 버튼이 눌러지면 자동으로 이 무명 클래스 내부에 있는 onClick() 이 호출되므로 이 onClick() 함수 내부에 원하는 코드를 추가시키면 버튼이 눌러질 때 마다 원하는 기능을 처리할 수 있다.

제5장

액션 바와 메뉴

음식점에 들어가면 가장 먼저 메뉴를 확인하듯이 어플리케이션을 실행시킨 뒤에 가장 먼저 체크하는 일이 바로 메뉴를 확인하는 일이다. 메뉴를 통하여 이 어플리케이션에서 어떤 기능을 제공하는지를 알아낼 수 있고 메뉴를 통하여 화면에 숨겨진 여러 가지 기능을 사용할 수 있기 때문이다. 이러한 메뉴와 함께 모바일 상단에 제목과 함께 간단한 메뉴를 한눈에 볼 수 있는 기능이 바로 액션 바(action bar)이다. 이 액션 바를 통하여 현재 어플리케이션이 어떤 것이지를 돋보이게 만들 수 있고 로고 등 간단한 메뉴를 직관적으로 사용할 수 있도록 해준다. 이장에서는 이러한 메뉴와 액션 바에 대한 것을 예제를 통하여 어떻게 생성하고 어떻게 구현하는지 그 방법에 대하여 알아볼 것이다.

5.1 액션 바(Action bar)

액션 바는 안드로이드 어플리케이션의 로고, 아이콘, 메뉴 항목 등과 같은 공간을 제공하기 위한 화면 위쪽에 생기는 막대를 말한다. 액션 바는 안드로이드 3.0부터 추가되었지만 그 이하 버전에서도 지원 라이브러리(Support Library)를 사용하여 동일한 모양의 액션 바를 사용할 수 있다. 다음 그림 5.1은 액션 바를 보여준다.

그림 5.1 액션 바

액션 바는 안드로이드 버전에 따라 다음 2 가지 형태로 사용할 수 있다. 먼저, 안드로이드 3.0 미만 버전을 지원하는 기기에서 액션 바를 사용하기 위해서는 다음 AppCompatActivity를 import android.support.v7.app.AppCompatActivity 를 선언하고 AppCompatActivity 클래스를 선언한다.

```
import android.support.v7.app.AppCompatActivity;
...
public class MainActivity extends AppCompatActivity {
...
```

자신의 기기가 안드로이드 3.0 이상을 지원한다면 다음과 같이 Activity를 import 선언하고 Activity 로부터 계승받는 클래스를 선언한다.

```
import android.app.Activity;
...
public class MainActivity extends Activity {
...
```

만일 자신의 기기에 버전 안드로이드 3.0(API 11) 이상만을 지원하는 앱을 설치하고자 한다면 AppCompatActivity 클래스를 사용할 필요 없이 Activity 클래스로부터 직접 계승받아 사용한다.

이제 이러한 액션 바를 이용한 메뉴를 작성해보자.

5.2 옵션 메뉴

옵션 메뉴는 현재 화면에서 제공하는 여러 기능이나 선택 사항을 설정하고 실행하는 기능을 한다. 이전에는 메뉴 항목이 기기의 메뉴 버튼을 누를 때 화면에 표시되었지만 이제 이러한 메뉴 항목을 액션 바에 올릴 수 있다. 어플리케이션에서 여러 가지 기능을 제공하는 경우, 계층적으로 표시되는 메뉴의 기능을 살펴보면 이 어플리케이션에서 어떤 기능을 제공하는지 쉽게 알 수 있다. 이 메뉴는 액티비티의 기본적인 주 메뉴이기도 하다.

그대로 따라하기

1 안드로이드 스튜디오를 실행하고 시작 화면이 나타나면 첫 번째 항목인 Start a new Android Studio project를 선택한다.

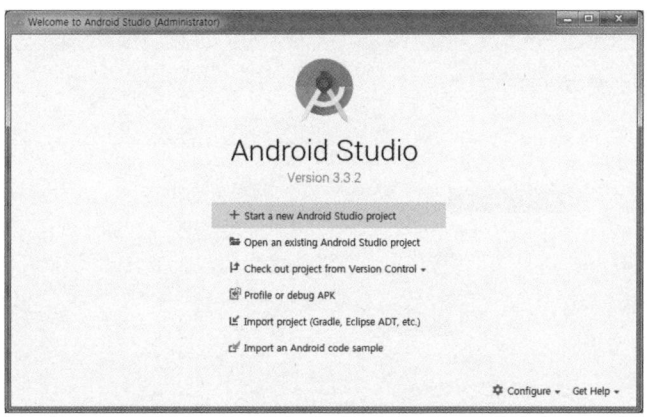

그림 5.2 Start a new Android Studio project 선택

2 이때 다음과 같이 프로젝트 선택 윈도우가 나타난다. 먼저 위쪽에서 기본적으로 선택되어 있는 Phone and Tablet 를 그대로 지정하고 비어있는 화면을 보여주는 "Empty Activity" 를 선택한 뒤, Next 버튼을 누른다.

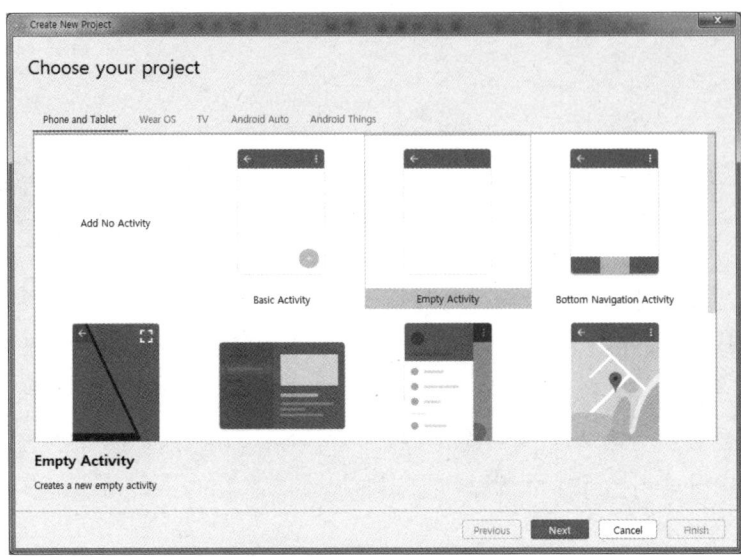

그림 5.3 Empty Activity 선택

3 이어서 다음과 같이 안드로이드 프로젝트 설정 윈도우가 나타난다. 첫 번째 Name 항목에 "OptionMenuSample" 이라고 입력한다. 그 다음 줄 항목들은 모두 그대로 두고 아래쪽에 위치한 Finish 버튼을 눌러 프로젝트를 생성한다.

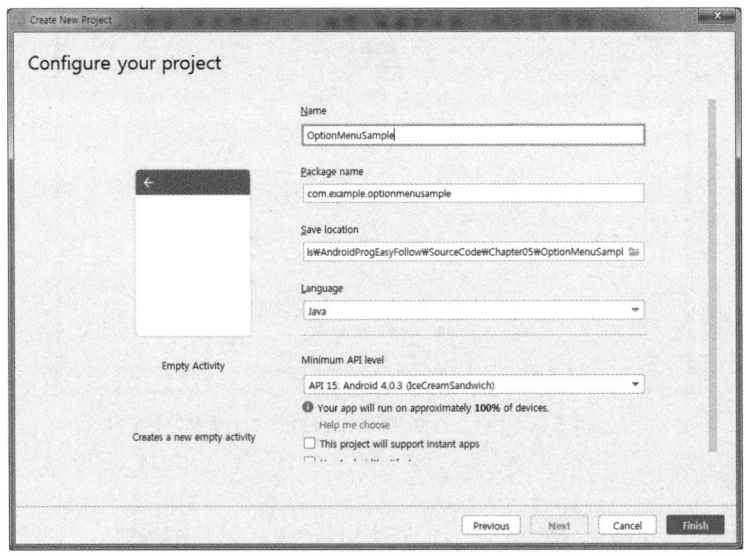

그림 5.4 안드로이드 프로젝트 이름 입력 및 생성 종료

4 이제 오른쪽 에디터에는 activity_main.xml 와 MainActivity.java 파일이 자동으로 표시된다. 이때 activity_main.xml 탭을 눌러 레이아웃 에디터를 표시한다. 레이아웃 에디터에는 중앙에 "Hello World" TextView 가 표시된다. 이제 마우스로 이 "Hello World" TextView 를 선택하고 Delete 키를 누르거나 오른쪽 마우스 버튼에서 Delete 항목을 선택하여 삭제한다.

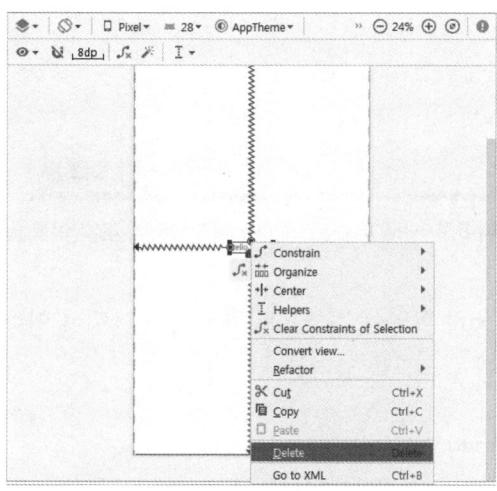

그림 5.5 "Hello World" TextView 삭제

5 프로젝트 탭의 app-res 폴더에서 오른쪽 마우스 버튼을 누르고 팝업 메뉴가 나타나면 New-Directory를 선택한다. 이때 New Directory 대화상자가 나타나는데 디렉토리 이름으로 "menu"를 입력하고 OK 버튼을 눌러 menu 폴더를 생성한다.

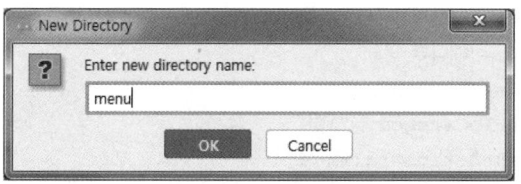

그림 5.6 New Directory 대화상자에 menu 입력

6 이번에는 프로젝트 탭의 app-res-menu 폴더에서 오른쪽 마우스 버튼을 누르고 팝업 메뉴가 나타나면 New-Menu resource file 을 선택한다. 이때 New Resource File 대화상자가 나타나면 첫 번째 File Name 항목에 "main_menu" 라고 입력하고 OK 버튼을 눌러 main_menu.xml 파일을 생성한다.

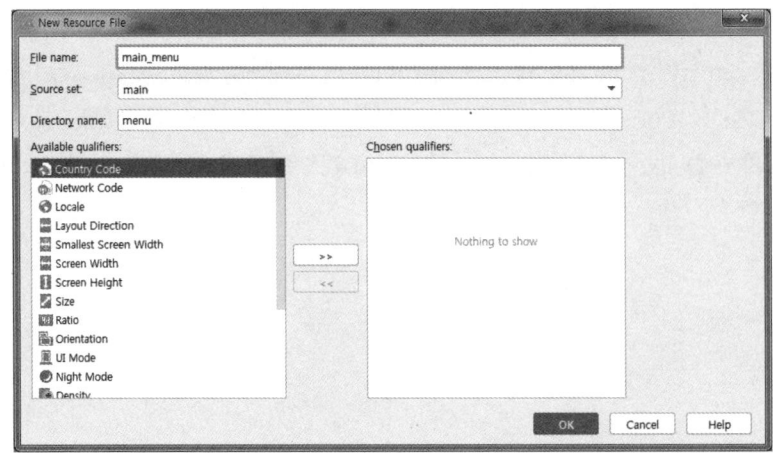

그림 5.7 New Resource File 대화상자에 파일 이름 입력

7 이제 main_menu.xml 파일이 자동으로 표시되면 에디터 아래쪽에서 Text 탭을 선택한다. 소스 에디터에 다음 코드를 입력한다.

```xml
<?xml version="1.0" encoding="utf-8"?>
<menu xmlns:android="http://schemas.android.com/apk/res/android"
    xmlns:yourapp="http://schemas.android.com/apk/res-auto">
    <item android:id="@+id/plant1"
        android:orderInCategory="100"
        yourapp:showAsAction="always"
        android:title="감나무"/>
    <item android:id="@+id/plant2"
        android:orderInCategory="100"
        yourapp:showAsAction="always"
        android:title="배나무"/>
    <item android:id="@+id/animal"
        android:orderInCategory="100"
        yourapp:showAsAction="always"
        android:title="동물">
        <menu>
            <group>
                <item android:id="@+id/animal1"
                    android:orderInCategory="100"
                    android:title="호랑이"/>
                <item android:id="@+id/animal2"
                    android:orderInCategory="100"
```

```
                    android:title="사자"/>
            </group>
        </menu>
    </item>
</menu>
```

8 이어서 에디터에서 MainActivity.java 탭을 선택한다. 이때 안드로이드 스튜디오 오른쪽에는 MainActivity.java 파일이 열리는데 다음과 같은 코드를 추가 입력한다.

```
package com.example.optionmenusample;

import android.support.v7.app.AppCompatActivity;
import android.os.Bundle;
import android.view.Menu;
import android.view.MenuInflater;
import android.view.MenuItem;
import android.widget.Toast;


public class MainActivity extends AppCompatActivity {

    @Override
    protected void onCreate(Bundle savedInstanceState) {
        super.onCreate(savedInstanceState);
        setContentView(R.layout.activity_main);
    }

    @Override
    public boolean onCreateOptionsMenu(Menu menu) {

        MenuInflater inflater = getMenuInflater();
        inflater.inflate(R.menu.main_menu, menu);
        return super.onCreateOptionsMenu(menu);
    }

    @Override
    public boolean onOptionsItemSelected(MenuItem item) {
        switch (item.getItemId()) {
            case R.id.plant1 :
                Toast.makeText(this, "감나무", Toast.LENGTH_SHORT).show();
```

```
                return true;
            case R.id.plant2 :
                Toast.makeText(this, "배나무", Toast.LENGTH_SHORT).show();
                return true;
            case R.id.animal1 :
                Toast.makeText(this, "호랑이", Toast.LENGTH_SHORT).show();
                return true;
            case R.id.animal2 :
                Toast.makeText(this, "사자", Toast.LENGTH_SHORT).show();
                return true;
        }
        return super.onOptionsItemSelected(item);
    }
}
```

9 이제 실제 기기를 PC에 연결하고 안드로이드 스튜디오 위쪽에 위치한 Run 버튼을 누르면 배포 타겟(deployment target) 화면이 나타난다. 연결된 디바이스 혹은 가상 화면을 선택하고 OK 버튼을 눌러 실행시켜 다음과 같은 화면이 나타나는지 확인해 본다.

그림 5.8 OptionMenuSample 프로젝트 실행

원리 설명

옵션 메뉴는 현재 액티비티의 주 메뉴이고 현재 어플리케이션에서 제공되는 모든 기능을 이 메뉴를 통해서 쉽게 알아낼 수 있다. 메뉴를 생성하기 위해서는 먼저 프로젝트에서 app-res 폴더 아래쪽에 menu 폴더를 생성하고 이 menu 폴더를 선택한 상태에서 다음과 같이 오른쪽 마우스 버튼을 누르고 New-Menu resource file 항목을 선택하여 메뉴를 생성한다.

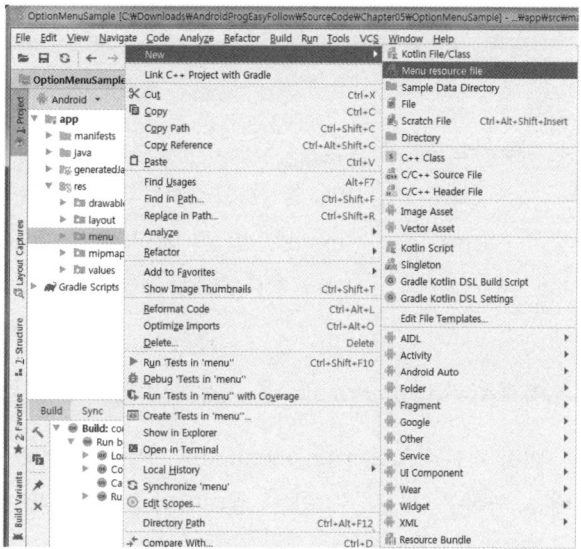

그림 5.9 New-Menu resource file 항목

이때 다음과 같이 New Resource File 대화상자가 나타나는데 File name 항목에 main_menu 라고 입력하면 main_menu.xml 파일이 생성되고 에디터를 이용하여 이 파일에 여러 요소를 추가함으로서 원하는 메뉴를 만들 수 있다.

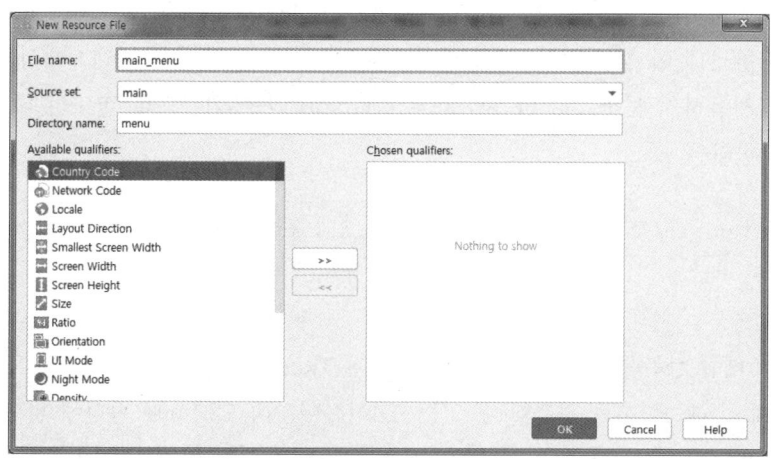

그림 5.10 New Resource File 대화상자

이제 프로젝트에서 main_menu.xml 파일이 생성되면 아래쪽에 위치한 Text 탭을 선택하여 에

디터에 그 소스코드를 불러낼 수 있다. XML 파일에 다음과 같은 메뉴 관련 요소를 사용하여 메뉴를 작성할 수 있다.

표 5.1 메뉴 구성 요소

메뉴 구성 요소	설명
⟨menu⟩	메뉴 항목을 구성하고자할 때 사용되는 항목이다.
⟨item⟩	⟨menu⟩ 항목 안에서 각각의 메뉴 항목을 구성하고자 할 때 사용된다.
⟨group⟩	⟨item⟩ 항목 안에서 새로운 서브 메뉴를 구성하고자 할 때 사용된다.

이제 위의 메뉴 구성 요소를 이용하여 메뉴를 만들어보자.

먼저 기본적으로 main_menu.xml 파일은 다음과 같이 기본적으로 ⟨menu⟩ 태그를 사용하여 메뉴 항목을 만들 수 있는 컨테이너를 구성해준다. 그리고 ⟨menu⟩ 태그에는 기본적으로 android 네임스페이스(namespace)를 지정하여 이 이름으로 속성을 지정할 수 있도록 해준다.

```
<?xml version="1.0" encoding="utf-8"?>
<menu xmlns:android="http://schemas.android.com/apk/res/android"
...
```

이때 주의해야할 점은 메뉴를 액션 바에 표시해주는 'showAsAction' 속성을 ⟨item⟩…⟨/item⟩에서 사용해야하는데 이 항목은 AppCompat 클래스로 계승받는 자식 클래스에서는 android 네임스페이스를 사용하지 못하므로 다음과 같은 yourapp 라는 이름으로 별도의 네임스페이스를 추가해주어야 한다.

```
    xmlns:yourapp="http://schemas.android.com/apk/res-auto">
    ...
```

이제 각각의 메뉴 항목을 표시해보자. 메뉴 항목은 ⟨item⟩…⟨/item⟩을 이용하여 구성할 수 있는데 id 속성에 이 메뉴항목을 참조할 수 있는 ID 이름이 지정되고 title 속성에 원하는 메뉴 이름을 지정할 수 있다. orderInCategory 속성은 메뉴 항목을 순서를 지정하는 기능으로 숫자가 적은 항목일수록 앞쪽에 표시된다. 메뉴를 완성한 뒤에 뒤쪽에 있는 메뉴 항목을 앞쪽으로 옮기고자 할 때 ⟨item⟩ 항목을 복사할 필요 없이 단지 orderInCategory 속성에 더 작은 숫자를 지정해주면 된다. 마지막으로 showAsAction 속성은 메뉴를 위쪽에 위치한 액션 바에 위치시켜준다.

```
<item android:id="@+id/plant1"
      android:orderInCategory="100"
      yourapp:showAsAction="always"
      android:title="감나무"/>
```

두 번째 메뉴 역시 첫 번째 동일하게 만들어준다. 다만 title 을 '배나무'로 변경해 준다.

```
<item android:id="@+id/plant2"
      android:orderInCategory="100"
      yourapp:showAsAction="always"
      android:title="배나무"/>
```

참고로 showAsAction 속성에 지정할 수 있는 값은 다음과 같다.

표 5.2 showAsAction 속성에 지정할 수 있는 값

showAsAction 속성 값	설명
ifRoom	표시할 수 있는 공간이 있는 경우에만 표시
never	표시하지 않음(디폴트)
withText	메뉴 항목 아이콘과 텍스트를 함께 표시
always	항상 표시

세 번째는 서브 메뉴를 만들어보자. 서브 메뉴는 말 그대로 메뉴 안에 메뉴가 있는 것을 말하는 것으로 여기서는 '동물' 메뉴 안에 '호랑이' 메뉴 항목과 '사자' 메뉴 항목을 만들어본다. 먼저, 일반 메뉴 항목과 같이 동물 메뉴 항목을 다음과 같이 만들어 준다.

```
<item android:id="@+id/animal"
      android:orderInCategory="100"
      yourapp:showAsAction="always"
      android:title="동물">
      ...
```

이때 서브 메뉴를 만들기 위해 다시 〈menu〉…〈/menu〉를 지정해주고 메뉴 항목을 지정하기 전에 〈group〉〈/group〉을 지정하여 서브 메뉴 항목을 구성해준다. 즉, 이 〈group〉…〈/group〉 안에 〈item〉〈/item〉을 지정해 원하는 서브 메뉴항목을 구성해주면 된다.

```xml
        <menu>
            <group>
                <item android:id="@+id/animal1"
                    android:orderInCategory="100"
                    android:title="호랑이"/>
                <item android:id="@+id/animal2"
                    android:orderInCategory="100"
                    android:title="사자"/>
            </group>
        </menu>
    </item>
</menu>
```

이제 에디터에서 MainActivity 탭을 클릭하여 소스 코드를 불러낸다. MainActivity.java 파일은 다음과 같이 Activity 클래스의 자식 클래스인 AppCompatActivity 클래스로부터 계승받는 MainActivity 클래스를 선언한다.

```
public class MainActivity extends AppCompatActivity {
...
```

그다음, 파라메터로 Bundle 타입의 savedInstanceState를 사용하는 onCreate() 메소드를 작성한다.

```
    protected void onCreate(Bundle savedInstanceState) {
        super.onCreate(savedInstanceState);
        ...
```

이어서 사용된 setContentView() 함수는 위에서 작성한 activity_main.xml 파일을 연결시킨다. 여기서는 메뉴만 추가할 것이므로 빈 화면이 표시된다.

```
        setContentView(R.layout.activity_main);
}
```

이제 메뉴를 처리해보자. 메뉴를 생성할 함수 onCreateOptionMenu() 메소드를 재정의하여 이 함수 안에서 위에서 생성된 메뉴를 추가해준다. 이 메소드를 직접 입력하여 작성해도 되지만 onCreate(){...} 함수 바로 아래쪽에서 Ctrl-O를 입력하면 다음과 같이 Select Methods to

Override/implement 대화상자가 나타나는데 이 상태에서 바로 "oncreateoption" 이라고 입력하면 onCreateOptionMenu() 메소드를 자동으로 찾아준다. OK 버튼을 누르면 이 메소드 골격 코드가 자동으로 추가된다.

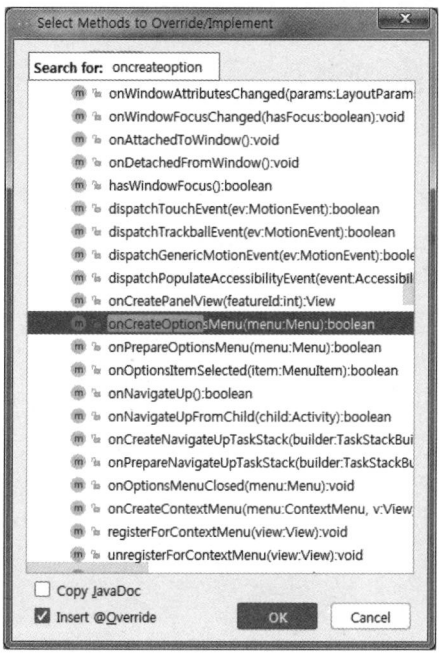

그림 5.11 메소드 추가 대화상자

이제 onCreateOptionMenu() 메소드에서 다음과 같이 getMenuInflater() 함수를 호출하여 메뉴를 추가시킬 때 사용되는 MenuInflater 객체 inflater 를 생성한다.

```
@Override
    public boolean onCreateOptionsMenu(Menu menu) {
        MenuInflater inflater = getMenuInflater();
        ...
```

그다음, 생성된 MenuInflater 객체 inflater를 사용하여 inflate() 함수를 호출하여 위에서 작성된 옵션 메뉴 파일 main_menu.xml 을 불러온다. 이 파일은 R 클래스에 정의된 R.menu.main_menu 를 사용하여 지정할 수 있다.

> **참고**
> **inflate() 함수**
>
> 메뉴 XML 리소스 파일을 불러와 메뉴를 생성하는 inflate() 함수는 다음과 같은 형식을 갖는다.
>
> void inflate(int menuRes, Menu menu)
>
> menuRes : XML 메뉴 파일에 대한 리소스 ID
> menu : 생성할 Menu 객체

```
        inflater.inflate(R.menu.main_menu, menu);
        return super.onCreateOptionsMenu(menu);
    }
```

동일한 방법으로 Ctl+O를 입력하여 이번에는 다음과 같은 onOptionsItemSelected() 함수를 생성한다. 이 함수는 메뉴 항목을 클릭하였을 때 실행되는 함수이다.

```
    @Override
    public boolean onOptionsItemSelected(MenuItem item) {
    ...
```

파라미터로 사용되는 MenuItem 객체의 getItemID()를 이용하여 선택된 메뉴 항목을 리소스 ID 를 알아낼 수 있다. 예를 들어, '감나무' 메뉴 항목의 리소스 ID는 plant1 임을 알 수 있다.

```
    <item android:id="@+id/plant1"
          android:orderInCategory="100"
          yourapp:showAsAction="always"
          android:title="감나무"/>
        ...
```

다음과 같이 switch 문장에 getItemId()를 사용하여 선택된 리소스 ID를 알아내고 plant1 와 동일한 경우, Toast 객체의 makeText() 를 호출하여 출력해준다.

```
        switch (item.getItemId()) {
          case R.id.plant1 :
              Toast.makeText(this, "감나무", Toast.LENGTH_SHORT).show();
              return true;
          ...
```

나머지 모든 항목 역시 위와 같은 방법으로 동일하게 처리해준다.

```
        case R.id.plant2 :
            Toast.makeText(this, "배나무", Toast.LENGTH_SHORT).show();
            return true;
        case R.id.animal1 :
            Toast.makeText(this, "호랑이", Toast.LENGTH_SHORT).show();
            return true;
        case R.id.animal2 :
            Toast.makeText(this, "사자", Toast.LENGTH_SHORT).show();
            return true;
    }
    return super.onOptionsItemSelected(item);
}
```

5.3 컨텍스트 메뉴

컨텍스트 메뉴는 특정 항목에서만 나타날 수 있는 특수한 메뉴이다. 이 메뉴는 2 가지 형태 즉, 플로팅 컨텍스트(floating context) 메뉴와 컨텍스트 액션 모드(context action mode)형식으로 나타날 수 있다. 플로팅 컨텍스트 메뉴는 특정 항목을 오랫동안 누르고 있을 때 그 위에 나타나는 메뉴이고 컨텍스트 액션 모드는 안드로이드 3.0(apt 레벨 11) 이상에서만 사용가능한 기능으로 현재 선택된 항목이 액션 바에 표시된다.

5.3.1 플로팅 컨텍스트 메뉴

플로팅 컨텍스트 메뉴는 특정 항목을 오랫동안 누르고 있을 때 그 위에 메뉴가 나타나서 원하는 항목을 선택할 수 있다. 안드로이드 초기버전부터 제공되는 기본적인 기능 중 하나이다. 다음 예제를 통하여 플로팅 컨텍스트 메뉴를 구현해본다.

그대로 따라하기

1 안드로이드 스튜디오를 실행하고 시작 화면이 나타나면 첫 번째 항목인 Start a new

Android Studio project를 선택한다.

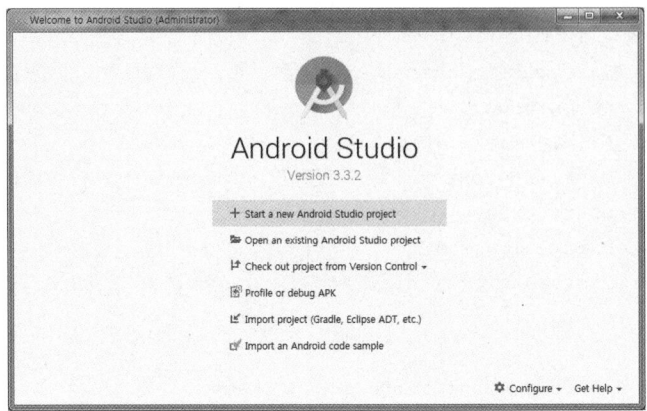

그림 5.12 Start a new Android Studio project 선택

② 이때 다음과 같이 프로젝트 선택 윈도우가 나타난다. 먼저 위쪽에서 기본적으로 선택되어 있는 Phone and Tablet 를 그대로 지정하고 비어있는 화면을 보여주는 "Empty Activity" 를 선택한 뒤, Next 버튼을 누른다.

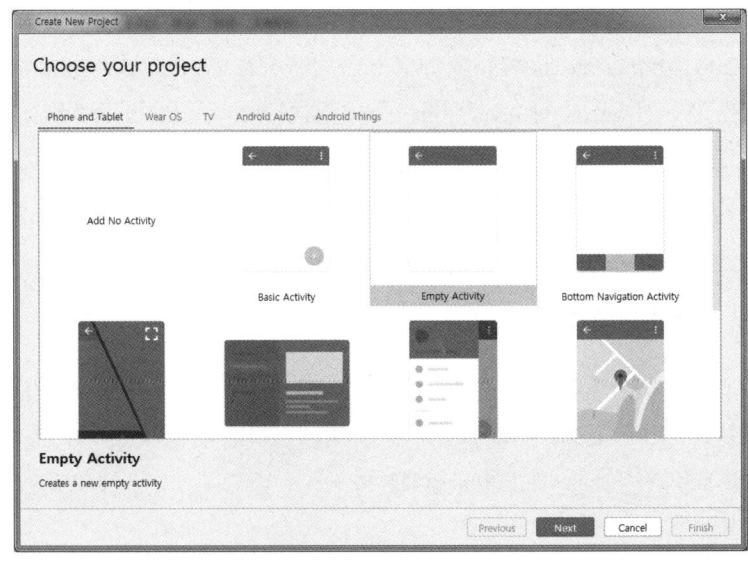

그림 5.13 Empty Activity 선택

③ 이어서 다음과 같이 안드로이드 프로젝트 설정 윈도우가 나타난다. 첫 번째 Name 항목에 "FloatingContextMenuSample" 이라고 입력한다. 그 다음 줄 항목들은 모두 그대로 두고

아래쪽에 위치한 Finish 버튼을 눌러 프로젝트를 생성한다.

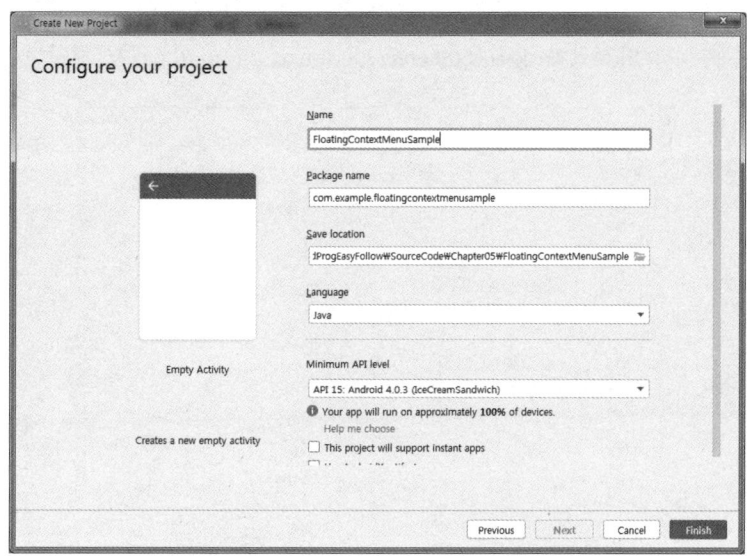

그림 5.14 안드로이드 프로젝트 이름 입력 및 생성 종료

4 이제 오른쪽 에디터에는 activity_main.xml 와 MainActivity.java 파일이 자동으로 표시된다. 이때 activity_main.xml 탭을 눌러 레이아웃 에디터를 표시한다. 레이아웃 에디터에는 중앙에 "Hello World" TextView 가 표시된다. 이제 마우스로 이 "Hello World" TextView를 선택하고 Delete 키를 누르거나 오른쪽 마우스 버튼에서 Delete 항목을 선택하여 삭제한다.

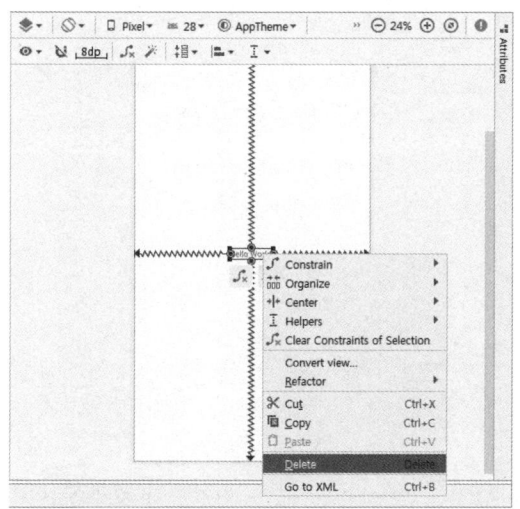

그림 5.15 "Hello World" TextView 삭제

5 이제 팔레트 왼쪽에서 Common 를 선택하고 이어서 마우스로 오른쪽에 표시되는 Text View 를 클릭하여 드랙-앤-드롭으로 오른쪽 레이아웃 뷰 임의의 위치에 떨어뜨린다. 또한 그 오른쪽 속성 창의 text 속성에 "Selected a context menu item!"를 지정한다.

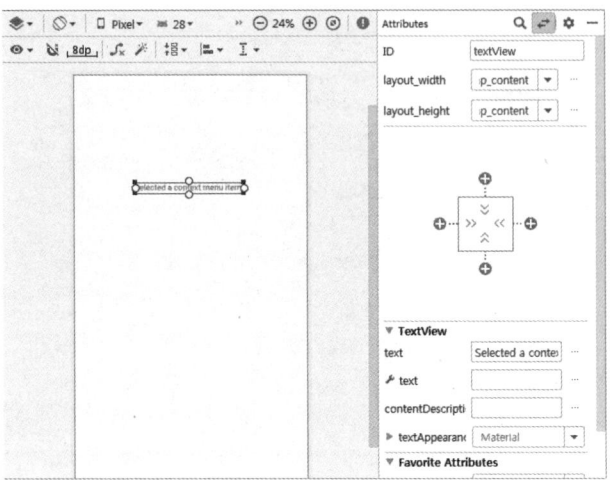

그림 5.16 TextView 추가 및 text 속성 변경

6 추가된 TextView 의 왼쪽, 오른쪽 중앙의 작은 원을 클릭하고 각각의 에디터 끝까지 드래그 처리한다. 동일한 방법으로 위쪽 중앙의 작은 원을 클릭하고 위쪽 에디터 끝까지 드래그 한 뒤 다시 아래쪽 작은 원을 클릭하고 아래쪽 에디터 끝까지 드래그 한다.

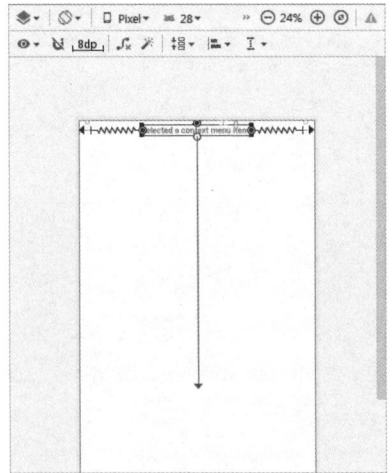

그림 5.17 TextView 의 왼쪽, 오른쪽, 위, 아래 제약 설정

7 이제 에디터에서 MainActivity 탭을 선택한다. 이때 안드로이드 스튜디오 오른쪽에는 MainActivity.java 파일이 열리는데 다음과 같은 코드를 추가 입력한다.

```java
package com.example.applenote.floatingcontextmenusample;

import android.graphics.Color;
import android.os.Bundle;
import android.support.v7.app.AppCompatActivity;
import android.view.ContextMenu;
import android.view.MenuItem;
import android.view.View;
import android.widget.TextView;

public class MainActivity extends AppCompatActivity {
    TextView textView;

    @Override
    protected void onCreate(Bundle savedInstanceState) {
        super.onCreate(savedInstanceState);
        setContentView(R.layout.activity_main);

        textView = (TextView) findViewById(R.id.textView);
        registerForContextMenu(textView);
    }

    @Override
    public void onCreateContextMenu(ContextMenu menu, View v,
                ContextMenu.ContextMenuInfo menuInfo) {
        super.onCreateContextMenu(menu, v, menuInfo);

        menu.setHeaderTitle("다음 메뉴를 선택하세요");
        menu.add(0, 1, 0, "파랑색");
        menu.add(0, 2, 0, "노랑색");
        menu.add(0, 3, 0, "녹색");

        SubMenu submenu = menu.addSubMenu("검정/흰색");
        submenu.add(1, 4, 0, "흰색");
        submenu.add(1, 5, 0, "검정색");
    }

    @Override
```

```java
    public boolean onContextItemSelected(MenuItem item) {

        switch(item.getItemId()) {
            case 1:
                textView.setTextColor(Color.BLUE);
                return true;
            case 2:
                textView.setTextColor(Color.YELLOW);
                return true;
            case 3:
                textView.setTextColor(Color.GREEN);
                return true;
            case 4:
                textView.setTextColor(Color.WHITE);
                return true;
            case 5:
                textView.setTextColor(Color.BLACK);
                return true;
            default:
                return super.onContextItemSelected(item);
        }
    }
}
```

8 이제 실제 기기를 PC에 연결하고 안드로이드 스튜디오 위쪽에 위치한 Run 버튼을 누르면 배포 타겟(deployment target) 화면이 나타난다. 연결된 디바이스 혹은 가상 화면을 선택하고 OK 버튼을 눌러 실행시킨다. 이때 화면에 "Selected a context menu item!" 이 표시되면 이 텍스트를 2~3 초 정도 눌러 컨텍스트 메뉴가 표시되는 지 확인해보고 컨텍스트 메뉴가 표시되면 원하는 항목을 선택해본다. 이때 텍스트가 원하는 색으로 변경되었는지도 확인해본다.

그림 5.18 FloatingContextMenuSample 프로젝트 실행

원리 설명

컨텍스트 메뉴의 첫 번째 형태는 원하는 항목을 눌렀을 때 대화상자 형태로 나타나는 플로팅 컨텍스트 메뉴(Floating context menu)이다.

이제 에디터에서 MainActivity 탭을 클릭하여 소스 코드를 불러낸다. MainActivity.java 파일은 다음과 같이 Activity 클래스의 자식 클래스인 AppCompatActivity 클래스로부터 계승받는 MainActivity 클래스를 선언한다.

```
public class MainActivity extends AppCompatActivity {
...
```

그다음, "Selected a context menu item!" 이라고 표시된 텍스트 뷰를 참조하기 위해 TextView

타입의 객체 변수 textView를 선언한다.

```
TextView textView;
...
```

이어서, 파라메터로 Bundle 타입의 savedInstanceState를 사용하는 onCreate() 메소드를 작성한다.

```
@Override
protected void onCreate(Bundle savedInstanceState) {
    super.onCreate(savedInstanceState);
    ...
```

이어서 사용된 setContentView() 함수는 위에서 작성한 activity_main.xml 파일을 연결시켜 이 파일에 작성된 뷰와 위젯들을 그대로 화면에 표시하는 기능을 한다. 여기서는 텍스트 뷰 가 표시된다.

```
setContentView(R.layout.activity_main);
...
```

이제 findViewById() 함수를 사용하여 디자인 뷰의 TextView 위젯을 참조한다. 즉, 위에서 작성한 textView 위젯을 참조하기 위해서는 파라메터 값에 R.id.textView 를 지정한다.

```
textView = (TextView) findViewById(R.id.textView);
...
```

이제 다음 registerForContextMenu()를 사용하여 이 텍스트뷰에 컨텍스트 메뉴를 등록한다. 이렇게 등록함으로써 이 텍스트 뷰를 길게(약 2~3 초) 누를 때 마다 컨텍스트 메뉴가 표시된다.

```
registerForContextMenu(textView);
}
```

이제 메뉴 생성을 처리해보자. 이전 옵션 메뉴 작성 때와 마찬가지로 onCreateOptionMenu() 메소드를 재정의하여 이 함수 안에서 위에서 생성된 메뉴를 추가해준다. 이전과 마찬가지로 위

onCreate(){...} 함수 바로 아래쪽에서 Ctrl-O를 입력하면 다음과 같이 Select Methods to Override/implement 대화상자가 나타나는데 이 상태에서 바로 "oncreateoption" 이라고 입력하면 onCreateOptionMenu() 메소드를 자동으로 찾아준다. OK 버튼을 누르면 이 메소드 골격 코드가 자동으로 추가된다.

```
@Override
public void onCreateContextMenu(ContextMenu menu, View v,
        ContextMenu.ContextMenuInfo menuInfo) {
    super.onCreateContextMenu(menu, v, menuInfo);
    ...
```

이어서 ContextMenu 객체의 setHeaderTitle() 호출하고 파라메터에 원하는 제목을 지정하여 컨텍스트 메뉴의 제목을 출력한다. 여기서는 "다음 메뉴를 선택하세요" 라는 제목이 표시된다.

```
    menu.setHeaderTitle("다음 메뉴를 선택하세요");
    ...
```

이어서 add() 함수를 호출하여 메뉴 항목을 추가한다. add() 함수의 첫 번째 파라메터 값은 메뉴 그룹 식별자로 뒤에 나오는 서브 메뉴 그룹과 구별되는 ID를 갖는다. 두 번째 파라메터는 메뉴 항목에 대한 ID 로 이 ID를 이용하여 onContextItemSelected() 함수에서 메뉴 항목에 대한 구분을 처리한다. 세 번째 파라메터는 메뉴 항목의 순서로 여기서는 0를 입력하여 추가 입력된 순서를 그대로 사용하고 네 번째는 메뉴 항목에 출력되는 스트링을 표시한다.

참고
add() 함수

메뉴 항목을 추가시킬 때 사용되는 add() 함수는 다음과 같은 형식을 갖는다.

MenuItem add(int groupId, int itemId, int order, CharSquence title);

groupId : 각 메뉴 그룹을 구분할 수 있는 식별자 ID.
itemId : 각 메뉴 항목 항목을 구분할 수 있는 식별자 ID.
order   : 각 메뉴 항목의 표시 순서
title   : 각 메뉴 항목에 표시되는 텍스트

```
    menu.add(0, 1, 0, "파랑색");
    menu.add(0, 2, 0, "노랑색");
    menu.add(0, 3, 0, "녹색");
     ...
```

이어서 addSubMenu() 함수를 사용하여 "검정/흰색"이라는 이름으로 서브 메뉴항목을 생성한다.

```
    SubMenu submenu = menu.addSubMenu("검정/흰색");
     ...
```

이번에는 SubMenu 객체에 대한 add() 함수를 호출하여 다음 메뉴 항목을 서브 메뉴에 지정한다. 이때 첫 번째 파라메터 메뉴 그룹 식별자 ID 값은 이전 메뉴 그룹 식별자 ID 값 0 과는 다른 값 1 을 지정한다.

```
    submenu.add(1, 4, 0, "흰색");
    submenu.add(1, 5, 0, "검정색");
}
```

동일한 방법으로 Ctl+O를 입력하여 이번에는 다음과 같은 onContextItemSelected() 함수를 생성한다. 이 함수는 위에서 설정한 컨텍스트 메뉴 항목을 클릭하였을 때 실행되는 함수이다.

```
    @Override
    public boolean onContextItemSelected(MenuItem item) {
     ...
```

파라메터로 사용되는 MenuItem 객체의 getItemID()를 이용하여 선택된 메뉴 항목을 리소스 ID 값을 알아낼 수 있다. 예를 들어, 위에서 지정한 "파랑색" 메뉴 항목은 그 리소스 ID 값이 1 임 (두 번째 파라메터 값)을 알 수 있다.

```
    menu.add(0, 1, 0, "파랑색");
```

이제 다음과 같이 switch 문장에 getItemId()를 사용하여 선택된 리소스 ID를 알아내고 그 값이 1 인 경우, TextView 객체의 setTextColor()를 호출하여 파랑색으로 바꾸어 준다.

```
switch(item.getItemId()) {
    case 1:
        textView.setTextColor(Color.BLUE);
        return true;
    ...
```

참고
안드로이드 Color 객체

안드로이드에서 Color 객체를 사용하면 대부분의 자주 사용되는 색은 이미 정의되어 있으므로 다음과 같이 대문자 영어 단어로 쉽게 사용 할 수 있다.

int color1 = Color.BLUE;   // 파란색
int color2 = Color.RED;   // 빨강색
int color3 = Color.YELLOW; // 노란색

만일 자주 사용되는 색이 아닌 특별한 색을 사용하고자 하는 경우에는 argb() 함수를 사용하여 원하는 색깔을 지정할 수 있다. argb() 는 alpha, red, green, blue 등 4 개의 파라메터를 지정할 수 있다.

argb(alpha, red, green, blue)

alpha: 투명도(0~255) 높을수록 반투명
red : 빨강색(0~255)
green: 녹색(0~255)
blue : 파랑색(0~255)

int color4 = Color.argb(255, 0, 0, 255); // 반투명 파랑색

나머지 모든 항목 역시 위와 같은 방법으로 동일하게 처리해준다.

```
case 2:
    textView.setTextColor(Color.YELLOW);
    return true;
case 3:
    textView.setTextColor(Color.GREEN);
    return true;
```

서브 메뉴 역시 getItemId()를 사용하여 선택된 리소스 ID를 알아내어 동일한 경우 처리해준다.

```
        case 4:
            textView.setTextColor(Color.WHITE);
            return true;
        case 5:
            textView.setTextColor(Color.BLACK);
            return true;
        default:
            return super.onContextItemSelected(item);
        }
    }
}
```

5.3.2 컨텍스트 액션 모드

컨텍스트 액션 모드는 안드로이드 3.0(API 레벨 11) 이상에서만 사용가능하며 원하는 컨텍스트 메뉴가 화면 중앙에 표시되는 것이 아니라 액션 바에 표시된다. 이 액션 바의 컨텍스트 메뉴 항목을 누르면 마치 이전 컨텍스트 메뉴 항목을 누른 것처럼 동일한 기능을 처리할 수 있다.

그대로 따라하기

1 안드로이드 스튜디오를 실행하고 시작 화면이 나타나면 첫 번째 항목인 Start a new Android Studio project를 선택한다.

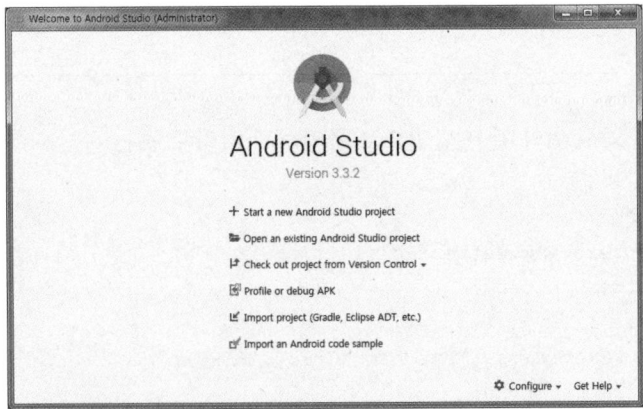

그림 5.19 Start a new Android Studio project 선택

2 이때 다음과 같이 프로젝트 선택 윈도우가 나타난다. 먼저 위쪽에서 기본적으로 선택되어 있는 Phone and Tablet 를 그대로 지정하고 비어있는 화면을 보여주는 "Empty Activity" 를 선택한 뒤, Next 버튼을 누른다.

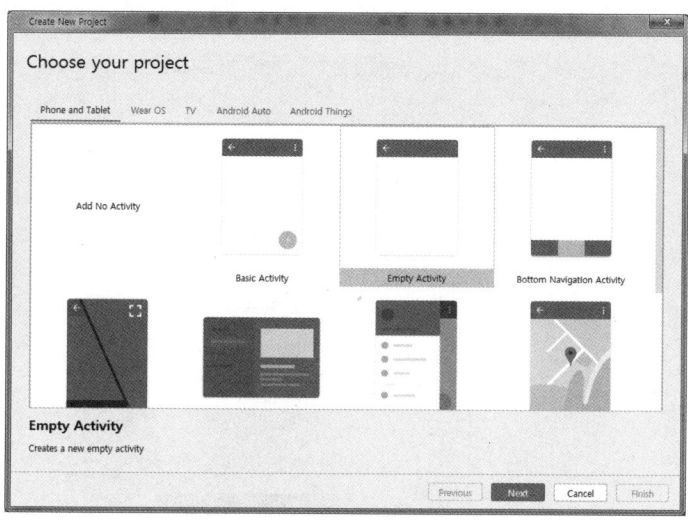

그림 5.20 Empty Activity 선택

3 이어서 다음과 같이 안드로이드 프로젝트 설정 윈도우가 나타난다. 첫 번째 Name 항목에 "ContextActionModeSample" 이라고 입력한다. 그 다음 줄 항목들은 모두 그대로 두고 아래쪽에 위치한 Finish 버튼을 눌러 프로젝트를 생성한다.

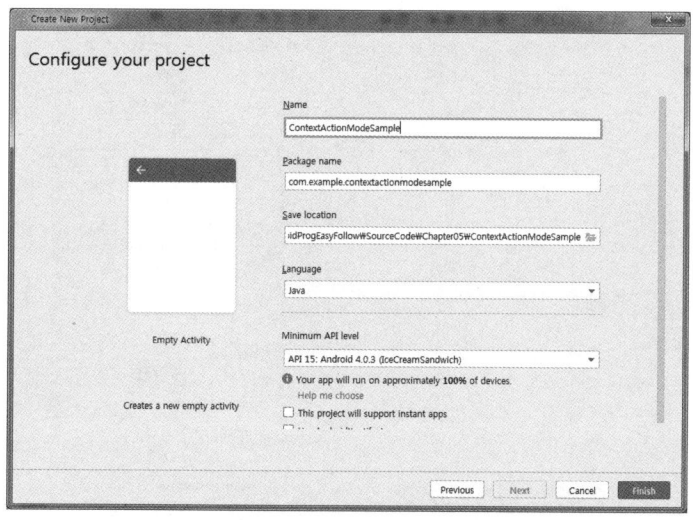

그림 5.21 안드로이드 프로젝트 이름 입력 및 생성 종료

4 이제 오른쪽 에디터에는 activity_main.xml 와 MainActivity.java 파일이 자동으로 표시된다. 이때 activity_main.xml 탭을 눌러 레이아웃 에디터를 표시한다. 레이아웃 에디터에는 중앙에 "Hello World" TextView 가 표시된다. 이제 마우스로 이 "Hello World" TextView를 선택하고 Delete 키를 누르거나 오른쪽 마우스 버튼에서 Delete 항목을 선택하여 삭제한다.

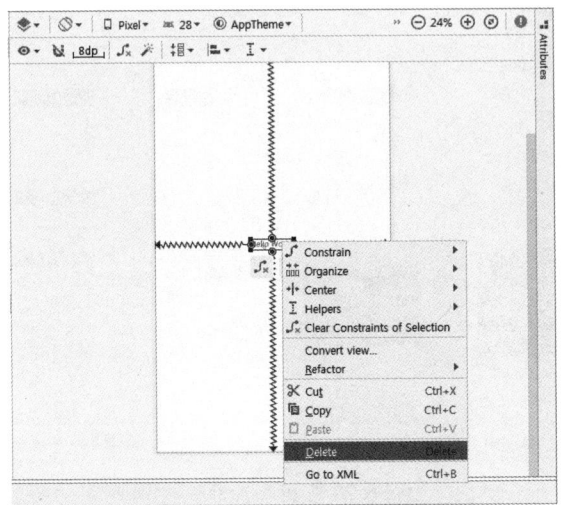

그림 5.22 "Hello World" TextView 삭제

5 이제 팔레트 왼쪽에서 Common 를 선택한 상태에서 이어서 마우스로 오른쪽에 표시되는 TextView 를 클릭하고 드래-엔-드롭으로 오른쪽 레이아웃 뷰 임의의 위치에 떨어뜨린다. 또한 그 오른쪽 속성 창의 text 속성에 "Click here!"를 설정한다.

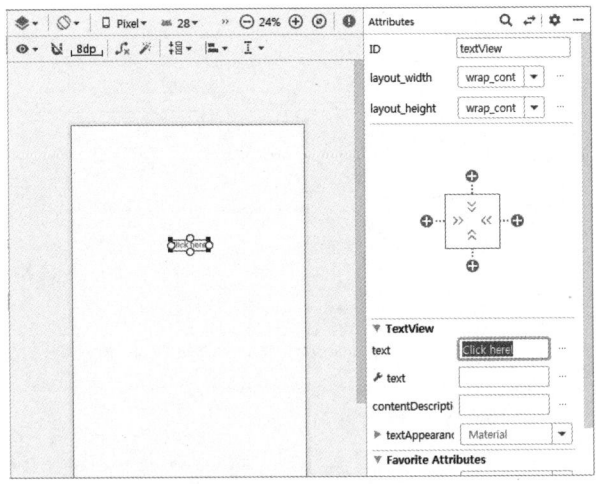

그림 5.23 TextView 추가 및 text 속성 변경

6 추가된 TextView 의 왼쪽, 오른쪽 중앙의 작은 원을 클릭하고 각각의 에디터 끝까지 드래그 처리한다. 동일한 방법으로 위쪽 중앙의 작은 원을 클릭하고 위쪽 에디터 끝까지 드래그한 뒤 다시 아래쪽 작은 원을 클릭하고 아래쪽 에디터 끝까지 드래그 한다.

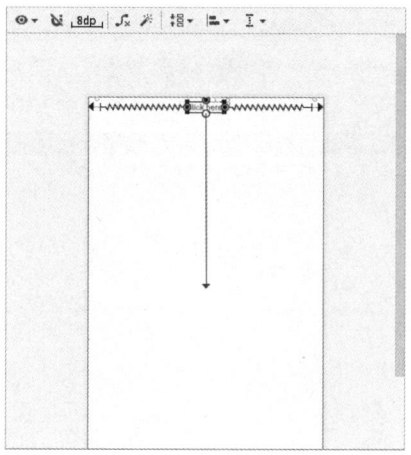

그림 5.24 TextView 의 왼쪽, 오른쪽, 위, 아래 제약 설정

7 이제 액션 바에 표시할 "blue.png", "green. png", "yellow.png" 라는 이름의 파일을 각각 다운받고 오른쪽 마우스 버튼으로 모두 복사한다. 이어서 Context ActionModeSample 프로젝트의 app-res-drawable 폴더에서 오른쪽 마우스 버튼을 눌러 'Paste' 항목을 선택한다(그림 파일은 소스 코드 폴더 참조).

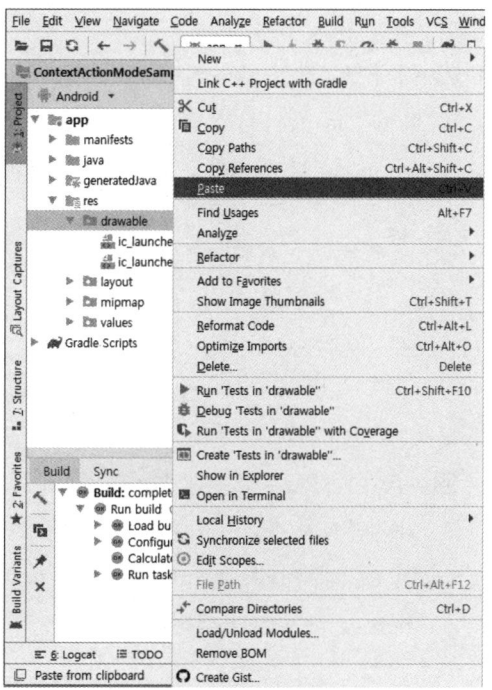

그림 5.25 그림 파일 복사

제5장_ 액션 바와 메뉴 285

⑧ 이때 복사할 디렉토리를 지정하는 대화상자가 나타나는데 다음과 같이 \app\src\main\res\drawable 으로 지정한다. 이어서 위에서 복사할 소스 대화상자가 나타나면 그 소스 파일을 선택해준다.

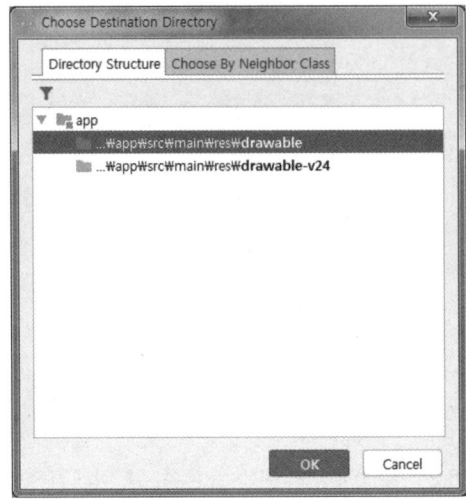

그림 5.26 복사할 디렉토리 지정

⑨ 이제 프로젝트 탭의 app-res 폴더에서 오른쪽 마우스 버튼을 누르고 팝업 메뉴가 나타나면 New-Directory를 선택한다. 이때 New Directory 대화상자가 나타나는데 디렉토리 이름으로 "menu"를 입력하고 OK 버튼을 눌러 menu 폴더를 생성한다.

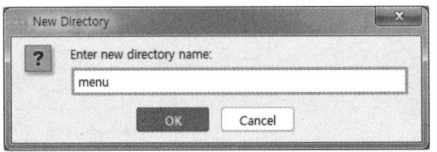

그림 5.27 New Directory 대화상자에 menu 입력

⑩ 이번에는 프로젝트 탭의 app-menu 폴더에서 오른쪽 마우스 버튼을 누르고 팝업 메뉴가 나타나면 New-Menu resource file 을 선택한다. 이때 New Resource File 대화상자가 나타나면 첫 번째 File Name 항목에 "main_menu" 라고 입력하고 OK 버튼을 눌러 main_menu.xml 파일을 생성한다.

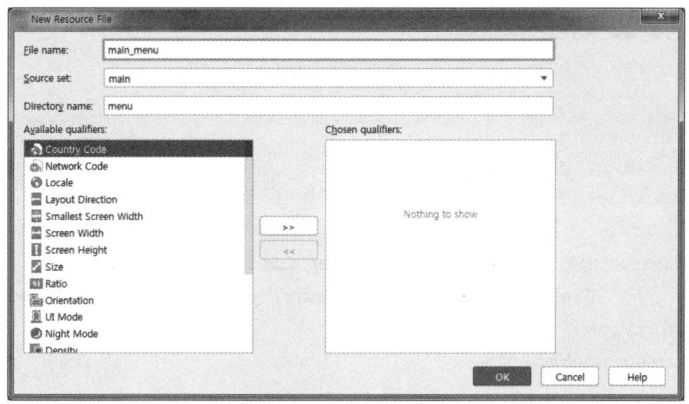

그림 5.28 New Resource File 대화상자에 파일 이름 입력

11 이제 main_menu.xml 파일이 자동으로 표시되면 에디터 아래쪽에서 Text 탭을 선택하여 소스 에디터가 나오면 다음 코드를 입력한다.

```xml
<?xml version="1.0" encoding="utf-8"?>
<menu xmlns:android="http://schemas.android.com/apk/res/android">
    <item android:id="@+id/blue"
        android:icon="@drawable/blue"
        android:title="blue" />
    <item android:id="@+id/green"
        android:icon="@drawable/green"
        android:title="green" />
    <item android:id="@+id/yellow"
        android:icon="@drawable/yellow"
        android:title="yellow" />
</menu>
```

12 이어서 에디터에서 MainActivity 탭을 선택한다. 이때 안드로이드 스튜디오 오른쪽에는 MainActivity.java 파일이 열리는데 다음과 같은 코드를 추가 입력한다.
(*ActionMode에서 에러가 발생되는 경우, android.view.ActionMode를 임포트 처리해준다.)

```java
package com.example.contextactionmodesample;

import android.app.Activity;
import android.graphics.Color;
import android.os.Bundle;
```

```java
import android.view.ActionMode;
import android.view.Menu;
import android.view.MenuInflater;
import android.view.MenuItem;
import android.view.View;
import android.widget.TextView;

public class MainActivity extends Activity implements
                    View.OnLongClickListener, ActionMode.Callback {
    TextView textView;
    ActionMode mActionMode;

    @Override
    protected void onCreate(Bundle savedInstanceState) {
        super.onCreate(savedInstanceState);
        setContentView(R.layout.activity_main);
        textView = (TextView) findViewById(R.id.textView);
        textView.setOnLongClickListener(this);
    }

    @Override
    public boolean onCreateActionMode(ActionMode mode, Menu menu) {
        MenuInflater inflater = mode.getMenuInflater();
        inflater.inflate(R.menu.main_menu, menu);
        return true;
    }

    @Override
    public boolean onPrepareActionMode(ActionMode mode, Menu menu) {
        return false;
    }

    @Override
    public boolean onActionItemClicked(ActionMode mode, MenuItem item) {
        switch (item.getItemId()) {
            case R.id.blue:
                textView.setTextColor(Color.BLUE);
                return true;
            case R.id.green:
                textView.setTextColor(Color.GREEN);
                return true;
            case R.id.yellow:
                textView.setTextColor(Color.YELLOW);
                return true;
```

```
            default:
                return false;
        }
    }

    @Override
    public void onDestroyActionMode(ActionMode mode) {
        mActionMode = null;
        textView.setTextColor(Color.BLACK);
    }

    public boolean onLongClick(View view) {
        if (mActionMode != null)
            return false;

        mActionMode = this.startActionMode(this);
        view.setSelected(true);
        return true;
    }
}
```

13. 이제 실제 기기를 PC에 연결하고 안드로이드 스튜디오 위쪽에 위치한 Run 버튼을 누르면 배포 타겟(deployment target) 화면이 나타난다. 연결된 디바이스 혹은 가상 화면을 선택하고 OK 버튼을 눌러 실행시킨다. 이때 화면에 "Click here!" 가 표시되면 이 텍스트를 2~3 초 정도 눌러 액션 바에 컨텍스트 메뉴 항목이 표시되는 지 확인해보고 컨텍스트 메뉴가 표시되면 원하는 색을 선택해본다. 항목을 누를 때 마다 "Click here!"의 색이 변경되는 지도 확인해본다.

그림 5.29 ContextActionModeSample 프로젝트 실행

 원리 설명

컨텍스트 메뉴의 두 번째 형태는 원하는 항목을 눌렀을 때 액션 바에 나타나는 컨텍스트 액션 모드(Context action mode)이다. 이 기능은 모든 버전에서 동작되는 것이 아니라 안드로이드 3.0(API 레벨 11) 이상 버전에서만 사용가능한 비교적 최신 버전 기능이다.

이제 에디터에서 MainActivity 탭을 클릭하여 소스 코드를 불러낸다. MainActivity.java 파일은 다음과 같이 대부분의 소스 코드에서 사용된 AppCompatActivity 클래스가 아닌 Activity 클래스로부터 계승받는 MainActivity 클래스를 선언한다. 안드로이드 3.0 이상 가능한 기능을 사용할 때에는 MainActivity 클래스를 사용하는 것이 좋다.

또한 OnLongClickListener 와 ActionMode.Callback 인터페이스 사용이 필요하다. 이것을 사용하기 위해 implements 다음에 View.OnLongClickListener, ActionMode.Callback를 선언하는 것을 잊지 않도록 한다.

```
public class MainActivity extends Activity implements
          View.OnLongClickListener, ActionMode.Callback {
...
```

 참고
인터페이스(interface)

자바 클래스는 다중 상속이 불가능하므로 만일 다른 클래스의 기능을 상속받고자 한다면 인터페이스를 사용해야한다. 또 인터페이스는 추상 메소드들로 이루어져 있으며 메소드 선언만 가능하다. 즉, 실제 구현은 인터페이스를 사용하는 클래스 안에서 구현한다. 예를 들어, 다음과 같은 방법으로 인터페이스를 선언할 수 있다.

```
interface Inter1 {
  public String test1();
}

interface Inter2 {
  public String test2();
}
```

일반클래스에서 인터페이스를 사용하기 위해서는 implements 키워드를 사용한다. 또한 실제 구현을 클래스에서 처리한다.

```
class MyClass implenents Inter1, Inter2 {
    public String test1() {
    // 구현...A
    }
    public String test2() {
    // 구현...B
    }
}
```

호출은 다음과 같은 코드로 실행된다.

```
MyClass myclass = new MyClass();
myclass.test1();
myclass.test2();
```

안드로이드에서 호출 부분은 숨겨져 있어 인터페이스 함수를 구현만 해주면 자동으로 실행되어진다.

그다음, 메인 뷰의 텍스트 뷰를 참조하는 TextView 타입의 textView를 선언한다.

```
TextView textView;
...
```

이어서 액션 바에 원하는 컨텍스트 메뉴항목을 지정하기 위한 ActionMode 타입의 변수를 다음과 같이 생성한다.

```
ActionMode mActionMode;
...
```

계속해서, 파라메터로 Bundle 타입의 savedInstanceState를 사용하는 onCreate() 메소드를 작성한다.

```
@Override
protected void onCreate(Bundle savedInstanceState) {
    super.onCreate(savedInstanceState);
    ...
```

이어서 사용된 setContentView() 함수는 위에서 작성한 activity_main.xml 파일을 연결시켜 이 파일에 작성된 뷰와 위젯들을 그대로 화면에 표시하는 기능을 한다. 여기서는 텍스트 뷰 가 표시된다.

```
        setContentView(R.layout.activity_main);
    ...
```

이제 findViewById() 함수를 사용하여 디자인 뷰의 TextView 위젯을 참조한다. 즉, 위에서 작성한 textView 위젯을 참조하기 위해서는 파라메터 값에 R.id.textView 를 지정한다.

```
        textView = (TextView) findViewById(R.id.textView);
    ...
```

이제 텍스트 뷰를 길게 눌렀을 때 동작될 수 있도록 setOnLongClickListener()를 호출한다. 즉, 이 코드를 통하여 텍스트 뷰를 길게 누르게 되면 코드 뒤에 위치한 onLongClick() 이 자동 실행된다.

```
        textView.setOnLongClickListener(this);
    }
```

이제 onLongClick() 함수를 살펴보자. 위에서 언급했듯이 클래스 시작 부분에 View.OnLongClickListener를 지정하고 setOnLongClickListener() 함수를 지정하면 다음 onLongClick() 함수가 실행된다.

```
    public boolean onLongClick(View view) {
    ...
```

이 함수에서는 먼저 mActionMode를 체크하여 이 값이 null 이 아닌 경우, 즉, 이미 한번 onLongClick() 함수가 실행된 경우에는 return false 을 사용하여 더 이상 실행하지 않도록 한다.

```
        if (mActionMode != null)
            return false;
    ...
```

그 다음, startActionMode() 함수를 실행하여 액션 모드를 시작한다. 이때 다음과 같은 두 가지 이벤트 함수 즉, onCreateActionMode() 와 onPrepareActionMode() 가 자동으로 실행된다.

```
        mActionMode = this.startActionMode(this);
        ...
```

그다음, 파라메터로 true 값으로 지정한 setSelected() 함수를 호출하여 TextView 객체의 문자열을 선택한다.

```
        view.setSelected(true);
        return true;
    }
```

이제 startActionMode() 함수로 인하여 다음 onCreateActionMode() 함수가 실행된다. 이 함수에서는 다음과 같이 getMenuInflater() 함수를 호출하여 메뉴를 추가시킬 때 사용되는 MenuInflater 객체 inflater 를 생성한다.

```
    @Override
    public boolean onCreateActionMode(ActionMode mode, Menu menu) {

        MenuInflater inflater = mode.getMenuInflater();
        ...
```

그 다음, 생성된 MenuInflater 객체 inflater를 사용하여 inflate() 함수를 호출하여 위에서 작성된 옵션 메뉴 파일 main_menu.xml 을 불러 메뉴를 생성한다. 이 메뉴는 액션 바에 생성된다.

```
        inflater.inflate(R.menu.main_menu, menu);
        return true;
    }
```

다음 onPrepareActionMode() 함수 역시 startActionMode() 함수로 인하여 호출되는데 액션 모드의 형태를 생성하거나 바꾸고자 할 때 실행된다. 기본적으로 다음과 같이 return false 만을 지정해 준다.

```
    @Override
    public boolean onPrepareActionMode(ActionMode mode, Menu menu) {
        return false;
    }
```

타이틀 부분의 액션 바에 컨텍스트 메뉴가 생성되고 원하는 메뉴 항목을 누르게 되면 다음 onActionItemClicked() 함수가 실행된다.

```java
@Override
public boolean onActionItemClicked(ActionMode mode, MenuItem item) {
...
```

먼저, 파라메터로 전달되는 MenuItem 객체의 getItemId()를 이용하여 현재 선택한 메뉴 항목의 ID 값을 얻을 수 있다. 그 값이 R.id.blue 인 경우, setTextColor() 함수에 Color.BLUE를 지정하여 "Click here!" 텍스트의 색깔을 파란색으로 변경한다.

```java
switch (item.getItemId()) {
    case R.id.blue:
        textView.setTextColor(Color.BLUE);
        return true;
    ...
```

동일한 방법으로 메뉴 항목의 값이 R.id.green 과 R.id.yellow 일 때 해당하는 색으로 처리해준다.

```java
        case R.id.green:
            textView.setTextColor(Color.GREEN);
            return true;
        case R.id.yellow:
            textView.setTextColor(Color.YELLOW);
            return true;
        default:
            return false;
    }
}
```

액션 바 왼쪽에는 백 버튼(화살표)이 자동으로 생성되고 이 버튼을 누르면 다음과 같이 onDestroyActionMode() 가 실행되고 액션 모드를 종료한다. 이 때 mActionMode 에 null을 지정하여 다시 텍스트 뷰를 눌러 액션 모드가 실행될 수 있도록 설정한다.

```java
@Override
public void onDestroyActionMode(ActionMode mode) {
    mActionMode = null;
    ...
```

또한 텍스트 뷰의 색을 검은색으로 지정하여 초기상태로 되돌린다.

```
        textView.setTextColor(Color.BLACK);
    }
}
```

 참고

new ActionMode.Callback() 사용 방법

위에서 MainActivity 클래스 선언시 ActionMode.Callback 인터페이스를 사용하였지만 다음과 같이 ActionMode.Callback 인터페이스 선언 없이도 사용가능하다.

public class MainActivity extends Activity implements
      View.OnLongClickListener, ActionMode.Callback {
  TextView textView;

  ...

그 대신, 다음과 같이 new ActionMode.Callback() 를 사용하여 호출되는 4 개의 함수를 구현해주어야 한다.

ActionMode.Callback mActionCallback = new ActionMode.Callback() {
    public boolean onCreateActionMode(ActionMode mode, Menu menu) {
    }

    public boolean onPrepareActionMode(ActionMode mode, Menu menu) {
    }

    public boolean onActionItemClicked(ActionMode mode, MenuItem item) {
    }

    public void onDestroyActionMode(ActionMode mode) {
    }
};

5.4 팝업 메뉴

팝업 메뉴는 버튼, 텍스트 뷰와 같은 특정한 뷰에 연결된 메뉴이다. 공간이 없는 경우에는 위쪽 혹은 아래쪽에 표시되기도 한다. 다음 예제를 통하여 팝업 메뉴 구성 방법을 알아본다.

그대로 따라하기

1 안드로이드 스튜디오를 실행하고 시작 화면이 나타나면 첫 번째 항목인 Start a new Android Studio project를 선택한다.

그림 5.30 Start a new Android Studio project 선택

2 이때 다음과 같이 프로젝트 선택 윈도우가 나타난다. 먼저 위쪽에서 기본적으로 선택되어 있는 Phone and Tablet 를 그대로 지정하고 비어있는 화면을 보여주는 "Empty Activity"를 선택한 뒤, Next 버튼을 누른다.

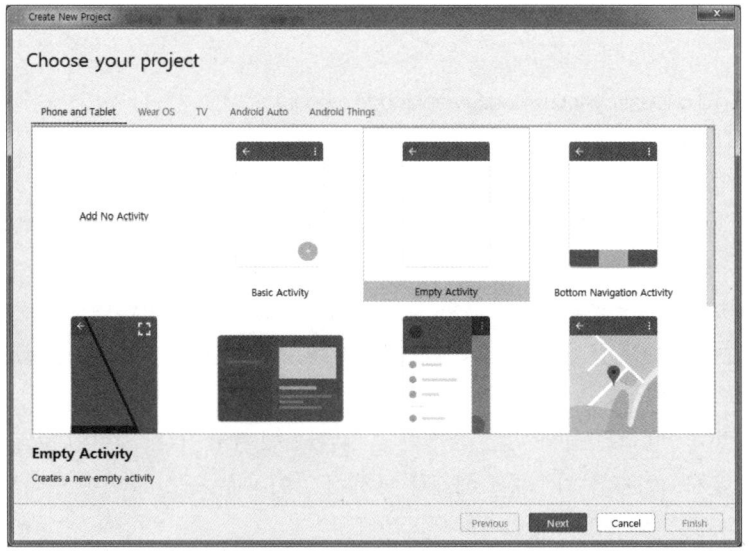

그림 5.31 Empty Activity 선택

3 이어서 다음과 같이 안드로이드 프로젝트 설정 윈도우가 나타난다. 첫 번째 Name 항목에 "PopupMenuSample" 이라고 입력한다. 그 다음 줄 항목들은 모두 그대로 두고 아래쪽에 위치한 Finish 버튼을 눌러 프로젝트를 생성한다.

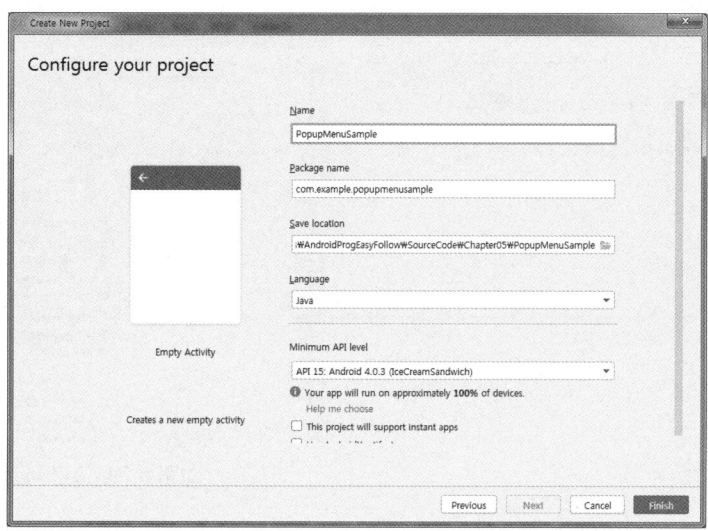

그림 5.32 안드로이드 프로젝트 이름 입력 및 생성 종료

4 이제 오른쪽 에디터에는 activity_main.xml 와 MainActivity.java 파일이 자동으로 표시된다. 이때 activity_main.xml 탭을 눌러 레이아웃 에디터를 표시한다. 레이아웃 에디터에는 중앙에 "Hello World" TextView 가 표시된다. 이제 마우스로 이 "Hello World" TextView를 선택하고 Delete 키를 누르거나 오른쪽 마우스 버튼에서 Delete 항목을 선택하여 삭제한다.

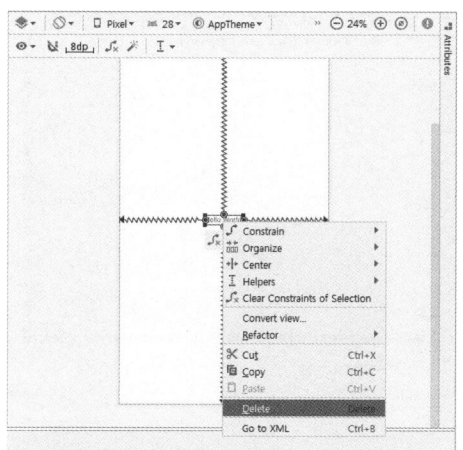

그림 5.33 "Hello World" TextView 삭제

제5장_ 액션 바와 메뉴 **297**

5 이제 화면에 표시할 "squire.png", "circle.png", "diamond.png" 라는 이름의 파일을 각각 다운받고 오른쪽 마우스 버튼으로 모두 복사한다. 이어서 PopupMenuSample 프로젝트의 app-res-drawable 폴더에서 오른쪽 마우스 버튼을 눌러 'Paste' 항목을 선택한다(그림 파일은 소스 코드 폴더 참조).

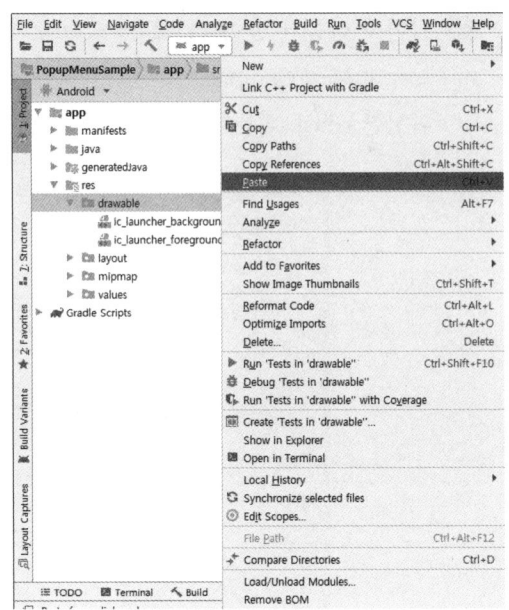

그림 5.34 그림 파일 복사

6 이때 복사할 디렉토리를 지정하는 대화상자가 나타나는데 다음과 같이 \app\src\main\res\drawable 으로 지정한다. 이어서 위에서 복사할 소스 대화상자가 나타나면 그 소스 파일을 선택해준다.

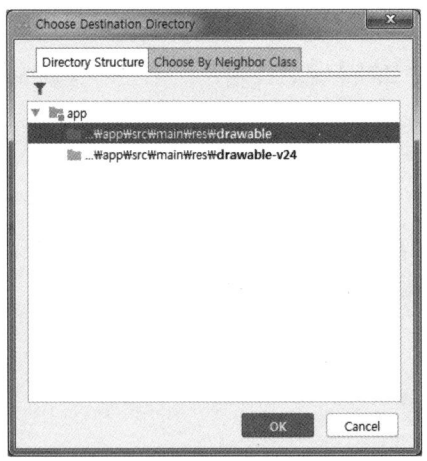

그림 5.35 복사할 디렉토리 지정

7 이제 팔레트 왼쪽에서 Common 를 선택한 상태에서 이어서 마우스로 오른쪽에 표시되는

Button 을 클릭하고 드렉-엔-드롭으로 오른쪽 레이아웃 뷰 약간 위쪽 위치에 떨어뜨린다. 또한 그 오른쪽 속성 창의 text 속성에 "Click me!" 을 지정한다.

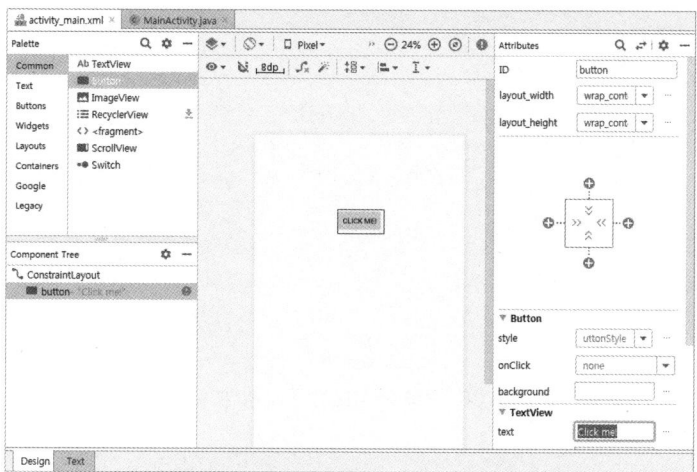

그림 5.36 Button 추가 및 text 속성 변경

8 이어서 버튼 아래에서 오른쪽 마우스 버튼을 누르고 Helpers-Add Horizontal Guideline 을 선택하여 수평 가이드라인을 추가한다.

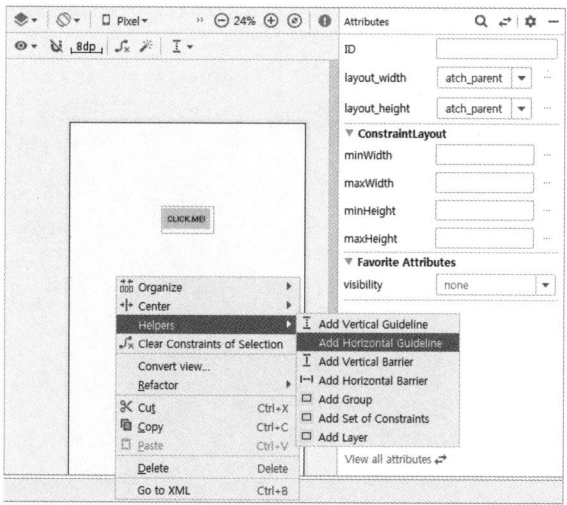

그림 5.37 수평 가이드라인 추가

9 가이드라인 왼쪽 모양을 클릭하여 형식을 % 표시로 변경하고 50% 위치에 지정한다.

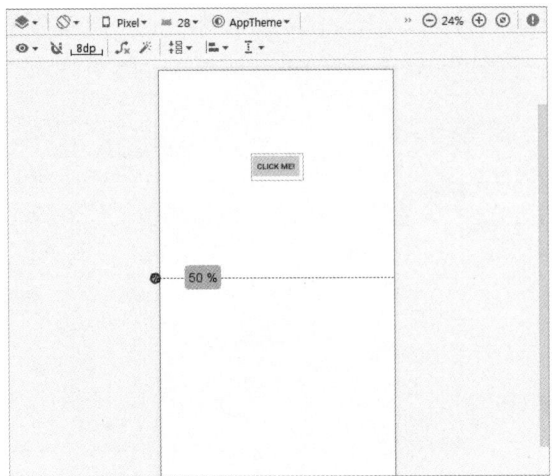

그림 5.38 수평 가이드라인 50% 위치 지정

10 다시 팔레트 왼쪽에서 Common 를 선택한 상태에서 이어서 마우스로 오른쪽에 표시되는 ImageView 를 클릭하고 드랙-앤-드롭으로 오른쪽 레이아웃 뷰 화면 아래쪽 위치에 떨어뜨린다. 이때 다음과 같이 Resource 대화상자가 나타나는데 찾기 상자에 squire를 입력하고 OK 버튼을 누른다.

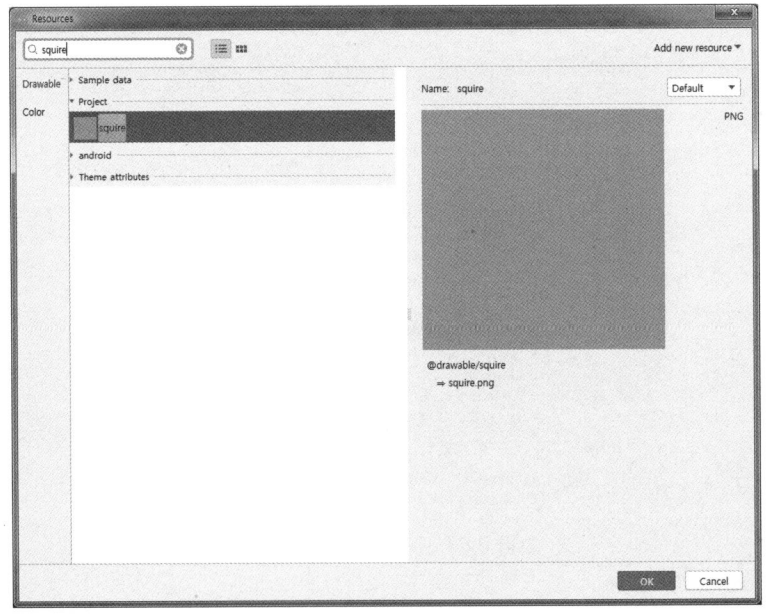

그림 5.39 Resource 대화상자

⑪ 추가된 Button 의 위쪽, 왼쪽, 오른쪽 중앙의 작은 원을 클릭하고 각각의 에디터 끝까지 드래그 처리한다. Button 의 아래쪽은 수평가이드로 드래그한다. 동일한 방법으로 ImageView 역시 왼쪽, 오른쪽, 아래쪽 작은 원을 클릭하고 에디터 끝까지 드래그 처리한다. ImageView 위쪽은 수평가이드로 드래그 한다.

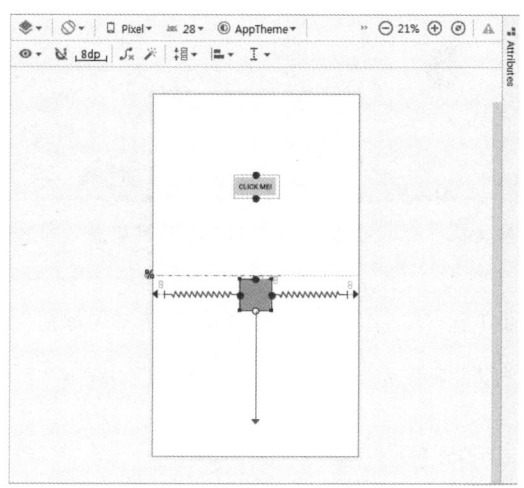

그림 5.40 Button 과 ImageView 의 왼쪽, 오른쪽, 위, 아래 제약 설정

⑫ 프로젝트 탭의 app-res 폴더에서 오른쪽 마우스 버튼을 누르고 팝업 메뉴가 나타나면 New-Directory를 선택한다. 이때 New Directory 대화상자가 나타나는데 디렉토리 이름으로 "menu"를 입력하고 OK 버튼을 눌러 menu 폴더를 생성한다.

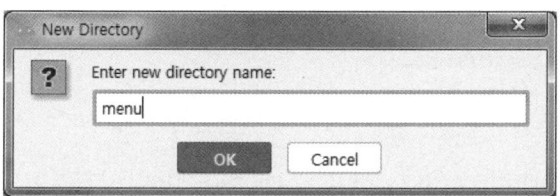

그림 5.41 app-res 폴더에서 New-Directory를 선택

⑬ 이번에는 새로 생성된 app-menu 폴더에서 오른쪽 마우스 버튼을 누르고 팝업 메뉴가 나타나면 New-Menu resource file 을 선택한다. 이때 New Resource File 대화상자가 나타나면 첫 번째 File Name 항목에 "main_menu" 라고 입력하고 OK 버튼을 눌러 main_menu.xml 파일을 생성한다.

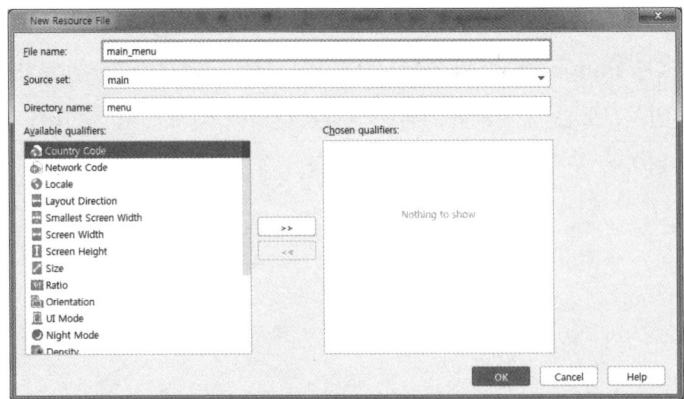

그림 5.42 New Resource File 대화상자에 파일 이름 입력

[14] 이제 프로젝트 탭에서 app-res-menu 아래 위치한 main_menu.xml 파일을 더블 클릭하고 에디터 아래쪽에서 Text 탭을 선택하여 소스 에디터가 나오면 다음 코드를 입력한다.

```xml
<?xml version="1.0" encoding="utf-8"?>
<menu xmlns:android="http://schemas.android.com/apk/res/android">
    <item android:id="@+id/squire"
        android:orderInCategory="100"
        android:title="Squire"/>
    <item android:id="@+id/circle"
        android:orderInCategory="100"
        android:title="Circle"/>
    <item android:id="@+id/diamond"
        android:orderInCategory="100"
        android:title="Diamond"/>
</menu>
```

[15] 이어서 에디터에서 MainActivity 탭을 선택한다. 이때 안드로이드 스튜디오 오른쪽에는 MainActivity.java 파일이 열리는데 다음과 같은 코드를 추가 입력한다.
(* PopMenu에서 에러가 발생되면 android.widget.PopupMenu를 임포트시킨다.)

```java
package com.example.popupmenusample;

import android.app.Activity;
import android.os.Bundle;
import android.view.MenuItem;
```

```java
import android.view.View;
import android.widget.Button;
import android.widget.ImageView;
import android.widget.PopupMenu;

public class MainActivity extends Activity {
    @Override
    protected void onCreate(Bundle savedInstanceState) {
        super.onCreate(savedInstanceState);
        setContentView(R.layout.activity_main);

        final Button button = (Button)findViewById(R.id.button);
        final ImageView imageview = (ImageView)findViewById(R.id.imageView);
        button.setOnClickListener(new View.OnClickListener() {
            @Override
            public void onClick(View view) {
                PopupMenu popup = new PopupMenu(getApplicationContext(), view);
                getMenuInflater().inflate(R.menu.main_menu, popup.getMenu());

                popup.setOnMenuItemClickListener(new
                        PopupMenu.OnMenuItemClickListener() {
                            @Override
                            public boolean onMenuItemClick(MenuItem item) {
                                switch (item.getItemId()) {
                                    case R.id.squire:
                                        imageview.setImageResource(R.drawable.squire);
                                        return true;
                                    case R.id.circle:
                                        imageview.setImageResource(R.drawable.circle);
                                        return true;
                                    case R.id.diamond:
                                        imageview.setImageResource(R.drawable.diamond);
                                        return true;
                                    default:
                                        return false;
                                }
                            }
                        });
                popup.show();
            }
```

```
            });
    }
}
```

16 마지막으로 실제 기기를 PC에 연결하고 안드로이드 스튜디오 위쪽에 위치한 Run 버튼을 누르면 배포 타겟(deployment target) 화면이 나타난다. 연결된 디바이스 혹은 가상 화면을 선택하고 OK 버튼을 눌러 실행시켜 다음과 같은 화면이 나타나는지 확인해 본다.

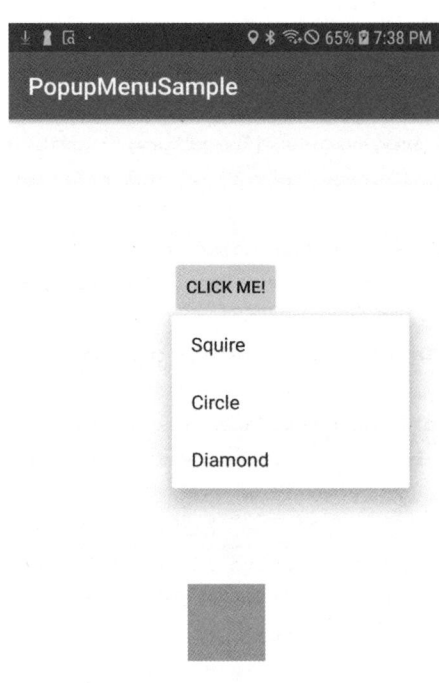

그림 5.43 PopupMenuSample 프로젝트 실행

원리 설명

팝업 메뉴는 특정 뷰에 지정된 메뉴이다. 그 뷰를 누르게 되면 자동으로 그 뷰와 관련된 메뉴가 나타난다. 팝업 모든 버전에서 동작되는 것이 아니라 안드로이드 3.0(API 레벨 11) 이상 버전에서만 사용가능한 비교적 최신 버전 기능이다.

이제 에디터에서 MainActivity 탭을 클릭하여 소스 코드를 불러낸다. MainActivity.java 파일은 다음과 같이 대부분의 소스 코드에서 사용된 AppCompatActivity 클래스가 아닌 Activity 클래스로부터 계승받는 MainActivity 클래스를 선언한다.

```
public class MainActivity extends Activity {
    ...
```

계속해서, 파라메터로 Bundle 타입의 savedInstanceState를 사용하는 onCreate() 메소드를 작성한다.

```
    @Override
    protected void onCreate(Bundle savedInstanceState) {
        super.onCreate(savedInstanceState);
        ...
```

이어서 사용된 setContentView() 함수는 위에서 작성한 activity_main.xml 파일을 연결시켜 이 파일에 작성된 뷰와 위젯들을 그대로 화면에 표시하는 기능을 한다. 여기서는 버튼 하나가 화면에 표시된다.

```
        setContentView(R.layout.activity_main);
        ...
```

이제 findViewById() 함수를 사용하여 디자인 뷰의 버튼 위젯을 참조한다. 즉, 위에서 작성한 버튼을 참조하기 위해서는 파라메터 값에 R.id.button 을 지정한다.

```
        final Button button = (Button)findViewById(R.id.button);
        ...
```

이어서 동일한 방법으로 findViewById() 함수를 사용하여 디자인 뷰의 이미지뷰 위젯을 참조한다. 파라메터 값에 R.id.imageView를 지정한다.

```
        final ImageView imageview = (ImageView)findViewById(R.id.imageView);
        ...
```

그다음, 생성된 Button 객체를 이용하여 이벤트 처리 메소드를 생성한다. 여기서는 버튼을 클릭할 때 실행되도록 하는 이벤트 리스너(Event Listener)를 등록하여 이 리스너에 의해 호출되는 콜백 메소드를 등록해준다. 즉, 다음과 같이 View.OnClickListener() 객체를 생성하고 이 객체를 파라메터로 하는 setOnClickListener()를 호출한다. 즉, 클릭 리스너를 구현하는 무명 클래스를 정의하여 버튼에 등록한다. 버튼이 눌려지게 되면 자동으로 무명 클래스 내부에 있는 onClick()이 호출된다.

```
button.setOnClickListener(new View.OnClickListener() {
    @Override
    public void onClick(View view) {
        ...
```

이제 팝업 메뉴를 생성할 수 있는 PopupMenu()를 호출하여 팝업 메뉴 객체 변수 popup을 생성한다.

```
PopupMenu popup = new PopupMenu(getApplicationContext(), view);
    ...
```

그다음, 다음과 같이 getMenuInflater() 함수를 호출하여 메뉴를 추가시킬 때 사용되는 MenuInflater 객체를 생성하고 이 객체의 inflate() 함수를 호출하여 위에서 작성된 옵션 메뉴 파일 main_menu.xml 을 불러온다. 이때 getMenu() 를 지정하여 메뉴 파일의 항목이 팝업 메뉴 형식으로 표시되도록 지정한다.

```
getMenuInflater().inflate(R.menu.main_menu, popup.getMenu());
    ...
```

그다음, 생성된 popup 객체를 이용하여 이벤트 처리 메소드를 생성한다. 여기서는 팝업 메뉴 항목을 클릭할 때 실행되도록 하는 이벤트 리스너(Event Listener)를 등록하여 이 리스너에 의해 호출되는 콜백 메소드를 등록해준다. 즉, 다음과 같이 OnMenuItemClickListener() 객체를 생성하고 이 객체를 파라메터로 하는 setOnMenuItemClickListener()를 호출한다. 즉, 팝업 메뉴 항목이 눌려지게 되면 자동으로 클래스 내부에 있는 onMenuItemClick() 함수가 호출된다.

```
popup.setOnMenuItemClickListener(new
        PopupMenu.OnMenuItemClickListener() {
    @Override
    public boolean onMenuItemClick(MenuItem item) {
        ...
```

onMenuItemClick() 함수에서는 이제 다음과 같이 switch 문장에 getItemId()를 사용하여 선택된 메뉴 항목에 대한 리소스 ID를 알아내고 그 값이 R.id.squire 인 경우, ImageView 객체의 setImageResource(R.drawable.squire) 를 호출하여 버튼 아래쪽에 사각형 이미지를 출력해준다.

```
switch (item.getItemId()) {
    case R.id.squire:
        imageview.setImageResource(R.drawable.squire);
        return true;
        ...
```

참고
setImageResource() 함수

ImageView 클래스에서 제공하는 setImageResource() 함수는 원하는 이미지를 출력하고자 할 때 사용된다. 이 함수는 다음과 같은 형식을 갖는다.

public void setImageResource (int resId);

이 함수 파라메터에 화면에 출력할 'R.drawable.squire' 와 같은 리소스를 가리키는 지정자 번호를 지정해 준다.

나머지 모든 항목 역시 위와 같은 방법으로 동일하게 처리하여 ID 가 R.id.circle 인 경우 버튼 아래쪽에 원을 출력해주고 R.id.diamond 인 경우, 다이아몬드 로 각각 변경해 준다.

```
            case R.id.circle:
                imageview.setImageResource(R.drawable.circle);
                return true;
            case R.id.diamond:
                imageview.setImageResource(R.drawable.diamond);
                return true;
            default:
```

```
                            return false;
                        }
                    }
                });
                popup.show();
            }
        });
    }
}
```

 정리

    이 장에서는 액션 바와 메뉴에 대해서 알아보았다. 액션 바는 안드로이드 어플리케이션의 로고, 아이콘, 메뉴 항목 등과 같은 공간을 제공하기 위한 화면 위쪽에 생기는 막대를 말한다.
    이러한 액션 바를 이용하여 옵션 메뉴를 작성할 수 있는데 옵션 메뉴는 현재 화면에서 제공하는 여러 기능이나 선택 사항을 설정하고 실행하는 기능을 한다. 또 다른 기능으로는 컨텍스트 메뉴가 있다. 컨텍스트 메뉴는 특정 항목에서만 나타날 수 있는 특수한 메뉴이다. 이 메뉴는 2 가지 형태 즉, 플로팅 컨텍스트(floating context) 메뉴와 컨텍스트 액션 모드(context action mode)형식으로 표시할 수 있다. 첫 번째 플로팅 컨텍스트 메뉴는 특정 항목을 오랫동안 누르고 있을 때 그 위에 메뉴가 나타나서 원하는 항목을 선택할 수 있다. 두 번째 컨텍스트 액션 모드는 안드로이드 3.0(API 레벨 11) 이상에서만 사용가능하며 원하는 컨텍스트 메뉴가 화면 중앙에 표시되는 것이 아니라 액션 바에 표시된다. 마지막으로 팝업 메뉴를 소개하였는데 이 메뉴는 버튼, 텍스트 뷰와 같은 특정한 뷰에 연결되는 메뉴이다. 공간이 없는 경우에는 위쪽 혹은 아래쪽에 표시되기도 한다.

제6장

대화상자

대화상자는 액티비티 위에 표시되는 작은 윈도우로 자료를 입력하거나 원하는 메시지를 표시하고자 할 때 사용되는 유용한 툴이다. 이 장에서는 이러한 대화상자를 이용하여 원하는 자료 즉, 문자열, 날짜, 시간 등을 입력받는 예제와 원하는 자료를 출력하거나 날짜를 표시하여 날짜를 선택할 수 있는 예제도 배워 볼 것이다. 마지막 부분에서는 사용자가 원하는 데로 만들 수 있는 커스텀 대화상자 작성 방법을 예제를 통해 알아볼 것이다.

6.1 기본 AlertDialog

기본 AlertDialog 는 말 그대로 원하는 정보를 사용자에게 알리고자 할 때 사용되는 가장 기본적인 대화상자이다. AlertDialog 대화상자는 다음과 같이 제목 표시 영역, 메시지 혹은 리스트 자료 표시 영역, 버튼 영역 등으로 구성된다.

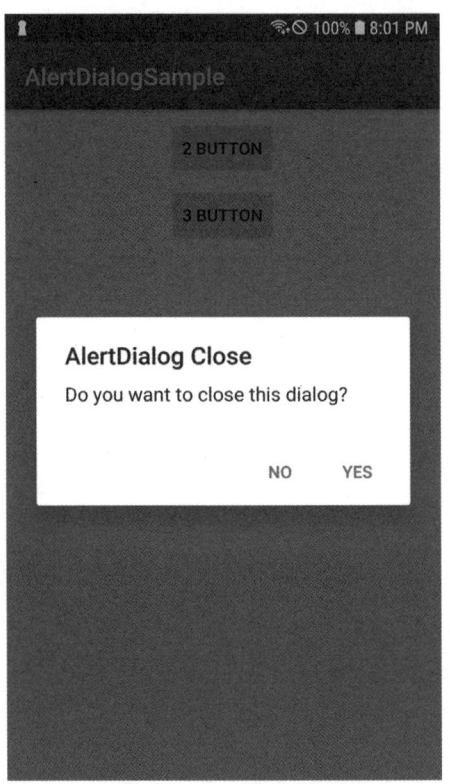

그림 6.1 AlertDialog 대화상자

다음 예제를 통해 버튼을 눌러 사용자에게 정보를 보여주는 대화상자를 작성하는 방법을 알아보자.

그대로 따라하기

1 안드로이드 스튜디오를 실행하고 시작 화면이 나타나면 첫 번째 항목인 Start a new Android Studio project를 선택한다.

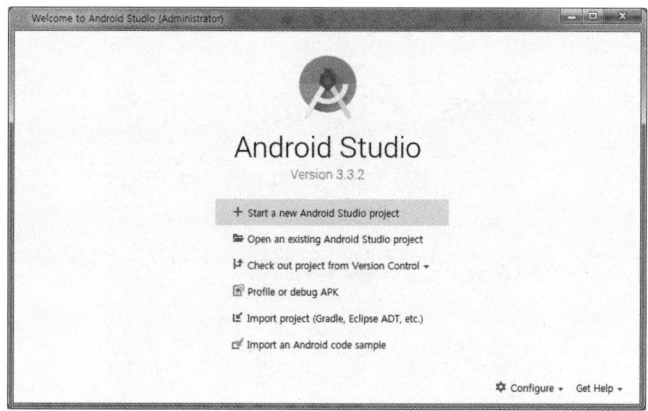

그림 6.2 Start a new Android Studio project 선택

2 이때 다음과 같이 프로젝트 선택 윈도우가 나타난다. 먼저 위쪽에서 기본적으로 선택되어 있는 Phone and Tablet 를 그대로 지정하고 비어있는 화면을 보여주는 "Empty Activity"를 선택한 뒤, Next 버튼을 누른다.

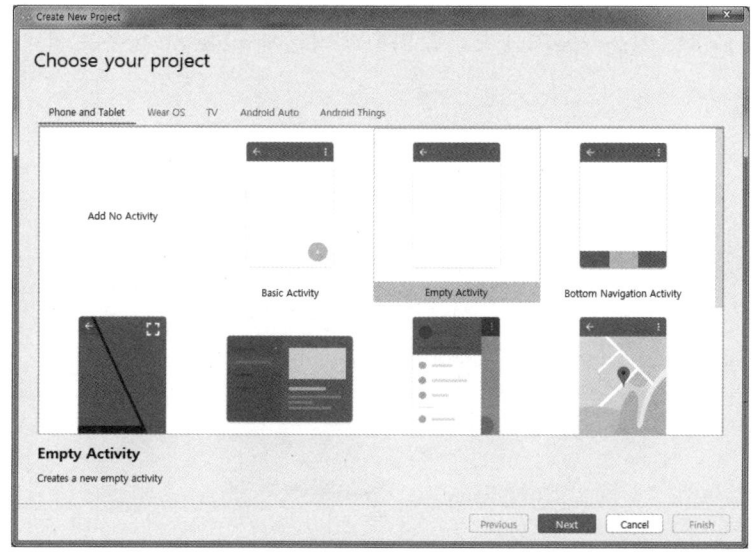

그림 6.3 Empty Activity 선택

3 이어서 다음과 같이 안드로이드 프로젝트 설정 윈도우가 나타난다. 첫 번째 Name 항목에 "AlertDialogSample" 이라고 입력한다. 그 다음 줄 항목들은 모두 그대로 두고 아래쪽에 위치한 Finish 버튼을 눌러 프로젝트를 생성한다.

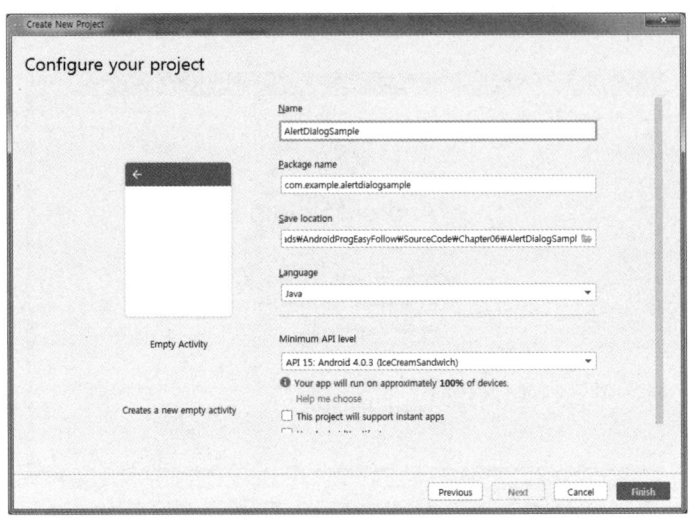

그림 6.4 안드로이드 프로젝트 이름 입력 및 생성 종료

4 이제 오른쪽 에디터에는 activity_main.xml 와 MainActivity.java 파일이 자동으로 표시된다. 이때 activity_main.xml 탭을 눌러 레이아웃 에디터를 표시한다. 레이아웃 에디터에는 중앙에 "Hello World" TextView 가 표시된다. 이제 마우스로 이 "Hello World" TextView를 선택하고 Delete 키를 누르거나 오른쪽 마우스 버튼에서 Delete 항목을 선택하여 삭제한다.

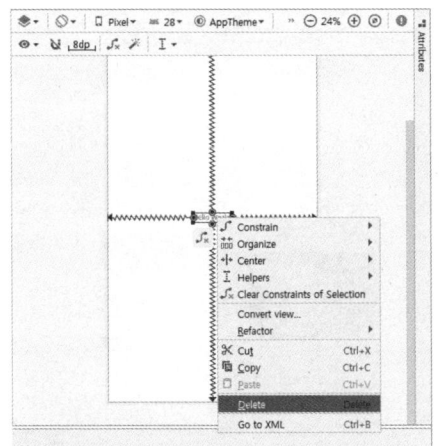

그림 6.5 "Hello World" TextView 삭제

5 이제 팔레트 왼쪽에서 Common 을 선택한 상태에서 이어서 마우스로 오른쪽에 표시되는 Button 을 클릭하고 드래그-엔-드롭으로 오른쪽 레이아웃 뷰 임의의 위치에 떨어뜨린다.

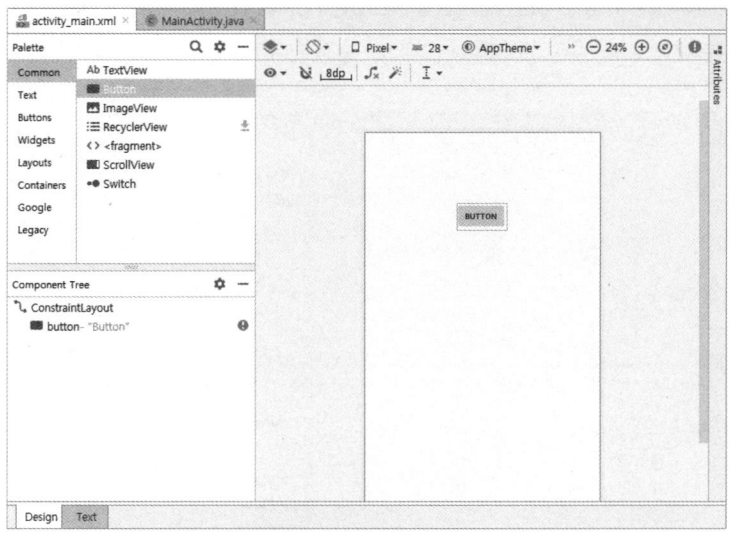

그림 6.6 Button 추가

6 Button 위쪽 중앙의 작은 원을 클릭하고 위쪽 에디터 끝까지 드래그 한다. 동일한 방법으로 왼쪽, 오른쪽 중앙의 작은 원을 클릭하고 각각의 에디터 끝까지 드래그 처리한다. 이어서 오른쪽 속성 창의 text 속성 값을 "2 Button" 으로 변경한다.

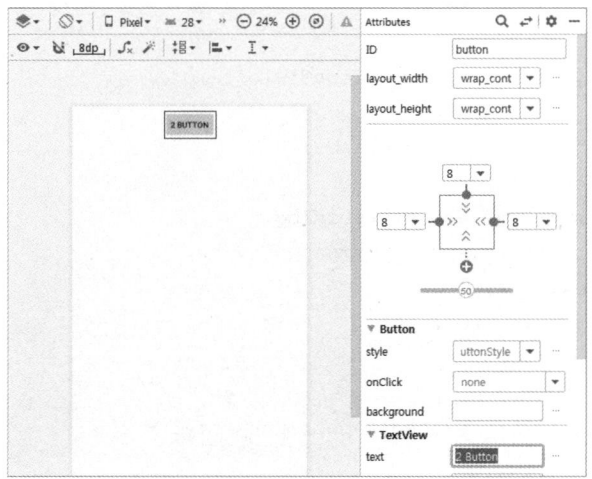

그림 6.7 첫 번째 Button 에 대한 위, 왼쪽, 오른쪽 제약 설정

7 다시 동일한 방법으로 팔레트에서 Button 을 선택한 뒤에 첫 번째 버튼 아래쪽에 위치시킨다. 첫 번째 방법과 같이 왼쪽, 오른쪽 중앙의 작은 원을 클릭하고 각각의 에디터 끝까지 드래그 처리하고 위쪽 중앙의 작은 원을 클릭한 뒤 첫 번째 버튼의 아래쪽 작은 원과 연결한다. 이 버튼의 text 속성은 "3 Button" 으로 변경한다.

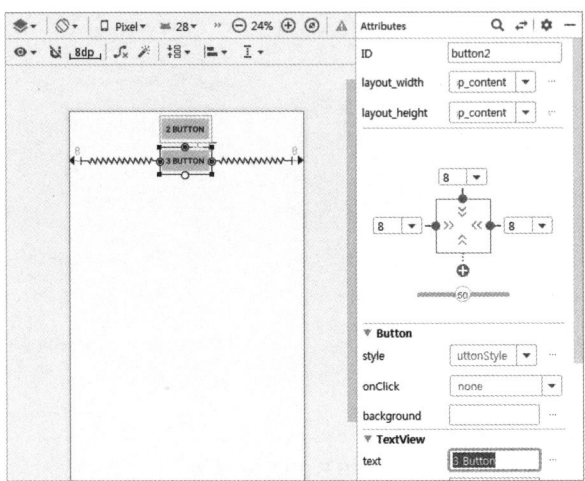

그림 6.8 두 번째 Button 에 대한 위, 왼쪽, 오른쪽 제약 설정

8 이어서 에디터에서 MainActivity.java 탭을 선택한다. 이때 안드로이드 스튜디오 오른쪽에는 MainActivity.java 파일이 열리는데 다음과 같은 코드를 추가 입력한다.
(* AlertDialog에서 에러가 발생되면 android.supoprt.v7.app.AlerDialog를 임포트처리한다.)

```
package com.example.admnistrator.alertdialogsample;

import android.content.DialogInterface;
import android.os.Bundle;
import android.support.v7.app.AlertDialog;
import android.support.v7.app.AppCompatActivity;
import android.view.View;
import android.widget.Button;
import android.widget.Toast;

public class MainActivity extends AppCompatActivity {

    @Override
    protected void onCreate(Bundle savedInstanceState) {
```

```java
        super.onCreate(savedInstanceState);
        setContentView(R.layout.activity_main);

        Button button = (Button)findViewById(R.id.button);
        button.setOnClickListener(new View.OnClickListener() {
            @Override
            public void onClick(View view) {
                DialogShowTwoButton();
            }
        });
        Button button1 = (Button)findViewById(R.id.button2);
        button1.setOnClickListener(new View.OnClickListener() {
            @Override
            public void onClick(View view) {
                DialogShowThreeButton();
            }
        });
}

void DialogShowTwoButton()
{
    AlertDialog.Builder builder = new AlertDialog.Builder(this);
    builder.setTitle("AlertDialog Close");
    builder.setMessage("Do you want to close this dialog?");
    builder.setPositiveButton("Yes",
            new DialogInterface.OnClickListener() {
                public void onClick(DialogInterface dialog, int which) {
                    Toast.makeText(getApplicationContext(),
                            "예를 선택했습니다.",Toast.LENGTH_LONG).show();
                }
            });
    builder.setNegativeButton("No",
            new DialogInterface.OnClickListener() {
                public void onClick(DialogInterface dialog, int which) {
                    Toast.makeText(getApplicationContext(),
                            "아니오를 선택했습니다.",Toast.LENGTH_LONG).show();
                }
            });
    builder.show();
}
```

```
void DialogShowThreeButton()
{
    AlertDialog.Builder builder = new AlertDialog.Builder(this);
    builder.setTitle("AlertDialog Close");
    builder.setMessage("Do you want to close this dialog?");
    builder.setPositiveButton("Yes",
            new DialogInterface.OnClickListener() {
                public void onClick(DialogInterface dialog, int which) {
                    Toast.makeText(getApplicationContext(),
                            "예를 선택했습니다.",Toast.LENGTH_LONG).show();
                }
            });
    builder.setNegativeButton("No",
            new DialogInterface.OnClickListener() {
                public void onClick(DialogInterface dialog, int which) {
                    Toast.makeText(getApplicationContext(),
                            "아니오를 선택했습니다.",Toast.LENGTH_LONG).show();
                }
            });
    builder.setNeutralButton("Help",
            new DialogInterface.OnClickListener() {
                public void onClick(DialogInterface dialog, int which) {
                    Toast.makeText(getApplicationContext(),
                            "도움말을 선택했습니다.",Toast.LENGTH_LONG).show();
                }
            });
    builder.show();
}
```

참고
AlertDialog 객체 import 처리

소스 코드를 입력하면 대부분의 객체는 자동으로 import을 처리하지만 AlertDialog 객체는 빨강색으로 줄이 그어지는데 import 처리할 클래스가 2 개가 되어 2 중 하나를 선택이 필요하다.

그림 6.9 AlertDialog 객체 에러 표시

이와 같은 경우, 'AlertDialog'를 마우스로 선택하고 Alt-Enter 키를 누르면 import 할 클래스 2 개가 나타나는데 위쪽에 위치한 AlertDialog(android.support.v7.app)를 선택해주고 Enter 키를 눌러준다.

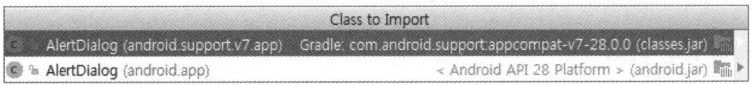

그림 6.10 Class to Import

⑨ 이제 실제 기기를 Mac 혹은 PC에 연결하고 안드로이드 스튜디오 위쪽에 위치한 Run 버튼을 누르면 배포 타겟(deployment target) 화면이 나타난다. 연결된 디바이스 혹은 가상 화면을 선택하고 OK 버튼을 눌러 실행시켜 다음과 같은 화면이 나타나는지 확인해 본다.

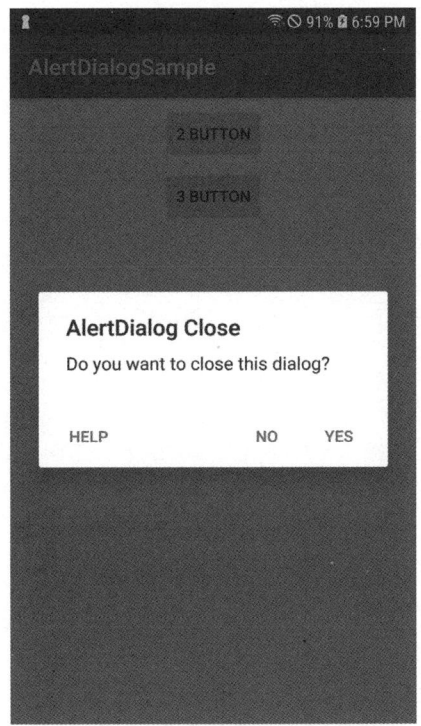

그림 6.11 AlertDialogSample 프로젝트 실행

원리 설명

AlerDialog 대화상자는 사용자에게 중요한 메시지를 알리거나 전달할 때 사용되는 조그마한 윈도우이다. 기본적인 AlertDialog 대화상자는 기본적으로 제목, 메시지, 여러 가지 버튼 등이 추가될 수 있다.

이제 에디터에서 MainActivity 탭을 클릭하여 소스 코드를 불러낸다. MainActivity.java 파일은 다음과 같이 Activity 클래스의 자식 클래스인 AppCompatActivity 클래스로부터 계승받는 MainActivity 클래스를 선언한다.

```
public class MainActivity extends AppCompatActivity {
...
```

그다음, 파라메터로 Bundle 타입의 savedInstanceState를 사용하는 onCreate() 메소드를 작성한다. 이 메소드는 액티비티를 생성할 때 자동으로 실행된다.

```
    @Override
    protected void onCreate(Bundle savedInstanceState) {
        super.onCreate(savedInstanceState);
        ...
```

그다음, 파라메터로 Bundle 타입의 savedInstanceState를 사용하는 onCreate() 메소드를 작성한다. 이 메소드는 액티비티를 생성할 때 자동으로 실행된다. 여기서는 2 개의 버튼이 표시된다.

```
        setContentView(R.layout.activity_main);
        ...
```

이제 findViewById() 함수를 사용하여 디자인 뷰의 이미지 버튼 위젯을 참조한다. 즉, 위에서 작성한 버튼을 참조하기 위해서는 파라메터 값에 R.id.button 을 지정한다.

```
        Button button = (Button)findViewById(R.id.button);
        ...
```

그다음, 생성된 Button 객체를 이용하여 첫 번째 버튼에 대한 이벤트 처리 메소드를 생성한다. 여기서는 버튼을 클릭할 때 실행되도록 하는 이벤트 리스너(Event Listener)를 등록하여 이 리스너에 의해 호출되는 콜백 메소드를 등록해준다. 즉, 다음과 같이 View.OnClickListener() 객체를 생성하고 이 객체를 파라메터로 하는 setOnClickListener()를 호출한다. 즉, 첫 번째 버튼이 눌려지게 되면 자동으로 무명 클래스 내부에 있는 onClick() 함수가 호출되면서 대화상자에 2 개의 버튼을 만드는 사용자 함수 DialogShowTwoButton() 를 호출한다.

```
        button.setOnClickListener(new View.OnClickListener() {
            @Override
            public void onClick(View view) {
                DialogShowTwoButton();
            }
        });
```

동일한 방법으로 두 번째 버튼에 대한 이벤트 처리 메소드를 생성한다. 두 번째 버튼 역시 눌려지면 자동으로 무명 클래스 내부에 있는 onClick() 함수가 호출되면서 대화상자에 3 개의 버튼을 만드는 사용자 함수 DialogShowThreeButton() 를 호출한다.

```
        Button button1 = (Button)findViewById(R.id.button2);
        button1.setOnClickListener(new View.OnClickListener() {
            @Override
            public void onClick(View view) {
                DialogShowThreeButton();
            }
        });
    }
```

이제 AlertDialog 생성을 처리해보자. AlertDialog를 생성하기 위해서는 AlertDialog 객체를 생성해야하는데 AlertDialog.Builder 객체에서 제공되는 주요 메소드는 다음과 같다.

표 6.1 AlertDialog.Builder 객체 주요 메소드

AlertDialog.Builder 메소드	내용
Builder()	기본 대화상자 처리를 위한 기본 구조를 생성한다.
setTitle()	대화상자에 표시할 제목을 지정한다.
setMessage()	대화상자에 표시한 메시지를 지정한다.
setPositiveButton()	대화상자의 Positive 버튼에 대한 처리 리스너를 설정한다.
setNegativeButton()	대화상자의 Negative 버튼에 대한 처리 리스너를 설정한다.
setNeutralButton	대화상자의 Neutral 버튼에 대한 처리 리스너를 설정한다.

또한 기본 AlertDialog 대화상자를 만드는 순서는 다음과 같다.

① AlertDialog.Builder() 객체를 생성한다.
② 제목을 추가한다.
③ 메시지를 추가한다.
④ Positive 버튼을 생성한다.
⑤ Negative 버튼을 생성한다.
⑥ show() 호출한다.

이 순서를 참고하면서 이제 두 개의 버튼을 만드는 DialogShowTwoButton()을 살펴보자.

```
void DialogShowTwoButton()
{
...
```

먼저 표 6.1에서 소개한 AlertDialog.Builder() 함수를 호출하여 AlertDialog 처리를 위한 기본 골격을 생성한다.

```
AlertDialog.Builder builder = new AlertDialog.Builder(this);
...
```

이어서 setTitle() 함수를 호출하여 대화상자에 제목을 설정한다.

```
builder.setTitle("AlertDialog Close");
...
```

계속해서 setMessage() 함수를 호출하여 대화상자에 메시지를 추가한다.

```
builder.setMessage("Do you want to close this dialog?");
...
```

이제 setPositiveButton() 함수를 호출하여 Yes 버튼에 대한 기능을 생성하고 DialogInterface.OnClickListener()을 호출하여 이 이 버튼을 눌렀을 때 자동으로 실행되는 onClick() 함수를 생성한다.

```
builder.setPositiveButton("Yes",
        new DialogInterface.OnClickListener() {
```

```
                public void onClick(DialogInterface dialog, int which) {
                    ...
```

onClick() 함수에서는 Toast 객체의 makeText()를 호출하여 "예를 선택했습니다." 이라는 메시지를 출력한다.

```
                    Toast.makeText(getApplicationContext(),
                        "예를 선택했습니다.", Toast.LENGTH_LONG).show();
                }
            });
```

동일한 방법으로 setNegativeButton() 함수를 호출하여 No 버튼에 대한 기능을 생성한다. 이 버튼을 누르면 역시 onClick() 함수가 실행되고 Toast 객체의 makeText() 함수를 사용하여 "아니오를 선택했습니다." 이라는 메시지를 출력한다.

```
        builder.setNegativeButton("No",
            new DialogInterface.OnClickListener() {
                public void onClick(DialogInterface dialog, int which) {
                    Toast.makeText(getApplicationContext(),
                        "아니오를 선택했습니다.", Toast.LENGTH_LONG).show();
                }
            });
```

마지막으로 show()를 호출하여 지금까지 구성된 대화상자를 표시한다.

```
        builder.show();
    }
```

이번에는 3 개의 버튼을 가진 대화상자를 구성하는 DialogShowThreeButton() 함수를 처리해 보자. 이 함수 역시 AlertDialog.Builder()를 생성하여 대화상자를 구성하고 setTitle() 함수와 setMessage() 함수를 호출하여 각각 제목과 메시지를 추가한다.

```
    void DialogShowThreeButton()
    {
        AlertDialog.Builder builder = new AlertDialog.Builder(this);
        builder.setTitle("AlertDialog Close");
```

```
builder.setMessage("Do you want to close this dialog?");
...
```

이어서 setPositiveButton() 와 setNegativeButton()을 이용하여 각각 Yes 버튼과 No 버튼에 대한 기능을 구현한다. 각각 눌렀을 때 makeToast()를 호출하여 "예를 선택했습니다." 혹은 "아니오를 선택했습니다."를 출력해 준다.

```
builder.setPositiveButton("Yes",
    new DialogInterface.OnClickListener() {
        public void onClick(DialogInterface dialog, int which) {
            Toast.makeText(getApplicationContext(),
             "예를 선택했습니다.",Toast.LENGTH_LONG).show();
        }
});
builder.setNegativeButton("No",
    new DialogInterface.OnClickListener() {
        public void onClick(DialogInterface dialog, int which) {
            Toast.makeText(getApplicationContext(),
             "아니오를 선택했습니다.",Toast.LENGTH_LONG).show();
        }
});
```

계속해서 setNeutralButton() 함수를 호출하여 Help 버튼에 대한 기능을 생성한다. 이 버튼을 누르면 역시 onClick() 함수가 실행되고 Toast 객체의 makeText() 함수를 사용하여 "도움말을 선택했습니다." 이라는 메시지를 출력한다.

```
builder.setNeutralButton("Help",
    new DialogInterface.OnClickListener() {
        public void onClick(DialogInterface dialog, int which) {
            Toast.makeText(getApplicationContext(),
             "도움말을 선택했습니다.",Toast.LENGTH_LONG).show();
        }
});
```

마지막으로 AlertDialog.Builder 객체의 show()를 호출하여 지금까지 작성한 대화상자를 표시한다.

```
        builder.show();
    }
}
```

6.2 라디오 버튼 AltertDialog

위에서는 대화상자에 간단한 메시지와 버튼을 추가해보았는데 이번에는 대화상자 안에 라디오 버튼을 추가하여 선택된 항목을 화면에 출력하는 대화상자를 구현해보자. 라디오 버튼은 여러 항목 중 하나를 선택하고자 할 때 사용되는 컨트롤로서 대화상자 기능과 결합하여 자료를 하나 선택한 뒤 그 자료를 처리하고자 할 때 유용하게 사용된다.

그대로 따라하기

1 안드로이드 스튜디오를 실행하고 시작 화면이 나타나면 첫 번째 항목인 Start a new Android Studio project를 선택한다.

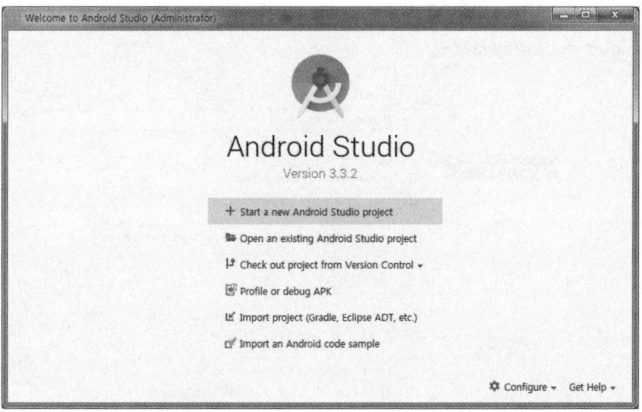

그림 6.12 Start a new Android Studio project 선택

2 이때 다음과 같이 프로젝트 선택 윈도우가 나타난다. 먼저 위쪽에서 기본적으로 선택되어 있는 Phone and Tablet 를 그대로 지정하고 비어있는 화면을 보여주는 "Empty Activity" 를 선택한 뒤, Next 버튼을 누른다.

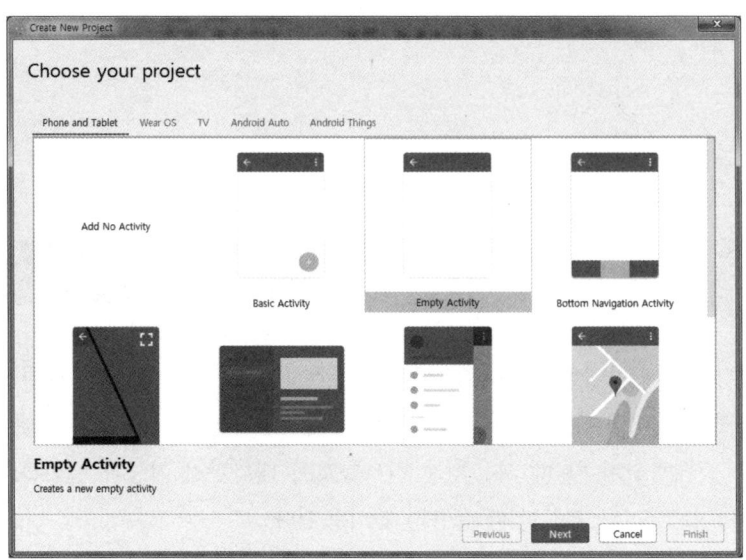

그림 6.13 Empty Activity 선택

3️⃣ 이어서 다음과 같이 안드로이드 프로젝트 설정 윈도우가 나타난다. 첫 번째 Name 항목에 "RadioButtonDialogSample"이라고 입력한다. 그 다음 줄 항목들은 모두 그대로 두고 아래쪽에 위치한 Finish 버튼을 눌러 프로젝트를 생성한다.

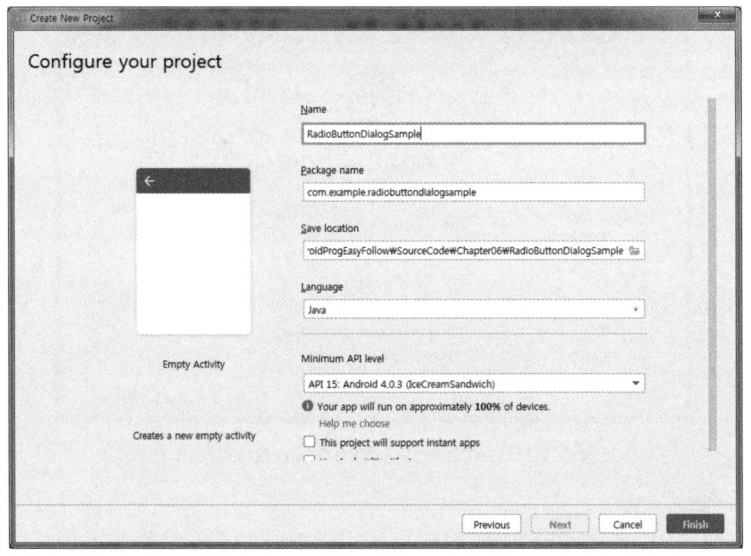

그림 6.14 안드로이드 프로젝트 이름 입력 및 생성 종료

4 이제 오른쪽 에디터에는 activity_main.xml 와 MainActivity.java 파일이 자동으로 표시된다. 이때 activity_main.xml 탭을 눌러 레이아웃 에디터를 표시한다. 레이아웃 에디터에는 중앙에 "Hello World" TextView 가 표시된다. 이제 마우스로 이 "Hello World" TextView를 선택하고 Delete 키를 누르거나 오른쪽 마우스 버튼에서 Delete 항목을 선택하여 삭제한다.

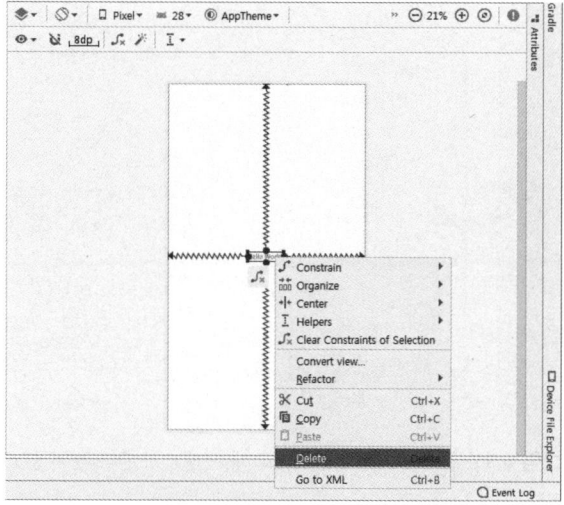

그림 6.15 "Hello World" TextView 삭제

5 이제 팔레트 왼쪽에서 Common 을 선택한 상태에서 이어서 마우스로 오른쪽에 표시되는 Button 을 클릭하고 드렉-엔-드롭으로 오른쪽 레이아웃 뷰 임의의 위치에 떨어뜨린다.

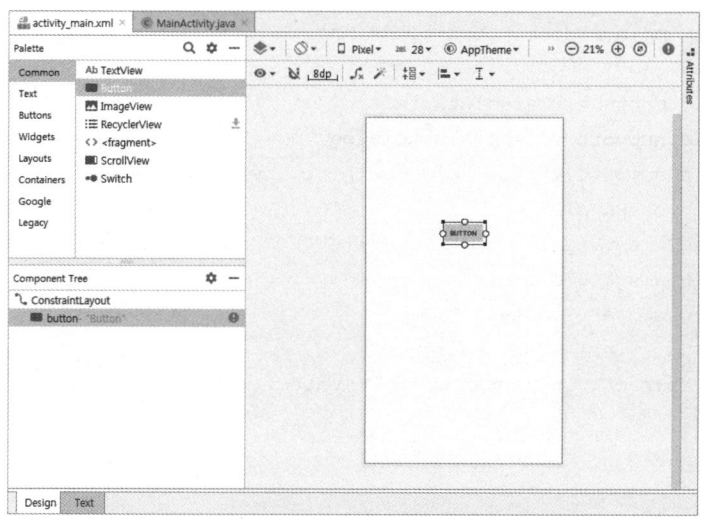

그림 6.16 Button 추가

제6장_ 대화상자 **325**

6 Button 위쪽 중앙의 작은 원을 클릭하고 위쪽 에디터 끝까지 드래그 한다. 동일한 방법으로 왼쪽, 오른쪽, 아래쪽 중앙의 작은 원을 클릭하고 각각의 에디터 끝까지 드래그 처리한다. 이어서 오른쪽 속성 창의 text 속성 값을 "RadioButton" 으로 변경한다.

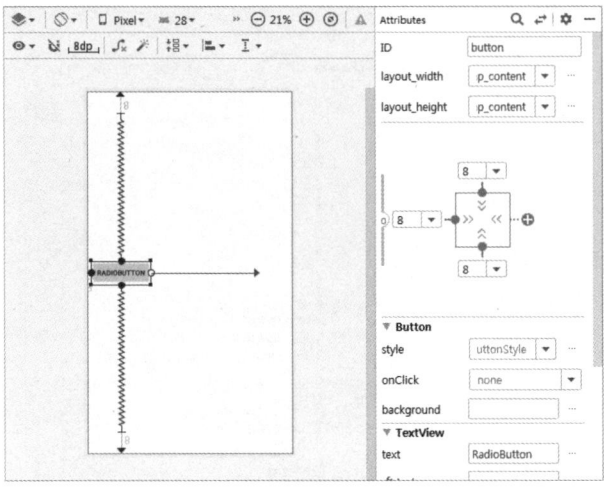

그림 6.17 Button 에 대한 위, 아래, 왼쪽, 오른쪽 제약 설정

7 이어서 에디터에서 MainActivity.java 탭을 선택한다. 이때 안드로이드 스튜디오 오른쪽에는 MainActivity.java 파일이 열리는데 다음과 같은 코드를 추가 입력한다.
　(* AlertDialog에서 에러가 발생되면 android.support.v7.app.AlertDialog를 임포트시킨다.)

```
package com.example.radiobuttondialogsample;

import android.content.DialogInterface;
import android.support.v7.app.AlertDialog;
import android.support.v7.app.AppCompatActivity;
import android.os.Bundle;
import android.view.View;
import android.widget.Button;
import android.widget.Toast;

public class MainActivity extends AppCompatActivity {
    int index;

    @Override
    protected void onCreate(Bundle savedInstanceState) {
```

```java
        super.onCreate(savedInstanceState);
        setContentView(R.layout.activity_main);

        Button button = (Button)findViewById(R.id.button);
        button.setOnClickListener(new View.OnClickListener() {
            @Override
            public void onClick(View view) {
                index = -1;
                DialogShowRadioButton();
            }
        });
    }

    void DialogShowRadioButton(){
        final CharSequence[] items =  {"Earth", "Mars", "Venus", "Saturn", "Mercury"};

        AlertDialog.Builder builder = new AlertDialog.Builder(this);
        builder.setTitle("Select a planet!");

        builder.setSingleChoiceItems(items, -1,
                new DialogInterface.OnClickListener() {
                    @Override
                    public void onClick(DialogInterface dialog, int which) {
                        index = which;
                    }
                });

        builder.setPositiveButton("Ok",
                new DialogInterface.OnClickListener() {
                    public void onClick(DialogInterface dialog, int which) {
                        if (index >= 0) {
                            Toast.makeText(getApplicationContext(),
                                    "Selected Item : " + items[index],
                                    Toast.LENGTH_LONG).show();
                        }
                    }
                });
        builder.show();
    }
}
```

8 이제 실제 기기를 PC에 연결하고 안드로이드 스튜디오 위쪽에 위치한 Run 버튼을 누르면 배포 타겟(deployment target) 화면이 나타난다. 연결된 디바이스 혹은 가상 화면을 선택하고 OK 버튼을 눌러 실행시켜 다음과 같은 화면이 나타나는지 확인해 본다.

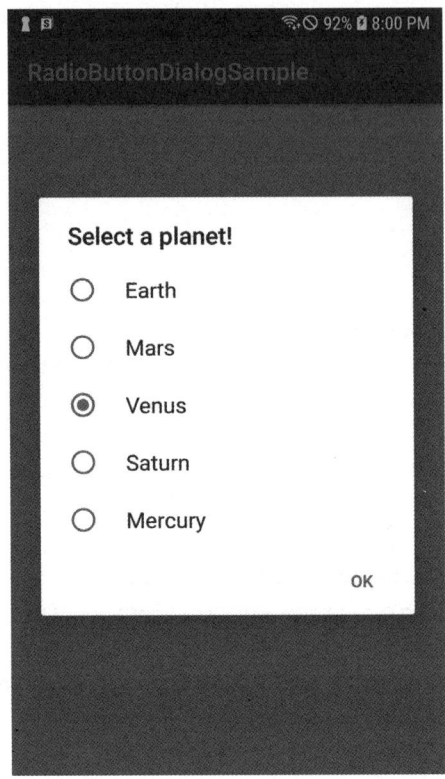

그림 6.18 RadioButtonDialogSample 프로젝트 실행

원리 설명

라디오버튼 AlertDialog 는 AlertDialog 대화상자에 라디오버튼이 추가된 것을 말한다. 라디오버튼을 추가함으로 여러 가지 항목 중 원하는 항목 하나를 선택할 수 있다.

이제 에디터에서 MainActivity 탭을 클릭하여 소스 코드를 불러낸다. MainActivity.java 파일은 다음과 같이 Activity 클래스의 자식 클래스인 AppCompatActivity 클래스로부터 계승받는 MainActivity 클래스를 선언한다.

```
public class MainActivity extends AppCompatActivity {
...
```

이어서 정수 타입의 index 변수를 선언하는데 여러 라디오 버튼 항목 중 선택된 항목을 index 변수에 보관하게 된다.

```
    int index;
    ...
```

그다음, 파라메터로 Bundle 타입의 savedInstanceState를 사용하는 onCreate() 메소드를 작성한다.

```
    @Override
    protected void onCreate(Bundle savedInstanceState) {
        super.onCreate(savedInstanceState);
        ...
```

이어서 사용된 setContentView() 함수는 위에서 작성한 activity_main.xml 파일을 연결시켜 이 파일에 작성된 뷰와 위젯들을 그대로 화면에 표시하는 기능을 한다. 여기서는 버튼이 하나 표시된다.

```
        setContentView(R.layout.activity_main);
        ...
```

이제 findViewById() 함수를 사용하여 디자인 뷰의 Button 위젯을 참조한다. 즉, 위에서 작성한 Button 을 참조하기 위해서는 파라메터 값에 R.id.button 을 지정한다.

```
        Button button = (Button)findViewById(R.id.button);
        ...
```

그다음, 생성된 Button 객체를 이용하여 이벤트 처리 메소드를 생성한다. 여기서는 버튼을 클릭할 때 실행되도록 하는 이벤트 리스너(Event Listener)를 등록하여 이 리스너에 의해 호출되는 콜백 메소드를 등록해준다. 즉, 다음과 같이 View.OnClickListener() 객체를 생성하고 이 객체를 파라메터로 하는 setOnClickListener()를 호출하여 버튼이 눌려지게 되면 자동으로 무명 클래스 내부에 있는 onClick() 이 호출되도록 한다.

```
button.setOnClickListener(new View.OnClickListener() {
    @Override
    public void onClick(View view) {
        ...
```

onClick() 함수에서는 먼저 표시될 라디오 버튼의 인덱스를 -1으로 지정하여 모든 항목이 선택되지 않도록 한다.

```
index = -1;
...
```

그다음, 다음 DialogShowRadioButton()을 호출하여 라디오버튼 AlertDialog 를 생성한다.

```
        DialogShowRadioButton();
    }
});
}
```

DialogShowRadioButton() 함수를 설명하기 전에 라디오 AlertDialog 대화상자를 만드는 순서를 알아보자. 그 순서는 다음과 같다.

① AlertDialog.Builder() 객체를 생성한다.
② 제목을 추가한다.
③ setSingleChoiceItems() 호출하여 라디오 버튼을 생성한다.
④ Positive 버튼을 생성한다.
⑤ show() 호출한다.

이 순서에 따라 이제 호출되는 DialogShowRadioButton() 함수를 살펴보자. 이 함수 첫 부분에서는 다이어로그에 표시될 라디오 버튼의 항목을 CharSquence[] 타입으로 다음과 같이 선언한다.

```
void DialogShowRadioButton(){
  final CharSequence[] items = {"Earth", "Mars", "Venus", "Saturn", "Mercury"};
    ...
```

먼저 AlerDialog 객체의 Builder() 함수를 호출하여 AlertDialog 처리를 위한 기본 골격을 생성한다.

```
AlertDialog.Builder builder = new AlertDialog.Builder(this);
    ...
```

이어서 setTitle() 함수를 호출하여 대화상자에 제목을 설정한다.

```
builder.setTitle("Select a planet!");
    ...
```

그다음, setSingleChoiceItems() 함수를 사용하여 라디오 버튼을 생성한다. 이 함수는 다음과 같은 형식을 갖는다.

```
public AlertDialog.Builder setSingleChoiceItems
    (CharSequence[] items,
    int checkedItem,
    DialogInterface.OnClickListener listener)
```

이 함수의 첫 번째 파라메터에 라디오 버튼 항목 제목을 갖고 있는 CharSequence[] 타입 자료가 지정되고 두 번째 파라메터에는 기본적으로 체크 표시를 지정 할 인덱스 번호가 지정된다. 예를 들어, 0 값이 지정되면 첫 번째 라디오 버튼에 체크 표시가 지정된다. 여기서는 -1을 지정하여 모든 항목에 체크되지 않도록 한다. 세 번째 항목은 리스너를 지정하는데 여기서는 라디오 버튼을 클릭할 때 마다 실행하는 이벤트 리스너(Event Listener)를 등록하여 이 리스너에 의해 호출되는 콜백 메소드를 등록해준다. 즉, 라디오 버튼을 누를 때 마다 그 내부의 onClick() 함수가 호출된다.

```
builder.setSingleChoiceItems(items, -1,
        new DialogInterface.OnClickListener() {
            @Override
            public void onClick(DialogInterface dialog, int which) {
                ...
```

이제 라디오 버튼을 눌러 onClick() 이벤트 함수가 실행되면 파라메터 값으로 현재 눌러진 인덱스 값을 which 변수를 통해 전달되는데 이 값을 index 변수에 보관한다.

```
                index = which;
        }
    });
```

이제 setPositiveButton() 함수를 사용하여 AlertDialog 대화상자 아래쪽에 위치한 OK 버튼에 대한 이벤트를 구현한다. OK 버튼을 누르게 되면 OnClickListener를 통하여 그 내부의 onClick() 함수가 실행된다.

```
builder.setPositiveButton("Ok",
    new DialogInterface.OnClickListener() {
        public void onClick(DialogInterface dialog, int which) {
            ...
```

먼저, 현재 눌러진 라디오 버튼의 인덱스를 가지고 있는 index를 체크하여 그 값이 0 보다 큰 경우를 체크한다. 만일 첫 번째 라디오 버튼을 눌렀다면 0, 두 번째 라디오 버튼은 1, 세 번째는 2 등과 같이 체크할 수 있다.

```
if (index >= 0) {
    ...
```

이제 Toast 객체의 makeText() 함수를 사용하여 "Selected Item :" 메시지와 함께 선택된 라디오 버튼의 항목을 출력해보자. items[] 에는 라디오 버튼의 모든 항목("Earth", "Mars"...등)이 배열 형식으로 지정되어 있고 선택된 인덱스 정수 값 index를 items[]에 지정한 items[index]를 이용하여 현재 선택된 항목 값을 출력할 수 있다.

```
            Toast.makeText(getApplicationContext(),
                "Selected Item : " +
                    items[index], Toast.LENGTH_LONG).show();
        }
    }
});
```

마지막으로 AlertDialog.Builder 의 show()를 호출하여 대화상자를 화면에 표시한다.

```
builder.show();
```

		}
}

6.3 체크 박스 AltertDialog

이번에는 대화상자 안에 체크 박스를 추가하여 여러 개의 선택된 항목들을 화면에 출력하는 대화상자를 구현해보자. 체크 박스는 여러 항목 중 하나 이상의 항목을 선택하고자 할 때 사용되는 컨트롤로서 대화상자 기능과 결합하여 여러 항목 자료를 선택하고자 할 때 유용하게 사용된다.

그대로 따라하기

1 안드로이드 스튜디오를 실행하고 시작 화면이 나타나면 첫 번째 항목인 Start a new Android Studio project를 선택한다.

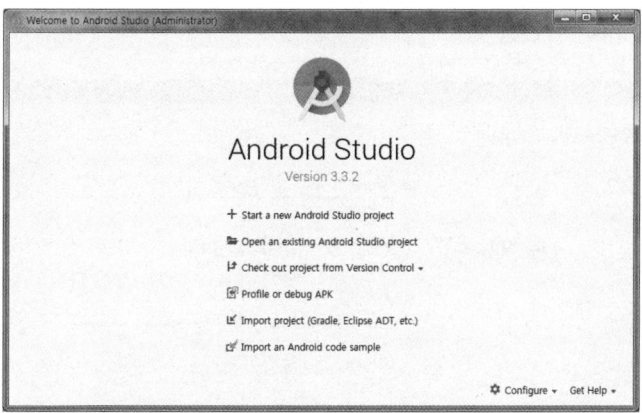

그림 6.19 Start a new Android Studio project 선택

2 이때 다음과 같이 프로젝트 선택 윈도우가 나타난다. 먼저 위쪽에서 기본적으로 선택되어 있는 Phone and Tablet 를 그대로 지정하고 비어있는 화면을 보여주는 "Empty Activity"를 선택한 뒤, Next 버튼을 누른다.

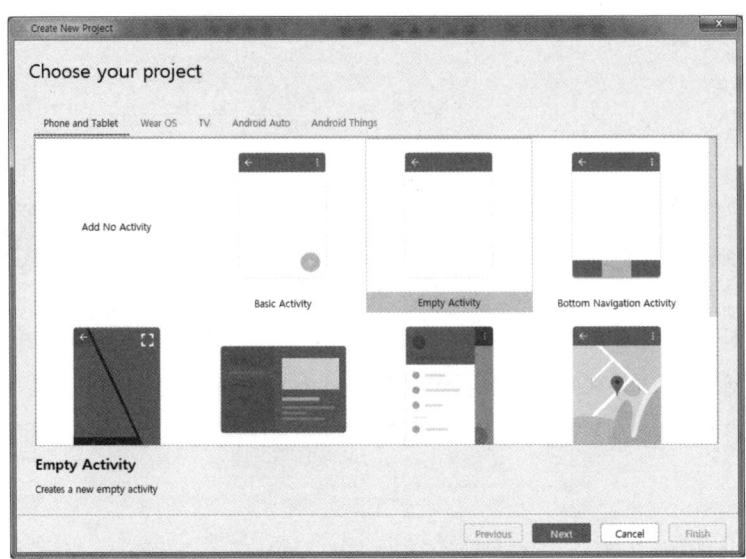

그림 6.20 Empty Activity 선택

③ 이어서 다음과 같이 안드로이드 프로젝트 설정 윈도우가 나타난다. 첫 번째 Name 항목에 "CheckBoxDialogSample" 이라고 입력한다. 그 다음 줄 항목들은 모두 그대로 두고 아래쪽에 위치한 Finish 버튼을 눌러 프로젝트를 생성한다.

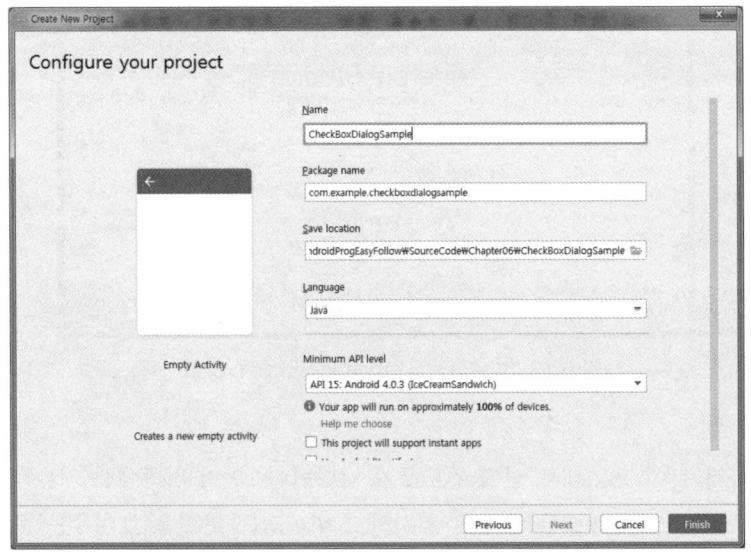

그림 6.21 안드로이드 프로젝트 이름 입력 및 생성 종료

4 이제 오른쪽 에디터에는 activity_main.xml 와 MainActivity.java 파일이 자동으로 표시된다. 이때 activity_main.xml 탭을 눌러 레이아웃 에디터를 표시한다. 레이아웃 에디터에는 중앙에 "Hello World" TextView 가 표시된다. 이제 마우스로 이 "Hello World" TextView를 선택하고 Delete 키를 누르거나 오른쪽 마우스 버튼에서 Delete 항목을 선택하여 삭제한다.

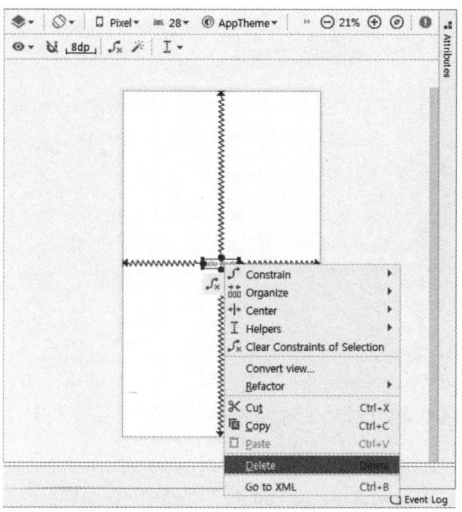

그림 6.22 "Hello World" TextView 삭제

5 이제 팔레트 왼쪽에서 Common 을 선택한 상태에서 이어서 마우스로 오른쪽에 표시되는 Button 을 클릭하고 드렉-엔-드롭으로 오른쪽 레이아웃 뷰 임의의 위치에 떨어뜨린다.

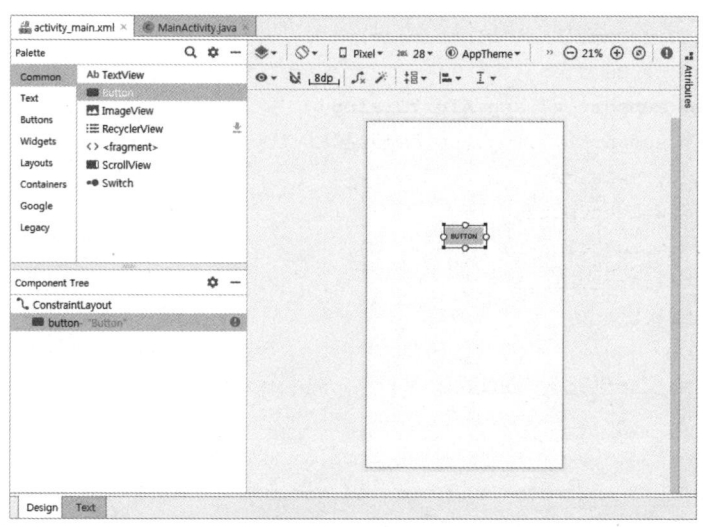

그림 6.23 Button 추가

6 Button 위쪽 중앙의 작은 원을 클릭하고 위쪽 에디터 끝까지 드래그 한다. 동일한 방법으로 왼쪽, 오른쪽 중앙의 작은 원을 클릭하고 각각의 에디터 끝까지 드래그 처리한다. 이어서 오른쪽 속성 창을 불러내고 속성 창의 text 속성 값을 "CheckBox" 으로 변경한다.

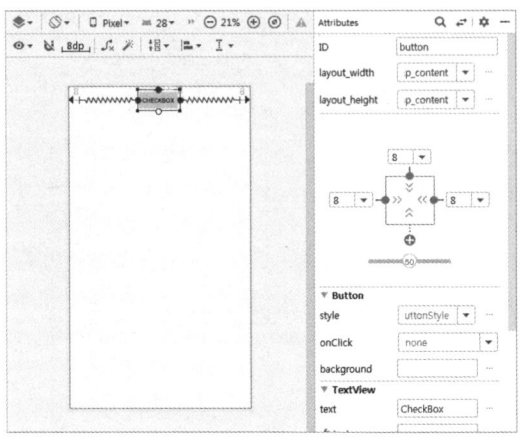

그림 6.24 Button 에 대한 위, 왼쪽, 오른쪽 제약 설정

7 이어서 에디터에서 MainActivity.java 탭을 선택한다. 이때 안드로이드 스튜디오 오른쪽에는 MainActivity.java 파일이 열리는데 다음과 같은 코드를 추가 입력한다.
(* AlertDialog에서 에러가 발생되면 android.support.v7.app.AlertDialog를 임포트시킨다.)

```java
package com.example.adminstrator.checkboxdialogexample;

import android.content.DialogInterface;
import android.os.Bundle;
import android.support.v7.app.AlertDialog;
import android.support.v7.app.AppCompatActivity;
import android.view.View;
import android.widget.Button;
import android.widget.Toast;
import java.util.ArrayList;
import java.util.List;

public class MainActivity extends AppCompatActivity {

    @Override
    protected void onCreate(Bundle savedInstanceState) {
        super.onCreate(savedInstanceState);
```

```java
        setContentView(R.layout.activity_main);

        Button button = (Button)findViewById(R.id.button);
        button.setOnClickListener(new View.OnClickListener() {
            @Override
            public void onClick(View view) {
                DialogShowCheckBox();
            }
        });
    }

    void DialogShowCheckBox() {
        final CharSequence[] items = {"tiger", "lion", "fox", "deer", "rabbit"};
        final List SelectedItems = new ArrayList();

        AlertDialog.Builder builder = new AlertDialog.Builder(this);
        builder.setTitle("Select Animal!");

        builder.setMultiChoiceItems(items, null,
                new DialogInterface.OnMultiChoiceClickListener() {
            @Override
            public void onClick(DialogInterface dialog, int which, boolean isChecked) {
                String value = items[which].toString();
                if (isChecked) {
                    SelectedItems.add(value);
                } else if (SelectedItems.contains(value)) {
                    SelectedItems.remove(value);
                }
            }
        });
        builder.setPositiveButton("Ok",
                new DialogInterface.OnClickListener() {
                    public void onClick(DialogInterface dialog, int which) {
                        String msg = "";
                        for (int i = 0; i < SelectedItems.size(); i++) {
                            msg = msg + "\n" + SelectedItems.get(i);
                        }
                        Toast.makeText(getApplicationContext(),
                                "Selected Item : " + msg ,
                                    Toast.LENGTH_LONG).show();
```

```
                }
            });
            builder.show();
        }
    }
}
```

8 이제 실제 기기를 PC에 연결하고 안드로이드 스튜디오 위쪽에 위치한 Run 버튼을 누르면 배포 타겟(deployment target) 화면이 나타난다. 연결된 디바이스 혹은 가상 화면을 선택하고 OK 버튼을 눌러 실행시켜 다음과 같은 화면이 나타나는지 확인해 본다.

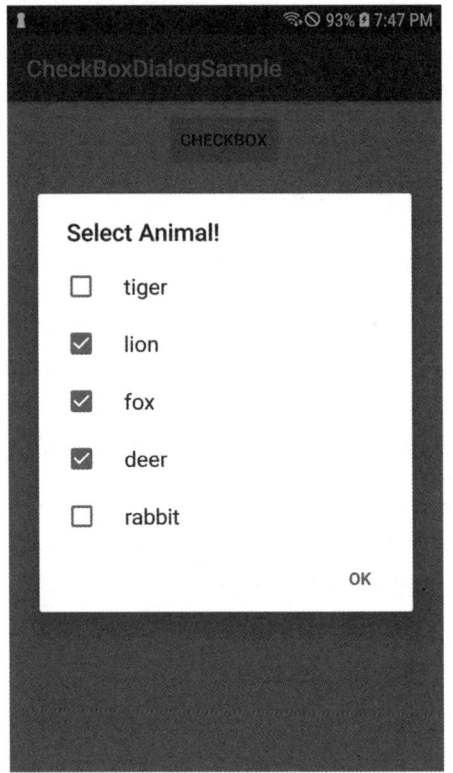

그림 6.25 CheckBoxDialogSample 프로젝트 실행

원리 설명

체크박스 AlertDialog 는 AlertDialog 대화상자에 여러 체크 박스가 추가된 것을 말한다. 대화상자에 체크박스를 추가함으로 여러 가지 항목 중 하나 이상의 원하는 항목들을 선택하여 원하는 처리를 할 수 있다.

이제 에디터에서 MainActivity 탭을 클릭하여 소스 코드를 불러낸다. MainActivity.java 파일은 다음과 같이 Activity 클래스의 자식 클래스인 AppCompatActivity 클래스로부터 계승받는 MainActivity 클래스를 선언한다.

```
public class MainActivity extends AppCompatActivity {
...
```

그다음, 파라메터로 Bundle 타입의 savedInstanceState를 사용하는 onCreate() 메소드를 작성한다.

```
    @Override
    protected void onCreate(Bundle savedInstanceState) {
        super.onCreate(savedInstanceState);
        ...
```

이어서 사용된 setContentView() 함수는 위에서 작성한 activity_main.xml 파일을 연결시켜 이 파일에 작성된 뷰와 위젯들을 그대로 화면에 표시하는 기능을 한다. 여기서는 버튼이 하나 표시된다.

```
        setContentView(R.layout.activity_main);
        ...
```

이제 findViewById() 함수를 사용하여 디자인 뷰의 Button 위젯을 참조한다. 즉, 위에서 작성한 Button 을 참조하기 위해서는 파라메터 값에 R.id.button 을 지정한다.

```
        Button button = (Button)findViewById(R.id.button);
        ...
```

그다음, 생성된 Button 객체를 이용하여 이벤트 처리 메소드를 생성한다. 여기서는 버튼을 클릭할 때 실행되도록 하는 이벤트 리스너(Event Listener)를 등록하여 이 리스너에 의해 호출되는 콜백 메소드를 등록해준다. 즉, 다음과 같이 View.OnClickListener() 객체를 생성하고 이 객체를 파라메터로 하는 setOnClickListener()를 호출하여 버튼이 눌려지게 되면 자동으로 무명 클래스 내부에 있는 onClick() 이 호출되도록 한다.

```
        button.setOnClickListener(new View.OnClickListener() {
            @Override
            public void onClick(View view) {
                ...
```

onClick() 함수에서는 DialogShowCheckBox()을 호출하여 체크박스 AlertDialog 를 생성한다.

```
                DialogShowCheckBox();
            }
        });
    }
```

DialogShowCheckBox() 함수를 설명하기 전에 체크박스 AlertDialog 대화상자를 만드는 순서에 대해 알아보자. 그 순서는 다음과 같다.

① AlertDialog.Builder() 객체를 생성한다.
② 제목을 추가한다.
③ setSingleChoiceItems() 호출하여 라디오 버튼을 생성한다.
④ Positive 버튼을 생성한다.
⑤ show() 호출한다.

이제 호출되는 DialogShowCheckBox() 함수를 살펴보자. 이 함수에서는 먼저 다이어로그에 표시될 체크박스의 항목들을 CharSquence[] 타입으로 다음과 같이 선언한다.

```
    void DialogShowCheckBox() {
        final CharSequence[] items =  {"tiger", "lion", "fox", "deer", "rabbit"};
        ...
```

그다음, 체크박스 항목을 선택하였을 때 ArrayList 객체를 사용하여 그 선택된 항목을 보관하도록 한다. ArrayList 객체는 원하는 객체를 입력, 삭제, 검색을 할 수 있는 컨테이너 클래스이다.

```
        final List SelectedItems  = new ArrayList();
        ...
```

이제 AlertDialog.Builder() 함수를 호출하여 AlertDialog 처리를 위한 기본 골격을 생성한다.

```
        AlertDialog.Builder builder = new AlertDialog.Builder(this);
        ...
```

이어서 setTitle() 함수를 호출하여 대화상자에 대한 제목을 설정한다.

```
        builder.setTitle("Select Animal!");
        ...
```

그 다음, setMultiChoiceItems() 함수를 사용하여 체크박스를 생성한다. 이 함수는 다음과 같은 형식을 갖는다.

```
public AlertDialog.Builder setMultiChoiceItems(
    CharSequence[] items,
    boolean[] checkedItems,
    DialogInterface.OnMultiChoiceClickListener listener)
```

이 함수의 첫 번째 파라미터에 체크 박스 항목 제목들이 설정된 CharSequence[] 타입 자료가 지정되고 두 번째는 기본적으로 체크 표시를 할 boolean 배열 타입이 지정된다. 여기서는 null 을 지정하여 모든 항목에 체크되지 않도록 한다. 세 번째 항목은 리스너를 지정하는데 여기서는 체크 박스를 클릭할 때 마다 실행하는 이벤트 리스너(Event Listener)를 등록하여 이 리스너에 의해 호출되는 콜백 메소드를 등록해준다. 즉, 체크 박스를 누를 때 마다 그 내부의 onClick() 함수가 호출된다.

```
        builder.setMultiChoiceItems(items,
                        null,
                        new DialogInterface.OnMultiChoiceClickListener() {
        @Override
    public void onClick(DialogInterface dialog, int which, boolean isChecked)
        {
        ...
```

이제 라디오 버튼을 눌러 onClick() 이벤트 함수가 실행되면 파라미터 값으로 현재 눌러진 인덱스 값을 파라미터 which 변수를 통해 전달되는데 이 값을 items[] 에 지정하여 현재 체크한 체크 박스 항목을 가지고 온다.

```
                String value = items[which].toString();
                ...
```

또한 세 번째 파라미터 값 isChecked 는 현재 체크 박스에 체크되었는지 그 정보를 가지고 있는데 이 값이 true 인 경우, 체크된 상태를 의미한다. 이 값이 체크된 경우, 체크 항목 제목을 add() 함수를 사용하여 List 타입 자료 SelectedItems 에 추가한다. 이 SelectedItems 에는 선택된 모든 항목이 누적되어 저장된다.

```
                if (isChecked) {
                    SelectedItems.add(value);
                ...
```

만일 체크된 항목이 저장된 SelectedItems 에 선택된 항목이 이미 존재하고 선택항목이 취소된 상태인 경우에는 다음과 같이 contains() 함수를 이용하여 그 값을 체크할 수 있다. contains() 함수의 파라미터에 찾고자하는 객체 값을 지정한다. 그 값이 존재하는 경우, true 값을 돌려준다.

```
                } else if (SelectedItems.contains(value)) {
                    ...
```

이어서 remove() 함수를 사용하여 객체에 포함된 값을 삭제할 수 있다. remove() 함수는 다음과 같은 형식을 갖는다.

```
boolean remove(Object o)
```

파라미터에 삭제하기 원하는 객체 값을 지정하면 그 값이 존재하는 경우, 삭제되고 true 값이 리턴된다.

```
                    SelectedItems.remove(value);
                }
            }
        });
```

이제 setPositiveButton() 함수를 호출하여 'Yes' 버튼에 대한 기능을 생성하기 위해 DialogInterface.OnClickListener() 을 호출하여 이 이 버튼을 눌렀을 때 자동으로 실행되는 onClick()

함수를 생성한다.

```
builder.setPositiveButton("Ok",
    new DialogInterface.OnClickListener() {
        public void onClick(DialogInterface dialog, int which) {
            ...
```

먼저 List 객체에서 포함된 자료를 출력할 msg 객체를 선언하고 초기화한다.

```
String msg = "";
...
```

그다음, List 타입의 SelectedItem 변수에는 지금까지 선택된 체크박스 항목 제목이 지정되는데 for 문장에 List 객체의 size() 함수를 사용하여 체크박스 항목 개수만큼 반복 한다.

```
for (int i = 0; i < SelectedItems.size(); i++) {
    ...
```

계속해서 SelectedItems 의 get() 함수를 사용하여 체크박스에 선택된 List 객체 자료를 읽어 msg 변수에 추가한다. 이때 앞쪽에 "\n"을 추가하여 각 항목마다 분리하여 출력하도록 한다.

```
msg = msg + "\n" + SelectedItems.get(i);
}
...
```

Toast 객체의 makeText()를 호출하여 "Selected Item :" 과 함께 msg 변수를 출력한다.

```
Toast.makeText(getApplicationContext(),
    "Selected Item : " + msg ,
        Toast.LENGTH_LONG).show();
    }
});
```

마지막으로 AlertDailog.Builder 객체의 show()를 호출하여 지금까지 작성한 대화상자를 표시한다.

```
        builder.show();
    }
}
```

6.4 커스텀 대화상자

커스텀 대화상자는 사용자 마음대로 원하는 컨트롤을 대화상자에 배치하여 원하는 기능을 만들 수 있는 것을 말한다. 여기서는 EditText 를 AlertDialog 에 표시하여 사용자로부터 이름, E-mail 같은 텍스트 자료를 입력받을 수 있는 대화상자를 만들어 볼 것이다. 이 기능을 응용하면 사용자 로그인을 처리할 때에도 사용할 수 있고 특히 이름, 주소, 전화번호와 같은 사용자의 자료를 입력받고자 할 때 유용하게 사용할 수 있다.

그대로 따라하기

1 안드로이드 스튜디오를 실행하고 시작 화면이 나타나면 첫 번째 항목인 Start a new Android Studio project를 선택한다.

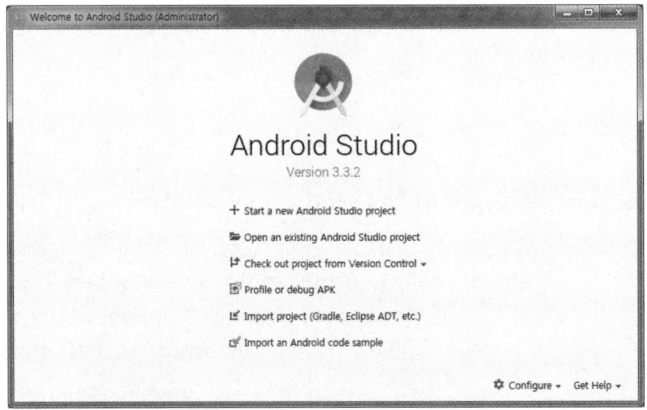

그림 6.26 Start a new Android Studio project 선택

2 이때 다음과 같이 프로젝트 선택 윈도우가 나타난다. 먼저 위쪽에서 기본적으로 선택되어 있는 Phone and Tablet 를 그대로 지정하고 비어있는 화면을 보여주는 "Empty Activity"

를 선택한 뒤, Next 버튼을 누른다.

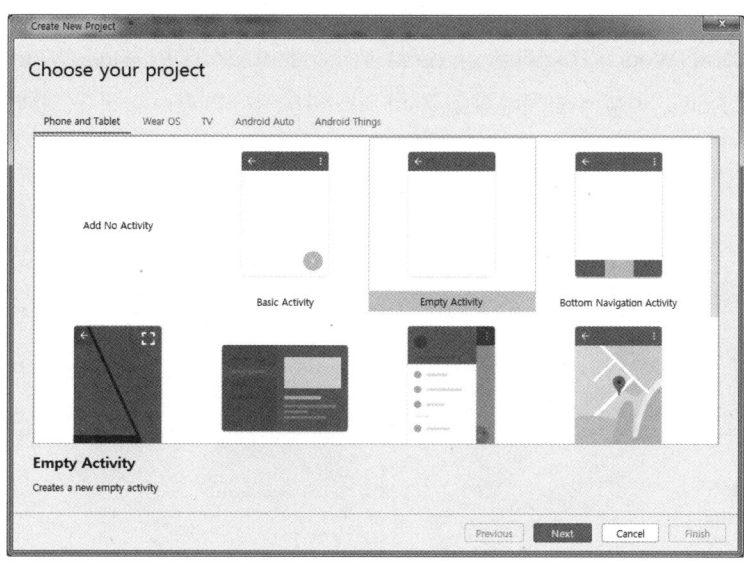

그림 6.27 Empty Activity 선택

3 이어서 다음과 같이 안드로이드 프로젝트 설정 윈도우가 나타난다. 첫 번째 Name 항목에 "CustomDialogSample" 이라고 입력한다. 그 다음 줄 항목들은 모두 그대로 두고 아래쪽에 위치한 Finish 버튼을 눌러 프로젝트를 생성한다.

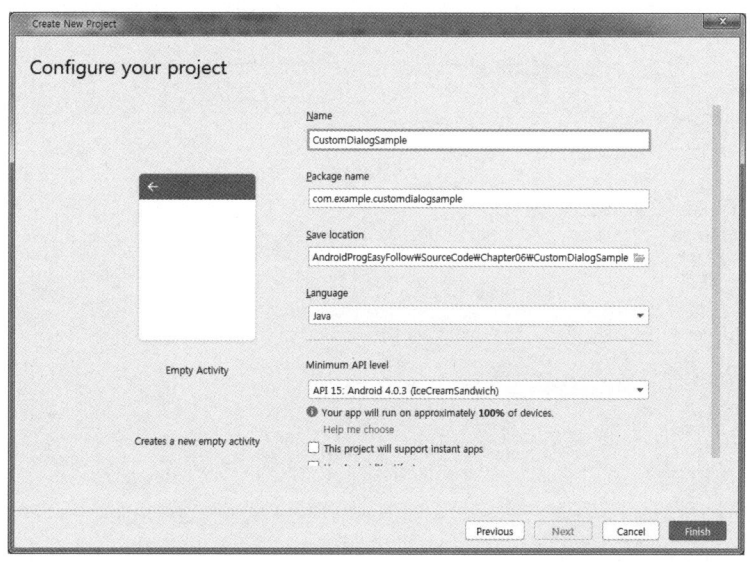

그림 6.28 안드로이드 프로젝트 이름 입력 및 생성 종료

제6장_ 대화상자

4 이제 오른쪽 에디터에는 activity_main.xml 와 MainActivity.java 파일이 자동으로 표시된다. 이때 activity_main.xml 탭을 눌러 레이아웃 에디터를 표시한다. 레이아웃 에디터에는 중앙에 "Hello World" TextView 가 표시된다. 이제 마우스로 이 "Hello World" TextView를 선택하고 Delete 키를 누르거나 오른쪽 마우스 버튼에서 Delete 항목을 선택하여 삭제한다.

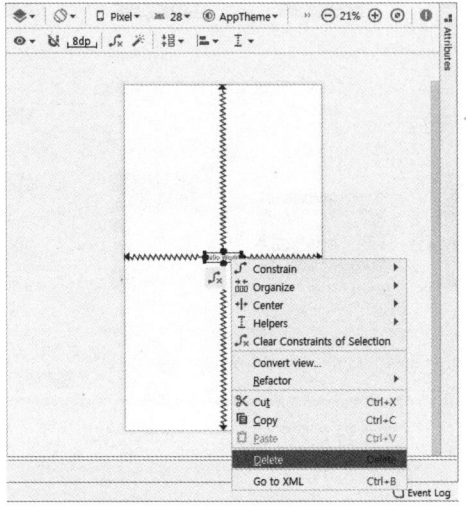

그림 6.29 "Hello World" TextView 삭제

5 이제 팔레트 왼쪽에서 All을 선택한 상태에서 이어서 마우스로 오른쪽에 표시되는 Button을 클릭하고 드래그-앤-드롭으로 오른쪽 레이아웃 뷰 임의의 위치에 떨어뜨린다.

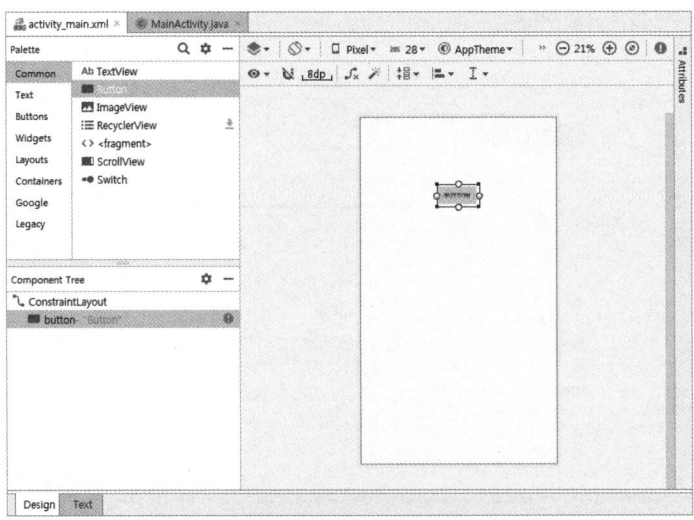

그림 6.30 Button 추가

6 Button 위쪽 중앙의 작은 원을 클릭하고 위쪽 에디터 끝까지 드래그 한다. 동일한 방법으로 왼쪽, 오른쪽 중앙의 작은 원을 클릭하고 각각의 에디터 끝까지 드래그 처리한다. 이어서 오른쪽 속성 창을 표시하고 속성 창의 text 속성 값을 "Custom Dialog" 으로 변경한다.

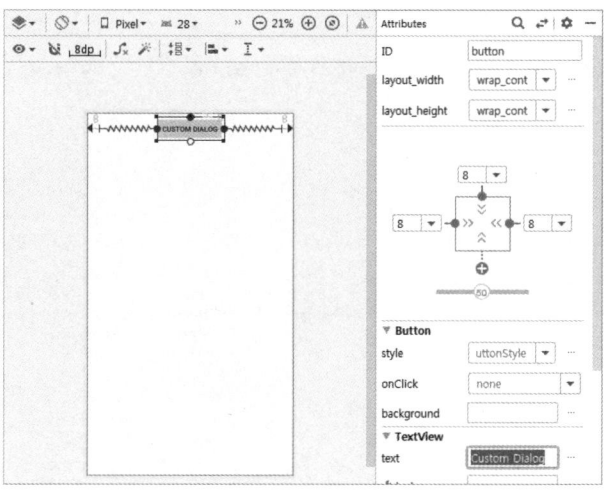

그림 6.31 첫 번째 Button에 대한 위, 왼쪽, 오른쪽 제약 설정

7 이제 프로젝트 탭의 app-res-layout 폴더에서 오른쪽 마우스를 클릭하고 New-Layout resource file 항목을 선택한다. 이때 다음과 같이 New resource file 대화상자가 나타나는데 File name 항목에 다음과 같이 'dialog'를 입력하고 OK 버튼을 눌러 dialog.xml 파일을 생성한다.

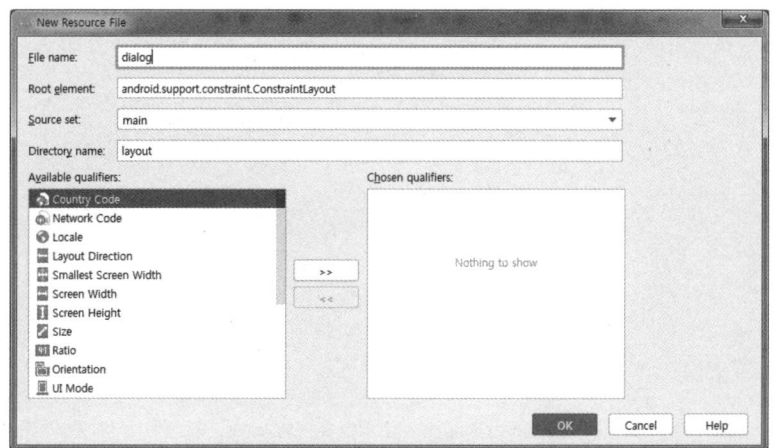

그림 6.32 New resource file 대화상자

제6장_ 대화상자 **347**

8 이제 자동으로 dialog.xml 레이아웃 에디터가 표시된다. 팔레트 왼쪽에서 Text 를 선택한 상태에서 이어서 마우스로 오른쪽에 표시되는 Plain Text 을 클릭하고 드렉-엔-드롭으로 오른쪽 dialog.xml 레이아웃 뷰 임의의 위치에 떨어뜨린다. 또한 오른쪽 속성 창의 text 속성 값에 "" 를 지정하여 공백으로 지정한다.

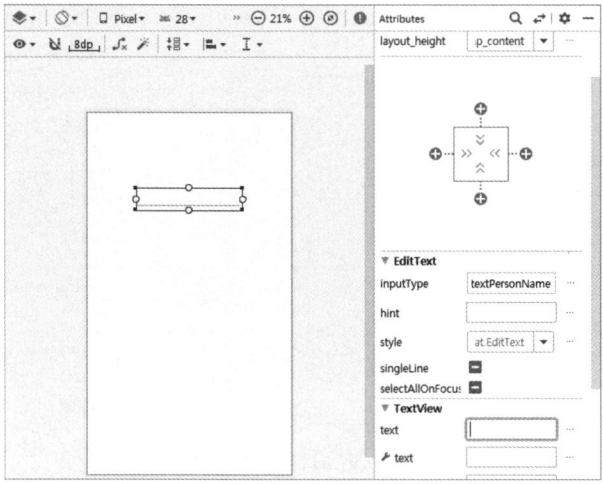

그림 6.33 Plain Text 추가

9 Plain Text 위쪽 중앙의 작은 원을 클릭하고 위쪽 에디터 끝까지 드래그 한다. 동일한 방법으로 왼쪽, 오른쪽 중앙의 작은 원을 클릭하고 각각의 에디터 끝까지 드래그 처리한다.

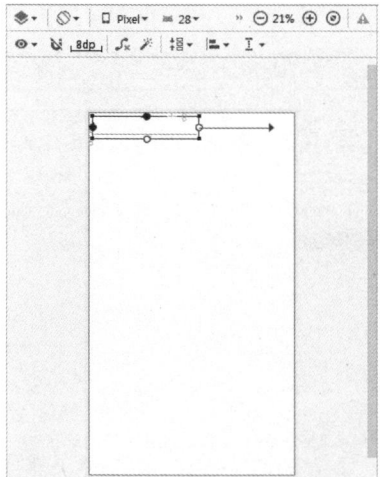

그림 6.34 Plain Text 의 위, 왼쪽, 오른쪽 제약 설정

⑩ 계속해서 Plain Text 를 선택한 상태에서 오른쪽 속성 창의 layout_width 값에 0dp 를 지정한다. 이때 Plain Text 의 왼쪽과 오른쪽이 최대로 늘어나는 것을 확인할 수 있다.

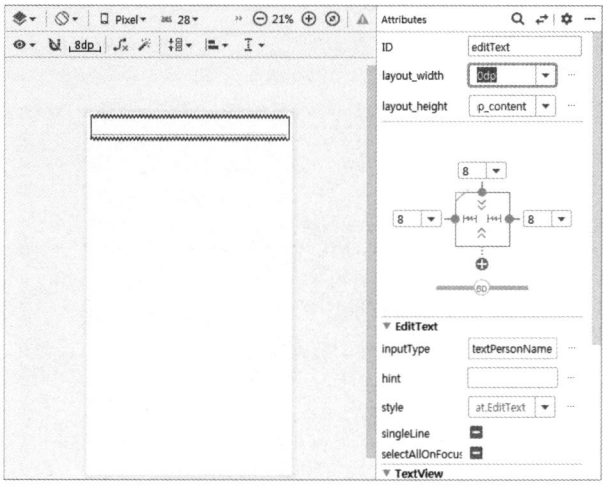

그림 6.35 layout_width 에 0dp 지정

⑪ 동일한 방법으로 팔레트로부터 두 번째 Plain Text를 선택하여 첫 번째 Plain Text 아래쪽에 떨어뜨린 뒤 ⑨ 와 ⑩ 을 반복한다. 이 새로운 Plain Text 역시 text 속성에 ""을 지정하여 공백으로 만든다.

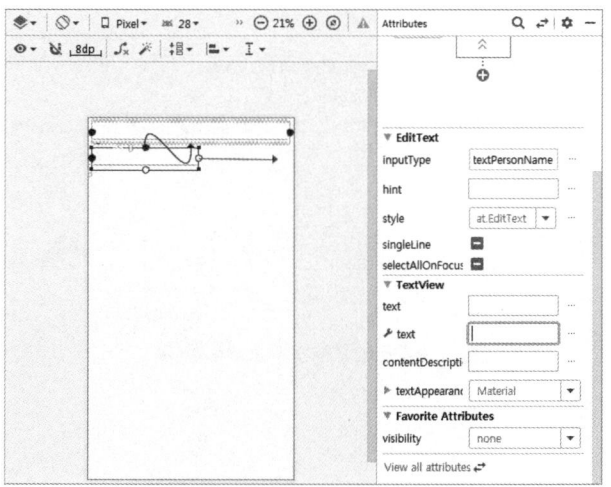

그림 6.36 두 번째 Plain Text 추가

⑫ 이제 팔레트 왼쪽에서 Common 를 선택한 상태에서 이어서 마우스로 오른쪽에 표시되는 Button 을 클릭하고 드렉-엔-드롭으로 두 번째 Plain Text 아래쪽에 떨어뜨린다. 동일한 방법으로 Button을 하나 더 클릭하여 첫 번째 Button 오른쪽 옆에 떨어뜨려 나란히 위치시킨다. 또한 각각의 속성 창의 text 값을 "OK", "Cancel" 으로 변경한다.

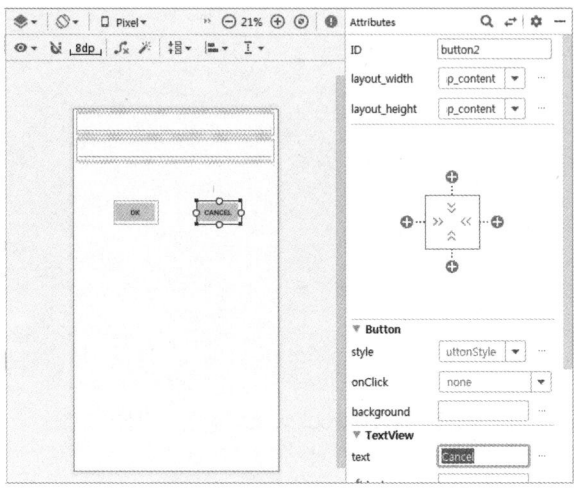

그림 6.37 두 개의 Button 추가

⑬ 계속해서 Shift 키와 함께 두 버튼을 각각 모두 선택하고 오른쪽 마우스 버튼을 눌러 Center-Horizontally를 선택한다.

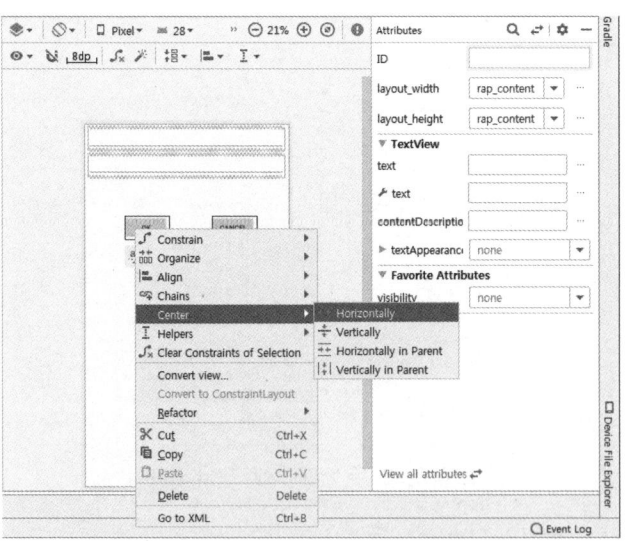

그림 6.38 두 버튼에 대한 Center-Horizontally 처리

14 계속해서 Caucel 버튼을 선택한 상태에서 오른쪽 마우스 버튼을 눌러 메뉴를 표시하고 사이클 체인 모드(Cycle Chain Mode) 아이콘을 눌러 두 버튼이 바깥으로 벌어지도록 지정한다.

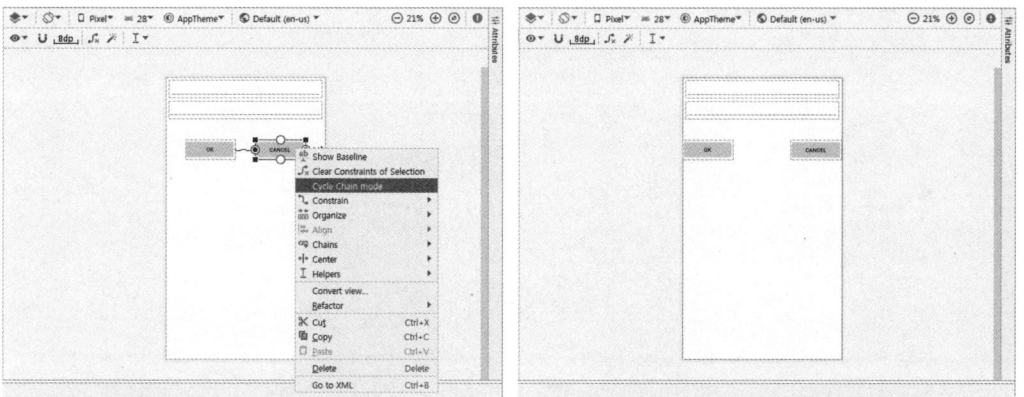

그림 6.39 사이클 체인 모드 변경   그림 6.40 두 버튼을 바깥으로 이동

15 계속해서 두 버튼을 선택한 상태에서 오른쪽 속성 창의 layout_width 속성 값에 0 dp를 지정하여 두 버튼이 가로 공백을 모두 차지하도록 한다.

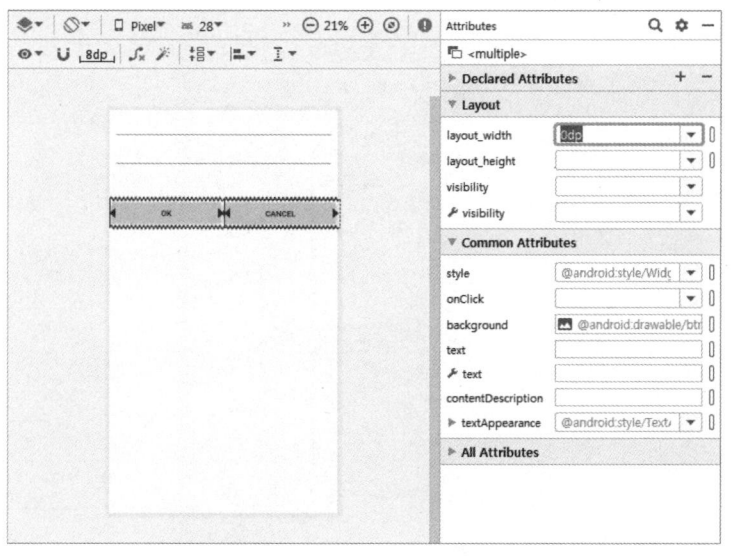

그림 6.41 layout_width 속성에 0 dp 지정

16 OK 버튼과 Cancel 버튼 위쪽 중앙 작은 원을 각각 클릭하고 두 번째 Plain Text 아래쪽 중앙 원과 연결시킨다. 또한 OK 버튼의 아래쪽 중앙 작은 원을 클릭하고 그대로 아래쪽 끝과

연결하고 Cancel 버튼의 중앙 아래쪽 작은 원을 클릭하고 역시 그대로 아래쪽 끝과 연결시킨다.

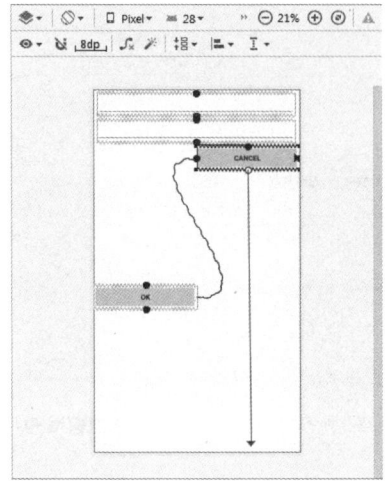

그림 6.42 두 버튼의 각각 위, 아래 제약 설정

17 최종 완성 화면은 다음과 같다.

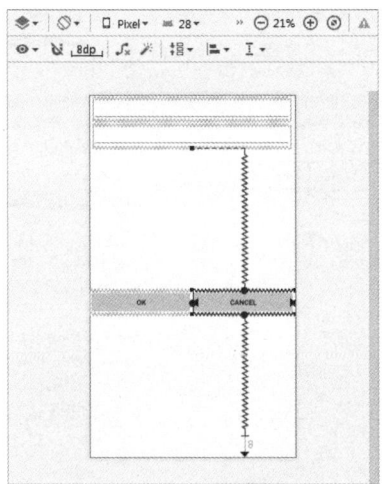

그림 6.43 최종 완성 화면

18 이제 에디터에서 MainActivity.java 탭을 선택한다. 이때 안드로이드 스튜디오 오른쪽에는 MainActivity.java 파일이 열리는데 다음과 같은 코드를 추가 입력한다.

(* AlertDialog에서 에러가 발생되면 android.support.v7.app.AlertDialog를 임포트시킨다.)

```java
package com.example.customdialogsample;

import android.support.v7.app.AlertDialog;
import android.support.v7.app.AppCompatActivity;
import android.os.Bundle;
import android.view.LayoutInflater;
import android.view.View;
import android.widget.Button;
import android.widget.EditText;
import android.widget.Toast;

public class MainActivity extends AppCompatActivity {

    @Override
    protected void onCreate(Bundle savedInstanceState) {
        super.onCreate(savedInstanceState);
        setContentView(R.layout.activity_main);

        Button button = (Button) findViewById(R.id.button);
        button.setOnClickListener(new View.OnClickListener() {
            @Override
            public void onClick(View view) {
                CustomShowDialog();
            }
        });
    }

    void CustomShowDialog()
    {
        AlertDialog.Builder builder = new AlertDialog.Builder(this);
        LayoutInflater inflater = getLayoutInflater();
        View view = inflater.inflate(R.layout.dialog, null);
        builder.setView(view);

        final EditText name = (EditText) view.findViewById(R.id.editText);
        final EditText email = (EditText) view.findViewById(R.id.editText2);
        final Button okbutton = (Button) view.findViewById(R.id.button);
        final Button cancel = (Button) view.findViewById(R.id.button2);

        final AlertDialog customDialog = builder.create();
        okbutton.setOnClickListener(new View.OnClickListener() {
```

```
            public void onClick(View v) {
                String userName = name.getText().toString();
                String userEmail = email.getText().toString();
                Toast.makeText(getApplicationContext(),   userName   +   "\n"   +
userEmail, Toast.LENGTH_LONG).show();

                customDialog.dismiss();
            }
        });
        cancel.setOnClickListener(new View.OnClickListener() {
            public void onClick(View v) {
                customDialog.dismiss();
            }
        });
        customDialog.show();
    }
}
```

⑲ 이어서 실제 기기를 PC에 연결하고 안드로이드 스튜디오 위쪽에 위치한 Run 버튼을 누르면 배포 타겟(deployment target) 화면이 나타난다. 연결된 디바이스 혹은 가상 화면을 선택하고 OK 버튼을 눌러 실행시킨다. 먼저 Custom Dialog 버튼을 눌러 대화상자를 표시하고 첫 번째 상자에 이름을 입력하고 두 번째 상자에 이메일 주소를 입력한다. 아래쪽 OK 버튼을 눌러 입력된 자료가 화면 아래쪽에 출력되는 지 확인한다.

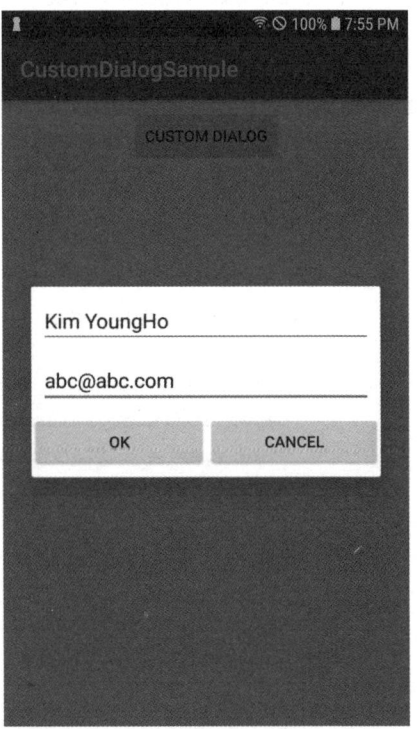

그림 6.44 CustomDialogSample 프로젝트 실행

원리 설명

커스텀 대화상자는 말 그대로 사용자가 원하는 컨트롤을 사용하여 만든 대화상자를 말한다. 즉, Plain Text, Button, Text View 등 원하는 모든 컨트롤을 사용할 수 있고 이전 대화상자와 달리 별도의 xml 파일을 갖는다. 여기서는 간단하게 두 개의 Plain Text 와 두 개의 Button 으로 구성된 대화상자를 만들어 본다.

이제 에디터에서 MainActivity 탭을 클릭하여 소스 코드를 불러낸다. MainActivity.java 파일은 다음과 같이 Activity 클래스의 자식 클래스인 AppCompatActivity 클래스로부터 계승받는 MainActivity 클래스를 선언한다.

```
public class MainActivity extends AppCompatActivity {
...
```

이어서, 파라메터로 Bundle 타입의 savedInstanceState를 사용하는 onCreate() 메소드를 작성한다.

```
    @Override
    protected void onCreate(Bundle savedInstanceState) {
        super.onCreate(savedInstanceState);
        ...
```

계속해서 사용된 setContentView() 함수는 위에서 작성한 activity_main.xml 파일을 연결시켜 이 파일에 작성된 뷰와 위젯들을 그대로 화면에 표시하는 기능을 한다. 여기서는 버튼이 하나 표시된다. 이 버튼을 눌러 대화상자를 표시할 수 있다.

```
        setContentView(R.layout.activity_main);
        ...
```

이제 findViewById() 함수를 사용하여 디자인 뷰의 Button 위젯을 참조한다. 즉, 위에서 작성한 Button 을 참조하기 위해서는 파라메터 값에 R.id.button 을 지정한다.

```
        Button button = (Button)findViewById(R.id.button);
        ...
```

그다음, 생성된 Button 객체를 이용하여 이벤트 처리 메소드를 생성한다. 여기서는 버튼을 클릭할 때 실행되도록 하는 이벤트 리스너(Event Listener)를 등록하여 이 리스너에 의해 호출되는 콜백 메소드를 등록해준다. 즉, 다음과 같이 View.OnClickListener() 객체를 생성하고 이 객체를 파라메터로 하는 setOnClickListener()를 호출하여 버튼이 눌려지게 되면 자동으로 무명 클래스 내부에 있는 onClick() 이 호출되도록 한다.

```
button.setOnClickListener(new View.OnClickListener() {
    @Override
    public void onClick(View view) {
     ...
```

이 함수에서는 CustomShowDialog() 사용자 함수를 호출하여 커스텀 대화상자를 생성한다.

```
        CustomShowDialog();
    }
});
}
```

CustomShowDialog() 함수를 설명하기 전에 커스텀 AlertDialog 대화상자를 만드는 순서에 대해 알아보자. 그 순서는 다음과 같다.

① AlertDialog.Builder() 객체를 생성한다.
② LayoutInflater 객체를 생성하고 inflate() 함수를 호출하여 xml 화면을 로드 한다.
③ create() 함수를 호출하여 대화상자를 구성한다.
④ show() 호출하여 화면에 표시한다.
⑤ 대화상자를 닫고자 하면 dismiss()를 호출한다.

이제 이 커스텀 대화상자를 생성하는 CustomShowDialog() 함수를 살펴보자. 먼저 AlertDialog.Builder() 함수를 호출하여 AlertDialog 처리를 위한 기본 골격을 생성한다.

```
    void CustomShowDialog()
    {
        AlertDialog.Builder builder = new AlertDialog.Builder(this);
        ...
```

이어서 위에서 작성한 xml 파일을 View 객체로 만들기 위해 getLayoutInflater() 함수를 호출하여 LayoutInflater 객체 변수 inflater를 생성한다.

```
LayoutInflater inflater = getLayoutInflater();
...
```

이어서 inflate() 함수를 호출하여 첫 번째 파라메터 값으로 위에서 작성한 dialog.xml 파일을 지정한다. 여기서 파라메터로 'dialog' 를 지정하기 위해서는 import 문을 사용하여 다음 그림과 같이 R 클래스에 지정된 dialog를 미리 layout 폴더에 만들어주어야 한다.

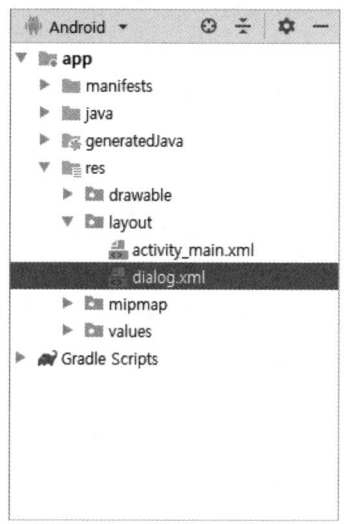

그림 6.45 R.layout.dialog 위치

onCreate() 메소드에서 항상 사용되는 R.layout.activity_main 과 마찬가지로 dialog.xml 역시 프로젝트의 app-res-layout 에 위치한다. 그러므로 dialog.xml을 참조하기 위해서는 'R.layout.dialog' 을 사용한다.

inflate() 의 리턴 값으로는 View 객체를 돌려주는데 AlertDialog.Builder 의 setView()를 호출하여 xml 파일이 지정된 EditText, Button 과 같은 객체들을 그대로 대화상자에 표시한다.

```
View view = inflater.inflate(R.layout.dialog, null);
builder.setView(view);
...
```

이제 남은 것은 findViewById() 함수를 이용하여 각 위젯에 대한 참조를 얻고 그 객체에 해당하는 기능을 처리해주는 일이다. 즉, findViewById() 함수에 원하는 ID를 지정하여 EditText 2개 위젯과 Button 2개에 대한 참조를 얻는다.

```
final EditText name = (EditText) view.findViewById(R.id.editText);
final EditText email = (EditText) view.findViewById(R.id.editText2);
final Button okbutton = (Button) view.findViewById(R.id.button);
final Button cancel = (Button) view.findViewById(R.id.button2);
...
```

이제 AlertDialog.Builder 의 create() 호출하여 대화상자를 생성한다.

```
final AlertDialog customDialog = builder.create();
...
```

이제 xml 파일에서 생성한 okbutton 에 대한 이벤트 처리 메소드를 생성한다. 여기서는 버튼을 클릭할 때 실행되도록 하는 이벤트 리스너(Event Listener)를 등록하여 이 리스너에 의해 호출되는 콜백 메소드를 등록해준다. 즉, 다음과 같이 View.OnClickListener() 객체를 생성하고 이 객체를 파라메터로 하는 setOnClickListener()를 호출하여 버튼이 눌려지게 되면 내부에 있는 onClick() 이 호출되도록 한다.

```
okbutton.setOnClickListener(new View.OnClickListener() {
    public void onClick(View v) {
        ...
```

위에서 얻은 참조변수 name 과 mail 등을 이용하여 TextEdit 객체의 getText()를 호출하여 입력된 사용자 이름과 이메일을 얻는다. 이때 화면에 출력하기 위해서 그 자료를 toString()을 사용하여 String 타입으로 변경해야한다.

```
String userName = name.getText().toString();
String userEmail = email.getText().toString();
...
```

사용자 이름과 이메일은 Toast 객체의 makeText()를 사용하여 화면에 출력한다. 이때 각 자료 사이에 "\n"을 지정하여 이름 다음 줄에 이메일이 표시되도록 한다.

```
            Toast.makeText(getApplicationContext(), userName + "\n" +
                    userEmail, Toast.LENGTH_LONG).show();
        ...
```

마지막으로 dismiss() 함수를 호출하여 대화상자를 닫아준다. 이 전 대화상자와 달리 이 버튼은 사용자가 만든 컨트롤이므로 대상상자 종료를 직접 처리해 주어야만 한다.

```
            customDialog.dismiss();
        }
    });
```

Cancel 버튼은 역시 동일하게 처리해준다. 다만 Cancel 은 입력된 자료를 처리할 필요가 없으므로 dismiss() 함수를 호출하여 대화상자를 닫아주는 처리만 해주면 된다.

```
        cancel.setOnClickListener(new View.OnClickListener() {
            public void onClick(View v) {
                customDialog.dismiss();
            }
        });
```

마지막 부분에서는 show() 함수를 호출하여 대화상자를 화면에 표시해준다.

```
        customDialog.show();
    }
```

6.5 날짜를 처리하는 DatePickerDialog

DatePickerDialog 는 대화상자를 통하여 원하는 날짜를 입력받을 수 있는 유용한 기능이다. 업무 처리 시 날짜를 사용하는 경우가 상당히 많은데 이때 이 DatePickerDialog를 이용하면 쉽고 편하게 원하는 날짜를 받아 처리할 수 있다. 또한 이전에는 날짜를 대화상자에 처리하게 위해서는 상당히 긴 코드를 사용하였는데 최근에는 거의 코딩이 필요 없을 정도가 간단해져서 초보 개발자도 쉽게 구현할 수 있게 되었다.

그대로 따라하기

1 안드로이드 스튜디오를 실행하고 시작 화면이 나타나면 첫 번째 항목인 Start a new Android Studio project를 선택한다.

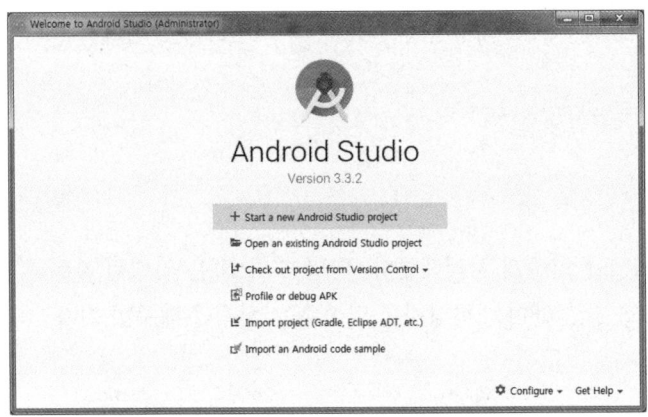

그림 6.46 Start a new Android Studio project 선택

2 이때 다음과 같이 프로젝트 선택 윈도우가 나타난다. 먼저 위쪽에서 기본적으로 선택되어 있는 Phone and Tablet 를 그대로 지정하고 비어있는 화면을 보여주는 "Empty Activity" 를 선택한 뒤, Next 버튼을 누른다.

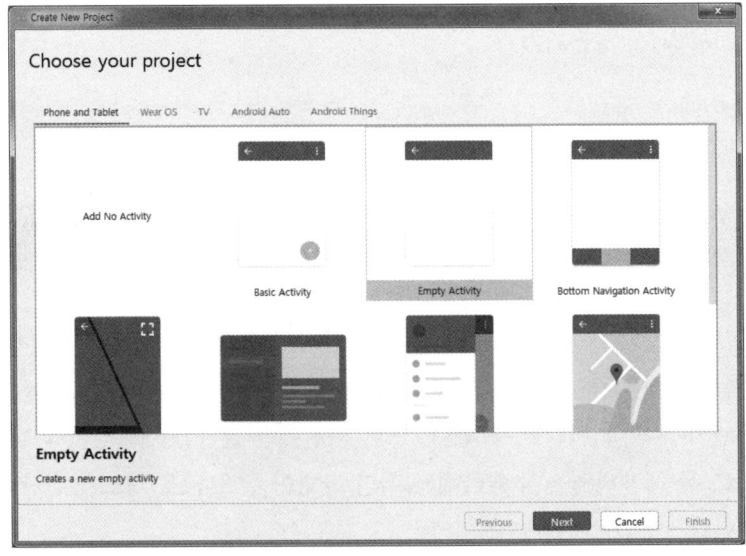

그림 6.47 Empty Activity 선택

3 이어서 다음과 같이 안드로이드 프로젝트 설정 윈도우가 나타난다. 첫 번째 Name 항목에 "DatePickerDialogSample" 이라고 입력한다. 그 다음 줄 항목들은 모두 그대로 두고 아래쪽에 위치한 Finish 버튼을 눌러 프로젝트를 생성한다.

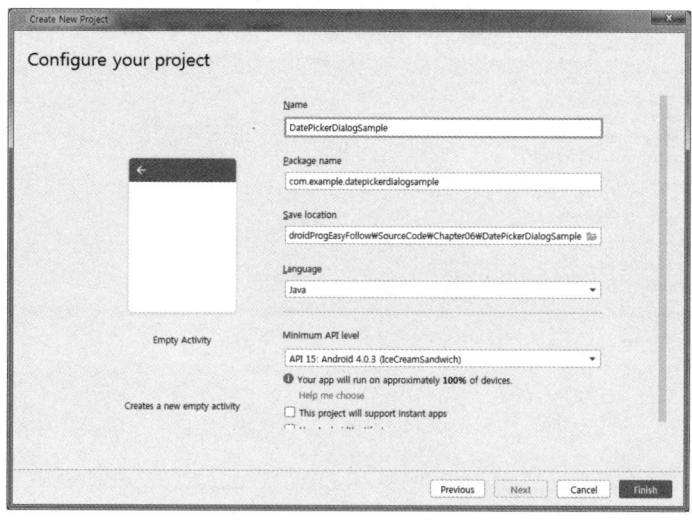

그림 6.48 안드로이드 프로젝트 이름 입력 및 생성 종료

4 이제 오른쪽 에디터에는 activity_main.xml 와 MainActivity.java 파일이 자동으로 표시된다. 이때 activity_main.xml 탭을 눌러 레이아웃 에디터를 표시한다. 레이아웃 에디터에는 중앙에 "Hello World" TextView 가 표시된다. 이제 마우스로 이 "Hello World" TextView를 선택하고 Delete 키를 누르거나 오른쪽 마우스 버튼에서 Delete 항목을 선택하여 삭제한다.

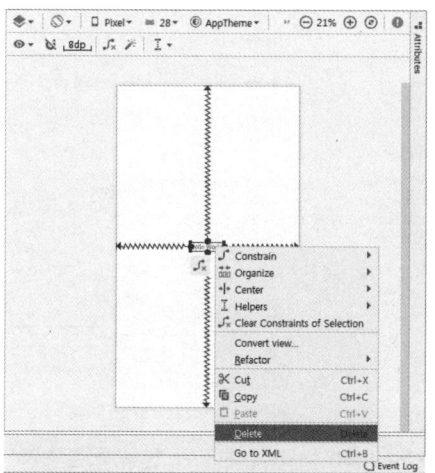

그림 6.49 "Hello World" TextView 삭제

제6장_ 대화상자 **361**

5 이제 팔레트 왼쪽에서 Text 를 선택한 상태에서 이어서 마우스로 오른쪽에 표시되는 Plain Text 를 클릭하고 드랙-앤-드롭으로 오른쪽 레이아웃 뷰 임의의 위치에 떨어뜨린다.

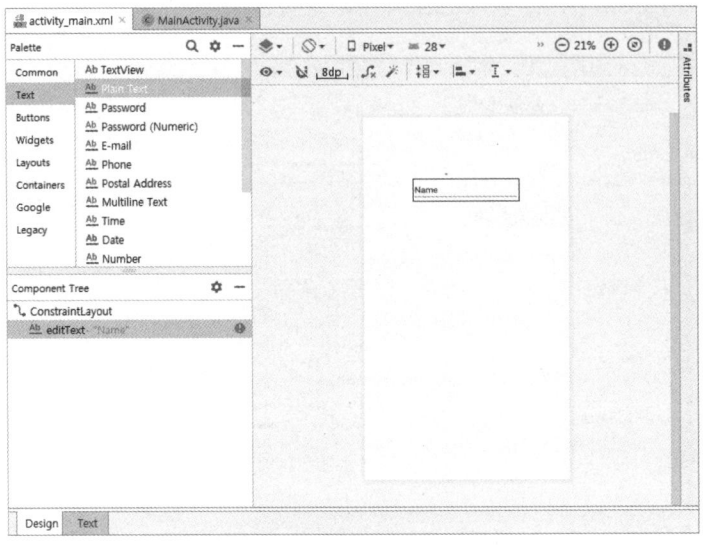

그림 6.50 Plain Text 추가

6 Plain Text 위쪽 중앙의 작은 원을 클릭하고 위쪽 에디터 끝까지 드래그 한다. 동일한 방법으로 왼쪽, 오른쪽 중앙의 작은 원을 클릭하고 각각의 에디터 끝까지 드래그 처리한다. 이어서 text 속성에 "" 을 지정하여 내용을 삭제한다.

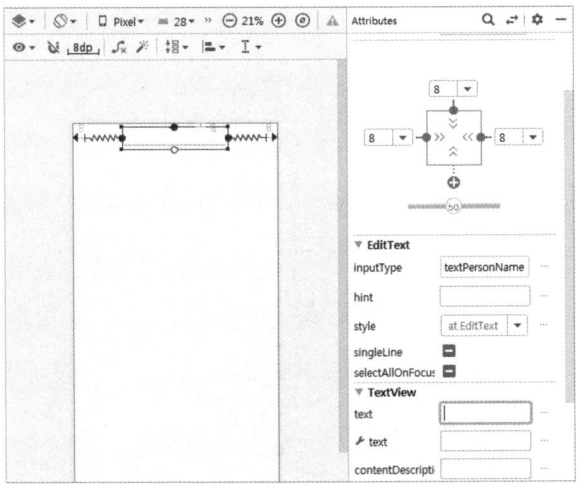

그림 6.51 Plain Text 에 대한 위, 왼쪽, 오른쪽 제약 설정

7 다시 팔레트 왼쪽에서 Common 을 선택한 상태에서 이어서 마우스로 오른쪽에 표시되는 Button 을 클릭하고 드랙-엔-드롭으로 오른쪽 레이아웃의 Plain Text 아래쪽에 떨어뜨린다.

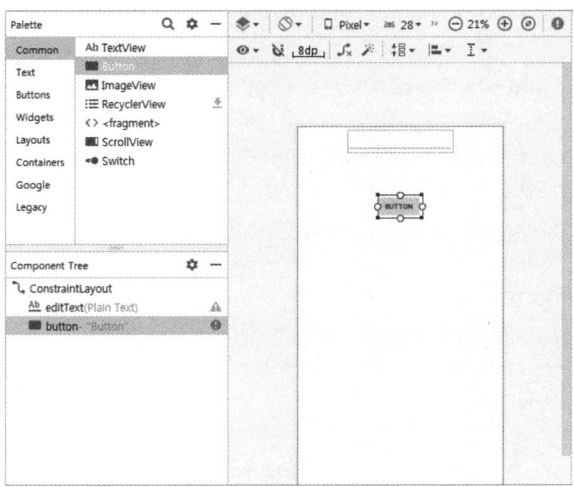

그림 6.52 Button 추가

8 Button 위쪽 중앙의 작은 원을 클릭하고 위쪽 Plain Text 아래쪽 중앙의 작은 원에 드래그한다. 동일한 방법으로 왼쪽, 오른쪽 중앙의 작은 원을 클릭하고 각각의 에디터 끝까지 드래그 처리한다. 이어서 오른쪽 속성 창의 text 속성 값을 "Date Dialog" 으로 변경한다.

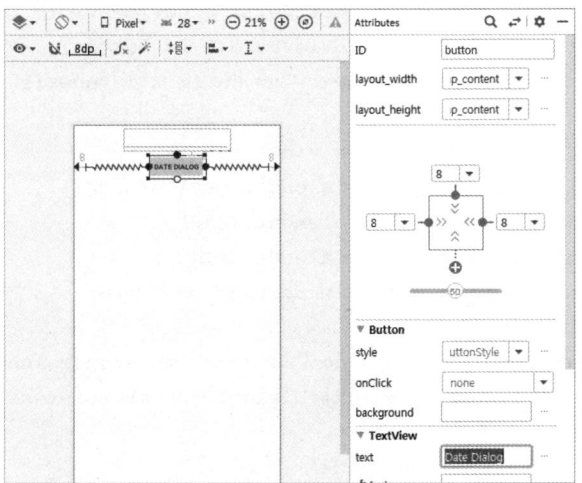

그림 6.53 Button 에 대한 위, 왼쪽, 오른쪽 제약 설정

9 이제 에디터에서 MainActivity.java 탭을 선택한다. 이때 안드로이드 스튜디오 오른쪽에는 MainActivity.java 파일이 열리는데 다음과 같은 코드를 추가 입력한다.
(* 만일 Calendar에서 에러가 발생되면 java.util.Calendar를 임포트시킨다.)

```java
package com.example.datepickerdialogsample;

import android.app.DatePickerDialog;
import android.os.Bundle;
import android.support.v7.app.AppCompatActivity;
import android.view.View;
import android.widget.Button;
import android.widget.DatePicker;
import android.widget.EditText;
import java.util.Calendar;

public class MainActivity extends AppCompatActivity {
    DatePickerDialog datePickerDialog;

    @Override
    protected void onCreate(Bundle savedInstanceState) {
        super.onCreate(savedInstanceState);
        setContentView(R.layout.activity_main);

        final EditText edittext = (EditText) findViewById(R.id.editText);
        Button button = (Button) findViewById(R.id.button);
        button.setOnClickListener(new View.OnClickListener() {
            @Override
            public void onClick(View view) {
                final Calendar c = Calendar.getInstance();
                int mYear = c.get(Calendar.YEAR);
                int mMonth = c.get(Calendar.MONTH);
                int mDay = c.get(Calendar.DAY_OF_MONTH);

                datePickerDialog = new DatePickerDialog(MainActivity.this,
                        new DatePickerDialog.OnDateSetListener() {

                            @Override
                            public void onDateSet(DatePicker view, int year,
                                                  int monthOfYear, int dayOfMonth)
                            {
```

```
                            edittext.setText(year + "-" + (monthOfYear +
1) +
                                "-" + dayOfMonth);
                        }
                    }, mYear, mMonth, mDay);
            datePickerDialog.show();
        }
    });
    }
}
```

10 이어서 실제 기기를 PC에 연결하고 안드로이드 스튜디오 위쪽에 위치한 Run 버튼을 누르면 배포 타겟(deployment target) 화면이 나타난다. 연결된 디바이스 혹은 가상 화면을 선택하고 OK 버튼을 눌러 실행시켜 다음과 같은 화면이 나타나는지 확인해 본다.

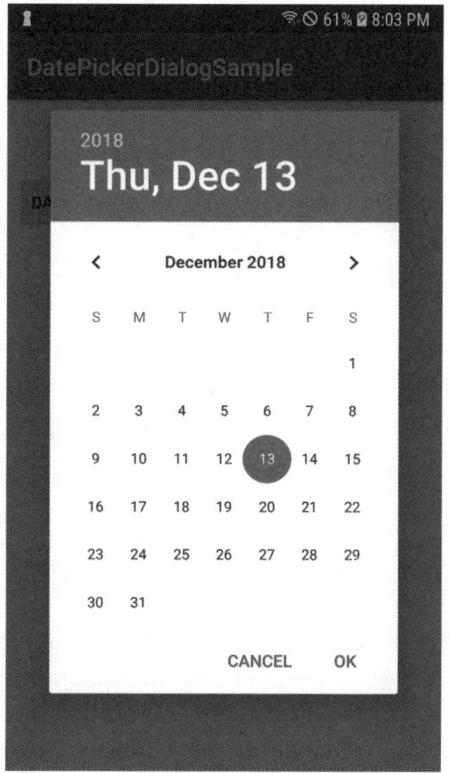

그림 6.54 DatePickerDialogSample 프로젝트 실행

원리 설명

DatePickerDialog 는 대화상자는 날짜를 표시하여 원하는 날짜를 선택하게 해주는 대화상자이다. DatePickerDialog 은 안드로이드 이전 버전부터 제공되어 온 기능인데 최근 기능에서는 별다른 코드를 추가할 필요 없이 그대로 사용할 수 있는 장점을 가지고 있다.

이제 에디터에서 MainActivity 탭을 클릭하여 소스 코드를 불러낸다. MainActivity.java 파일은 다음과 같이 Activity 클래스의 자식 클래스인 AppCompatActivity 클래스로부터 계승받는 MainActivity 클래스를 선언한다.

```
public class MainActivity extends AppCompatActivity {
...
```

계속해서 날짜 선택 기능을 제공하는 DatePickerDialog 객체를 사용하여 객체 변수 datePickerDialog를 선언한다.

```
    DatePickerDialog datePickerDialog;
    ...
```

이어서, 파라메터로 Bundle 타입의 savedInstanceState를 사용하는 onCreate() 메소드를 작성한다.

```
    @Override
    protected void onCreate(Bundle savedInstanceState) {
        super.onCreate(savedInstanceState);
        ...
```

계속해서 사용된 setContentView() 함수는 위에서 작성한 activity_main.xml 파일을 연결시켜 이 파일에 작성된 뷰와 위젯들을 그대로 화면에 표시하는 기능을 한다. 여기서는 버튼이 하나와 EditText 하나가 표시된다. 이 버튼을 누르면 DatePickerDialog 대화상자를 표시할 수 있다.

```
        setContentView(R.layout.activity_main);
        ...
```

이제 findViewById() 함수를 사용하여 디자인 뷰의 EditText 와 Button 위젯을 참조한다. 즉, 위에서 작성한 EditText 와 Button 을 참조하기 위해서는 파라메터 값에 각각 R.id.editText 와 R.id.button 을 지정한다.

```
final EditText edittext = (EditText) findViewById(R.id.editText);
Button button = (Button)findViewById(R.id.button);
...
```

그다음, 생성된 Button 객체를 이용하여 이벤트 처리 메소드를 생성한다. 여기서는 버튼을 클릭할 때 실행되도록 하는 이벤트 리스너(Event Listener)를 등록하여 이 리스너에 의해 호출되는 콜백 메소드를 등록해준다. 즉, 다음과 같이 View.OnClickListener() 객체를 생성하고 이 객체를 파라메터로 하는 setOnClickListener()를 호출하여 버튼이 눌려지게 되면 자동으로 무명 클래스 내부에 있는 onClick() 이 호출되도록 한다.

```
button.setOnClickListener(new View.OnClickListener() {
    @Override
    public void onClick(View view) {
        ...
```

버튼을 눌렀을 때 실행되는 onClick() 함수에서는 Calendar 객체를 사용하는데 이 객체는 안드로이드에서 2 개의 클래스에서 제공하므로 자동 import 가 되지 않아 수동으로 지정해 주어야한다. Calendar 객체를 마우스로 클릭한 뒤, Alt-Enter 키를 누르면 다음과 같이 임포트할 클래스가 표시되는데 첫 번째 항목 'Calendar (java.util)'을 선택해주면 된다.

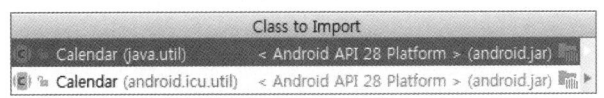

그림 6.55 Calendar (java.util) 선택

이제 다음과 같이 Calendar 객체의 getInstance()를 호출하면 현재 전체 날짜 정보를 그레고리안 달력 형식으로 얻어온다. 이때 원하는 년, 월, 일을 알아내기 위해서는 get() 함수를 사용하여 다음 파라메터 값을 지정해야한다.

표 6.2 Calendar 파라메터

Calendar 파라메터	설명
Calendar.YEAR	현재 년도
Calendar.MONTH	현재 월(1 월은 0부터 시작)
Calendar.DATE	현재 날짜
Calendar.WEEK_OF_YEAR	현재 년도의 몇째 주
Calendar.WEEK_OF_MONTH	현재 월의 몇 째 주
Calendar.DAY_OF_MONTH	현재 월의 날짜(DATE 와 동일)

다음과 같이 년, 월, 일을 알아내기 위해서는 get() 함수의 파라메터에 Calendar.YEAR, Calendar.MONTH, Calendar.DAY_OF_MONTH 를 지정한다.

```
final Calendar c = Calendar.getInstance();
int mYear = c.get(Calendar.YEAR);
int mMonth = c.get(Calendar.MONTH);
int mDay = c.get(Calendar.DAY_OF_MONTH);
...
```

그 다음, DatePickerDialog() 를 생성하여 날짜 선택 대화상자를 구성한다. 이 객체는 다음 5 개의 파라메터를 받는데 다음과 같은 형식을 갖는다.

```
DatePickerDialog(Context context,
            DatePickerDialog.OnDateSetListener listener,
            int year,
            int month,
            int dayOfMonth)
Context : 부모 객체의 context
Listener : 사용자가 날짜를 지정할 때 호출되는 리스너
year     : 선택된 연도
month    : 선택된 월
dayOfMonth : 선택된 일
```

이제 위의 형식을 바탕으로 다음과 같이 DatePickerDialog 객체를 생성한다. 첫 번째 파라메터는 보모의 context 로 현재 MainActivity.this 으로 지정해준다. 두 번째 파라메터는 사용자가 날짜를 지정하고 버튼을 눌렀을 때 실행되는 리스너로 다음과 같이 onDateSet() 이벤트함수가 자동

으로 실행된다.

```
datePickerDialog = new DatePickerDialog(MainActivity.this,
        new DatePickerDialog.OnDateSetListener() {

            @Override
            public void onDateSet(DatePicker view, int year,
                                  int monthOfYear, int dayOfMonth)
            {
            ...
```

이 함수에서는 위에서 설정한 EditText 객체의 setText() 함수를 이용하여 버튼위의 EditText 에 사용자가 지정한 년도, 월, 날짜 순으로 표시해준다. 이때 월을 표시해주는 monthOfYear 값은 0부터 시작하므로 반드시 1을 더해주어야 한다.

```
edittext.setText(year + "-" + (monthOfYear + 1) +
        "-" + dayOfMonth);
}
...
```

나머지 세 번째, 네 번째, 다섯 번째 파라메터는 지정된 년도, 월, 날짜를 지정해준다.

```
}, mYear, mMonth, mDay);
...
```

모두 지정된 뒤에는 show()를 호출하여 대화상자를 표시한다.

```
datePickerDialog.show();
    }
});
```

정리

　대화상자는 액티비티 위에 표시되는 작은 윈도우로 자료를 입력하거나 원하는 메시지를 표시하고자 할 때 사용되는 유용한 툴이다. 이 장에서 소개한 대화상자에는 기본 AlertDialog, 라디오버튼 AlertDialog, 체크박스 AlertDialog, 커스텀 대화상자, DatePickerDialog 등이 있다. 기본 AlertDialog 는 말 그대로 원하는 정보를 사용자에게 알리고자 할 때 사용되는 가장 기본적인 대화상자이다. 이러한 AlertDialog 를 생성하는 방법은 다음과 같다. 먼저 AlertDialog.Builder() 객체를 생성한다. 이어서 제목, 메시지를 추가하고 Positive 버튼과 Negative 버튼을 차례로 생성한다. 마지막으로 show() 를 호출하면 대화상자가 생성된다.

　라디오 버튼은 여러 항목 중 하나를 선택하고자 할 때 사용되는 컨트롤로서 대화상자 기능과 결합하면 라디오버튼 대화상자가 되는데 자료를 하나 선택한 뒤 그 자료를 처리하고자 할 때 유용하게 사용된다. 체크 박스는 여러 항목 중 하나 이상의 항목을 선택하고자 할 때 사용되는 컨트롤인데 이것 역시 대화상자 기능과 결합하면 체크 박스 대화상자로 변경하게 된다. 이 대화상자에서는 여러 항목 자료를 선택하고자 할 때 유용하게 사용된다. 커스텀 대화상자는 사용자 마음대로 원하는 컨트롤을 대화상자에 배치하여 원하는 기능을 만들 수 있는 유용한 대화상자이다. 마지막으로 DatePickerDialog 는 대화상자를 통하여 원하는 날짜를 입력받을 수 있는 유용한 기능이다. 업무 처리 시 날짜를 사용하는 경우가 상당히 많은데 이때 이 DatePickerDialog를 이용하면 쉽고 편하게 원하는 날짜를 받아 처리할 수 있다.

제7장

고급 위젯

여러 가지 유용한 자료를 조그마한 화면에 출력하는 기능은 스마트 폰의 유용한 기능 중 하나이다. 자료를 원하는 형태로 출력하기 위해서 안드로이드에서는 AdapterView 클래스를 사용하여 자료를 읽어 처리하게 된다. 일반적으로 가전제품에서 AC 전원을 DC 전원 형태로 바꾸어 줄 때 어뎁터를 사용하듯이 AdapterView 는 데이터 소스(데이터베이스 혹은 xml)를 원하는 형태로 가공하여 화면에 출력하고자 할 때 이 기능을 사용한다. 이와 같은 어뎁터 뷰에는 리스트 뷰(ListView), 갤러리(Gallery), 그리드 뷰(GridView) 등이 있다. 이 장에서는 이와 같은 어뎁터 뷰를 예제와 함께 처리해보고 이것과 함께 사용되는 스피너, 날짜와 시간을 처리하는 데이트 픽커와 타임 픽커에 대해서 배워 볼 것이다.

7.1 리스트 뷰

리스트 뷰는 자료를 위에서 아래 방향의 리스트 형태로 보여주는 기능으로 사용하기가 매우 쉽다. 자료가 많은 경우에는 스크롤 바를 사용하여 원하는 위치로 이동할 수 있다. 대부분의 앱에서 많은 자료를 표시하고자 할 때 이 리스트 뷰를 사용하고 있다. 일반적으로 많이 사용되는 설정화면 혹은 연락처, 트위터 등 모두 이 리스트 뷰를 사용하고 있다.

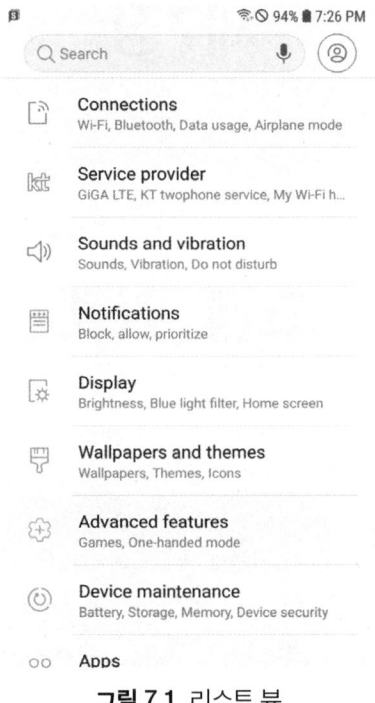

그림 7.1 리스트 뷰

리스트 뷰는 간단한 텍스트만 표시해주는 기본 리스뷰, 이미지와 텍스트를 함께 표시해주는 커스텀 리스트 뷰로 나눌 수 있는데 먼저 기본 리스트 뷰 부터 하나씩 처리해보자.

7.1.1 기본 리스트 뷰

기본 리스트 뷰는 간단한 텍스트를 리스트 형식으로 보여주는 기능을 말한다. 자료가 자신의 화면 보다 큰 경우에는 오른쪽에 스크롤바가 생겨 원하는 위치로 쉽게 이동할 수 있다.

그대로 따라하기

1. 안드로이드 스튜디오를 실행하고 시작 화면이 나타나면 첫 번째 항목인 Start a new Android Studio project를 선택한다.

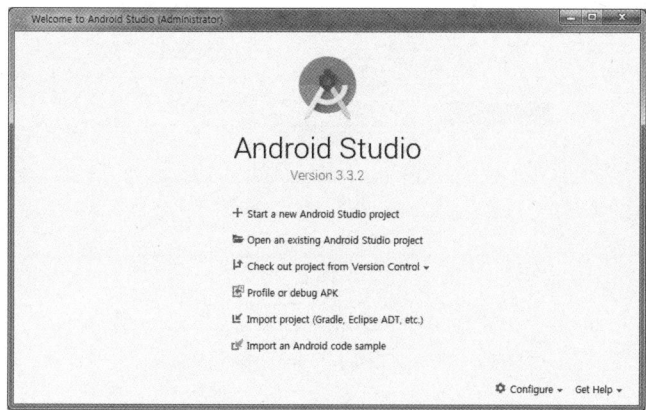

그림 7.2 Start a new Android Studio project 선택

2. 이때 다음과 같이 프로젝트 선택 윈도우가 나타난다. 먼저 위쪽에서 기본적으로 선택되어 있는 Phone and Tablet 를 그대로 지정하고 비어있는 화면을 보여주는 "Empty Activity"를 선택한 뒤, Next 버튼을 누른다.

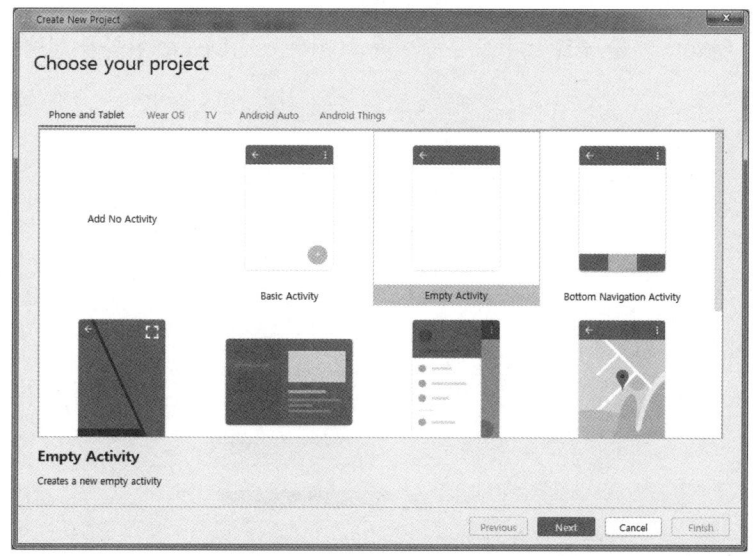

그림 7.3 Empty Activity 선택

제7장_ 고급 위젯 **373**

3 이어서 다음과 같이 안드로이드 프로젝트 설정 윈도우가 나타난다. 첫 번째 Name 항목에 "ListViewSample" 이라고 입력한다. 그 다음 줄 항목들은 모두 그대로 두고 아래쪽에 위치한 Finish 버튼을 눌러 프로젝트를 생성한다.

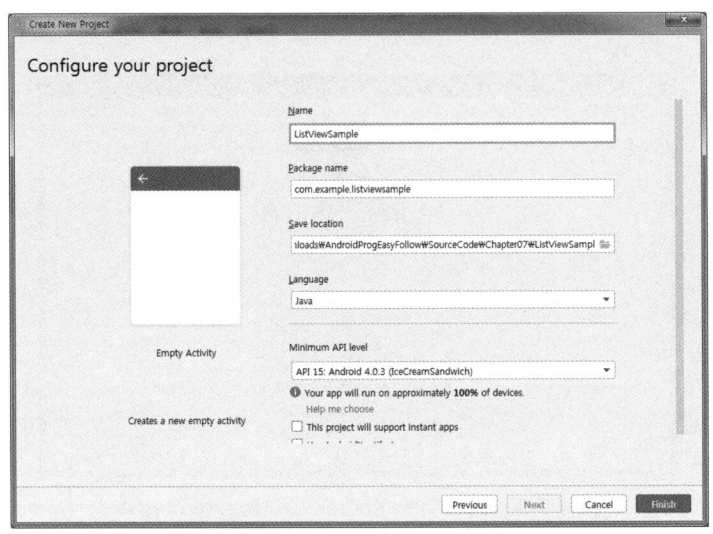

그림 7.4 안드로이드 프로젝트 이름 입력 및 생성 종료

4 이제 오른쪽 에디터에는 activity_main.xml 와 MainActivity.java 파일이 자동으로 표시된다. 이때 activity_main.xml 탭을 눌러 레이아웃 에디터를 표시한다. 레이아웃 에디터에는 중앙에 "Hello World" TextView 가 표시된다. 이제 마우스로 이 "Hello World" TextView를 선택하고 Delete 키를 누르거나 오른쪽 마우스 버튼에서 Delete 항목을 선택하여 삭제한다.

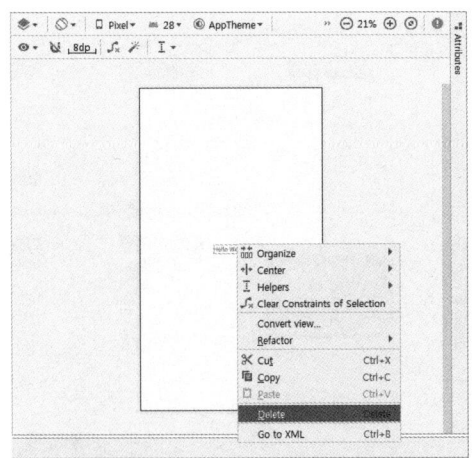

그림 7.5 "Hello World" TextView 삭제

5 이제 팔레트 왼쪽에서 Common 을 선택한 상태에서 이어서 마우스로 오른쪽에 표시되는 TextView 를 클릭하고 드렉-엔-드롭으로 오른쪽 레이아웃 뷰 임의의 위치에 떨어뜨린다.

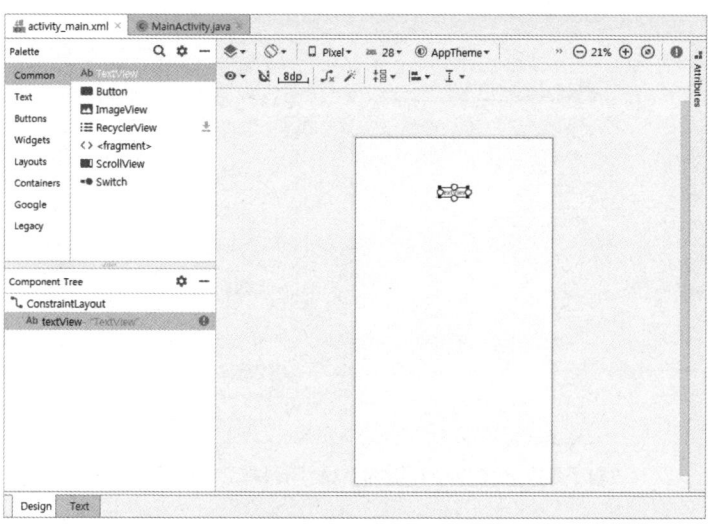

그림 7.6 TextView 추가

6 추가된 TextView 위쪽 중앙의 작은 원을 클릭하고 위쪽 에디터 끝까지 드래그 한다. 동일한 방법으로 왼쪽, 오른쪽 중앙의 작은 원을 클릭하고 각각의 에디터 끝까지 드래그 처리한다.

그림 7.7 TextView 의 위, 왼쪽, 오른쪽 제약 설정

7 이제 오른쪽 속성 창을 불러낸다. TextView 가 선택된 상태에서 오른쪽 속성 창의 layout_

제7장_ 고급 위젯 **375**

width 값에 0 dp를 지정한다. 또한 text 속성 값에 "Select Item!"을 입력한다.

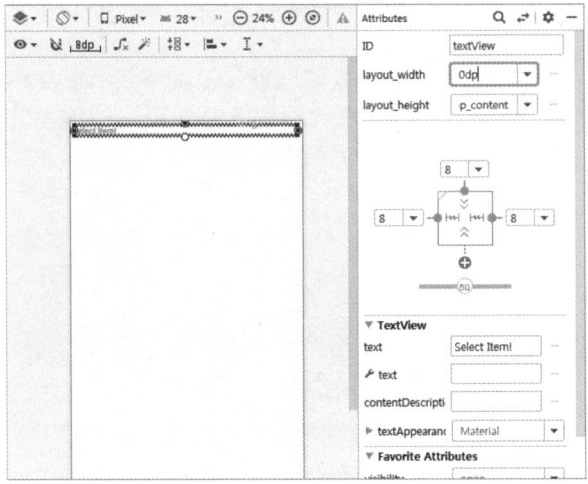

그림 7.8 layout_width 값에 0 dp 지정하고 text 속성 변경

⑧ 이번에는 팔레트 왼쪽에서 Legacy 을 선택한 상태에서 이어서 마우스로 오른쪽에 표시되는 ListView 를 클릭하고 드래그-엔-드롭으로 오른쪽 레이아웃 뷰 임의의 위치에 떨어뜨린다. 이때 속성창의 layout_width 와 layout_height 에는 자동으로 화면 크기에 맞게 지정되는데 각각 300 dp 값으로 모두 변경한다. 또한 한쪽으로 위치되어 있다면 중앙으로 위치를 옮긴다.

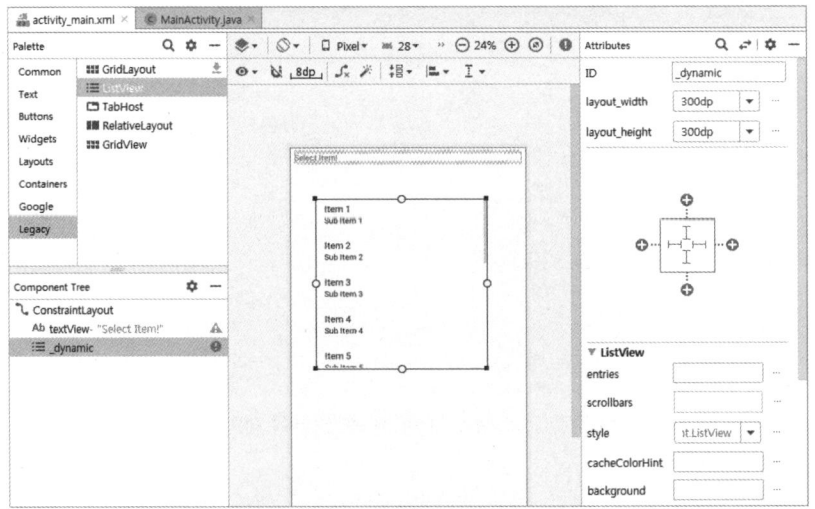

그림 7.9 ListView 추가

⑨ 이제 추가된 ListView 위쪽 중앙의 작은 원을 클릭하고 위쪽 TextView 아래 작은 원까지 드래그 한다. 동일한 방법으로 아래쪽, 왼쪽, 오른쪽 중앙의 작은 원을 클릭하고 각각의 에디터 끝까지 드래그 처리한다.

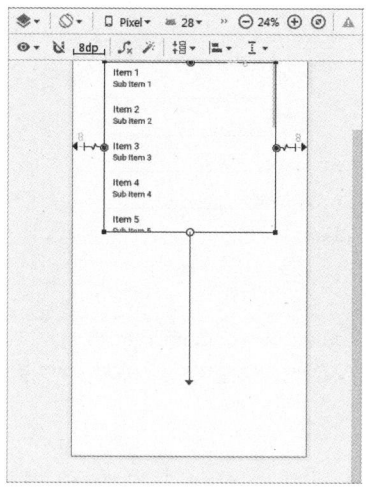

그림 7.10 ListView 의 위, 아래, 왼쪽, 오른쪽 제약 설정

⑩ 계속해서 ListView를 선택한 상태에서 속성 창의 ID 값을 listView 으로 수정하고 layout_width 와 layout_height 에 각각 0 dp을 지정한다.

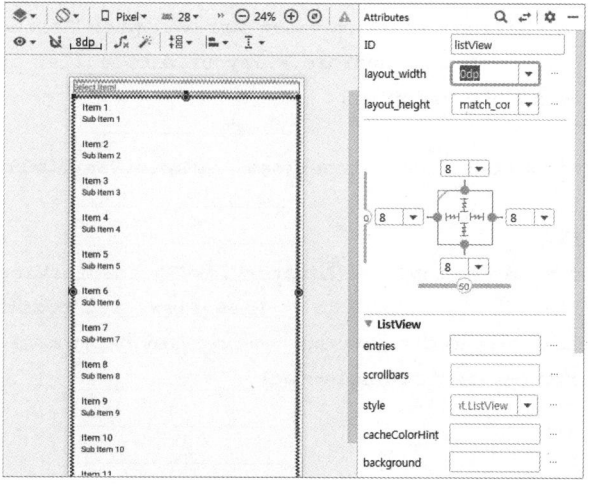

그림 7.11 layout_width 와 layout_height 속성에 0dp 지정

11 이어서 에디터에서 MainActivity.java 탭을 선택한다. 이때 안드로이드 스튜디오 오른쪽에는 MainActivity.java 파일이 열리는데 다음과 같은 코드를 추가 입력한다.

```java
package com.example.listviewsample;

import android.support.v7.app.AppCompatActivity;
import android.os.Bundle;
import android.view.View;
import android.widget.AdapterView;
import android.widget.ArrayAdapter;
import android.widget.ListView;
import android.widget.TextView;

public class MainActivity extends AppCompatActivity {
    String [] listdata = {"사자", "호랑이", "늑대", "기린", "노루", "토끼"};

    @Override
    protected void onCreate(Bundle savedInstanceState) {
        super.onCreate(savedInstanceState);
        setContentView(R.layout.activity_main);

        final TextView textView = (TextView) findViewById(R.id.textView);
        ListView listView = (ListView) findViewById(R.id.listView);

        ArrayAdapter<String> adapter = new ArrayAdapter<String>
                    (this, android.R.layout.simple_list_item_1, listdata);
        listView.setAdapter(adapter);

        listView.setOnItemClickListener(new  AdapterView.OnItemClickListener()
{
            @Override
            public void onItemClick(AdapterView<?> adapterView,
                                    View view, int position, long id) {
                String selected = (String) adapterView.getItemAtPosition(position);
                textView.setText(selected);
            }
        });
    }
}
```

⑫ 마지막으로 실제 기기를 PC에 연결하고 안드로이드 스튜디오 위쪽에 위치한 Run 버튼을 누르면 배포 타겟(deployment target) 화면이 나타난다. 연결된 디바이스 혹은 가상 화면을 선택하고 OK 버튼을 눌러 실행시켜 다음과 같은 화면이 나타나는지 확인해 본다.

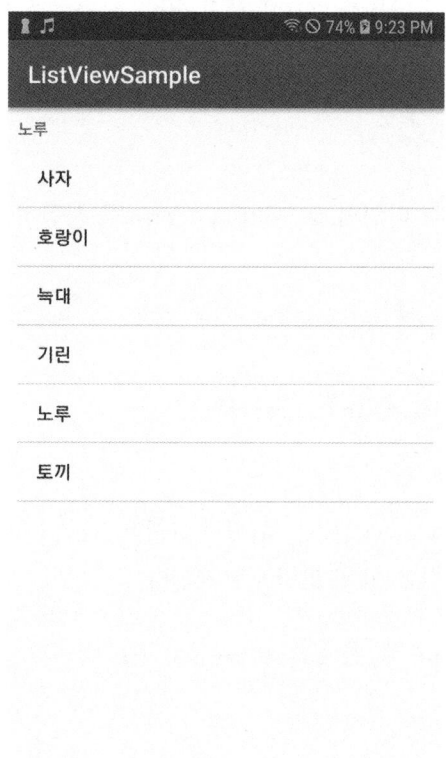

그림 7.12 ListViewSample 프로젝트 실행

원리 설명

리스트 뷰는 표시할 자료를 리스트 형식으로 정렬하여 보여주는 기능으로 자료가 많은 경우에 유용하게 사용할 수 있다. 보통 리스트에 표시된 자료를 1 혹은 2 개 이상 선택하고자 할 때 사용된다. 여기서는 한 개의 자료를 선택하는 기능을 구현해본다.

이제 에디터에서 MainActivity 탭을 클릭하여 소스 코드를 불러낸다. MainActivity.java 파일은 다음과 같이 Activity 클래스의 자식 클래스인 AppCompatActivity 클래스로부터 계승받는 MainActivity 클래스를 선언한다.

```
public class MainActivity extends AppCompatActivity {
...
```

그다음, 리스트 뷰에 표시할 자료를 다음과 같이 String 타입의 배열로 선언한다.

```
String [] listdata = {"사자", "호랑이", "늑대", "기린", "노루", "토끼"};
...
```

그다음, 파라메터로 Bundle 타입의 savedInstanceState를 사용하는 onCreate() 메소드를 작성한다.

```
@Override
protected void onCreate(Bundle savedInstanceState) {
    super.onCreate(savedInstanceState);
    ...
```

이어서 사용된 setContentView() 함수는 위에서 작성한 activity_main.xml 파일을 연결시킨다. 여기서는 TextView 와 ViewList 1개씩 화면에 표시된다.

```
        setContentView(R.layout.activity_main);
        ...
```

이제 findViewById() 함수를 사용하여 디자인 뷰의 TextView 위젯을 참조한다. 즉, 위에서 작성한 TextView 위젯을 참조하기 위해서는 다음과 같이 파라메터 값에 R.id.textView 를 지정한다.

```
        final TextView textView = (TextView) findViewById(R.id.textView);
        ...
```

동일한 방법으로 findViewById() 함수를 사용하여 디자인 뷰에 있는 ListView 를 참조한다.

```
        ListView listView = (ListView) findViewById(R.id.listView);
        ...
```

이제 어댑터를 생성해보자. 어댑터는 위에서 설명하였듯이 리소스와 화면 사이에 위치하여 자료를 원하는 형태로 표시해주는 기능을 한다. 여기서는 배열 자료를 표시해주는 ArrayAdapter 객체를 생성한다. 이 ArrayAdapter 객체의 생성 형식은 다음과 같다.

```
ArrayAdapter(Context context, int resource, T[] objects);
```

첫 번째 파라메터는 현재 어플리케이션의 컨텍스트로 여기서는 this를 지정하여 현재 클래스 객체를 넘겨준다. 두 번째 파라메터 resource 는 레이아웃 ID로 어떤 형태의 텍스트 뷰를 지정할지를 결정한다. 다음 표는 여기서 사용할 수 있는 레이아웃 ID을 보여준다.

표 7.1 레이아웃 ID

레이아웃 ID	설명
simple_list_item_1	텍스트 뷰 1 개 사용
simple_list_item_2	텍스트 뷰 2 개 사용
simple_list_item_checked	리스트 각 항목당 체크 표시
simple_list_item_single_choice	한 개의 항목 선택
simple_list_item_multiple_choice	여러 개의 항목 선택

세 번째 파라메터는 화면에 표시할 데이터 배열이 지정된다.

이제 다음과 같이 ArrayAdapter 객체를 사용해서 첫 번째 파라메터는 this, 두 번째는 텍스트 뷰 1개를 사용하는 simple_list_item_1, 세 번째는 동물 이름의 스트링 배열 listdata 를 지정한다.

여기서 사용된 ArrayAdpater 클래스는 제너릭 클래스로 저장하고자하는 자료의 타입을 마음대로 지정할 수 있다. 여기서는 ArrayAdapter<String> 이라고 지정하여 문자열 스트링을 저장할 수 있다.

```
ArrayAdapter<String> adapter = new ArrayAdapter<String>
                (this, android.R.layout.simple_list_item_1, listdata);
    ...
```

이제 setAdapter() 를 호출하여 리스트 뷰와 어뎁터를 연결해준다.

```
listView.setAdapter(adapter);
    ...
```

그다음, 생성된 리스트 뷰 항목을 클릭했을 때 자동 실행되는 이벤트 처리 메소드를 생성한다. 여기서는 리스트 항목을 클릭할 때 실행되도록 하는 이벤트 리스너 OnItemClickListener() 를 등록하여 이 리스너에 의해 호출되는 콜백 메소드를 생성해준다. 즉, 리스트 항목을 누를 때 마다 onItemClick() 이 자동 호출된다.

```
listView.setOnItemClickListener(new  AdapterView.OnItemClickListener()
{
        @Override
        public void onItemClick(AdapterView<?> adapterView,
                    View view, int position, long id) {
            ...
```

onItemClick() 함수의 첫 번째 파라메터 AdapterView 객체의 getItemAtPosition()을 이용하면 현재 클릭한 항목의 값을 알아낼 수 있다. 즉, 파라메터 값으로 넘어오는 클릭한 항목의 인덱스 값 position을 지정하여 현재 선택한 값을 알아낸다.

```
            String selected = (String) adapterView.getItemAtPosition(position);
            ...
```

선택된 값은 TextView 의 setText()를 이용하여 TextView 위젯에 출력한다.

```
            textView.setText(selected);
        }
    });
  }
}
```

7.1.2 커스텀 리스트 뷰

이제 위에서 배운 리스트 뷰를 발전시킨 커스텀 리스트 뷰를 만들어보자. 위에서 배운 리스트 뷰는 단지 하나의 텍스트 만 표시할 수 있었지만 여기서 보여주는 커스텀 리스트 뷰는 여러 개의 텍스트를 출력할 수 있을 뿐만 아니라 이미지까지 표시할 수 있어 화면을 사용자 마음대로 구성할 수 있는 장점을 제공한다. 여기서는 하나의 이미지와 하나의 텍스트로 구성되는 리스트 뷰 예제를 작성해 본다.

그대로 따라하기

1️⃣ 안드로이드 스튜디오를 실행하고 시작 화면이 나타나면 첫 번째 항목인 Start a new Android Studio project를 선택한다.

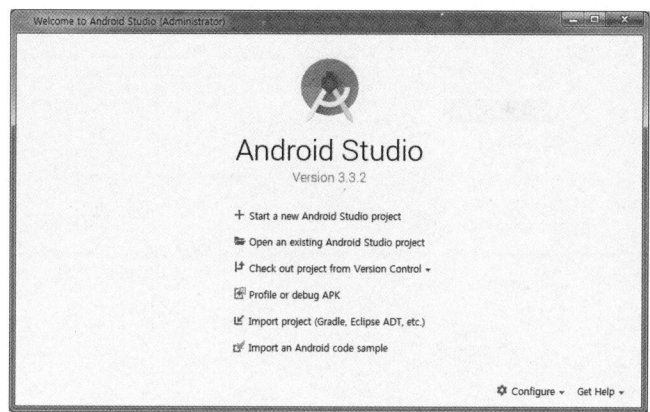

그림 7.13 Start a new Android Studio project 선택

2️⃣ 이때 다음과 같이 프로젝트 선택 윈도우가 나타난다. 먼저 위쪽에서 기본적으로 선택되어 있는 Phone and Tablet 를 그대로 지정하고 비어있는 화면을 보여주는 "Empty Activity" 를 선택한 뒤, Next 버튼을 누른다.

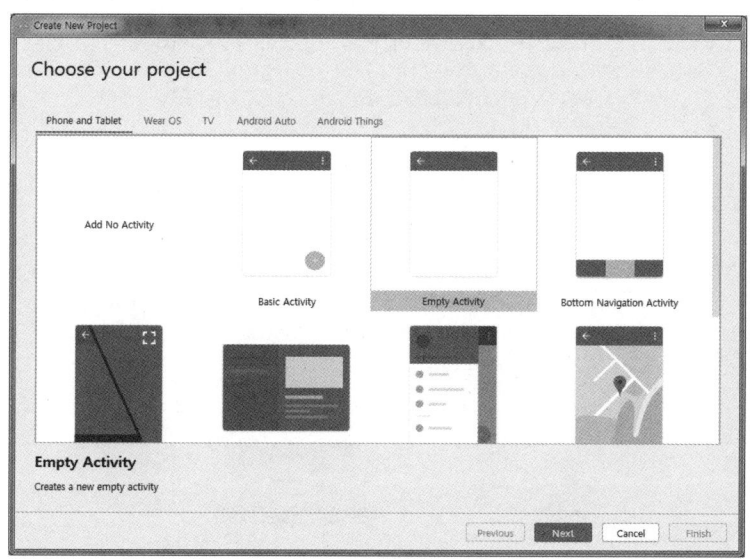

그림 7.14 Empty Activity 선택

3 이어서 다음과 같이 안드로이드 프로젝트 설정 윈도우가 나타난다. 첫 번째 Name 항목에 "CustomListViewSample" 이라고 입력한다. 그 다음 줄 항목들은 모두 그대로 두고 아래쪽에 위치한 Finish 버튼을 눌러 프로젝트를 생성한다.

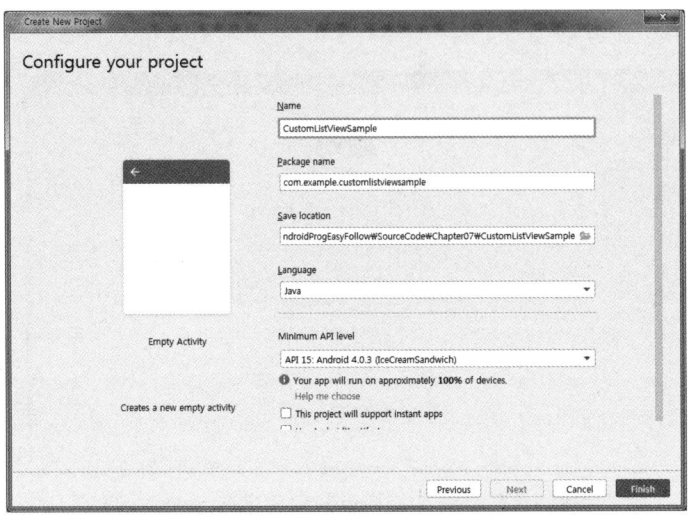

그림 7.15 안드로이드 프로젝트 이름 입력 및 생성 종료

4 이제 오른쪽 에디터에는 activity_main.xml 와 MainActivity.java 파일이 자동으로 표시된다. 이때 activity_main.xml 탭을 눌러 레이아웃 에디터를 표시한다. 레이아웃 에디터에는 중앙에 "Hello World" TextView 가 표시된다. 이제 마우스로 이 "Hello World" TextView를 선택하고 Delete 키를 누르거나 오른쪽 마우스 버튼에서 Delete 항목을 선택하여 삭제한다.

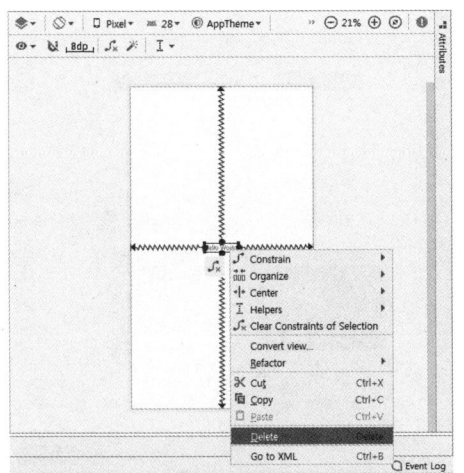

그림 7.16 "Hello World" TextView 삭제

5 이제 ListView 에 표시할 "apple.jpg", "pear.jpg", "persimon.jpg", "hamster.jpg", "rabbit. jpg", "tiger.jpg" 파일 등을 각각 다운받고 오른쪽 마우스 버튼으로 복사한다. 이어서 CustomListViewSample 프로젝트의 app-res-drawable 폴더에서 오른쪽 마우스 버튼을 누르고 "Paste" 항목을 선택하여 파일들을 추가한다(그림 파일은 소스 코드 폴더 참조).

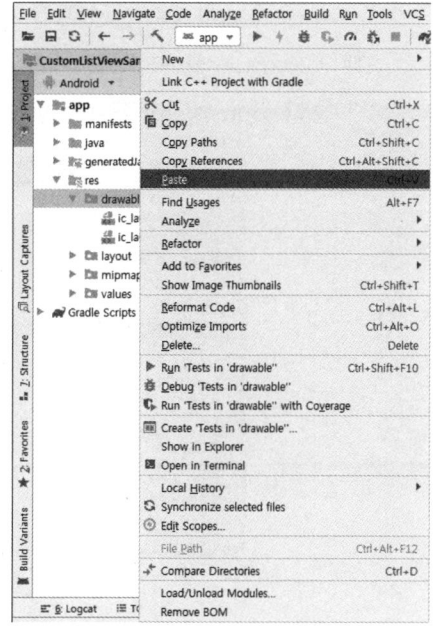

그림 7.17 그림 파일 복사

6 이때 복사할 디렉토리를 지정하는 대화상자가 나타는데 다음과 같이 \app\src\main\res\drawable 으로 지정한다. 이어서 위에서 복사할 소스 대화상자가 나타나면 그 소스 파일을 선택해준다.

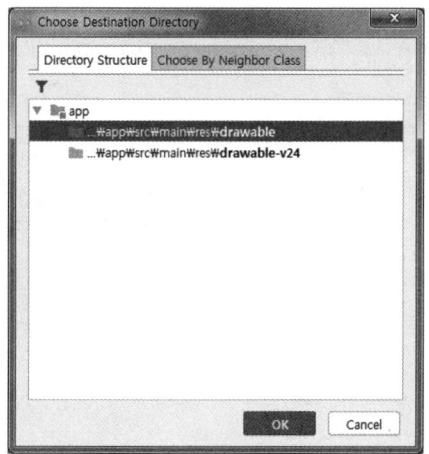

그림 7.18 복사할 디렉토리 지정

7 이제 프로젝트 탭의 app-res-layout 폴더에서 오른쪽 마우스를 클릭하고 New-Layout

제7장_ 고급 위젯 **385**

resource file 항목을 선택한다. 이때 다음과 같이 New resource file 대화상자가 나타나는데 File name 항목과 Root element 항목에 다음과 같이 "content" 라고 입력하고 OK 버튼을 눌러 content.xml 파일을 생성한다.

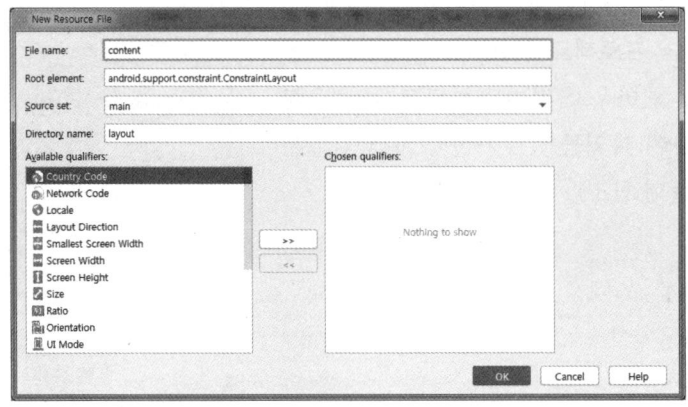

그림 7.19 New resource file 대화상자

8 이때 content.xml 이 자동으로 오픈되면서 레이아웃 에디터에 표시된다. 이어서 팔레트 왼쪽에서 Common 를 선택한 상태에서 마우스로 오른쪽에 표시되는 ImageView 를 클릭하고 드랙-엔-드롭으로 오른쪽 레이아웃 뷰 임의의 위치에 떨어뜨린다. 이때 다음과 같이 Resource 선택 대화상자가 나타나는데 검색 상자에 'apple' 를 입력하여 선택하고 OK 버튼을 눌러준다.

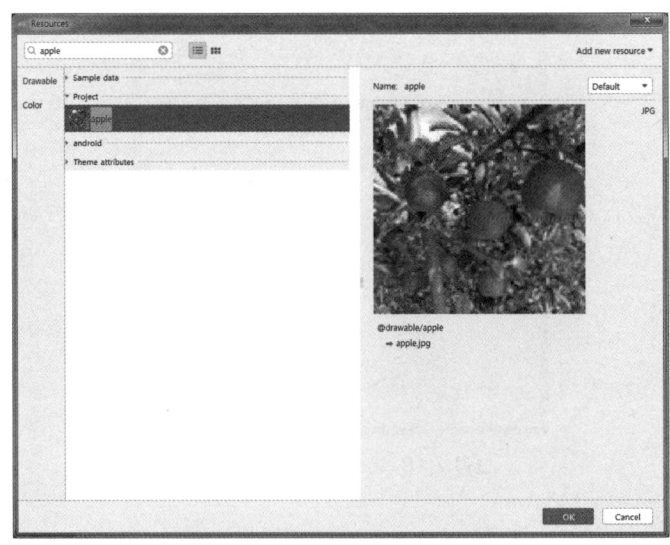

그림 7.20 Resource 선택 대화상자

⑨ 이번에는 팔레트 왼쪽에서 Common 을 선택한 상태에서 오른쪽의 TextView를 선택한 뒤 레이아웃 뷰에 이미 위치한 ImageView 오른쪽에 떨어뜨린다. 또한 속성 창에서 ID 값을 "titleView"으로 변경한다.

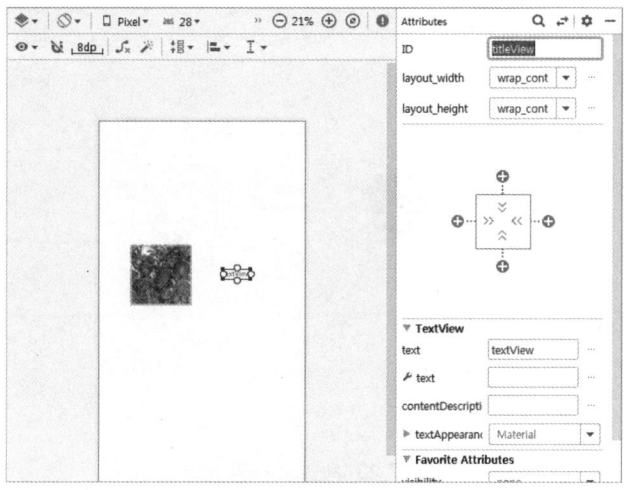

그림 7.21 TextView를 추가하고 ID 값 변경

⑩ 계속해서 Shift 키와 함께 ImageView 와 TextView을 각각 모두 마우스로 선택하고 오른쪽 마우스 버튼을 눌러 Center-Horizontally를 선택한다.

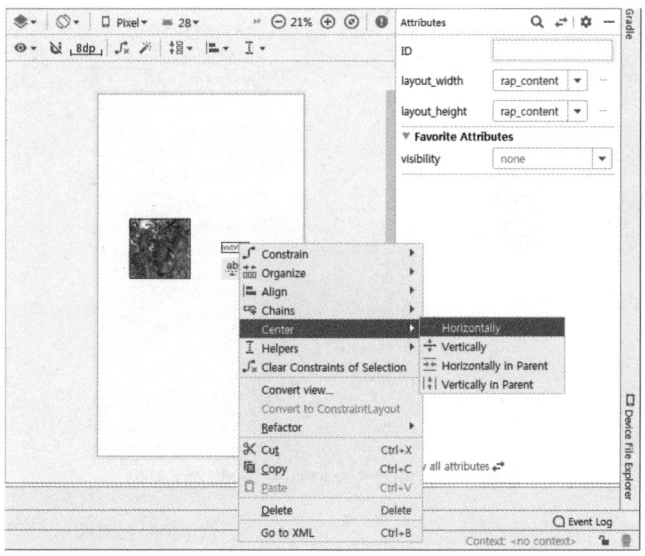

그림 7.22 ImageView 와 TextView 에 대한 Center-Horizontally 선택

제7장_ 고급 위젯 **387**

⑪ TextView를 선택한 상태에서 오른쪽 마우스 메뉴를 표시한 뒤 사이클 체인 모드(Cycle Chain mode) 항목을 눌러 ImageView 와 TextView 가 바깥으로 벌어지도록 지정한다.

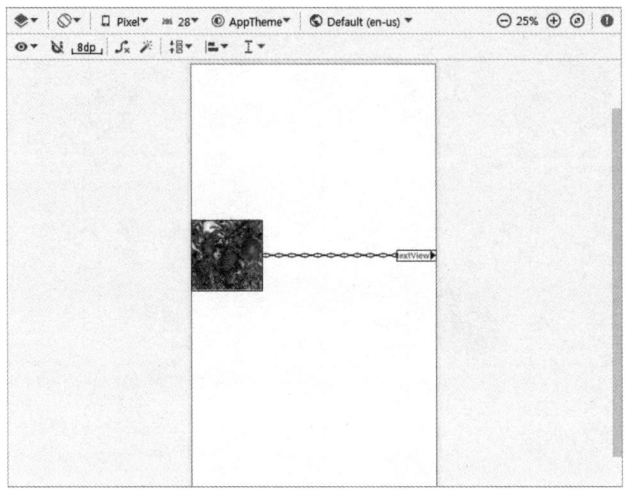

그림 7.23 체인 스타일 변경

⑫ 계속해서 두 컨트롤 모두 선택한 상태에서 오른쪽 속성 창의 layout_width 속성 값에 0dp 를 지정하여 ImageView 와 TextView 가 가로 방향 공백을 모두 차지하도록 한다.

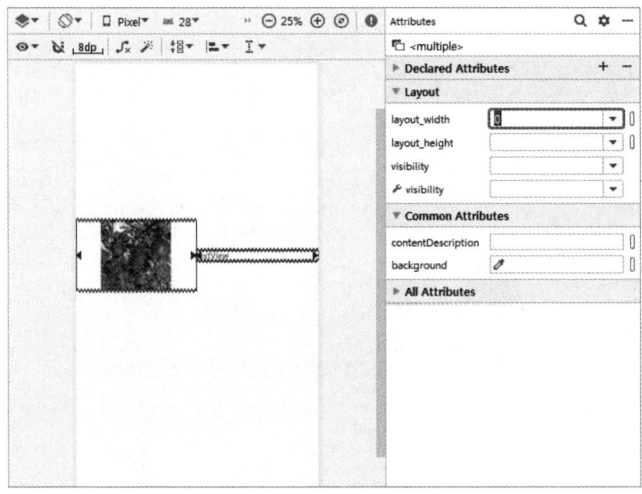

그림 7.24 layout_width 속성에 0dp 지정

⑬ ImageView 와 TextView 위쪽 중앙 작은 원을 각각 클릭하고 레이아웃 뷰 위쪽과 각각 연결시킨다. 또한 동일한 방법으로 ImageView 와 TextView 아래쪽 중앙 작은 원을 각각 클

릭하고 그대로 아래쪽 끝과 각각 연결시킨다.

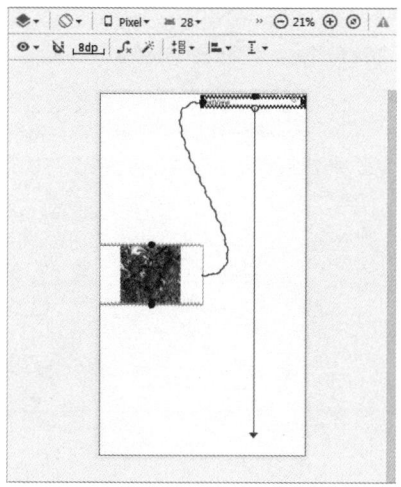

그림 7.25 ImageView 와 TextView 각각 위, 아래 제약 설정

⑭ 이제 에디터에서 activity_main.mxl 파일 탭을 클릭하여 active_main 화면을 불러낸다. 팔레트 왼쪽에서 Common 을 선택한 상태에서 이어서 마우스로 오른쪽에 표시되는 Text View 를 클릭하고 드렉-엔-드롭으로 오른쪽 레이아웃 뷰 임의의 위치에 떨어뜨린다.

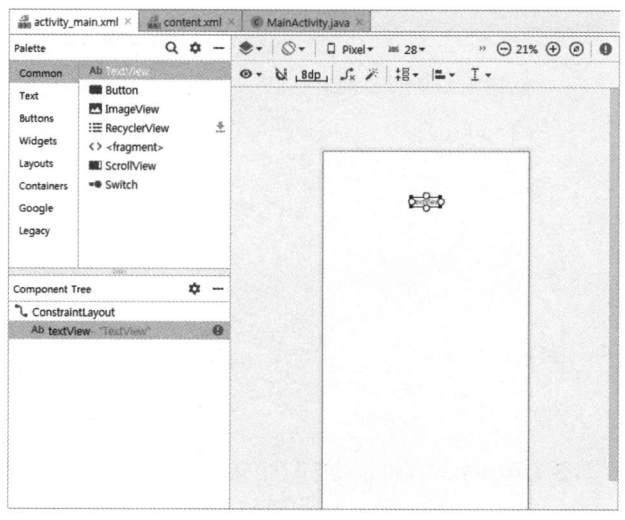

그림 7.26 TextView 추가

⑮ 추가된 TextView 위쪽 중앙의 작은 원을 클릭하고 위쪽 에디터 끝까지 드래그 한다. 동일

제7장_ 고급 위젯 **389**

한 방법으로 왼쪽, 오른쪽 중앙의 작은 원을 클릭하고 각각의 에디터 끝까지 드래그 처리한다.

그림 7.27 TextView 의 위, 왼쪽, 오른쪽 제약 설정

16 오른쪽 속성 창을 열고 TextView 가 선택된 상태에서 오른쪽 속성 창의 layout_width 값에 0 dp를 지정한다. 또한 text 속성 값에 "Select Item!"을 입력한다.

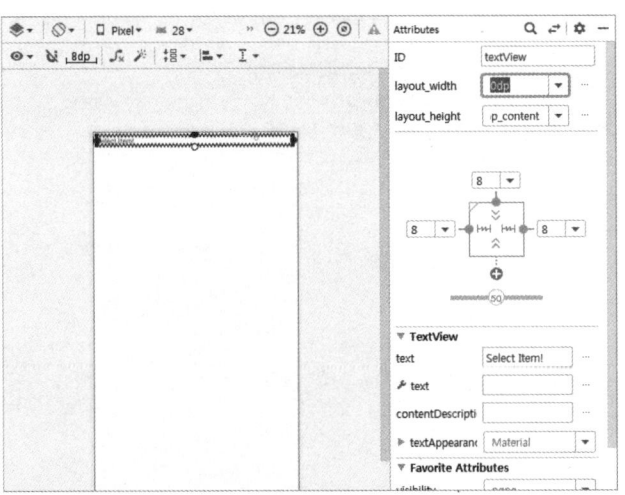

그림 7.28 layout_width 값에 0 dp 지정하고 text 속성 변경

17 이번에는 팔레트 왼쪽에서 Legacy 을 선택한 상태에서 이어서 마우스로 오른쪽에 표시되는 ListView 를 클릭하고 드렉-엔-드롭으로 오른쪽 레이아웃 뷰 TextView 아래 임의의 위치에 떨어뜨린다. 이때 속성창의 layout_width 와 layout_height 에는 임의의 크기로 지정

되는데 각각 300 dp 값으로 모두 변경한다. 또한 한쪽으로 치우쳐서 위치되어 있는 경우, 중앙으로 위치를 옮긴다.

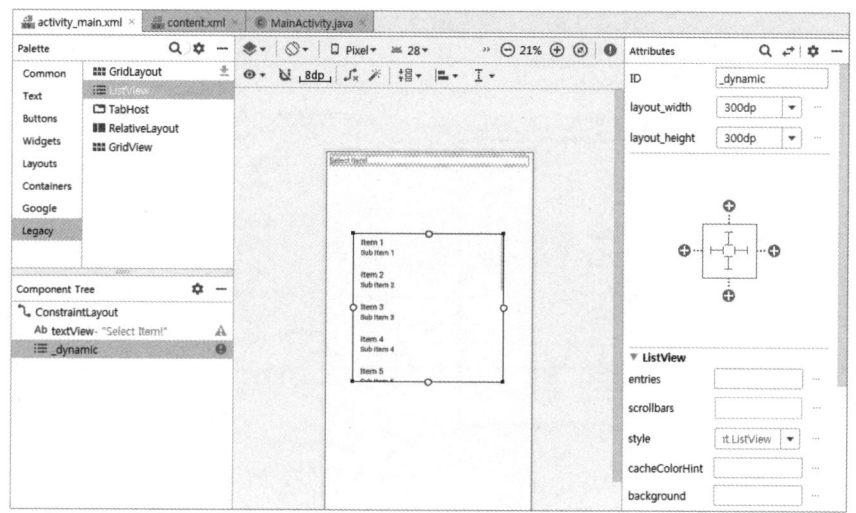

그림 7.29 ListView 추가

⑱ 이제 추가된 ListView 위쪽 중앙의 작은 원을 클릭하고 TextView 아래쪽 작은 원까지 드래그 한다. 동일한 방법으로 아래쪽, 왼쪽, 오른쪽 중앙의 작은 원을 클릭하고 각각의 에디터 끝까지 드래그 처리한다.

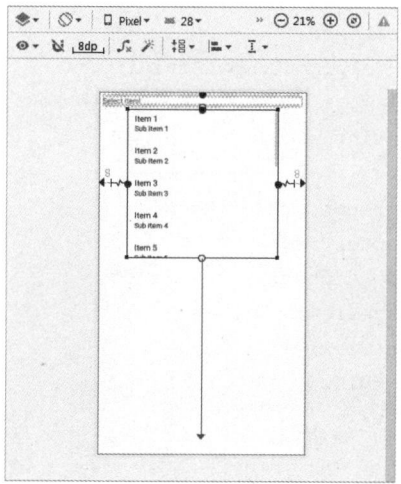

그림 7.30 ListView 의 위, 아래, 왼쪽, 오른쪽 제약 설정

⑲ 계속해서 ListView를 선택한 상태에서 속성 창의 layout_width 와 layout_height 에 각각 0 dp을 지정한다. 또한 ID 값에 listView 이라고 입력한다.

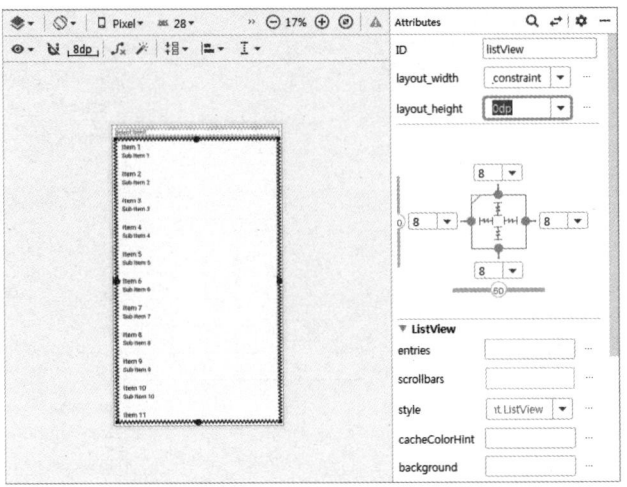

그림 7.31 layout_width 와 layout_height 속성에 0dp 지정

⑳ 이어서 에디터에서 MainActivity.java 탭을 선택한다. 이때 안드로이드 스튜디오 오른쪽에는 MainActivity.java 파일이 열리는데 다음과 같은 코드를 추가 입력한다.

```
package com.example.customlistviewsample;

import android.content.Context;
import android.support.v7.app.AppCompatActivity;
import android.os.Bundle;
import android.view.LayoutInflater;
import android.view.View;
import android.view.ViewGroup;
import android.widget.AdapterView;
import android.widget.BaseAdapter;
import android.widget.ImageView;
import android.widget.ListView;
import android.widget.TextView;
import java.util.ArrayList;
import java.util.Arrays;

public class MainActivity extends AppCompatActivity {
```

```java
    ListView listview;

    Integer[] images = {
            R.drawable.apple,
            R.drawable.pear,
            R.drawable.persimmon,
            R.drawable.hamster,
            R.drawable.rabbit,
            R.drawable.tiger
    };

    @Override
    protected void onCreate(Bundle savedInstanceState) {
        super.onCreate(savedInstanceState);
        setContentView(R.layout.activity_main);

        final TextView textview = (TextView) findViewById(R.id.textView);
        listview = (ListView) findViewById(R.id.listView);

        ArrayList<String> listItems = new ArrayList<String>(
                Arrays.asList("apple", "pear", "persimmon",
                        "hamster", "rabbit", "tiger"));

        ImageListAdapter adapter = new ImageListAdapter(this, listItems);
        listview.setAdapter(adapter);
        listview.setOnItemClickListener(new AdapterView.OnItemClickListener() {
            @Override
            public void onItemClick(AdapterView<?> parent, View view, int position, long id) {
                ImageListAdapter adapter = (ImageListAdapter) listview.getAdapter();
                textview.setText(adapter.getItem(position).toString());
            }
        });
    }

    public class ImageListAdapter extends BaseAdapter {
        Context context;
        ArrayList<String> items;
        LayoutInflater inflater;
```

```java
    public ImageListAdapter(Context context, ArrayList<String> items){
        this.context = context;
        this.items = items;
        inflater = LayoutInflater.from(context);
    }

    @Override
    public int getCount() {
        return items.size();
    }

    @Override
    public Object getItem(int position) {
        return items.get(position);
    }

    @Override
    public long getItemId(int position) {
        return position;
    }

    @Override
    public View getView(int position, View convertView, ViewGroup parent)
{
        View v = inflater.inflate(R.layout.content, null);
        ImageView imageView = (ImageView)v.findViewById(R.id.imageView);
        TextView titleView = (TextView)v.findViewById(R.id.titleView);
        imageView.setImageResource(images[position]);
        String title = items.get(position);
        titleView.setText(title);
        return v;
    }
}
}
```

㉑ 마지막으로 실제 기기를 PC에 연결하고 안드로이드 스튜디오 위쪽에 위치한 Run 버튼을 누르면 배포 타겟(deployment target) 화면이 나타난다. 연결된 디바이스 혹은 가상 화면을 선택하고 OK 버튼을 눌러 실행시켜 다음과 같은 화면이 나타나는지 확인해 본다.

그림 7.32 CustomListViewSample 프로젝트 실행

원리 설명

커스텀 리스트 뷰는 ImageView, 여러 TextView 등을 사용자가 원하는 형식으로 리스트로 보여주고자 할 때 사용된다. 텍스트만 표시되는 것이 아니라 이미지, 버튼 등의 위젯이 포함되어 훨씬 다양한 화면을 구축할 수 있다.

이제 에디터에서 MainActivity 탭을 클릭하여 소스 코드를 불러낸다. MainActivity.java 파일은 다음과 같이 Activity 클래스의 자식 클래스인 AppCompatActivity 클래스로부터 계승받는 MainActivity 클래스를 선언한다.

```
public class MainActivity extends AppCompatActivity {
...
```

이어서 ListView 타입 변수 listview를 선언한다.

```
ListView listview;
```

그다음, 리스트 뷰 왼쪽에 표시할 이미지를 다음과 같이 Integer 타입의 배열로 선언한다.

```
Integer[] images = {
        R.drawable.apple,
        R.drawable.pear,
        R.drawable.persimmon,
        R.drawable.hamster,
        R.drawable.rabbit,
        R.drawable.tiger
};
```

그다음, 파라메터로 Bundle 타입의 savedInstanceState를 사용하는 onCreate() 메소드를 작성한다.

```
@Override
protected void onCreate(Bundle savedInstanceState) {
    super.onCreate(savedInstanceState);
    ...
```

이어서 사용된 setContentView() 함수는 위에서 작성한 activity_main.xml 파일을 연결시킨다. 즉, 화면에 TextView 와 ViewList 1개씩 표시된다.

```
    setContentView(R.layout.activity_main);
    ...
```

이제 findViewById() 함수를 사용하여 디자인 뷰의 TextView 위젯을 참조한다. 즉, 위에서 작성한 TextView 위젯을 참조하기 위해서는 다음과 같이 파라메터 값에 R.id.textView 를 지정한다.

```
    final TextView textview = (TextView) findViewById(R.id.textView);
    ...
```

동일한 방법으로 findViewById() 함수를 사용하여 디자인 뷰에 있는 ListView 를 참조한다.

```
listview = (ListView) findViewById(R.id.listView);
...
```

그다음, ArrayList를 이용하여 ListView 에 표시할 문자열을 생성한다. 이때 다음과 같이 ArrayList 객체의 asList()를 사용하면 한 번에 여러 문자열을 지정하여 초기화 할 수 있다.

```
ArrayList<String> listItems = new ArrayList<String>(
        Arrays.asList("apple", "pear", "persimmon", "hamster",
                "rabbit", "tiger"));
...
```

이제 사용자 어댑터 클래스 ImageListApapter() 클래스를 생성한다. 이 클래스는 사용자 클래스로 메인 클래스 뒤쪽에 내부 클래스로 정의되어 있다. 이 어댑터 클래스를 이용하여 이미지와 텍스트를 함께 표시할 수 있다. 파라메터로 현재 객체의 콘텍스트와 화면에 표시하기 위해 위에서 지정한 ArrayList 객체 배열 값을 지정한다.

```
ImageListAdapter adapter = new ImageListAdapter(this, listItems);
...
```

이제 setAdapter() 를 호출하여 리스트 뷰와 사용자 어댑터 사이를 연결해준다.

```
listview.setAdapter(adapter);
...
```

그다음, 생성된 리스트 뷰 항목을 클릭했을 때 자동 실행되는 이벤트 처리 메소드를 생성한다. 여기서는 리스트 항목을 클릭할 때 실행되도록 하는 이벤트 리스너 OnItemClickListener() 를 등록하여 이 리스너에 의해 호출되는 콜백 메소드를 생성해준다. 즉, 리스트 항목을 누를 때 마다 onItemClick() 이 자동 호출된다.

```
listview.setOnItemClickListener(new   AdapterView.OnItemClickListener()
{
        @Override
        public void onItemClick(AdapterView<?> parent, View view,
```

```
                    int position, long id) {
    ...
```

위 findViewById() 함수를 사용하여 디자인 뷰에 있는 ListView 를 참조하는 listview 객체변수를 이용하여 getAdapter()를 호출하면 이 코드 아래쪽에 선언한 ImageListAdapter 객체를 참조할 수 있다. 이 객체를 이용하여 ImageListAdapter 객체의 getItem()에 현재 선택된 이미지 인덱스 값인 position 값을 지정하면 현재 선택한 항목의 제목 값을 가지고 온다. 이때 이 값을 TextVeiw 의 setText() 로 화면을 출력하기 위해서는 toString()를 호출하여 문자열로 변경해주어야 한다.

```
                ImageListAdapter adapter = (ImageListAdapter) listview.getAdapter();
                textview.setText(adapter.getItem(position).toString());
            }
        });
    }
```

이제 사용자 어댑터 함수 ImageListAdpater를 살펴보자. ImageListAdpater 클래스는 어댑터의 기본적인 기능을 제공하는 추상 BaseAdapter 클래스로부터 계승받는데 반드시 생성자와 함께 다음 메소드를 직접 구현해 주어야 한다.

표 7.2 구현할 BaseAdapter 메소드

구현할 BaseAdapter 메소드	설명
getCount()	뷰에 출력할 자료의 개수
getItem(int position)	position 위치에 지정할 자료
getItemId(int position)	position 위치에 지정할 자료 ID 값
getView(int p, View c, ViewGroup p)	리스트 뷰에 항목 표시

이제 위 표를 참조하면서 ImageListAdapter 클래스를 생성해보자. 먼저 필요한 Context, ArrayList, LayoutInflater 객체 변수를 생성한다. ArrayList 는 표시할 자료를 처리할 때 사용되고 LayoutInflater 와 Context 는 xml 파일로부터 뷰를 참조하고자 할 때 사용된다.

```
    public class ImageListAdapter extends BaseAdapter {
        Context context;
```

```
    ArrayList<String> items;
    LayoutInflater inflater;
    ...
```

이어서 ImageListAdapter 객체의 생성자를 만들어준다. 콘텍스트와 출력된 항목 자료를 각각 context 와 items 에 지정하고 콘텍스트로부터 LayoutInflater 객체 변수를 만들어준다.

```
    public ImageListAdapter(Context context, ArrayList<String> items){
        this.context = context;
        this.items = items;
        inflater = LayoutInflater.from(context);
    }
    ...
```

표시할 항목을 개수를 설정하는 getCount() 메소드를 생성해준다.

```
    @Override
    public int getCount() {
        return items.size();
    }
    ...
```

각 자료의 인덱스 위치에 해당하는 자료를 돌려주는 getItem() 메소드를 생성한다.

```
    @Override
    public Object getItem(int position) {
        return items.get(position);
    }
    ...
```

또한 인덱스 위치에 해당하는 자료의 ID 값을 돌려주는 getItemId() 메소드를 생성한다. 여기서 ID 는 그 위치의 대한 인덱스 값이 된다.

```
    @Override
    public long getItemId(int position) {
        return position;
    }
```

이제 가장 중요한 getView()를 생성해보자. 이 메소드는 데이터 수만큼 반복되는 함수로 이 메소드를 통하여 리스트 뷰에 자료를 출력할 수 있다. 위에서 자료의 수와 그 자료에 해당하는 값을 지정하였다면 이 함수에서 본격적으로 자료를 출력하게 된다. 이 함수는 position 값이 0부터 position-1 까지 반복되면서 실행된다. 먼저 inflate() 에 content.xml 파일을 지정하여 그 파일을 참조하여 뷰 객체로 설정한다. content.xml 파일에 지정된 위젯으로 화면을 표시한다.

```
        @Override
        public View getView(int position, View convertView, ViewGroup parent)
{
            View v = inflater.inflate(R.layout.content, null);
            ...
```

이제 findViewById()에 원하는 뷰 즉, imageView, titleView 값을 지정하여 각각 그 뷰를 ImageView, TextView 객체로 참조할 수 있도록 한다.

```
            ImageView imageView = (ImageView)v.findViewById(R.id.imageView);
            TextView titleView = (TextView)v.findViewById(R.id.titleView);
            ...
```

이미지 뷰의 setImageResource()를 호출하여 원하는 이미지를 출력한다. 이때 위에서 생성한 images 배열 자료를 참조하여 그 position 값 에 해당하는 이미지를 이미지 뷰에 지정한다.

```
            imageView.setImageResource(images[position]);
            ...
```

이제 파라메터로 전달 받은 items 자료를 참조하여 그 position 값에 해당하는 제목을 TextView 에 출력한다. 이때 setText() 메소드를 호출하면 그 자료를 출력할 수 있다.

```
            String title = items.get(position);
            titleView.setText(title);
            ...
```

마지막으로 처리된 뷰 v를 돌려주면 리스트 뷰에 출력된다.

```
            return v;
        }
```

```
    }
}
```

7.2 그리드 뷰(GridView)

그리드 뷰는 원하는 항목들을 바둑판 형식으로 표시하는 뷰 그룹이다. 그러므로 이 뷰는 사진 혹은 이미지를 썸네일 형식으로 출력하고자 할 때 자주 사용된다. 여기서도 역시 여러 이미지를 썸네일 형식으로 보여주는 예제를 만들어 볼 것이다.

그대로 따라하기

1 안드로이드 스튜디오를 실행하고 시작 화면이 나타나면 첫 번째 항목인 Start a new Android Studio project를 선택한다.

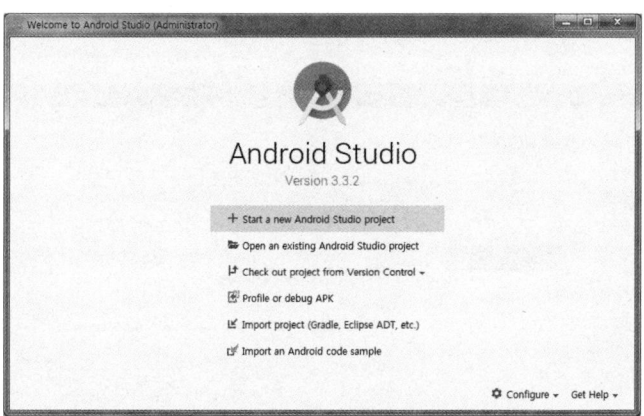

그림 7.33 Start a new Android Studio project 선택

2 이때 다음과 같이 프로젝트 선택 윈도우가 나타난다. 먼저 위쪽에서 기본적으로 선택되어 있는 Phone and Tablet 를 그대로 지정하고 비어있는 화면을 보여주는 "Empty Activity"를 선택한 뒤, Next 버튼을 누른다.

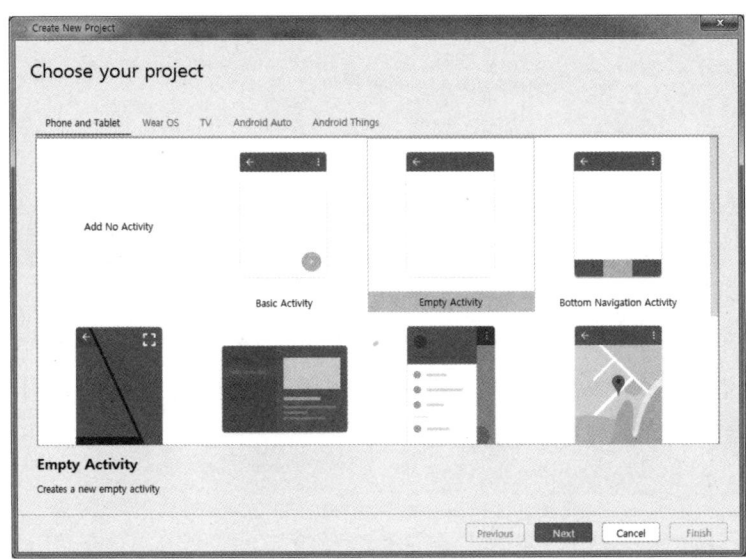

그림 7.34 Empty Activity 선택

3 이어서 다음과 같이 안드로이드 프로젝트 설정 윈도우가 나타난다. 첫 번째 Name 항목에 "GridViewSample" 이라고 입력한다. 그 다음 줄 항목들은 모두 그대로 두고 아래쪽에 위치한 Finish 버튼을 눌러 프로젝트를 생성한다.

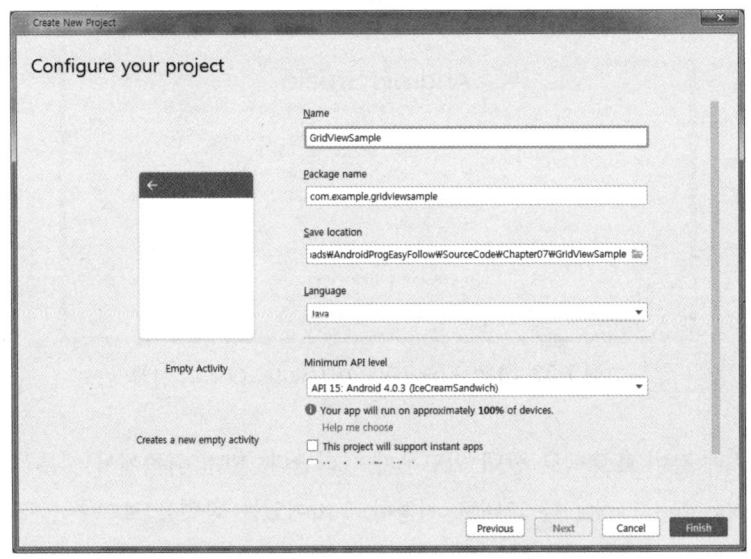

그림 7.35 안드로이드 프로젝트 이름 입력 및 생성 종료

4 이제 오른쪽 에디터에는 activity_main.xml 와 MainActivity.java 파일이 자동으로 표시된다. 이때 activity_main.xml 탭을 눌러 레이아웃 에디터를 표시한다. 레이아웃 에디터에는 중앙에 "Hello World" TextView 가 표시된다. 이제 마우스로 이 "Hello World" TextView를 선택하고 Delete 키를 누르거나 오른쪽 마우스 버튼에서 Delete 항목을 선택하여 삭제한다.

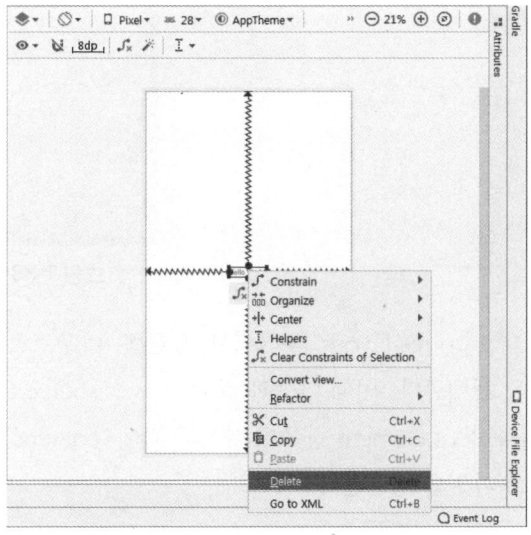

그림 7.36 "Hello World" TextView 삭제

5 이제 GridView 에 표시할 "apple.jpg", "pear.jpg", "persimon.jpg", "hamster.jpg", "rabbit. jpg", "tiger.jpg" 파일 등을 각각 다운받고 오른쪽 마우스 버튼으로 복사한다. 이어서 CustomListViewSample 프로젝트의 app-res-drawable 폴더에서 오른쪽 마우스 버튼을 누르고 "Paste" 항목을 선택하여 파일들을 추가한다(그림 파일은 소스 코드 폴더 참조).

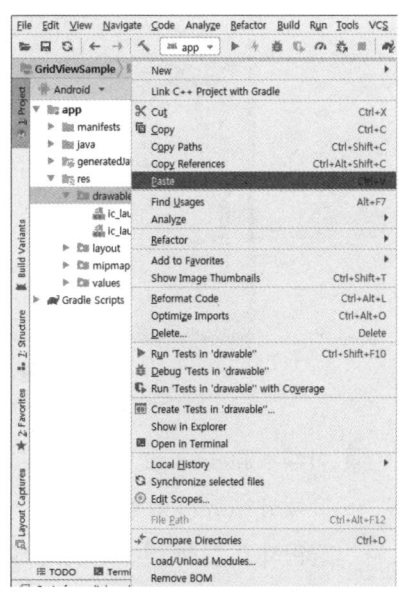

그림 7.37 그림 파일 복사

제7장_ 고급 위젯 **403**

6 이때 복사할 디렉토리를 지정하는 대화상자가 나타는데 다음과 같이 \app\src\main\res\drawable 으로 지정한다. 이어서 위에서 복사할 소스 대화상자가 나타나면 그 소스 파일을 선택해준다.

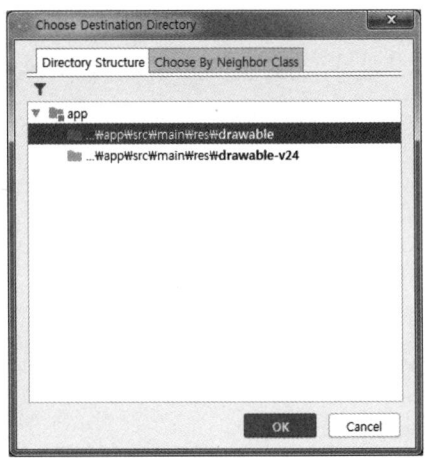

그림 7.38 복사할 디렉토리 지정

7 이제 프로젝트 탭의 app-res-layout 폴더에서 오른쪽 마우스를 클릭하고 New-Layout resource file 항목을 선택한다. 이때 다음과 같이 New resource file 대화상자가 나타나는데 File name 항목과 Root element 항목에 다음과 같이 "content" 라고 입력하고 OK 버튼을 눌러 content.xml 파일을 생성한다.

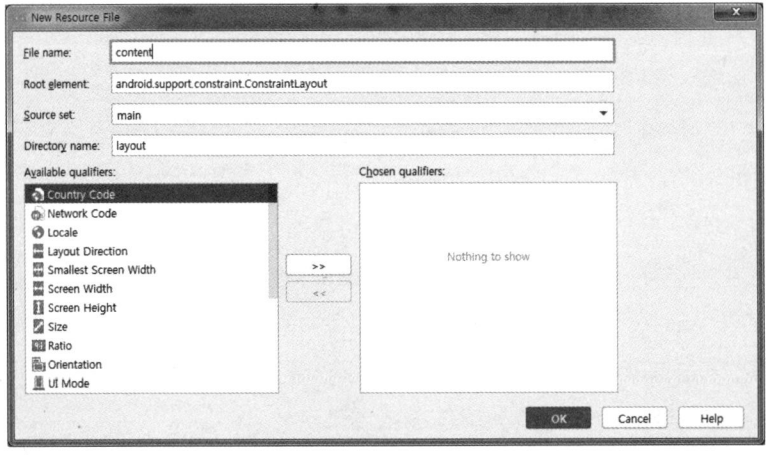

그림 7.39 New resource file 대화상자

8 이때 content.xml 이 자동으로 오픈되면서 레이아웃 에디터에 표시된다. 이어서 팔레트 왼쪽에서 Common 을 선택한 상태에서 이어서 마우스로 오른쪽에 표시되는 ImageView 를 클릭하고 드래그-엔-드롭으로 오른쪽 레이아웃 뷰 임의의 위치에 떨어뜨린다. 이때 다음과 같이 Resource 선택 대화상자가 나타나는데 검색 상자에 'apple' 를 입력하여 선택하고 OK

버튼을 눌러준다.

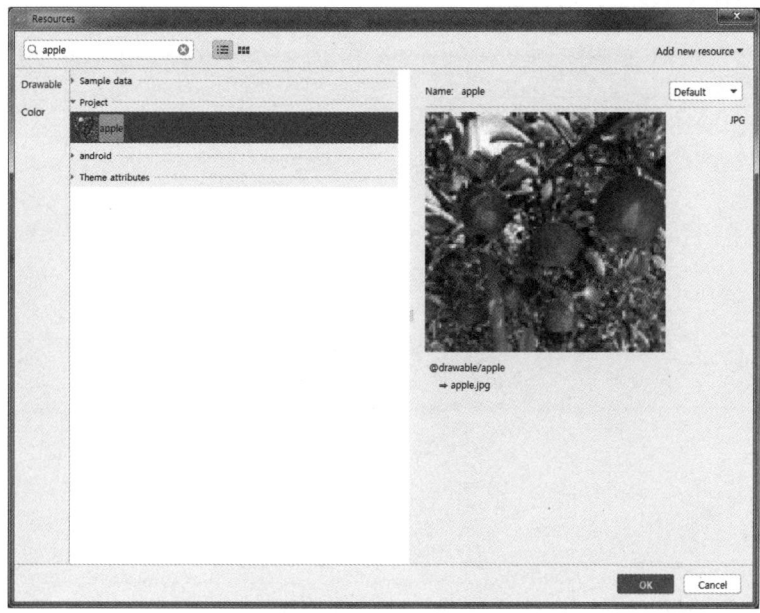

그림 7.40 Resource 선택 대화상자

9 이번에는 팔레트로부터 팔레트 왼쪽에서 Common 을 선택한 상태에서 오른쪽에 표시되는 TextView를 선택한 뒤 레이아웃 뷰에 이미 위치한 ImageView 아래쪽에 떨어뜨린다. 또한 속성 창에서 ID 값을 "titleView" 으로 변경한다.

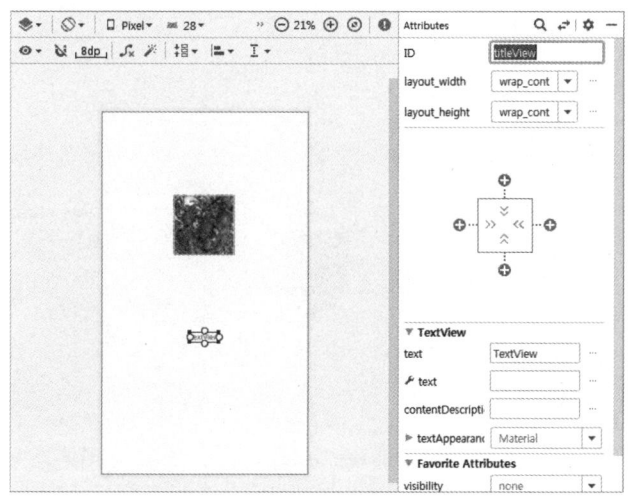

그림 7.41 TextView를 추가하고 ID 값 변경

⑩ 계속해서 Shift 키와 함께 ImageView 와 TextView을 각각 모두 마우스로 선택하고 오른쪽 마우스 버튼을 눌러 Center-Vertically를 선택한다.

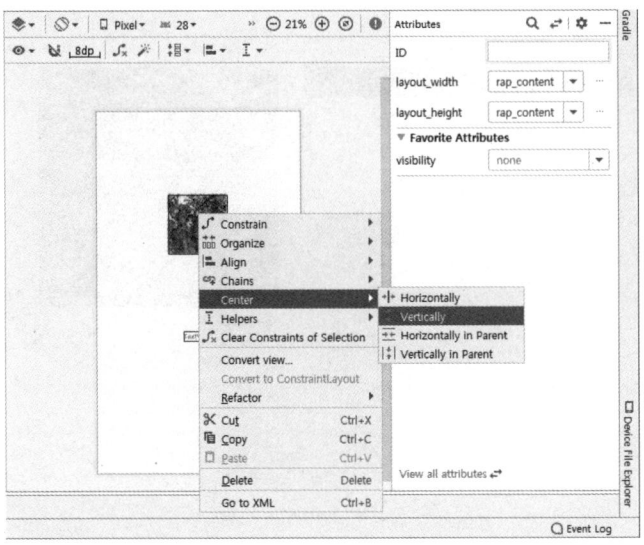

그림 7.42 ImageView 와 TextView 에 대한 Center-Vertically 선택

⑪ TextView를 선택한 상태에서 오른쪽 마우스 버튼으로 메뉴를 표기한 뒤 사이클 체인 모드 (Cycle Chain Mode) 항목을 두 번 눌러 ImageView 와 TextView 가 가운데 방향으로 모여지도록 지정한다.

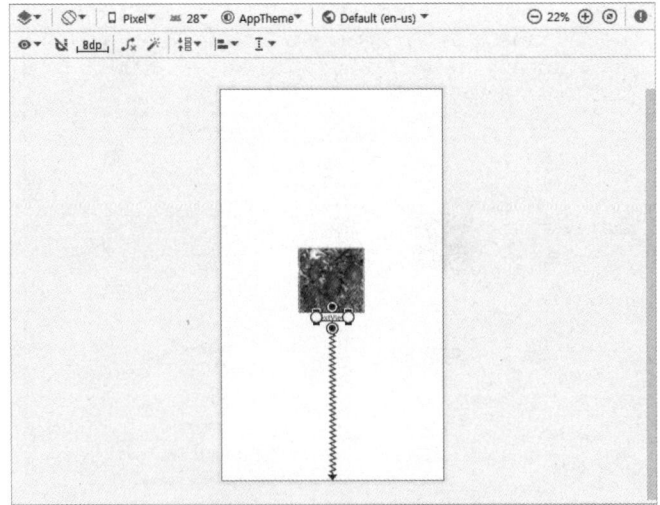

그림 7.43 체인 스타일 변경

⑫ 이어서 imageView 왼쪽 중앙 작은 원을 클릭하고 레이아웃 뷰 왼쪽 끝까지 연결시키고 imageView 오른쪽 중앙 작은 원을 클릭하고 레이아웃 뷰 오른쪽 끝으로 연결한다. 또한 동일한 방법으로 TextView 왼쪽 중앙 작은 원과 오른쪽 중앙 작은 원을 각각 클릭하고 왼쪽 끝과 오른쪽 끝으로 각각 연결시켜 context.xml 처리를 끝낸다.

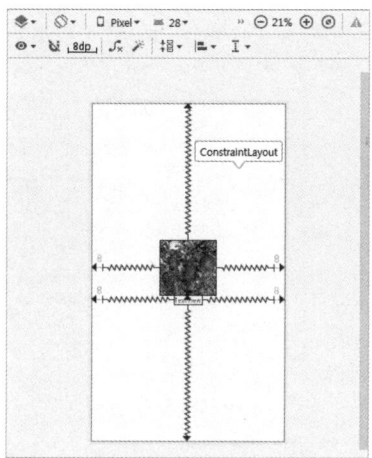

그림 7.44 ImageView 와 TextView 각각 왼쪽, 오른쪽 제약 설정

⑬ 이제 에디터에서 activity_main.xml 파일 탭을 선택하여 activity_main.xml 파일을 불러낸다. 이제 팔레트 왼쪽에서 Common 을 선택한 상태에서 이어서 마우스로 오른쪽에 표시되는 TextView 를 클릭하고 드렉-엔-드롭으로 오른쪽 레이아웃 뷰 임의의 위치에 떨어뜨린다.

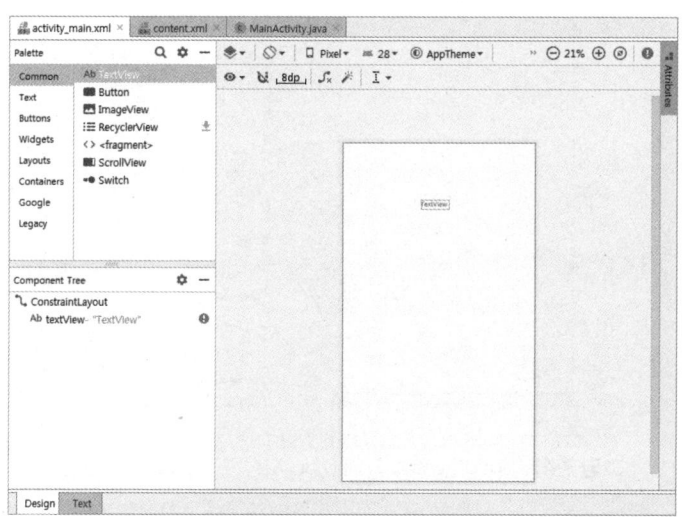

그림 7.45 TextView 추가

14 추가된 TextView 아래쪽 중앙의 작은 원을 클릭하고 아래쪽 에디터 끝까지 드래그 한다. 동일한 방법으로 왼쪽, 오른쪽 중앙의 작은 원을 클릭하고 각각의 에디터 끝까지 드래그 처리한다.

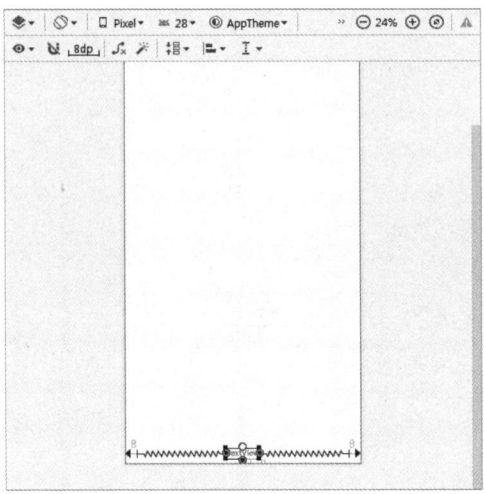

그림 7.46 TextView 아래, 왼쪽, 오른쪽 제약 설정

15 TextView 가 선택된 상태에서 오른쪽 속성 창의 layout_width 값에 0 dp를 지정한다. 또한 text 속성 값에 "Select Item!"을 입력한다.

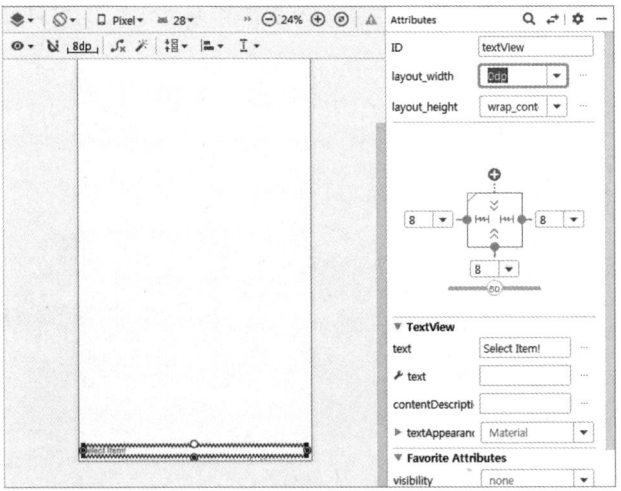

그림 7.47 layout_width 값에 0 dp 지정하고 text 속성 변경

16 이번에는 팔레트 왼쪽에서 Legacy 을 선택한 상태에서 이어서 마우스로 오른쪽에 표시되는 GridView 를 클릭하고 드래그-앤-드롭으로 오른쪽 레이아웃 뷰 TextView 위쪽에 떨어뜨린다. 이때 속성창의 layout_width 와 layout_height 에 각각 300 dp 를 입력한다. 만일 한쪽으로 치우쳐 있다면 중앙으로 위치를 옮기고 ID 값은 'gridView' 으로 변경한다.

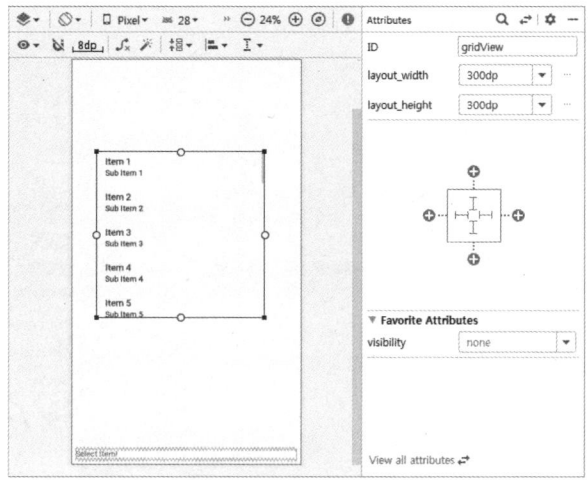

그림 7.48 GridView 추가

17 이제 추가된 GridView 위쪽 중앙의 작은 원을 클릭하고 위쪽 끝까지 드래그 하고 아래쪽 중앙의 작은 원을 클릭하고 TextView 위쪽 작은 원까지 드래그 한다. 동일한 방법으로 왼쪽, 오른쪽 중앙의 작은 원을 클릭하고 각각의 에디터 끝까지 드래그 처리한다.

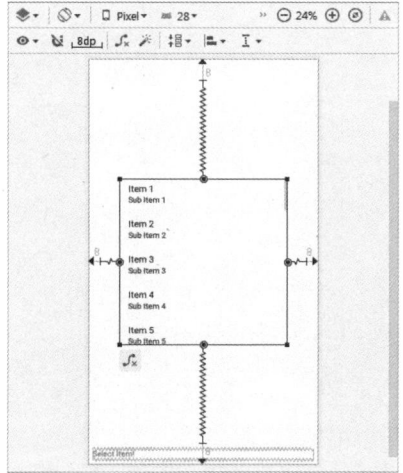

그림 7.49 GridView 의 위, 아래, 왼쪽, 오른쪽 제약 설정

18 계속해서 GridView를 선택한 상태에서 속성 창의 layout_width 와 layout_height 에 각각 0 dp을 지정한다.

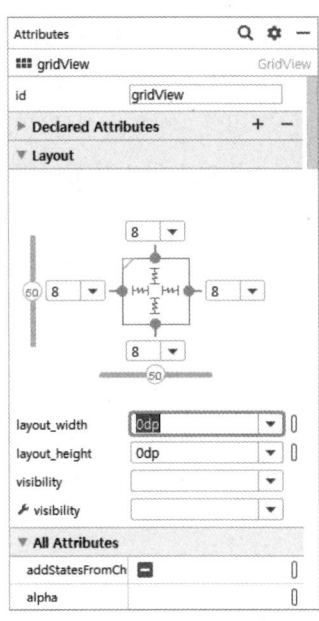

그림 7.50 layout_width 와 layout_height 속성에 0dp 지정

19 또한 GridView 속성 아래쪽에 위치한 All Attributes를 클릭하여 모든 속성이 표시되면 numColumns 속성에 auto_fit 으로 선택한다.

그림 7.51 numColumns 속성 값 수정

⑳ 이어서 에디터에서 MainActivity.java 탭을 선택한다. 이때 안드로이드 스튜디오 오른쪽에는 MainActivity.java 파일이 열리는데 다음과 같은 코드를 추가 입력한다.

```java
package com.example.gridviewsample;

import android.content.Context;
import android.os.Bundle;
import android.support.v7.app.AppCompatActivity;
import android.view.LayoutInflater;
import android.view.View;
import android.view.ViewGroup;
import android.widget.AdapterView;
import android.widget.BaseAdapter;
import android.widget.GridView;
import android.widget.ImageView;
import android.widget.TextView;

import java.util.ArrayList;
import java.util.Arrays;

public class MainActivity extends AppCompatActivity {
    @Override
    protected void onCreate(Bundle savedInstanceState) {
        super.onCreate(savedInstanceState);
        setContentView(R.layout.activity_main);

        int images[] = {
                R.drawable.apple,
                R.drawable.pear,
                R.drawable.persimmon,
                R.drawable.hamster,
                R.drawable.rabbit,
                R.drawable.tiger
        };

        final TextView textview = (TextView) findViewById(R.id.textView);
        final GridView gridview = (GridView) findViewById(R.id.gridView);

        ArrayList<String> listItems = new ArrayList<String>(
                Arrays.asList("apple", "pear", "persimmon", "hamster",
                        "rabbit", "tiger"));
```

제7장_ 고급 위젯 **411**

```java
            GridImageAdapter adapter = new GridImageAdapter(this, listItems,
images);
            gridview.setAdapter(adapter);
            gridview.setOnItemClickListener(new AdapterView.OnItemClickListener()
{
                @Override
                public void onItemClick(AdapterView<?> parent, View view, int
position, long id) {
                    GridImageAdapter adapter =
                                    (GridImageAdapter) gridview.getAdapter();
                    textview.setText(adapter.getItem(position).toString());
                }
            });
        }

        public class GridImageAdapter extends BaseAdapter {
            Context context;
            ArrayList<String> items;
            LayoutInflater inflater;
            int images[];

            public GridImageAdapter(Context context, ArrayList<String> items,
                                    int[] images){
                this.context = context;
                this.items = items;
                this.images = images;
                inflater = LayoutInflater.from(context);
            }

            @Override
            public int getCount() {
                return items.size();
            }

            @Override
            public Object getItem(int position) {
                return items.get(position);
            }

            @Override
            public long getItemId(int position) {
                return position;
```

```
        }

        @Override
        public View getView(int position, View convertView, ViewGroup parent)
{

            View v = inflater.inflate(R.layout.content, null);
            ImageView imageView = (ImageView)v.findViewById(R.id.imageView);
            TextView titleView = (TextView)v.findViewById(R.id.titleView);
            imageView.setImageResource(images[position]);
            String title = items.get(position);
            titleView.setText(title);
            return v;
        }
    }
}
```

21 마지막으로 실제 기기를 PC에 연결하고 안드로이드 스튜디오 위쪽에 위치한 Run 버튼을 누르면 배포 타겟(deployment target) 화면이 나타난다. 연결된 디바이스 혹은 가상 화면을 선택하고 OK 버튼을 눌러 실행시켜 다음과 같은 화면이 나타나는지 확인해 본다.

그림 7.52 GridViewSample 프로젝트 실행

 원리 설명

그리드 뷰는 작은 이미지를 화면 전체에 표시할 때 사용되는 뷰이다. 작은 이미지를 바둑판 형식으로 표시할 수 있으므로 한 눈에 전체 이미지를 볼 수 있는 장점을 갖는다. 여기서는 작은 이미지와 함께 이 이미지에 대한 타이틀 까지 표시된다. 또한 원하는 이미지를 선택하면 그 이미지의 타이틀이 화면 아래쪽에 표시된다.

이제 에디터에서 MainActivity 탭을 클릭하여 소스 코드를 불러낸다. MainActivity.java 파일은 다음과 같이 Activity 클래스의 자식 클래스인 AppCompatActivity 클래스로부터 계승받는 MainActivity 클래스를 선언한다.

```
public class MainActivity extends AppCompatActivity {
...
```

그다음, 파라메터로 Bundle 타입의 savedInstanceState를 사용하는 onCreate() 메소드를 작성한다.

```
    @Override
    protected void onCreate(Bundle savedInstanceState) {
        super.onCreate(savedInstanceState);
        ...
```

이어서 사용된 setContentView() 함수는 위에서 작성한 activity_main.xml 파일을 연결시킨다. 이전과 마찬가지로 여기서는 TextView 와 GridVew 1개씩 표시된다.

```
        setContentView(R.layout.activity_main);
        ...
```

그다음, 그리드 뷰에 표시할 썸네일 이미지를 다음과 같이 Integer 타입의 배열로 선언한다.

```
        int images[] = {
                R.drawable.apple,
                R.drawable.pear,
                R.drawable.persimmon,
                R.drawable.hamster,
```

```
            R.drawable.rabbit,
            R.drawable.tiger
    };
    ...
```

이제 findViewById() 함수를 사용하여 디자인 뷰의 TextView 위젯을 참조한다. 즉, 위에서 작성한 TextView 위젯을 참조하기 위해서는 다음과 같이 findViewById() 함수의 파라메터 값에 R.id.textView 를 지정한다.

```
    final TextView textview = (TextView) findViewById(R.id.textView);
    ...
```

동일한 방법으로 findViewById() 함수의 파라메터 값에 R.id.gridView 를 지정하고 GridView 위젯을 참조한다.

```
    final GridView gridview = (GridView) findViewById(R.id.gridView);
    ...
```

그다음, ArrayList를 이용하여 ListView 에 표시할 문자열을 생성한다. 이때 다음과 같이 ArrayList 객체의 asList()를 사용하면 한 번에 여러 문자열을 지정하여 초기화 할 수 있다. 이 문자열들은 그리드 뷰 이미지 아래쪽에 타이틀로 표시된다.

```
    ArrayList<String> listItems = new ArrayList<String>(
            Arrays.asList("apple", "pear", "persimmon", "hamster",
                    "rabbit", "tiger"));
    ...
```

이제 사용자 어뎁터 클래스 GridImageApapter() 클래스를 생성한다. 이 클래스는 사용자 클래스로 메인 클래스 뒤쪽에 내부 클래스로 정의된다. 이 어댑터 클래스를 이용하여 이미지와 텍스트를 함께 표시할 수 있다. 현재 객체의 콘텍스트 this 와 함께 화면에 이미지 타이틀을 표시하기 위해 위에서 지정한 ArrayList 객체 배열 값, 표시할 이미지 등을 지정한다.

```
    GridImageAdapter adapter = new GridImageAdapter(this, listItems, images);
    ...
```

이제 setAdapter() 를 호출하여 리스트 뷰와 사용자 어댑터 사이를 연결해준다.

```
gridview.setAdapter(adapter);
...
```

그다음, 생성된 리스트 뷰 항목을 클릭했을 때 자동 실행되는 이벤트 처리 메소드를 생성한다. 여기서는 리스트 항목을 클릭할 때 실행되도록 하는 이벤트 리스너 OnItemClickListener() 를 등록하여 이 리스너에 의해 호출되는 콜백 메소드를 생성해준다. 즉, 리스트 항목을 누를 때 마다 onItemClick() 함수가 자동 호출된다.

```
gridview.setOnItemClickListener(new  AdapterView.OnItemClickListener() {
    @Override
    public void onItemClick(AdapterView<?> parent, View view,
                    int position, long id) {
        ...
```

위에서 GridView 를 참조하는 gridview 객체변수를 이용하여 getAdapter()를 호출하면 이 코드 아래쪽에 선언한 GridImageAdapter 클래스를 참조할 수 있다. 참조가 되었다면, ImageListAdapter 객체의 getItem()에 현재 위치 인덱스인 position 값을 지정하여 현재 선택한 항목의 타이틀 값을 지정해준다. 이때 이 값을 TextVeiw 의 setText() 로 출력하기 위해서는 toString()를 호출하여 문자열로 변경해주어야 한다.

```
        GridImageAdapter adapter =
                    (GridImageAdapter) gridview.getAdapter();
        textview.setText(adapter.getItem(position).toString());
        }
    });
}
```

이제 GridImageAdapter 클래스를 처리해보자. 먼저 필요한 Context, ArrayList, LayoutInflater 객체 변수, int [] 을 생성한다. ArrayList 는 표시할 자료를 처리할 때 사용되고 LayoutInflater 와 Context 는 xml 파일로부터 뷰를 참조하고자 할 때 사용된다. 마지막 int[] 은 화면에 출력한 썸네일 이미지를 지정한다.

```
public class GridImageAdapter extends BaseAdapter {
    Context context;
    ArrayList<String> items;
    LayoutInflater inflater;
    int images[];
    ...
```

이어서 GridImageAdapter 객체의 생성자를 만들어준다. 콘텍스트와 출력된 항목 자료를 각각 context 와 items 에 지정하고 콘텍스트로부터 LayoutInflater 객체 변수를 만들어준다. 또한 화면에 표시될 이미지를 images[] 변수에 지정한다.

```
public GridImageAdapter(Context context, ArrayList<String> items,
                        int[] images){
    this.context = context;
    this.items = items;
    this.images = images;
    inflater = LayoutInflater.from(context);
}
...
```

표시할 항목을 개수를 설정하는 getCount() 메소드를 생성해준다.

```
@Override
public int getCount() {
    return items.size();
}
...
```

인덱스 position 에 해당하는 자료를 돌려주는 getItem() 메소드를 생성한다.

```
@Override
public Object getItem(int position) {
    return items.get(position);
}
...
```

인덱스 position 에 위치할 자료의 ID 값을 돌려주는 getItemId() 메소드를 생성한다. 여기서 ID 는 그 위치의 대한 인덱스 값이 된다.

```
@Override
public long getItemId(int position) {
    return position;
}
...
```

이제 가장 중요한 getView()를 생성해보자. 이 메소드는 데이터 수만큼 반복되는 함수로 이 메소드를 통하여 리스트 뷰에 자료를 출력할 수 있다. 즉, position 값이 0부터 position-1 까지 반복되어진다. 먼저 inflate() 에 화면에 표시할 xml 파일을 지정하여 그 파일을 참조하여 뷰 객체로 설정한다.

```
@Override
public View getView(int position, View convertView, ViewGroup parent) {
    View v = inflater.inflate(R.layout.content, null);
    ...
```

이제 findViewById()에 원하는 뷰 즉, imageView, titleView ID 값을 지정하여 각각 그 뷰를 ImageView, TextView 객체로 참조하여 화면에 출력할 수 있도록 한다.

```
ImageView imageView = (ImageView)v.findViewById(R.id.imageView);
TextView titleView = (TextView)v.findViewById(R.id.titleView);
...
```

이미지 뷰의 setImageResource()를 호출하여 원하는 이미지를 출력한다. 이때 위에서 생성한 images 배열 자료를 참조하여 그 position 값 에 해당하는 썸네일 이미지를 이미지 뷰에 지정한다.

```
imageView.setImageResource(images[position]);
...
```

이제 파라메터로 전달 받은 items 자료를 참조하여 그 position 값에 해당하는 제목을 TextView 에 출력한다. 이때 setText() 메소드를 호출하면 그 자료를 출력할 수 있다.

```
            String title = items.get(position);
            titleView.setText(title);
            return v;
        }
    }
}
```

이제 마지막으로 GridView에서 한 줄에 그려질 이미지 개수를 설정해보자. 기본적으로 GridView 는 한 줄에 하나의 이미지가 출력된다. 만일 하나 이상의 이미지를 출력하고자 한다면 GridView 의 numColumns 속성에 원하는 이미지 숫자를 지정하면 된다. 예를 들어, numColumns 에 3 을 지정하면 다음과 같이 한 줄 당 3 개씩 GridView에서 출력될 이미지를 미리 보기 형식을 볼 수 있다. 또한 현재 화면크기에 맞도록 적당한 크기로 지정하기 위해서는 숫자 대신 'auto_fit'을 사용할 수 있다.

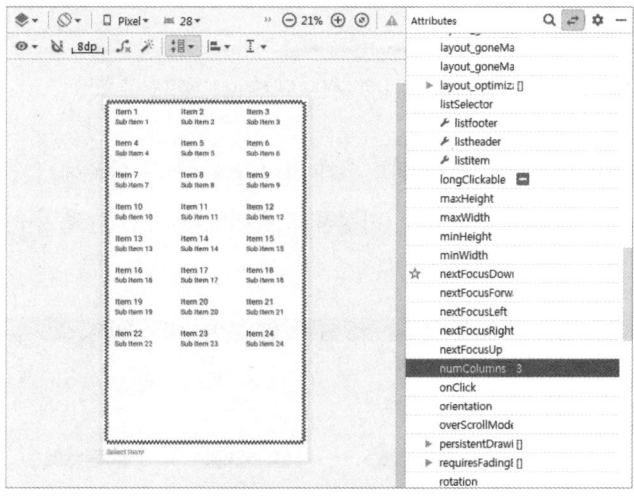

그림 7.53 numColumns 속성

7.3 갤러리(Gallery)

갤러리는 조그마한 이미지들과 그 이미지 타이틀을 수평으로 보여주는 기능으로 이미지들이 현재 너비 보다 큰 경우 스크롤되는 기능까지 제공한다. 이전에는 〈Gallery〉 명령을 사용하여 처리하였지만 지금은 〈Horizontal ScrollView〉를 사용하여 갤러리 기능을 처리한다.

그대로 따라하기

1 안드로이드 스튜디오를 실행하고 시작 화면이 나타나면 첫 번째 항목인 Start a new Android Studio project를 선택한다.

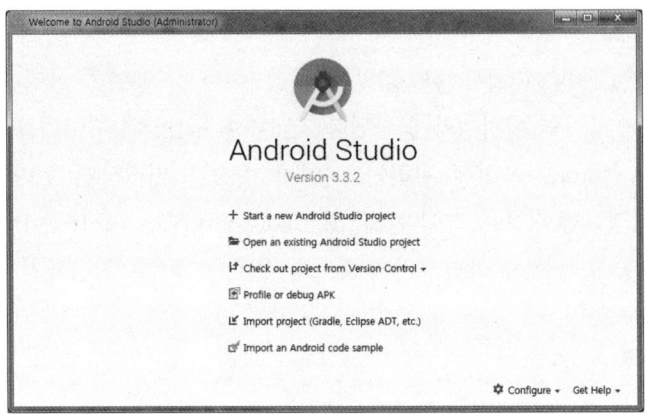

그림 7.54 Start a new Android Studio project 선택

2 이때 다음과 같이 프로젝트 선택 윈도우가 나타난다. 먼저 위쪽에서 기본적으로 선택되어 있는 Phone and Tablet 를 그대로 지정하고 비어있는 화면을 보여주는 "Empty Activity" 를 선택한 뒤, Next 버튼을 누른다.

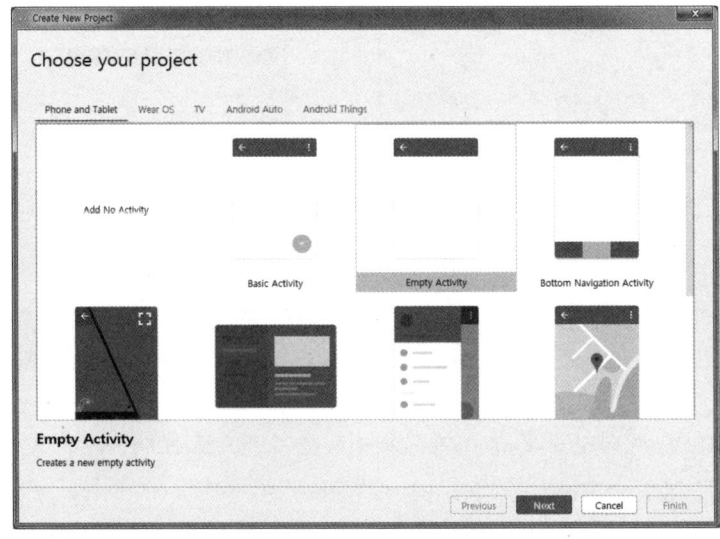

그림 7.55 Empty Activity 선택

3 이어서 다음과 같이 안드로이드 프로젝트 설정 윈도우가 나타난다. 첫 번째 Name 항목에 "GallerySample" 이라고 입력한다. 그 다음 줄 항목들은 모두 그대로 두고 아래쪽에 위치한 Finish 버튼을 눌러 프로젝트를 생성한다.

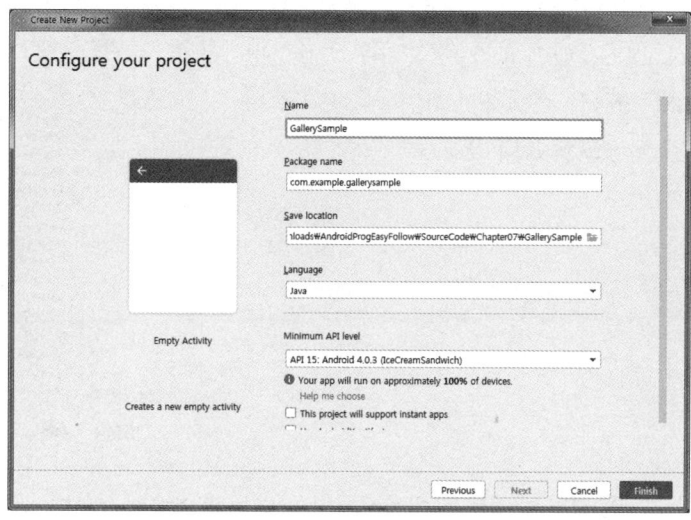

그림 7.56 안드로이드 프로젝트 이름 입력 및 생성 종료

4 이제 오른쪽 에디터에는 activity_main.xml 와 MainActivity.java 파일이 자동으로 표시된다. 이때 activity_main.xml 탭을 눌러 레이아웃 에디터를 표시한다. 레이아웃 에디터에는 중앙에 "Hello World" TextView 가 표시된다. 이제 마우스로 이 "Hello World" TextView를 선택하고 Delete 키를 누르거나 오른쪽 마우스 버튼에서 Delete 항목을 선택하여 삭제한다.

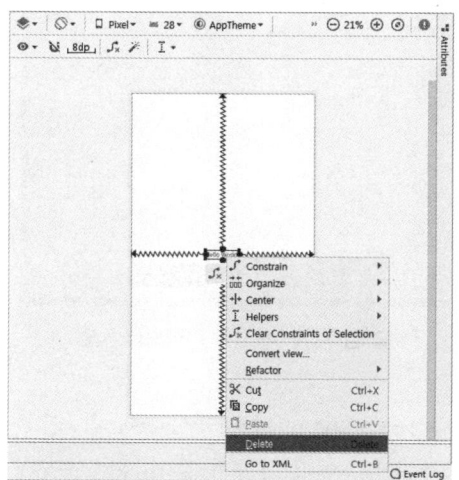

그림 7.57 "Hello World" TextView 삭제

제7장_ 고급 위젯 **421**

5️⃣ 이제 갤러리에 표시할 "apple.jpg", "pear.jpg", "persimon.jpg", "hamster.jpg", "rabbit.jpg", "tiger.jpg" 파일 등을 각각 다운받고 오른쪽 마우스 버튼으로 복사한다. 이어서 Gallery Sample 프로젝트의 app-res-drawable 폴더에서 오른쪽 마우스 버튼을 누르고 "Paste" 항목을 선택하여 파일들을 추가한다 (그림 파일은 소스 코드 폴더 참조).

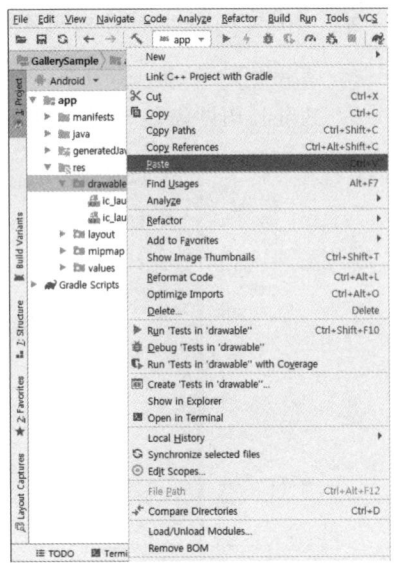

그림 7.58 그림 파일 복사

6️⃣ 이때 복사할 디렉토리를 지정하는 대화상자가 나타나는데 다음과 같이 \app\src\main\res\drawable 으로 지정한다. 이어서 위에서 복사할 소스 대화상자가 나타나면 그 소스 파일을 선택해준다.

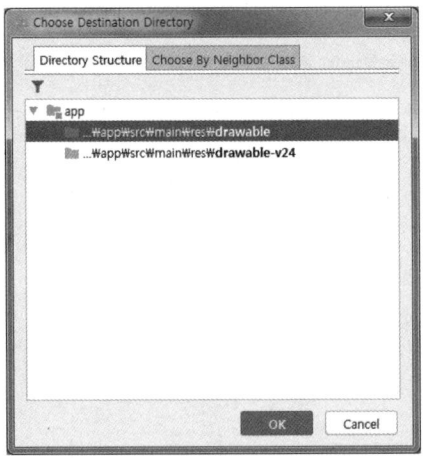

그림 7.59 복사할 디렉토리 지정

7️⃣ 이제 프로젝트 탭의 app-res-layout 폴더에서 오른쪽 마우스를 클릭하고 New-Layout resource file 항목을 선택한다. 이때 다음과 같이 New resource file 대화상자가 나타나는데 File name 항목과 Root element 항목에 다음과 같이 "content"를 입력하고 OK 버튼을

눌러 content.xml 파일을 생성한다.

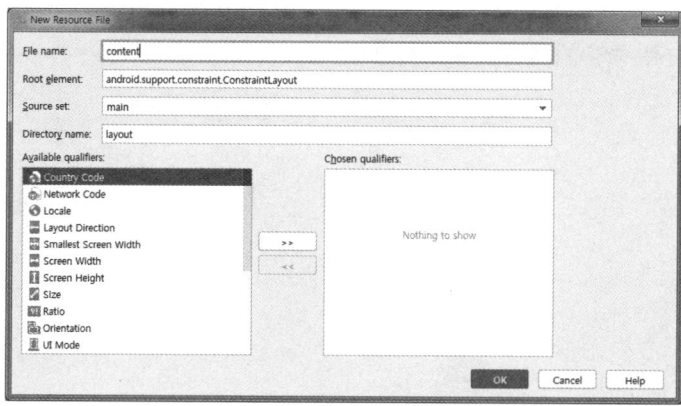

그림 7.60 New resource file 대화상자

8 이때 content.xml 이 자동으로 오픈되면서 레이아웃 에디터에 표시된다. 이어서 팔레트 왼쪽에서 Common 을 선택한 상태에서 이어서 마우스로 오른쪽에 표시되는 ImageView 를 클릭하고 드래-앤-드롭으로 오른쪽 레이아웃 뷰 임의의 위치에 떨어뜨린다. 이때 다음과 같이 Resource 선택 대화상자가 나타나는데 검색 상자에 'apple' 를 입력하여 선택하고 OK 버튼을 눌러 ImageView를 화면에 출력한다.

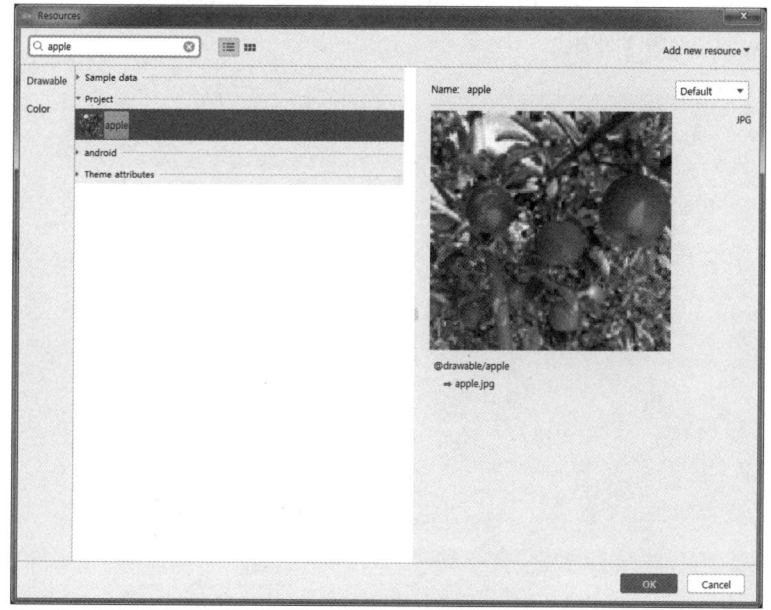

그림 7.61 Resource 선택 대화상자

9 계속해서 속성 창을 표시하고 ImageView를 선택한 상태에서 오른쪽 속성 창의 layout_width 와 layout_height 에 각각 120dp, 120dp를 지정하고 마우스로 ImageView 의 위치를 레이아웃 뷰 중앙 가까이에 위치시킨다.

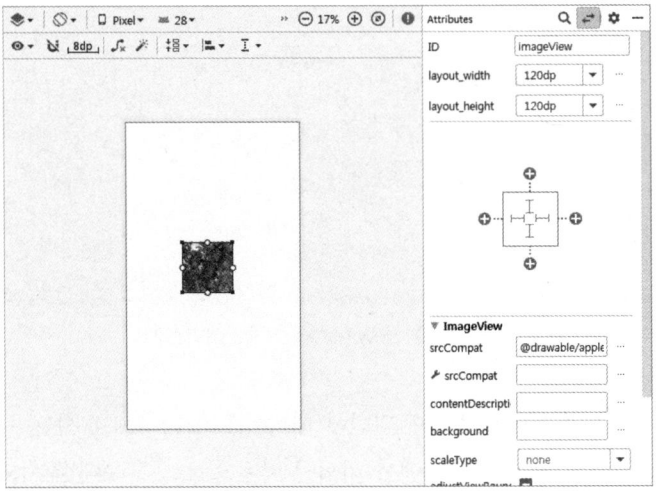

그림 7.62 ImageView 의 ayout_width 와 layout_height 속성 값 변경

10 이번에는 팔레트 왼쪽에서 Common 를 선택한 상태에서 오른쪽의 TextView를 선택한 뒤 레이아웃 뷰에 이미 위치한 ImageView 아래쪽에 떨어뜨린다. 또한 속성 창에서 ID 값을 "titleView" 으로 변경한다.

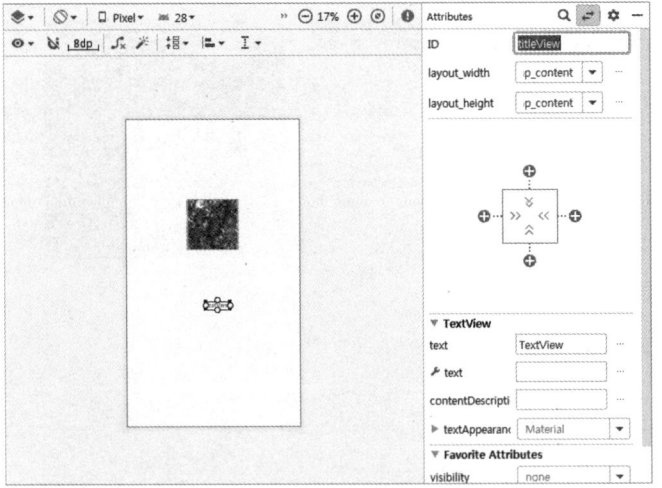

그림 7.63 TextView를 추가하고 그 ID 값 변경

11 계속해서 Shift 키와 함께 ImageView 와 TextView을 각각 모두 마우스로 선택하고 오른쪽 마우스 버튼을 눌러 Center-Vertically를 선택한다.

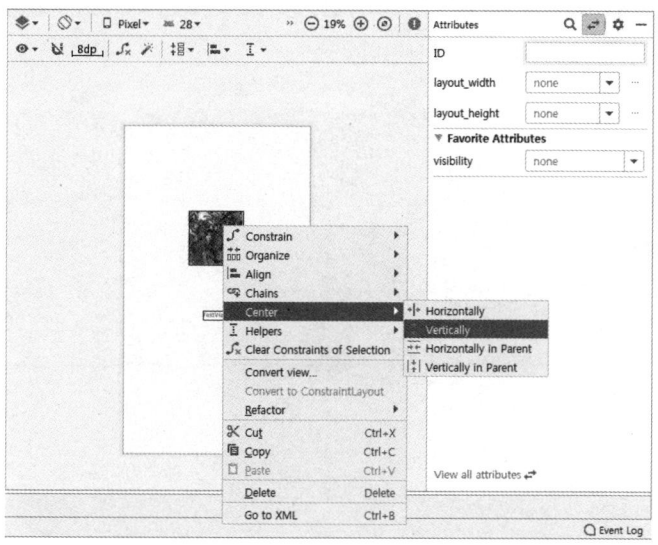

그림 7.64 ImageView 와 TextView 에 대한 Center-Vertically 선택

12 TextView를 선택한 상태에서 오른쪽 마우스 버튼으로 메뉴를 표시한 뒤 사이클 체인 모드(Cycle Chain Mode) 아이콘을 두 번 눌러 ImageView 와 TextView 가 가운데 방향으로 모여지도록 지정한다.

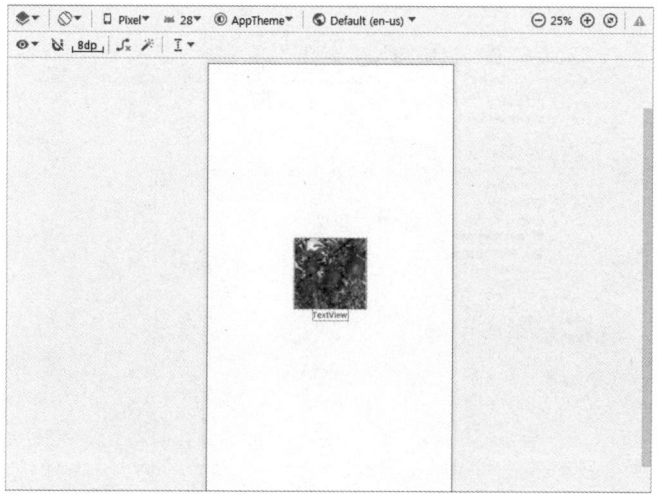

그림 7.65 사이클 체인 모드 변경

⑬ 이어서 imageView 왼쪽 중앙 작은 원을 클릭하고 레이아웃 뷰 왼쪽 끝까지 연결시키고 imageView 오른쪽 중앙 작은 원을 클릭하고 레이아웃 뷰 오른쪽 끝으로 연결한다. 또한 동일한 방법으로 TextView 왼쪽 중앙 작은 원과 오른쪽 중앙 작은 원을 각각 클릭하고 왼쪽 끝과 오른쪽 끝으로 각각 연결시킨다.

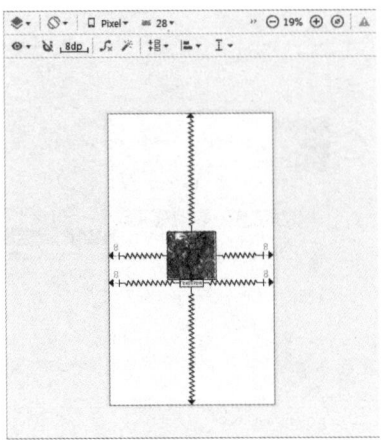

그림 7.66 ImageView 와 TextView 각각 왼쪽, 오른쪽 제약 설정

⑭ 이제 프로젝트 에디터 위에 위치한 activity_main.xml 탭을 선택하여 activity_main 화면을 불러낸다. 계속해서 팔레트 왼쪽에서 Containers 를 선택한 상태에서 이어서 마우스로 오른쪽에 표시되는 HorizontalScrollView 를 클릭하고 드렉-엔-드롭으로 오른쪽 레이아웃 뷰 임의의 위치에 떨어뜨린다.

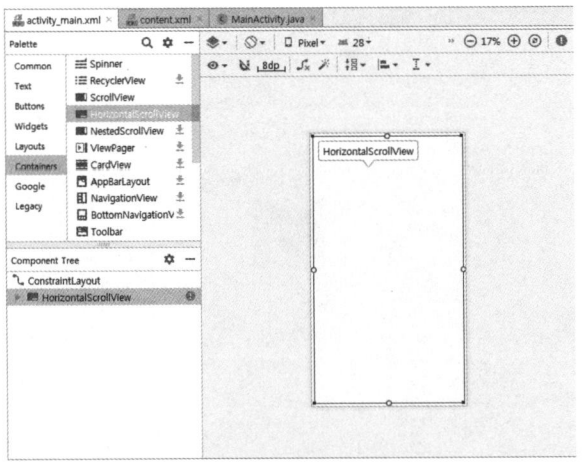

그림 7.67 HorizontalScrollView 추가

⑮ 이어서 마우스를 이용하여 HorizontalScrollView 의 크기를 적당히 줄인 뒤, Horizontal ScrollView 의 위쪽 중앙의 작은 원을 클릭하고 위쪽 에디터 끝까지 드래그 한다. 동일한 방법으로 왼쪽, 오른쪽 중앙의 작은 원을 클릭하고 각각의 에디터 끝까지 드래그 처리한다.

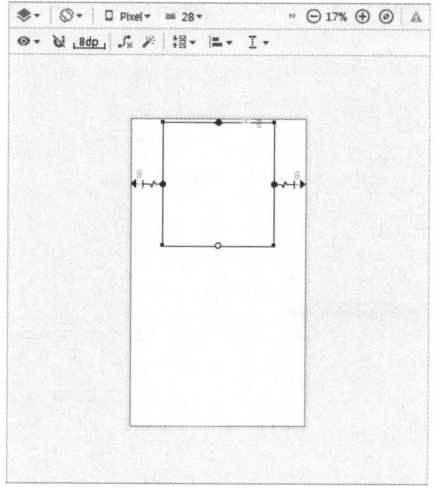

그림 7.68 HorizontalScrollView 의 위, 왼쪽, 오른쪽 제약 설정

⑯ 이어서 HorizontalScrollView 의 오른쪽 속성 창의 layout_width, layout_height 값을 각각 0dp, 150dp 으로 지정한다.

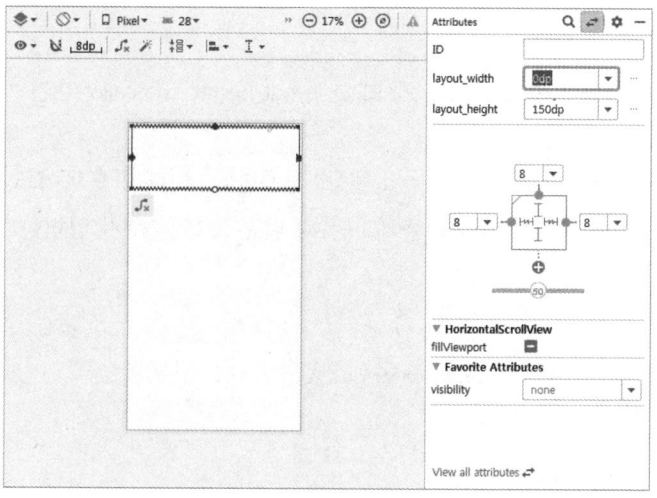

그림 7.69 layout_width, layout_height 값 변경

17 이제 Palette 아래쪽 Component Tree 에 위치한 HorizontalScrollView 왼쪽 삼각형 아이콘을 누르면 그 아래쪽에 LinearLayout 이 표시되는데 이 LinearLayout을 선택하고 오른쪽에 위치한 속성 창의 ID, layout_width, layout_height, orientation 값을 다음과 같이 지정하거나 변경한다.(만일 LinearLayout 표시되지 않으면 삼각형 아래쪽 경고 표시를 누르면 나타난다.)

```
ID              : galleryview
layout_width    : wrap_content
layout_height   : wrap_content
orientation     : horizontal
```

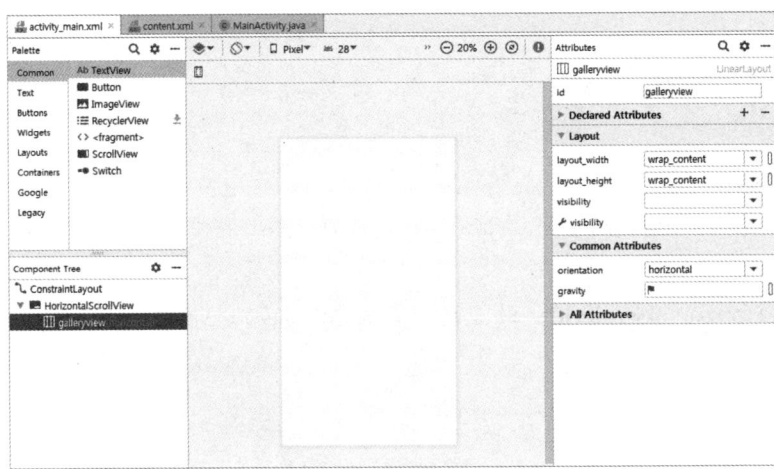

그림 7.70 LinearLayout 의 ID, layout_height, orientation 변경

18 이어서 에디터에서 MainActivity.java 탭을 선택한다. 이때 안드로이드 스튜디오 오른쪽에는 MainActivity.java 파일이 열리는데 다음과 같은 코드를 추가 입력한다.

```
package com.example.gallerysample;

import android.support.v7.app.AppCompatActivity;
import android.os.Bundle;
import android.view.LayoutInflater;
import android.view.View;
import android.widget.ImageView;
import android.widget.LinearLayout;
import android.widget.TextView;
```

```java
public class MainActivity extends AppCompatActivity {
    @Override
    protected void onCreate(Bundle savedInstanceState) {
        super.onCreate(savedInstanceState);
        setContentView(R.layout.activity_main);

        LayoutInflater mInflater = LayoutInflater.from(this);
        LinearLayout galleryView = (LinearLayout) findViewById(R.id.galleryview);

        int images[] = {
                R.drawable.apple,
                R.drawable.pear,
                R.drawable.persimmon,
                R.drawable.hamster,
                R.drawable.rabbit,
                R.drawable.tiger
        };

        String titles[] = {
                "apple", "pear", "persimmon", "hamster", "rabbit", "tiger"
        };

        for (int i = 0; i < images.length; i++)
        {
            View view = mInflater.inflate(R.layout.content, galleryView, false);
            ImageView img = (ImageView) view.findViewById(R.id.imageView);
            img.setImageResource(images[i]);
            TextView txt = (TextView) view.findViewById(R.id.titleView);
            txt.setText(titles[i]);
            galleryView.addView(view);
        }
    }
}
```

19. 마지막으로 실제 기기를 PC에 연결하고 안드로이드 스튜디오 위쪽에 위치한 Run 버튼을 누르면 배포 타겟(deployment target) 화면이 나타난다. 연결된 디바이스 혹은 가상 화면을 선택하고 OK 버튼을 눌러 실행시켜 다음과 같은 화면이 나타나는지 확인해 본다.

그림 7.71 GallerySample 프로젝트 실행

원리 설명

갤러리는 위에서 설명한 그리드 뷰의 작은 이미지 표시 방법과 비슷하지만 이미지를 가로로 이어서 표시한다는 점에서 그리드와 달라진다. 또한 현재 화면의 너비 보다 이미지들이 크기가 큰 경우, 가로 스크롤 뷰를 지원하여 현재 화면에서 보이지 않은 이미지들을 볼 수 있다.

먼저 에디터에서 MainActivity 탭을 클릭하여 소스 코드를 불러낸다. MainActivity.java 파일은 다음과 같이 Activity 클래스의 자식 클래스인 AppCompatActivity 클래스로부터 계승받는 MainActivity 클래스를 선언한다.

```
public class MainActivity extends AppCompatActivity {
 ...
```

그다음, 파라메터로 Bundle 타입의 savedInstanceState를 사용하는 onCreate() 메소드를 작성한다.

```
@Override
protected void onCreate(Bundle savedInstanceState) {
    super.onCreate(savedInstanceState);
    ...
```

이어서 사용된 setContentView() 함수는 위에서 작성한 activity_main.xml 파일을 연결시킨다. 여기서는 〈HorizontalSrollView〉와 그 내부에 지정된 〈LinearLayout〉을 화면에 표시한다.

```
    setContentView(R.layout.activity_main);
    ...
```

이어서 위에서 작성한 content.xml 파일을 View 객체로 만들기 위해 LayoutInflater.from() 함수를 호출하여 다음과 같이 LayoutInflater 객체변수 mInflater 를 생성한다.

```
    LayoutInflater mInflater = LayoutInflater.from(this);
    ...
```

이제 findViewById() 함수를 사용하여 activity_main.xml 파일에 있는 galleryView 를 참조한다. 여기서 galleryView 는 별도로 존재하는 위젯이 아니라 〈HorizontalScrollView〉 내부에 위치하는 〈LinearLayout〉에 대한 참조 이름이다.

```
    LinearLayout   galleryView   =   (LinearLayout)   findViewById(R.id.galleryview);
    ...
```

그다음, 갤러리 뷰에 표시할 이미지들을 다음과 같이 Integer 타입의 배열로 선언한다.

```
    int images[] = {
        R.drawable.apple,
        R.drawable.pear,
        R.drawable.persimmon,
        R.drawable.hamster,
```

```
            R.drawable.rabbit,
            R.drawable.tiger
    };
    ...
```

이어서 위 이미지 순서에 맞도록 각각의 이미지에 대한 타이틀을 String 타입의 배열로 선언한다.

```
    String titles[] = {
            "apple", "pear", "persimmon", "hamster", "rabbit", "tiger"
    };
    ...
```

이제 for 문장을 사용하여 위에서 지정한 이미지 images 개수만큼 반복시킨다. 이때 images 객체의 length 는 현재 이미지 수를 돌려준다.

```
    for (int i = 0; i < images.length; i++)
    {
    ...
```

먼저 inflate() 함수에 화면에 표시할 xml 파일을 지정하여 그 파일을 참조하여 뷰 객체로 설정한다. 이 함수의 파라메터로 첫 번째는 화면에 표시될 content.xml 파일이고 두 번째는 뷰 그룹의 계층의 부모가 지정되는데 여기서는 실제 표시될 LayoutParam 즉, 〈LinearLayout〉에 대한 이름을 지정한다. 〈LinearLayout〉에 대한 이름을 지정한 다음, 세 번째 파라메터에는 false를 지정한다.

```
            View view = mInflater.inflate(R.layout.content, galleryView, false);
            ...
```

이제 findViewById()에 원하는 뷰 즉, imageView 값을 지정하여 각각 그 뷰를 ImageView 객체로 참조하여 화면에 출력할 수 있도록 한다.

```
            ImageView img = (ImageView) view.findViewById(R.id.imageView);
            ...
```

이미지 뷰의 setImageResource()를 호출하여 원하는 이미지를 출력한다.

```
            img.setImageResource(images[i]);
            ...
```

동일한 방법으로 findViewById()에 원하는 뷰 즉, titleView 값을 지정하여 각각 그 뷰를 TextView 객체로 참조하여 화면에 출력할 수 있도록 한다.

```
            TextView txt = (TextView) view.findViewById(R.id.titleView);
            ...
```

이때 setText() 메소드를 호출하여 원하는 값을 지정하면 그 자료를 화면에 출력할 수 있다.

```
            txt.setText(titles[i]);
            ...
```

이제 inflate() 함수로 생성한 화면을 현재 galleryView 에 추가한다.

```
            galleryView.addView(view);
        }
    }
}
```

7.4 스피너(Spinner)

스피너는 여러 항목들 중 하나를 선택할 수 있는 기능을 제공한다. 일반적인 드랍다운 리스트 기능과 비슷하다. 스피너는 대부분의 항목들을 숨기고 있다가 사용자가 클릭하는 경우에 숨겨진 리스트를 보여주는 장점이 있다.

그대로 따라하기

1 안드로이드 스튜디오를 실행하고 시작 화면이 나타나면 첫 번째 항목인 Start a new Android Studio project를 선택한다.

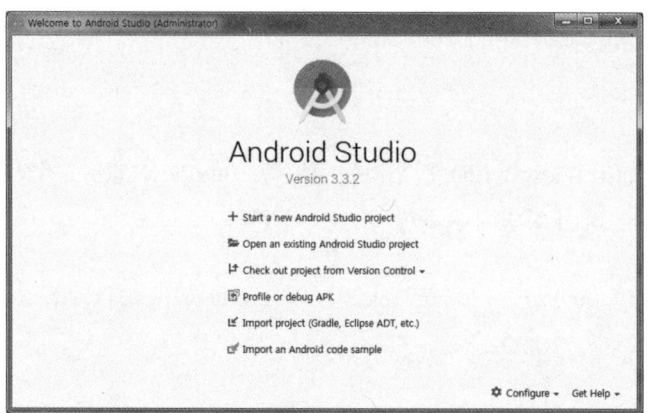

그림 7.72 Start a new Android Studio project 선택

② 이때 다음과 같이 프로젝트 선택 윈도우가 나타난다. 먼저 위쪽에서 기본적으로 선택되어 있는 Phone and Tablet 를 그대로 지정하고 비어있는 화면을 보여주는 "Empty Activity" 를 선택한 뒤, Next 버튼을 누른다.

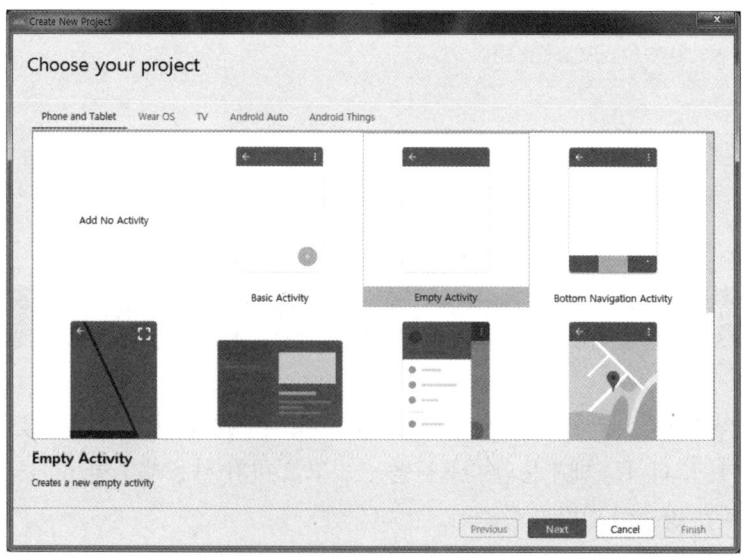

그림 7.73 Empty Activity 선택

③ 이어서 다음과 같이 안드로이드 프로젝트 설정 윈도우가 나타난다. 첫 번째 Name 항목에 "SpinnerSample" 이라고 입력한다. 그 다음 줄 항목들은 모두 그대로 두고 아래쪽에 위치한 Finish 버튼을 눌러 프로젝트를 생성한다.

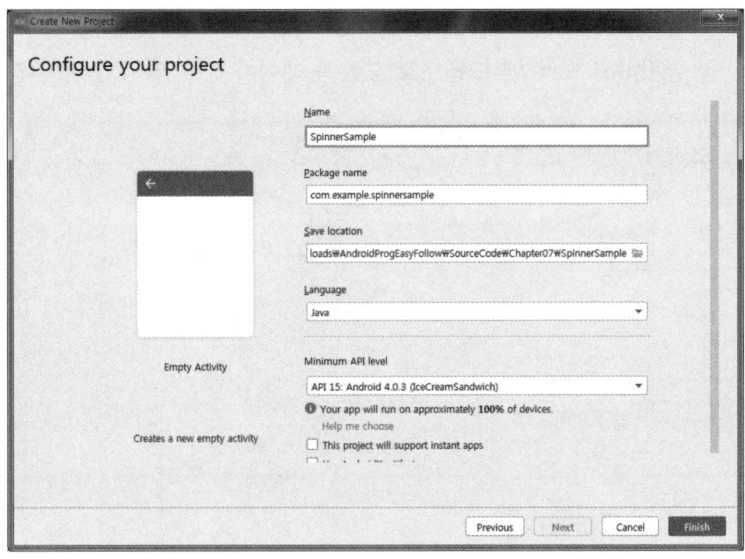

그림 7.74 안드로이드 프로젝트 이름 입력 및 생성 종료

4 이제 오른쪽 에디터에는 activity_main.xml 와 MainActivity.java 파일이 자동으로 표시된다. 이때 activity_main.xml 탭을 눌러 레이아웃 에디터를 표시한다. 레이아웃 에디터에는 중앙에 "Hello World" TextView 가 표시된다. 이제 마우스로 이 "Hello World" TextView를 선택하고 Delete 키를 누르거나 오른쪽 마우스 버튼에서 Delete 항목을 선택하여 삭제한다.

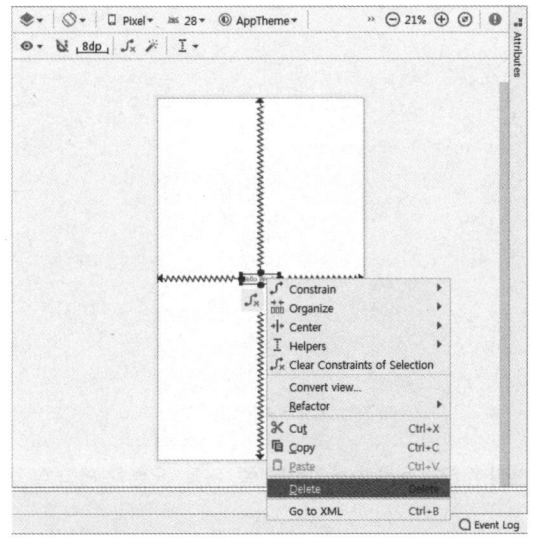

그림 7.75 "Hello World" TextView 삭제

제7장_ 고급 위젯 **435**

5 이제 팔레트 왼쪽에서 Common 을 선택한 상태에서 이어서 마우스로 오른쪽에 표시되는 TextView 를 클릭하고 드렉-엔-드롭으로 오른쪽 레이아웃 뷰 임의의 위치에 떨어뜨린다.

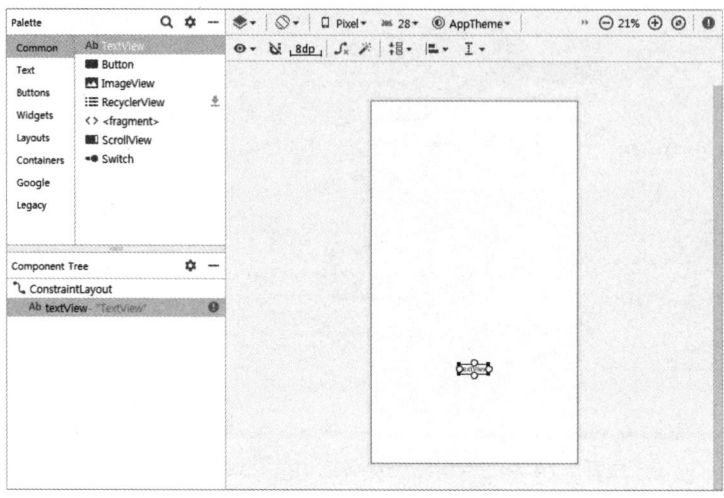

그림 7.76 TextView 추가

6 추가된 TextView 아래쪽 중앙의 작은 원을 클릭하고 아래쪽 에디터 끝까지 드래그 한다. 동일한 방법으로 왼쪽, 오른쪽 중앙의 작은 원을 클릭하고 왼쪽, 오른쪽 각각의 에디터 끝까지 드래그 처리한다.

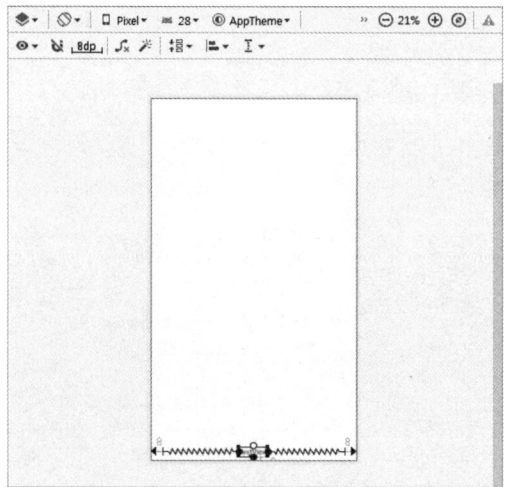

그림 7.77 TextView 의 아래쪽, 왼쪽, 오른쪽 제약 설정

7 오른쪽 속성 창을 불러내고 TextView 가 선택된 상태에서 오른쪽 속성 창의 layout_width 값에 0 dp를 지정한다. 또한 text 속성 값에 "Select Item!"을 입력한다.

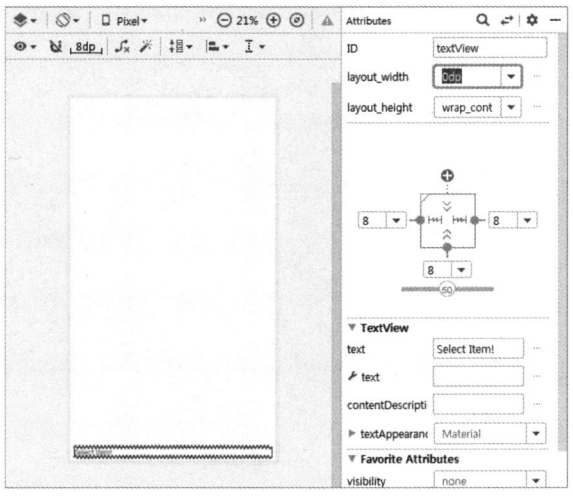

그림 7.78 layout_width 값에 0 dp 지정하고 text 속성 변경

8 이번에는 팔레트 왼쪽에서 Container 를 선택한 상태에서 이어서 마우스로 오른쪽에 표시되는 Spinner 를 클릭하고 드렉-엔-드롭으로 오른쪽 레이아웃 뷰의 TextView 위쪽에 떨어뜨린다. 이때 속성창의 layout_width 에 250 dp 값을 지정하고 layout_height 는 wrap_content 그대로 둔다. 또한 중앙으로 그 위치를 옮긴다.

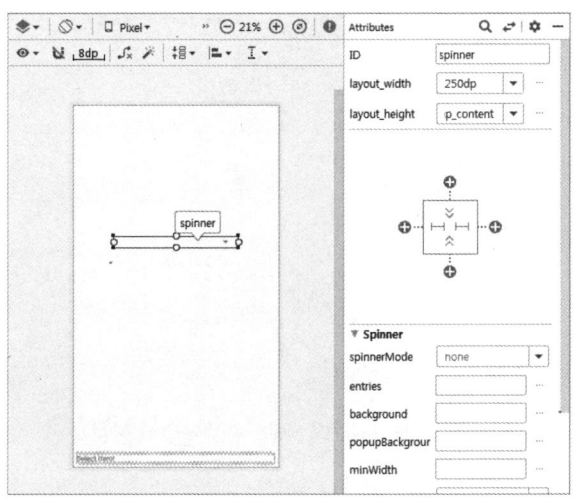

그림 7.79 Spinner 추가

⑨ 이제 추가된 Spinner 위쪽 중앙의 작은 원을 클릭하고 에디터 위쪽 끝까지 드래그 한다. 동일한 방법으로 왼쪽, 오른쪽 중앙의 작은 원을 클릭하고 각각의 에디터 끝까지 드래그 처리한다.

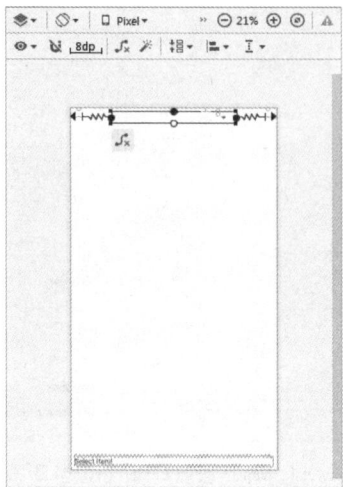

그림 7.80 Spinner 의 위, 왼쪽, 오른쪽 제약 설정

⑩ 계속해서 Spinner 를 선택한 상태에서 속성 창의 layout_width 에 0 dp을 지정한다.

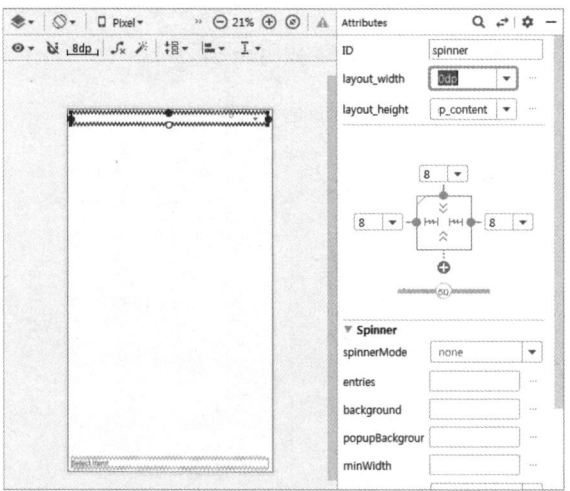

그림 7.81 layout_width 속성에 0dp 지정

⑪ 이어서 에디터에서 MainActivity.java 탭을 선택한다. 이때 안드로이드 스튜디오 오른쪽에

는 MainActivity.java 파일이 열리는데 다음과 같은 코드를 추가 입력한다.

```java
package com.example.spinnersample;

import android.support.v7.app.AppCompatActivity;
import android.os.Bundle;
import android.view.View;
import android.widget.AdapterView;
import android.widget.ArrayAdapter;
import android.widget.Spinner;
import android.widget.TextView;
import java.util.ArrayList;

public class MainActivity extends AppCompatActivity {

    @Override
    protected void onCreate(Bundle savedInstanceState) {
        super.onCreate(savedInstanceState);
        setContentView(R.layout.activity_main);

        ArrayList<String> arraylist = new ArrayList<String>();
        arraylist.add("apple");
        arraylist.add("pear");
        arraylist.add("persimmon");
        arraylist.add("hamster");
        arraylist.add("tiger");
        arraylist.add("giraffe");

        final TextView textview = (TextView) findViewById(R.id.textView);
        Spinner spinner = (Spinner) findViewById(R.id.spinner);
        spinner.setPrompt("Select data!");

        ArrayAdapter<String> adapter = new ArrayAdapter<String>(this,
                android.R.layout.simple_spinner_dropdown_item, arraylist);
        spinner.setAdapter(adapter);

        spinner.setOnItemSelectedListener(new AdapterView.OnItemSelectedListener() {
            public void onItemSelected(AdapterView<?> parent,
                                       View view, int pos, long id) {
                textview.setText(parent.getItemAtPosition(pos).toString());
            }
```

```
        public void onNothingSelected(AdapterView<?> arg0) {
                        
        }
    });
  }
}
```

12 마지막으로 실제 기기를 PC에 연결하고 안드로이드 스튜디오 위쪽에 위치한 Run 버튼을 누르면 배포 타겟(deployment target) 화면이 나타난다. 연결된 디바이스 혹은 가상 화면을 선택하고 OK 버튼을 눌러 실행시켜 다음과 같은 화면이 나타나는지 확인해 본다. 위쪽에 위치한 스피너의 값을 변경하면 그 변경된 값이 아래쪽에 출력된다.

그림 7.82 SpinnerSample 프로젝트 실행

원리 설명

스피너는 위에서 설명한대로 드롭다운 리스트와 비슷한 기능을 제공한다. 리스트 뷰에서는 현재 항목의 모두 자료를 항상 보여주는데 반하여 스피너는 사용자가 선택할 때에만 그 자료를 보여주어 나머지 공간을 활용할 수 있는 장점이 있다.

이제 에디터에서 MainActivity 탭을 클릭하여 소스 코드를 불러낸다. MainActivity.java 파일의 첫 부분은 다음과 같이 Activity 클래스의 자식 클래스인 AppCompatActivity 클래스로부터 계승 받는 MainActivity 클래스를 선언한다.

```
public class MainActivity extends AppCompatActivity {
...
```

그다음, 파라메터로 Bundle 타입의 savedInstanceState를 사용하는 onCreate() 메소드를 작성한다.

```
    @Override
    protected void onCreate(Bundle savedInstanceState) {
        super.onCreate(savedInstanceState);
        ...
```

이어서 사용된 setContentView() 함수는 위에서 작성한 activity_main.xml 파일을 연결시킨다. 여기서는 Spinner 와 TextView 1개씩 표시된다.

```
        setContentView(R.layout.activity_main);
        ...
```

그다음, ArrayList를 이용하여 ListView 에 표시할 문자열을 생성한다. 이때 다음과 같이 ArrayList 객체의 add()를 사용하여 한 번에 하나씩 문자열을 추가시킨다. 여기서는 총 6 개의 문자열을 추가시키는데 이 문자열이 스피너에 저장되어 선택할 때 하나씩 표시된다.

```
        ArrayList<String> arraylist = new ArrayList<String>();
        arraylist.add("apple");
        arraylist.add("pear");
        arraylist.add("persimmon");
```

```
arraylist.add("hamster");
arraylist.add("tiger");
arraylist.add("giraffe");
...
```

이제 findViewById() 함수를 사용하여 디자인 뷰의 TextView 위젯을 참조한다. 즉, 위에서 작성한 TextView 위젯을 참조하기 위해서는 다음과 같이 파라메터 값에 R.id.textView 를 지정한다.

```
final TextView textview = (TextView) findViewById(R.id.textView);
...
```

동일한 방법으로 findViewById() 함수를 사용하여 디자인 뷰에 있는 Spinner 를 참조한다.

```
Spinner spinner = (Spinner) findViewById(R.id.spinner);
...
```

Spinner 객체의 setPrompt를 이용하여 스피너 제목을 지정한다.

```
spinner.setPrompt("Select data!");
...
```

이제 어댑터를 생성해보자. 어댑터는 리소스와 화면 사이에 위치하여 자료를 원하는 형태로 표시해주는 기능을 한다. 여기서는 배열 자료를 표시해주는 ArrayAdapter 객체를 생성한다. 이 ArrayAdapter 객체의 첫 번째 파라메터에 스피너 드롭다운을 표시하는 simple_spinner_dropdown_item를 지정하고 두 번째 파라메터에 출력하고자하는 ArrayList<String> 값을 지정한다.

```
ArrayAdapter<String> adapter = new ArrayAdapter<String>(this,
        android.R.layout.simple_spinner_dropdown_item, arraylist);
...
```

이제 setAdapter() 를 호출하여 리스트 뷰와 어댑터를 연결해준다.

```
spinner.setAdapter(adapter);
...
```

그다음, 생성된 스피너 항목을 클릭했을 때 자동 실행되는 이벤트 처리 메소드를 생성한다. 여기서는 리스트 항목을 클릭할 때 실행되도록 하는 이벤트 리스너 OnItemClickListener() 를 등록하여 이 리스너에 의해 호출되는 콜백 메소드를 생성해준다. 즉, 스피너 항목을 누를 때 마다 onItemSelected() 함수가 자동 호출된다.

```
spinner.setOnItemSelectedListener(
    new AdapterView.OnItemSelectedListener() {
        public void onItemSelected(AdapterView<?> parent,
                                   View view, int pos, long id) {
            ...
```

onItemSelected() 함수의 세 번째 파라메터 pos를 이용하면 몇 번째 항목을 선택하였는지 알아낼 수 있다. 이 값을 AdapterView 객체의 getItemAtPosition() 함수 파라메터에 지정하면 현재 클릭한 항목의 스트링 값을 알아낼 수 있다. 이 값은 TextView 의 setText()를 이용하여 TextView 위젯에 출력한다.

```
            textview.setText(parent.getItemAtPosition(pos).toString());
        }
```

선택하지 않았을 때 실행되는 onNothingSelected() 함수는 별도 처리할 것이 없으므로 코딩입력 없이 그대로 둔다.

```
        public void onNothingSelected(AdapterView<?> arg0) {

        }
    });
  }
}
```

정리

　가전제품에서 AC 전원을 DC 전원 형태로 바꾸어 줄 때 어뎁터를 사용하듯이 AdapterView 는 데이터 소스(데이터베이스 혹은 xml)를 원하는 형태로 가공하여 화면에 출력하고자 할 때 이 기능을 사용한다. 이와 같은 어뎁터 뷰에는 리스트 뷰(ListView), 갤러리(Gallery), 그리드뷰(GridView) 등이 있다.

　리스트 뷰는 자료를 위에서 아래 방향의 리스트 형태로 보여주는 기능으로 사용하기가 매우 쉽다. 자료가 많은 경우에는 스크롤 바를 사용하여 원하는 위치로 이동할 수 있는 장점을 갖는다. 커스텀 리스트 뷰는 여러 개의 텍스트를 출력할 수 있을 뿐만 아니라 이미지까지 표시할 수 있어 화면을 사용자 마음대로 구성할 수 있는 장점을 제공한다. 그리드 뷰는 원하는 항목들을 바둑판 형식으로 표시하는 뷰 그룹이다. 그러므로 이 뷰는 사진 혹은 이미지를 썸네일 형식으로 출력하고자 할 때 자주 사용된다. 갤러리는 조그마한 이미지들과 그 이미지 타이틀을 수평으로 보여주는 기능으로 이미지들이 현재 너비 보다 큰 경우 스크롤되는 기능까지 제공한다. 이전에는 〈Gallery〉 명령을 사용하여 처리하였지만 지금은 〈Horizontal ScrollView〉를 사용하여 갤러리 기능을 처리한다. 마지막으로 스피너는 여러 항목들 중 하나를 선택할 수 있는 기능을 제공한다. 일반적인 드랍다운 리스트 기능과 비슷하다. 스피너는 대부분의 항목들을 숨기고 있다가 사용자가 클릭하는 경우에 숨겨진 리스트를 보여주는 장점이 있다.

제8장

인텐트

안드로이드 어플리케이션은 하나의 화면이 아닌 여러 개의 화면으로 구성된다. 이러한 사용자 인터페이스 화면을 하나의 액티비티(activity)라고 한다. 그러므로 안드로이드 어플리케이션은 여러 개의 액티비티들로 구성된다. 이러한 액티비티 사이의 이동 처리를 바로 인텐트(intent)를 통하여 처리할 수 있다. 이 장에서는 처리하고자 하는 컴포넌트의 이름을 명확히 지정하는 명시적 인텐트, 인텐트로 결과 값 전송하는 방법, 반대로 인텐트로 결과 값 받는 방법, 컴포넌트의 이름을 지정하지 않은 암시적 인텐트 등을 소개할 것이다.

8.1 명시적 인텐트(explicity intent)

위에서 설명하였듯이 안드로이드 어플리케이션은 여러 액티비티로 구성되고 하나의 액티비티에서 다른 액티비티로 이동하는 과정을 인텐트(intent)라고 하는 메커니즘으로 처리한다고 설명하였다. 이때 인텐트는 2 가지 종류가 있는데 그 중 첫 번째가 바로 명시적 인텐트이다. 명시적 인텐트는 이동하고자하는 컴포넌트의 이름을 명확하게 지정하는 방식으로 인텐트 처리를 하는 것을 의미한다. 다음 예제를 통하여 명시적 인텐트의 개념을 쉽게 배워 보자.

그대로 따라하기

1 안드로이드 스튜디오를 실행하고 시작 화면이 나타나면 첫 번째 항목인 Start a new Android Studio project를 선택한다.

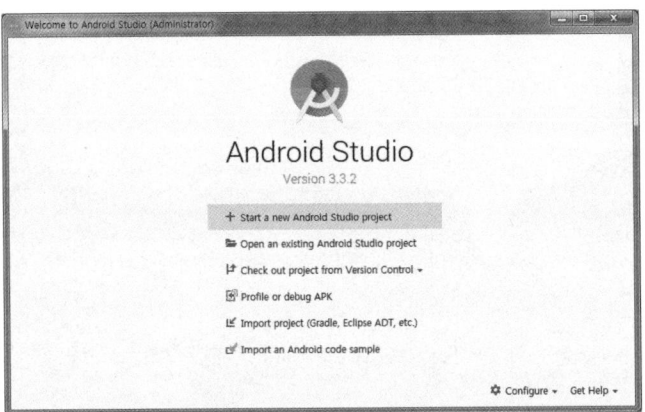

그림 8.1 Start a new Android Studio project 선택

2 이때 다음과 같이 프로젝트 선택 윈도우가 나타난다. 먼저 위쪽에서 기본적으로 선택되어 있는 Phone and Tablet 를 그대로 지정하고 비어있는 화면을 보여주는 "Empty Activity"를 선택한 뒤, Next 버튼을 누른다.

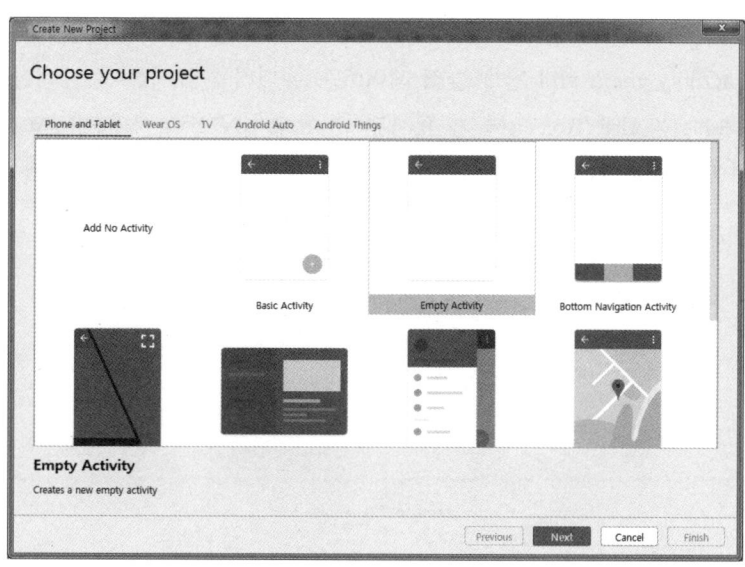

그림 8.2 Empty Activity 선택

3 이어서 다음과 같이 안드로이드 프로젝트 설정 윈도우가 나타난다. 첫 번째 Name 항목에 "ExplicitIntentSample"이라고 입력한다. 그 다음 줄 항목들은 모두 그대로 두고 아래쪽에 위치한 Finish 버튼을 눌러 프로젝트를 생성한다.

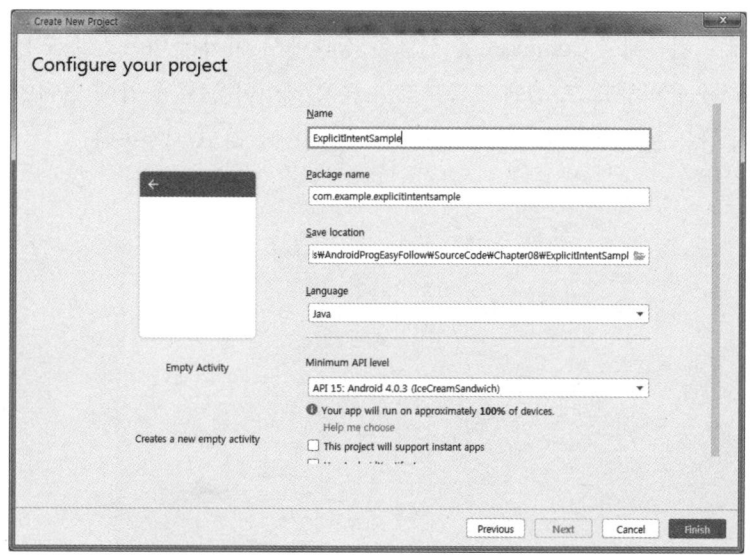

그림 8.3 안드로이드 프로젝트 이름 입력 및 생성 종료

제8장_ 인텐트 **447**

4 이제 오른쪽 에디터에는 activity_main.xml 와 MainActivity.java 파일이 자동으로 표시된다. 이때 activity_main.xml 탭을 눌러 레이아웃 에디터를 표시한다. 레이아웃 에디터에는 중앙에 "Hello World" TextView 가 표시된다. 이제 마우스로 이 "Hello World" TextView 를 선택하고 Delete 키를 누르거나 오른쪽 마우스 버튼에서 Delete 항목을 선택하여 삭제한다.

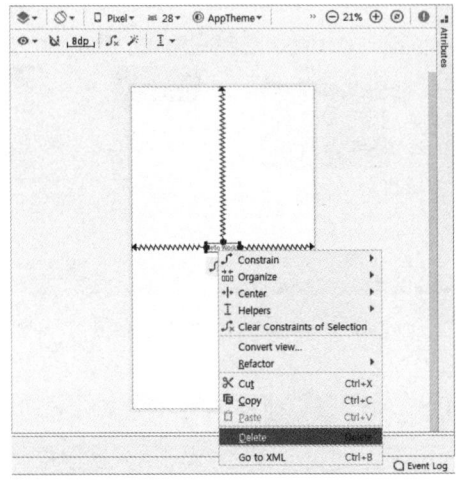

그림 8.4 "Hello World" TextView 삭제

5 이제 팔레트 왼쪽에서 Common 을 선택한 상태에서 이어서 마우스로 오른쪽에 표시되는 TextView 를 클릭하고 드랙-엔-드롭으로 오른쪽 레이아웃 뷰 중앙에 떨어뜨린다. 또한 오른쪽 속성 창을 불러내고 그 text 속성에 "First Activity"라고 지정한다.

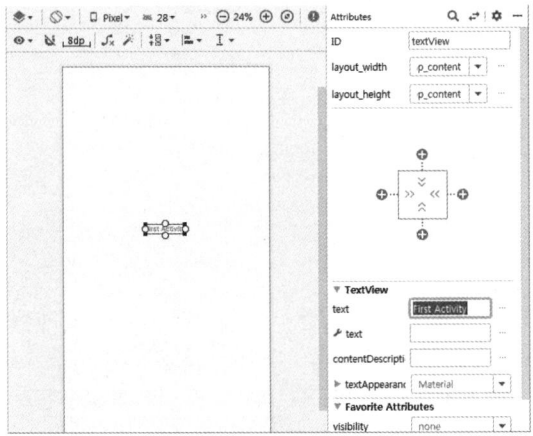

그림 8.5 TextView 추가 및 그 text 속성 값 변경

448 안드로이드 프로그래밍 쉽게 따라하기

6 TextView 의 위쪽 중앙 작은 원을 클릭하고 레이아웃 위쪽에 연결시킨다. 또한 동일한 방법으로 TextView 의 왼쪽, 오른쪽 중앙 작은 원을 각각 클릭하고 그대로 레이아웃 뷰 왼쪽 끝과 오른쪽에 연결시킨다.

그림 8.6 TextView 위, 왼쪽, 오른쪽 제약 설정

7 계속해서 팔레트 왼쪽에서 Common 을 선택한 상태에서 이어서 마우스로 오른쪽에 표시되는 Button 을 클릭하고 드렉-엔-드롭으로 오른쪽 레이아웃 뷰의 TextView 아래쪽 위치에 떨어뜨린다. 오른쪽의 위치한 속성 창의 text 속성 값을 Next 으로 지정한다.

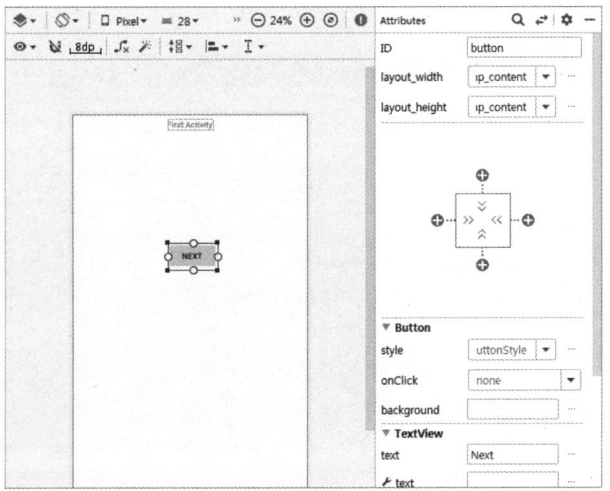

그림 8.7 Button 추가 및 그 text 속성 변경

제8장_ 인텐트 **449**

8 Button 의 위쪽 중앙 작은 원을 클릭하고 TextVeiw 아래쪽 중앙 작은 원에 연결시킨다. 또한 동일한 방법으로 Button의 왼쪽, 오른쪽 중앙 작은 원을 각각 클릭하고 그대로 레이아웃 뷰 왼쪽 끝과 오른쪽에 연결시킨다.

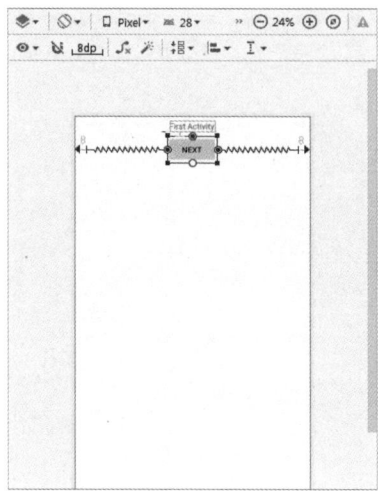

그림 8.8 Button 위, 왼쪽, 오른쪽 제약 설정

9 이제 프로젝트의 app-java-com.example.explicitintent 항목에서 오른쪽 마우스 버튼을 누르고 New-Java Class를 선택하면 다음과 같이 Create New Class 대화상자가 나타난다. 이때 다음 그림과 같이 Name 항목에 "SecondActivity", SuperClass 에 "AppCompatActivity"를 입력하고 OK 버튼을 누른다.

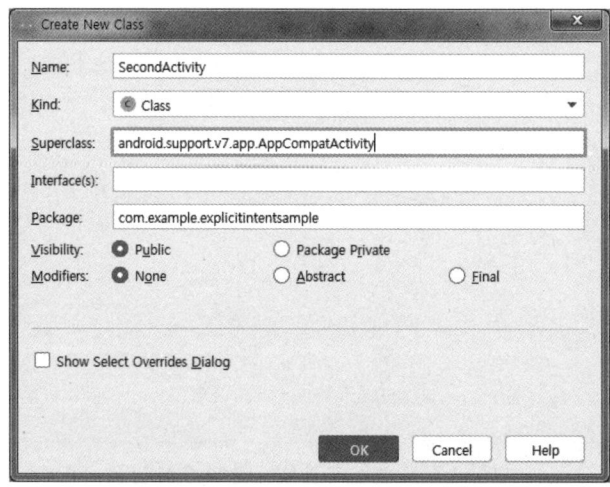

그림 8.9 Create New Class 대화상자

10 다시 프로젝트의 app-res-layout 항목에서 오른쪽 마우스 버튼을 누르고 New-Layout resource file 을 선택하면 다음과 같이 New Resource File 대화상자가 나타난다. 이 대화상자의 File name 항목에 "second_main" 을 입력한다. 나머지 설정은 그대로 두고 OK 버튼을 누른다.

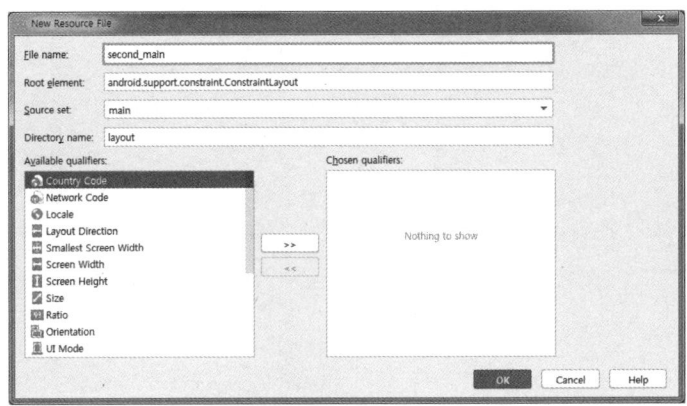

그림 8.10 New Resource File 대화상자

11 이제 자동으로 second_main.xml 파일이 레이아웃 에디터에서 열려지면 위 5에서 8까지를 반복하여 TextView 와 Button을 추가한다. 이때 TextView 의 text 속성은 "Second Activity" 으로 지정하고 Button 의 text 속성은 "Next"으로 지정한다.

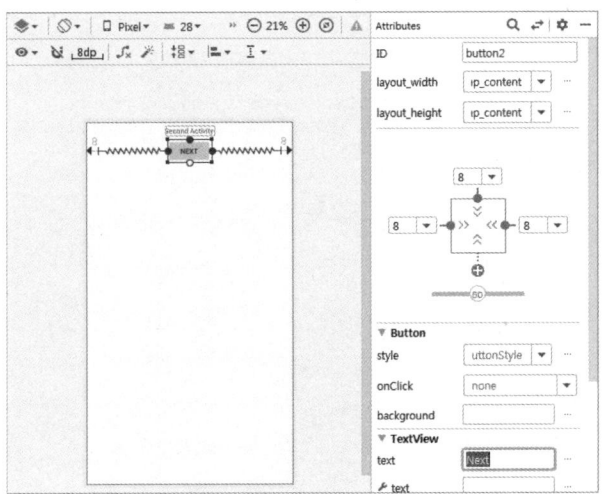

그림 8.11 TextView 와 Button을 추가

제8장_ 인텐트 451

⑫ 이어서 팔레트 왼쪽에서 Common 을 선택한 상태에서 이어서 마우스로 오른쪽에 표시되는 Button 을 클릭하고 드랙-엔-드롭으로 오른쪽 레이아웃 뷰의 'Next' 버튼 아래쪽 위치에 떨어뜨린다. 오른쪽의 위치한 속성 창의 text 속성 값을 "Close" 으로 지정한다.

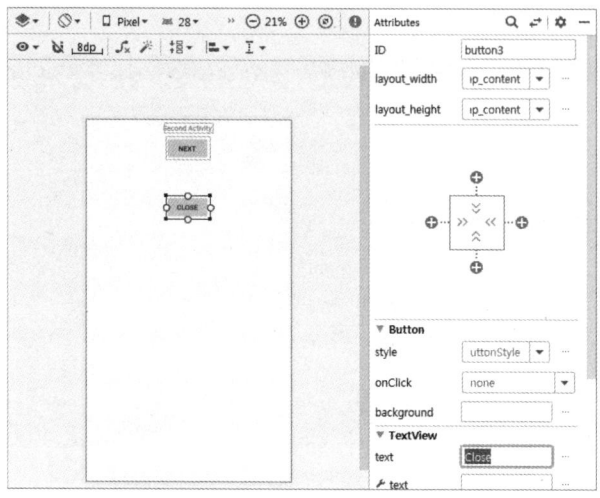

그림 8.12 두 번째 Button 추가 및 그 text 속성 변경

⑬ 두 번째 'Close' Button 의 위쪽 중앙 작은 원을 클릭하고 첫 번째 'Next' Button 아래쪽 중앙 작은 원에 연결시킨다. 또한 동일한 방법으로 두 번째 'Close' Button의 왼쪽, 오른쪽 중앙 작은 원을 각각 클릭하고 그대로 레이아웃 뷰 왼쪽 끝과 오른쪽에 연결시킨다.

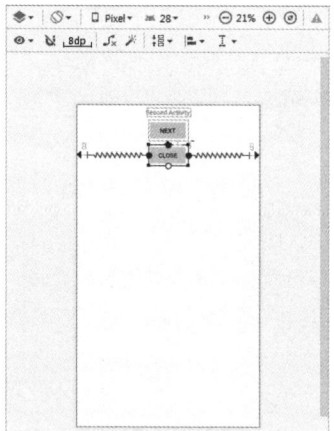

그림 8.13 두 번째 Button 위, 왼쪽, 오른쪽 제약 설정

14 다시 프로젝트의 app-java-com.example.explicitintent 항목에서 오른쪽 마우스 버튼을 누르고 New-Java Class를 선택하면 다음과 같이 Create New Class 대화상자가 나타난다. 이 때 다음 그림과 같이 Name 항목에 "ThridActivity", SuperClass 에 "AppCompatActivity"를 입력하고 OK 버튼을 누른다.

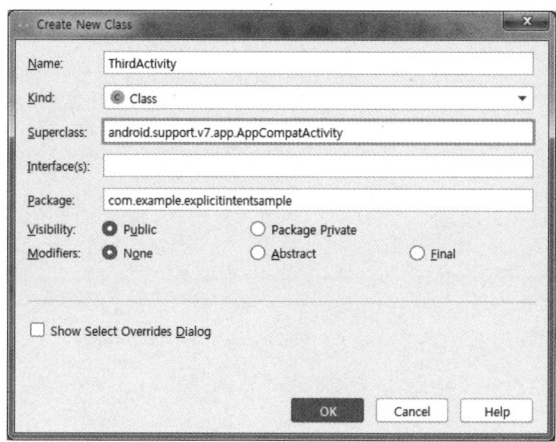

그림 8.14 Create New Class 대화상자

15 다시 프로젝트의 app-res-layout 항목에서 오른쪽 마우스 버튼을 누르고 New-Layout resource file 을 선택하면 다음과 같이 New Resource File 대화상자가 나타난다. 이 대화상자의 File name 항목에 "third_main" 을 입력하고 OK 버튼을 누른다.

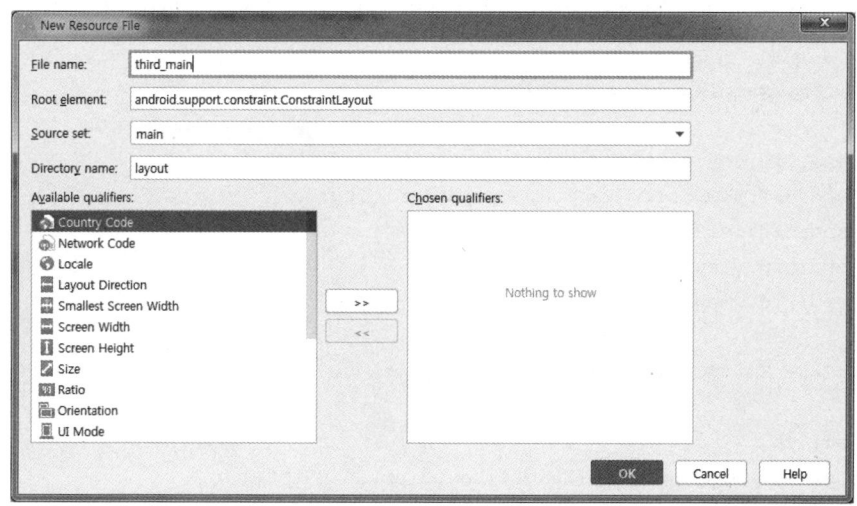

그림 8.15 New Resource File 대화상자

16 이제 다시 프로젝트 탭에서 app-res-layout 아래 위치한 third_main.xml 파일을 더블 클릭하거나 레이아웃 뷰에 있는 third_main.xml 탭을 선택하여 third_main.xml 을 레이아웃 에디터에서 오픈시킨다. 위 5 에서 8 까지를 반복하여 TextView 와 Button을 추가한다. 이때 TextView 의 text 속성은 "Third Activity" 으로 지정하고 Button 의 text 속성은 "Close" 으로 각각 지정한다.

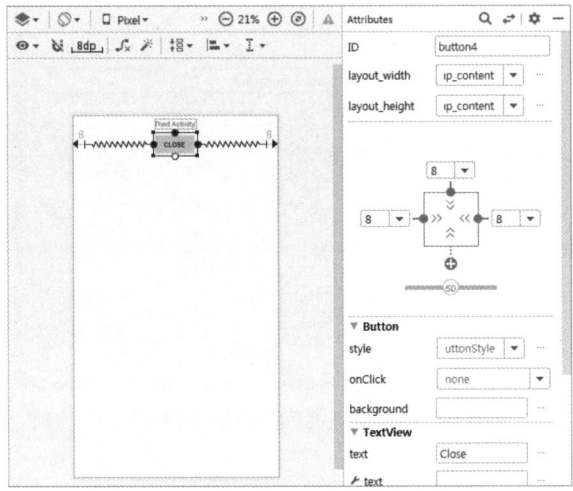

그림 8.16 TextView 와 Button을 추가

17 이어서 에디터에서 MainActivity.java 탭을 선택한다. 이때 안드로이드 스튜디오 오른쪽에는 MainActivity.java 파일이 열리는데 다음과 같은 코드를 추가 입력한다.

```java
package com.example.explicitintent;

import android.content.Intent;
import android.support.v7.app.AppCompatActivity;
import android.os.Bundle;
import android.view.View;
import android.widget.Button;

public class MainActivity extends AppCompatActivity {

    @Override
    protected void onCreate(Bundle savedInstanceState) {
        super.onCreate(savedInstanceState);
        setContentView(R.layout.activity_main);
```

```
        Button button = (Button) findViewById(R.id.button);
        button.setOnClickListener(new View.OnClickListener() {
            @Override
            public void onClick(View v) {
                Intent intent = new Intent(MainActivity.this, SecondActivity.class);
                startActivity(intent);
            }
        });
    }
}
```

⑱ 이번에는 에디터에서 SecondActivity.java 탭을 선택한다. 이때 안드로이드 스튜디오 오른쪽에는 SecondActivity.java 파일이 열리는데 다음과 같은 코드를 추가 입력한다.

```
package com.example.explicitintent;

import android.content.Intent;
import android.os.Bundle;
import android.support.v7.app.AppCompatActivity;
import android.view.View;
import android.widget.Button;

public class SecondActivity extends AppCompatActivity {

    @Override
    protected void onCreate(Bundle savedInstanceState) {
        super.onCreate(savedInstanceState);
        setContentView(R.layout.second_main);

        Button button = (Button) findViewById(R.id.button2);
        button.setOnClickListener(new View.OnClickListener() {
            @Override
            public void onClick(View v) {
                Intent intent = new Intent(SecondActivity.this, ThirdActivity.class);
                startActivity(intent);
            }
        });
```

```
            Button button1 = (Button) findViewById(R.id.button3);
            button1.setOnClickListener(new View.OnClickListener() {
                @Override
                public void onClick(View v) {
                    finish();
                }
            });
        }
    }
```

⑲ 다시 에디터에서 ThirdActivity.java 탭을 선택한다. 이때 안드로이드 스튜디오 오른쪽에
    는 ThirdActivity.java 파일이 열리는데 다음과 같은 코드를 추가 입력한다.

```
package com.example.applenote.explicitintent;

import android.os.Bundle;
import android.support.v7.app.AppCompatActivity;
import android.view.View;
import android.widget.Button;


public class ThirdActivity extends AppCompatActivity {
    @Override
    protected void onCreate(Bundle savedInstanceState) {
        super.onCreate(savedInstanceState);
        setContentView(R.layout.third_main);

        Button button = (Button) findViewById(R.id.button4);
        button.setOnClickListener(new View.OnClickListener() {
            @Override
            public void onClick(View v) {
                finish();
            }
        });
    }
}
```

⑳ 다시 프로젝트 탭에서 app-manifests 아래 위치한 AndroidManifest.xml 파일을 더블 클릭

하여 레이아웃 에디터에서 오픈시키고 다음 코드를 추가 입력한다.

```xml
<?xml version="1.0" encoding="utf-8"?>
<manifest xmlns:android="http://schemas.android.com/apk/res/android"
    package="com.example.applenote.explicitintent">

    <application
        android:allowBackup="true"
        android:icon="@mipmap/ic_launcher"
        android:label="@string/app_name"
        android:roundIcon="@mipmap/ic_launcher_round"
        android:supportsRtl="true"
        android:theme="@style/AppTheme">
        <activity android:name=".MainActivity">
            <intent-filter>
                <action android:name="android.intent.action.MAIN" />
                <category android:name="android.intent.category.LAUNCHER" />
            </intent-filter>
        </activity>
        <activity android:name=".SecondActivity">
        </activity>
        <activity android:name=".ThirdActivity">
        </activity>
    </application>
</manifest>
```

21 마지막으로 실제 기기를 PC에 연결하고 안드로이드 스튜디오 위쪽에 위치한 Run 버튼을 누르면 배포 타겟(deployment target) 화면이 나타난다. 연결된 디바이스 혹은 가상 화면을 선택하고 OK 버튼을 눌러 실행시켜 다음과 같은 화면이 나타나는지 확인해 본다. 첫 번째 화면에서 Next 버튼을 눌러 두 번째 화면으로 이동해보고 다시 세 번째 화면으로 이동해 본다. 또한 두 번째 화면과 세 번째 화면에 있는 Close 버튼을 눌러서 화면이 종료되는지도 테스트해본다.

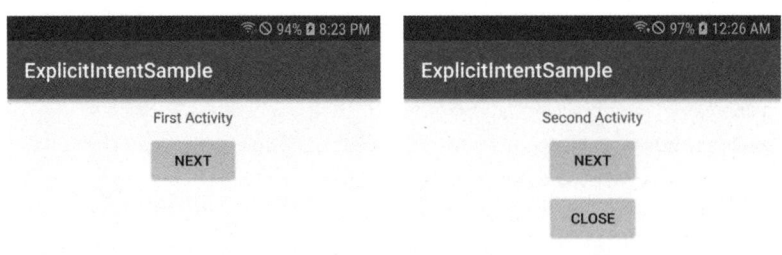

그림 8.17 ExplicitIntentSample 프로젝트 첫 번째 실행 화면

그림 8.18 ExplicitIntentSample 프로젝트 두 번째 실행 화면

그림 8.19 ExplicitIntentSample 프로젝트 세 번째 실행 화면

원리 설명

이 절에서는 버튼을 눌렀을 때 명시적 인텐트를 사용하여 첫 번째 액티비티 A에서 두 번째 액티비티 B로 이동하는 것을 보여준다. 또한 액티비티 B에서 다시 버튼을 눌렀을 때 다시 세 번째 액티비트 C로 이동되는 것을 보여준다. 이것을 구현하기 위해서는 첫 번째 액티비티 A를 구성하는 MainActivity.java, activity_main.xml 뿐만 아니라 두 번째 액티비트 B를 구성하는 SecondActivity.java, second_main.xml 파일, 세 번째 액티비트 C를 구성하는 ThirdActivity.java, third_main.xml 파일까지 구현해야한다.

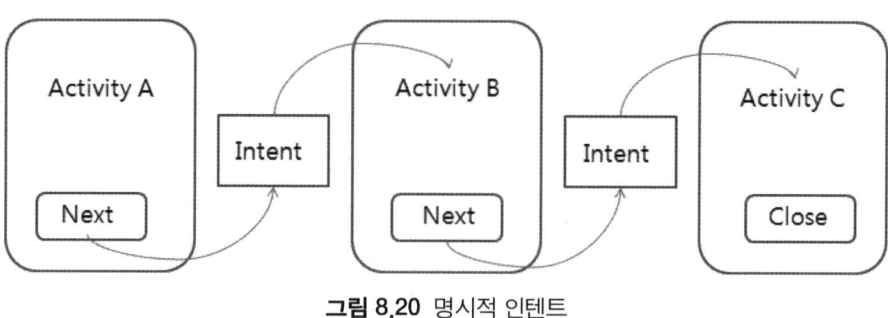

그림 8.20 명시적 인텐트

이제 첫 번째 엑티비티 파일인 MainActivity.java 파일부터 살펴보자. 이 파일은 다음과 같이 Activity 클래스의 자식 클래스인 AppCompatActivity 클래스로부터 계승받는 MainActivity 클래스를 선언한다.

```
public class MainActivity extends AppCompatActivity {
...
```

그다음, 파라메터로 Bundle 타입의 savedInstanceState를 사용하는 onCreate() 메소드를 작성한다. 이 메소드는 액티비티를 생성할 때 자동으로 실행된다.

```
    @Override
    protected void onCreate(Bundle savedInstanceState) {
        super.onCreate(savedInstanceState);
        ...
```

그다음, 파라메터로 Bundle 타입의 savedInstanceState를 사용하는 onCreate() 메소드를 작성한다. 이 메소드는 액티비티를 생성할 때 자동으로 실행된다. 여기서는 TextView 1개 와 Button

1 개가 표시된다.

```
setContentView(R.layout.activity_main);
...
```

이제 findViewById() 함수를 사용하여 디자인 뷰의 버튼 위젯을 참조한다. 즉, 위에서 작성한 버튼을 참조하기 위해서는 파라메터 값에 R.id.button 을 지정한다.

```
Button button = (Button) findViewById(R.id.button);
...
```

그다음, 생성된 Button 객체를 이용하여 첫 번째 버튼에 대한 이벤트 처리 메소드를 생성한다. 여기서는 버튼을 클릭할 때 실행되도록 하는 이벤트 리스너(Event Listener)를 등록하여 이 리스너에 의해 호출되는 콜백 메소드를 등록해준다. 즉, 다음과 같이 View.OnClickListener() 객체를 생성하고 이 객체를 파라메터로 하는 setOnClickListener()를 호출한다. 즉, 첫 번째 버튼이 눌려지게 되면 자동으로 무명 클래스 내부에 있는 onClick() 함수가 호출되어진다.

```
button.setOnClickListener(new View.OnClickListener() {
    @Override
    public void onClick(View v) {
    ...
```

이제 이 함수 안에서 Intent를 호출해보자. Intent 는 다음과 같은 형식을 갖는다.

```
public Intent(Context packageContext, Class<?>cls)
```

즉, 첫 번째 파라메터는 Context 로서 첫 번째 어플리케이션에 대한 정보에 접근하고자 할 때 사용되는 값이다. 여기서는 첫 번째 액티비티의 값인 MainActiviy.this를 지정하여 첫 번째 액티비티의 정보를 제공한다. 두 번째 파라메터는 이동하고자 하는 파라메터의 클래스 값으로 여기서는 두 번째 액티비티인 SecondActvity.class를 지정하면 된다.

이러한 방법으로 Intent 객체를 생성하고 다음 함수 startActivity()를 호출하여 액티비티를 실행한다. 이때 파라메터 값으로 위에서 생성한 Intent 객체 변수를 지정하면 된다. 이렇게 이 함수를 처리함으로써 화면은 첫 번째 액티비티에서 두 번째 액티비티 화면으로 이동된다. start

Activity() 함수는 다음과 같은 형식을 갖는다.

```
public void startActivity(Intent intent)
```

실제 사용된 코드는 다음과 같이 Intent() 객체를 생성하고 startActivity() 를 호출해준다.

```
            Intent intent = new Intent(MainActivity.this, SecondActivity.class);
            startActivity(intent);
        }
    });
}
```

이제 두 번째 액티비티인 SecondActivity 가 호출되면서 다음과 같이 SecondActivity.java 가 실행된다. 이 파일 역시 다음과 같이 Activity 클래스의 자식 클래스인 AppCompatActivity 클래스로부터 계승받는 SecondActivity 클래스를 선언한다.

```
public class SecondActivity extends AppCompatActivity {
...
```

그다음, 파라메터로 Bundle 타입의 savedInstanceState를 사용하는 onCreate() 메소드를 작성한다. 이 메소드는 액티비티를 생성할 때 자동으로 실행된다.

```
    @Override
    protected void onCreate(Bundle savedInstanceState) {
        super.onCreate(savedInstanceState);
        ...
```

그다음, 파라메터로 Bundle 타입의 savedInstanceState를 사용하는 onCreate() 메소드를 작성한다. 이 메소드는 액티비티를 생성할 때 자동으로 실행된다. 여기서는 TextView 1개 와 Button 2 개가 표시된다. 첫 번째 'Next' 버튼은 다음 세 번째 화면으로 넘어갈 때 사용되고 두 번째 'Close' 버튼은 현재 화면을 종료시키고 다시 이전 첫 번째 화면으로 이동할 때 사용된다.

```
        setContentView(R.layout.second_main);
        ...
```

이제 findViewById() 함수를 사용하여 디자인 뷰의 버튼 위젯을 참조한다. 즉, 위에서 작성한 'Next' 버튼을 참조하기 위해서는 파라메터 값에 R.id.button2 를 지정한다.

```
Button button = (Button) findViewById(R.id.button2);
...
```

그다음, 생성된 Button 객체를 이용하여 첫 번째 버튼에 대한 이벤트 처리 메소드를 생성한다. 여기서는 버튼을 클릭할 때 실행되도록 하는 이벤트 리스너(Event Listener)를 등록하여 이 리스너에 의해 호출되는 콜백 메소드를 등록해준다. 즉, 다음과 같이 View.OnClickListener() 객체를 생성하고 이 객체를 파라메터로 하는 setOnClickListener()를 호출한다. 즉, 첫 번째 버튼이 눌려지게 되면 자동으로 무명 클래스 내부에 있는 onClick() 함수가 호출되어진다.

```
button.setOnClickListener(new View.OnClickListener() {
    @Override
    public void onClick(View v) {
...
```

이제 이 onClick() 함수에서 처리해야할 일은 현재 두 번째 액티비티에서 세 번째 액티비티로 이동하는 일이다. 위에서 설명하였듯이 Intent() 객체를 생성하고 첫 번째 파라메터 값으로 두 번째 액티비티의 값인 SecondActiviy.this를 지정하여 두 번째 액티비티의 정보를 제공한다. 두 번째 파라메터 값으로 이동하고자 하는 파라메터의 클래스 값을 지정하는데 여기서는 세 번째 액티비티인 ThirdActvity.class를 지정하면 된다.

```
Intent intent = new Intent(SecondActivity.this, ThirdActivity.class);
...
```

이러한 방법으로 Intent 객체를 생성한 뒤에는 다음 함수 startActivity()를 호출하여 액티비티를 실행한다. 이 함수의 결과로 세 번째 화면으로 이동된다.

```
            startActivity(intent);
        }
});
```

이번에는 현재 액티비티를 종료시키고 이전 첫 번째 액티비티로 돌아가는 기능을 구현해보자.

findViewById() 함수를 사용하여 디자인 뷰의 버튼 위젯을 참조한다. 즉, 위에서 작성한 Close 버튼을 참조하기 위해서는 파라메터 값에 R.id.button3 을 지정한다.

```
Button button1 = (Button) findViewById(R.id.button3);
...
```

그다음, 생성된 Button 객체를 이용하여 두 번째 버튼에 대한 이벤트 처리 메소드를 생성한다. 여기서는 버튼을 클릭할 때 실행되도록 하는 이벤트 리스너(Event Listener)를 등록하여 이 리스너에 의해 호출되는 콜백 메소드를 등록해준다. 즉, 다음과 같이 View.OnClickListener() 객체를 생성하고 이 객체를 파라메터로 하는 setOnClickListener()를 호출한다. 즉, 첫 번째 버튼이 눌려지게 되면 자동으로 무명 클래스 내부에 있는 onClick() 함수가 호출되어진다.

```
button1.setOnClickListener(new View.OnClickListener() {
    @Override
    public void onClick(View v) {
        ...
```

이 함수에서 이전 액티비티로 되돌아가는 기능을 구현해주어야 하는데 크게 어렵지 않다. 이전 액티비티로 되돌아가기 위해서 다음과 같이 finish() 함수를 호출해주면 된다. finish() 함수는 현재 액티비티를 종료시키는 기능을 처리하므로 자동으로 이전 액티비티로 이동되어진다.

```
            finish();
        }
    });
  }
}
```

이제 세 번째 액티비티 ThirdActivity.java 를 구현해보자. 이전과 마찬가지로 이 파일은 다음과 같이 Activity 클래스의 자식 클래스인 AppCompatActivity 클래스로부터 계승받는 ThirdActivity 클래스를 선언한다.

```
public class ThirdActivity extends AppCompatActivity {
...
```

그다음, 파라메터로 Bundle 타입의 savedInstanceState를 사용하는 onCreate() 메소드를 작성한다. 이 메소드는 액티비티를 생성할 때 자동으로 실행된다.

```
@Override
protected void onCreate(Bundle savedInstanceState) {
    super.onCreate(savedInstanceState);
    ...
```

그다음, 파라메터로 Bundle 타입의 savedInstanceState를 사용하는 onCreate() 메소드를 작성한다. 이 메소드는 액티비티를 생성할 때 자동으로 실행된다. 여기서는 TextView 1개 와 Button 1 개가 표시된다.

```
setContentView(R.layout.third_main);
...
```

이제 findViewById() 함수를 사용하여 디자인 뷰의 버튼 위젯을 참조한다. 즉, 위에서 작성한 버튼을 참조하기 위해서는 파라메터 값에 R.id.button4 을 지정한다.

```
Button button = (Button) findViewById(R.id.button4);
...
```

그다음, 생성된 Button 객체를 이용하여 첫 번째 버튼에 대한 이벤트 처리 메소드를 생성한다. 즉, 버튼이 눌려지게 되면 자동으로 무명 클래스 내부에 있는 onClick() 함수가 호출되어진다.

```
button.setOnClickListener(new View.OnClickListener() {
    @Override
    public void onClick(View v) {
        ...
```

이전과 마찬가지로 다음 finish() 함수를 호출하여 현재 액티비티를 종료하고 이전 액티비티로 되돌아간다.

```
        finish();
        }
    });
}
}
```

마지막으로 액티비티를 사용하기 위해 처리해야할 것은 AndroidManifest.xml 파일에 추가된 액티비티를 등록하는 일이다. 첫 번째 액티비티는 파일 생성시 자동으로 등록되지만 두 번째와 세 번째 액티비티는 직접 등록이 필요하다.

AndroidManifest.xml 파일은 어플리케이션에 사용된 권한, API 레벨, 하드웨어 사양 등에 대한 정보를 가지고 있는 파일이다. Android Studio 의 왼쪽 프로젝트 탭에서 app-manifests-AndroidManifest.xml 파일을 열고 아래쪽 text 탭을 클릭하여 텍스트 편집 형식으로 살펴보면 이미 〈MainActivity〉 는 등록되어 있음을 알 수 있다. 다음과 같이 추가된 SecondActivity 와 ThirdActivity 액티비티를 등록해준다.

```xml
<?xml version="1.0" encoding="utf-8"?>
<manifest xmlns:android="http://schemas.android.com/apk/res/android"
    package="com.example.applenote.explicitintent">

    <application
        android:allowBackup="true"
        ...
        <activity android:name=".MainActivity">
        ...
        </activity>
        <activity android:name=".SecondActivity">
        </activity>
        <activity android:name=".ThirdActivity">
        </activity>
    </application>
</manifest>
```

8.2 인텐트로 결과 값 전송

위에서 인텐트를 사용하여 한 화면에서 다른 화면으로 이동하는 기능을 구현해보았다. 이제 여기에 자료를 전송하는 기능까지 추가해보자. 즉, 한 화면에 지정된 값을 그 다음 화면으로 전송하고 그 값을 출력해 볼 것이다.

그대로 따라하기

1 안드로이드 스튜디오를 실행하고 시작 화면이 나타나면 첫 번째 항목인 Start a new Android Studio project를 선택한다.

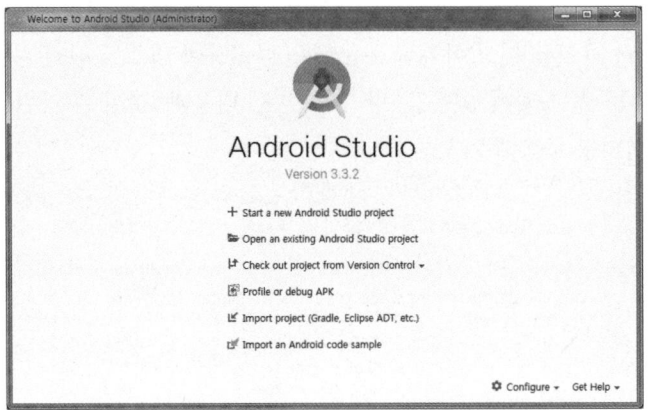

그림 8.21 Start a new Android Studio project 선택

2 이때 다음과 같이 프로젝트 선택 윈도우가 나타난다. 먼저 위쪽에서 기본적으로 선택되어 있는 Phone and Tablet 를 그대로 지정하고 비어있는 화면을 보여주는 "Empty Activity"를 선택한 뒤, Next 버튼을 누른다.

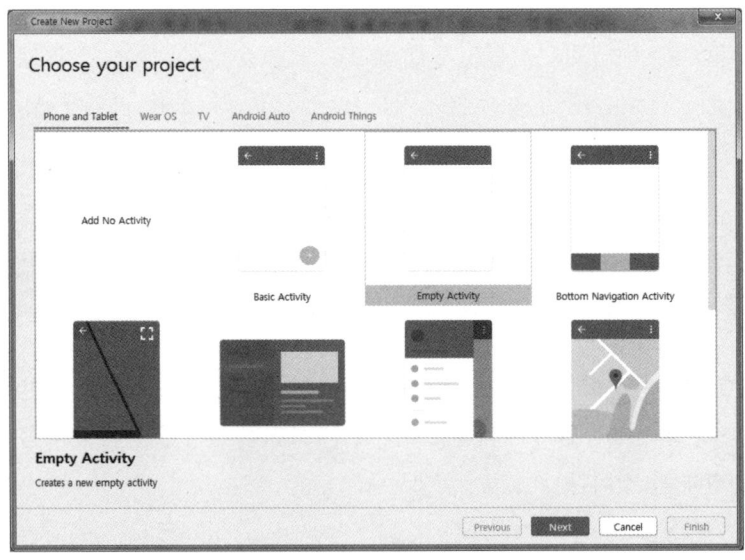

그림 8.22 Empty Activity 선택

3 이어서 다음과 같이 안드로이드 프로젝트 설정 윈도우가 나타난다. 첫 번째 Name 항목에 "IntentSendDataSample" 이라고 입력한다. 그 다음 줄 항목들은 모두 그대로 두고 아래쪽에 위치한 Finish 버튼을 눌러 프로젝트를 생성한다.

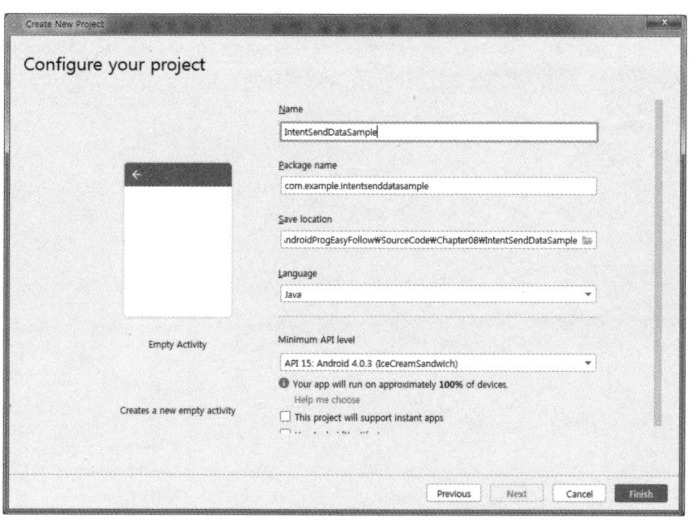

그림 8.23 안드로이드 프로젝트 이름 입력 및 생성 종료

4 이제 오른쪽 에디터에는 activity_main.xml 와 MainActivity.java 파일이 자동으로 표시된다. 이때 activity_main.xml 탭을 눌러 레이아웃 에디터를 표시한다. 레이아웃 에디터에는 중앙에 "Hello World" TextView 가 표시된다. 이제 마우스로 이 "Hello World" TextView를 선택하고 Delete 키를 누르거나 오른쪽 마우스 버튼에서 Delete 항목을 선택하여 삭제한다.

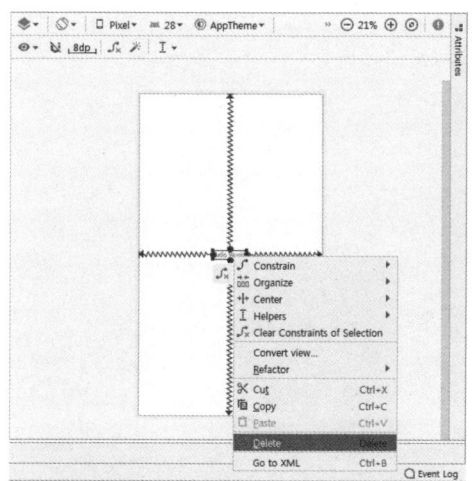

그림 8.24 "Hello World" TextView 삭제

5 이제 팔레트 왼쪽에서 Common 을 선택한 상태에서 이어서 마우스로 오른쪽에 표시되는 TextView 를 클릭하고 드렉-엔-드롭으로 오른쪽 레이아웃 뷰 왼쪽 위치에 떨어뜨린다. 또한 오른쪽 속성창의 text 속성에 "Name :"을 지정한다.

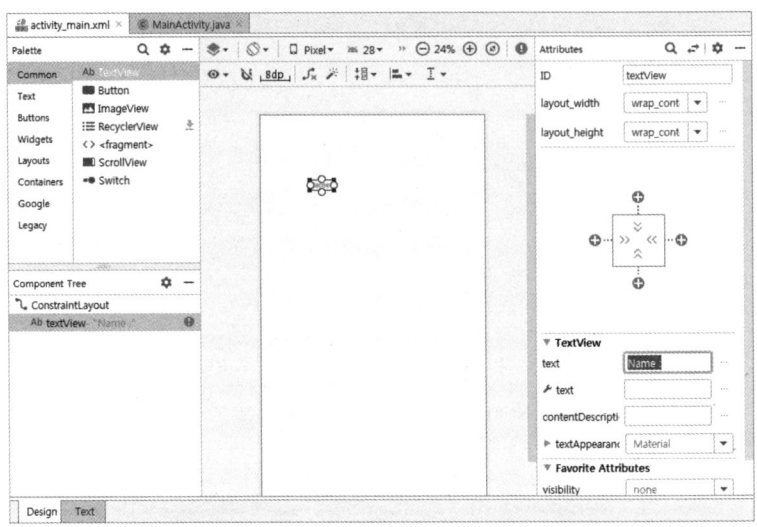

그림 8.25 TextView 추가 및 text 속성 값 변경

6 동일한 방법으로 다시 팔레트 왼쪽에서 Text 를 선택한 상태에서 이어서 마우스로 오른쪽에 표시되는 'Plain Text' 를 클릭하고 드렉-엔-드롭으로 오른쪽 레이아웃 뷰의 TextView 오른쪽 위치에 떨어뜨린다. 또한 오른쪽 속성창의 text 속성에 ""을 지정하여 값을 삭제한다.

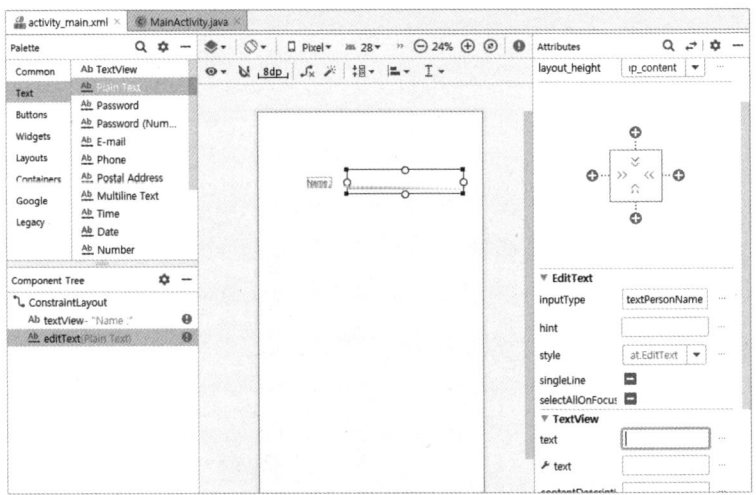

그림 8.26 Pain Text 추가

7 이제 왼쪽에 위치한 TextView 를 클릭한 상태에서 오른쪽 마우스 버튼으로 Show Baseline 항목을 클릭하면 그 컴포넌트 내부에 기본 라인 앵커 포인터(녹색)가 일자 모양으로 나타난다. 이 앵커 포인터를 클릭한 상태에서 드래그-앤-드롭으로 원하는 그 오른쪽에 위치한 Plain Text 의 기본 라인 앵커포인터(녹색)에 떨어뜨린다.

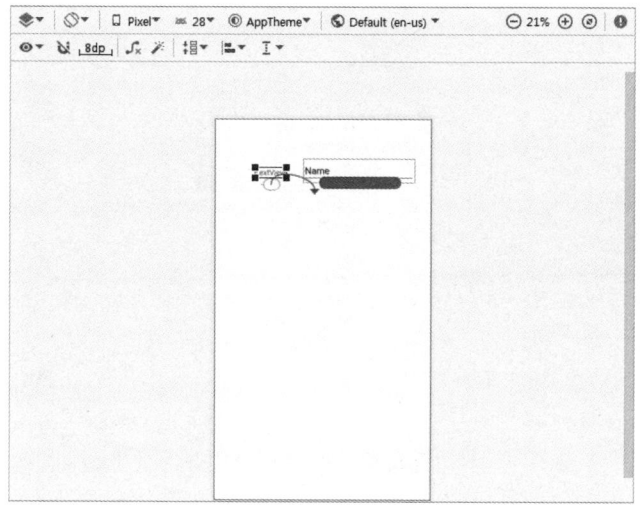

그림 8.27 TextView 와 Plain Text 의 기본 라인 앵커 포인터 연결

8 계속해서 Shift 키와 함께 TextView 와 Plain Text 를 각각 모두 마우스로 선택하고 오른쪽 마우스 버튼을 눌러 Center-Horizontally를 선택한다.

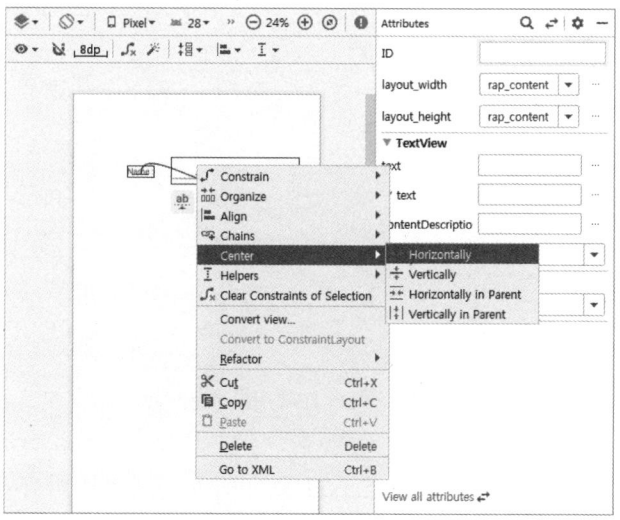

그림 8.28 TextView 와 Plain Text 에 대한 Center-Horizontally 선택

⑨ TextView 를 선택한 상태에서 오른쪽 마우스 버튼으로 메뉴를 표시한 뒤 사이클 체인 모드 (Cycle Chain Mode) 아이콘을 2 번 눌러 TextView 와 Plain Text 가 안쪽으로 모이도록 지정한다.

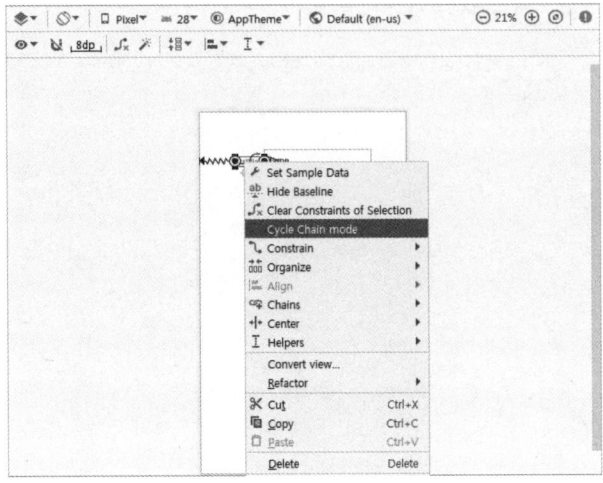

그림 8.29 체인 스타일 변경

⑩ 이제 Plain Text 의 위쪽 중앙 작은 원을 클릭하고 레이아웃 뷰 위쪽 끝으로 연결한다.

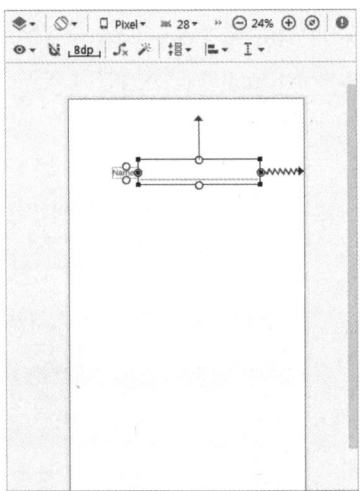

그림 8.30 Plain Text 위쪽 제약 설정

⑪ 계속해서 다시 팔레트 왼쪽에서 Common 을 선택한 상태에서 이어서 마우스로 오른쪽에 표시되는 Button 을 클릭하고 드렉-엔-드롭으로 오른쪽 레이아웃 뷰의 TextView 아래쪽

위치에 떨어뜨린다. 또한 오른쪽 속성 창의 text 속성에 "Next"를 지정한다.

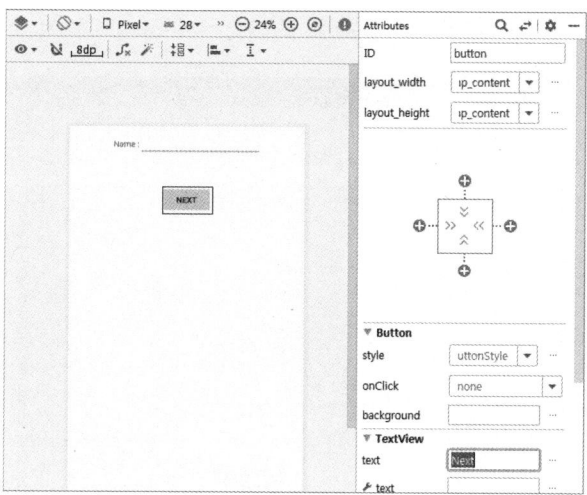

그림 8.31 Button 추가 및 text 속성 변경

⑫ Button 의 위쪽 중앙 작은 원을 클릭하고 TextVeiw 아래쪽 중앙 작은 원에 연결시킨다. 또한 동일한 방법으로 Button의 왼쪽, 오른쪽 중앙 작은 원을 각각 클릭하고 그대로 레이아웃 뷰 왼쪽 끝과 오른쪽에 연결시킨다.

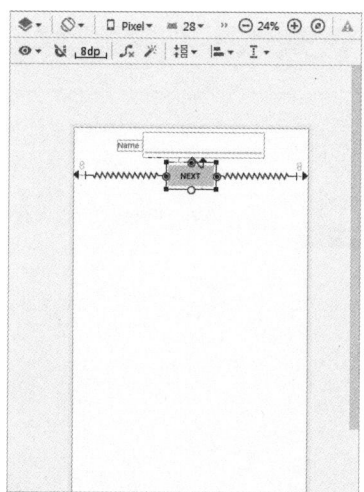

그림 8.32 Button 위, 왼쪽, 오른쪽 제약 설정

⑬ 이제 프로젝트의 app-java-com.example.intentsenddatasample 항목에서 오른쪽 마우스 버튼을 누르고 New-Java Class를 선택하면 다음과 같이 Create New Class 대화상자가 나

제8장_ 인텐트 **471**

타난다. 이때 다음 그림과 같이 Name 항목에 "SecondActivity", SuperClass 에 "App CompatActivity" 를 입력하고 OK 버튼을 누른다.

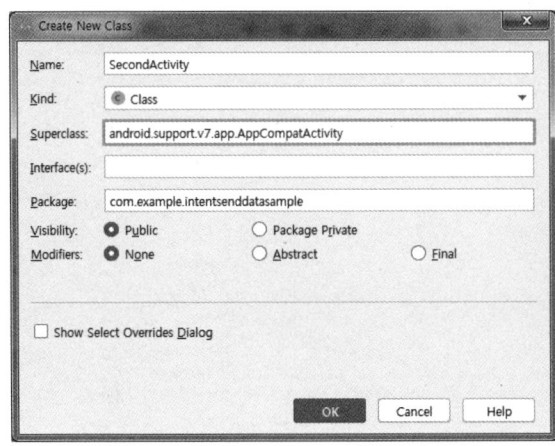

그림 8.33 Create New Class 대화상자

14 다시 프로젝트의 app-res-layout 항목에서 오른쪽 마우스 버튼을 누르고 New-Layout resource file 을 선택하면 다음과 같이 New Resource File 대화상자가 나타난다. 이 대화 상자의 File name 항목에 "second_main" 을 입력하고 OK 버튼을 누른다.

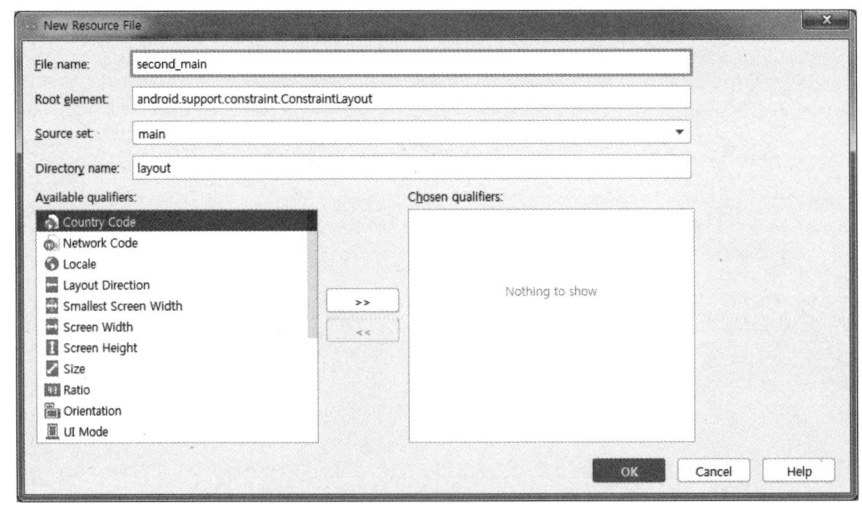

그림 8.34 New Resource File 대화상자

15 이때 second_main.xml 파일이 자동으로 레이아웃 에디터에서 열리게 된다. 팔레트 왼쪽

에서 Common 을 선택한 상태에서 이어서 마우스로 오른쪽에 표시되는 TextView 를 클릭하고 드렉-엔-드롭으로 오른쪽 레이아웃 뷰 중앙에 떨어뜨린다.

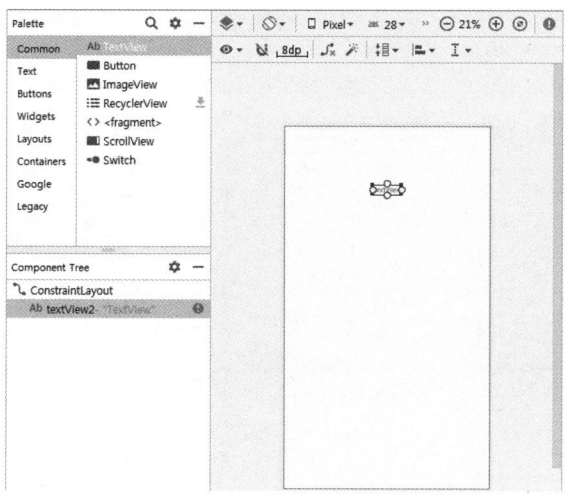

그림 8.35 TextView 추가

16 TextView 의 위쪽 중앙 작은 원을 클릭하고 레이아웃 뷰 위쪽에 연결시킨다. 또한 동일한 방법으로 TextView의 왼쪽, 오른쪽 중앙 작은 원을 각각 클릭하고 그대로 레이아웃 뷰 왼쪽 끝과 오른쪽에 연결시킨다.

그림 8.36 TextView 위, 왼쪽, 오른쪽 제약 설정

⑰ 이어서 오른쪽 속성 창을 표시하고 그 오른쪽 속성창의 layout_width 에 0 dp를 지정하고 text 속성에 "" 을 지정한다.

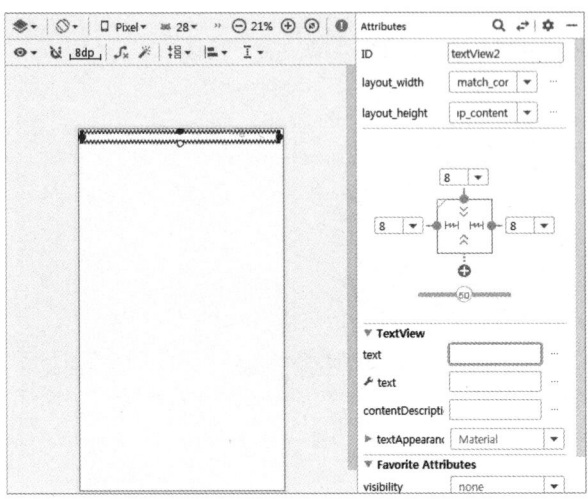

그림 8.37 layout_width 와 text 속성 값 변경

⑱ 계속해서 팔레트 왼쪽에서 Common 을 선택한 상태에서 이어서 마우스로 오른쪽에 표시되는 Button 을 클릭하고 드렉-엔-드롭으로 오른쪽 레이아웃 뷰의 TextView 아래쪽 위치에 떨어뜨린다. 오른쪽의 위치한 속성 창의 text 속성 값을 Close 으로 지정한다.

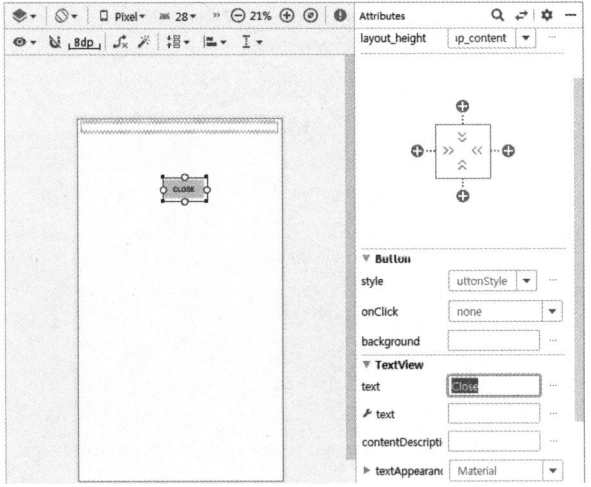

그림 8.38 Button 추가 및 그 text 속성 변경

⑲ Button 의 위쪽 중앙 작은 원을 클릭하고 TextVeiw 아래쪽 중앙 작은 원에 연결시킨다. 또한 동일한 방법으로 Button의 왼쪽, 오른쪽 중앙 작은 원을 각각 클릭하고 그대로 레이아웃 뷰 왼쪽 끝과 오른쪽에 연결시킨다.

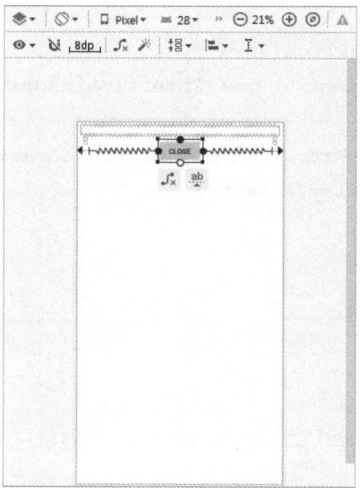

그림 8.39 Button 위, 왼쪽, 오른쪽 제약 설정

⑳ 이어서 에디터에서 MainActivity.java 탭을 선택한다. 이때 안드로이드 스튜디오 오른쪽에는 MainActivity.java 파일이 열리는데 다음과 같은 코드를 추가 입력한다.

```
package com.example.intentsenddatasample;

import android.content.Intent;
import android.os.Bundle;
import android.support.v7.app.AppCompatActivity;
import android.view.View;
import android.widget.Button;
import android.widget.EditText;

public class MainActivity extends AppCompatActivity {

    @Override
    protected void onCreate(Bundle savedInstanceState) {
        super.onCreate(savedInstanceState);
        setContentView(R.layout.activity_main);
```

```
            Button button = (Button) findViewById(R.id.button);
            final EditText editText = (EditText) findViewById(R.id.editText);

            button.setOnClickListener(new View.OnClickListener() {
                @Override
                public void onClick(View v) {
                    Intent intent = new Intent(MainActivity.this, SecondActivity.class);
                    intent.putExtra("name", editText.getText());
                    startActivity(intent);
                }
            });
        }
    }
```

21 이번에는 에디터에서 SecondActivity.java 탭을 선택한다. 이때 안드로이드 스튜디오 오른쪽에는 SecondActivity.java 파일이 열리는데 다음과 같은 코드를 추가 입력한다.

```
package com.example.applenote.intentsenddatasample;

import android.content.Intent;
import android.os.Bundle;
import android.support.v7.app.AppCompatActivity;
import android.view.View;
import android.widget.Button;
import android.widget.TextView;

public class SecondActivity extends AppCompatActivity {
    @Override
    protected void onCreate(Bundle savedInstanceState) {
        super.onCreate(savedInstanceState);
        setContentView(R.layout.second_main);

        TextView textView = (TextView) findViewById(R.id.textView2);
        Intent intent = getIntent();
        String name = intent.getExtras().get("name").toString();
        textView.setText(name);

        Button button = (Button) findViewById(R.id.button2);
```

```
            button.setOnClickListener(new View.OnClickListener() {
            @Override
            public void onClick(View v) {
                finish();
            }
        });
    }
}
```

❷❷ 다시 프로젝트 탭에서 app-manifests 아래 위치한 AndroidManifest.xml 파일을 더블 클릭하여 레이아웃 에디터에서 오픈시키고 〈SecondActivity〉 액티비티에 대한 코드를 추가 입력한다.

```xml
<?xml version="1.0" encoding="utf-8"?>
<manifest xmlns:android="http://schemas.android.com/apk/res/android"
    package="com.example.applenote.intentsenddatasample">

    <application
        android:allowBackup="true"
        android:icon="@mipmap/ic_launcher"
        android:label="@string/app_name"
        android:roundIcon="@mipmap/ic_launcher_round"
        android:supportsRtl="true"
        android:theme="@style/AppTheme">
        <activity android:name=".MainActivity">
            <intent-filter>
                <action android:name="android.intent.action.MAIN" />
                <category android:name="android.intent.category.LAUNCHER" />
            </intent-filter>
        </activity>
        <activity android:name=".SecondActivity">
        </activity>
    </application>
</manifest>
```

❷❸ 마지막으로 실제 기기를 PC에 연결하고 안드로이드 스튜디오 위쪽에 위치한 Run 버튼을 누르면 배포 타겟(deployment target) 화면이 나타난다. 연결된 디바이스 혹은 가상 화면을 선택하고 OK 버튼을 눌러 실행시켜 다음과 같은 화면이 나타나는지 확인해 본다. 첫 번

째 화면에서 원하는 이름을 입력하고 Next 버튼을 눌러 두 번째 화면으로 이동하여 그 이름이 표시되는 지 확인해본다. 또한 두 번째 화면의 Close 버튼을 눌러 두 번째 화면이 종료되고 첫 번째 화면으로 되돌아오는지도 확인해 본다.

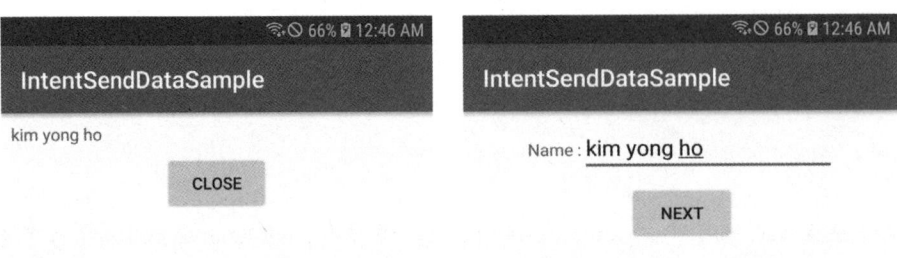

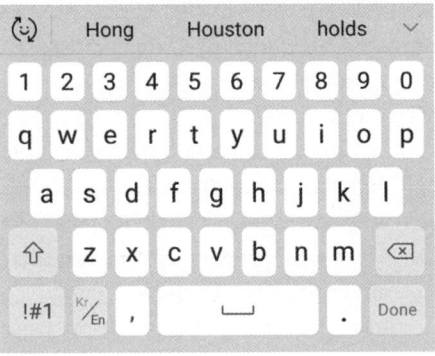

그림 8.40 IntentSendDataSample 프로젝트 첫 번째 실행 화면

그림 8.41 IntentSendDataSample 프로젝트 두 번째 실행 화면

원리 설명

이 절에서는 버튼을 눌렀을 때 명시적 인텐트를 사용하여 첫 번째 액티비티 A 에서 두 번째 액티비티 B 로 이동하는 것뿐만 아니라 자료를 전송하는 방법을 보여준다. 다음 그림에서 알 수 있듯이 Intent 객체를 생성하고 PutExtra() 라는 함수를 사용하여 자료를 전송하는 하는 것을 알 수 있다.

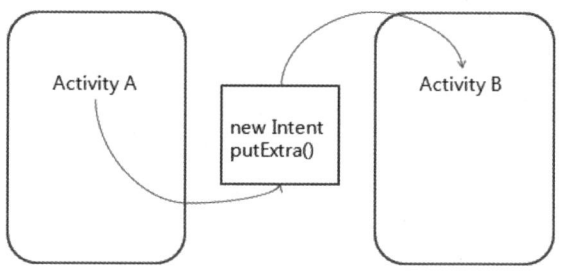

그림 8.42 명시적 인텐트에서 자료 전송

이제 첫 번째 엑티비티 파일인 MainActivity.java 파일부터 살펴보자. 이 파일은 다음과 같이 Activity 클래스의 자식 클래스인 AppCompatActivity 클래스로부터 계승받는 MainActivity 클래스를 선언한다.

```
public class MainActivity extends AppCompatActivity {
...
```

그다음, 파라메터로 Bundle 타입의 savedInstanceState를 사용하는 onCreate() 메소드를 작성한다. 이 메소드는 액티비티를 생성할 때 자동으로 실행된다.

```
    @Override
    protected void onCreate(Bundle savedInstanceState) {
        super.onCreate(savedInstanceState);
        ...
```

그다음, 파라메터로 Bundle 타입의 savedInstanceState를 사용하는 onCreate() 메소드를 작성한다. 이 메소드는 액티비티를 생성할 때 자동으로 실행된다. 여기서는 TextView 1개, EditText 1개, Button 1개 등이 표시된다.

```
        setContentView(R.layout.activity_main);
        ...
```

이제 findViewById() 함수를 사용하여 디자인 뷰의 버튼 위젯을 참조한다. 즉, 위에서 작성한 버튼을 참조하기 위해서는 파라메터 값에 R.id.button 을 지정한다.

```
        Button button = (Button) findViewById(R.id.button);
        ...
```

동일한 방법으로 findViewById() 함수에 R.id.editText 를 지정하여 디자인 뷰의 EditText를 참조한다. 이렇게 함으로서 EditText 에 입력된 값을 얻을 수 있다.

```
final EditText editText = (EditText) findViewById(R.id.editText);
    ...
```

그다음, 생성된 Button 객체를 이용하여 첫 번째 버튼에 대한 이벤트 처리 메소드를 생성한다. 여기서는 버튼을 클릭할 때 실행되도록 하는 이벤트 리스너(Event Listener)를 등록하여 이 리스너에 의해 호출되는 콜백 메소드를 등록해준다. 즉, 다음과 같이 View.OnClickListener() 객체를 생성하고 이 객체를 파라메터로 하는 setOnClickListener()를 호출한다. 즉, 버튼이 눌려지게 되면 자동으로 무명 클래스 내부에 있는 onClick() 함수가 호출되어진다.

```
button.setOnClickListener(new View.OnClickListener() {
    @Override
    public void onClick(View v) {
        ...
```

이제 이 함수 안에서 Intent를 호출한다. 첫 번째 파라메터에는 컨텍스트 값으로 MainActiviy.this를 지정하고 두 번째 파라메터에는 이동하고자 하는 파라메터의 클래스 값인 SecondActvity.class 를 지정한다.

```
Intent intent = new Intent(MainActivity.this, SecondActivity.class);
    ...
```

이제 Intent 객체의 putExtra()를 사용하여 두 번째 화면으로 원하는 자료를 전송해 보자. putExtra() 함수는 다음과 같은 형식을 갖는다.

```
Intent putExtra(String name, CharSequence value)
```

첫 번째 파라메터는 전송하고자하는 자료에 대한 이름을 String 형식으로 지정하고 두 번째 파라메터는 전달될 실제 자료를 지정해 준다.

여기서는 먼저 "name" 이라는 값을 첫 번째 파라메터로 지정하고 두 번째 파라메터 값으로 다음과 같이 EditText 의 getText()를 호출하여 EditText 에 입력된 값을 지정해준다. 즉, EditText

에 입력된 값은 "name" 이라는 이름으로 전송되어진다.

```
            intent.putExtra("name", editText.getText());
                ...
```

이어서 startActivity()를 호출하여 액티비티를 실제로 실행한다.

```
            startActivity(intent);
        }
    });
    }
}
```

이제 두 번째 액티비티인 SecondActivity 가 호출되면서 다음과 같이 SecondActivity.java 가 실행된다. 이 파일 역시 다음과 같이 Activity 클래스의 자식 클래스인 AppCompatActivity 클래스로부터 계승받는 SecondActivity 클래스를 선언한다.

```
public class SecondActivity extends AppCompatActivity {
...
```

그다음, 파라메터로 Bundle 타입의 savedInstanceState를 사용하는 onCreate() 메소드를 작성한다. 이 메소드는 액티비티를 생성할 때 자동으로 실행된다.

```
    @Override
    protected void onCreate(Bundle savedInstanceState) {
        super.onCreate(savedInstanceState);
        ...
```

그다음, 파라메터로 Bundle 타입의 savedInstanceState를 사용하는 onCreate() 메소드를 작성한다. 이 메소드는 액티비티를 생성할 때 자동으로 실행된다. 여기서는 TextView 1 개와 Button 1 개가 표시된다.

```
            setContentView(R.layout.second_main);
                ...
```

이제 findViewById() 함수를 사용하여 디자인 뷰의 TextView 위젯을 참조한다. 즉, 위에서 작성한 TextView 을 참조하기 위해서는 파라메터 값에 R.id.textView2 를 지정한다.

```
TextView textView = (TextView) findViewById(R.id.textView2);
...
```

이제 인텐트를 생성하여 이전 인텐트로부터 보낸 자료를 받아 출력해보자. 이때 주의해야 할 점은 인텐트를 생성하기 위해서 새로운 인텐트를 만드는 new Intent() 명령을 사용하는 것이 아니라 getIntent()를 호출하여 자신을 호출한 인텐트를 사용해야 하는 것이다.

```
Intent intent = getIntent();
...
```

이제 Intent 객체의 getExtras().get("name")을 이용하여 이전 액티비티에서 보낸 putExtra("name", editText.getText())에 지정한 "name" 값을 이용해야 한다. 이때 리턴되는 getExtras().get("name") 의 값 타입은 Object 이므로 자료를 출력하기 위해서는 toString() 을 호출하여 String 타입으로 변경해 주어야 한다.

```
String name = intent.getExtras().get("name").toString();
...
```

이제 setText() 를 호출하여 변경된 값을 그대로 TextView 에 출력한다.

```
textView.setText(name);
...
```

이어서 버튼을 눌러 이전 액티비티로 되돌아가는 기능을 구현해보자. 다음과 같이 findViewById() 함수를 사용하여 디자인 뷰의 버튼 위젯을 참조한다. 즉, 위에서 작성한 버튼을 참조하기 위해서는 파라메터 값에 R.id.button2 을 지정한다.

```
Button button = (Button) findViewById(R.id.button2);
...
```

그다음, 생성된 Button 객체를 이용하여 첫 번째 버튼에 대한 이벤트 처리 메소드를 생성한다.

즉, 버튼이 눌려지게 되면 자동으로 무명 클래스 내부에 있는 onClick() 함수가 호출되어진다.

```
button.setOnClickListener(new View.OnClickListener() {
    @Override
    public void onClick(View v) {
        ...
```

다음 finish() 함수를 호출하여 현재 액티비티를 종료하고 이전 액티비티로 되돌아간다.

```
        finish();
    }
});
}
}
```

8.3 인텐트로 결과 값 받기

이전 절에서는 첫 번째 액티비티에서 두 번째 액티비티로 자료를 전달해 전달된 자료를 출력해 보았다. 이번에는 반대로 두 번째 액티비티에 지정된 자료를 첫 번째 액티비티로 전달하여 출력하는 기능을 구현해 볼 것이다.

그대로 따라하기

1 안드로이드 스튜디오를 실행하고 시작 화면이 나타나면 첫 번째 항목인 Start a new Android Studio project를 선택한다.

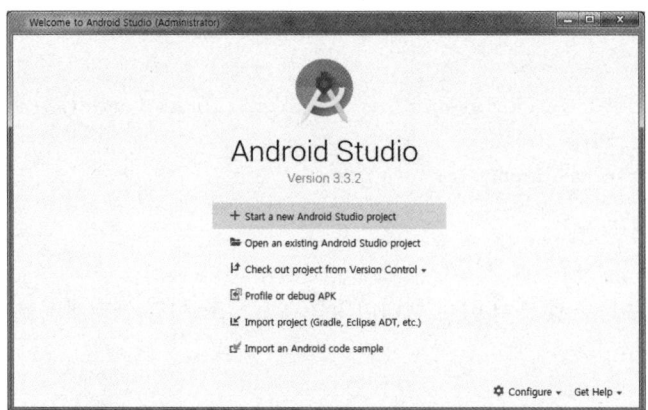

그림 8.43 Start a new Android Studio project 선택

2 이때 다음과 같이 프로젝트 선택 윈도우가 나타난다. 먼저 위쪽에서 기본적으로 선택되어 있는 Phone and Tablet 를 그대로 지정하고 비어있는 화면을 보여주는 "Empty Activity" 를 선택한 뒤, Next 버튼을 누른다.

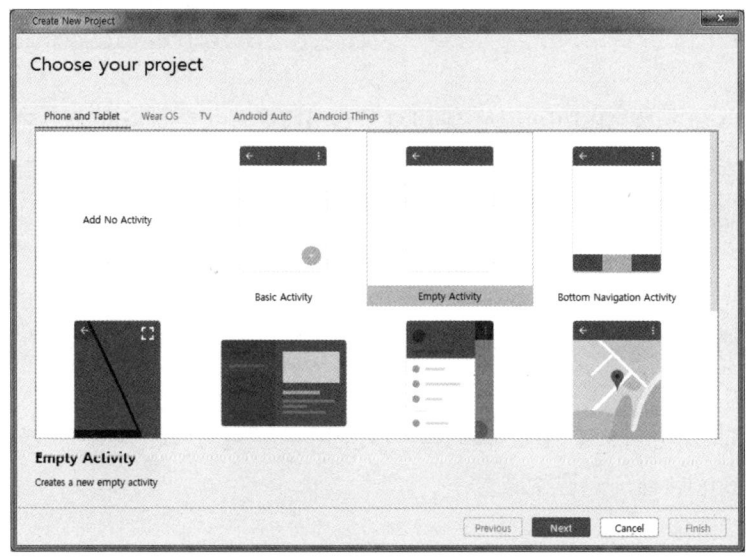

그림 8.44 Empty Activity 선택

3 이어서 다음과 같이 안드로이드 프로젝트 설정 윈도우가 나타난다. 첫 번째 Name 항목에 "IntentReceiveDataSample" 이라고 입력한다. 그 다음 줄 항목들은 모두 그대로 두고 아래쪽에 위치한 Finish 버튼을 눌러 프로젝트를 생성한다.

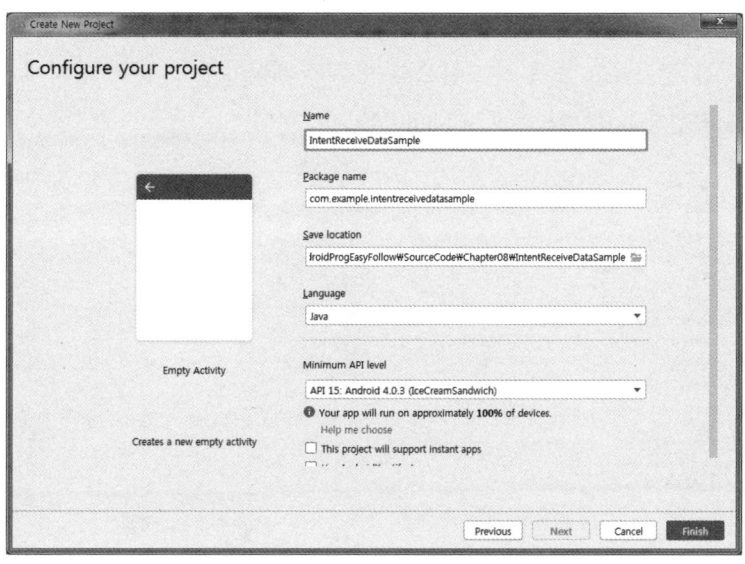

그림 8.45 안드로이드 프로젝트 이름 입력 및 생성 종료

4 이제 오른쪽 에디터에는 activity_main.xml 와 MainActivity.java 파일이 자동으로 표시된다. 이때 activity_main.xml 탭을 눌러 레이아웃 에디터를 표시한다. 레이아웃 에디터에는 중앙에 "Hello World" TextView 가 표시된다. 이제 마우스로 이 "Hello World" TextView 를 선택하고 Delete 키를 누르거나 오른쪽 마우스 버튼에서 Delete 항목을 선택하여 삭제한다.

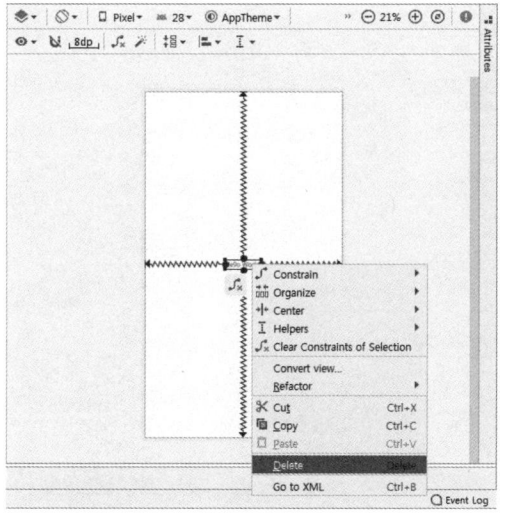

그림 8.46 "Hello World" TextView 삭제

제8장_ 인텐트 **485**

5 이제 팔레트 왼쪽에서 Common 을 선택한 상태에서 이어서 마우스로 오른쪽에 표시되는 TextView 를 클릭하고 드랙-엔-드롭으로 오른쪽 레이아웃 뷰 왼쪽 위치에 떨어뜨린다. 또한 오른쪽 속성창의 text 속성에 "E-Mail :"을 지정한다.

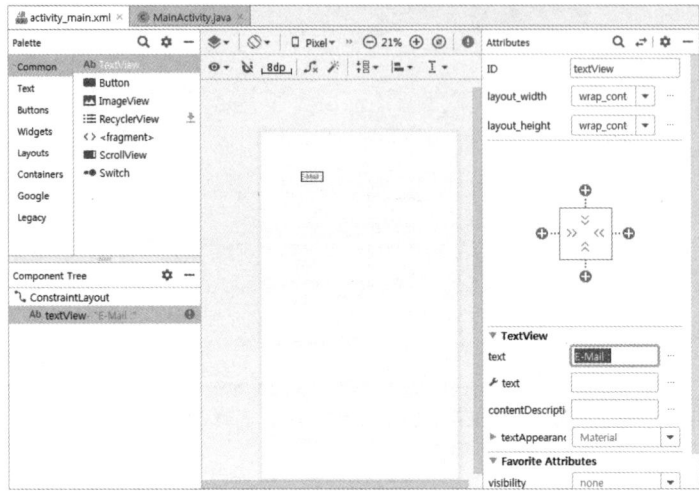

그림 8.47 TextView 추가 및 text 속성 값 변경

6 동일한 방법으로 다시 팔레트 왼쪽에서 Text 를 선택한 상태에서 이어서 마우스로 오른쪽에 표시되는 Plain Text 를 클릭하고 드랙-엔-드롭으로 오른쪽 레이아웃 뷰의 TextView 오른쪽 위치에 떨어뜨린다. 또한 오른쪽 속성 창의 text 속성에 "" 를 지정하여 공백을 표시한다.

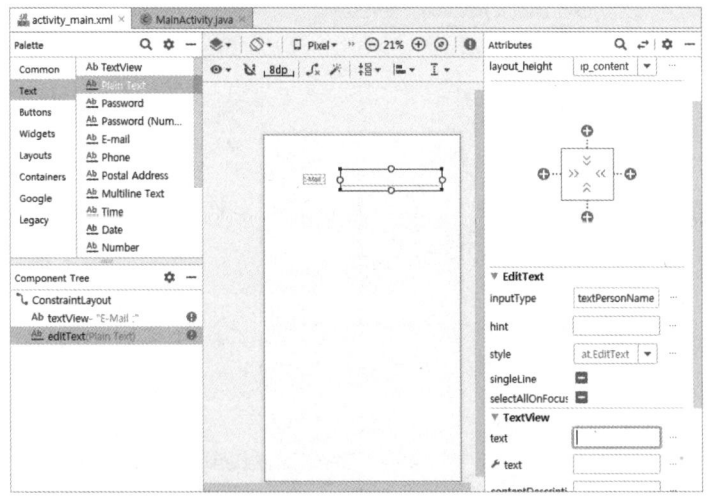

그림 8.48 Pain Text 추가 및 속성 변경

7 이제 왼쪽에 위치한 TextView 를 클릭한 상태에서 오른쪽 마우스 버튼으로 Show Baseline 항목을 클릭하면 그 컴포넌트 내부에 기본 라인 앵커 포인터(녹색)가 일자 모양으로 나타난다. 이 앵커 포인터를 클릭한 상태에서 드래그-엔-드롭으로 원하는 그 오른쪽에 위치한 Plain Text 의 기본 라인 앵커포인터(녹색)에 떨어뜨린다.

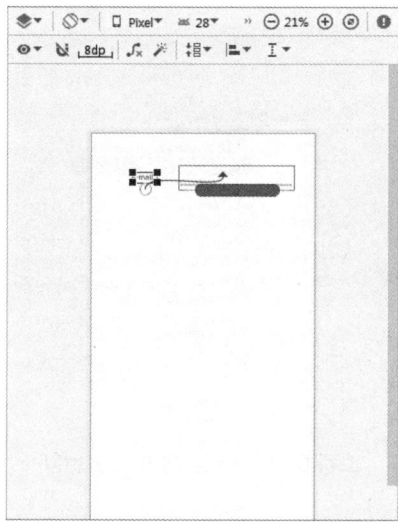

그림 8.49 TextView 와 Plain Text 의 기본 라인 앵커 포인터 연결

8 계속해서 Shift 키와 함께 TextView 와 Plain Text 를 각각 모두 마우스로 선택하고 오른쪽 마우스 버튼을 눌러 Center-Horizontally를 선택한다.

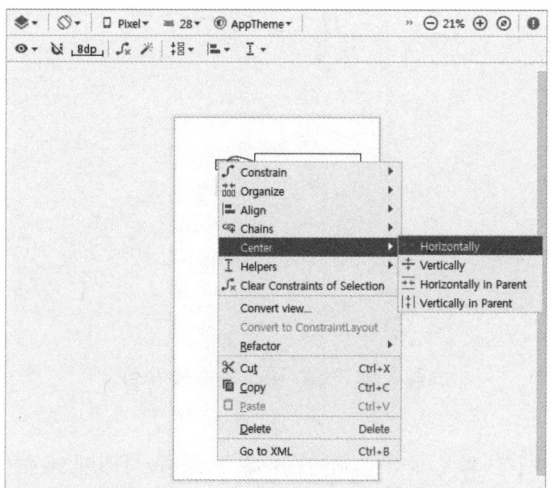

그림 8.50 TextView 와 Plain Text 에 대한 Center-Horizontally 선택

⑨ TextView 를 선택한 상태에서 오른쪽 마우스 버튼으로 메뉴를 표시한 뒤 사이클 체인 모드(Cycle Chain Mode) 항목을 2번 눌러 TextView 와 Plain Text 가 안쪽으로 모이도록 지정한다.

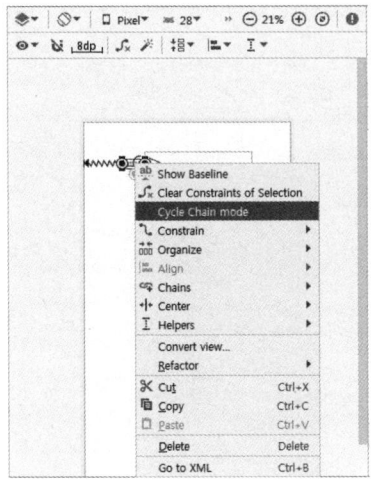

그림 8.51 사이클 체인 모드 변경

⑩ Plain Text 의 위쪽 중앙 작은 원을 클릭하고 레이아웃 뷰 위쪽 끝으로 연결한다.

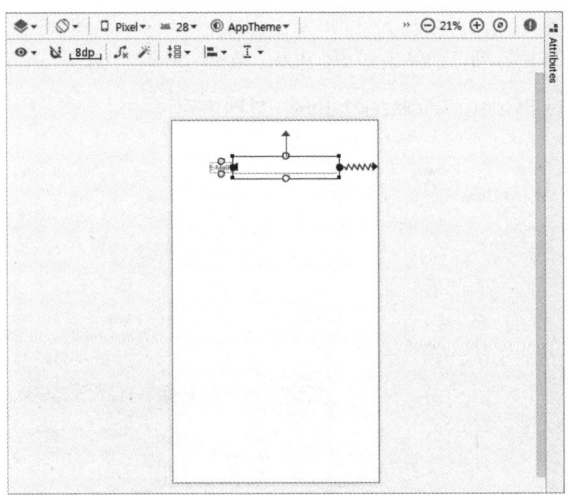

그림 8.52 Plain Text 위쪽 제약 설정

⑪ 계속해서 다시 팔레트 왼쪽에서 Common 을 선택한 상태에서 이어서 마우스로 오른쪽에 표시되는 Button 을 클릭하고 드렉-엔-드롭으로 오른쪽 레이아웃 뷰의 TextView 아래쪽

위치에 떨어뜨린다. 또한 오른쪽 속성 창의 text 속성에 "Next"를 지정한다.

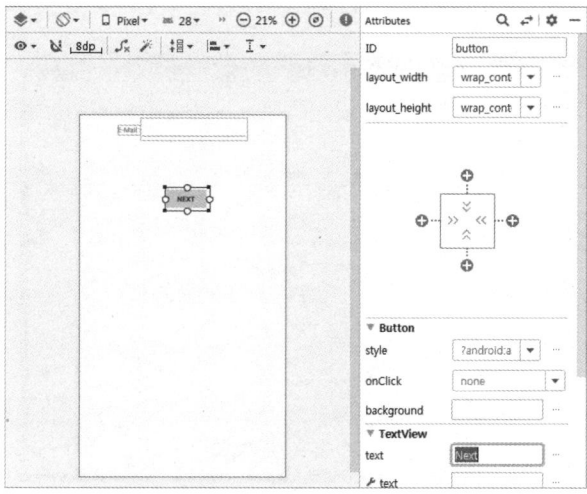

그림 8.53 Button 추가 및 text 속성 변경

⑫ Button 의 위쪽 중앙 작은 원을 클릭하고 TextVeiw 아래쪽 중앙 작은 원에 연결시킨다. 또한 동일한 방법으로 Button의 왼쪽, 오른쪽 중앙 작은 원을 각각 클릭하고 그대로 레이아웃 뷰 왼쪽 끝과 오른쪽에 연결시킨다.

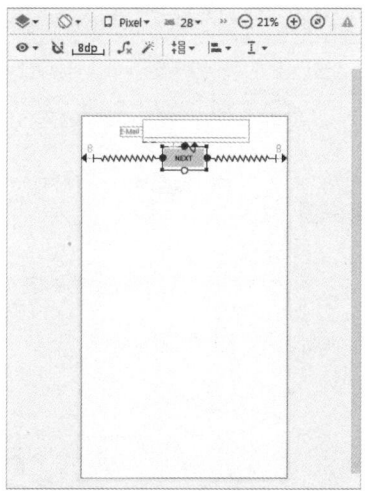

그림 8.54 Button 위, 왼쪽, 오른쪽 제약 설정

⑬ 이제 프로젝트의 app-java-com.example.intentreceivedatasample 항목에서 오른쪽 마우스 버튼을 누르고 New-Java Class를 선택하면 다음과 같이 Create New Class 대화상자가

제8장_ 인텐트 **489**

나타난다. 이때 다음 그림과 같이 Name 항목에 "SecondActivity", SuperClass 에 "App CompatActivity" 를 입력하고 OK 버튼을 클릭한다.

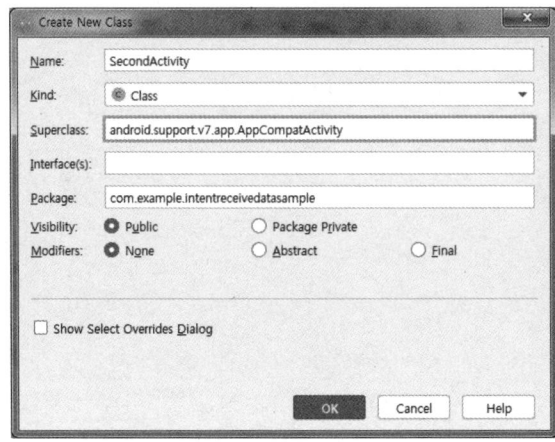

그림 8.55 Create New Class 대화상자

14 다시 프로젝트의 app-res-layout 항목에서 오른쪽 마우스 버튼을 누르고 New-Layout resource file 을 선택하면 다음과 같이 New Resource File 대화상자가 나타난다. 이 대화상자의 File name 항목에 "second_main" 을 입력하고 OK 버튼을 누른다.

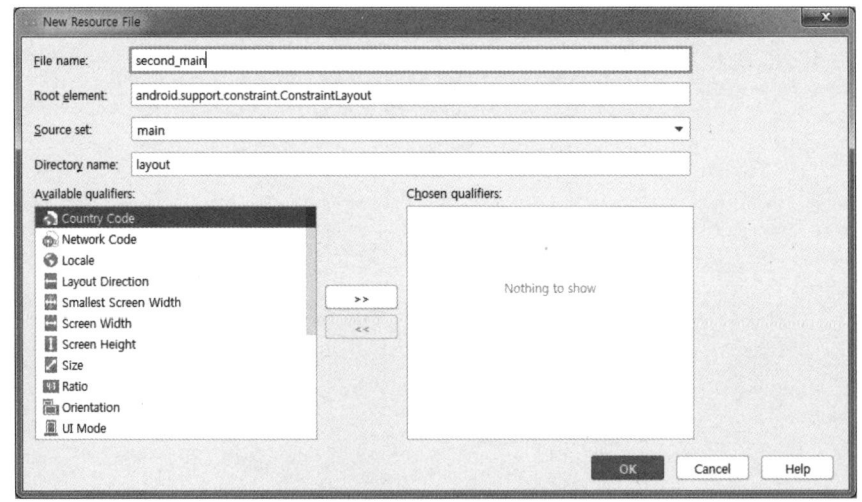

그림 8.56 New Resource File 대화상자

15 이때 자동으로 second_main.xml 파일이 열리면서 안드로이드 스튜디오 오른쪽에 레이아

웃 에디터가 나타난다. 위 단계의 5에서 12까지 반복하면서 TextView 1개, Plain Text 1개, Button 1개를 추가하여 이전 화면과 동일하게 생성한다. 다만 이전과 달리 이번에는 Button 의 text 속성은 "Send" 라는 값으로 지정한다.

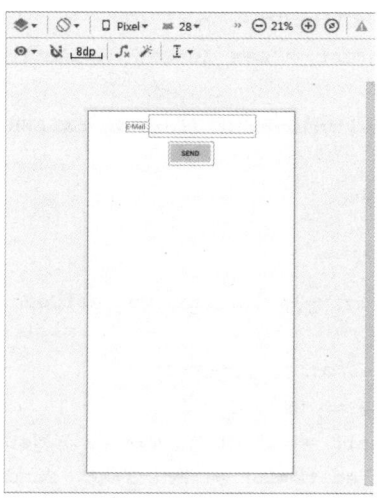

그림 8.57 두 번째 화면 구성

16 이어서 에디터에서 MainActivity.java 탭을 선택한다. 이때 안드로이드 스튜디오 오른쪽에는 MainActivity.java 파일이 열리는데 다음과 같은 코드를 추가 입력한다.

```
package com.example.intentreceivedatasample;

import android.content.Intent;
import android.support.v7.app.AppCompatActivity;
import android.os.Bundle;
import android.view.View;
import android.widget.Button;
import android.widget.EditText;

public class MainActivity extends AppCompatActivity {
    private final int CALLER_REQUEST = 1;

    @Override
    protected void onCreate(Bundle savedInstanceState) {
        super.onCreate(savedInstanceState);
        setContentView(R.layout.activity_main);
```

```
        Button button = (Button) findViewById(R.id.button);
        button.setOnClickListener(new View.OnClickListener() {
            @Override
            public void onClick(View v) {
                Intent intent = new Intent(MainActivity.this, SecondActivity.class);
                startActivityForResult(intent, CALLER_REQUEST);
            }
        });
    }

    protected void onActivityResult(int requestCode, int resultCode, Intent intent){
        if (requestCode == CALLER_REQUEST) {
            if (resultCode == RESULT_OK) {
                String email = intent.getExtras().get("email").toString();
                EditText editEmail = (EditText) findViewById(R.id.editText);
                editEmail.setText(email);
            }
        }
    }
}
```

17 이번에는 에디터에서 SecondActivity.java 탭을 선택한다. 이때 안드로이드 스튜디오 오른쪽에는 SecondActivity.java 파일이 열리는데 다음과 같은 코드를 추가 입력한다.

```
package com.example.intentreceivedatasample;

import android.content.Intent;
import android.os.Bundle;
import android.support.v7.app.AppCompatActivity;
import android.view.View;
import android.widget.Button;
import android.widget.EditText;

public class SecondActivity extends AppCompatActivity {

    @Override
```

```
    protected void onCreate(Bundle savedInstanceState) {
        super.onCreate(savedInstanceState);
        setContentView(R.layout.second_main);

        Button button = (Button) findViewById(R.id.button2);
        button.setOnClickListener(new View.OnClickListener() {
            @Override
            public void onClick(View v) {
                EditText editEmail = (EditText) findViewById(R.id.editText2);
                Intent intent = new Intent();
                intent.putExtra("email", editEmail.getText());
                setResult(RESULT_OK, intent);
                finish();
            }
        });
    }
}
```

[18] 다시 프로젝트 탭에서 app-manifests 아래 위치한 AndroidManifest.xml 파일을 더블 클릭하여 레이아웃 에디터에서 오픈시키고 다음 코드를 추가 입력한다.

```xml
<?xml version="1.0" encoding="utf-8"?>
<manifest xmlns:android="http://schemas.android.com/apk/res/android"
    package="com.example.applenote.intentreceivedatasample">

    <application
        android:allowBackup="true"
        android:icon="@mipmap/ic_launcher"
        android:label="@string/app_name"
        android:roundIcon="@mipmap/ic_launcher_round"
        android:supportsRtl="true"
        android:theme="@style/AppTheme">
        <activity android:name=".MainActivity">
            <intent-filter>
                <action android:name="android.intent.action.MAIN" />
                <category android:name="android.intent.category.LAUNCHER" />
            </intent-filter>
        </activity>
        <activity android:name=".SecondActivity">
```

```
        </activity>
    </application>
</manifest>
```

19. 마지막으로 실제 기기를 PC에 연결하고 안드로이드 스튜디오 위쪽에 위치한 Run 버튼을 누르면 배포 타겟(deployment target) 화면이 나타난다. 연결된 디바이스 혹은 가상 화면을 선택하고 OK 버튼을 눌러 실행시켜 다음과 같은 화면이 나타나는지 확인해 본다. 첫 번째 화면에서 Plain Text 안에 아무것도 입력하지 않고 Next 버튼을 눌러 두 번째 화면으로 이동한다. 두 번째 화면에서 원하는 이메일 주소를 Plain Text 안에 입력하고 Send 버튼을 눌러본다. 이때 다시 첫 번째 화면으로 이동되고 두 번째 화면에서 입력된 E-Mail 이 표시되는지 확인한다.

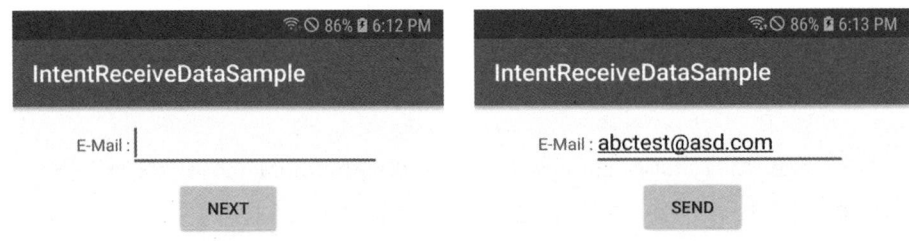

그림 8.58 IntentSendDataSample 프로젝트 첫 번째 실행 화면

그림 8.59 IntentSendDataSample 프로젝트 두 번째 실행 화면

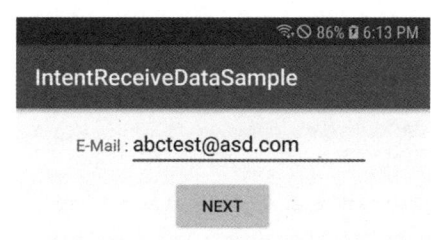

그림 8.60 IntentSendDataSample 프로젝트 세 번째 실행 화면

원리 설명

이 절에서는 이전 절에서 처리한 것과는 반대로 명시적 인텐트를 사용하여 두 번째 액티비티 B에서 첫 번째 액티비티 A로 이동하여 자료를 전송하는 방법을 보여준다. 다음 그림에서 알 수 있듯이 첫 번째 엑티비티에 onActiveResult() 라는 콜백 메소드를 생성하여 두 번째 액티비티에서 보낸 자료를 전달받아 이 메소드 안에서 처리한다.

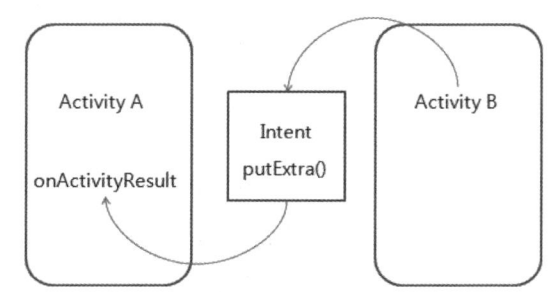

그림 8.61 서브 액티비티에서 받은 자료를 메인 액티비티로 전송

이제 첫 번째 엑티비티 파일인 MainActivity.java 파일부터 살펴보자. 이 파일은 다음과 같이 Activity 클래스의 자식 클래스인 AppCompatActivity 클래스로부터 계승받는 MainActivity 클래스를 선언한다.

```
public class MainActivity extends AppCompatActivity {
 ...
```

이어서 CALLER_REQUEST 라는 상수를 하나 선언하는데 이 상수는 자료 전송시 서브 액티비티를 구별하고자 할 때 사용된다. 즉, 메인 엑티비티에서는 여러 서브 액티비티로부터 자료를 받을 수 있는데 각각의 서브 액티비티 마다 원하는 임의의 값을 지정할 수 있다. 이 값은 서브 액티비티에서 전달되는 값을 얻고자할 때 사용되는 onActivityResult() 안에서 어느 서브 액티비티로부터 자료가 전송되었는지를 알아낼 수 있다.

```
    private final int CALLER_REQUEST = 1;
    ...
```

그다음, 파라메터로 Bundle 타입의 savedInstanceState를 사용하는 onCreate() 메소드를 작성한다. 이 메소드는 액티비티를 생성할 때 자동으로 실행된다.

```
    @Override
    protected void onCreate(Bundle savedInstanceState) {
        super.onCreate(savedInstanceState);
        ...
```

그다음, 파라메터로 Bundle 타입의 savedInstanceState를 사용하는 onCreate() 메소드를 작성한다. 이 메소드는 액티비티를 생성할 때 자동으로 실행된다. 여기서는 TextView 1개, EditText 1개, Button 1 개 등이 표시된다.

```
        setContentView(R.layout.activity_main);
        ...
```

이제 findViewById() 함수를 사용하여 디자인 뷰의 버튼 위젯을 참조한다. 즉, 위에서 작성한 버튼을 참조하기 위해서는 파라메터 값에 R.id.button 을 지정한다.

```
            Button button = (Button) findViewById(R.id.button);
    ...
```

그다음, 생성된 Button 객체를 이용하여 첫 번째 버튼에 대한 이벤트 처리 메소드를 생성한다. 여기서는 버튼을 클릭할 때 실행되도록 하는 이벤트 리스너(Event Listener)를 등록하여 이 리스너에 의해 호출되는 콜백 메소드를 등록해준다. 즉, 다음과 같이 View.OnClickListener() 객체를 생성하고 이 객체를 파라메터로 하는 setOnClickListener()를 호출한다. 즉, 버튼이 눌려지게 되면 자동으로 무명 클래스 내부에 있는 onClick() 함수가 호출되어진다.

```
        button.setOnClickListener(new View.OnClickListener() {
            @Override
            public void onClick(View v) {
                ...
```

이제 이 함수 안에서 Intent를 호출하여 두 번째 액티비티로 이동할 준비를 한다. 첫 번째 파라메터에는 컨텍스트 값으로 MainActiviy.this를 지정하고 두 번째 파라메터에는 이동하고자 하는 파라메터의 클래스 값인 SecondActvity.class 를 지정한다.

```
            Intent intent = new Intent(MainActivity.this, SecondActivity.class);
    ...
```

이때 이전과 달리 액티비티를 실행시킬 때, startActiviyForResult() 함수를 호출한다. 이 함수는 액티비티를 실행시킬 뿐만 아니라 그 실행된 액티비티로부터 보내진 결과를 받을 수 있다. 즉, 다음 onActiviyResult() 함수에서 그 결과 값을 처리할 수 있다. 또한 이 함수는 파라메터 값으로 Intent 객체 변수와 위에서 선언된 CALLER_REQUEST를 지정한다. 위에서 설명하였듯이 이 CALLER_REQUEST 상수는 호출된 액티비티를 구분하기 위한 값이다.

```
              startActivityForResult(intent, CALLER_REQUEST);
            }
        });
    }
```

다음 onActivityResult() 함수는 호출된 서브 액티비티로부터 전달된 값을 처리하고자할 때 사용된다. 이 함수의 첫 번째 파라메터 값인 requestCode 로부터 어떤 서브 액티비티로부터 전송되었는지를 체크할 수 있다. 즉, 위에서 CALLER_REQUEST 라는 값으로 액티비티를 호출하였으므로 이 값으로 그 전달 결과를 체크한다.

```
protected void onActivityResult(int requestCode, int resultCode, Intent intent){
    if (requestCode == CALLER_REQUEST) {
    ...
```

또한 서브 액티비티에서는 액티비티 값을 호출한 뒤에 전송 요청 확인 표시로 RESULT_OK 를 지정하여 보내는데 이 값이 onActivityResult() 함수의 두 번째 파라메터 값으로 넘어온다. 서브 액티비티로부터 자료 값이 잘 전송되었는지 체크하기 위해 이 resultCode 값이 RESULT_OK 인지를 체크한다.

```
if (resultCode == RESULT_OK) {
...
```

그 다음, 서브 액티비티에서 처리된 인텐트를 통하여 전달된 "email" 의 값을 얻기 위해 getExtras()를 사용한다. 서버 액티비티에서는 putExtra() 라는 함수로 이 값을 전달하였으므로 메인 액티비티에서는 getExtras() 함수를 사용하여 이 값을 받을 수 있다. 또한 이 값을 문자열로 변경하기 위해서는 toString() 이라는 함수를 사용하여 String 타입으로 변경이 필요하다.

```
String email = intent.getExtras().get("email").toString();
...
```

이제 findViewById() 함수를 사용하여 디자인 뷰의 EditText 위젯을 참조한다. 즉, 위에서 작성한 EditText 를 참조하기 위해서는 파라메터 값에 R.id.editText 를 지정한다.

```
EditText editEmail = (EditText) findViewById(R.id.editText);
```

이어서 setText()를 호출하여 위에서 얻는 email 값을 EditText 위젯을 출력한다.

```
            editEmail.setText(email);
        }
    }
```

```
        }
}
```

이제 두 번째 액티비티인 SecondActivity 가 호출되는 SecondActivty.java 파일을 살펴보자. 이 파일 역시 다음과 같이 Activity 클래스의 자식 클래스인 AppCompatActivity 클래스로부터 계승받는 SecondActivity 클래스를 선언한다.

```
public class SecondActivity extends AppCompatActivity {
...
```

그다음, 파라메터로 Bundle 타입의 savedInstanceState를 사용하는 onCreate() 메소드를 작성한다. 이 메소드는 액티비티를 생성할 때 자동으로 실행된다.

```
    @Override
    protected void onCreate(Bundle savedInstanceState) {
        super.onCreate(savedInstanceState);
        ...
```

그다음, 파라메터로 Bundle 타입의 savedInstanceState를 사용하는 onCreate() 메소드를 작성한다. 이 메소드는 액티비티를 생성할 때 자동으로 실행된다. 여기서는 TextView 1 개와 EditText 1개 그리고 Button 1 개가 표시된다.

```
        setContentView(R.layout.second_main);
        ...
```

이제 findViewById() 함수를 사용하여 디자인 뷰의 버튼 위젯을 참조한다. 즉, 위에서 작성한 버튼을 참조하기 위해서는 파라메터 값에 R.id.button2 을 지정한다.

```
        Button button = (Button) findViewById(R.id.button2);
        ...
```

그다음, 생성된 Button 객체를 이용하여 첫 번째 버튼에 대한 이벤트 처리 메소드를 생성한다. 여기서는 버튼을 클릭할 때 실행되도록 하는 이벤트 리스너(Event Listener)를 등록하여 이 리스너에 의해 호출되는 콜백 메소드를 등록해준다. 즉, 다음과 같이 View.OnClickListener() 객체를 생성하고 이 객체를 파라미터로 하는 setOnClickListener()를 호출한다. 즉, 버튼이 눌려지게 되면 자동으로 무명 클래스 내부에 있는 onClick() 함수가 호출되어진다.

```
button.setOnClickListener(new View.OnClickListener() {
    @Override
    public void onClick(View v) {
    ...
```

동일한 방법으로 findViewById() 함수에 R.id.editText2 를 지정하여 디자인 뷰의 EditText를 참조한다.

```
EditText editEmail = (EditText) findViewById(R.id.editText2);
    ...
```

이제 이 함수 안에서 Intent를 호출한다. 자료만 전송할 뿐이므로 별도의 파라메터를 지정할 필요가 없다.

```
Intent intent = new Intent();
    ...
```

이제 Intent 객체의 putExtra()를 사용하여 전송할 값에 원하는 이름을 지정한다. 여기서는 editEmail 에 지정된 이메일 값에 "email"이라는 이름을 지정하여 인텐트로 전달한다. 메인 액티비티의 onActivityResult() 함수에서 getExtras() 함수를 이용하여 이 email 값을 받을 수 있다.

```
intent.putExtra("email", editEmail.getText());
    ...
```

값 전달 확인을 위해서 RESULT_OK 라는 값을 설정하여 보낸다. 이 값 역시 onActivityResult() 함수의 두 번째 파라메터를 통하여 값을 확인 할 수 있다.

```
setResult(RESULT_OK, intent);
    ...
```

이제 finish() 함수를 이용하여 서버 액티비티를 종료시킨다. 이때 서브 액티비티는 종료되고 메인 액티비티로 이동하여 onActivityResult() 함수가 실행되어진다.

```
                finish();
            }
        });
    }
}
```

8.4 암시적 인텐트(Implicit intent)

 명시적 인텐트와 달리 암시적 인텐트는 컴포넌트의 이름을 명시하지 않고 사용한다. 즉, 전화 걸기, 웹브라우저 실행, 연락처 보기 등을 처리할 경우, 특정한 이름의 컴포넌트를 입력하지 않더라도 인텐트에서 제공하는 상수를 이용하여 원하는 기능을 실행시킬 수 있는데 이러한 것을 암시적 인텐트라고 한다. 다음 예제를 통하여 암시적 인텐트가 어떻게 동작되는지 알아보자.

그대로 따라하기

1 안드로이드 스튜디오를 실행하고 시작 화면이 나타나면 첫 번째 항목인 Start a new Android Studio project를 선택한다.

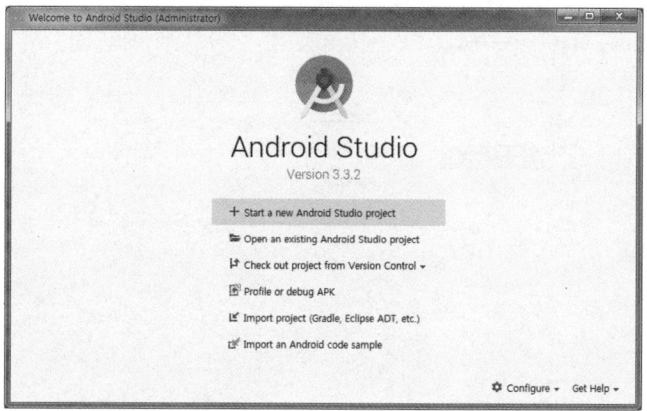

그림 8.62 Start a new Android Studio project 선택

2 이때 다음과 같이 프로젝트 선택 윈도우가 나타난다. 먼저 위쪽에서 기본적으로 선택되어

있는 Phone and Tablet 를 그대로 지정하고 비어있는 화면을 보여주는 "Empty Activity" 를 선택한 뒤, Next 버튼을 누른다.

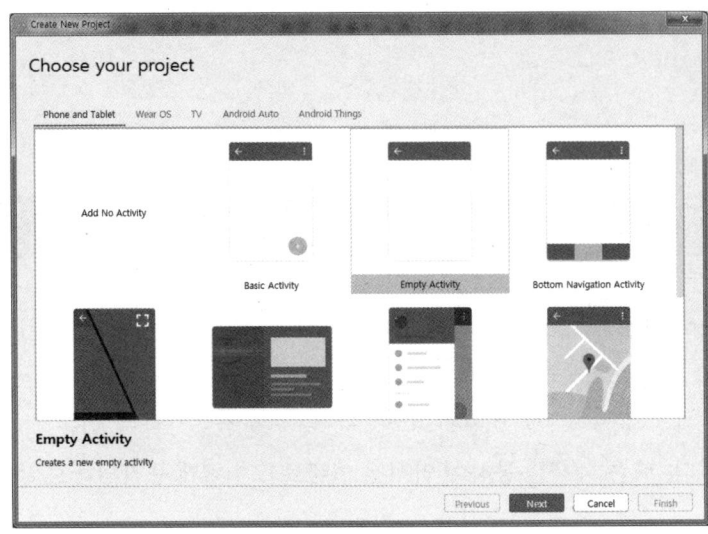

그림 8.63 Empty Activity 선택

3 이어서 다음과 같이 안드로이드 프로젝트 설정 윈도우가 나타난다. 첫 번째 Name 항목에 "ImplicitIntentSample" 이라고 입력한다. 그 다음 줄 항목들은 모두 그대로 두고 아래쪽에 위치한 Finish 버튼을 눌러 프로젝트를 생성한다.

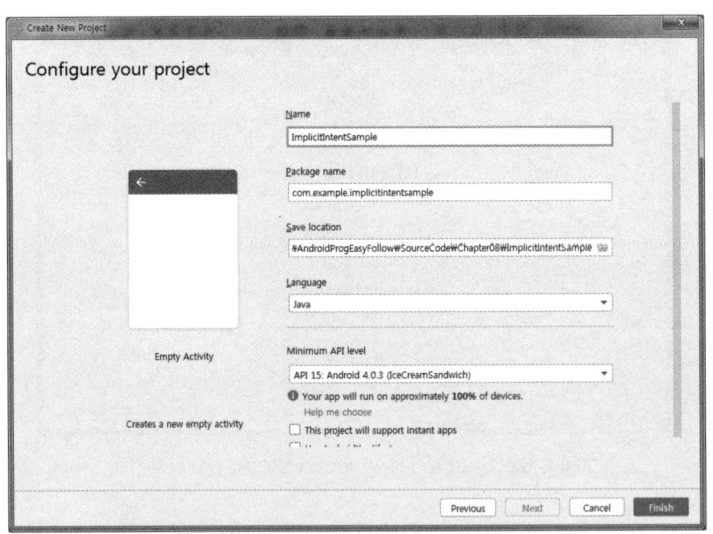

그림 8.64 안드로이드 프로젝트 이름 입력 및 생성 종료

4 이제 오른쪽 에디터에는 activity_main.xml 와 MainActivity.java 파일이 자동으로 표시된다. 이때 activity_main.xml 탭을 눌러 레이아웃 에디터를 표시한다. 레이아웃 에디터에는 중앙에 "Hello World" TextView 가 표시된다. 이제 마우스로 이 "Hello World" TextView를 선택하고 Delete 키를 누르거나 오른쪽 마우스 버튼에서 Delete 항목을 선택하여 삭제한다.

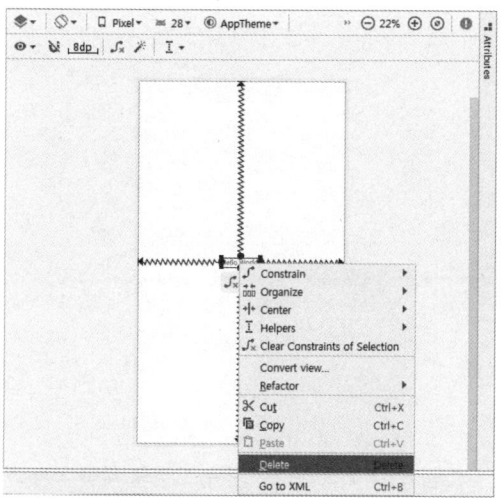

그림 8.65 "Hello World" TextView 삭제

5 이제 팔레트 왼쪽에서 Common 을 선택한 상태에서 이어서 마우스로 오른쪽에 표시되는 Button 을 클릭하고 드렉-엔-드롭으로 오른쪽 레이아웃 뷰 위쪽에 떨어뜨린다. 또한 오른쪽 속성창의 text 속성에 "Seoul Search"을 지정한다.

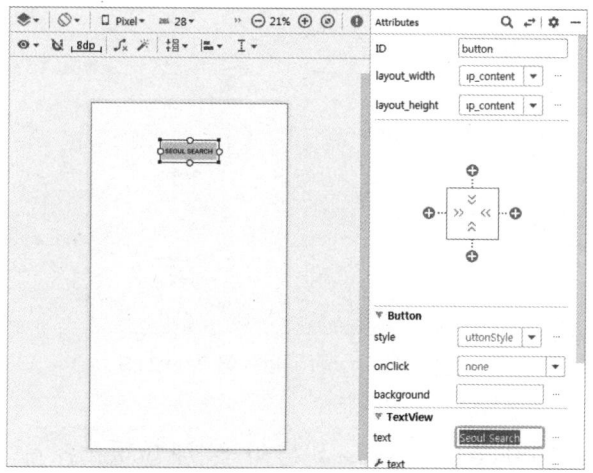

그림 8.66 Button 추가 및 text 속성 값 변경

제8장_ 인텐트   503

6 Button 의 위쪽 중앙 작은 원을 클릭하고 레이아웃 뷰 위쪽에 연결시킨다. 또한 동일한 방법으로 Button의 왼쪽, 오른쪽 중앙 작은 원을 각각 클릭하고 그대로 레이아웃 뷰 왼쪽 끝과 오른쪽에 연결시킨다.

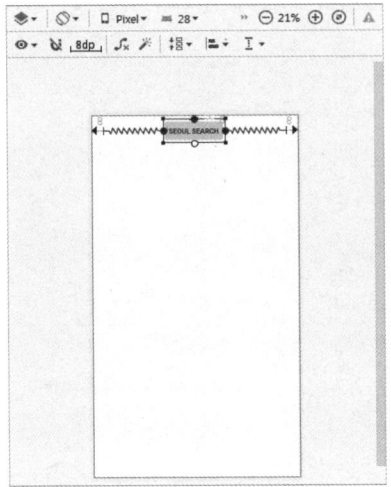

그림 8.67 Button 위, 왼쪽, 오른쪽 제약 설정

7 이어서 오른쪽 속성 창을 불러내고 속성 창에서 layout_width 에 0 dp를 지정한다.

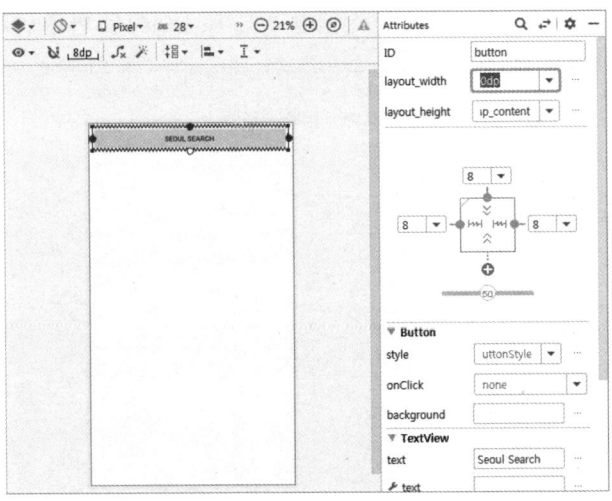

그림 8.68 layout_width 에 0 dp 지정

8 동일한 방법으로 팔레트로부터 Phone 버튼 아래쪽에 Button 을 하나 추가하고 5 에서 7 까지 과정을 반복 처리한다. 다만 Button 의 text 속성은 "Google Search" 으로 지정한다.

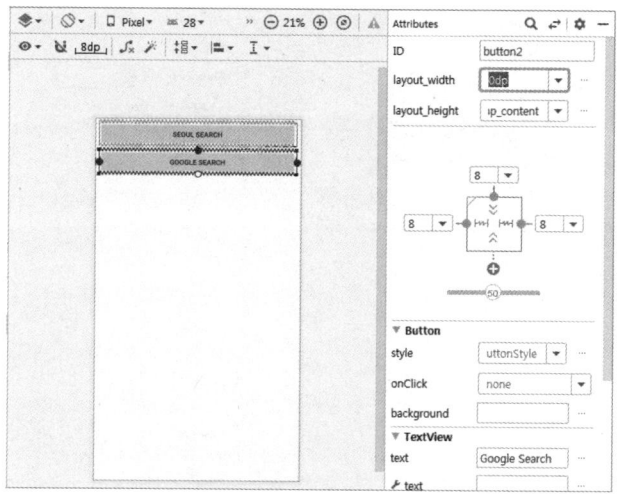

그림 8.69 Google Search 버튼 추가

9 이어서 같은 방법으로 팔레트로부터 Google Search 버튼 아래쪽에 Button 을 하나 추가하고 **5**에서 **7**까지 과정을 반복 처리한다. 다만 Button 의 text 속성은 "Contact" 으로 지정한다.

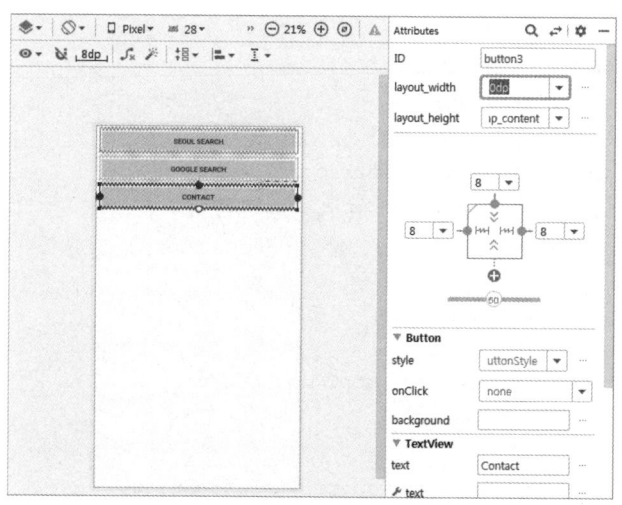

그림 8.70 Contact 버튼 추가

10 계속해서 같은 방법으로 팔레트로부터 Contact 버튼 아래쪽에 Button 을 하나 추가하고 **5**에서 **7**까지 과정을 반복 처리한다. 다만 Button 의 text 속성은 "E-Mail" 으로 지정한다.

제8장_ 인텐트 **505**

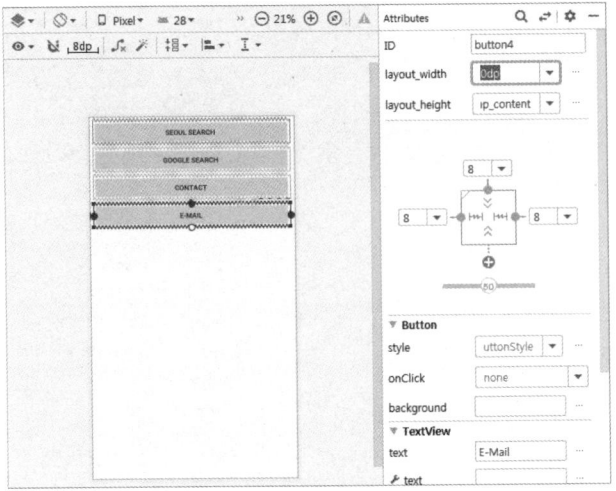

그림 8.71 E-Mail 버튼 추가

11 이어서 에디터에서 MainActivity.java 탭을 선택한다. 이때 안드로이드 스튜디오 오른쪽에는 MainActivity.java 파일이 열리는데 다음과 같은 코드를 추가 입력한다.

```java
package com.example.implicitintentsample;

import android.app.SearchManager;
import android.content.Intent;
import android.net.Uri;
import android.provider.ContactsContract;
import android.support.v7.app.AppCompatActivity;
import android.os.Bundle;
import android.view.View;
import android.widget.Button;

public class MainActivity extends AppCompatActivity {

    @Override
    protected void onCreate(Bundle savedInstanceState) {
        super.onCreate(savedInstanceState);
        setContentView(R.layout.activity_main);

        Button button = (Button) findViewById(R.id.button);
        button.setOnClickListener(new View.OnClickListener() {
            @Override
```

```java
            public void onClick(View v) {
                Intent map = new Intent();
                map.setAction(Intent.ACTION_VIEW);
                map.setData(Uri.parse("geo:0,0?q=seoul"));
                startActivity(map);
            }
        });

        Button button2 = (Button) findViewById(R.id.button2);
        button2.setOnClickListener(new View.OnClickListener() {
            @Override
            public void onClick(View v) {
                Intent search = new Intent(Intent.ACTION_WEB_SEARCH);
                search.putExtra(SearchManager.QUERY, "Android Programming");
                startActivity(search);
            }
        });

        Button button3 = (Button) findViewById(R.id.button3);
        button3.setOnClickListener(new View.OnClickListener() {
            @Override
            public void onClick(View v) {
                Intent contact = new Intent();
                contact.setAction(android.content.Intent.ACTION_VIEW);
                contact.setData(ContactsContract.Contacts.CONTENT_URI);
                startActivity(contact);
            }
        });

        Button button4 = (Button) findViewById(R.id.button4);
        button4.setOnClickListener(new View.OnClickListener() {
            @Override
            public void onClick(View v) {
                Uri email = Uri.parse("mailto:test1@hotmail.com");
                Intent emailInt = new Intent(Intent.ACTION_SENDTO, email);
                startActivity(emailInt);
            }
        });
    }
}
```

⑫ 다시 프로젝트 탭에서 app-manifests 아래 위치한 AndroidManifest.xml 파일을 더블 클릭하여 레이아웃 에디터에서 오픈시키고 다음 코드를 추가 입력한다.

```xml
<?xml version="1.0" encoding="utf-8"?>
<manifest xmlns:android="http://schemas.android.com/apk/res/android"
    package="com.example.applenote.implicitintentsample">

    <uses-permission android:name="android.permission.INTERNET" />
    <application
        android:allowBackup="true"
        android:icon="@mipmap/ic_launcher"
        android:label="@string/app_name"
        android:roundIcon="@mipmap/ic_launcher_round"
        android:supportsRtl="true"
        android:theme="@style/AppTheme">
        <activity android:name=".MainActivity">
            <intent-filter>
                <action android:name="android.intent.action.MAIN" />

                <category android:name="android.intent.category.LAUNCHER" />
            </intent-filter>
        </activity>
    </application>
</manifest>
```

⑬ 마지막으로 실제 기기를 PC에 연결하고 안드로이드 스튜디오 위쪽에 위치한 Run 버튼을 누르면 배포 타겟(deployment target) 화면이 나타난다. 연결된 디바이스 혹은 가상 화면을 선택하고 OK 버튼을 눌러 실행시켜 다음과 같은 화면이 나타나는지 확인해 본다. 화면이 이상 없이 나타나면 각각의 버튼을 눌러 전화걸기, 구글 검색, 주소록, 이메일 기능 등이 실행되는지 살펴본다.

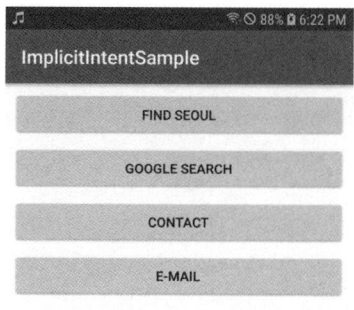

그림 8.72 ImplicitIntentSample 프로젝트 실행 화면

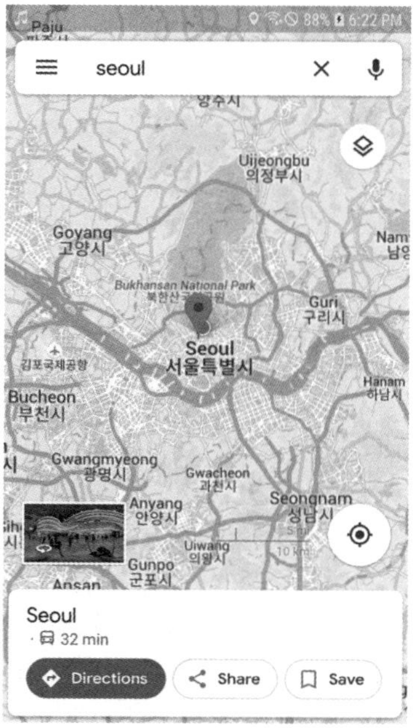

그림 8.73 첫 번째 버튼 Find Seoul 의 실행 화면

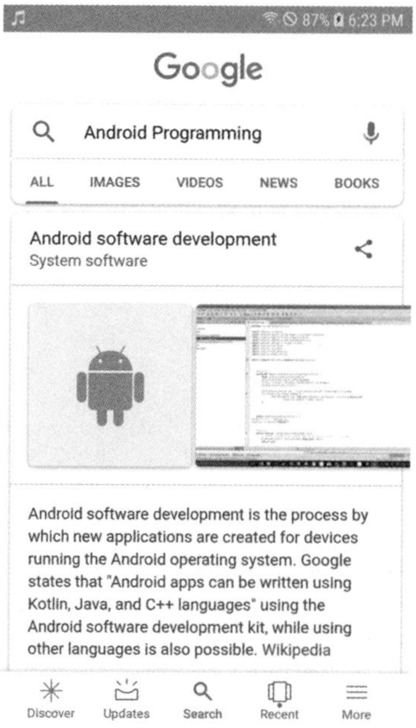

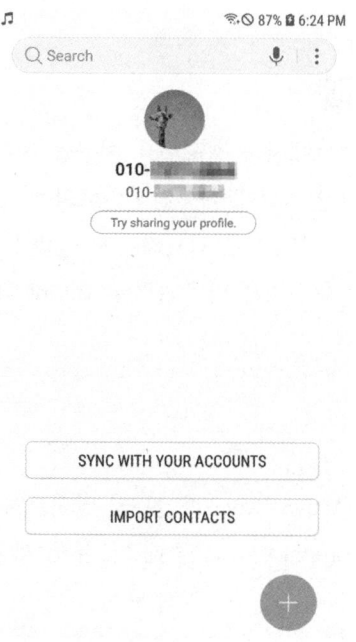

그림 8.74 두 번째 버튼 Google Search 의 실행 화면

그림 8.75 세 번째 버튼 Contact 의 실행 화면

제8장_ 인텐트 **509**

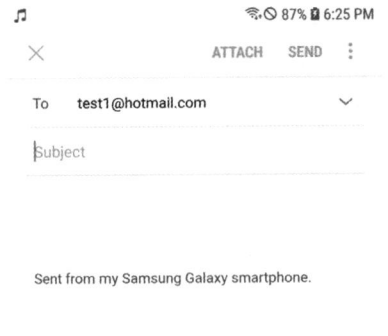

그림 8.76 네 번째 버튼 E-Mail 의 실행 화면

원리 설명

　명시적 인텐트에서는 컴포넌트 이름을 지정하여 원하는 컴포넌트를 실행하는 기능을 처리하였으나 암시적 인텐트에서는 컴포넌트의 이름을 지정하지 않고 인텐트의 액션과 데이터를 지정하여 전화걸기, 지도표시, 웹브라우저 실행 등의 기능을 처리할 수 있다. 예를 들어, 웹 브라우저를 실행시키고자 한다면 다음과 같은 Intent 객체를 생성할 수 있다.

```
intent = new Intent(Intent.Action_View,
                    Uri.parse("http://www.naver.com");
```

　이제 MainActivity.java 파일부터 살펴보자. 이 파일은 다음과 같이 Activity 클래스의 자식 클래스인 AppCompatActivity 클래스로부터 계승받는 MainActivity 클래스를 선언한다.

```
public class MainActivity extends AppCompatActivity {
...
```

그다음, 파라미터로 Bundle 타입의 savedInstanceState를 사용하는 onCreate() 메소드를 작성한다. 이 메소드는 액티비티를 생성할 때 자동으로 실행된다.

```
@Override
protected void onCreate(Bundle savedInstanceState) {
    super.onCreate(savedInstanceState);
    ...
```

그다음, 파라미터로 Bundle 타입의 savedInstanceState를 사용하는 onCreate() 메소드를 작성한다. 이 메소드는 액티비티를 생성할 때 자동으로 실행된다. 여기서는 Button 4개가 표시된다.

```
    setContentView(R.layout.activity_main);
    ...
```

이제 findViewById() 함수를 사용하여 디자인 뷰의 "FIND SEOUL" 버튼 위젯을 참조한다. 즉, 위에서 작성한 버튼을 참조하기 위해서는 파라미터 값에 R.id.button 을 지정한다.

```
    Button button = (Button) findViewById(R.id.button);
    ...
```

그다음, 생성된 Button 객체를 이용하여 첫 번째 버튼에 대한 이벤트 처리 메소드를 생성한다. 여기서는 버튼을 클릭할 때 실행되도록 하는 이벤트 리스너(Event Listener)를 등록하여 이 리스너에 의해 호출되는 콜백 메소드를 등록해준다. 즉, 다음과 같이 View.OnClickListener() 객체를 생성하고 이 객체를 파라미터로 하는 setOnClickListener()를 호출한다. 즉, 첫 번째 버튼이 눌려지게 되면 자동으로 무명 클래스 내부에 있는 onClick() 함수가 호출되어진다.

```
    button.setOnClickListener(new View.OnClickListener() {
        @Override
        public void onClick(View v) {
            ...
```

이제 onClick() 함수에서 암시적 인텐트를 사용하여 여러 가지 원하는 기능을 처리할 수 있다. 먼저 다음과 같이 Intent() 객체를 생성한다.

```
            Intent map = new Intent();
                ...
```

암시적 인텐트는 여러 가지 기능을 액션을 통하여 지정할 수 있다. 즉, 안드로이드 폰에서 제공되는 대부분의 기능을 액션을 통하여 처리할 수 있다. 다음 표 8.1 은 액션을 통하여 지정할 수 있는 상수를 보여준다.

표 8.1 액션에 지정되는 상수

액션에 지정되는 상수	설명
ACTION_VIEW	원하는 자료를 표시한다.
ACTION_EDIT	편집할 수 있는 자료를 표시한다.
ACTION_WEB_SEARCH	웹 브라우저를 통하여 원하는 자료를 검색한다.
ACTION_CALL	전화통화를 처리한다.
ACTION_DIAL	전화번호 화면을 표시한다.

예를 들어, 액션을 호출하는 함수 setAction() 에 ACTION_VIEW 상수를 지정하면 원하는 위치의 맵을 표시할 수 있다.

```
            call.setAction(Intent.ACTION_VIEW);
                ...
```

이어서 setData() 함수에 Uri.parse() 함수를 사용하여 원하는 위치를 찾아 표시할 수 있다.

위치를 찾고자 할 때, 다음과 같이 geo 명령을 사용하여 원하는 지역을 검색할 수 있다.

geo:위도, 경도?q=원하는 지역

geo 다음에 위도, 경도를 지정하는데 이 지정된 위도와 경도를 중심으로 원하는 지역을 찾을 수 있다. 만일 위도, 경도에 각각 0 값을 지정하면 현재 위치에서 원하는 지역을 찾는다.

예를 들어, 현재 위치에서 원하는 위치를 "seoul" 로 찾고자 한다면 다음과 같이 지정할 수 있다.

```
            map.setData(Uri.parse("geo:0,0?q=seoul"));
            ...
```

마지막으로 startActivity()를 호출하여 액티비티 기능을 실행한다.

```
            startActivity(call);
        }
    });
```

동일한 방법으로 findViewById() 함수를 사용하여 디자인 뷰의 "GOOGLE SEARCH" 버튼 위젯을 참조한다. 즉, 위에서 작성한 버튼을 참조하기 위해서는 파라메터 값에 R.id.button2 을 지정한다.

```
        Button button2 = (Button) findViewById(R.id.button2);
        ...
```

그다음, 생성된 Button 객체를 이용하여 두 번째 버튼에 대한 이벤트 처리 메소드를 생성한다. 여기서는 버튼을 클릭할 때 실행되도록 하는 이벤트 리스너(Event Listener)를 등록하여 이 리스너에 의해 호출되는 콜백 메소드를 등록해준다. 이제 두 번째 버튼이 눌려지게 되면 자동으로 무명 클래스 내부에 있는 onClick() 함수가 호출되어진다.

```
        button2.setOnClickListener(new View.OnClickListener() {
            @Override
            public void onClick(View v) {
                ...
```

이제 다음과 같이 Intent() 객체를 생성해준다. 이때 별도로 setAction() 함수를 사용할 필요 없이 Intent() 객체 안 파라메터 안에 원하는 액션 상수를 지정할 수도 있다. 예를 들어, 원하는 웹 자료 검색을 처리하기 위해서는 ACTION_WEB_SEARCH를 사용해야하는데 다음과 같이 직접 Intent() 객체 안에 지정한다.

```
            Intent search = new Intent(Intent.ACTION_WEB_SEARCH);
            ...
```

그다음, 다음과 같이 putExtra() 함수를 사용하여 원하는 질의 문장에 대한 파라메터를 지정한다. 질의 처리하기 위해서 SearchManager.QUERY를 첫 번째 파라메터에 지정하고 원하는 질의 문장 "Android Programming"을 두 번째 파라메터에 지정한다.

```
search.putExtra(SearchManager.QUERY, "Android Programming");
    ...
```

마지막으로 startActivity()를 호출하여 액티비티 기능을 실행한다.

```
        startActivity(search);
    }
});
```

동일한 방법으로 findViewById() 함수를 사용하여 디자인 뷰의 "CONTACT" 버튼 위젯을 참조한다. 즉, 위에서 작성한 버튼을 참조하기 위해서는 파라메터 값에 R.id.button3 을 지정한다.

```
Button button3 = (Button) findViewById(R.id.button3);
    ...
```

그다음, 생성된 Button 객체를 이용하여 두 번째 버튼에 대한 이벤트 처리 메소드를 생성한다. 여기서는 버튼을 클릭할 때 실행되도록 하는 이벤트 리스너(Event Listener)를 등록하여 이 리스너에 의해 호출되는 콜백 메소드를 등록해준다. 이제 세 번째 버튼이 눌려지게 되면 자동으로 무명 클래스 내부에 있는 onClick() 함수가 호출되어진다.

```
button3.setOnClickListener(new View.OnClickListener() {
    @Override
    public void onClick(View v) {
        ...
```

이제 onClick() 함수에서 암시적 인텐트를 사용하여 여러 가지 원하는 기능을 처리할 수 있다. 먼저 다음과 같이 Intent() 객체를 생성한다.

```
Intent contact = new Intent();
    ...
```

이제 액션을 호출하는 함수 setAction() 에 ACTION_VIEW 상수를 지정하여 원하는 자료를 화면에 표시할 수 있다.

```
contact.setAction(android.content.Intent.ACTION_VIEW);
...
```

이어서 setData() 함수를 이용하여 주소록의 자료를 화면에 표시한다. 이때 setData() 함수의 파라메터에 "ContactsContract.Contacts.CONTENT_URI" 값을 지정하면 주소록을 표시해준다.

```
contact.setData(ContactsContract.Contacts.CONTENT_URI);
...
```

마지막으로 startActivity()를 호출하여 액티비티 기능을 실행한다.

```
        startActivity(contact);
    }
});
```

마지막 네 번째 버튼을 처리해보자. 이전 처리 방법으로 findViewById() 함수를 사용하여 디자인 뷰의 "E-MAIL" 버튼 위젯을 참조한다. 즉, 위에서 작성한 버튼을 참조하기 위해서는 파라메터 값에 R.id.button4 을 지정한다.

```
Button button4 = (Button) findViewById(R.id.button4);
...
```

그다음, 생성된 Button 객체를 이용하여 두 번째 버튼에 대한 이벤트 처리 메소드를 생성한다. 여기서는 버튼을 클릭할 때 실행되도록 하는 이벤트 리스너(Event Listener)를 등록하여 이 리스너에 의해 호출되는 콜백 메소드를 등록해준다. 이제 네 번째 버튼이 눌려지게 되면 자동으로 무명 클래스 내부에 있는 onClick() 함수가 호출되어진다.

```
button4.setOnClickListener(new View.OnClickListener() {
    @Override
    public void onClick(View v) {
        ...
```

먼저 주어진 E-Mail 주소를 Url 객체의 parse()를 사용하여 파싱을 처리한다. 여기서 파싱이란 원하는 자료를 구분 분석하여 원하는 자료를 가져오는 것을 말한다. 여기서 원하는 E-Mail 서버, 메일 설정 기능을 분석하여 가져오게 된다.

```
Uri email = Uri.parse("mailto:test1@hotmail.com");
...
```

그 다음, Intent() 객체를 생성하고 파라메터에 메일을 보내는 ACTION_SENDTO 값을 지정하고 위에서 생성한 E-mail 에 대한 Uri 객체를 지정해주어 암시적 인텐트 호출에 대한 준비를 한다.

```
Intent emailInt = new Intent(Intent.ACTION_SENDTO, email);
...
```

마지막으로 startActivity()를 호출하여 액티비티 기능을 실행한다.

```
            startActivity(emailInt);
        }
    });
}
}
```

앱을 실행하기 전에 반드시 처리해야할 일은 권한을 주는 일이다. 현재 앱에서 인터넷을 사용하므로 인터넷 사용 권한이 필요하다. 인터넷 기능을 사용하기 위해서는 다음과 같이 Android Manifest.xml 파일의 〈application〉〈/application〉 태그 위쪽에 다음과 같이 권한 설정을 해준다.

```
<?xml version="1.0" encoding="utf-8"?>
<manifest xmlns:android="http://schemas.android.com/apk/res/android"
    package="com.example.implicitintentsample">

    <uses-permission android:name="android.permission.INTERNET" />

    <application
    ...
```

정리

　안드로이드 어플리케이션은 하나의 화면이 아닌 여러 개의 화면으로 구성되는데 이러한 사용자 인터페이스 화면을 하나의 액티비티(activity)라고 한다. 이러한 액티비티 사이의 이동 처리를 바로 인텐트(intent)를 통하여 처리할 수 있다. 인덴트는 크게 명시적 인텐트와 암시적 인텐트로 구분할 수 있다.

　명시적 인텐트는 버튼을 눌렀을 때 첫 번째 액티비티 A 에서 두 번째 액티비티 B 로 이동할 수 있다. 이 기능을 위해 Intent() 라는 함수를 호출하는데 이 함수는 2개의 파라메터 값을 갖는다. 첫 번째 파라메터는 Context 로서 첫 번째 어플리케이션에 대한 정보에 접근하고자 할 때 사용되는 값이다. 두 번째 파라메터는 이동하고자 하는 파라메터의 클래스 값을 지정한다.

　명시적 인텐트와 달리 암시적 인텐트는 컴포넌트의 이름을 명시하지 않고 사용한다. 즉, 전화걸기, 웹브라우저 실행, 연락처 보기 등을 처리할 경우, 특정한 이름의 컴포넌트를 입력하지 않더라도 인텐트에서 제공하는 상수를 이용하여 원하는 기능을 실행시킬 수 있는데 이러한 것을 암시적 인텐트라고 한다. 즉, 암시적 인텐트에서는 컴포넌트의 이름을 지정하지 않고 인텐트의 액션과 데이터를 지정하여 전화걸기, 지도표시, 웹브라우저 실행 등의 기능들을 쉽게 처리할 수 있다.

제9장

파일처리와 데이터베이스 관리

정보가 많아짐에 따라 원하는 자료를 바로 검색하고 처리하는 기능은 자료 관리의 기본이 되었다. 정보 처리의 주체가 PC에서 스마트폰으로 이동됨에 따라 스마트폰에서도 자료 관리는 처리해야 될 중요한 요소가 되었다. 다행히도 일반적인 스마트폰에서도 PC와 거의 동일한 파일 관리와 데이터베이스 기능을 관리할 수 있는 여러 가지 기능들을 제공하고 있다. 이 장에서는 스마트폰 내부 저장소에 파일을 저장해보고 읽어 들이는 예제와 SQLite3를 이용하여 데이터베이스 파일을 생성해보고 이 데이터베이스 파일을 앱에서 처리하는 예제를 작성해 볼 것이다.

9.1 내부 저장소에서 파일 처리

자신의 앱에서는 내부 저장 메모리에 접근하여 파일을 생성할 수 있고 생성된 파일을 읽어 앱에 출력할 수 있다. 하지만 다른 앱에서는 접근이 불가능하다.

이제 파일을 하나 생성하고 그 파일에 원하는 자료를 쓰고 다시 그 앱을 종료하고 실행한 뒤에 파일에 쓴 자료를 읽는 예제를 만들어보자. 이 예제는 기기의 메모리에 파일을 생성하는 것이므로 실제 기기를 사용하여 작성해본다.

그대로 따라하기

1 안드로이드 스튜디오를 실행하고 시작 화면이 나타나면 첫 번째 항목인 Start a new Android Studio project를 선택한다.

그림 9.1 Start a new Android Studio project 선택

2 이때 다음과 같이 프로젝트 선택 윈도우가 나타난다. 먼저 위쪽에서 기본적으로 선택되어 있는 Phone and Tablet 를 그대로 지정하고 비어있는 화면을 보여주는 "Empty Activity"를 선택한 뒤, Next 버튼을 누른다.

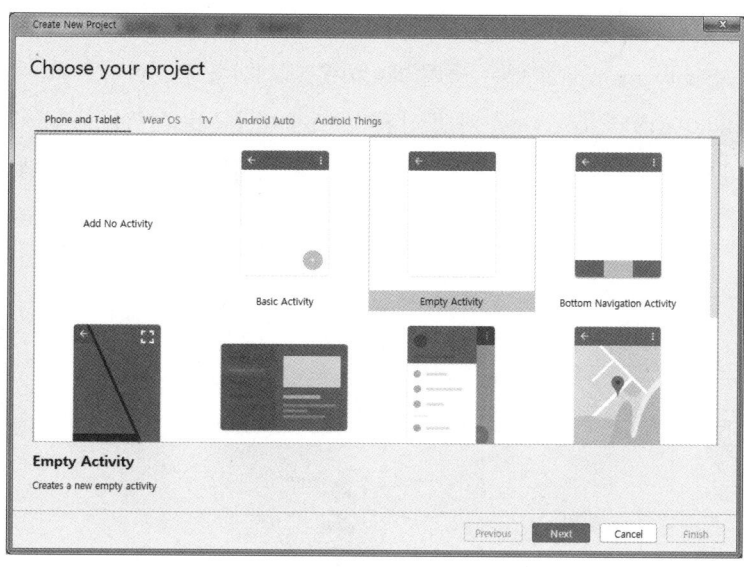

그림 9.2 Empty Activity 선택

3 이어서 다음과 같이 안드로이드 프로젝트 설정 윈도우가 나타난다. 첫 번째 Name 항목에 "FileHandleSample" 이라고 입력한다. 그 다음 줄 항목들은 모두 그대로 두고 아래쪽에 위치한 Finish 버튼을 눌러 프로젝트를 생성한다.

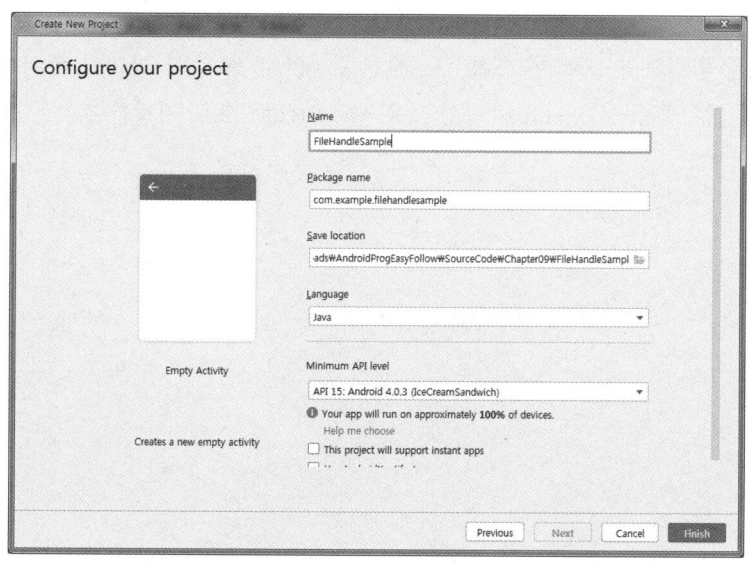

그림 9.3 안드로이드 프로젝트 이름 입력 및 생성 종료

제9장_ 파일처리와 데이터베이스 관리 **521**

4 이제 오른쪽 에디터에는 activity_main.xml 와 MainActivity.java 파일이 자동으로 표시된다. 이때 activity_main.xml 탭을 눌러 레이아웃 에디터를 표시한다. 레이아웃 에디터에는 중앙에 "Hello World" TextView 가 표시된다. 이제 마우스로 이 "Hello World" TextView를 선택하고 Delete 키를 누르거나 오른쪽 마우스 버튼에서 Delete 항목을 선택하여 삭제한다.

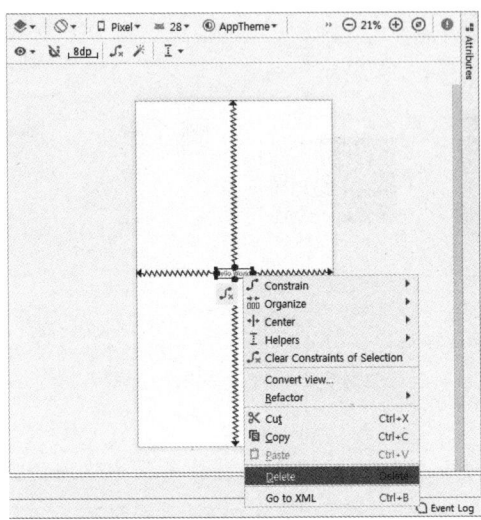

그림 9.4 "Hello World" TextView 삭제

5 이제 팔레트 왼쪽에서 Common 을 선택한 상태에서 이어서 마우스로 오른쪽에 표시되는 Button 을 클릭하고 드렉-엔-드롭으로 오른쪽 레이아웃 뷰의 임의의 위치에 떨어뜨린다. 오른쪽의 위치한 속성 창의 text 속성 값을 'File Create' 으로 지정한다.

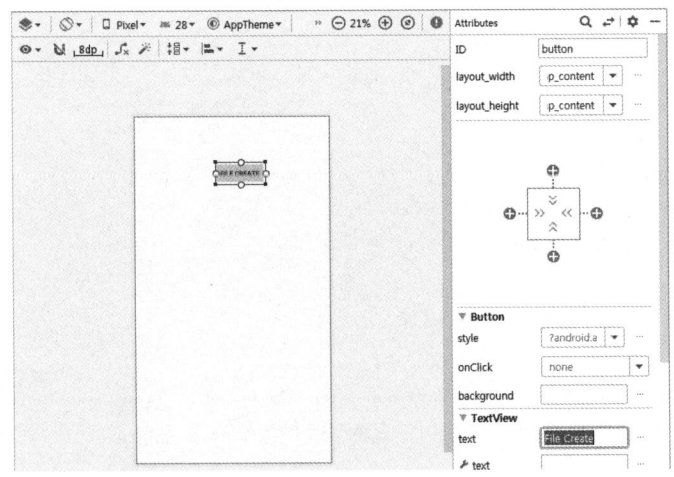

그림 9.5 첫 번째 Button 추가 및 그 text 속성 변경

6 이어서 첫 번째 Button 의 위쪽 중앙 작은 원을 클릭하고 레이아웃 뷰 위쪽 끝에 연결시킨다. 또한 동일한 방법으로 Button의 왼쪽, 오른쪽 중앙 작은 원을 각각 클릭하고 그대로 레이아웃 뷰 왼쪽 끝과 오른쪽에 연결시킨다.

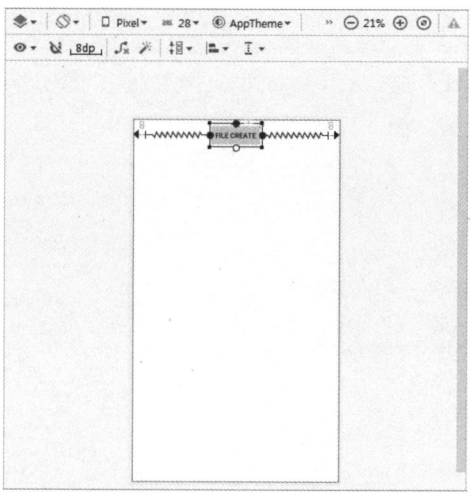

그림 9.6 첫 번째 Button 위, 왼쪽, 오른쪽 제약 설정

7 계속해서 팔레트 왼쪽에서 Common 을 선택한 상태에서 이어서 마우스로 오른쪽에 표시되는 Button 을 클릭하고 드렉-엔-드롭으로 오른쪽 레이아웃 뷰의 첫 번째 버튼 아래쪽 위치에 떨어뜨린다. 오른쪽의 위치한 속성 창의 text 속성 값을 'File Delete' 으로 지정한다.

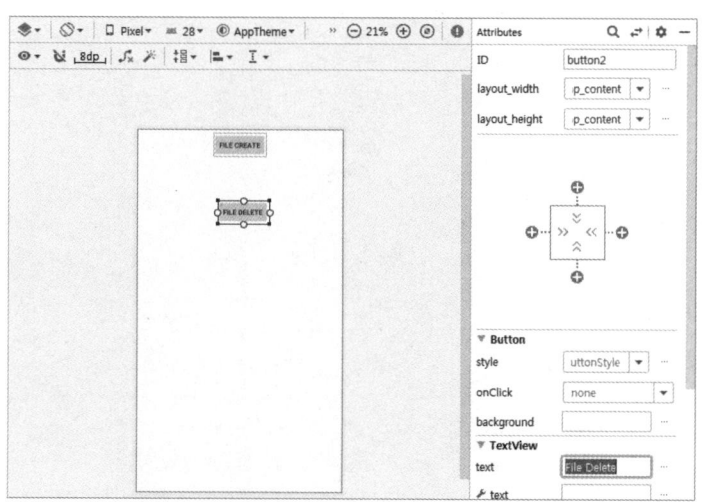

그림 9.7 두 번째 Button 추가 및 그 text 속성 변경

제9장_ 파일처리와 데이터베이스 관리 **523**

8 이어서 두 번째 Button 의 위쪽 중앙 작은 원을 클릭하고 첫 번째 버튼의 아래쪽 중앙 작은 원에 연결시킨다. 또한 동일한 방법으로 두 번째 Button의 왼쪽, 오른쪽 중앙 작은 원을 각각 클릭하고 그대로 레이아웃 뷰 왼쪽 끝과 오른쪽에 연결시킨다.

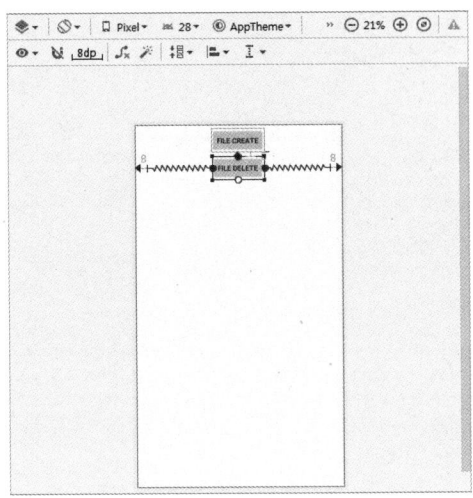

그림 9.8 두 번째 Button 위, 왼쪽, 오른쪽 제약 설정

9 다시 팔레트 왼쪽에서 Text 을 선택한 상태에서 이어서 마우스로 오른쪽에 표시되는 Plain Text 을 클릭하고 드렉-엔-드롭으로 오른쪽 레이아웃 뷰의 두 번째 버튼 아래쪽 위치에 떨어뜨린다.

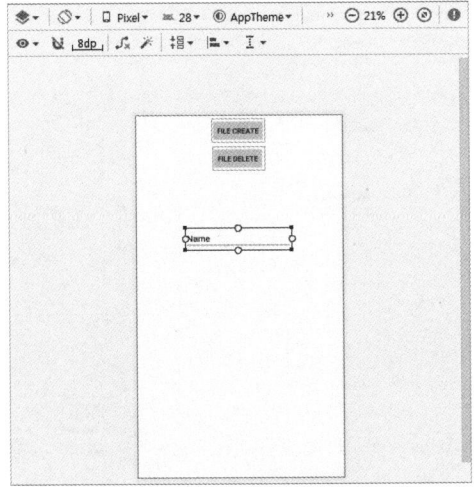

그림 9.9 Text Plain 추가

⑩ 이어서 Text Plain 의 위쪽 중앙 작은 원을 클릭하고 두 번째 버튼의 아래쪽 중앙 작은 원에 연결시킨다. 또한 동일한 방법으로 Text Plain 의 왼쪽, 오른쪽, 아래 중앙 작은 원을 각각 클릭하고 그대로 레이아웃 뷰 왼쪽 끝과 오른쪽, 아래쪽에 연결시킨다.

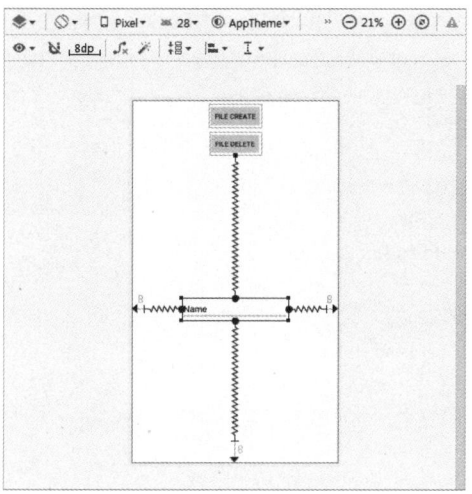

그림 9.10 Text Plain 의 위, 왼쪽, 오른쪽, 아래 제약 설정

⑪ 계속해서 오른쪽 속성 창을 표시하고 그 오른쪽 속성창의 layout_width 에 0 dp를 지정하고 text 속성에 "" 을 지정한다.

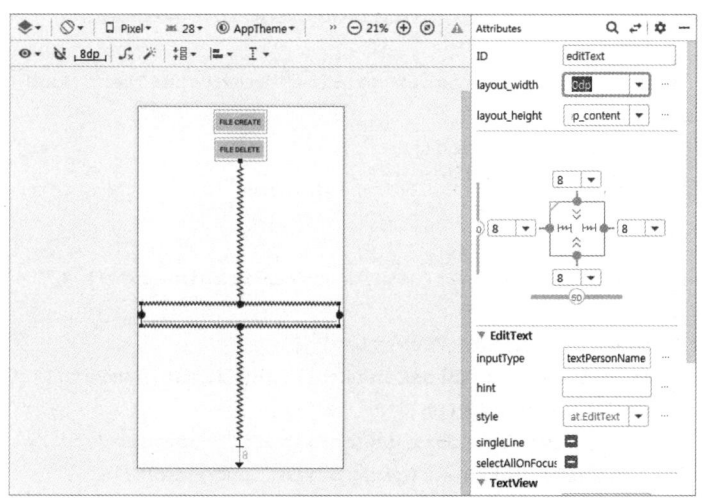

그림 9.11 layout_width 와 text 속성 값 변경

🔟 이어서 에디터에서 MainActivity.java 탭을 선택한다. 이때 안드로이드 스튜디오 오른쪽에는 MainActivity.java 파일이 열리는데 다음과 같은 코드를 추가 입력한다.

```java
package com.example.filehandlesample;

import android.support.v7.app.AppCompatActivity;
import android.os.Bundle;
import android.view.View;
import android.widget.Button;
import android.widget.EditText;
import android.widget.Toast;
import java.io.BufferedReader;
import java.io.File;
import java.io.InputStreamReader;
import java.io.OutputStreamWriter;

public class MainActivity extends AppCompatActivity {

    @Override
    protected void onCreate(Bundle savedInstanceState) {
        super.onCreate(savedInstanceState);
        setContentView(R.layout.activity_main);

        final EditText editText = (EditText) findViewById(R.id.editText);
        Button button = (Button) findViewById(R.id.button);
        Button button2= (Button) findViewById(R.id.button2);

        File file = getBaseContext().getFileStreamPath("text.txt");
        if(file.exists()) {
            String str = fileRead();
            editText.setText(str);
        }

        button.setOnClickListener(new View.OnClickListener() {
            @Override
            public void onClick(View view) {
                File file = getBaseContext().getFileStreamPath("text.txt");
                if(!file.exists()) {
                    fileWrite("This is a filewrite Sample!");
                    Toast.makeText(getApplicationContext(),
                            "File Write Success! ",
                            Toast.LENGTH_SHORT).show();
                }
```

```java
            }
        });

        button2.setOnClickListener(new View.OnClickListener() {
            @Override
            public void onClick(View view) {
                File file = getBaseContext().getFileStreamPath("text.txt");
                if(file.exists()) {
                    file.delete();
                    Toast.makeText(getApplicationContext(),
                            "File Delete Success! ",
                            Toast.LENGTH_SHORT).show();
                }
            }
        });
}

public void fileWrite(String data)
{
    OutputStreamWriter osw = null;
    FileOutputStream fos = null;
    try {
        fos = openFileOutput("text.txt", MODE_PRIVATE);
        osw = new OutputStreamWriter(fos);
        osw.write(data);
        osw.close();
        fos.close();
    }
    catch (Exception e) {
        e.printStackTrace();
    }
}

public String fileRead()
{
    FileInputStream fis = null;
    InputStreamReader isr = null;
    BufferedReader br = null;
    String str = "";
    try {
        fis = openFileInput("text.txt");
        isr = new InputStreamReader(fis);
        br = new BufferedReader(isr);
        str = br.readLine();
```

```
                br.close();
                isr.close();
                fis.close();
            }
            catch (Exception e) {
            }
            return str;
    }
}
```

13 마지막으로 실제 기기를 PC에 연결하고 안드로이드 스튜디오 위쪽에 위치한 Run 버튼을 누르면 배포 타겟(deployment target) 화면이 나타난다. 연결된 디바이스 혹은 가상 화면을 선택하고 OK 버튼을 눌러 실행시켜 다음과 같은 화면이 나타나는지 확인해본다(그림 9.12 참조). 먼저 File Create 버튼을 눌러 파일을 생성해본다(그림 9.13 참조). 스마트폰 홈 버튼 오른쪽을 눌러 앱을 시키고 다시 앱을 실행시킨다. 이때 그림 9.14 과 같이 파일 내용이 출력되는지 확인한다. 마지막으로 File Delete 버튼을 눌러 파일을 삭제한다(그림 9.15 참조).

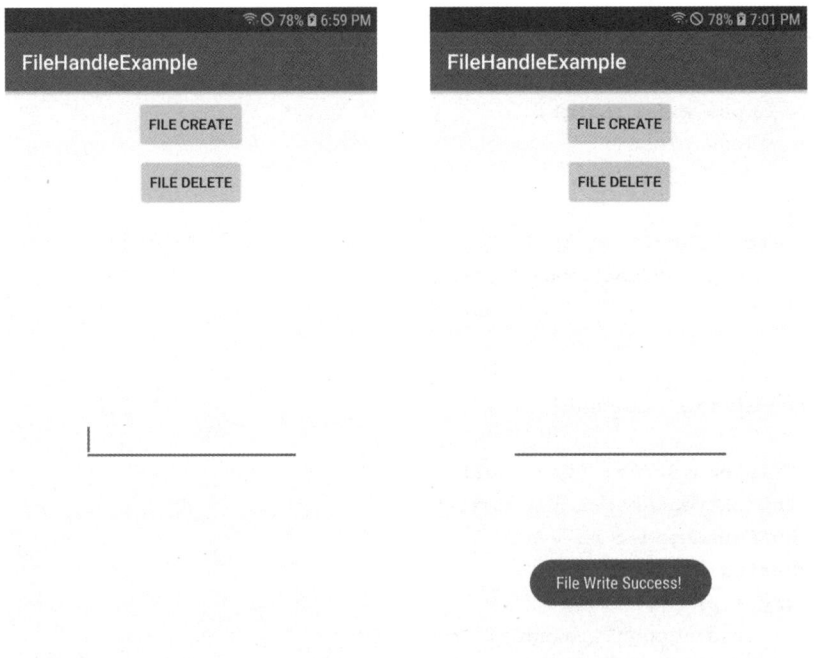

그림 9.12 FileHandleSample 프로젝트 실행 화면

그림 9.13 File Create 버튼을 눌러 파일 생성

그림 9.14 앱을 다시 실행하여 파일 내용 출력 확인

그림 9.15 File Delete 버튼을 눌러 파일 삭제

 원리 설명

이 예제에서 사용된 파일 관련 함수는 다음과 같다.

표 9.1 파일 관련 함수

함수 이름	설명
openFileOutput()	자신의 앱에 할당된 지정된 경로 파일에 접근하여 출력 열기
OutputStreamWriter()	바이트기반 스트림을 문자기반 스트림으로 연결하여 출력
InputStreamReader()	바이트기반 스트림을 문자기반 스트림으로 연결하여 읽기
BufferedReader()	높은 효율을 제공하는 버퍼를 이용하여 자료 읽기
readLine()	한 줄 읽기 처리

소스코드를 설명하기 전에 먼저 이 앱에서 파일을 어느 위치에 생성하는지를 알아보자. 당연히 파일을 생성한 뒤에 다음과정을 따라해야한다. 만일 파일을 삭제한 경우, 다시 File Create 버튼을 눌러 파일을 생성하도록 한다.

파일을 생성할 때 사용되는 openFileOut() 메소드는 자신의 앱에서 할당한 지정된 경로의 파일로만 접근가능한데 지정된 경로는 다음과 같다.

```
/data/data/자신의 앱 패키지명/files/
```

앱 패키지명은 소스 코드 첫째 줄에 표시된 이름으로 위 예제에서 사용된 패키지 명은 다음과 같다.

```
com.example.filehandlesample
```

그러므로 예제에서 사용된 text.txt 파일은 실제적으로 다음 패스의 폴더에 생성되어진다.

```
/data/data/com.example.filehandlesample/files/text.txt
```

이 생성된 파일은 보안으로 인하여 감추어 있어서 안드로이드 스튜디오의 장치 파일 탐색기를 이용하여 찾아 볼 수 있다. 안드로이드 스튜디오에서 직접 보기 위해서 먼저 PC 와 폰을 연결해야만 한다. 이 상태에서 위 예제 앱을 실행시키고 File Create 버튼을 눌러 파일을 생성한다. 이어서 안드로이드 스튜디오 가장 오른쪽 아래에 위치한 장치 파일 탐색기(Device File Explorer)를 클릭한다.

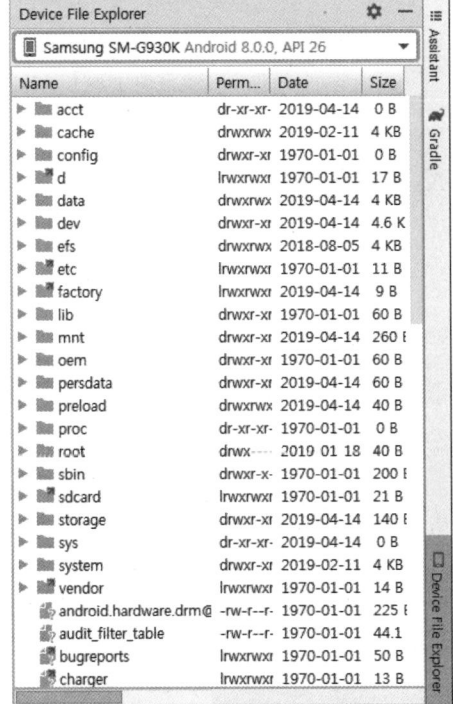

그림 9.16 장치 파일 탐색기(Device File Explorer) 클릭

장치 파일 탐색기에 실행되면 위의 "/data/…" 폴더 아래패스를 하나하나 클릭하여 찾아내려 간다. 이때 혹시 files 폴더까지 찾았는데 파일이 없는 경우, 다음과 같이 files 폴더에서 오른쪽 마우스 버튼을 눌러 Synchronize 를 선택한다.

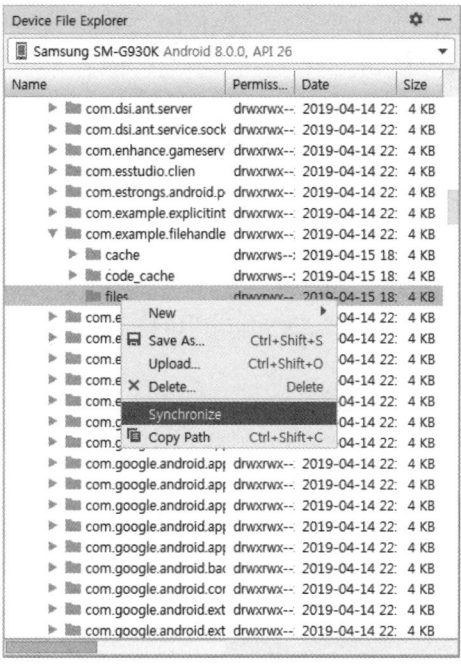

그림 9.17 Synchronize 선택

이제 다음과 같이 text.txt 파일이 나타나는 것을 볼 수 있다.

그림 9.18 text.txt 파일

제9장_ 파일처리와 데이터베이스 관리 **531**

이제 다음과 같이 Activity 클래스의 자식 클래스인 AppCompatActivity 클래스로부터 계승받는 MainActivity 클래스를 선언한다.

```
public class MainActivity extends AppCompatActivity {
...
```

그다음, 파라메터로 Bundle 타입의 savedInstanceState를 사용하는 onCreate() 메소드를 작성한다. 이 메소드는 액티비티를 생성할 때 자동으로 실행된다.

```
    protected void onCreate(Bundle savedInstanceState) {
        super.onCreate(savedInstanceState);
        ...
```

이어서 사용된 setContentView() 함수는 위에서 작성한 activity_main.xml 파일을 연결시켜 이 파일에 작성된 뷰와 위젯들을 그대로 화면에 표시하는 기능을 한다.

```
        setContentView(R.layout.activity_main);
        ...
```

이제 findViewById() 함수를 사용하여 디자인 뷰의 이미지 버튼 위젯을 참조하면서 이 값으로 Button 객체 변수 button 과 button2 를 생성한다. 위에서 작성한 버튼을 참조하기 위해서는 파라메터 값으로 R.id.button 과 R.id.button2 를 각각 지정한다.

```
        Button button = (Button) findViewById(R.id.button);
        Button button2= (Button) findViewById(R.id.button2);
        ...
```

이어서, getFileStreamPath()를 호출하여 File 객체의 정보를 얻는다. 이 함수에서는 openFileInput() 함수에서 생성된 파일의 절대적 패스 위치를 돌려주는데 이 함수는 현재 어플리케이션의 컨텍스트가 요구하므로 getBaseContext()를 사용하여 현재 컨텍스트를 얻은 뒤에 이 함수를 호출한다.

```
        File file = getBaseContext().getFileStreamPath("text.txt");
        ...
```

이제 File 객체의 exists() 함수를 사용하여 파일을 존재하는지를 체크할 수 있다. 만일 파일이 존재하는 경우 사용자 함수 fileRead()를 호출하여 파일에 있는 문장을 읽고 EditText 의 setText()를 호출하여 Plain Text 에 그 문장을 출력해준다. 즉, 파일이 존재하는 경우에 Plain Text 안에 그 내용이 자동으로 출력된다.

```
if(file.exists()) {
    String str = fileRead();
    editText.setText(str);
}
```

그다음, 생성된 Button 객체를 이용하여 이벤트 처리 메소드를 생성한다. 여기서는 버튼을 클릭할 때 실행되도록 하는 이벤트 리스너(Event Listener)를 등록하여 이 리스너에 의해 호출되는 콜백 메소드를 등록해준다. 즉, 다음과 같이 View.OnClickListener() 객체를 생성하고 이 객체를 파라메터로 하는 setOnClickListener()를 호출한다. 즉, 클릭 리스너를 구현하는 무명 클래스를 정의하여 버튼에 등록한다. File Create 버튼이 눌려지게 되면 자동으로 무명 클래스 내부에 있는 onClick() 이 호출된다.

```
button.setOnClickListener(new View.OnClickListener() {
    @Override
    public void onClick(View view) {
        ...
```

이제 버튼을 클릭하면 onClick() 함수가 실행되고 위와 마찬가지로 getFileStreamPath()를 호출하여 File 객체의 정보를 얻는다. 먼저 getBaseContext()를 호출하여 현재 컨텍스트를 가져오고 이 컨텍스트로 다시 getFileStreamPath() 를 호출하여 openFileInput() 함수에서 생성된 파일의 절대적 패스 위치를 받아 File 객체를 생성하게 된다.

```
File file = getBaseContext().getFileStreamPath("text.txt");
    ...
```

이제 File 객체의 exists() 함수를 사용하여 파일을 존재하는지를 체크할 수 있다. 만일 파일이 없다면 다음 문장을 실행한다.

```
            if(!file.exists()) {
                ...
```

파일이 없는 경우, fileWrite() 함수를 호출하여 "This is a filewrite Sample!" 문장을 파일에 출력한다.

```
                fileWrite("This is a filewrite Sample!");
                ...
```

또한 Toast() 함수를 사용하여 "File Write Success! " 라는 메시지를 화면에 출력한다.

```
                Toast.makeText(getApplicationContext(),
                    "File Write Success! ",
                    Toast.LENGTH_LONG).show();
            }
        }
    });
```

이어서 두 번째 File Delete 버튼을 처리해보자. 위에서 생성된 Button 객체를 이용하여 이벤트 처리 메소드를 생성한다. 여기서는 버튼을 클릭할 때 실행되도록 하는 이벤트 리스너(Event Listener)를 등록하여 이 리스너에 의해 호출되는 콜백 메소드를 등록해준다. File Delete 버튼이 눌려지게 되면 자동으로 무명 클래스 내부에 있는 onClick() 이 호출된다.

```
        button2.setOnClickListener(new View.OnClickListener() {
            @Override
            public void onClick(View view) {
                ...
```

이 함수에서도 위와 마찬가지로 getFileStreamPath()를 호출하여 File 객체의 정보를 얻는다. 먼저 getBaseContext()를 호출하여 현재 컨텍스트를 가져오고 이 컨텍스트로 다시 getFileStreamPath() 를 호출하여 openFileInput() 함수에서 생성된 파일의 절대적 패스 위치를 받아 File 객체를 생성하게 된다.

```
                File file = getBaseContext().getFileStreamPath("text.txt");
                ...
```

파일이 존재하는 경우, File 객체의 delete()를 호출하여 파일을 삭제한다.

```
if(file.exists()) {
    file.delete();
    ...
```

또한 Toast() 함수를 사용하여 "File Delete Success! " 라는 메시지를 화면에 출력한다.

```
                Toast.makeText(getApplicationContext(),
                    "File Delete Success! ",
                    Toast.LENGTH_LONG).show();
            }
        }
    });
}
```

파일을 오픈한 뒤, 실제 자료의 입, 출력하기 위해서는 자료 입출력 처리 중간자 역할을 하는 스트림을 사용해야한다. 다행히도 이러한 스트림을 제공하는 파일 함수를 제공하는데 크게 문자 기반 스트림 함수와 바이트 기반 스트림 함수로 나눌 수 있다. 문자 기반 스트림 함수에는 FileReader, FileWriter 등이 있고 바이트 기반 함수로 InputSteam, OutPutStream 등이 있다. 일반적으로 바이트 기반스트림을 문자 기반 스트림으로 연결시켜주는 InputStreamReader와 OutputStreamWriter 를 주로 사용한다. 또한 버퍼를 이용해서 효율을 높일 수 있는 BufferedReader 와 BufferedWriter 와 같은 문자 기반 보조 스트림도 함께 사용한다.

먼저 파일을 생성하는 fileWrite() 함수를 살펴보자. 먼저 파일의 바이트 기반의 출력 스트림을 처리하는 FileOutputStream 객체 변수 fos 와 문자기반 처리 출력 스트림 OutputStreamWriter 객체 변수 osw를 선언한다.

```
public void fileWrite(String data)
{
    FileOutputStream fos = null;
    OutputStreamWriter osw = null;
    ...
```

파일 처리인 경우, 에러가 발생될 수 있으므로 try 반드시 {} catch(){} 으로 처리하도록 한다.

```
        try {
            ...
```

먼저 openFileOutput() 함수를 이용하여 파일쓰기 형식으로 파일 오픈한다. 이 함수는 다음과 같은 형식을 갖는다.

```
FileOutputStream openFileOutput(String name, int mode)
```

첫 번째 파라메터는 출력하고자 하는 파일의 패스이고 두 번째는 파일 모드이다. 표 9.2에서 보여주듯이 파일 모드는 파일을 개인으로 사용할지 다른 응용프로그램과 같이 사용할지 혹은 추가할 것 인지를 결정할 수 있다. 여기서는 MODE_PRIVATE를 지정하여 개인모드로 지정한다.

표 9.2 모드(Mode)

모드(mode)	설명
MODE_PRIVATE	혼자만 사용하는 모드
MODE_APPEND	파일이 존재할 때 기존 파일에 추가
MODE_WORLD_READABLE	다른 응용프로그램과 함께 파일을 읽을 수 있음
MODE_WORLD_WRITABLE	다른 응용프로그램과 함께 파일을 쓸 수 있음

```
            fos = openFileOutput("text.txt", MODE_PRIVATE);
            ...
```

그 다음, OutputStreamWriter() 함수를 사용하여 읽혀진 파일자료를 문자기반 스트림 처리로 변경한다.

```
            osw = new OutputStreamWriter(fos);
            ...
```

write() 메소드를 호출하여 파일에 쓴다.

```
            osw.write(data);
```

사용된 OutputStreamWriter 와 openFileOutput 은 닫아준다.

```
        osw.close();
        fos.close();
    }
    catch (Exception e) {
        e.printStackTrace();
    }
}
```

이제 fileRead() 함수를 살펴보자. 먼저 파일의 바이트 기반의 입력 스트림을 처리하는 FileInputStream 객체 변수 fis 와 문자 기반 처리 입력 스트림 InputStreamWriter 객체 변수 isw 를 선언한다. 또한 파일처리 효율이 좋은 문자 기반 보조 스트림 BufferedReader 객체 변수 br 도 선언한다.

```
public String fileRead()
{
    FileInputStream fis = null;
    InputStreamReader isr = null;
    BufferedReader br = null;
    ...
```

먼저 변수 str 값을 초기화하고 openFileInput() 함수를 이용하여 파일을 오픈한다. 이때 파라메터로 열고자하는 파일의 패스를 지정한다.

```
        String str = "";
        try {
            fis = openFileInput("text.txt");
            ...
```

이어서 InputStreamReader() 함수를 이용하여 문자기반 스트림으로 변경한다. 이때 이 함수는 파라메터 값으로 openFileInput() 함수에서 리턴된 FileInputStream 객체 변수를 받는다.

```
        isr = new InputStreamReader(fis);
        ...
```

다시 BufferedReader() 함수를 이용하여 버퍼를 이용하는 파일 보조 스트림으로 변경한다. 버퍼를 이용하면 다른 스트림보다 빠르고 효율적으로 자료를 읽을 수 있는 장점을 갖는다.

```
        br = new BufferedReader(isr);
        ...
```

BufferedReader 객체의 readLine() 함수를 이용하여 한 줄을 읽어드린다.

```
        str = br.readLine();
        ...
```

사용된 BufferedReader, InputStreamWriter, FileInputStream 의 close() 함수를 호출하여 닫아 준다.

```
        br.close();
        isr.close();
        fis.close();
    }
    catch (Exception e) {
    }
    return str;
    }
}
```

9.2 SQLite3 와 DB Browser for SQLite 의 특징

안드로이드에서 데이터베이스를 사용하기 위해서는 SQLite3 라는 일종의 데이터베이스 라이브러리를 사용해야한다. 이 SQLite3 는 임베디드용 SQL 데이터엔진으로 비록 크기는 작지만 일반적인 데이터베이스에서 제공하는 기본적인 기능을 사용할 수 있다. 또한 오픈 소스이므로 원하는 프로그램에 제한 없이 사용할 수 있고 상업적, 개인적으로 자유롭게 사용할 수 있다. 또한 이미 안드로이드 스튜디오에 포함되어 있으므로 별도로 설치할 필요도 없다. 그리고 SQLite3 의 트랜잭션은 스마트폰의 시스템 전원 이상과 상관없이 원자성, 일관성, 독립성, 지속성을 유지하는 기능을 제공한다. 또한 안드로이드, iOS, 블랙베리 등 여러 플랫폼에서 동작되는 크로스 플랫폼을 지원한다. 단점으로는 SQL 데이터엔진으로만 구성되므로 독립적인 서버 프로세스를 가지고 있지 않고 일반 RDBMS처럼 클라이언트/서버를 지원하는 네크워크 기능을 지원하지 않는 로컬에서만 사용가능하다.

이 SQLite3에서 제공하는 툴을 사용하면 데이터베이스 생성도 가능하고 간단한 데이터베이스 관리도 가능하지만 아무래도 이러한 툴을 이용하여 데이터베이스를 생성하는 것은 상당히 불편하다. 다행히도 무료로 제공되는 DB Browser for SQLite 툴을 사용하면 여러 OS 상에서 쉽게 SQLite3 데이터베이스를 관리할 수 있다.

다음 사이트에서 32비트 윈도우용, 64비트 윈도우용, 맥용 버전을 제공하므로 자신에 맞는 DB 브라우저 툴을 다운받아 실행시킨다.

https://sqlitebrowser.org/

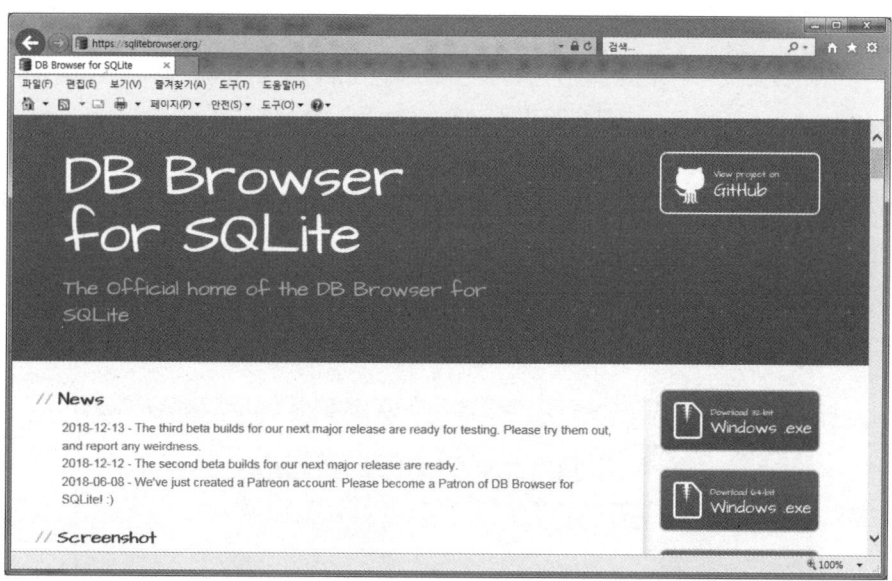

그림 9.19 DB Browser for SQLite 공식 사이트

이제 이 툴을 사용하여 간단한 테이블을 작성해 보자.

그대로 따라하기

1 DB Browser for SQLite을 이상 없이 설치하였다면 윈도우에서 실행시킨다.

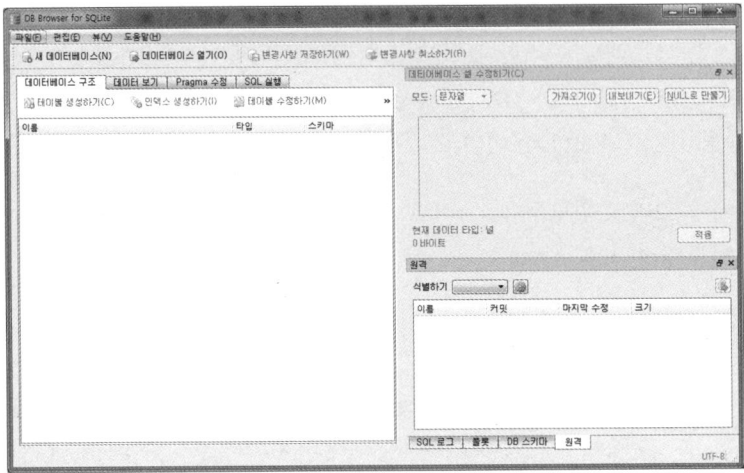

그림 9.20 DB Browser for SQLite 실행

2 이제 DB Browser for SQLite 왼쪽 위에 위치한 '새 데이터베이스'를 눌러 새로운 데이터베이스를 생성한다. 이때 데이터베이스 이름 입력 대화상자가 나타나는데 sampledb 라는 이름을 입력하고 저장 버튼을 누른다. 확장자를 붙이지 않았으므로 자동으로 '.db' 확장자가 추가된다. 이때 저장되는 위치를 잘 기억하도록 한다.

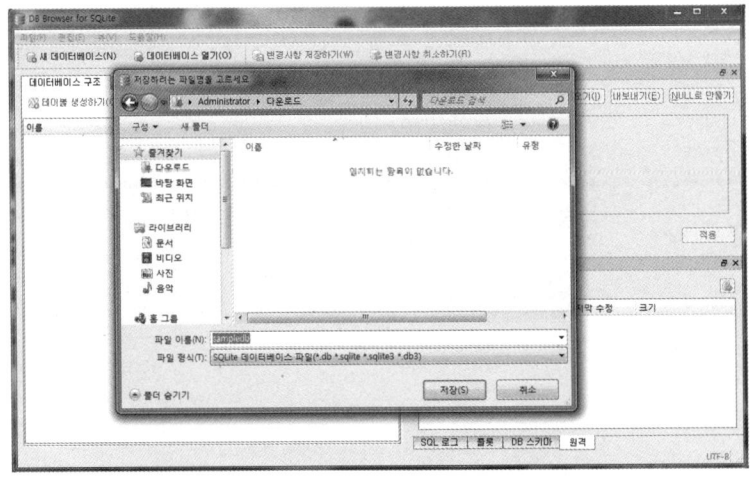

그림 9.21 데이터베이스 이름 입력 대화상자에 sampledb 입력

> **참고**
> **Sqlite3 생성 파일의 확장자**
>
> 일반적으로 Sqlite3 으로 데이터베이스 파일을 생성할 때, 파일 뒤에 다음과 같은 확장자를 사용할 수 있다.
>
> .db
> .sql
> .sqlite
> .sqlite3
> .db3
>
> 물론 위 확장자를 제외한 다른 확장자도 붙일 수 있지만 대부분 위 확장자들 중 하나를 선택해서 사용하는 것이 일반적이다. 디폴트로 .db 가 사용된다.

③ 이때 다음과 같이 테이블 정의 변경 대화상자가 나타난다. 그 아래쪽에 자동으로 생성 SQL 문장을 보여준다. 테이블 아래쪽에 'student' 라고 입력하여 student 테이블을 생성하도록 한다.

그림 9.22 테이블 정의 변경 대화상자에 student 테이블 이름 입력

④ '필드' 항목 아래쪽에 위치한 '필드 추가'를 눌러 필드명에 'stid', 타입은 'Integer', PK 에 체

크한다. 여기서 작성할 테이블 student 는 다음과 같다. 다음 표에 따라 계속 '필드추가'를 눌러 새로운 필드를 생성해준다. 혹시 잘못 입력한 경우에는 원하는 필드를 선택하고 '필드삭제'를 누른다. 필드 순서를 바꾸기 위해서는 원하는 필드를 선택하고 '필드를 위로 올리기' 혹은 '필드를 아래로 내리기'를 눌러 순서를 바꾸어 준다. 필드를 추가할 때 마다, 아래쪽 SQL 문장에 코드가 추가되는 것을 알 수 있다. 모두 입력한 뒤에 아래쪽 OK 버튼을 눌러 준다.

표 9.3 student 테이블

컬럼이름	데이터형	비고
stid	INTEGER	PK 에 체크
name	TEXT	
email	TEXT	
address	TEXT	
phone	TEXT	

그림 9.23 student 테이블 생성

5 다시 DB Browser for SQLite 그림 9.20의 첫 번째 화면으로 되돌아오는데 이번에는 두 번째 '데이터 보기' 탭을 누른다.

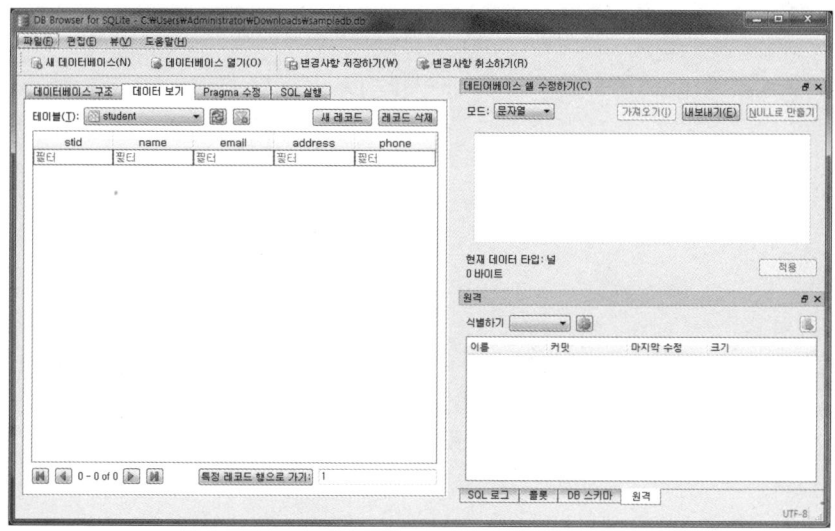

그림 9.24 데이터 보기 탭

6 이제 '새 레코드'를 눌러 다음 표에 따라 자료를 하나하나 입력한다. 만일 잘못 입력하였다면 원하는 레코드를 선택하고 '레코드 삭제'를 눌러 삭제한다. student 테이블에 입력할 레코드 값은 다음과 같다.

표 9.4 테이블에 입력할 값

학번(stid)	이름(name)	이메일(email)	주소(address)	전화번호(phone)
1001	김영호	abc@asf.com	서울시	02-3453-8932
1002	전창영	uwe@rdfg.com	대구시	053-845-6734
1003	홍기상	rty@uiro.com	대전시	042-234-2358

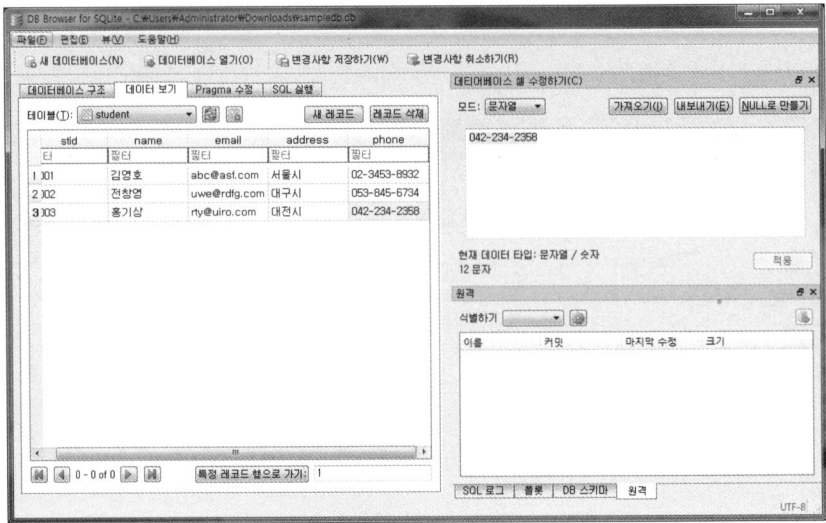

그림 9.25 레코드 값 입력

7 이제 메뉴 아래 3 번째 항목인 '변경 사항 저장하기'을 눌러 지금까지 입력한 자료를 저장하고 DB Browser for SQLite를 종료시킨다. 종료한 뒤에 저장된 폴더에 sampledb.db 파일이 있는 지 확인해본다.

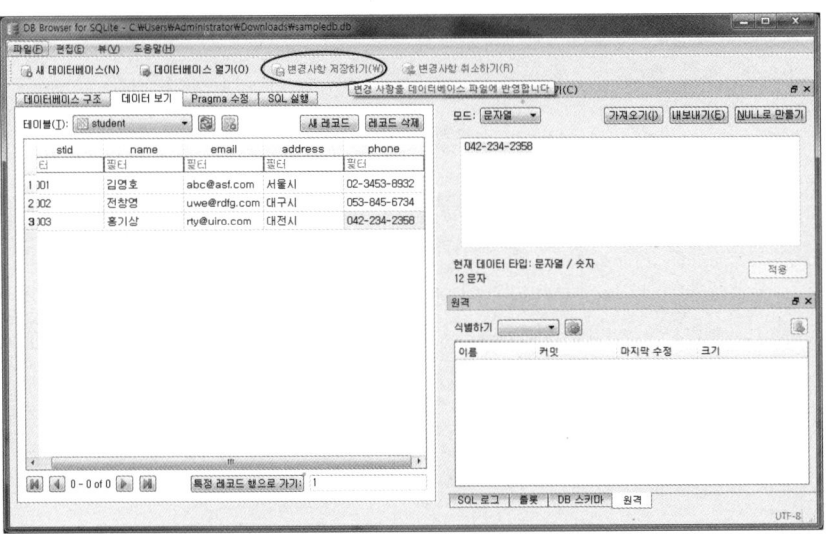

그림 9.26 변경 사항 저장하기

9.3 Sqlite3 를 이용한 자료 출력

이제 실제로 위에서 생성한 sampledb.db 파일을 읽어 그 내용을 화면에 출력하는 앱을 만들어 보자. 이 앱에서도 기기에 데이터베이스를 추가해야하므로 실제 기기가 필요하다.

그대로 따라하기

1 안드로이드 스튜디오를 실행하고 시작 화면이 나타나면 첫 번째 항목인 Start a new Android Studio project를 선택한다.

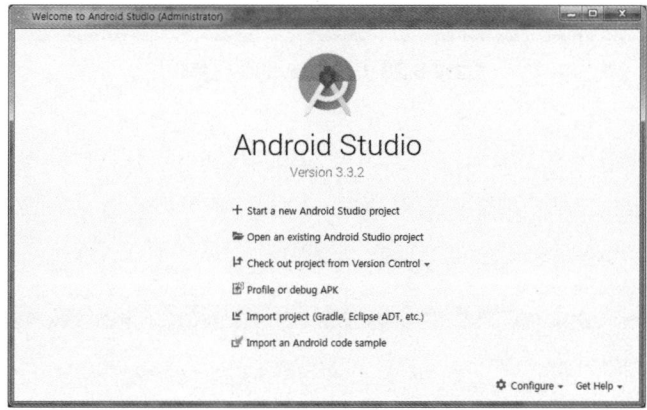

그림 9.27 Start a new Android Studio project 선택

2 이때 다음과 같이 프로젝트 선택 윈도우가 나타난다. 먼저 위쪽에서 기본적으로 선택되어 있는 Phone and Tablet 를 그대로 지정하고 비어있는 화면을 보여주는 "Empty Activity" 를 선택한 뒤, Next 버튼을 누른다.

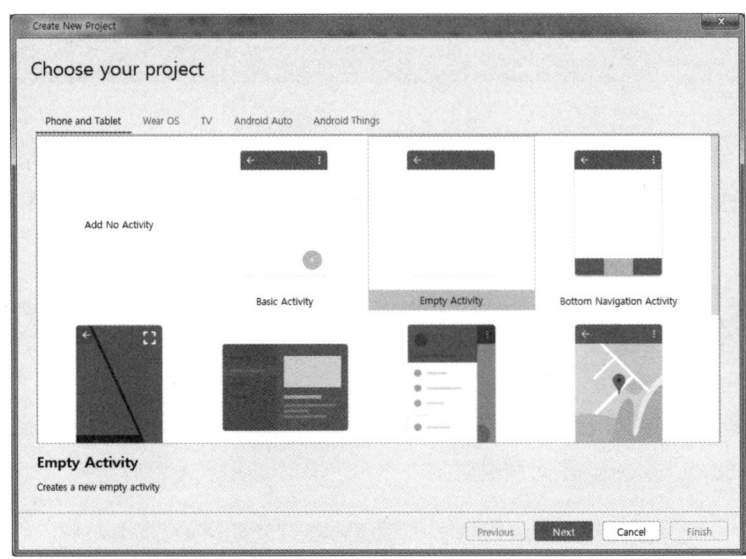

그림 9.28 Empty Activity 선택

3 이어서 다음과 같이 안드로이드 프로젝트 설정 윈도우가 나타난다. 첫 번째 Name 항목에 "DatabaseReadSample" 이라고 입력한다. 그 다음 줄 항목들은 모두 그대로 두고 아래쪽에 위치한 Finish 버튼을 눌러 프로젝트를 생성한다.

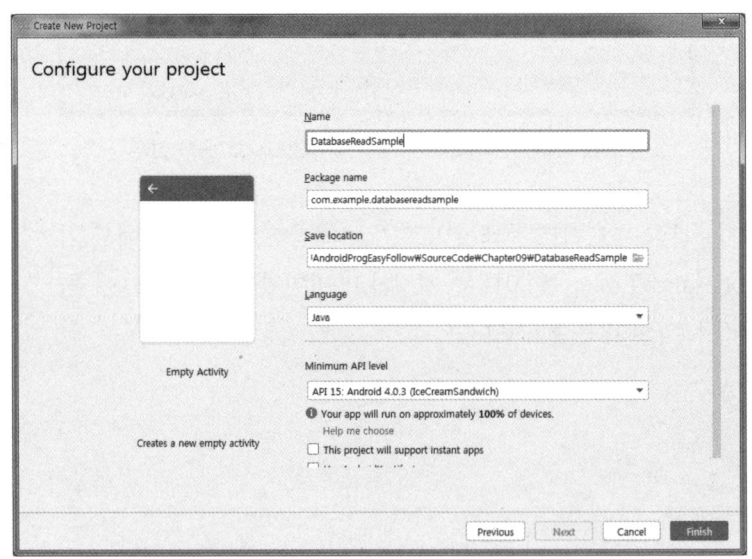

그림 9.29 안드로이드 프로젝트 이름 입력 및 생성 종료

4 이제 오른쪽 에디터에는 activity_main.xml 와 MainActivity.java 파일이 자동으로 표시된다. 이때 activity_main.xml 탭을 눌러 레이아웃 에디터를 표시한다. 레이아웃 에디터에는 중앙에 "Hello World" TextView 가 표시된다. 이제 마우스로 이 "Hello World" TextView를 선택하고 Delete 키를 누르거나 오른쪽 마우스 버튼에서 Delete 항목을 선택하여 삭제한다.

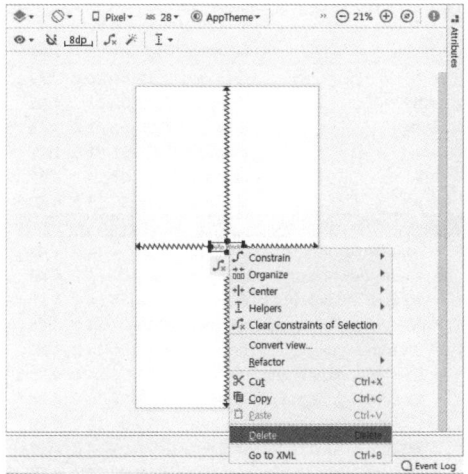

그림 9.30 "Hello World" TextView 삭제

5 실제 기기를 PC에 연결하고 안드로이드 스튜디오 위쪽에 위치한 Run 버튼을 누르면 배포 타겟(deployment target) 선택 화면이 나타난다. 연결된 디바이스를 선택하고 OK 버튼을 눌러 앱을 실행시킨다.

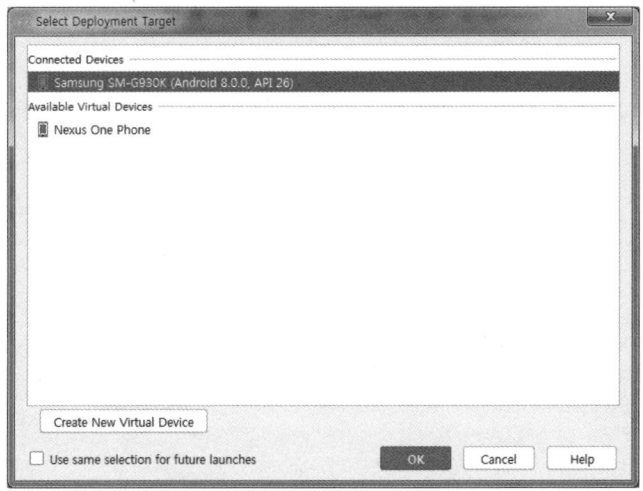

그림 9.31 배포 타겟 선택 대화상자

6 기기가 연결된 상태에서 안드로이드 스튜디오 오른쪽 끝 아래쪽에 위치한 장치 파일 탐색기(Device File Explorer)를 선택하여 장치 파일 탐색기 윈도우를 불러낸다. 또한 탐색기의 폴더를 data-data를 클릭한다.

그림 9.32 장치 파일 탐색기

7 탐색기에서 data-data 폴더 아래쪽으로 계속 내려 현재 앱의 패키지 폴더 이름을 찾아본다(그림 9.34 참조). 현재 앱의 패키지는 'com.example.databasereadsample' 이다. 만일 이 패키지 폴더가 보이지 않는 경우, 다음 그림 9.33 과 같이 장치 파일 탐색기의 data-data 폴더에서 오른쪽 마우스 버튼을 누르고 'Synchronize' 를 선택해본다.

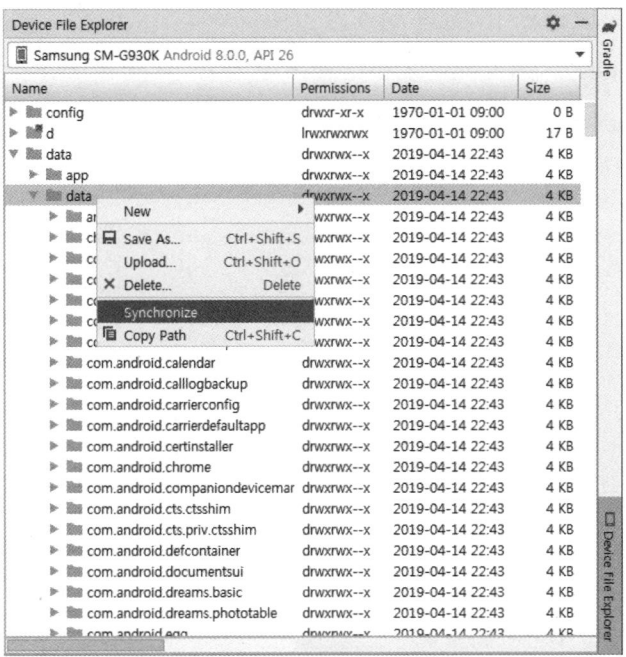

그림 9.33 패키지 이름 폴더 없는 경우, Synchronize 선택

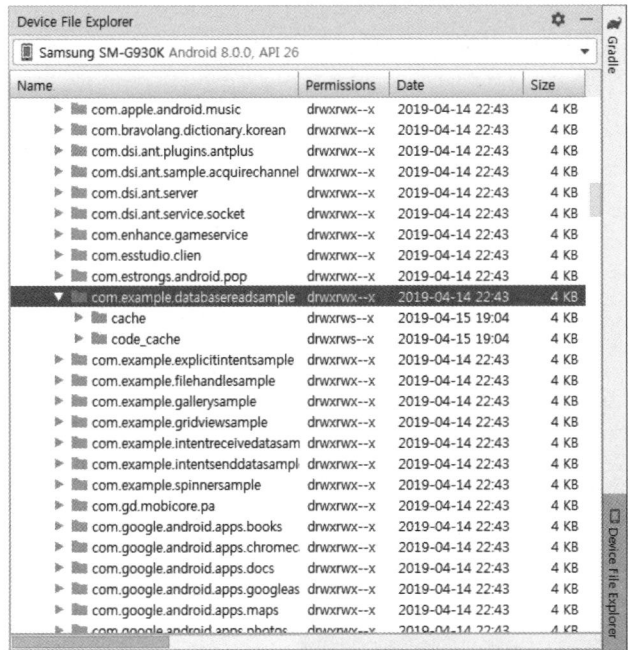

그림 9.34 앱의 패키지 폴더

제9장_ 파일처리와 데이터베이스 관리

8 현재 앱 패키지 폴더에서 오른쪽 마우스 버튼을 누르고 New-Directory를 선택한다. New Folder 입력 대화 상자가 나타나면 'databases' 이라고 입력하여 databases 폴더를 생성한다.

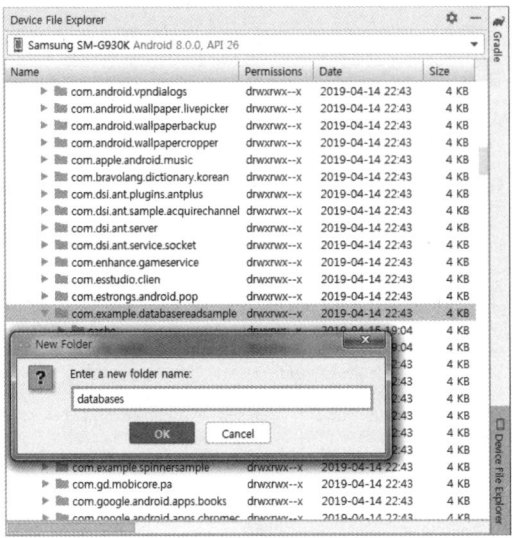

그림 9.35 databases 폴더 생성

9 이제 생성된 databases 폴더에서 오른쪽 마우스 버튼을 누르고 Upload를 선택한다. 이때 select path 대화상자가 나타나는데 위에서 생성한 sampledb.db 파일을 선택해 기기로 복사한다.

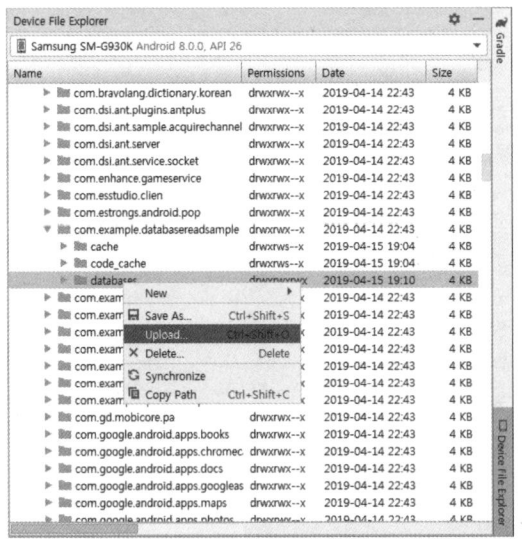

그림 9.36 Upload 선택하여 sampledb.db 파일 복사

⑩ 이제 databases 폴더 안에 다음과 같이 sampledb.db 파일이 표시된다.

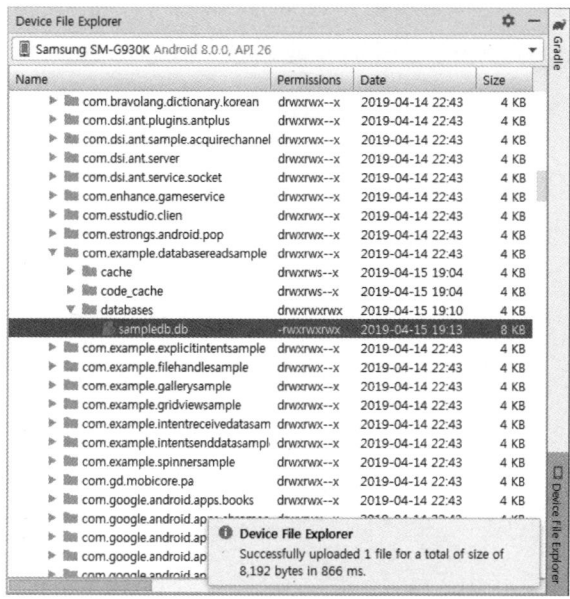

그림 9.37 복사된 sampledb.db 파일

⑪ 이제 에디터에서 activity_main.xml 파일 탭을 선택하여 레이아웃 에디터를 불러낸다. 팔레트 왼쪽에서 Common 를 선택한 상태에서 이어서 마우스로 오른쪽에 표시되는 Button 를 클릭하고 드렉-엔-드롭으로 오른쪽 레이아웃 뷰 임의의 위치에 떨어뜨린다. 오른쪽 속성 창을 불러낸 뒤, 그 text 속성 값을 'Insert Data' 으로 변경한다.

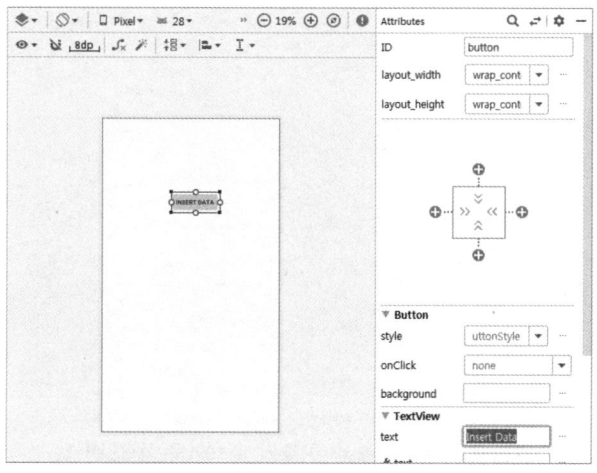

그림 9.38 Button 추가 및 text 속성 변경

⑫ 추가된 Button 위쪽 중앙의 작은 원을 클릭하고 위쪽 에디터 끝까지 드래그 한다. 동일한 방법으로 왼쪽, 오른쪽 중앙의 작은 원을 클릭하고 각각의 에디터 끝까지 드래그 처리한다. 또한 속성 창의 layout_width 값에 0 dp 를 지정한다.

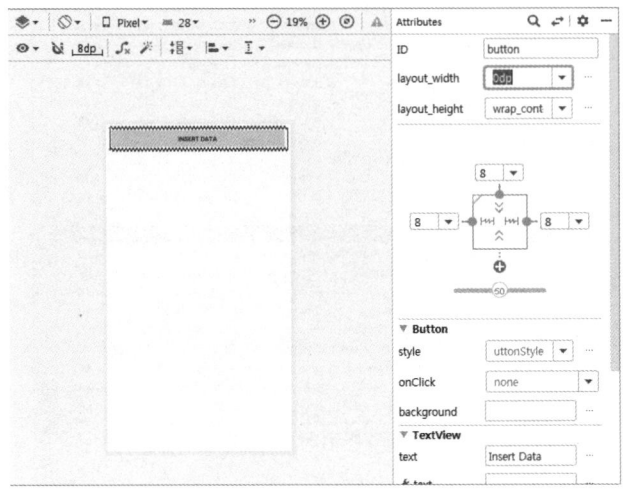

그림 9.39 첫 번째 Button 의 위쪽, 왼쪽, 오른쪽 제약 설정 및 layout_width 변경

⑬ 다시 팔레트 왼쪽에서 Common 를 선택한 상태에서 이어서 마우스로 오른쪽에 표시되는 Button 를 클릭하고 드렉-엔-드롭으로 오른쪽 첫 번째 버튼 아래쪽에 떨어뜨린다. 오른쪽 속성 창에서 text 속성 값을 'Delete Data' 으로 변경한다.

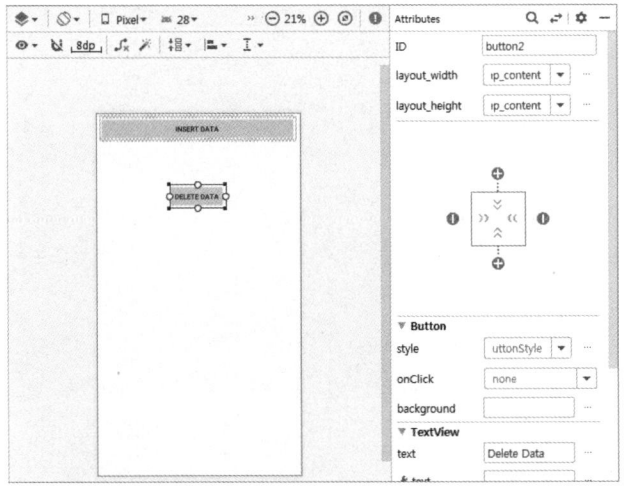

그림 9.40 두 번째 버튼 추가 및 text 속성 값 변경

14 추가된 두 번째 Button 위쪽 중앙의 작은 원을 클릭하고 위쪽 버튼 아래쪽 중앙 원 까지 드래그 한다. 동일한 방법으로 왼쪽, 오른쪽 중앙의 작은 원을 클릭하고 각각의 에디터 끝까지 드래그 처리한다. 또한 속성 창의 layout_width 값에 0 dp 를 지정한다.

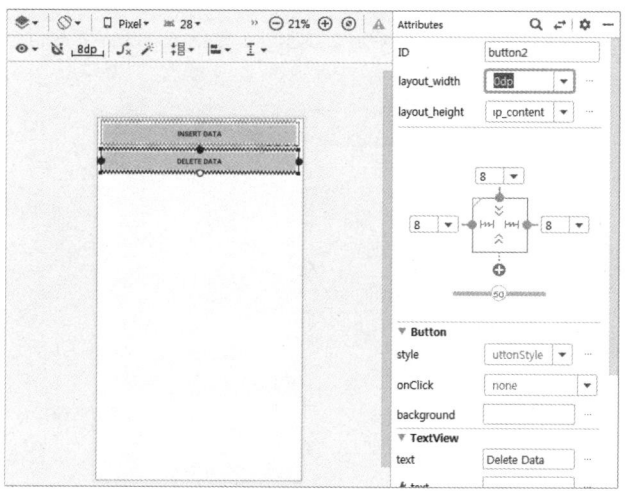

그림 9.41 두 번째 Button 의 위쪽, 왼쪽, 오른쪽 제약 설정 및 layout_width 변경

15 다시 팔레트 왼쪽에서 Text 를 선택한 상태에서 이어서 마우스로 오른쪽에 표시되는 Plain Text 를 클릭하고 드랙-엔-드롭으로 오른쪽 레이아웃 뷰 임의의 위치에 떨어뜨린다.

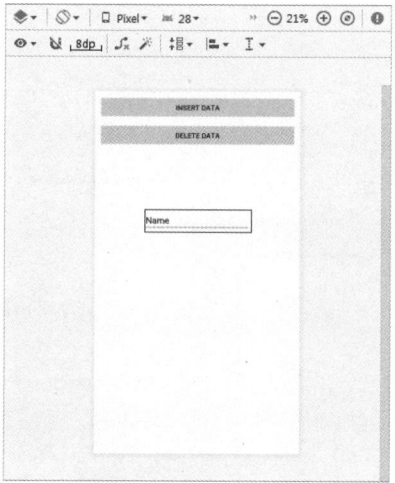

그림 9.42 Plain Text 추가

16 추가된 Plain Text 위쪽 중앙의 작은 원을 클릭하고 위쪽으로 두 번째 버튼 아래쪽 중앙 원에 연결한다. 또한 아래쪽 중앙의 작은 원은 아래쪽 에디터 끝까지 드래그 한다. 동일한 방법으로 왼쪽, 오른쪽 중앙의 작은 원을 클릭하고 각각의 에디터 끝까지 드래그 처리한다.

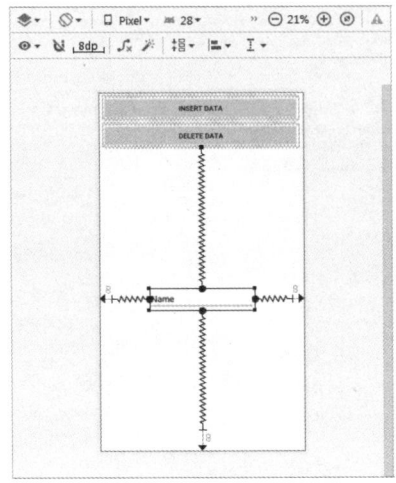

그림 9.43 Plain Text 의 위쪽, 아래쪽, 왼쪽, 오른쪽 제약 설정

17 이제 속성 창을 표시하고 Plain Text 를 선택한 상태에서 오른쪽 속성 창의 layout_width, layout_height 속성의 값에 각각 0dp, 0dp 를 지정하여 버튼의 제약 기능을 사용하여 가로와 세로 길이를 최대로 넓힌다. 또한 text 속성 값에 공백을 지정하여 기본으로 지정된 "name" 을 삭제한다.

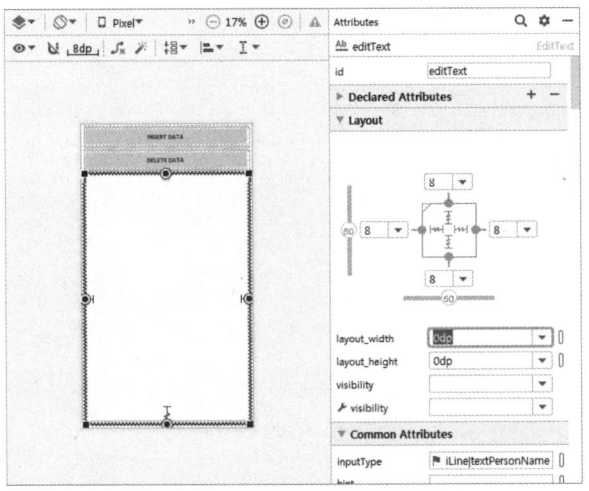

그림 9.44 layout_width 속성 및 text 값 변경

18 계속해서 Plain Text 속성 창 아래쪽에 위치한 All Attributes 를 눌러 모드 속성 값을 표시한다. 속성 값 중에서 inputType을 선택하고 그 아래 서브항목 중 textMultiLine 체크 상자에 체크한다.

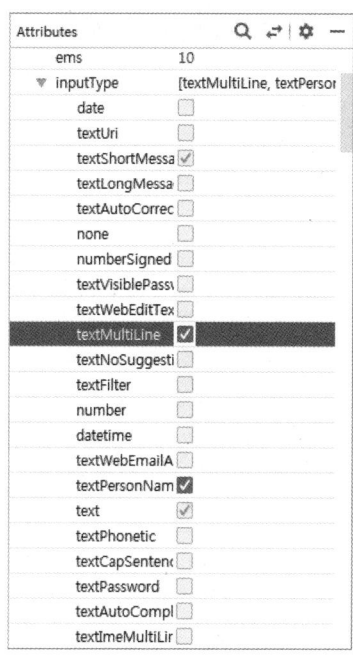

그림 9.45 textMultiLine 체크 상자에 체크

19 이어서 그 아래에 위치한 gravity 속성을 선택하고 그 아래 서브 항목 중 top 과 left 에 각각 체크한다.

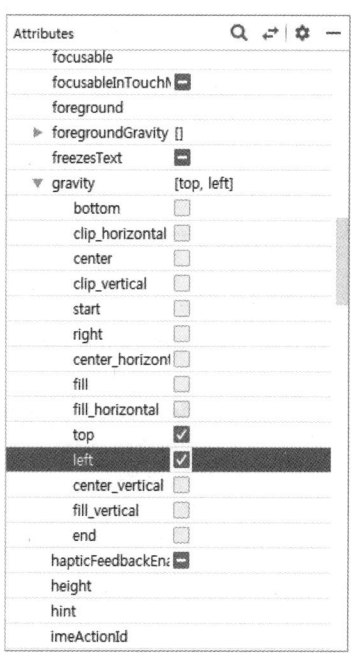

그림 9.46 top 과 left 체크 상자에 체크

❷⓿ 이어서 에디터에서 MainActivity.java 탭을 선택한다. 이때 안드로이드 스튜디오 오른쪽에는 MainActivity.java 파일이 열리는데 다음과 같은 코드를 추가 입력한다.

```java
package com.example.databasereadsample;

import android.content.Context;
import android.database.Cursor;
import android.database.sqlite.SQLiteDatabase;
import android.database.sqlite.SQLiteException;
import android.support.v7.app.AppCompatActivity;
import android.os.Bundle;
import android.util.Log;
import android.view.View;
import android.widget.Button;
import android.widget.EditText;

public class MainActivity extends AppCompatActivity {
    SQLiteDatabase db;
    EditText editText;

    @Override
    protected void onCreate(Bundle savedInstanceState) {
        super.onCreate(savedInstanceState);
        setContentView(R.layout.activity_main);

        editText = (EditText) findViewById(R.id.editText);
        Button button = (Button) findViewById(R.id.button);
        Button button2= (Button) findViewById(R.id.button2);

        db = openOrCreateDatabase("sampledb.db", Context.MODE_PRIVATE, null);
        readDatabaseTable();

        button.setOnClickListener(new View.OnClickListener() {
            @Override
            public void onClick(View view) {
                try {
                    Cursor cur = db.rawQuery("SELECT * From student 
                                              where stid=1004", null);
                    if (cur.getCount() == 0) {
                        db.execSQL("insert into student values(1004 , 'kim', 
                                    'wer@asd.co.kr ','seoul', '02-873-8890')");
```

```
                    readDatabaseTable();
                }
                else {
                    Log.e("MYAPP", "exception: " +"Duplicate Data!");
                }

            }
            catch(SQLiteException e) {
                Log.e("MYAPP", "exception: " + e.getMessage());
            }
        }
    });

    button2.setOnClickListener(new View.OnClickListener() {
        @Override
        public void onClick(View view) {
            try {
                Cursor cur = db.rawQuery("SELECT * From student
                                        where stid=1004", null);
                if (cur.getCount() == 1) {
                    db.execSQL("delete from student where stid=1004");
                    readDatabaseTable();
                }
            }
            catch (SQLiteException e) {
                Log.e("MYAPP", "exception: " + e.getMessage());
            }
        }
    });
}

private void readDatabaseTable() {
    Cursor cur = db.rawQuery("SELECT * From student", null);
    cur.moveToFirst();
    String record = "";
    while (!cur.isAfterLast()) {
        String firstFld = cur.getString(cur.getColumnIndex("stid"));
        String secondFld = cur.getString(cur.getColumnIndex("name"));
        String thirdFld = cur.getString(cur.getColumnIndex("email"));
        String forthFld = cur.getString(cur.getColumnIndex("address"));
        String fifthFld = cur.getString(cur.getColumnIndex("phone"));
```

```
            record = record + firstFld + " " + secondFld + " " + thirdFld +
                     " " + forthFld + " " + fifthFld + "\n";
            cur.moveToNext();
        }
        editText.setText(record);
        cur.close();
    }
}
```

㉑ 마지막으로 실제 기기를 PC에 연결하고 안드로이드 스튜디오 위쪽에 위치한 Run 버튼을 누르면 배포 타겟(deployment target) 화면이 나타난다. 연결된 디바이스 혹은 가상 화면을 선택하고 OK 버튼을 눌러 실행시켜 다음과 같은 화면이 나타나는지 확인해 본다.

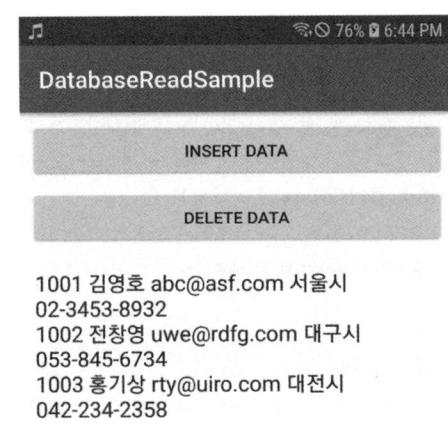

그림 9.47 DatabaseReadSample 프로젝트 실행 화면

또한 'Insert Data' 버튼을 눌러 자동으로 자료가 추가되는지 확인해 본다. 이어서 그 아래 'Delete Data' 버튼을 눌러 자동으로 입력된 자료가 삭제되는지도 확인해 본다.

그림 9.48 Insert Data 버튼을 눌러 자료 추가

그림 9.49 Delete Data 버튼을 눌러 자료 삭제

원리 설명

안드로이드에서 Sqlite3 데이터베이스 파일 역시 파일과 마찬가지로 특정 위치에 위치해야한다. Sqlite3 데이터베이스 파일을 열고자 할 때 사용되는 openOrCreateDatabase() 함수에서는 다음과 같은 패스 위치에서 데이터베이스 파일을 찾는다.

```
/data/data/자신의 앱 패키지명/databases/
```

여기서 사용된 앱 패키지명은 'com.example.〈사용자이름〉.databasereadsample' 이므로 실제 데이터베이스 파일의 패스위치는 다음과 같다.

```
/data/data/com.example.databasereadsample/database/
```

이 위치에 9.2 절에서 소개한 DB Browser for SQLite 툴을 이용하여 생성한 sampledb.db 파일을 업로드하여 추가시켜준다. 참고로 DB Browser for SQLite 툴을 사용하여 테이블을 생성할 때, SQLite에서 제공하는 필드의 데이터 타입은 다음과 같다.

표 9.5 SQLite에서 제공하는 필드의 데이터 타입

데이터 타입	설명
NULL	NULL 값을 지정
INTEGER	부호 있는 정수 값을 가지고 값에 따라 1바이트에서 8 바이트로 저장
REAL	실수 값을 가지며 8 바이트 크기로 저장
TEXT	문자열 값을 가지며 UTF-8, UTF-16BE, UTF-16LE 등으로 저장
BLOB	이미지와 같은 이진 데이터 값을 저장할 때 사용

이 데이터베이스 파일을 추가시키기 위해서는 자신의 기기를 PC에 연결시킨 뒤, 앱을 한 번 실행시킨다. 이때 /data/data 폴더 아래쪽에는 자신의 앱 패키지명 폴더가 생성된다. 여기서는 다음과 같이 생성된다.

```
/data/data/com.example.databasereadsample
```

이어서 장치 파일 탐색기(Device File Explorer)를 사용하여 생성된 /data/data/com.example.databasereadsample 폴더를 찾은 다음, 다음과 같이 databases 폴더를 만들어준다.

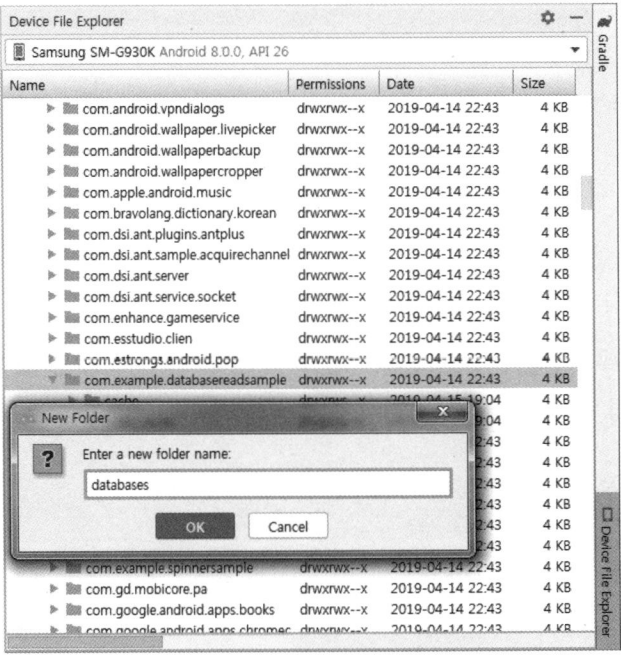

그림 9.50 databases 폴더 생성

그 다음, /data/data/com.example.databasereadsample/databases 폴더에서 오른쪽 마우스를 선택하고 Upload 항목을 선택하여 위에서 생성한 sampledb.db 파일을 기기로 업로드 시켜준다.

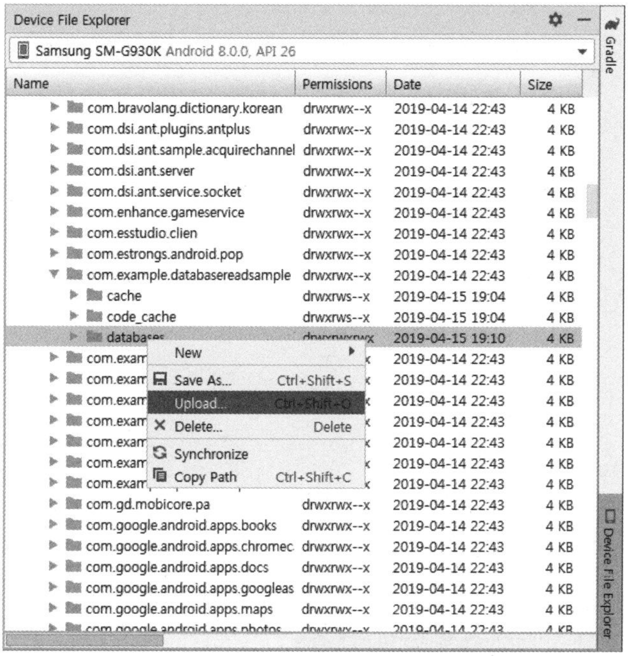

그림 9.51 sampledb.db 파일 업로드

이제 소스코드를 처리해 보자. 에디터에서 MainActivity.java 탭을 클릭하여 소스 코드를 불러낸다. MainActivity.java 파일은 다음과 같이 Activity 클래스의 자식 클래스인 AppCompatActivity 클래스로부터 계승받는 MainActivity 클래스를 선언한다.

```
public class MainActivity extends AppCompatActivity {
...
```

그다음, SQLite3 데이터베이스를 사용하기 위해서 SQLiteDatabase 객체 변수 db 와 EditText 객체 변수 editText를 선언한다. 뒤쪽 2개의 버튼 이벤트 함수에서도 EditText를 사용하므로 editText를 전역으로 선언한다.

```
    SQLiteDatabase db;
    EditText editText;
    ...
```

그다음, 파라메터로 Bundle 타입의 savedInstanceState를 사용하는 onCreate() 메소드를 작성한다. 이 메소드는 액티비티를 생성할 때 자동으로 실행된다.

```
@Override
protected void onCreate(Bundle savedInstanceState) {
    super.onCreate(savedInstanceState);
    ...
```

이어서 사용된 setContentView() 함수는 위에서 작성한 activity_main.xml 파일을 연결시켜 이 파일에 작성된 뷰와 위젯들을 그대로 화면에 표시하는 기능을 한다. 여기서는 2 개의 버튼과 1 개의 EditText 가 표시된다.

```
        setContentView(R.layout.activity_main);
    ...
```

이제 findViewById() 함수를 사용하여 디자인 뷰의 PlainText 위젯을 참조하면서 이 값으로 EditText 객체 변수 editText 를 생성한다. 즉, 위에서 작성한 버튼을 참조하기 위해서는 파라메터 값에 R.id.editText 을 지정한다. 동일한 방법으로 findViewById() 함수를 사용하여 버튼 위젯을 참조하는 Button 객체 변수 button 과 button2 를 생성한다.

```
        editText = (EditText) findViewById(R.id.editText);
        Button button = (Button) findViewById(R.id.button);
        Button button2= (Button) findViewById(R.id.button2);
    ...
```

이제 데이터베이스를 처리해보자. 데이터베이스에서 자료 읽기는 다음과 같은 순서로 처리한다.

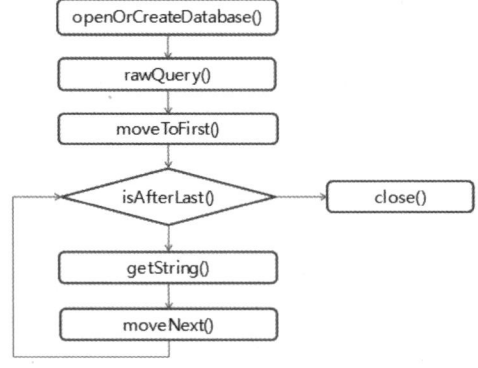

그림 9.52 데이터베이스 자료 읽기 순서

위 그림에서 알 수 있듯이 데이터베이스를 열기 위해서는 먼저 openOrCreateDatabase() 함수를 이용하여 원하는 데이터베이스 파일을 오픈한다. 이어서 rawQuery() 함수에 원하는 질의문장을 지정하여 검색을 한다. 이때 질의 문장으로 검색된 결과 집합은 커서로 반환된다. 이때 커서를 이용하여 원하는 레코드로 앞 혹은 뒤로 이동할 수 있다. 현재 커서는 결과 집합의 임의의 위치에 있을 수 있으므로 moveToFirst() 함수를 호출하여 첫 레코드로 이동시킨다. 그 다음 isAfierLast() 함수를 이용하여 현재 위치가 가장 마지막에 위치했는지를 체크한다. 마지막 위치가 아닌 경우, getString() 함수에 getColumnIndex()을 지정하여 원하는 필드 값을 읽고 moveNext() 함수를 이용하여 다음 레코드로 이동한다. 만일 현재 레코드가 마지막인 경우 close()를 호출하여 커서를 닫아준다.

이러한 순서를 염두에 두고 하나하나 살펴보자. 먼저 openOrCreateDatabase() 함수를 호출하여 데이터베이스 파일을 오픈한다. 데이터베이스 파일을 생성하거나 오픈시키는 openOrCreateDatabase() 함수는 다음과 같은 형식을 갖는다.

```
public abstract SQLiteDatabase openOrCreateDatabases(String name,
            int mode,
            SQLiteDatabase.CursorFactory factory)
```

이 함수는 데이터베이스 파일을 생성하거나 오픈할 때 사용되며 첫 번째 파라메터 name 에는 데이터베이스 파일 이름을 지정한다. 위에서 설명하였듯이 이 파일은 '/data/data/com.example.databasereadsample/database/' 폴더 아래 위치하는 경우에는 오픈되고 없는 경우에 새롭게 생성된다.

위치하거나 생성된다. 두 번째 파라메터 mode 는 데이터베이스 동작 모드로서 기본적으로 사용되는 MODE_PRIVATE를 지정한다. 이 모드에서 생성된 파일은 호출 어플리케이션에서 만 사용가능하다.

세 번째 파라메터 factory 는 질의문장을 호출할 때 커서를 만들기 위해 호출되는 factory 클래스를 지정한다. 여기서는 사용하지 않으므로 null 으로 지정한다.

```
        db = openOrCreateDatabase("sampledb.db", Context.MODE_PRIVATE, null);
        ...
```

이어서 readDatabaseTable() 사용자 함수를 호출하여 데이터베이스 테이블 자료를 읽는다.

```
        readDatabaseTable();
    ...
```

readDatabaseTable() 사용자 함수에서 먼저 rawQuery() 를 호출하여 커서를 생성한다. 커서는 쿼리 문장으로 반환된 결과 값들을 모아서 저장한 메모리 공간이다. 이 커서에는 현재 위치가 있어 다른 위치로 이동할 수도 있고 현재 위치에 있는 자료를 참조할 수도 있다. 안드로이드에서는 Cursor 인터페이스를 이용하여 커서 기능을 제공한다.

다음은 자주 사용되는 Cursor 인터페이스의 메소드이다.

표 9.6 Cursor 인터페이스 메소드

커서 메소드	설명
getColumnCount()	칼럼의 전체 수를 돌려준다.
getColumnIndex(String columnName)	주어진 칼럼 이름에 대한 인덱스를 얻는다
getColumnName(int columnIndex)	주어진 칼럼 인덱스에 대한 칼럼이름을 얻는다.
getCount()	커서에 있는 전체 데이터 로우(row)를 얻는다.
getFloat(int columnIndex)	주어진 칼럼 인덱스에 대한 칼럼 값을 Float 형식으로 돌려준다.
getInt(int columnIndex)	주어진 칼럼 인덱스에 대한 칼럼 값을 Int 형식으로 돌려준다.
getString(int columnIndex)	주어진 칼럼 인덱스에 대한 칼럼 값을 String 형식으로 돌려준다.
isAfterLast()	현재 커서가 마지막 로우 다음에 있는 경우, true를 돌려준다.
isBeforeFirst()	현재 커서가 첫 번째 로우 앞에 있는 경우, true를 돌려준다.

```
    private void readDatabaseTable() {
        Cursor cur = db.rawQuery("SELECT * From student", null);
    ...
```

이제 moveToFirst() 함수를 호출하여 커서의 가장 첫 번째 위치도 이동한다.

```
        cur.moveToFirst();
    ...
```

자료를 출력할 String 변수 record 를 초기화한다.

```
        String record = "";
    ...
```

이제 Cursor 인터페이스의 isAfterLast() 함수를 호출하여 현재 커서의 위치가 마지막 로우 다음인지를 체크한다. 이 함수 앞에 위치한 '!'는 마지막 로우가 아니라는 의미이므로 자료가 존재하는 경우에 while() 문장이 실행된다.

```
        while (!cur.isAfterLast()) {
    ...
```

자료가 있는 경우, getColumnIndex()를 이용하여 원하는 필드의 인덱스 값을 얻고 이 인덱스를 getString() 함수에 지정하여 그 필드의 값을 String 형식으로 얻는다. 각각의 필드 값은 firstFld, secondFld, thirdFld, thirdFld, fifthFld 변수에 저장된다.

```
            String firstFld = cur.getString(cur.getColumnIndex("stid"));
            String secondFld = cur.getString(cur.getColumnIndex("name"));
            String thirdFld = cur.getString(cur.getColumnIndex("email"));
            String forthFld = cur.getString(cur.getColumnIndex("address"));
            String fifthFld = cur.getString(cur.getColumnIndex("phone"));
    ...
```

이 값들을 다시 record 변수에 넣어준다. 마지막에는 "\n"를 추가하여 다음 레코드 값은 다음 줄에 출력될 수 있도록 한다.

```
            record = record + firstFld + " " + secondFld + " " + thirdFld + " " +
                        forthFld + " " + fifthFld + "\n";
    ...
```

이어서 moveToNext() 함수를 호출하여 커서 위치를 다음 로우로 이동한다.

```
            cur.moveToNext();
        }
    ...
```

변수 record 에는 모든 자료가 추가되었으므로 EditText 에 출력해준다. EditText 는 다중라인 출력으로 지정되어있으므로 각 레코드 별로 모든 자료가 출력된다.

```
editText.setText(record);
   ...
```

사용된 커서는 close() 함수로 닫아준다.

```
      cur.close();
  }
```

그다음, 생성된 Button 객체를 이용하여 이벤트 처리 메소드를 생성한다. 여기서는 먼저 Insert Data 버튼을 처리해 보도록 한다. 버튼을 클릭할 때 실행되도록 하는 이벤트 리스너(Event Listener)를 등록하여 이 리스너에 의해 호출되는 콜백 메소드를 등록해준다. 즉, 다음과 같이 View.OnClickListener() 객체를 생성하고 이 객체를 파라메터로 하는 setOnClickListener()를 호출한다. 즉, 클릭 리스너를 구현하는 무명 클래스를 정의하여 버튼에 등록한다. 버튼이 눌러지게 되면 자동으로 무명 클래스 내부에 있는 onClick() 이 호출된다.

```
button.setOnClickListener(new View.OnClickListener() {
    @Override
    public void onClick(View view) {
       ...
```

데이터베이스 자료 처리시 파일과 마찬가지로 여러 가지 에러가 발생될 수 있으므로 try...catch 문장을 사용하는 것이 좋다. 자료를 추가하기 위해서 먼저 select 문장으로 추가할 자료가 있는지를 확인한다. 여기서는 학번이 1004 인 자료를 추가해볼 것이므로 "select * from student where stid=1004" 라는 질의문장으로 자료를 검색해본다.

```
           try {
               Cursor cur = db.rawQuery("SELECT * From student where
                                stid=1004", null);
          ...
```

Cursor 인터페이스의 getCount() 함수를 사용하여 검색된 로우의 수를 확인한다. 만일 그 수가 0 이라면 학번이 1004 인 자료가 없다는 의미이므로 자료 추가를 처리할 수 있다.

```
if (cur.getCount() == 0) {
    ...
```

자료가 없는 경우, execSQL() 함수에 "Insert into 테이블이름"를 사용하여 원하는 데이터를 테이블에 추가할 수 있다.

```
db.execSQL("insert into student values(1004 , 'kim',
    'wer@asd.co.kr ','seoul', '02-873-8890')");
...
```

 참고
Insert SQL 문장에서 모든 필드 사용할 때

Insert SQL 문장의 형식은 다음과 같다.

sqlite> insert into 테이블이름(필드1, 필드2,...) values(필드값1, 필드값2,...);

하지만 필드 이름을 생략하는 경우, 별도로 필드 이름을 명시할 필요 없이 필드 이름을 생략하고 바로 values 값만 입력할 수도 있다.

sqlite> insert into 테이블이름 values(필드값1, 필드값2,...);

새로운 자료를 추가하였으므로 위에서 설명한 readDatabaseTable() 함수를 호출하여 새로운 자료를 EditText 에 출력한다.

```
        readDatabaseTable();
    }
    ...
```

만일 Insert 문장에서 에러가 발생된 경우에는, 다음과 같이 Log() 함수를 이용하여 자료 중복 에러(Duplicate Data Error)를 표시한다. Log() 함수는 에러 메시지를 안드로이드 스튜디오 아래쪽 Logcat 창에 표시한다.

```
    else {
        Log.e("MYAPP", "exception: " +"Duplicate Data!");
    }
}
```

만일 그 외 다른 SQLite 관련 에러가 발생된 경우에는, 다음과 같이 Log() 함수를 이용하여 에러 메시지를 표시한다.

```
        catch(SQLiteException e) {
            Log.e("MYAPP", "exception: " + e.getMessage());
        }
    }
});
```

이번에는 두 번째 Delete Data 버튼을 처리해보자. 이 버튼은 위에서 추가된 학번 1004 자료를 삭제하는 기능을 처리한다. 버튼을 클릭할 때 실행되도록 하는 이벤트 리스너(Event Listener)를 등록하여 이 리스너에 의해 호출되는 콜백 메소드를 등록해준다. 이제 버튼이 눌려지게 되면 자동으로 무명 클래스 내부에 있는 onClick() 이 호출된다.

```
button2.setOnClickListener(new View.OnClickListener() {
    @Override
    public void onClick(View view) {
        ...
```

첫 번째 버튼과 마찬가지로 자료를 삭제하기 위해서 먼저 select 문장으로 삭제할 자료가 있는지를 확인한다. 여기서는 학번에 1004 인 자료를 삭제해볼 것이므로 "select * from student where stid=1004" 라는 질의문장으로 자료를 검색해본다.

```
        try {
            Cursor cur = db.rawQuery("SELECT * From student
                                     where stid=1004", null);
            ...
```

Cursor 인터페이스의 getCount() 함수를 사용하여 검색된 로우의 수를 확인한다. 만일 그 수가 1 이라면 학번이 1004 인 자료가 존재한다는 의미이므로 자료 삭제를 처리할 수 있다. execSQL() 함수에 "delete from 테이블이름 where 조건"를 사용하여 원하는 테이블을 삭제한다.

```
        if (cur.getCount() == 1) {
            db.execSQL("delete from student where stid=1004");
            ...
```

자료를 삭제하였으므로 위에서 readDatabaseTable() 사용자 함수를 호출하여 남아있는 자료를 EditText 에 출력한다.

```
                    readDatabaseTable();
                }
            }
            ...
```

자료 삭제하는 동안 SQLite 관련 에러가 발생된 경우에는, 다음과 같이 Log() 함수를 이용하여 에러 메시지를 표시한다.

```
            catch (SQLiteException e) {
                Log.e("MYAPP", "exception: " + e.getMessage());
            }
        }
    });
    }
}
```

정리

　안드로이드에서는 SQLite3 라는 일종의 데이터베이스 라이브러리를 사용하여 쉽게 데이터베이스를 처리할 수 있다. 이 SQLite3 는 임베디드용 SQL 데이터엔진으로 비록 크기는 작지만 일반적인 데이터베이스에서 제공하는 기본적인 기능을 사용할 수 있다. 또한 오픈 소스이므로 원하는 프로그램에 제한 없이 사용할 수 있고 상업적, 개인적으로 자유롭게 사용할 수 있다. 또한 이미 안드로이드 스튜디오에 포함되어 있으므로 별도로 설치할 필요도 없다. 그리고 SQLite3 의 트랜잭션은 스마트폰의 시스템 전원 이상과 상관없이 원자성, 일관성, 독립성, 지속성을 유지하는 기능을 제공한다. 또한 안드로이드, iOS, 블랙베리 등 여러 플랫폼에서 동작되는 크로스 플랫폼을 지원한다. 단점으로는 SQL 데이터엔진으로만 구성되므로 독립적인 서버 프로세스를 가지고 있지 않고 일반 RDBMS처럼 클라이언트/서버를 지원하는 네크워크 기능을 지원하지 않는 로컬에서만 사용가능하다. 또한 무료로 제공되는 DB Browser for SQLite 툴을 사용하면 여러 OS 상에서 쉽게 SQLite3 데이터베이스를 관리할 수 있다.
　이 장에서는 이 DB Browser for SQLite 툴을 이용하여 sampledb 를 만들어보았고 이 데이터베이스 파일을 안드로이드 스튜디오에서 제공하는 장치 파일 탐색기(Device File Explorer)를 사용하여 직접 기기에 추가해 데이터베이스에 입력된 자료를 출력해보았다. 또한 새로운 데이터를 추가해보기도 했고 추가된 데이터를 삭제하는 기능에 대해서도 예제를 통하여 알아보았다.

제10장

프래그먼트와 네비게이션 에디터

프래그먼트는 액티비티를 구성하는 하나의 인터페이스 조각을 의미한다. 즉, 액티비티에 고정된 하나의 사용자 인터페이스 화면을 사용하는 것이 아니라 이 프래그먼트를 사용하여 하나의 액티비티에 여러 개의 조각으로 구성된 사용자 인터페이스를 구성하여 사용할 수 있는 장점을 가지게 된다. 이 장에서는 이러한 프래그먼트를 사용하는 방법을 설명하고 안드로이드 스튜디오에서 새롭게 제공하는 네비게이션 에디터를 사용하여 화면 구성을 더 효율적으로 처리하는 방법에 대하여 알아본다.

10.1 프래그먼트(fragment)

프래그먼트는 액티비티 사용자 인터페이스를 구성하는 조각으로 서브 액티비티라고도 할 수 있다. 프래그먼트는 화면이 큰 모바일 기기에서 더 큰 효용성을 발휘할 수 있다. 즉, 고정된 하나의 인터페이스로 구성하는 것이 아니라 여러 프래그먼트의 사용자 인터페이스로 구성한다면 필요할 때마다 더 화면에 적합한 인터페이스를 사용하여 원하는 기능을 효율적으로 사용할 수 있게 된다.

예를 들어, 다음 화면을 생각해보자.

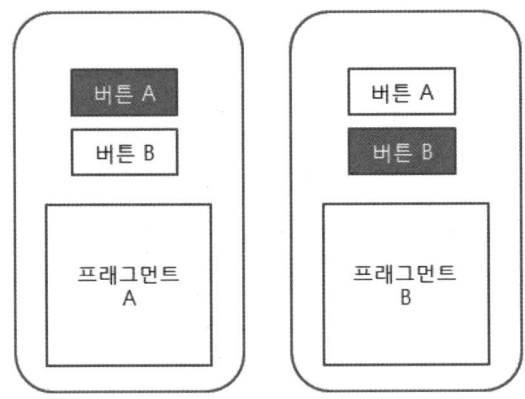

그림 10.1 프래그먼트 예

모바일 기기의 '버튼 A'를 눌렀을 때, 프래그먼트 A 가 화면에 표시된다. 이때 '버튼 B'를 누르면 프래그먼트 A 는 제거되고 그 자리에 프래그먼트 B를 위치시킬 수 있다. 이와 같이 프래그먼트는 자신의 인터페이스를 가지게 되므로 그에 해당하는 레이아웃 파일을 가지게 된다. 위 그림에서 알 수 있듯이 새로운 프래그먼트를 추가할 수 있을 뿐만 아니라 삭제 혹은 대치까지 가능하다. 또한 하나의 액티비티에 여러 프래그먼트를 구성할 수도 있다.

이러한 프래그먼트를 구성하기 위해서는 Fragment 클래스로부터 상속을 받는 클래스를 작성해야한다. 이 Fragment 상속 클래스는 다음 그림과 같이 onCreateView(), onActivityCreated() 과 같은 메소드를 통해 프래그먼트를 활성화 시키고 onDestoryView(), onDestory() 메소드를 통하여 비활성화 시킨다.

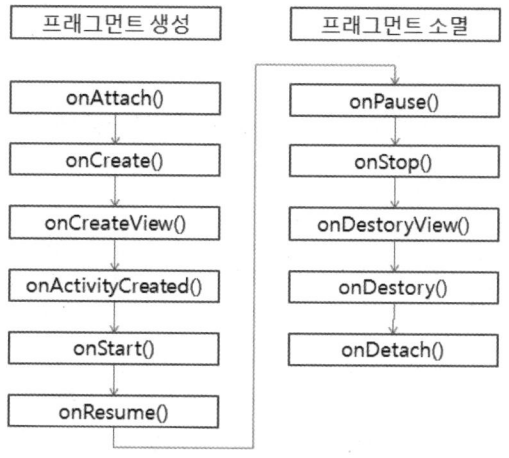

그림 10.2 프래그먼트 생애 주기

10.2 프래그먼트 기본 예제

이제 프래그먼트 기본 예제를 살펴보자. 이 예제에서는 EditText 와 Button을 하나의 프래그먼트로 구성하여 액티비티에 출력하는 기능을 제공한다.

그대로 따라하기

1 안드로이드 스튜디오를 실행하고 시작 화면이 나타나면 첫 번째 항목인 Start a new Android Studio project를 선택한다.

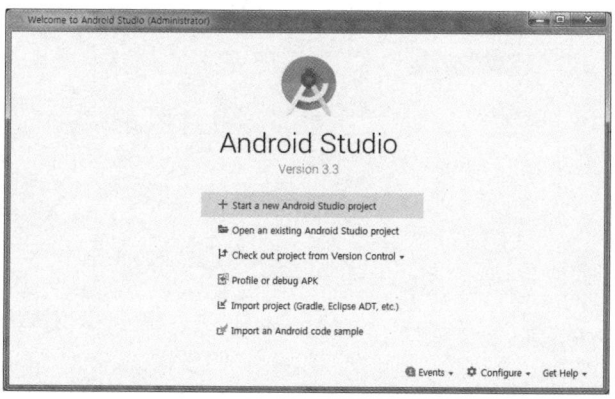

그림 10.3 Start a new Android Studio project 선택

2 이때 다음과 같이 Activity 선택 화면이 나타난다. 비어있는 화면을 보여주는 "Empty Activity"를 선택하고 Next 버튼을 누른다.

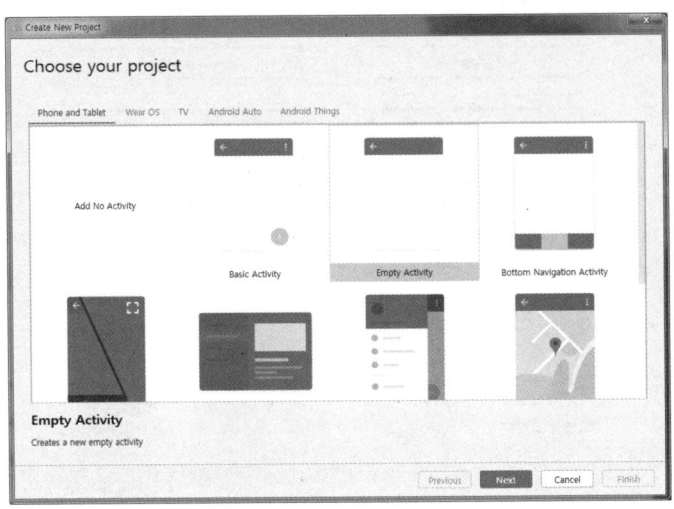

그림 10.4 Empty Activity 선택

3 이어서 프로젝트 설정 윈도우가 나타난다. 첫 번째 Name 항목은 프로젝트의 구별되는 이름으로 여기서는 "BasicFragmentSample" 이라고 입력한다. 저장 위치인 Save Location 항목을 확인하고 Language 는 Java 로 선택한다. 그 아래 앱에서 사용되는 최소 SDK 버전을 지정하는 Minimum API Level 에는 "API 15: Android 4.0.3(IceCreamSandwich)"을 그대로 선택한다. 이상 없이 입력하였다면 Finish 버튼을 눌러 파일을 생성한다.

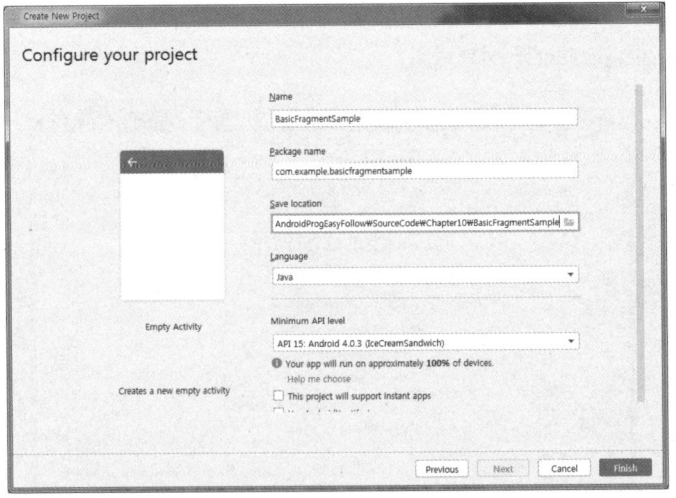

그림 10.5 새 프로젝트 이름에 BasicFragmentSample 입력

4 이제 오른쪽 에디터에는 activity_main.xml 와 MainActivity.java 파일이 자동으로 표시된다. 이때 activity_main.xml 탭을 눌러 레이아웃 에디터를 표시한다. 기본적으로 레이아웃 에디터에는 중앙에 "Hello World" TextView 가 표시된다. 이제 마우스로 이 "Hello World" TextView 를 선택하고 Delete 키를 누르거나 오른쪽 마우스 버튼에서 Delete 항목을 선택하여 삭제한다.

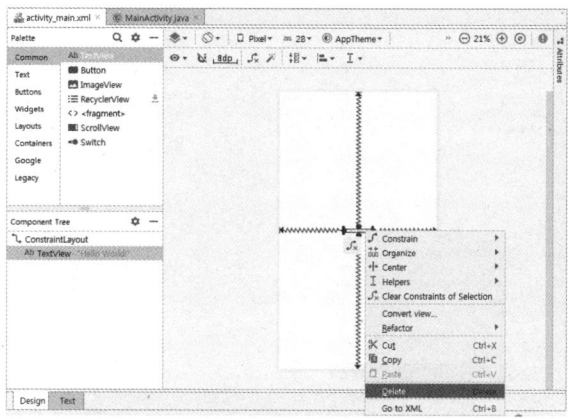

그림 10.6 "Hello World" TextView 삭제

5 이제 왼쪽 프로젝트의 app-res-layout 에서 오른쪽 마우스 버튼을 누르고 New- Fragment-Fragment(blank)을 선택하면 다음과 같이 Configure Component 대화상자가 나타난다. 이 대화 상자를 다음과 같이 설정하고 Finish 버튼을 누른다.

Fragment Frame : MainFragment	Create layout XML? : 체크
Fragment Layout Name : fragment_main	Include fragment factory method : 체크 삭제
Include interface callback : 체크 삭제	Script Source Language : Java

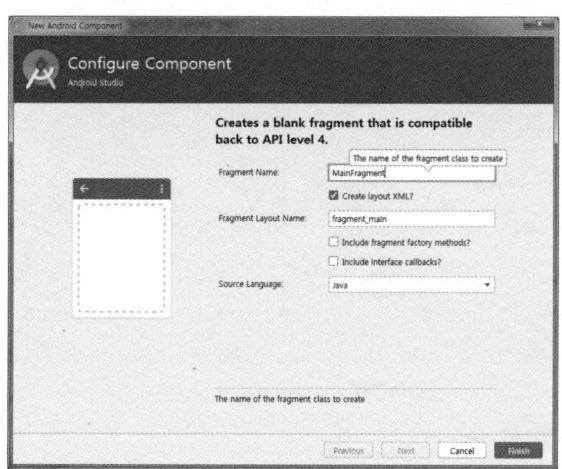

그림 10.7 MainFragment 프래그먼트 파일 생성

제10장_ 프래그먼트와 네비게이션 에디터 **575**

6 이제 에디터의 fragment_main.xml 탭을 선택해 레이아웃 에디터를 표시한다. 이어서 팔레트 아래쪽에 위치한 컴포넌트 트리에 위치한 TextVew를 선택하고 오른쪽 마우스에서 Delete 항목을 눌러 삭제한다.

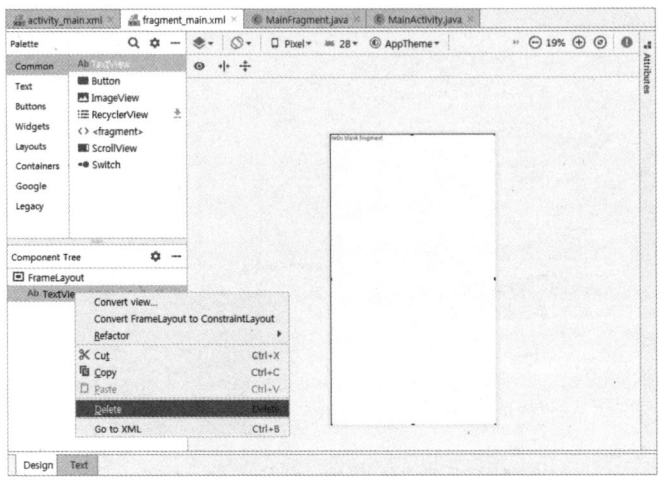

그림 10.8 TextView 항목 선택

7 다시 컴포넌트 트리에 위치한 FrameLayout를 선택하고 Convert view를 선택한다. 이때 뷰 변경 윈도우가 나타나는데 LinearLayout을 선택하고 Apply 버튼을 누른다.

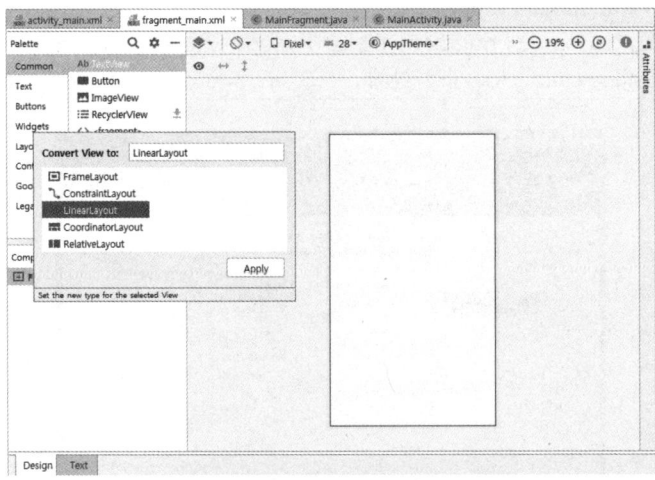

그림 10.9 LinearLayout 으로 변경

8 이제 팔레트 왼쪽에서 Text 를 선택한 상태에서 이어서 마우스로 오른쪽에 표시되는 Plain

Text 를 클릭하고 드렉-엔-드롭으로 오른쪽 레이아웃 뷰 위쪽에 떨어뜨린다. 이어서 팔레트 Common을 선택한 상태에서 Button을 클릭하고 오른쪽 레이아웃 Plain Text 오른쪽 옆에 떨어뜨린다. 이어서 오른쪽 속성 창에서 Plain Text 의 Text 속성 값에 ""을 지정하여 값을 삭제한다.

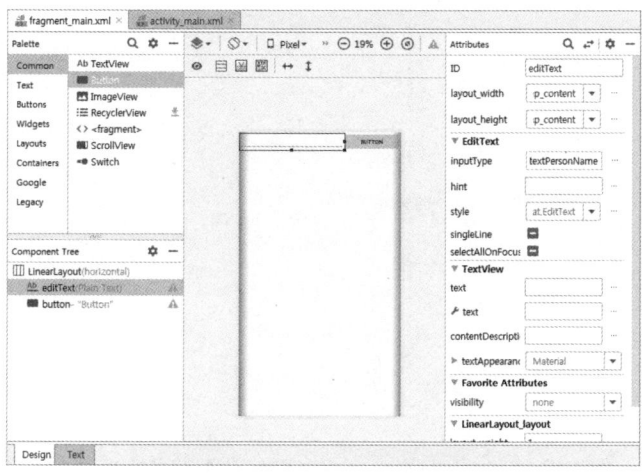

그림 10.10 Plain Text 와 Button 추가

9 이제 에디터의 activity_main.xml 탭을 선택해 레이아웃 에디터를 표시한다. 팔레트 왼쪽에서 Common 를 선택한 상태에서 이어서 마우스로 오른쪽에 표시되는 '〈〉〈fragment〉' 를 클릭하고 드렉-엔-드롭으로 오른쪽 레이아웃 뷰 위쪽에 떨어뜨린다. 이때 Fragments 대화상자가 나타나고 그 중앙에 위에서 작성한 MainFragment 가 표시된다. OK 버튼을 누른다.

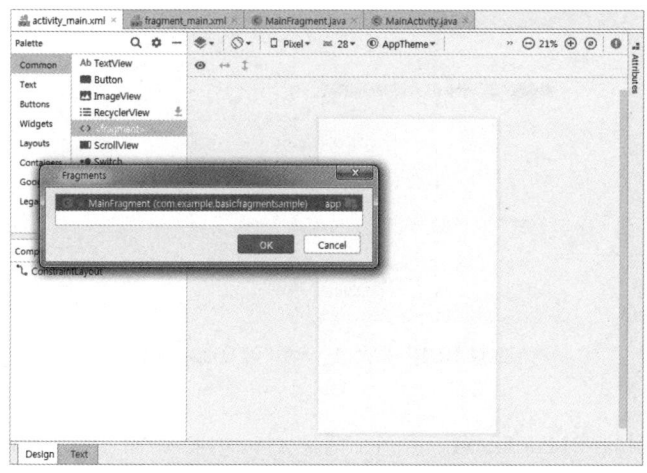

그림 10.11 Fragment 대화상자

10 이어서 〈fragment〉 위쪽 중앙의 작은 원을 클릭하고 위쪽 에디터 끝까지 드래그 한다. 동일한 방법으로 왼쪽, 오른쪽, 아래쪽 중앙의 작은 원을 클릭하고 각각의 에디터 끝까지 드래그 처리한다.

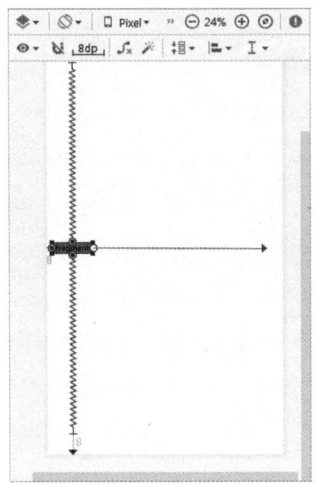

그림 10.12 ImageButton 의 위, 아래, 왼쪽, 오른쪽 제약 설정

11 오른쪽 Attribute 창의 layout_width 에 0dp를 지정한다.

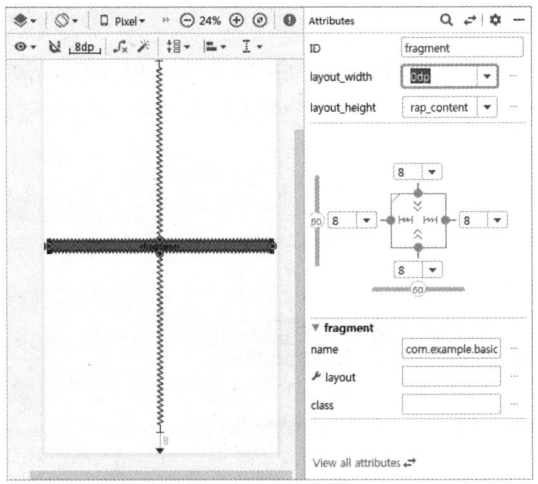

그림 10.13 layout_width 에 0 dp 지정

12 이어서 에디터에서 MainFragment.java 탭을 선택한다. 이때 안드로이드 스튜디오 오른쪽에는 MainFragment.java 파일이 열리는데 다음과 같은 코드를 추가 입력한다.

```java
package com.example.basicfragmentsample;

import android.os.Bundle;
import android.support.v4.app.Fragment;
import android.view.LayoutInflater;
import android.view.View;
import android.view.ViewGroup;
import android.widget.Button;
import android.widget.EditText;

/**
 * A simple {@link Fragment} subclass.
 */
public class MainFragment extends Fragment {


    public MainFragment() {
        // Required empty public constructor
    }

    @Override
    public View onCreateView(LayoutInflater inflater, ViewGroup container,
                             Bundle savedInstanceState) {
        // Inflate the layout for this fragmentm
        View   root  =  inflater.inflate(R.layout.fragment_main,  container,
false);
        final EditText editText = (EditText) root.findViewById(R.id.editText);
        Button button1 = (Button) root.findViewById(R.id.button);
        button1.setOnClickListener(new View.OnClickListener() {
            @Override
            public void onClick(View view) {
                editText.setText("A button is Pressed!");
            }
        });
        return root;
    }
}
```

13 이제 실제 기기를 PC에 연결하고 안드로이드 스튜디오 위쪽에 위치한 Run 버튼을 누르면 배포 타겟(deployment target) 화면이 나타난다. 연결된 디바이스 혹은 가상 화면을 선택

하고 OK 버튼을 눌러 실행시켜 다음과 같은 화면이 나타나는지 확인해 본다. 또 화면에 표시된 버튼을 눌러 화면 아래쪽에 "A button is Pressed!"라는 메시지가 표시되는지 확인해 본다.

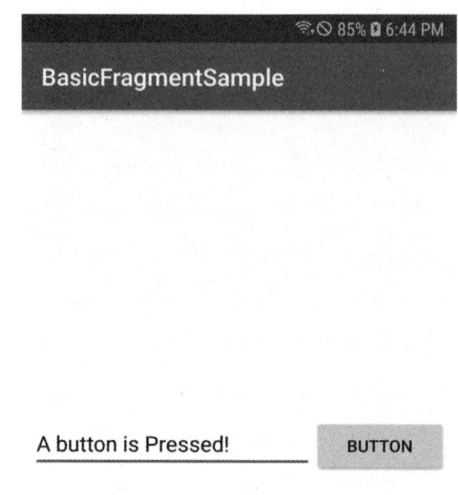

그림 10.14 BasicFragmentSample 프로젝트 실행

원리 설명

프래그먼드는 액티비티 안에 위치하는 사용자 인터페이스의 작은 조각이다. 먼저 앱이 실행되면 다음과 같은 activity_main.xml 파일이 실행되면서 이 파일에 지정된 프래그먼트를 화면에 구현한다.

```
<?xml version="1.0" encoding="utf-8"?>
<android.support.constraint.ConstraintLayout
    ...
    tools:context=".MainActivity">
```

```xml
    <fragment
        android:id="@+id/fragment"
        android:name="com.example.basicfragmentsample.MainFragment"
        android:layout_width="0dp"
        android:layout_height="wrap_content"
        ...
        tools:layout="@layout/fragment_main" />
</android.support.constraint.ConstraintLayout>
```

위 코드에서 중요한 부분은 android:name 부분이다. 프래그먼트가 구현되면서 이 name 부분에 지정된 com.example.basicfragmentsample.MainFragment 즉, MainFragment.java 파일이 자동으로 실행된다. 신기하기도 안드로이드 스튜디오에서 프래그먼트 파일 fragment_main.xml 파일을 작성하기만 했지 activity_main.xml 파일에서 프래그먼트 파일을 연결한 적이 없었을 것이다. 어떻게 위 코드와 같이 연결되었을까? 바로 다음과 같이 레이아웃 에디터에서 activity_main.xml 파일에 '〈fragment〉'를 추가할 때 자동으로 연결되어진다.

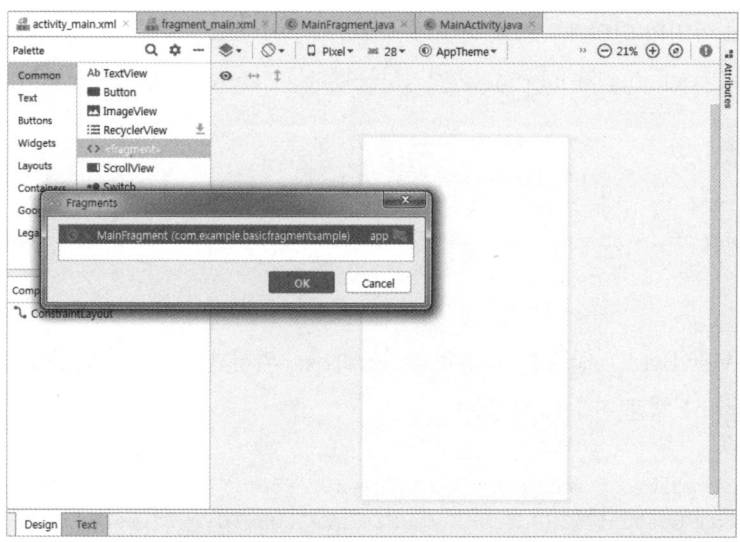

그림 10.15 activity_main 파일에 〈fragment〉 연결

이제 MainFragment.java 의 구현 부분을 살펴보자. 클래스 MainFragment 는 Fragment 클래스로부터 계승받는다.

```
public class MainFragment extends Fragment {
```

```
public MainFragment() {
    // Required empty public constructor
}
...
```

프래그먼트에서 자신의 사용자 인터페이스를 구현할 때 onCreateView() 메소드가 자동으로 실행된다. 즉, 이 메소드 안에 원하는 코드를 구현해준다.

```
@Override
public View onCreateView(LayoutInflater inflater, ViewGroup container,
                Bundle savedInstanceState) {
    ...
```

먼저, 파라미터로 전달되는 LayoutInflater 객체의 inflate() 메소드를 호출하여 위에서 작성한 fragment_main.xml 파일을 실제 view 객체로 만든다. 이 메소드 끝부분에서 이 view 객체를 돌려줌으로서 xml 파일의 인터페이스를 화면에 구현한다. 이 메소드의 두 번째 파라미터와 세 번째 파라미터 값으로 container 와 false 값을 지정하는데 상위 View 인 container 의 LayoutParam 값을 설정해준다.

```
// Inflate the layout for this fragmentm
View root = inflater.inflate(R.layout.fragment_main, container, false);
...
```

이어서 findViewById() 함수를 사용하여 EditText 위젯과 Button 위젯을 참조하여 각각 editText 와 button1 객체 변수를 생성한다.

```
final EditText editText = (EditText) root.findViewById(R.id.editText);
Button button1 = (Button) root.findViewById(R.id.button);
...
```

그다음, 생성된 Button 객체를 이용하여 이벤트 처리 메소드를 생성한다. 여기서는 버튼을 클릭할 때 실행되도록 하는 이벤트 리스너(Event Listener)를 등록하여 이 리스너에 의해 호출되는 콜백 메소드를 등록해준다. 즉, 버튼을 누르면 onClick() 메소드가 실행된다.

```
button1.setOnClickListener(new View.OnClickListener() {
    @Override
    public void onClick(View view) {
        ...
```

버튼을 눌렀을 때 다음과 같이 EditText 객체의 setText()를 이용하여 "A button is Pressed!" 메시지를 출력한다.

```
            editText.setText("A button is Pressed!");
        }
    });
```

마지막으로 View 객체 변수 root를 리턴함으로서 xml 파일의 인터페이스를 화면에 구현할 수 있도록 한다.

```
        return root;
    }
}
```

10.3 새로운 프래그먼트 변경

위에서 프래그먼트의 장점으로 하나의 액티비티에 여러 프래그먼트를 위치시킬 수 있고 이렇게 추가된 프래그먼트를 삭제 혹은 변경할 수 있다고 설명하였다. 이전 절에서 설명한 xml 파일로 구성된 프래그먼트는 정적으로 구성되어 변경할 수 없지만 이 절에서 설명하는 프래그먼트를 동적으로 구성하면 마음대로 프래그먼트를 변경하여 새로운 것으로 대치시킬 수 있다.

그대로 따라하기

1 안드로이드 스튜디오를 실행하고 시작 화면이 나타나면 첫 번째 항목인 Start a new Android Studio project를 선택한다.

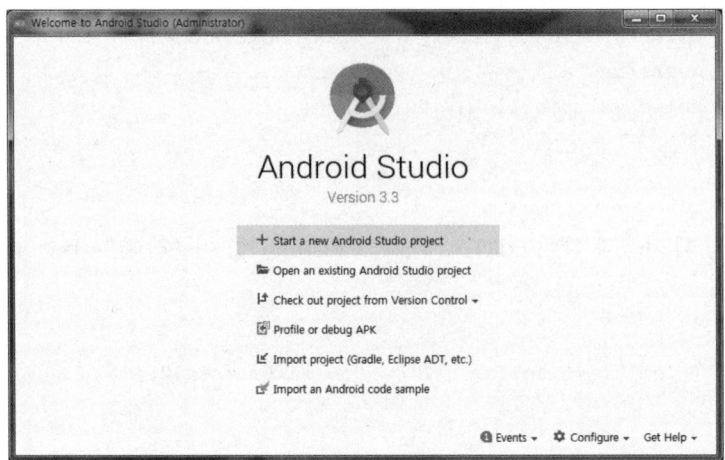

그림 10.16 Start a new Android Studio project 선택

② 이때 다음과 같이 Activity 선택 화면이 나타난다. 비어있는 화면을 보여주는 "Empty Activity"를 선택하고 Next 버튼을 누른다.

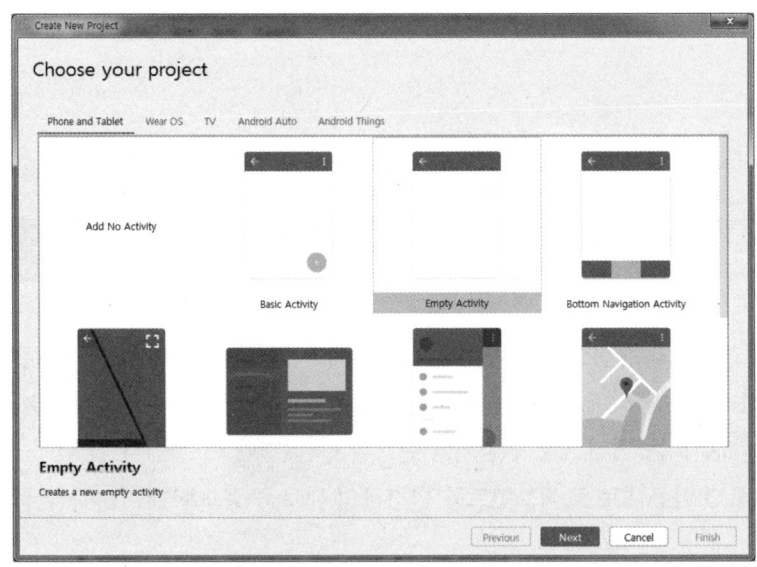

그림 10.17 Empty Activity 선택

③ 이어서 프로젝트 설정 윈도우가 나타난다. 첫 번째 Name 항목은 프로젝트의 구별되는 이름으로 여기서는 "ChangeFragmentSample"이라고 입력한다. 저장 위치인 Save Location 항목을 확인하고 Language 는 Java 로 선택한다. 그 아래 앱에서 사용되는 최소 SDK 버전을 지정하는 Minimum API Level 에는 "API 15: Android 4.0.3(IceCreamSandwich)"을 그

대로 선택한다. 이상 없이 입력하였다면 Finish 버튼을 눌러 파일을 생성한다.

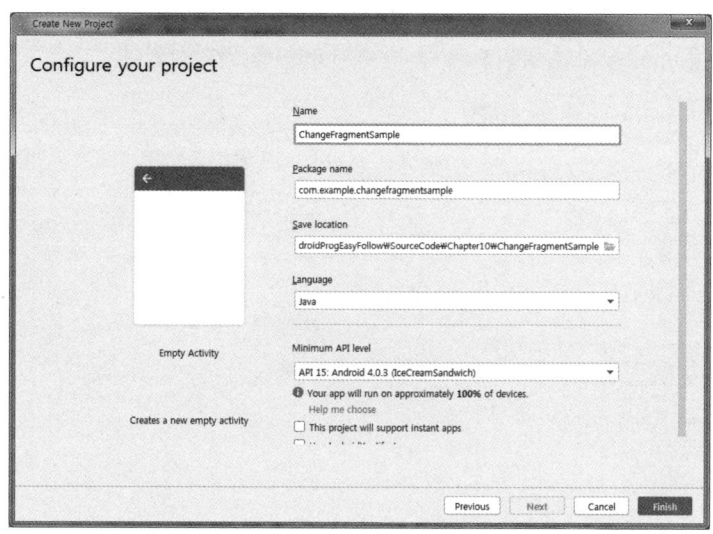

그림 10.18 새 프로젝트 이름에 ChangeFragmentSample 입력

4 이제 오른쪽 에디터에는 activity_main.xml 와 MainActivity.java 파일이 자동으로 표시된다. 이때 activity_main.xml 탭을 눌러 레이아웃 에디터를 표시한다. 기본적으로 레이아웃 에디터에는 중앙에 "Hello World" TextView 가 표시된다. 이제 마우스로 이 "Hello World" TextView 를 선택하고 Delete 키를 누르거나 오른쪽 마우스 버튼에서 Delete 항목을 선택하여 삭제한다.

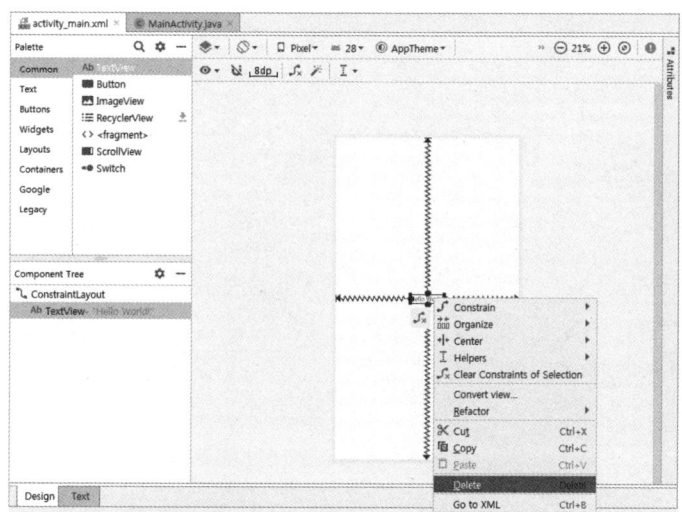

그림 10.19 "Hello World" TextView 삭제

5 이제 팔레트 왼쪽에서 Common 을 선택한 상태에서 마우스로 오른쪽에 표시되는 Button 을 클릭하고 드렉-엔-드롭으로 오른쪽 레이아웃 뷰 임의의 위치에 떨어뜨린다. 첫 번째 버튼 아래쪽에 다시 동일한 방법으로 두 번째 Button을 위치시킨다.

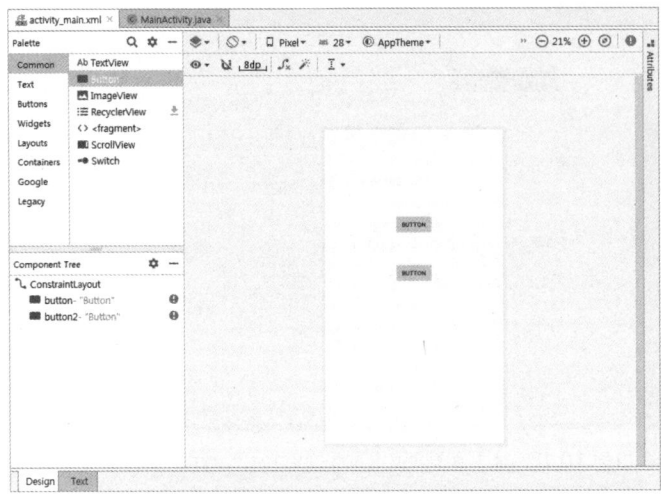

그림 10.20 두 개의 버튼 추가

6 계속해서 팔레트 왼쪽에서 Layouts 을 선택한 상태에서 마우스로 오른쪽에 표시되는 FrameLayout 을 클릭하고 드렉-엔-드롭으로 오른쪽 레이아웃 두 번째 Button 아래쪽 위치에 떨어뜨린다. 이때 FrameLayout 은 자동으로 전체 뷰 크기로 확장되므로 마우스를 이용하여 그 크기를 줄여 두 번째 버튼 아래쪽에 적절하게 위치시킨다.

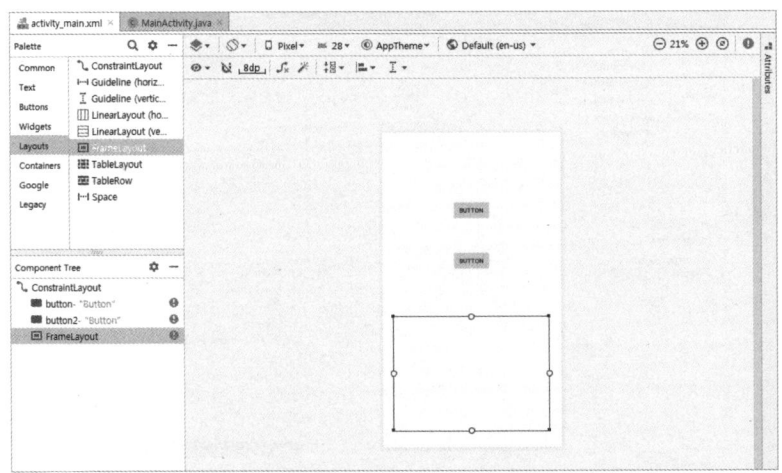

그림 10.21 FrameLayout 추가

7 이어서 Shift 키와 함께 두 개의 버튼과 FrameLayout 을 각각 모두 마우스로 선택하고 오른쪽 마우스 버튼을 눌러 Chains-Create Vertical Chain 을 선택한다.

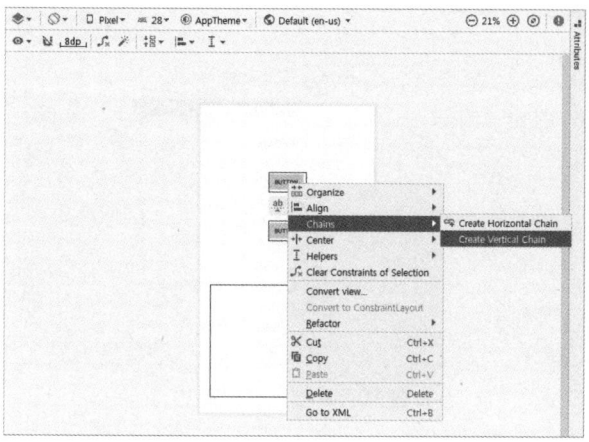

그림 10.22 두 버튼과 FrameLayout에 대한 Chains-Create Vertical Chain 선택

8 계속해서 Shift 키와 함께 두 개의 버튼과 FrameLayout 을 각각 모두 마우스로 선택한 상태에서 오른쪽 마우스 버튼을 눌러 Center-Horizontally를 선택한다.

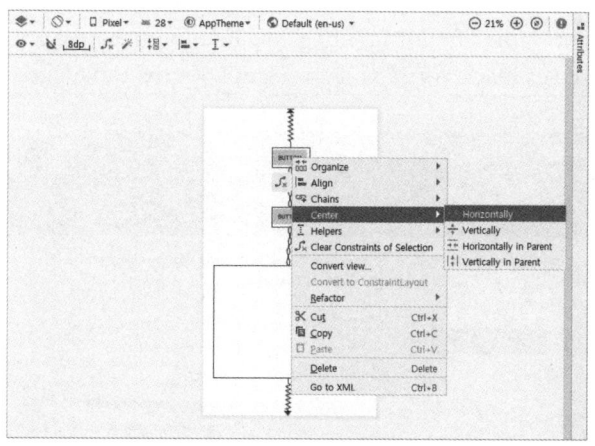

그림 10.23 두 버튼과 FrameLayout에 대한 Center-Horizontally 선택

9 첫 번째 버튼을 선택한 상태에서 오른쪽 마우스 버튼으로 메뉴를 표시한 뒤 세 번째 체인모양의 사이클 체인 모드(Cycle Chain Mode) 항목을 2 번 눌러 두 개의 버튼과 FrameLayout이 안쪽으로 모이도록 지정한다. 또한 첫 번째 버튼의 text 속성을 First 으로 변경하고 두 번째 버튼의 text 속성을 Second 으로 변경한다.

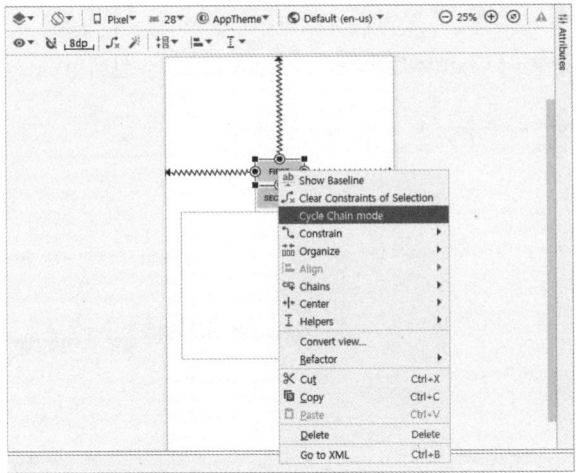

그림 10.24 체인 스타일 변경

10 이제 왼쪽 프로젝트의 app-res-layout 에서 오른쪽 마우스 버튼을 누르고 New-Fragment-Fragment(blank)을 선택하면 다음과 같이 Configure Component 대화상자가 나타난다. 이 대화 상자를 다음과 같이 설정하고 Finish 버튼을 누른다.

Fragment Frame : FirstFragment	Create layout XML? : 체크
Fragment Layout Name : fragment_first	Include fragment factory method : 체크 삭제
Include interface callback : 체크 삭제	Script Source Language : Java

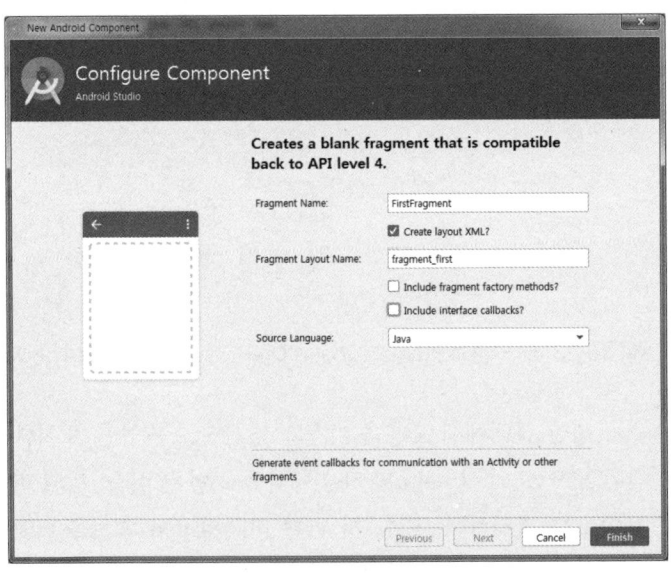

그림 10.25 FirstFragment 생성

⑪ 이전 10)과 동일한 방법으로 두 번째 프레그먼트를 생성한다. 이 대화 상자를 다음과 같이 설정하고 Finish 버튼을 누른다.

Fragment Frame : SecondFragment	Create layout XML? : 체크
Fragment Layout Name : fragment_second	Include fragment factory method : 체크 삭제
Include interface callback : 체크 삭제	Script Source Language : Java

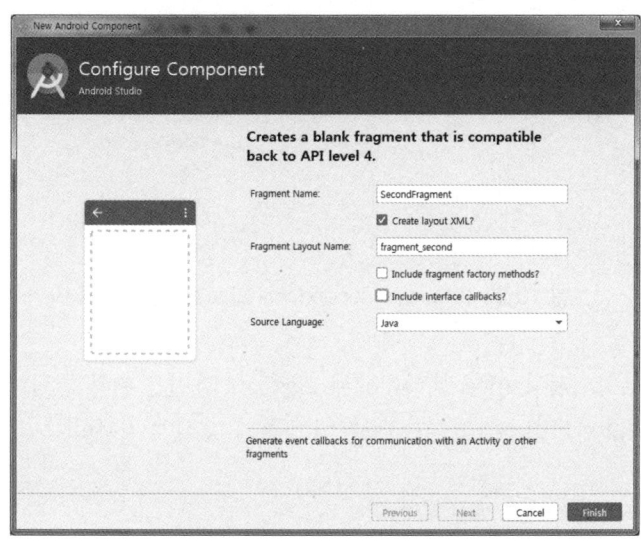

그림 10.26 SecondFragment 생성

⑫ 계속해서 에디터에서 fragment_first.xml 탭을 선택한다. 만일 에디터 탭에 존재하지 않는다면 왼쪽 프로젝트에서 app-res-layout-fragment_first.xml 파일을 더블 클릭하여 불러낸다. 에디터 오른쪽 속성 창도 불러내고 속성 창의 text 속성 값을 '@string/first_fragment' 으로 수정한다.

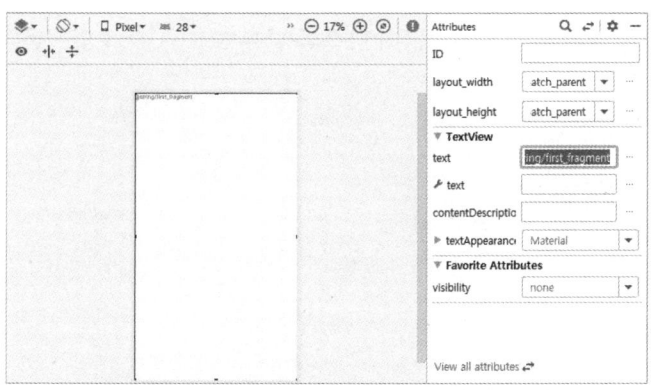

그림 10.27 fragment_first.xml 의 text 속성 값 변경

13 이번에는 fragment_second.xml 탭을 선택하고 그 text 속성 값을 '@string/second_fragment'으로 수정한다.

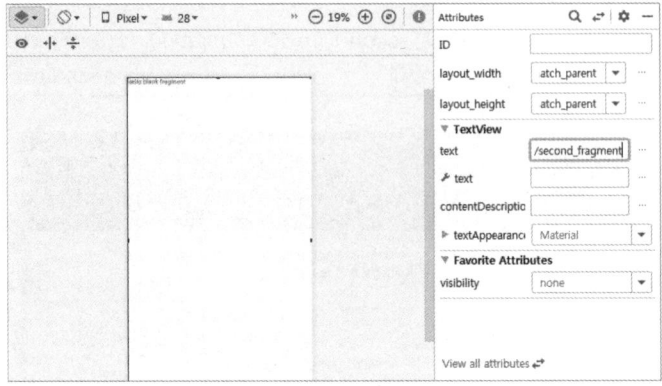

그림 10.28 fragment_second.xml 의 text 속성 값 변경

14 다시 왼쪽 프로젝트에서 app-res-values-strings.xml 파일을 더블 클릭한다. 이때 그 오른쪽에는 strings.xml 파일의 내용이 표시되는데 다음과 같이 수정한다.

```xml
<resources>
    <string name="app_name">ChangeFragmentSample</string>

    <!-- TODO: Remove or change this placeholder text -->
    <string name="first_fragment">Hello first fragment</string>
    <string name="second_fragment">Hello second fragment</string>
</resources>
```

15 이어서 에디터에서 MainActivity.java 탭을 선택한다. 이때 안드로이드 스튜디오 오른쪽에는 MainActivity.java 파일이 열리는데 다음과 같은 코드를 추가 입력한다.

```java
package com.example.changefragmentsample;

import android.app.Fragment;
import android.app.FragmentManager;
import android.app.FragmentTransaction;
import android.support.v7.app.AppCompatActivity;
import android.os.Bundle;
import android.view.View;
import android.widget.Button;
```

```java
public class MainActivity extends AppCompatActivity {

    @Override
    protected void onCreate(Bundle savedInstanceState) {
        super.onCreate(savedInstanceState);
        setContentView(R.layout.activity_main);

        Button bttton1 = (Button) findViewById(R.id.button);
        bttton1.setOnClickListener(new View.OnClickListener() {
            @Override
            public void onClick(View view) {
                loadFragment(new FirstFragment());
            }
        });

        Button bttton2 = (Button) findViewById(R.id.button2);
        bttton2.setOnClickListener(new View.OnClickListener() {
            @Override
            public void onClick(View view) {
                loadFragment(new SecondFragment());
            }
        });
    }

    private void loadFragment(Fragment fragment) {
        FragmentManager fm = getFragmentManager();
        FragmentTransaction fragmentTransaction = fm.beginTransaction();
        fragmentTransaction.replace(R.id.frameLayout, fragment);
        fragmentTransaction.commit();
    }
}
```

16 이어서 에디터에서 FirstFragment.java 탭을 선택한다. 이때 안드로이드 스튜디오 오른쪽에는 FirstFragment.java 파일이 열리는데 다음과 같은 코드로 변경한다.

```java
package com.example.changefragmentsample;

import android.os.Bundle;
import android.app.Fragment;
```

```
import android.view.LayoutInflater;
import android.view.View;
import android.view.ViewGroup;

/**
 * A simple {@link Fragment} subclass.
 */
public class FirstFragment extends Fragment {


    public FirstFragment() {
        // Required empty public constructor
    }


    @Override
    public View onCreateView(LayoutInflater inflater, ViewGroup container,
                             Bundle savedInstanceState) {
        // Inflate the layout for this fragment
        return inflater.inflate(R.layout.fragment_first, container, false);
    }
}
```

17 마지막으로 에디터에서 SecondFragment.java 탭을 선택하고 다음과 같이 변경한다.

```
package com.example.changefragmentsample;

import android.os.Bundle;
import android.app.Fragment;
import android.view.LayoutInflater;
import android.view.View;
import android.view.ViewGroup;

/**
 * A simple {@link Fragment} subclass.
 */
public class SecondFragment extends Fragment {

    public SecondFragment() {
        // Required empty public constructor
    }
```

```
    @Override
    public View onCreateView(LayoutInflater inflater, ViewGroup container,
                             Bundle savedInstanceState) {
        // Inflate the layout for this fragment
        return inflater.inflate(R.layout.fragment_second, container, false);
    }
}
```

18 이제 실제 기기를 PC에 연결하고 안드로이드 스튜디오 위쪽에 위치한 Run 버튼을 누르면 배포 타겟(deployment target) 화면이 나타난다. 연결된 디바이스 혹은 가상 화면을 선택하고 OK 버튼을 눌러 실행시킨다. 화면이 나타나면 다음과 같이 첫 번째 First 버튼을 눌러 "Hello first fragment" 가 표시되는지 확인한다.

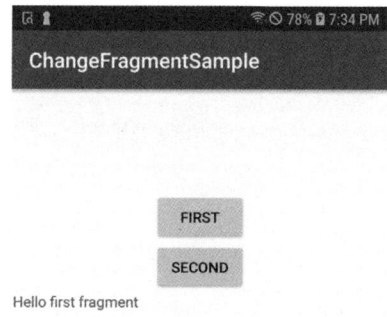

그림 10.29 ChangeFragmentSample 프로젝트 - 첫 번째 버튼 실행

이어서 두 번째 Second 버튼을 눌러 다음과 같이 "Hello second fragment" 가 표시되는지 확인한다.

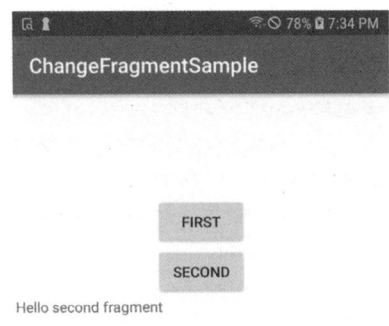

그림 10.30 ChangeFragmentSample 프로젝트 - 두 번째 버튼 실행

원리 설명

위에서 설명하였듯이 동적인 프래그먼트는 xml 파일을 사용하지 않고 코딩을 사용한다. 즉, FragmentTransaction 객체를 사용하면 원하는 프래그먼트를 추가, 삭제, 변경 등을 할 수 있다. 프래그먼트 변경을 onCreate() 메소드에서 다음과 같은 순서로 처리할 수 있다.

❶ getFragmentManager() 클래스를 생성하여 객체 변수를 생성한다.
❷ 위 객체 변수를 사용하여 beginTransaction() 메소드를 호출하여 FragmentTransaction 객체를 생성한다.
❸ FragmentTransaction 객체의 add() 메소드를 호출한다. 이때 파라메터로 출력할 프래그먼트의 xml 파일에 대한 ID 값과 프래그먼트의 클래스를 지정한다.
❹ 처리하기 원하는 메소드를 호출한다. 참고로 프래그먼트를 추가하기 위해서는 add()를 호출하고 변경은 replace()를 호출한다.
❺ FragmentTransaction 객체의 commit()를 호출하여 변경된 처리를 완료시킨다.

프래그먼트 파일의 XML 파일과 소스 코드는 안드로이드 스튜디오의 'File-New-Fragment-

Fragment (Blank)' 항목을 실행하여 생성한다.

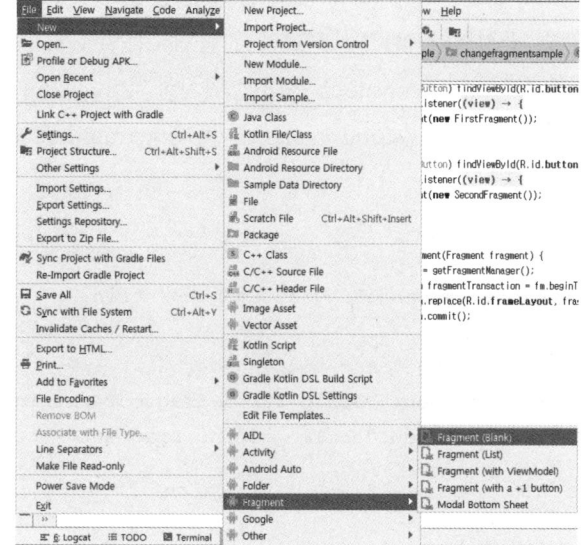

그림 10.31 프래그먼트 xml 파일 소스 코드 생성

이때 다음과 같이 Configure Compoment 대화상자가 나타나는데 'Fragment Name' 항목에 소스 코드 파일 이름을 입력하고 'Fragment Layout Name' 항목에 xml 파일 이름을 입력한다. 이때 자바 소스 코드와 xml 파일이 생성된다.

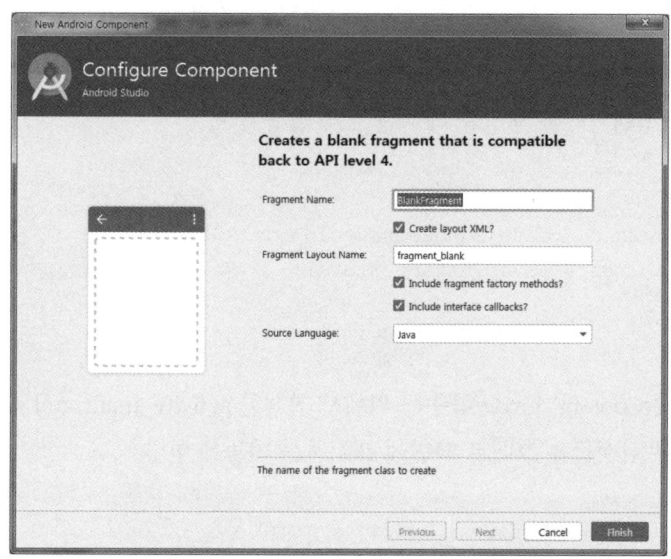

그림 10.32 Configure Compoment 대화상자

자바 소스 코드 파일은 app-java 아래쪽 자신의 패키지 폴더에 있는 MainActivity.java 소스와 같은 폴더에 위치한다. xml 파일은 app-res-layout 폴더에 생성되는데 기본적으로 FlameLayout 안에 하나의 TextView 로 구성된다. 이 TextView 의 출력부분인 text 속성에는 "@string/first_fragment" 로 구성되는데 이는 app-res-values 폴더에 위치한 strings.xml 파일을 참조하도록 하라는 의미이다. 이 파일에 위치한 〈string name〉이 "first_fragment"인 값 즉, "Hello first fragment"를 화면에 출력한다.

```
<resources>
    <string name="app_name">ChangeFragmentSample</string>

    <!-- TODO: Remove or change this placeholder text -->
    <string name="first_fragment">Hello first fragment</string>
    <string name="second_fragment">Hello second fragment</string>
</resources>
```

이제 에디터에서 MainActivity.java 의 소스 코드를 살펴보자. MainActivity.java 파일은 다음과 같이 Activity 클래스의 자식 클래스인 AppCompatActivity 클래스로부터 계승받는 MainActivity 클래스를 선언한다.

```
public class MainActivity extends AppCompatActivity {
    ...
```

그다음, 파라메터로 Bundle 타입의 savedInstanceState를 사용하는 onCreate() 메소드를 작성한다. 이 메소드는 액티비티를 생성할 때 자동으로 실행된다.

```
    @Override
    protected void onCreate(Bundle savedInstanceState) {
        super.onCreate(savedInstanceState);
        ...
```

이어서 사용된 setContentView() 함수는 위에서 작성한 activity_main.xml 파일을 연결시켜 이 파일에 작성된 뷰와 위젯들을 그대로 화면에 표시하는 기능을 한다.

```
        setContentView(R.layout.activity_main);
        ...
```

이제 findViewById() 함수를 사용하여 디자인 뷰의 버튼 위젯을 참조하면서 이 값으로 첫 번째 Button 객체 변수 button1 을 생성한다.

```
Button bttton1 = (Button) findViewById(R.id.button);
...
```

그다음, 생성된 Button 객체를 이용하여 첫 번째 버튼 이벤트 처리 메소드를 생성한다. 여기서는 버튼을 클릭할 때 실행되도록 하는 이벤트 리스너(Event Listener)를 등록하여 이 리스너에 의해 호출되는 콜백 메소드를 등록해준다. 버튼이 눌려지게 되면 자동으로 무명 클래스 내부에 있는 onClick() 이 호출된다.

```
bttton1.setOnClickListener(new View.OnClickListener() {
    @Override
    public void onClick(View view) {
        ...
```

첫 번째 First 버튼을 누르면 loadFragment() 함수를 호출한다. 이때 파라메터 값으로 첫 번째 프래그먼트의 클래스 FirstFragment() 객체를 지정한다.

```
        loadFragment(new FirstFragment());
    }
});
...
```

동일한 방법으로 findViewById() 함수를 사용하여 디자인 뷰의 버튼 위젯을 참조하면서 이 값으로 두 번째 Button 객체 변수 button2 을 생성한다.

```
Button bttton2 = (Button) findViewById(R.id.button2);
...
```

그다음, 생성된 Button 객체를 이용하여 두 번째 버튼 이벤트 처리 메소드를 생성한다. 여기서는 버튼을 클릭할 때 실행되도록 하는 이벤트 리스너(Event Listener)를 등록하여 이 리스너에 의해 호출되는 콜백 메소드를 등록해준다. 버튼이 눌려지게 되면 자동으로 무명 클래스 내부에 있는 onClick() 이 호출된다.

```
        bttton2.setOnClickListener(new View.OnClickListener() {
            @Override
            public void onClick(View view) {
                ...
```

onClick() 함수에서도 loadFragment() 메소드를 호출하는데 파라메터 값으로 두 번째 프래그먼트의 클래스 SecondFragment() 객체를 지정한다.

```
                loadFragment(new SecondFragment());
            }
        });
    }
```

이제 위 onClick() 함수에서 호출된 loadFragment() 함수를 살펴보자. 이 함수는 현재 프래그먼트가 없는 경우, 파라메터로 지정된 프래그먼트를 추가시키거나 혹은 프래그먼트가 있는 경우에는 파라메터로 지정된 프래그먼트로 변경하는 기능을 담당한다. 먼저 프래그먼트 변경을 위해 getFragmentManager() 를 호출하여 FragmentManager 객체를 생성한다.

```
    private void loadFragment(Fragment fragment) {
        FragmentManager fm = getFragmentManager();
        ...
```

그다음, FragmentManager 객체의 beginTransaction() 를 호출하여 변경 처리를 시작한다. 프래그먼트 변경 처리는 이와 같이 beginTransaction() 으로 시작하여 commit() 함수로 끝나야 완료된다.

```
        FragmentTransaction fragmentTransaction = fm.beginTransaction();
        ...
```

이어서 FragmentManager 객체의 replace() 함수를 호출하여 새로운 프래그먼트로 변경한다. 이때 파라메터 값으로 변경하고자하는 프래그먼트를 정의한 xml 파일의 ID 값과 프래그먼트를 정의하는 클래스를 지정한다. 만일 기존의 프래그먼트가 없는 경우에는 자동으로 파라메터에 지정된 프래그먼트로 추가된다.

```
        fragmentTransaction.replace(R.id.frameLayout, fragment);
        ...
```

마지막으로 commit() 를 실행하여 변경 처리를 완료한다.

```
        fragmentTransaction.commit();
    }
}
```

10.4 내비게이션 에디터

안드로이드 스튜디오 최신버전에서는 안드로이드 앱 개발에 도움을 주는 제트팩 구조 컴포넌트(Jetpack's Architecture Component)라는 컴포넌트 컬렉션을 제공하는데 그 중 하나인 내비게이션 에디터(Navigation Editor)는 개별적인 사용자 인터페이스 화면을 구성할 수 있을 뿐만 아니라 앱에서 사용되는 전체적인 화면 구성을 한 눈에 볼 수 있어 전체적인 흐름을 쉽게 파악할 수 있도록 해준다. 이 절에서 이 내비게이션 에디터를 사용하여 두 개의 버튼을 구현한 뒤에 첫 번째 버튼을 누른 뒤에는 첫 번째 구성 화면으로 이동하고 두 번째 버튼을 누르면 두 번째 화면으로 이동하는 기능을 구현하는 기능을 보여줄 것이다.

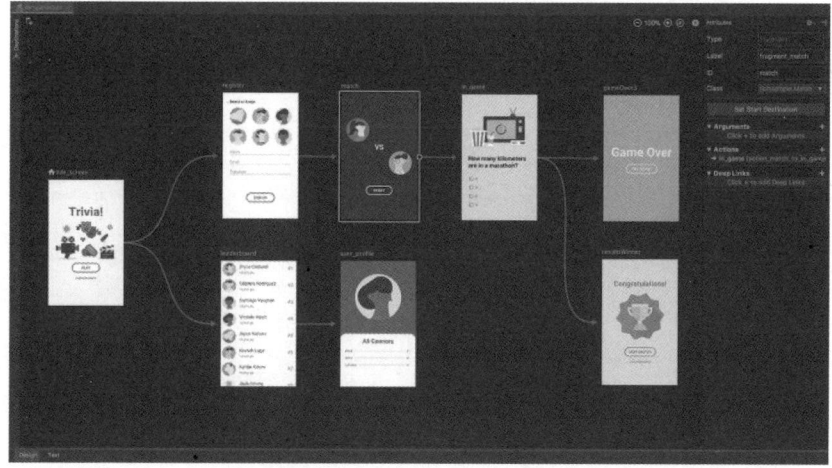

그림 10.33 내비게이션 에디터

그대로 따라하기

1 안드로이드 스튜디오를 실행하고 시작 화면이 나타나면 첫 번째 항목인 Start a new Android Studio project를 선택한다.

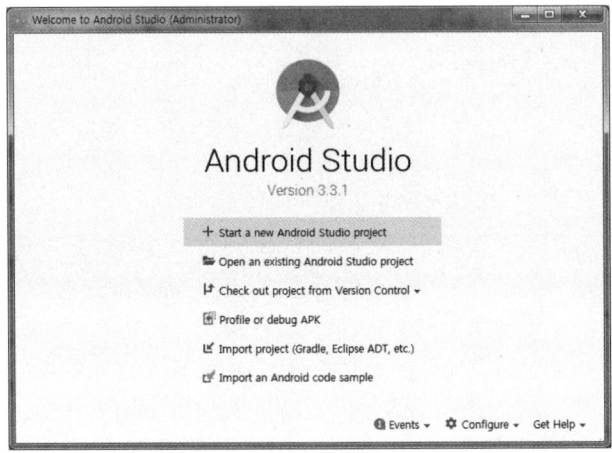

그림 10.34 Start a new Android Studio project 선택

2 이때 다음과 같이 Activity 선택 화면이 나타난다. 비어있는 화면을 보여주는 "Empty Activity"를 선택하고 Next 버튼을 누른다.

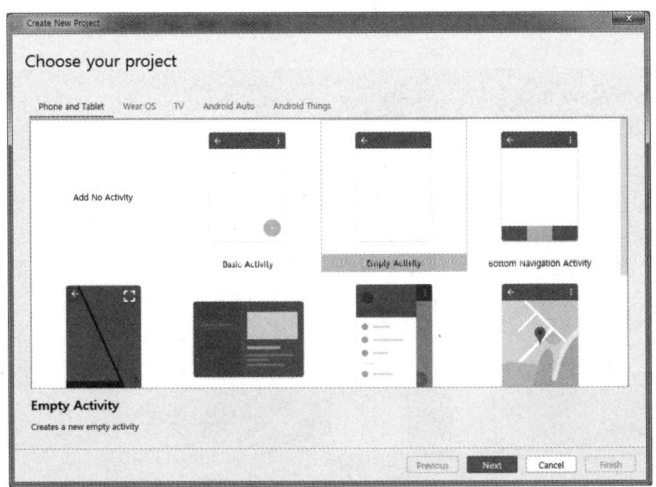

그림 10.35 Empty Activity 선택

3 이어서 프로젝트 설정 윈도우가 나타난다. 첫 번째 Name 항목은 프로젝트의 구별되는 이

름으로 여기서는 "NavigationEditorSample" 이라고 입력한다. 저장 위치인 Save Location 항목을 확인하고 Language 는 Java 로 선택한다. 그 아래 앱에서 사용되는 최소 SDK 버전을 지정하는 Minimum API Level 에는 "API 15: Android 4.0.3(IceCreamSandwich)"을 그대로 선택한다. 이상 없이 입력하였다면 Finish 버튼을 눌러 파일을 생성한다.

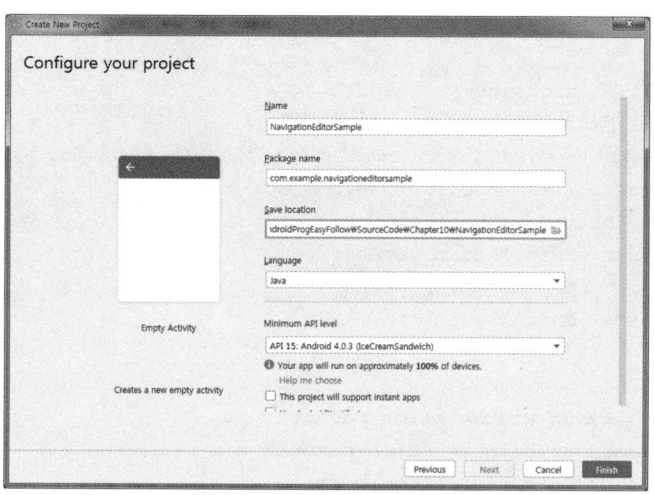

그림 10.36 새 프로젝트 이름에 NavigationEditorSample 입력

4 왼쪽 프로젝트에서 app-res 폴더에서 오른쪽 마우스 버튼을 누르고 New-Android Resource File을 선택한다. 이때 New Resource File 대화상자가 나타나는데 File Name 항목에 'nav_graph' 를 지정하고 Resource type 항목에 'Navigation'을 지정한다. 이상이 없으면 OK 버튼을 눌러 종료시킨다. 이때 Add Project Dependency 대화상자가 나올 수 있는데 OK 버튼을 눌러 관련 라이브러리를 추가해준다. 이제 res 폴더 아래쪽에 navigation 폴더가 생성되고 그 아래쪽 nav_graph.xml 파일이 생성되었는지 확인한다.

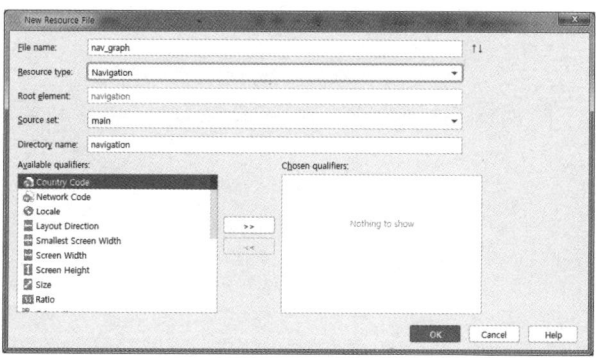

그림 10.37 New Resource File 대화상자를 이용한 파일 생성

5 이제 에디터에서 activity_main.xml 탭을 선택하거나 프로젝트에서 app-res-layout에서 activity_main.xml 파일을 더블 클릭하여 레이아웃 에디터를 표시한다. 컴포넌트 트리 (Cmponent Tree) 아래쪽에 위치한 Design 탭 옆에 위치한 Text 탭을 눌러 텍스트 에디터를 불러낸다. 기본적으로 입력한 〈TextView /〉 관련 코드를 삭제하고 다음 〈fragment /〉 코드를 입력한다.

```xml
<?xml version="1.0" encoding="utf-8"?>
<android.support.constraint.ConstraintLayout
        xmlns:android="http://schemas.android.com/apk/res/android"
    xmlns:app="http://schemas.android.com/apk/res-auto"
    xmlns:tools="http://schemas.android.com/tools"
    android:layout_width="match_parent"
    android:layout_height="match_parent"
    tools:context=".MainActivity">

    <fragment
        android:layout_width="match_parent"
        android:layout_height="match_parent"
        android:id="@+id/navigation_host"
        android:name="androidx.navigation.fragment.NavHostFragment"
        app:navGraph="@navigation/nav_graph"
        app:defaultNavHost="true"
    />
</android.support.constraint.ConstraintLayout>
```

6 다시 프로젝트에서 app-res-layout-navigation 에서 nav_graph.xml 파일을 더블 클릭하거나 에디터에서 nav_graph.xml 탭을 선택한다. 이때 상단에 위치한 New Destination 버튼을 클릭한다.

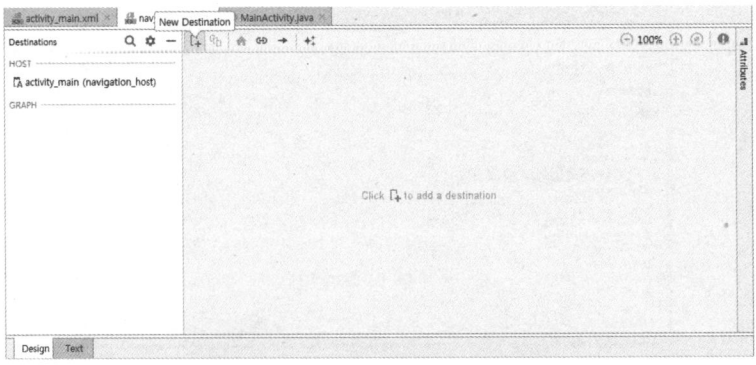

그림 10.38 New Destination 버튼 선택

7 이어서 Create new destination 을 눌러 Configure Component 대화상자를 표시한다. Fragment Name 항목에 MainFragment 를 입력하고 그 아래쪽에 위치한 Include fragment factory methods? 와 Include Interface callbacks? 체크 상자의 체크를 제거하고 Finish 버튼을 누른다.

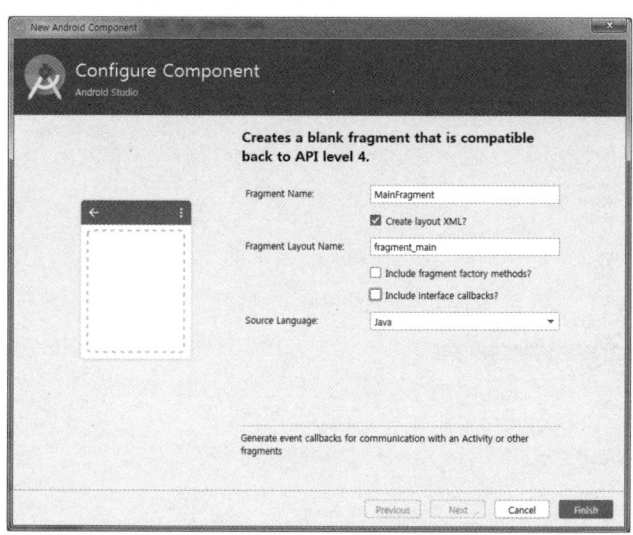

그림 10.39 Configure Component 대화상자에서 MainFragment 입력

8 이제 에디터의 nav_graph.xml 이 표시되고 Destinations 항목 아래쪽에는 "mainFragment-Start" 가 표시되고 프로젝트에는 MainFragment.java 와 fragment_main.xml 파일이 생성된다.

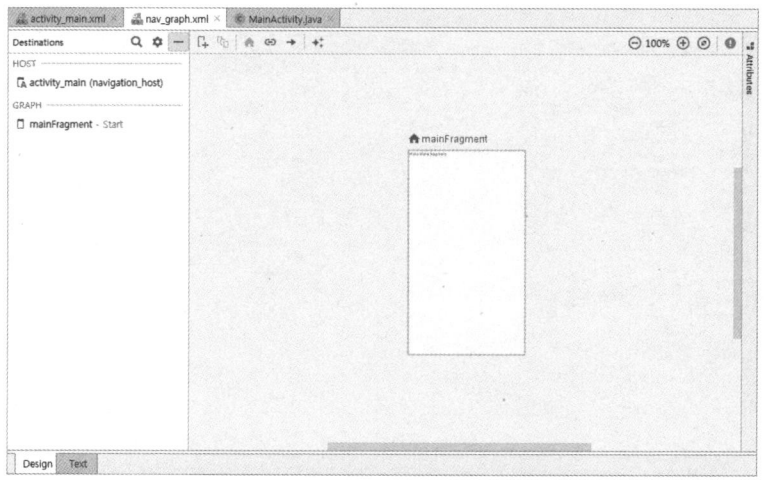

그림 10.40 mainFragment - Start 표시

제10장_ 프래그먼트와 네비게이션 에디터 **603**

⑨ 이제 프로젝트에서 새로 생성된 app-res-layout-fragment_main.xml파일을 더블 클릭하여 레이아웃 에디터로 불러낸다. Design 탭을 선택한다. 이때 Component Tree 를 살펴보면 FrameLayout 으로 구성되어 있는데 마우스로 FrameLayout을 선택하고 오른쪽 마우스 버튼으로 "Convert FrameLayout To ConstraintLayout" 항목을 선택해서 ConstraintLayout 으로 변경한다.

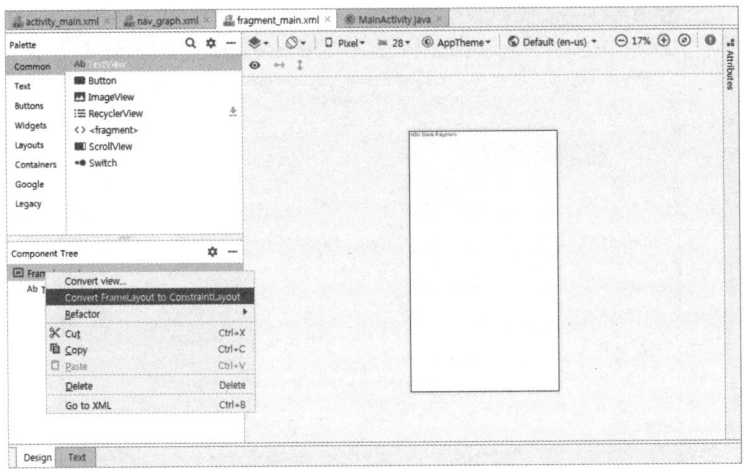

그림 10.41 FrameLayout 에서 ConstraintLayout 으로 변경

⑩ 먼저 기존의 TextView 를 Delete 키로 삭제한다. 이어서 팔레트 왼쪽에서 Common을 선택하고 오른쪽에서 Button을 선택하여 드래그-앤-드롭으로 오른쪽 레이아웃 뷰 임의의 위치에 떨어뜨린다. 동일한 방법으로 두 번째 버튼을 첫 번째 버튼 아래쪽에 떨어뜨린다.

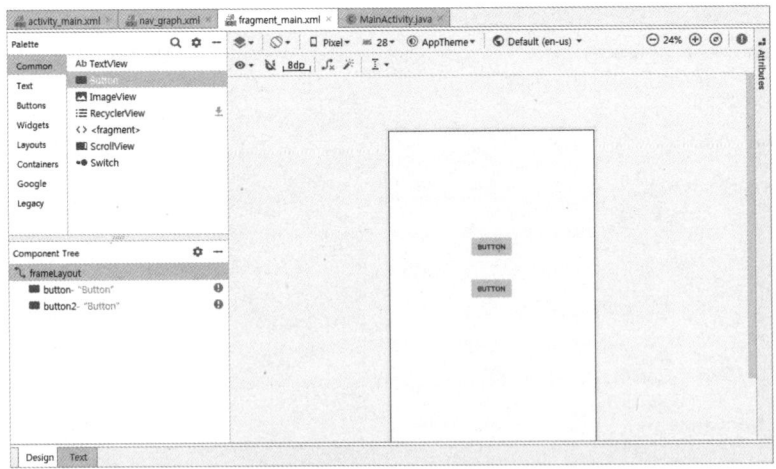

그림 10.42 Button 2 개 추가

11 Shift 버튼과 함께 마우스를 사용하여 두 버튼을 선택하고 오른쪽 마우스 버튼으로 "Chains-Create Vertical Chain"을 선택한다.

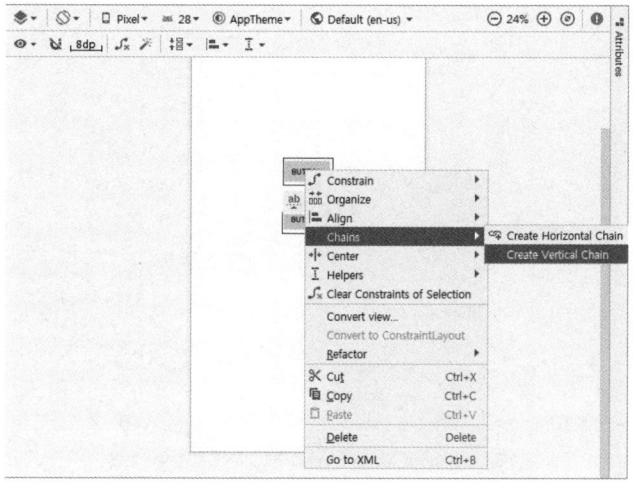

그림 10.43 두 버튼에 대한 수직 체인 기능 생성

12 계속해서 두 버튼을 선택한 상태에서 오른쪽 마우스 버튼으로 Center-Horizontally를 선택한다.

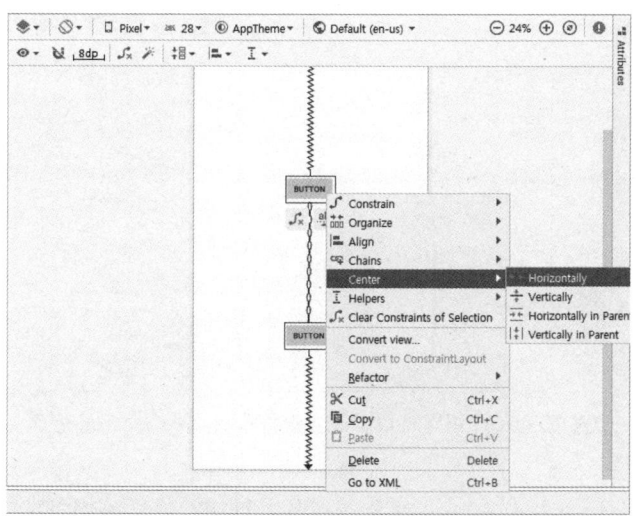

그림 10.44 수평적 중앙 기능 추가

13 이어서 첫 번째 버튼을 선택한 상태에서 오른쪽 마우스 버튼으로 메뉴를 표시한 뒤 Cycle

Chain Mode 항목을 2 번 눌러 두 버튼을 안쪽으로 모아 위치시킨다.

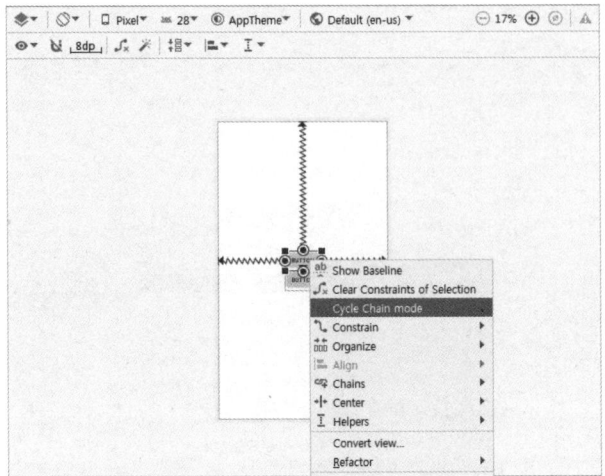

그림 10.45 Cycle Chain Mode 아이콘 선택

14 오른쪽 속성 창을 불러내어 각 버튼의 text 속성 값을 First 와 Second 으로 변경한다.

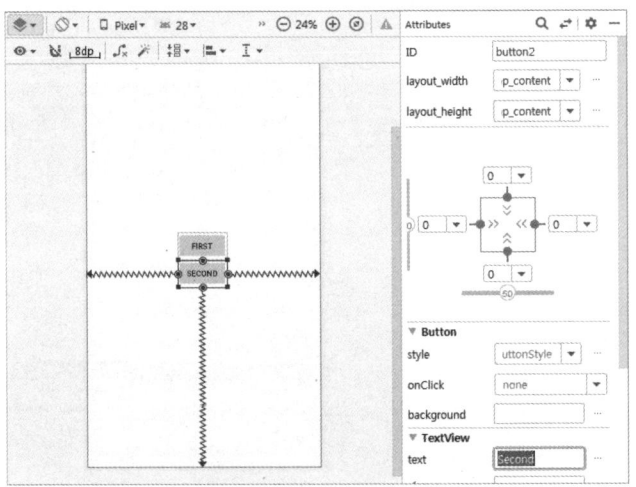

그림 10.46 각 버튼의 text 속성 값을 First, Second 으로 변경

15 다시 에디터에서 nav_graph.xml 탭을 선택하여 내비게이션 에디터를 표시한다. 이때 상단에 위치한 New Destination 버튼을 클릭한다(그림 10.38 참조). 이때 조그마한 생성창이 표시되는데 Create new destination을 선택한다.

606 안드로이드 프로그래밍 쉽게 따라하기

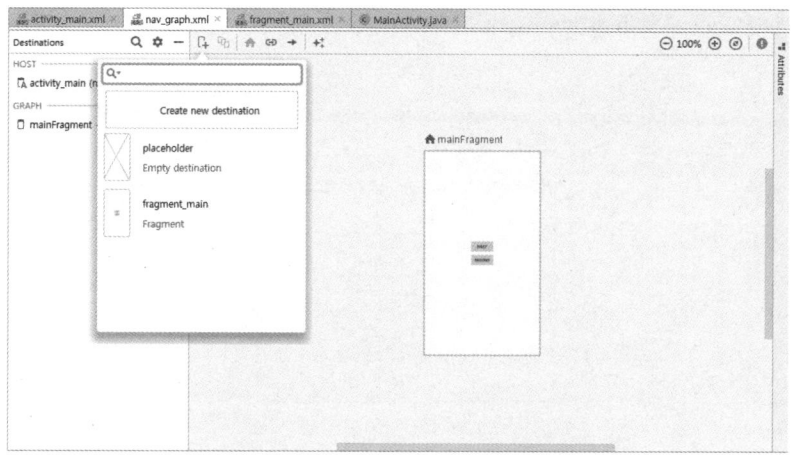

그림 10.47 Create new destination 선택

16 이때 Configure Component 대화상자가 나타난다. Fragment Name 항목에 FirstFragment 를 입력하고 그 아래쪽에 위치한 Include fragment factory methods? 와 Include Interface callbacks? 체크 상자의 체크를 제거하고 Finish 버튼을 누른다.

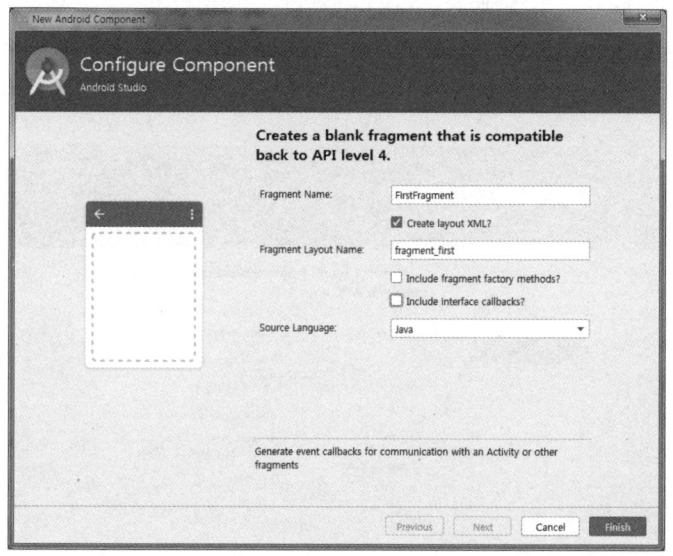

그림 10.48 FirstFragment 생성

17 이때 내비게이션 에디터에는 firstFragment 그래프가 추가된다. firstFragment 그래프를 기 존의 mainFragment 오른쪽에 위치시키고 mainFragment 오른쪽 중앙의 작은 원을 클릭하

고 드래-앤-드롭으로 firstFragment 그래프 임의의 위치에 떨어뜨려 서로 연결시킨다.

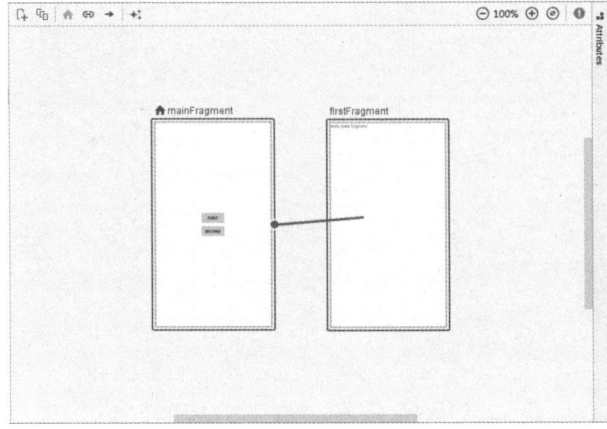

그림 10.49 mainFragment 와 firstFragment 사이 연결

18 동일한 방법으로 내비게이션 에디터 상단에 위치한 New Destination 버튼을 클릭하고 이어서 Create new destination을 선택한다. 이때 Configure Component 대화상자가 나타난다. Fragment Name 항목에 SecondFragment를 입력하고 그 아래쪽에 위치한 Include fragment factory methods? 와 Include Interface callbacks? 체크 상자의 체크를 제거하고 Finish 버튼을 누른다.

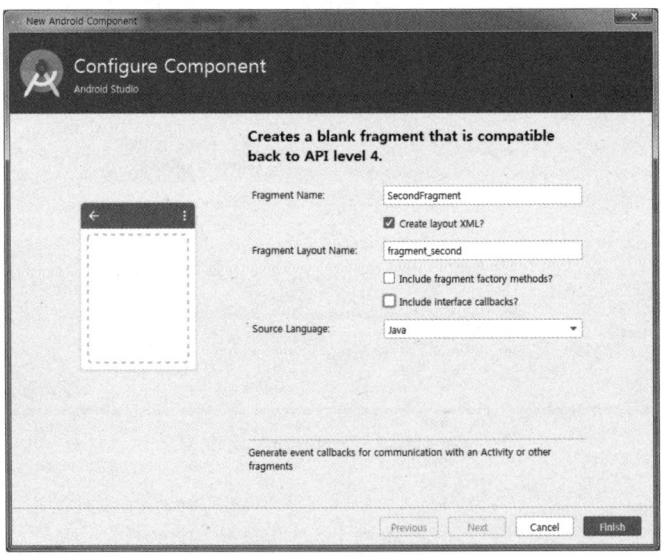

그림 10.50 secondFragment 생성

⑲ 이때 내비게이션 에디터에는 firstFragment 그래프가 추가된다. secondFragment 그래프를 기존의 firstFragment 아래쪽에 위치시키고 firstFragment 연결 때와 마찬가지로 main Fragment 오른쪽 중앙의 작은 원을 클릭하고 드래그-앤-드롭으로 secondFragment 그래프 임의의 위치에 떨어뜨려 서로 연결시킨다.

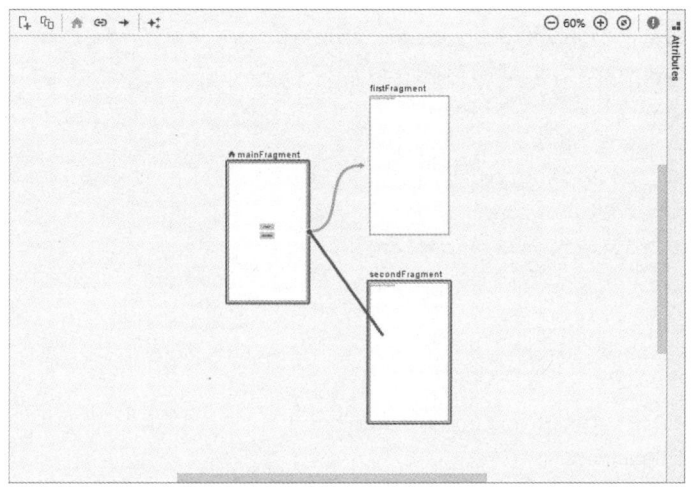

그림 10.51 mainFragment 와 secondFragment 사이 연결

⑳ 이제 프로젝트에서 app-java-com.example. navigationeditorsampe-MainFrament를 선택하여 MainFragment.java 파일을 불러낸다. public View onCreateView() {} 함수 아래쪽에서 Ctrl+ O 를 눌러 "Select Methods to Override/ Implement" 대화상자를 불러낸다.

이 대화상자에 "onviewcreated"를 입력하여 onViewCreated() 함수를 찾고 OK 버튼을 눌러 추가시킨다.

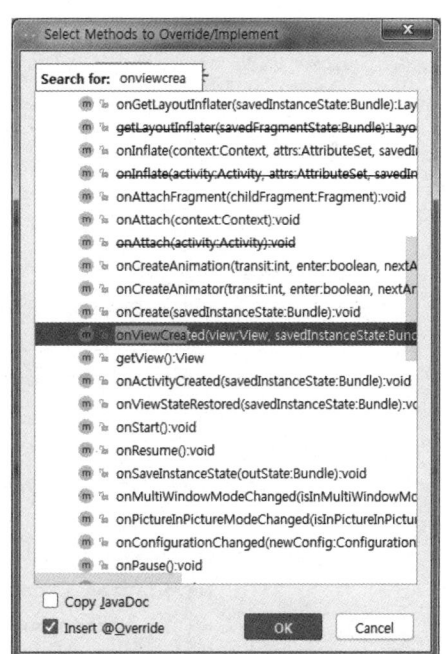

그림 10.52 onViewCreated() 함수 추가

21 이어서 MainFragment.java 파일에 다음과 같은 코드를 추가 입력한다.

```java
package com.example.navigationeditorsample;

import android.os.Bundle;
import android.support.annotation.NonNull;
import android.support.annotation.Nullable;
import android.support.v4.app.Fragment;
import android.view.LayoutInflater;
import android.view.View;
import android.view.ViewGroup;
import android.widget.Button;
import androidx.navigation.Navigation;

/**
 * A simple {@link Fragment} subclass.
 */
public class MainFragment extends Fragment {
    public MainFragment() {
        // Required empty public constructor
    }

    @Override
    public View onCreateView(LayoutInflater inflater, ViewGroup container,
                             Bundle savedInstanceState) {
        // Inflate the layout for this fragment
        return inflater.inflate(R.layout.fragment_main, container, false);
    }

    @Override
    public void onViewCreated(@NonNull View view,
                @Nullable Bundle savedInstanceState) {
        super.onViewCreated(view, savedInstanceState);

        Button screen1 = view.findViewById(R.id.button);
        Button screen2 = view.findViewById(R.id.button2);

        View.OnClickListener screen1Listener =
                Navigation.createNavigateOnClickListener
                (R.id.action_mainFragment_to_firstFragment);
        View.OnClickListener screen2Listener =
```

```
            Navigation.createNavigateOnClickListener
                (R.id.action_mainFragment_to_secondFragment);
        screen1.setOnClickListener(screen1Listener);
        screen2.setOnClickListener(screen2Listener);
    }
}
```

㉒ 이어서 프로젝트에서 app-res-values-strings.xml 파일을 클릭하고 에티터에 소스가 표시되면 다음과 같이 수정한다.

```
<resources>
    <string name="app_name">NavigationEditorSample</string>

    <!-- TODO: Remove or change this placeholder text -->
    <string name="first_fragment">Hello first fragment</string>
    <string name="second_fragment">Hello second fragment</string>
</resources>
```

㉓ 계속해서 프로젝트의 app-res-layout 에서 fragment_first.xml 파일을 클릭하여 레이아웃 에디터로 불러내고 오른쪽에 속성 창을 불러낸다. Component Tree에서 TextView를 선택한 상태에서 속성 창의 text 속성 값을 '@string/first_fragment' 으로 변경한다.

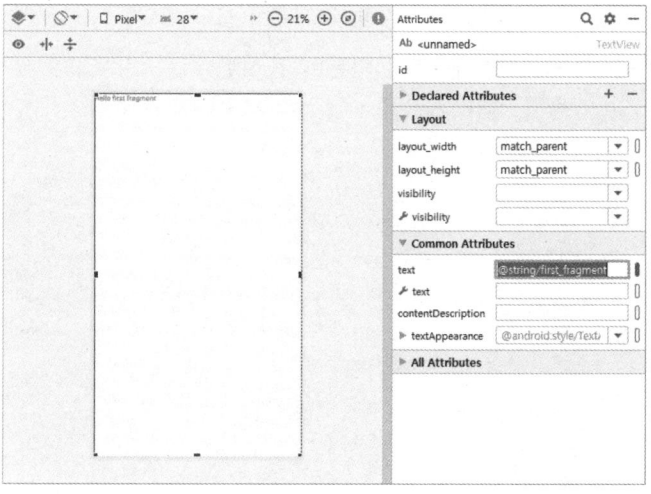

그림 10.53 fragment_first.xml 파일의 TextView 속성 변경

㉔ 동일한 방법으로 프로젝트의 app-res-layout 에서 fragment_second.xml 파일을 클릭하여

레이아웃 에디터로 불러내고 오른쪽에 속성 창을 불러낸다. Component Tree에서 Text View를 선택한 상태에서 속성 창의 text 속성 값을 '@string/second_fragment' 으로 변경한다.

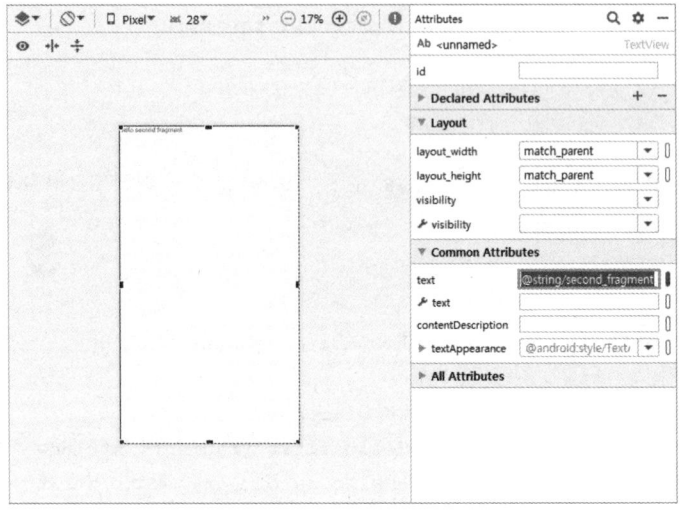

그림 10.54 fragment_second.xml 파일의 TextView 속성 변경

25 이제 실제 기기를 PC에 연결하고 안드로이드 스튜디오 위쪽에 위치한 Run 버튼을 누르면 배포 타겟(deployment target) 화면이 나타난다. 연결된 디바이스 혹은 가상 화면을 선택하고 OK 버튼을 눌러 실행시킨다. 화면이 나타나면 두 개의 버튼이 표시된다.

그림 10.55 NavigationEditorSample 프로젝트 - 두 버튼 표시

다음과 같이 첫 번째 First 버튼을 눌러 "Hello first fragment"가 표시되는지 확인한다.

그림 10.56 NavigationEditorSample 프로젝트 - 첫 번째 버튼 실행

이어서 두 번째 Second 버튼을 눌러 다음과 같이 "Hello second fragment"가 표시되는지 확인한다.

그림 10.57 NavigationEditorSample 프로젝트 - 두 번째 버튼 실행

 원리 설명

안드로이드 스튜디오에서 제공하는 내비게이션 에디터(Navigation Editor)를 사용하면 이 앱에서 사용하는 화면의 전체 구조를 알 수 있고 하나의 화면에서 다른 화면으로 어떻게 연결되어 있는지를 쉽게 파악할 수 있다.

내비게이션 기능을 사용하기 위해서는 내비게이션 그래프(Navigation Graph) 작성이 필요하다. 프로젝트의 app-res 폴더에서 오른쪽 마우스 버튼을 누르고 New-Android Resource File 을 선택한다.

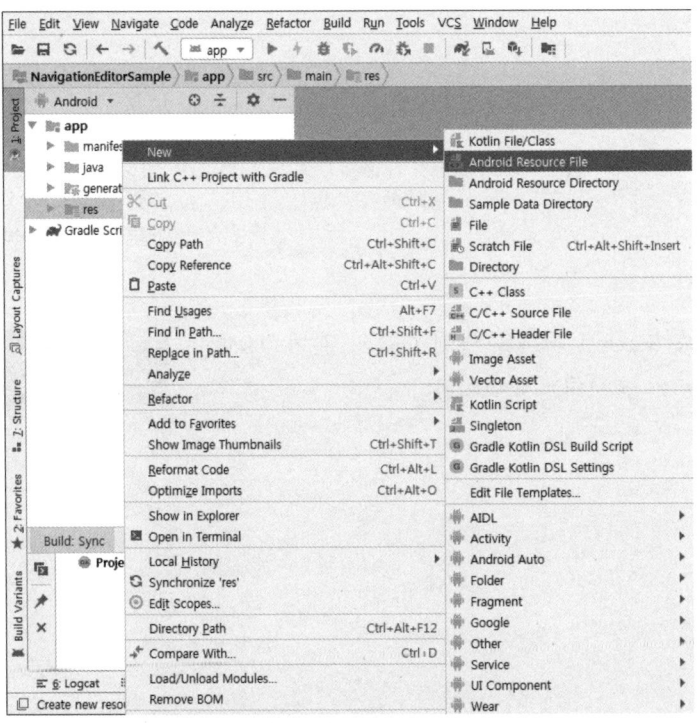

그림 10.58 내비게이션 그래프 생성을 위한 메뉴 선택

이때 New Resource File 대화상자가 나타나는데 다음과 같이 File Name 에 'nav_graph' 이라고 입력하고 Resource type 에 'Navigation' 으로 설정해준다.

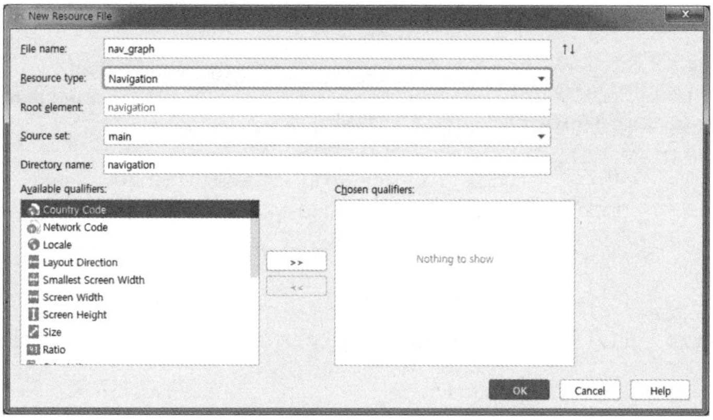

그림 10.59 New Resource File 대화상자

이제 OK 버튼을 누르게 되면 res 폴더 아래쪽에 navigation 폴더가 생성되고 그 아래쪽 nav_graph.xml 파일이 생성된다. 이 nav_graph.xml 파일이 내비게이션 그래픽 파일이며 이 파일을 이용하여 여러 목적지(destination)을 만들어 연결시켜 화면을 작성한다.

하지만 아직 안드로이드 앱의 기본 레이아웃 파일인 activity_main.xml 파일과 연결되지 않은 상태이다. activity_main.xml 파일과 연결하기 위해서 에디터로 이 파일을 불러낸 뒤, 〈TextView /〉 관련 코드를 삭제하고 다음 〈fragment /〉 코드를 입력하여 위에서 작성한 nav_graph.xml 파일과 연결한다.

```xml
<?xml version="1.0" encoding="utf-8"?>
<android.support.constraint.ConstraintLayout
...

    <fragment
        android:layout_width="match_parent"
        android:layout_height="match_parent"
        android:id="@+id/navigation_host"
        android:name="androidx.navigation.fragment.NavHostFragment"
        app:navGraph="@navigation/nav_graph"
        app:defaultNavHost="true"
    />
</android.support.constraint.ConstraintLayout>
```

nav_graph.xml 파일과 연결하기 위해 〈fragment /〉를 작성하고 다음 표에 있는 속성을 추가한다.

표 10.1 내비게이션 그래프를 위한 프래그먼트 속성

속성 값	설명
android:id	프래그먼트 ID 이름을 지정한다.
android:name	이 프래그먼트를 구현하는 클래스 이름을 지정한다. androidx.navigation.fragment.NavHostFragment 를 지정한다.
app:navGraph	내비게이션 그래프 위치를 지정한다. 여기서는 위에서 작성한 @navigation/nav_graph 를 지정해준다.
app:DefaultNavHost	true 값을 지정하여 activity_main.xml 을 내비게이션 호스트로 지정한다.

위 표에서 알 수 있듯이 프래그먼트에서 지정되는 속성은 4 개인데 먼저 첫 번째 id 값은 프래그먼트 ID 이름으로 임의의 이름을 지정하면 된다. 두 번째 속성 name 은 내비게이션 그래프를 구현하는 클래스 이름으로 androidx.navigation.fragment.NavHostFragment를 지정한다. 세 번째 속성 navGraph 는 내비게이션 그래프 파일 nav_graph.xml 의 위치를 지정해준다. 마지막 속성 DefaultNavHost 에는 true 값을 지정하여 activity_main.xml 을 내비게이션 호스트로 지정한다.

이렇게 지정한 뒤에, nav_graph.xml 파일을 열어보면 다음과 같이 activity_main 파일이 내비게이션 호스트로 지정된 것을 알 수 있다.

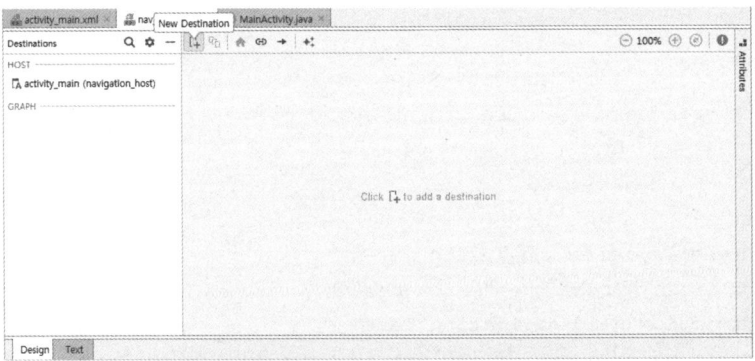

그림 10.60 내비게이션 호스트 지정

이제 위 그림에서 New Destination을 눌러 새로운 목적지를 생성한다. 이 새로운 목적지는 다음과 같은 Configure Component 대화상자에서 MainFragment 라는 이름을 입력하여 Main ragment.java 와 fragment.xml 파일을 생성한다.

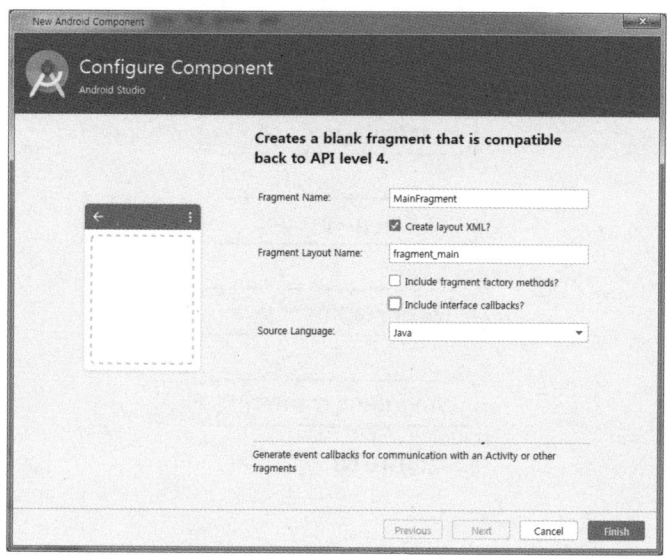

그림 10.61 MainFragment.java 와 fragment.xml 파일 생성

이 파일이 생성한 상태에서 다시 nav_graph.xml 파일을 열어보면 Destinations 아래쪽에 mainFragment 가 생성된 것을 알 수 있다.

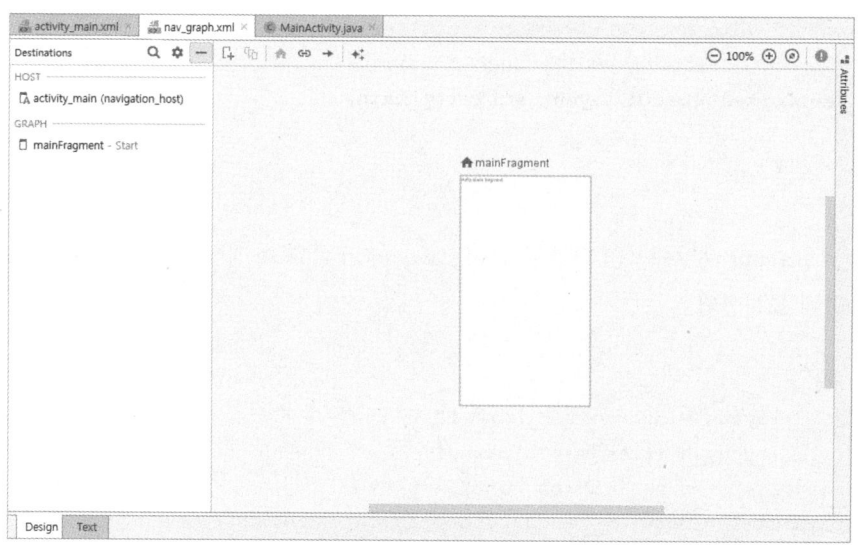

그림 10.62 mainFragment 생성

이제 전체적으로 이 앱의 실행 순서를 보면 다음과 같다.

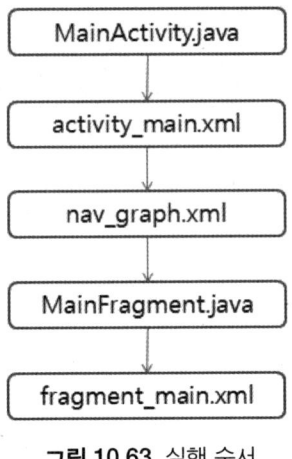

그림 10.63 실행 순서

위 그림에서 볼 수 있듯이 가장 먼저 MainActivity.java에서 시작한다. 이어서 이 파일의 onCreate() 함수에서 activity_main.xml 파일이 불리어 화면에 출력된다.

```
public class MainActivity extends AppCompatActivity {

    @Override
    protected void onCreate(Bundle savedInstanceState) {
        super.onCreate(savedInstanceState);
        setContentView(R.layout.activity_main);
    }
}
```

activity_main.xml 파일에서는 다음과 같이 navigation 폴더 아래에 있는 nav_graph.xml 을 참조하여 화면에 표시한다.

```
<fragment
    android:layout_width="match_parent"
    android:layout_height="match_parent"
    android:id="@+id/navigation_host"
    android:name="androidx.navigation.fragment.NavHostFragment"
    app:navGraph="@navigation/nav_graph"
    app:defaultNavHost="true"
    />
```

nav_graph.xml 파일에서는 다음과 같이 name 속성에 화면에 표시할 프래그먼트의 소스 파일인 MainFrament.java 와 리소스 파일인 fragment_main.xml 을 참조하게 된다.

```
<fragment
        android:id="@+id/mainFragment"
        android:name="com.example.navigationeditorsample.MainFragment"
        android:label="fragment_main"
        tools:layout="@layout/fragment_main" >
</fragment>
```

즉, MainFragment.java 의 onCreateView() 에서 inflater.infate() 함수를 호출하여 fragment_ain.xml 을 참조하여 화면에 표시한다.

```
public View onCreateView(LayoutInflater inflater, ViewGroup container,
                         Bundle savedInstanceState) {
    // Inflate the layout for this fragment
    return inflater.inflate(R.layout.fragment_main, container, false);
}
```

현재 fragment_main.xml 에는 화면 디자인을 하지 않아 빈 화면이 표시되지만 레이아웃 에디터에서 다음과 같이 2개의 버튼을 추가하면 2 개의 버튼이 표시된다.

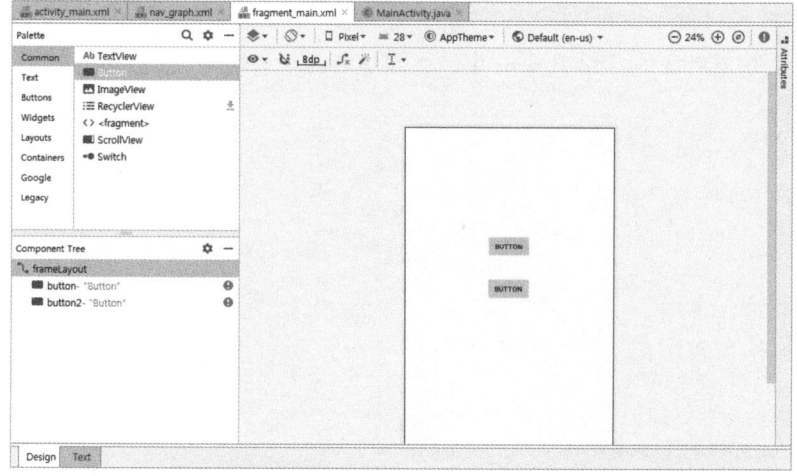

그림 10.64 fragment_main 에 2개의 버튼 추가

이 버튼에 연결되는 화면은 내비게이션 그래프 에디터에서 처리한다. 즉, 다음과 같이 nav_raph.xml 파일을 열고 New Destination 버튼을 눌러 fragment_first.xml 와 FirstFragment.java 파일을 생성한다.

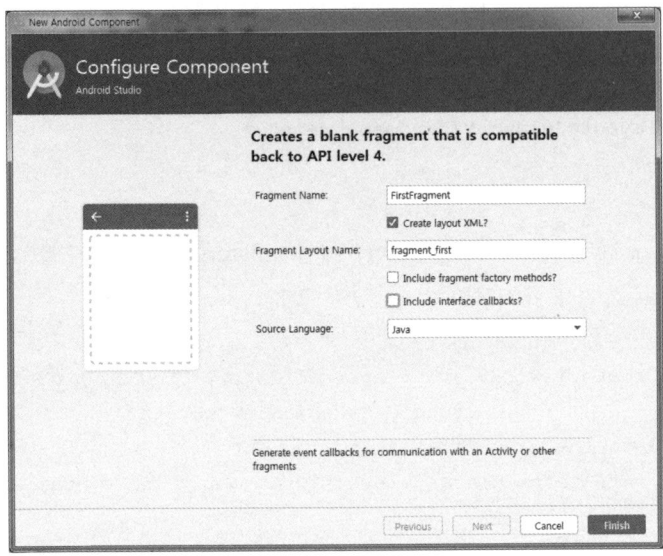

그림 10.65 fragment_first.xml 와 FirstFragment.java 파일 생성

이제 내비게이션 그래프 에디터에는 mainFragment 와 firstFragment 두 개의 목적지가 나타나고 그림과 같이 mainFragment 의 오른쪽 작은 원에서 firstFragment 으로 드래그-엔-드롭을 처리함으로서 서로 연결되어 메인 화면에서 첫 번째 화면으로 이동할 수 있게 된다.

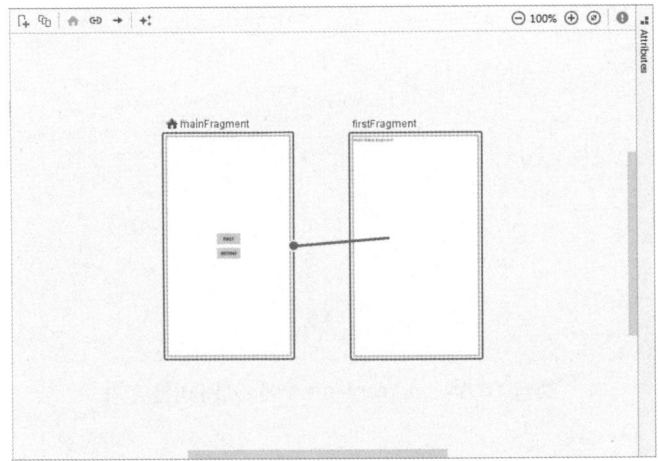

그림 10.66 mainFragment 에서 firstFragment 으로 연결

동일한 방법으로 nav_graph.xml 파일을 열고 다시 New Destination 버튼을 눌러 fragment_second.xml 와 SecondFragment 파일을 생성한다.

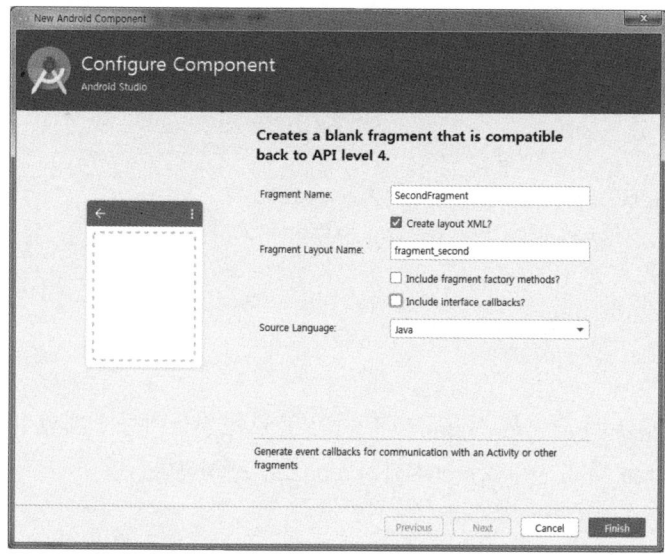

그림 10.67 fragment_second.xml 와 SecondFragment 파일 생성

계속해서 내비게이션 그래프에는 secondFragment가 추가되고 동일한 방법으로 mainFragment 의 오른쪽 작은 원에서 secondFragment 으로 드래그-엔-드롭을 처리함으로서 서로 연결되어 메인 화면에서 두 번째 화면으로도 이동할 수 있게 된다.

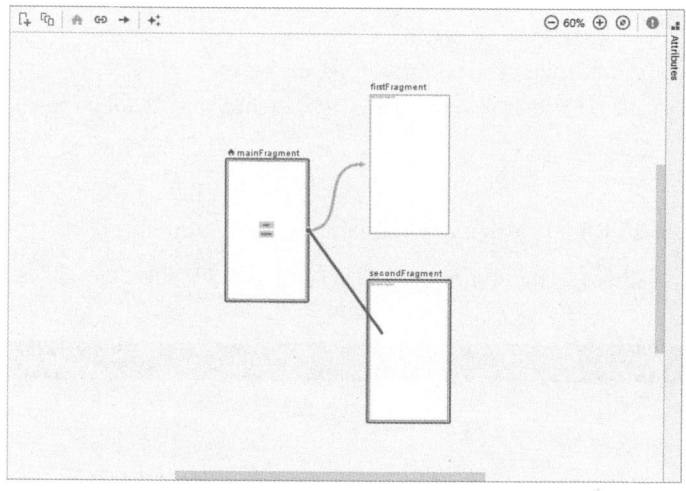

그림 10.68 mainFragment 에서 secondFragment 으로 연결

지금까지는 내비게이션 그래프를 이용하여 화면상에서 이동 처리를 하였는데 화면 처리와 더불어 소스 코드 처리도 필요하다. 이제 마지막으로 소스 코드 부분을 추가해보자.

에디터에서 MainFragment.java를 불러낸다. 이어서 Ctrl+O 를 눌러 "Select Methods to Override/Implement" 대화상자를 불러낸 뒤 onViewCreated() 메소드 골격을 생성하여 추가한다.

```
public void onViewCreated(@NonNull View view,
            @Nullable Bundle savedInstanceState)  {

    super.onViewCreated(view, savedInstanCeState);
    ...
```

이어서 findViewById() 함수를 사용하여 디자인 뷰에서 만들어진 2 개의 버튼 위젯을 참조하면서 이 값으로 Button 객체 변수 screen1 과 screen2 를 생성한다.

```
        Button screen1 = view.findViewById(R.id.button);
        Button screen2 = view.findViewById(R.id.button2);
        ...
```

이제 첫 번째 버튼의 클릭 이벤트를 처리하기 위한 OnClickListener를 만들어주는데 이때 Navigation 클래스의 createNavigateOnClickListener()를 호출한다. 이때 파라미터 값으로 'R.id.action_mainFragment_to_firstFragment'을 지정하면 첫 번째 프래그먼트 화면으로 이동한다.

```
        View.OnClickListener screen1Listener =
Navigation.createNavigateOnClickListener(R.id.action_mainFragment_to_firstFrag
ment);
```

여기서 사용된 ID 값 'R.id.action_mainFragment_to_firstFragment' 는 nav_graph.xml 파일 안에 정의되어있다. 이 값은 fragment_first.xml 파일이 생성될 때 자동으로 생성된다.

nav_graph.xml

```
...
<fragment
        android:id="@+id/mainFragment"
        android:name="com.example.navigationeditorsample.MainFragment"
```

```xml
            android:label="fragment_main"
            tools:layout="@layout/fragment_main" >
            <action
                android:id="@+id/action_mainFragment_to_firstFragment"
                app:destination="@id/firstFragment" />
            <action
                android:id="@+id/action_mainFragment_to_secondFragment"
                app:destination="@id/secondFragment" />
</fragment>
```

동일한 방법으로 Navigation 클래스의 createNavigateOnClickListener()를 호출하여 두 번째 버튼의 클릭 이벤트를 처리하기 위한 OnClickListener를 생성한다. 이때 역시 파라미터 값으로 'R.id.action_mainFragment_to_secondFragment' 를 지정한다. 이 값 역시 fragment_second.xml 파일이 생성될 때 nav_graph.xml 파일에 자동으로 생성된다.

```
        View.OnClickListener screen2Listener =
Navigation.createNavigateOnClickListener(R.id.action_mainFragment_to_secondFra
gment);
        ...
```

이제 각 버튼 객체 변수 screen1, screen2 를 이용하여 위에서 생성한 클릭 이벤트를 setOnlickListener() 의 파라미터 값으로 등록한다. 이렇게 함으로서 버튼을 누를 때 마다 각 버튼에 연결된 프래그먼트로 자동 이동되어진다.

```
        screen1.setOnClickListener(screen1Listener);
        screen2.setOnClickListener(screen2Listener);
    }
```

각 프래그먼트 화면에는 단지 TextView 하나씩만 사용하고 있는데 각 TextView 의 text 속성에는 '@string/first_fragment' 과 '@string/second_fragment' 값을 지정한다. 이 값은 프로젝트의 app-res-values 에 위치한 strings.xml 파일을 참조한다. 즉, 다음과 같이 strings.xml 파일 안에 first_fragment 와 second_fragment 값에 원하는 텍스트 값을 지정해야 원하는 값을 화면에 출력할 수 있다.

strings.xml

```xml
<resources>
    <string name="app_name">NavigationEditorSample</string>

    <!-- TODO: Remove or change this placeholder text -->
    <string name="first_fragment">Hello first fragment</string>
    <string name="second_fragment">Hello second fragment</string>
</resources>
```

 정리

　　프래그먼트는 액티비티 사용자 인터페이스를 구성하는 조각으로 서브 액티비티라고도 할 수 있다. 프래그먼트는 화면이 큰 모바일 기기에서 더 큰 효용성을 발휘할 수 있다. 즉, 고정된 하나의 인터페이스로 구성하는 것이 아니라 여러 프래그먼트의 사용자 인터페이스로 구성한다면 필요할 때마다 더 화면에 적합한 인터페이스를 사용하여 원하는 기능을 효율적으로 사용할 수 있게 된다. 프래그먼트의 장점으로 하나의 액티비티에 여러 프래그먼트를 위치시킬 수 있고 기능을 제공하고 이렇게 추가된 프래그먼트를 삭제 혹은 변경할 수 있다고 설명하였다. 프래그먼트는 기본적으로 xml 파일을 사용하여 구현할 수도 있지만 xml 파일을 사용하지 않고 코드만으로도 구현할 수 있다. 코딩으로 프래그먼트를 구현하면 원하는 프래그먼트를 추가, 삭제, 변경 등을 마음대로 처리할 수 있는 장점이 있다. 마지막으로, 안드로이드 스튜디오 최신버전에서는 안드로이드 앱 개발에 도움을 주는 제트팩 구조 컴포넌트(Jetpack's Architecture Component)라는 컴포넌트 컬렉션을 제공하는데 그 중 하나인 내비게이션 에디터(Navigation Editor)는 개별적인 사용자 인터페이스 화면을 구성할 수 있을 뿐만 아니라 앱에서 사용되는 전체적인 화면 구성을 한 눈에 볼 수 있어 전체적인 흐름을 쉽게 파악할 수 있도록 해준다. 이 장에서는 내비게이션 에디터를 이용하여 쉽게 한 화면으로 다른 화면으로 이동하는 방법을 구현해보았다.

찾아보기

[A]
AlertDialog 객체 import   316

[C]
Calendar 파라메터   368
Cursor 인터페이스 메소드   564

[D]
DatePickerDialog   359
DB Browser for SQLite 툴   539

[E]
EditText 클래스 주요 속성   224

[I]
inflate() 함수   270
inputType 에 지정되는 값   224

[M]
match_parent 와 wrap_content   71

[S]
setBackgroundResource() 함수   256
SQLite3   538
Sqlite3 를 이용한 자료 출력   545
Sqlite3 생성 파일의 확장자   541
Start 와 Left 차이점   72
Synchronize 를 선택   531

[U]
USB 디버깅 활성화   40

[ㄱ]
가이드라인(Guideline)과 베리어(Barrier)   180

갤러리(Gallery)   419
구조(Structure) 윈도우   30
그리드 레이아웃   73
그리드 뷰(GridView)   401
기본 AlertDialog   310
기본 라인 앵커 포인트   131

[ㄴ]
내부 무명 클래스   205
내부 저장소   520
내비게이션 그래프를 위한 프래그먼트 속성   616
내비게이션 에디터   599

[ㄷ]
데이터베이스에서 자료 읽기   562
도구(Tool)   29

[ㄹ]
라디오 버튼 AltertDialog   323
레이아웃 캡처(Layout Capture) 윈도우   31
리소스 파일   52
리스트 뷰   372

[ㅁ]
매니페스트 파일   56
메뉴 바 및 툴 바   29
명시적 인텐트   446
모드(Mode)   536

[ㅂ]
방송 수신자   47
빌드 베어리언트(Build Variant) 윈도우   31

[ㅅ]

상대 레이아웃 99
상태 바(Status Bar) 32
선형 레이아웃 91
속성 패널 127
스피너(Spinner) 433
시스템 요구 조건 11
실제 기기 연결 39

[ㅇ]

안드로이드 Color 281
안드로이드 SDK 추가 설치 22
안드로이드 구조 45
안드로이드 서비스 47
안드로이드 스튜디오 3.x 10
안드로이드 스튜디오 다운로드 12
안드로이드 스튜디오 설치 14
안드로이드 크기 단위 70
암시적 인텐트(Implicit intent) 501
액션 바 258
액션에 지정되는 상수 512
액티비티 46
어플리케이션 설치 과정 46
에디터 윈도우 32
인터페이스(interface) 290
인텐트 47
인퍼런스 제약 136

[ㅈ]

자동 import 기능 204
자동연결 모드 135
장치 파일 탐색기 530
장치 화면 126
제약 레이아웃 60

제약 바이어스 134
즐겨찾기 리스트(Favorites) 윈도우 32

[ㅊ]

체크 박스 AltertDialog 333
체크박스(CheckBox) 226

[ㅋ]

커스텀 대화상자 344
커스텀 리스트 뷰 382
컨텍스트 메뉴 271
컨텍스트 액션 모드 282
컴포넌트 트리 126
콘텐트 제공자 47

[ㅌ]

테이블 레이아웃 110
텍스트 버튼 194
토글 버튼 247
툴바 128

[ㅍ]

파일 관련 함수 529
팔레트(Palette) 125
프래그먼트 생애 주기 573
프래그먼트(fragment) 572
프레임 레이아웃 82
프로젝트(Project) 윈도우 29
플레인 텍스트 216

ANDROID PROGRAMMING
안드로이드 프로그래밍
쉽게 따라 하기

초판 1쇄 인쇄 2019년 7월 10일
초판 1쇄 발행 2019년 7월 15일

저 자	장해인
발행인	유미정
발행처	도서출판 청담북스
주 소	(우)10909 경기도 파주시 하우3길 100-15(야당동)
전 화	(031) 943-0424
팩 스	(031) 600-0424
등 록	제406-2009-000086호
정 가	30,000원
ISBN	978-89-94636-99-3 93560

※이 책은 저작권법에 따라 보호를 받는 저작물이므로 무단 전재나 복제를 금지하며,
  이 책 내용의 전부 또는 일부를 이용하려면 반드시 저작권자나 발행인의 서면동의를 받아야 합니다.

※잘못된 책은 구입하신 서점에서 교환하여 드립니다.